POTSDAM UND HAVELLAND   62

Potsdam   64
Geschichte   64
Die historische Innenstadt   69
Sanssouci   78
Vom Krongut Bornstedt
    zum Pfingstberg   82
Neuer Garten   83
Zwischen Sacrow und
    Babelsberg   85

Das Havelland rund um Potsdam   91
Schwielowsee   91
Werder und Umgebung   94
Ketziner Havelgebiet   99
Kloster Lehnin   101

Brandenburg an der Havel   104
Geschichte   104
Neustadt   106
Dominsel   106
Altstadt   107
Vororte und Umgebung   110

Nördliches Havelland   114
Döberitzer Heide   114
Nauen und Umgebung   115
Havelländisches Luch   117
Rathenow und Umgebung   118
Naturpark Westhavelland   119
Ländchen Rhinow   120

PRIGNITZ   122

Neustadt/Dosse   124
Kyritzer Seenkette   128
Bad Wilsnack und Umgebung   133
Wittenberge   140
An der Elbe nach Lenzen   142
Perleberg   144
Pritzwalk und die nördliche
    Prignitz   146
Wittstock und Umgebung   151

OBERHAVEL UND RUPPINER LAND   156

Oranienburg   158
Löwenberger Land   161
Liebenwalde   162
Zehdenick und Umgebung   163
Gransee   164
Westlich von Oranienburg   167

Ruppiner Land und   173
nördliches Oberhavel-Gebiet
Neuruppin   173
Ruppiner Schweiz   180
Lindow   181
Rheinsberg   183
Das Rheinsberger Seengebiet   187
Stechlin-Fürstenberger Land   189
Fürstenberg/Havel   191
Lychen   195

BARNIM UND UCKERMARK   198

Bernau   201
Wandlitz und Umgebung   203

Am Finowkanal entlang   208
zur Oder
Eberswalde   208
Schiffshebewerk Niederfinow   211
Oderberg   212
Chorin und Umgebung   214
Angermünde und Umgebung   217
Nationalpark Unteres Odertal   221
Schwedt   225
Biospährenreservat Schorfheide-
  Chorin   227
Templin und Umgebung   235

Die nördliche Uckermark   239
Prenzlau   241
Boitzenburg   244

MÄRKISCH ODERLAND UND ODER-SPREE-REGION 246

Erkner und Umgebung 248
Naturpark Märkische Schweiz 253
Neuhardenberg 257

Oderbruch 260
Bad Freienwalde 261
Das nördliche Oderbruch 263
Das mittlere Oderbruch 265
Das südliche Oderbruch 267
Auf der polnischen Seite
   der Oder 269
Frankfurt (Oder) 271
Fürstenwalde 275

Oder-Spree-Region 277
Am Scharmützelsee 278
Beeskow und Schwielochsee 279
Lieberose und Umgebung 281
Naturpark Schlaubetal 284
Eisenhüttenstadt 285
Neuzelle 287

DER SÜDEN 290

Dahme-Gebiet 294
Königs Wusterhausen 294
Mittenwalde 296
Naturpark Dahme-Heideseen 297
Zwischen Zossen und Baruth 299

Spreewald 303
Wirtschaft und
   Hochwasserschutz 304
Kähne und Kahnfahrten 305
Küche 306
Unterspreewald 309
Oberspreewald 312

Cottbus/Chósebuz 325
Geschichte 325
Ein Stadtrundgang 326
Grünes Cottbus 329

Rund um Cottbus	334
Peitz/Picnjo	334
Guben/Gubin	337
Forst/Baršć	338
Niederlausitzer Landrücken	342
Luckau	343
Rund um den	
Schlabendorfer See	346
Calau	348
Niederlausitzer Kohleland	349
Altdöbern und Umgebung	349
Rund um den Tagebau	
Welzow-Süd	351
Spremberg/Grodk	352
Niederlausitzer Seenland	357
Großräschen	357
Senftenberg/Zły Komorow	359
Sehenswürdigkeiten im	
Seenland	362
Elbe-Elster-Land	366
Lauchhammer	366
Finsterwalde	368
Doberlug-Kirchhain	371
Bad Liebenwerda	373
Herzberg und Schlieben	374
FLÄMING	378
Südlich von Berlin	380
Naturpark Nuthe-Nieplitz	382
Rund um Blankensee	382
Beelitz	384
Treuenbrietzen	384
Luckenwalde	386
Jüterbog	390
Kloster Zinna	393
Schloss Wiepersdorf	394
Naturpark Hoher Fläming	396
Bad Belzig	396

REISETIPPS VON A BIS Z   400

Literaturhinweise   404
Brandenburg im Internet   405
Die Autorin   405
Register   406
Bildnachweis   410
Kartenregister   416

ESSAYS

Waldbrandgefahr in trockenen
    Sommern   33
Friedrich der Große   43
Karl Friedrich Schinkel –
    Baumeister Preußens   57
Johann Friedrich Bollmann –
    Der Barbier von Brandenburg 113
Der Pollo – Brandenburgs
    einzige Schmalspurbahn   132
Weltenbummler Adebar   139
Die Schlacht bei Fehrbellin   172
Theodor Fontane –
    Dichter der Mark   178
Heilstätte, Geisterstätte –
    die ehemalige Heilanstalt
    Hohenlychen   197
Schöner Wohnen am Liepnitz-
    see – die Waldsiedlung
    Wandlitz   207
Ehm Welk – der Heide von
    Biesenbrow   223
Krokodile in Woltersdorf   251
Die Sorben/Wenden   307
Fürst Pückler-Muskau   332
Nach der Kohle   340
Der Fläming-Skate   388

Störche bei Pinnow

Vorwort

Brandenburg ist das fünftgrößte deutsche Bundesland. Mit über 3000 Seen und sagenhaften 33000 Kilometern Flüssen und Kanälen ist es darüber hinaus die gewässerreichste Region Deutschlands. Dazu kommen duftende Kiefernheiden, stille Flussauen, Wiesen, Felder und jede Menge Sand, die dem Land seinen ganz eigentümlichen, herben Liebreiz verleihen. ›Streusandbüchse‹ wurde die Mark einst genannt, in der Trockenheit und Feuchtigkeit, Wasser und Sand stets hart beieinander liegen und in der weiten Landschaft für das Kontrastprogramm zuständig sind.

Mehr als 500 Schlösser und Herrenhäuser, unzählige Kirchen, backsteingotische Klöster und 1000-jährige Ortschaften mit historischen Stadtkernen gehören zu Brandenburgs reichem kulturellen Erbe. Von der Potsdamer Kulturlandschaft mit ihren königlich-preußischen Schlössern und Gärten bis zur Niederlausitzer Energielandschaft, von den Burgen im Hohen Fläming bis zu den Deichen und Poldern im Oderbruch, von den südlichen Spreewälder Kahnfahrern bis zu den nördlichen Lychener Flößern – Brandenburg hat viele Gesichter. Und wer sie nicht nur im Vorbeifahren mitnimmt, sondern sich zwischen Elbe und Oder auf Entdeckungsreise begibt, wird sich ihrem Reiz kaum entziehen können.

Manche Brandenburger Region hat sich in den Jahren seit der Wiedervereinigung zum regelrechten Urlaubermagneten entwickelt. So erfreuen sich der Spreewald mit seiner einzigartigen Fließe-Landschaft, das Ruppiner Seenland mit Rheinsberg im Zentrum, der Fläming zum Wandern oder das Oder-Spree-Seengebiet großer Beliebtheit. Andere Regionen wiederum bezaubern mit ihrer Stille und Einsamkeit. Sei es die nordwestliche Prignitz, deren Elbe-Flussauen im Schatten der deutsch-deutschen Grenze jahrzehntelang nahezu unberührt blieben. Oder sei es nordöstlich die weite Uckermark, die ganz auf sanften Tourismus setzt und dafür 2013 den Preis des Bundesumweltministeriums als ›Nachhaltige Tourismusregion‹ erhielt.

Doch wo auch immer man sich gerade bewegt, neben dem Entspannen, dem Kultur- und Naturgenuss, lädt das Land außerdem zu zahlreichen Aktivitäten ein. Wandern, Baden, Paddeln, Segeln und Surfen, Reiten und allem voran Radfahren zählen zu den schönsten Freizeitbeschäftigungen im Land der Seen und Wälder. Kleine Dörfer abseits der befahrenen Straßen, alte Alleen vor blühenden Rapsfeldern und gemächlich dahinziehende Gewässer, auf denen die Boote schaukeln, laden dazu ein, einen Gang runterzuschalten und die Stille rundum zu genießen. Dabei kann es einem heute noch ebenso wie vor über hundert Jahren dem alten Fontane ergehen: »Ich bin die Mark durchzogen und habe sie reicher gefunden, als ich zu hoffen gewagt hatte«, schreibt er in seiner ›Wanderung durch die Mark Brandenburg. »Jeder Fußbreit Erde belebte sich und gab Gestalten heraus (…), ein Reichtum ist mir entgegengetreten, dem gegenüber ich das bestimmte Gefühle habe, seiner niemals auch nur annähernd Herr werden zu können.«

Es ist also Vorsicht geboten, denn wenn man erst einmal damit anfängt, Brandenburg für sich zu entdecken, kann sich das zu einem Unternehmen von langer Dauer entwickeln – in fortwährender Freude an der Fülle, Vielfältigkeit und verborgenen Schönheit der Mark.

Herausragende Sehenswürdigkeiten

▼ **Potsdamer Schlösser und Gärten**
Die bedeutendsten Baumeister und Landschaftsarchitekten Preußens schufen in
Potsdam ein herausragendes Ensemble
von Schlössern und Parkanlagen. Sie gehören seit 1990 zum Weltkulturerbe der
Menschheit. (→ S. 78)

▲ **Rheinsberg**
Das wahre Sanssouci Friedrichs des Großen
ist Schloss Rheinsberg am Grienericksee.
Anfang des 20. Jahrhunderts setzte Kurt
Tucholsky Stadt und Schloss mit ›Rheinsberg – ein Bilderbuch für Verliebte‹ ein literarisches Denkmal. (→ S. 183)

Brandenburg (Havel)
Wiege der Mark und älteste Stadt im Havelland – die historischen Gebäude reichen
bis ins 12. Jahrhundert zurück. Der Dom
St. Peter und Paul zählt zu den bedeutendsten Bauwerken der Backsteingotik im Land
Brandenburg. (→ S. 104)

Großer Stechlinsee
Vielbesungen, sagenumwoben und spätestens seit Fontanes Roman ›Der Stechlin‹ weithin bekannt ist der Große Stechlin
im Ruppiner Land. Für viele zählt der tiefe
Klarwassersee zu den schönsten Gewässern
in Brandenburg. (→ S. 189)

▼ **Neuruppin**
Preußisch-klassizistisch aus einem Guss –
die 200-jährige Altstadt gilt als Gesamtkunstwerk des Frühklassizismus und Baudenkmal von internationalem Rang. (→
S. 173)

▲ **Kloster Chorin**
Eingebettet in die grüne Natur des Biosphärenreservats Schorfheide-Chorin, erklingen in Brandenburgs romantischster
Klosterruine im Sommer klassische Konzerte. (→ S. 214)

▼ Schlaubetal und Kloster Neuzelle

Das von Buchenwäldern bedeckte Hügelland, das die Schlaube in teils tief eingekerbten Schluchten durchzieht, lädt zu herrlichen Wanderungen ein. Nahebei präsentiert sich das Kloster Neuzelle – ungewöhnlich für Brandenburg – im überbordenden Barock. (→ S. 284/287)

▲ Schiffshebewerk in Niederfinow

Der gigantische Schiffsfahrstuhl am Oder-Havel-Kanal ist ein Meisterwerk der Ingenieurbaukunst. Von der Besucherplattform reicht der Blick weit ins Oderbruch. (→ S. 211)

Schloss und Dorf Neuhardenberg

Die Anfang des 19. Jahrhunderts nach Plänen Karl Friedrich Schinkels einheitlich gestaltete klassizistische Anlage bildet den Rahmen für erstrangige Kulturveranstaltungen über das Jahr. (→ S. 257)

▼ Spreewald

Ein Labyrinth von hunderten Fließen bildet die junge Spree im Süden Brandenburgs aus. Jahrhundertelang war der Kahn das einzige Verkehrsmittel. Heute gehören die Kahnfahrten, die von der heimlichen Spreewaldhauptstadt Lübbenau aus ins Biosphärenreservat Spreewald führen, zu den beliebtesten Touristenvergnügen. (→ S. 303)

◄ Niederlausitzer Seenland

Die bizarren Mondlandschaften, die der Braunkohletagebau im südlichen Brandenburg hinterlassen hat, füllen sich allmählich mit Wasser und werden die Niederlausitz in Deutschlands größte künstliche Seenlandschaft verwandeln. (→ S. 357)

Das Wichtigste in Kürze

Allgemeine Informationen

In fast jeder größeren Ortschaft befindet sich eine Touristeninformation, die von allgemeinen Informationen zu Stadt und Region über Ausflugs- und Unterkunftstipps bis hin zu Adressen zahlreicher lokaler Anbieter mit einer umfassenden Servicepalette aufwartet.

Oberste Informationsstelle in Brandenburg ist die Tourismus Marketing Brandenburg GmbH (TMB) mit einer Fülle von Broschüren und Prospektmaterialien: TMB, Reise-Land Brandenburg, Am Neuen Markt 1, 14467 Potsdam, Tel. 0331/2004747, www.reiseland-brandenburg.de.

Anreise mit dem Auto

Alle Autobahnen, die Berlin zum Ziel haben, führen durch Brandenburg: nördlich von Hamburg und Rostock, südlich von Dresden und Leipzig sowie westlich von Magdeburg. Östlich verbindet die Autobahn das Bundesland Brandenburg über Forst bzw. Frankfurt (Oder) mit dem Nachbarland Polen. In nordöstliche Richtung führt die A11 nach Szczecin.

Anreise mit der Bahn

Potsdam, Rathenow, Wittenberge, Angermünde, Frankfurt (Oder), Lübben, Lübbenau und Cottbus sind an das IC-/EC-Liniennetz angeschlossen. Darüber hinaus führen zahlreiche Regionalbahnlinien aus allen vier Himmelsrichtungen ins Land. Von den Berliner Fernbahnhöfen aus gehen die Züge im Liniennetz des Verkehrsverbunds Berlin-Brandenburg (VBB) sternförmig in die gesamte Region.

Tickets und Fahrplaninformationen erhält man unter der Rufnummer des VBB, Tel. 030/25414141 und im Netz unter www.vbbonline.de. Auskunft zu den Fernzügen der Deutschen Bahn bekommt man unter Tel. 0180/5996633 und www.bahn.de.

Zu Wasser ist man in Brandenburg überall gut unterwegs

Anreise mit dem Boot

Ins wasserreichste Bundesland kann man selbstverständlich auch mit dem Boot reisen. Über Havel, Oder, Elbe und die Mecklenburgische Seenplatte sind Anfahrten mit dem Motorboot möglich. Paddler dürfen auch die kleineren Gewässer befahren. Informationen zu öffentlichen Häfen, Sportboothäfen, Schleusenzeiten, Fahrgeschwindigkeiten u.a. finden sich auf den Seiten des Brandenburger Landesamt für Bauen und Verkehr, www.lbv.brandenburg.de.

Anreise mit dem Rad

Der internationale Europaradweg R1 von Calais nach St. Petersburg führt durch den Süden des Bundeslands nach Frankfurt (Oder). Weitere internationale Radfernwege, auf denen man nach Brandenburg gelangt, sind der Radweg Berlin–Kopenhagen, der Radweg Berlin–Usedom und der Oder-Neiße-Radweg ab Tschechien an Neiße und Oder entlang. Der Elberadweg von der deutsch-tschechischen Grenze in Sachsen bis zur Elbmündung bei Cuxhaven streift unterwegs die brandenburgische Prignitz. Informationen zu allen ausgewiesen Radwegen in Brandenburg gibt es bei der TMB (s.o.). Ein bewährter Ansprechpartner ist außerdem der ADFC Landesverband Brandenburg, Gutenbergstraße 76, 14467 Potsdam, Tel. 0331/2800595, www.brandenburg.adfc.de.

Ausführliche Informationen in den Reisetipps von A bis Z ab → S. 400.

Zeichenlegende

- Allgemeine Informationen, Touristeninformationsstelllem
- Unterkunfte
- Campingplätze
- Lokale, Einkehrmöglichkeiten
- Feste, Veranstaltungen, kulturelle Einrichtungen
- Museen, Galerien, sonstige Sehenswürdigkeiten
- Fahrradverleih, Draisinefahrten
- Ausflugsschifffahrt, Fährverbindungen
- Strand- und Hallenbäder
- Bootsverleih
- Golfplatz
- Naturschutzeinrichtungen
- Flugverbindungen, Segel- und Sportflugplätze
- Reiterhof, Gestüt, Kutsch- und Kremserfahrten
- Thermen, Spas
- Zoo, Tier- und Wildparks
- Marinas, Bootsverleih
- Tauchschulen, Taucherbasen
- Surfcenter, Wasserskianlagen
- Botanischer Garten
- Einkaufsmöglichkeiten, Hofläden
- Wandermöglichkeiten, geführte Wanderungen
- Tennisplätze

Von Nord nach Süd, von Ost nach West ist Wasser das bestimmende Element im fünftgrößten deutschen Bundesland. Dazu kommen jede Menge Sand, Kiefernheide und außerdem zweieinhalb Millionen Menschen, die der Landschaft ihren jeweils unverwechselbaren Charakter verleihen. Wer in die Mark reisen will, sollte vor allem Zeit mitbringen, um die große Vielfalt und oft auch verborgene Schönheit des Lands zu entdecken.

Sorbische Trachten im Spreewald

Zahlen und Fakten

Name: Land Brandenburg
Status: Bundesland der Bundesrepublik Deutschland
Sprachen: Deutsch, Wendisch/Sorbisch
Fläche: 29480 Quadratkilometer
Landesgrenzen: Mecklenburg-Vorpommern, Berlin, Republik Polen, Sachsen, Sachsen-Anhalt, Niedersachsen
Höchste Erhebung: Kutschenberg (201 Meter) bei Ortrand in der Niederlausitz
Weitere höhere Erhebungen: Hagelberg (200 Meter, Hoher Fläming), Dietzenberg (191 Meter, Niederlausitz), Hoher Berg (184 Meter, Niederlausitz)
Längster Fluss: Spree (400 Kilometer)
Weitere Flüsse: Havel (325 Kilometer, davon 285 in Brandenburg), Schwarze Elster (180 Kilometer), Rhin (125 Kilometer)
Größter See: Schwielochsee (13,27 Quadratkilometer)
Weitere große Seen: Scharmützelsee (12,1 Quadratkilometer), Senftenberger See (10,82 Quadratkilometer), Unteruckersee (10,36 Quadratkilometer)
Tiefster See: Großer Stechlinsee (69,5 Meter)
Einwohner: 2,45 Millionen
Landeshauptstadt: Potsdam (160 000 Einwohner)

Die Flagge Brandenburgs

Weitere große Städte: Cottbus (99 400 Einwohner), Brandenburg/Stadt (71 000 Einwohner), Frankfurt/Oder (58 000 Einwohner)
Bevölkerungsdichte: 83 Personen pro Quadratkilometer (Bundesdurchschnitt: ca. 230 Personen/km²)
Bruttoinlandsprodukt: 59,12 Milliarden Euro (im Jahr 2013)
Erwerbstätige: 1 070 100 Menschen (im Jahresdurchschnitt 2013)
Erwerbsarbeitslose: 10,3 Prozent (im Jahresdurchschnitt 2013)
Landeswappen: Roter Adler auf weißem Schild
Landeshymne: Brandenburglied (Steige hoch du roter Adler)

Plenarsaal im Brandenburger Landtag; der weiße Adler ist mittlerweile ein roter

Annäherung an Brandenburg

Als wäre dem lieben Gott bei der Erschaffung der Welt aus Versehen ein Sandsack aus den Händen gerutscht, so wirkt das Land Brandenburg. Da er die Sahara aber nicht auf Höhe des Norddeutschen Tieflands eingeplant hatte, schüttete er zum Ausgleich zahllose Kübel Wasser darüber aus und setzte zur Zierde reichlich Tupfen von Kiefernheide dazwischen. Fertig war die Mark, die ›Streusandbüchse der Nation‹. So oder ähnlich könnte die Sage von der Entstehung Brandenburgs lauten, dem mit 29 480 Quadratkilometern fünftgrößten Bundesland der Bundesrepublik Deutschland.

Seit dem Mittelalter trägt das historische Kerngebiet den Namen ›Mark Brandenburg‹. Die Niederlausitz im Südosten und der Fläming im Südwesten gehören erst seit 1815 zu Brandenburg. Vom nördlichsten Punkt, dem Dorf Uckerland in der Uckermark, bis nach Ortrand, dem südlichsten Punkt in der Niederlausitz, durchmisst das Bundesland eine Länge von 244 Kilometern. Von West nach Ost werden als maximale Breite zwischen dem Weiler Lenzerwische in der Prignitz und einem Punkt östlich der Gemeinde Neiße-Malxetal an der polnischen Grenze 291 Kilometer gezählt.

Keine 2,5 Millionen Menschen bevölkern das Land. Davon leben etwa eine Million im sogenannten Speckgürtel rund um die deutsche Bundeshauptstadt Berlin, die sich inselartig als Stadtstaat inmitten von Brandenburg ausdehnt; und rechnet man die 3,5 Millionen Berliner mit ein, bildet der insgesamt 4,5 Millionen Einwohner zählende Ballungsraum im Herzen Brandenburgs nach London, Paris und dem Rhein-Ruhr-Gebiet eines der größten städtischen Konglomerate in der Europäischen Union.

Umso einsamer zeigt sich das übrige Land. Mit durchschnittlich 83 Personen auf einem Quadratkilometer ist deutschlandweit nur noch Mecklenburg-Vorpommern dünner besiedelt; in absoluten Zahlen gehören die Prignitz im Nordwesten und die Uckermark im Nordosten sogar zu den menschenleersten deutschen Landstrichen. Seit die Niederlausitz-Metropole Cottbus Anfang 2009 die 100 000-Einwohner-Grenze unterschritt und dadurch ihren Großstadtstatus verlor, ist die 160 000 Einwohner zählende Landeshauptstadt Potsdam die einzige verbliebene Großstadt im Bundesland.

Naturraum

Mehr als 3000 Seen und überdies rund 33 000 Kilometer Flüsse, Bäche und Kanäle machen die Region vom nördlichen Oberuckersee bis zum südlichen Niederlausitzer Seenland, vom westlichen Havelland bis östlich zur Oder zum gewässerreichsten Bundesland Deutschlands. Hinzu kommen Niederungsmoore und jede Menge Sand, mit Kiefernheide und gelegentlich auch Laubmischwäldern geschmückt, mal flach, mal sanft gewellt und mit einer höchsten Erhebung versehen, die gerade soeben 200 Meter über dem Meeresspiegel erreicht. So präsentieren sich die ›üblichen Requisiten märkischer Landschaften‹, wie sie der märkische Wandersmann Theodor Fontane in einem Satz auf den Punkt bringt: »weite Flächen, Hügelzüge am Horizont, ein See, verstreute Ackerfel-

Störche sind zahlreich in Brandenburg

der, hier ein Stück Sumpfland, durch das sich Erlenbüsche, und dort ein Stück Sandland, durch das sich Kiefern ziehen.«

Die Landschaft ist weitgehend ein Ergebnis der letzten Eiszeit. Von ungefähr 115 000 bis etwa 8000 Jahre vor unserer Zeitrechnung dehnte sich die Weichsel-Eiszeit mit mehreren Perioden massiver Vergletscherungen von Skandinavien bis gut 50 Kilometer südlich von Berlin aus. Mehrfach überzogen die riesigen Eismassen das Land und schoben dabei wie Planierraupen gewaltige Mengen an Geröll, Kies, Schluff und Sand vor sich her. Alles, was ihnen im Weg stand, wurde in den drei großen Vorstoßphasen der Gletscher zermalmt.

Jeweils bei ihren Rückzügen hinterließen sie an den Eisrandlagen über 100 Meter hohe Schutthaufen-Staffeln, die man Endmoränen nennt: Hügel mit teils steilen Abhängen, wie sie in der Märkischen Schweiz, am Westrand des Oderbruchs oder mit den Krausnicker Bergen westlich vom Unterspreewald aufsteigen. Davor breiten sich, normalerweise von einem Gletschertor ausgehend, Sandergebiete aus, auf deren tischebenen weiten Sandflächen am liebsten Kiefern gedeihen und das Heidekraut blüht. Unter dem Eis setzte sich Geschiebemergel in Form von Grundmoränen ab: relativ ebene bis sanft gewellte Landschaften, wie sie Brandenburg weithin dominieren und in der Uckermark gelegentlich sogar die Gestalt munterer kleiner Kuppen annehmen können. Dazwischen blinken die zahllosen brandenburgischen Seen auf, die sich in Gletscherschrammen, Schmelzwasserrinnen, Zungenbecken und Toteismulden gegen Ende der Weichsel-Eiszeit füllten.

Die Oberflächenformen im südlichen Brandenburg sind älteren Datums. Sie stammen bereits aus der Saale-Eiszeit, die um 230 000 bis 130 000 Jahre vor unserer Zeit datiert. Anders als im Jungmoränenland der Weichseleiszeit gibt es im südlichen brandenburgischen Altmoränenland vergleichsweise wenige ausgedehnte Gewässer, die auf natürliche Weise entstanden.

Dafür besitzt die Niederlausitz aus älteren Erdzeitaltern umso größere Braunkohlevorkommen, meist nur wenige Meter unter der Erdoberfläche. Segen und Fluch zugleich, denn Arbeitsplätze wie die Zerstörung der Landschaft gehen gleichermaßen damit einher. Eine ganze Reihe sanierter Tagebaurestlöcher füllt sich jedoch zurzeit mit Wasser, und so wird von Menschenhand nachgeholt, was die Eiszeit in ihrem Schaffen der Lausitz verweigert hatte. In etwa einem Jahrzehnt wird in der Region das dann größte künstliche Seenland Europas vollendet sein. Neben Moränen, Sandern und Seen modellierten die eiszeitlichen Gletscher mit ihren Schmelzwassern großflächige Urstromtäler. Vier sind es in Brandenburg, in denen sich vor Jahrtausenden die Wassermassen sammelten und sich von der Weichsel über die Oder bis zur Elbe ihren Weg von Ost nach West in die Nordsee bahnten: im Norden das Eberswalder Urstromtal, gefolgt vom Berliner und dem Baruther Urstromtal und ganz im Süden schließlich dem Lausitzer Urstromtal. Meist nur wenige Meter über Normalnull, absolut flach und aus Kies und mächtigen Sanden bestehend, reichen oft wenige Meter Bodenaushub, damit das Grundwasser sprudelt.

Die wichtigsten Verkehrswege der ersten Menschen in der Mark konzentrierten sich deshalb dort, wo die sandigen, sumpfigen, vermoorten Urstromtäler am

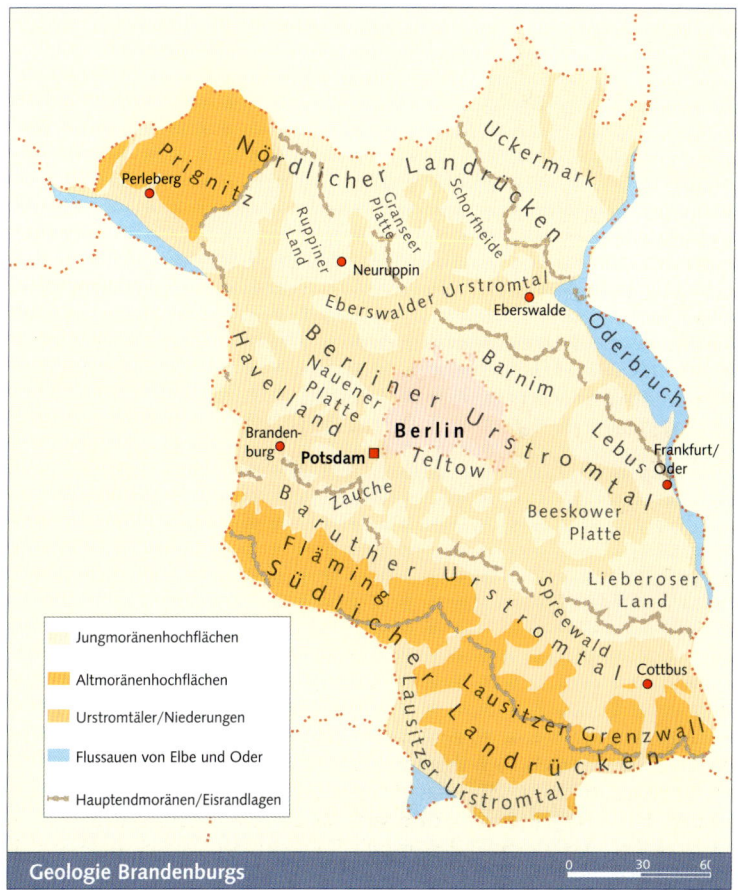

Geologie Brandenburgs

Legende:
- Jungmoränenhochflächen
- Altmoränenhochflächen
- Urstromtäler/Niederungen
- Flussauen von Elbe und Oder
- Hauptendmoränen/Eisrandlagen

0   30   60

schmalsten und vergleichsweise unkompliziert zu durchqueren waren. Denn nach dem Abfluss der gewaltigen Schmelzwasser bedeckten zunächst weite flache Seen – ›Riesenpfützen‹ gewissermaßen – das Niederungsland.

Ihre Verlandung setzte vor ungefähr 5000 Jahren ein, und die für Brandenburg typischen Luchlandschaften mit Feuchtwiesen, ausgedehnten Sümpfen und Niedermooren entstanden. Noch bis weit in die Neuzeit hinein blieb diese unwegsame Natur ungezähmt. Das Rhinluch oder das große Havelländische Luch wurden wie das Oderbruch erst im 18. Jahrhundert mithilfe von Deichen, Schöpfwerken, Wehren und Gräben entwässert und dadurch für die Menschen bewohnbar gemacht.

Regionen und Landschaften

Brandenburg wird gerne als ›Streusandbüchse‹ bezeichnet. Aus Kiefernheide, Wasser und Sand bestehe das flache Land, lautet das gängige Urteil; und tatsächlich zeigt oft erst der zweite Blick, wie ungemein vielfältig und abwechslungsreich Brandenburgs Regionen und Landschaften, Natur- und Kulturräume sind. Schon Fontane musste in seinen ›Wanderungen durch die Mark Brandenburg‹ konstatieren, er habe das Land reicher gefunden, als er jemals zu hoffen gewagt hatte. »Ein Reichtum ist mir entgegengetreten«, schrieb der Dichter, »dem gegenüber ich das bestimmte Gefühl habe, seiner niemals auch nur annähernd Herr werden zu können.«

Potsdam und Havelland

Weltkultur und schöne Natur gehen in Potsdam eine großartige Verbindung ein. Eingebettet in ein Mosaik aus Wasser und Land, zählt die Havelmetropole und brandenburgische Landeshauptstadt zu den schönsten Städten in Deutschland. Ihre Schlösser- und Gartenlandschaften, die unter den brandenburgischen Kurfürsten, preußischen Königen und deutschen Kaisern entstanden, gehören heute zum Weltkulturerbe der Menschheit.

Landschaft an der Oder

Campingplatz in der Uckermark

Das Havelland rund um Werder fasziniert durch seine zahlreichen Seen und im Frühjahr durch seine Obstblütenpracht. Zehntausende pilgern alljährlich zum Werderaner Obstblütenfest. Im westlichen Havelland steht mit der 1100-jährigen Stadt Brandenburg die historische Wiege der Mark. Zahlreiche bedeutende Zeugnisse mittelalterlicher Baukunst erinnern an ihre große Vergangenheit. Nicht weit entfernt erhebt sich in der südlichen Zauche das Kloster Lehnin, Keimzelle und Mutterkirche der märkischen Zisterzienserklöster; während das nördliche Havelland mit der Optikstadt Rathenow und den Flugversuchen des Flugpioniers Otto Lilienthal Technikgeschichte schrieb. Vor allem aber hat Fontanes Gedicht über den Birnbaum im kleinen Dorf Ribbeck das nördliche Havelland weit über seine Grenzen hinaus bekannt gemacht. Die Landschaft ist geprägt von den Feuchtniederungen, Moor- und Sumpfgebieten des Rhinluchs und des Havelländischen Luchs. Große Teile davon sind im Naturpark Westhavelland geschützt, der mit den Nebenarmen der Unteren Havel und zahllosen kleineren Fließgewässern zu den wichtigsten Feuchtgebieten in Deutschland zählt.

Prignitz

Burgen, Herrenhäuser und Backsteinkirchen zeugen davon: Die Prignitz gehört zu den ältesten Kulturlandschaften der Mark. Auf halbem Wege zwischen Hamburg und Berlin entfaltet sie ihren herb-romantischen Charme. Felder, weite Wiesen und Auen sind typisch für das traditionelle Ackerland. Die Silhouetten alter Dörfer und Städte, die sich bildschön wie Perleberg oder Wittstock, die kleine Stadt Lenzen oder der Kur- und Thermalbadeort Bad Wilsnack mit Fachwerk und rotem Ziegelstein schmücken, kündigen unverkennbar Norddeutschland an.

Ein halbes Jahrhundert lang blieben die Flussauen der Elbe im Schatten der unüberwindbaren deutsch-deutschen Grenze nahezu unberührt. Heute sind der Flusslauf, seine natürlichen Überflutungsgebiete und dort die größten mitteleuropäischen Auenwälder im bundesländerübergreifenden Biosphärenreservat

In Angermünde

Flusslandschaft Elbe geschützt. Die Elbauen decken Bibern, Fischottern und insbesondere Störchen den Tisch. Im Europäischen Storchendorf Rühstädt im Biosphärenreservat werden im Sommer fast so viele Störche wie Einwohner gezählt – weshalb es nicht wundert, dass der Storch ein Wahrzeichen der Prignitz ist.

Ruppiner Land/Oberhavel

Vom Rhinluch bis zur Landesgrenze nach Mecklenburg erstreckt sich das Ruppiner Land. Preußisch-klassizistische Kleinstädte wie die Fontanestadt Neuruppin – Tor zur hügeligen Ruppiner Schweiz – oder Rheinsberg am Grienericksee bilden die kulturellen Höhepunkte in der an Wald und Gewässern reichen Region. Buchenwälder und Klarwasserseen zieren den Naturpark Stechlin-Ruppiner Land, in dem der Große Stechlinsee durch Fontanes Roman ›Der Stechlin‹ zur Berühmtheit gelangte. Hunderte weitere Seen, meist durch Flüsse und Kanäle miteinander verbunden, fügen sich zu einem mehr als 2000 Kilometer zählenden Netz von Wasserwegen und machen Brandenburgs Norden zu einem Paradies für Paddler und Wasserwanderer.

Aus ihrem Quellgebiet in Mecklenburg fließt die Havel auf Höhe der Paddelmetropole Fürstenberg nach Brandenburg ein und nimmt durch Sumpfgebiete, Wiesenland oder Kiefernheide Kurs Richtung Berlin. Denkmäler der Industriekultur säumen den Weg und zeigen an, dass sich an der Oberen Havel im 19. Jahrhundert der größte Ton- und Ziegeleistandort Europas befand. Kleine Ackerbürgerstädte wie Lindow, Gransee und Kremmen schmücken sich mit historischen Ortskernen. Prachtvolle Schlösser von Rheinsberg über Meseberg bis Oranienburg atmen königlich-preußische Vergangenheit. Die Mahn- und Gedenkstätten Sachsenhausen und Ravensbrück erinnern an das dunkelste Kapitel in der deutschen Geschichte.

Land und Leute

Barnim und Uckermark

Vom Berliner Urstromtal steigt die Barnim-Hochfläche an, die weitgehend der Naturpark Barnim einnimmt. Knapp 750 Quadratkilometer groß ist der herrliche Flickenteppich aus Wasser und Land, an den sich im Norden mit dem Biosphären- reservat Schorfheide-Chorin eines der größten zusammenhängenden Waldgebie- te Deutschlands anschließt. Der Grumsiner Forst, ein alter Tieflandbuchenwald mitten im Biosphärenreservat, wurde 2011 von der UNESCO zum Weltnaturerbe erklärt. Das Reservat geht im Nordwesten in den Naturpark Uckermärkische Seen über und mündet östlich an der deutsch-polnischen Grenze in den Nationalpark Unteres Odertal – weshalb die Brandenburger mit Stolz von sich sagen können, dass sie im Nordosten ihres Bundeslands eines der ausgedehntesten Großschutz- gebiete in Deutschland besitzen. Zahlreiche Seen rund um Wandlitz laden zum Baden ein. Vor der malerischen Kulisse der Klosterruine Chorin erklingt in den Sommermonaten klassische Musik, und das Schiffshebewerk bei Niederfinow am Oder-Havel-Kanal fasziniert als technisches Meisterwerk. Mittelalterliche Stadtmauern, bedeutende Bauwerke der Backsteingotik und liebevoll sanierte Altstadtkerne zieren Orte wie das Thermalbadestädtchen Templin, die beiden Kreisstädte Bernau und Prenzlau oder das Tor zum Nationalpark, Angermün- de, während Eberswalde am historischen Finowkanal auf stattliche Zeugnisse seiner frühen Industriegeschichte blickt. Im nordöstlichen Zipfel Brandenburgs wechseln sich in der Uckermark sanfte Hügel und viele weitere Seen ab. Mit ei- ner Fläche von 3058 Quadratkilometern bildet die dünn besiedelte Uckermark einen der größten Landkreise Deutschlands.

Märkisch Oderland, Dahme-Seen und Oder-Spree-Seengebiet

Wasser ist auch im östlichen Brandenburg das prägende Element. Oder, Spree und Dahme sind die ständigen Begleiterinnen in der Region. Vor nunmehr 250 Jahren wurde das sumpfige Überflutungs- und Auenland an der Oder tro- ckengelegt; und noch heute zeigt sich das Oderbruch als ein ebenso weites wie

Heuschober im morgendlichen Spreewald

zutiefst stilles Land. Auf halber Strecke zwischen der Oder und Berlin erhebt sich das wald- und seenreiche Hügelland der Märkischen Schweiz. Mit dem Kurstädtchen Buckow im Zentrum, stehen die grünen Kuppen und Täler im Naturpark Märkische Schweiz unter Schutz. Rundum umgibt ihn ein Reigen eindrucksvoller Schlösser und Herrenhäuser, darunter die klassizistische Perle Neuhardenberg am Rande des Oderbruchs.

Von Süden her schlängelt sich die kleine Dahme durch die Kiefernheide und Seen im Naturpark Dahme-Heideseen, bevor sie in die Kreisstadt Königs Wusterhausen einzieht. Vom Spreewald aus fließt die Spree durch das Land. Orte wie Beeskow oder Storkow haben sich mit mittelalterlichen Burgen und Wehrmauern ihren historischen Charakter bewahrt, während am Scharmützelsee das elegante Bad Saarow mit modernem Yachthafen, Golfplatz und Therme aufwartet. Wie westlich die Dahme verbindet östlich die Spree eine Reihe von Seen miteinander, und wo sie nicht hingelangt, flechten Kanäle ein dichtes Netz zwischen Oder, Dahme und Spree.

Alte Mühlen, Hügel und tiefe Schluchten sind charakteristisch für den Naturpark Schlaubetal, den das Bächlein Schlaube durchfließt. Nahebei entfaltet das Kloster Neuzelle barocke Pracht. Dagegen veranschaulicht Eisenhüttenstadt als ehemalige DDR-Musterstadt die Ästhetik sozialistischer Industriekultur.

Der Süden

Die Niederlausitz ist Brandenburgs sonnenreichste Region. Städtebauliche Schmuckstücke wie Luckau und Fürstlich Drehna, die Sängerstadt Finsterwalde und natürlich die Niederlausitz-Metropole Cottbus laden zur Besichtigung ein. Neben traufständigen klassizistischen Ackerbürgerhäusern kommt auf einmal schwunghaftes sächsisches Barock ins Spiel. Die Scheunen werden größer, die Dachgiebel spitzer, die Gassen verlaufen nicht mehr nur planmäßig, und auch die sächsischen Postdistanzsäulen erinnern daran, dass die Niederlausitz vor 1815 nicht Teil von Preußen war. Zweisprachige Ortsschilder zeigen überall an, dass die Lausitz die angestammte Heimat der slawischen Sorben/Wenden ist. Ihre Trachten und Bräuche sind besonders im Spreewald zur Berühmtheit gelangt, wo sich die Spree zu einem labyrinthischen System unzähliger Fließe verzweigt. Von Lübbenau, mit großem Kahnhafen die

Schloss Wiesenburg, Torhaus

heimliche Hauptstadt des Spreewalds, gehen die touristischen Kahnfahrten tief in die ursprüngliche Lagunenlandschaft des Biosphärenreservats Spreewald hinein. Markenzeichen im nahen Naturpark Niederlausitzer Landrücken wie auch im Naturpark Niederlausitzer Heidelandschaft sind dagegen Kiefernheide und Sand. Unmittelbar angrenzend erstrecken sich von Cottbus über Spremberg und Senftenberg bis Lauchhammer die bizarren Mondlandschaften des Braunkohletagebaus. Dinosaurier der Industriegeschichte wie das Besucherbergwerk Abraumförderbrücke F60 bei Lichterfeld oder die Brikettfabrik ›Louise‹ zählen ebenso zum Niederlausitzer Kulturraum wie die Slawenburg Raddusch und der Spreewälder Kahn. Dort, wo die riesigen Tagebaulöcher ausgekohlt und saniert sind, füllen sie sich allmählich mit Wasser. So wird im nächsten Jahrzehnt im brandenburg-sächsischen Grenzland mit dem Niederlausitzer Seenland Deutschlands größte künstliche Seenlandschaft entstehen.

Fläming

Brandenburgs mittlerer Südwesten verdankt seinen Namen den flämischen Einwanderern, die im 12. Jahrhundert ins Land kamen. Vom Berliner Urstromtal steigt südwärts die Teltow-Hochfläche auf, an die sich die Sanderflächen im Naturpark Nuthe-Nieplitz anschließen. Dort dehnen sich rund um Beelitz Brandenburgs Spargelanbaugebiete aus. In 1000-jährigen Städtchen wie Treuenbrietzen und Jüterbog lassen sich so manche historischen Sehenswürdigkeiten entdecken. Kloster Zinna markiert einen der ältesten Eckpunkte in der deutschen Besiedlung der Mark, und nahebei wartet Luckenwalde mit interessanten Beispielen der Architekturmoderne auf. Das weite Land bietet schöne Möglichkeiten zum Wandern, Radfahren und mit der Fläming-Skate zum autofreien Inlineskaten über hunderte Kilometer.

Während der Niedere Fläming sanfte Wellen aufweist, führen die Kuppen des Hohen Fläming auf gut 200 Meter hinauf. Mit exakt 200,24 Höhenmetern, die der Hagelberg im Naturpark Hoher Fläming misst, ist der zweithöchste Punkt im Bundesland Brandenburg erreicht. Trockentäler und mächtige Findlinge sind Zeugen der letzten Eiszeit, und über dem Tor zum Naturpark, dem 1000-jährigen Belzig, wacht die mittelalterliche Burg Eisenhardt.

Klima

Brandenburg liegt in der Übergangszone zwischen ozeanischem und kontinentalem Klima. Die Temperaturen sind gemäßigt, mit leichten Schwankungen in den westlichen Landesteilen und stärkeren Schwankungen in den östlichen. Niederschläge fallen im Winter etwas weniger als im Sommer und sind im Bundesvergleich eher gering. Die durchschnittlichen Niederschlagsmengen liegen um 550 Millimeter, in manchen Regionen wie dem Oderbruch sogar unter 500 Millimeter.

In Bezug auf die mittlere jährliche Sonnenscheindauer gehört Brandenburg dank seiner nordöstlichen Lage zusammen mit Berlin und Mecklenburg-Vorpommern zu den deutschen Spitzenreitern. 1634 Sonnenstunden werden gezählt, im Bundesdurchschnitt sind es 1528. Im Juli/August klettert das Thermometer auf eine durchschnittliche Höchsttemperatur von 23 Grad Celsius, was eine Reihe von heißen, sehr trockenen Sommertagen mit über 30 Grad einschließt. In den kältesten Monaten Dezember und Januar werden durchschnittliche Höchsttemperaturen von 2 bis 3 Grad erreicht.

Tier- und Pflanzenwelt

In Brandenburg wird Natur großgeschrieben. Ausgedehnte Wälder und Feuchtwiesen, Flussauen und zahllosen Seen bieten Lebensraum für viele bedrohte Pflanzen und Tiere.

Flora

Die brandenburgische Pflanzenwelt ist charakteristisch für die Laub- und Mischwaldzone Mitteleuropas. Auf den lehmigen, nährstoffreichen Böden der Hochflächen herrschen Eichen-Buchenwälder vor, auf den kargen Sandern und in den Urstromtälern überwiegen Kiefern-Eichenwälder. Ursprünglich bedeckten diese Wälder einmal das ganze Land, unterbrochen nur von Seen und Mooren. Durch Rodungen seit dem 12. Jahrhundert und eine intensive Siedlungsentwicklung wurden die fruchtbaren Böden zunehmend zu Ackerland umgewidmet, weshalb sich der Wald heute vor allem auf ärmeren Standorten als Kiefern-Eichenwald ausdehnt. Die Buche, die reichhaltige Erde liebt, kommt nur noch auf einem Zehntel ihrer angestammten Flächen vor.

Fast drei Viertel der brandenburgischen Wälder bestehen aus Kiefern. Und wird der immergrüne Nadelbaum nicht in Plantagen gezwängt, sondern darf sich entfalten, kann er 600 Jahre alt werden. Der anspruchslose Überlebenskünstler schlägt sowohl in sandigen als auch in sauren, vermoorten Böden Wurzeln und teilt dort den Lebensraum mit Sumpfporst, Moosbeere und Wollgräsern.

Wo das Moor nährstoffreicher ist, gedeihen Erlenbruchwälder in Gemeinschaft mit Sumpffarn und Seggen; wo das Wasser nicht steht, sondern fließt, gesellen sich Eschen, Pappeln und Silberweiden dazu. Die Uferbereiche der Fließgewässer und die Feuchtwiesen schmücken sich mit Sumpfdotterblumen und Orchideenarten, und auch der fleischfressende Rundblättrige Sonnentau breitet da und dort seine Tentakeln aus.

Hätte der Mensch nicht eingegriffen, würden die Flussufer mit schöner Regelmäßigkeit überschwemmt und sich weite Auwälder ausdehnen. Tatsächlich sind die durch einen ständigen Wechsel zwischen Trockenheit und Überflutung geprägten Flusswälder in Brandenburg aber kaum noch vorhanden. Deiche zwängen vor allem die Elbe in ein vorgeschriebenes Bett.

Als Konsequenz aus dem verheerenden Hochwasser im Jahr 2002 erhält sie nun an einigen Stellen ihren natürlichen Überschwemmungsraum zurück. Der Deich wird zurückverlegt, und nach historischem Vorbild werden Silberweiden, Ulmen, Erlen, Eschen und Schwarzpappeln als typische Flusswaldvertreter gepflanzt.

Urwüchsige Auwaldreste sind noch in den weiten Oder-Flussauen zu finden, wo sich – mehr noch auf der polnischen als auf der deutschen Seite – zwischen Torfinseln und Nasswiesen ein Geflecht von Flutrinnen, Gräben und Altwas-

Die Kiefer dominiert in den ausgedehnten Wäldern

**Den Wald zu pflegen
Bringt Allen Segen**

Inschrift an der ehemaligen Forstakademie in Eberswalde

sern ausdehnt. Schilfgürtel und Teichrosen zieren die stillen Altwasserarme, und landeinwärts blühen Kreuzenzian, Federgras und Adonisröschen auf den Trockenrasen der Oderhänge.

Dichte Schilfgürtel umgeben auch die Ufer der unzähligen Seen. Besonders kontrastreich erscheint Brandenburgs Wasserreichtum dort, wo die Gewässer in sandigen Urstromtälern liegen oder große Sanderflächen durchziehen. Auf den trockenen kargen Böden und durch Sandverwehungen entstandenen Binnendünen gelingt es einmal mehr der Kiefer, Wurzeln zu schlagen. Zusammen mit Silbergras, Ginster, Wacholder und Blaubeeren sowie weiten Teppichen von zartrosa über tiefrot bis dunkelviolett blühendem Heidekraut hält sie den flüchtigen Sand.

Fauna

Vor gar nicht allzu langer Zeit durchstreiften noch Wölfe, Wisente und Bären die brandenburgischen Wälder. Der letzte Wolf geriet erst Anfang des 20. Jahrhunderts in der südöstlichen Niederlausitz vor die Flinte, das Wisent war um 1800 in der Mark ausgestorben, und der letzte Bär wurde Mitte des 18. Jahrhunderts erlegt. Wildschweine, Rot-, Dam- und Muffelwild, Füchse, Dachse und Marder tummeln sich dagegen noch heute in großen Scharen im Wald- und Wiesenland, und auch bedrohte Tierarten wie der Feldhase, der Siebenschläfer und eine Reihe von Fledermausarten fühlen sich in Brandenburg wohl.

Dass Deutschland ein Einwanderungsland ist, haben unlängst Elche unter Beweis gestellt. Exemplare dieser nordischen, größten Hirschart der Welt wurden 2006 im Nationalpark Unteres Odertal gesehen. Kurz zuvor waren die Wölfe nach Brandenburg zurückgekehrt, und 2007 konnte man in Südbrandenburg erstmals Nachwuchs bei einer Wolfsfamilie beobachten. Seit 2010 besteht die realistische Hoffnung, dass auch Luchse wieder in der Mark heimisch werden. Im Schlaubetal im östlichen Brandenburg wurden Tatzenabdrücke der größten europäischen Raubkatze entdeckt.

In den klaren, fischreichen Gewässern gehen Fischotter auf Beutefang. An kleinen Flüssen, Bächen und Altwasserarmen bauen Biber ihre Burgen und brütet der bunte Eisvogel. An stillen Seeufern, Teichen und Gräben findet die seltene Europäische Sumpfschildkröte ein Refugium, während die ebenfalls gefährdete Rotbauchunke Tümpeln, Söllen und Flussauen den Vorzug gibt.

Dank seiner zahllosen Gewässer ist Brandenburg vor allem ein Wasservogelparadies. Ausgedehnte Feuchtwiesen, von dichten Schilfgürteln umgebene flache Seen, Teichlandschaften und Luchgebiete bilden den Lebensraum für die weltweit vom Aussterben bedrohte Wachtelkönige und Seggenrohrsänger, für Rohrdommeln, Bekassinen und Kampfläufer. Unzählige Kraniche und nordische Gänse legen auf ihren langen Zügen im Frühjahr und Herbst einen Zwischenstopp an den nahrungsreichen brandenburgischen Rastplätzen ein. In besonderen Schutzgebieten hat die akut vom Aussterben bedrohte Großtrappe ein Zuhause gefunden. Rund 60 von nur noch etwa 100 deutschlandweit vorkommenden Exemplaren dieses größten flugfähigen Vogels der Welt werden in der Mark gezählt. Ebenfalls streng geschützt sind die äußerst seltenen Schwarzstörche, die ihre Horste in dichten Wäldern bauen, sowie die Schreiadler, die ihre Beutetiere an der Grenze zwischen Wald und Offenland schlagen. See- und Fischadler, Kranich und Schwarzmilan stehen dank strenger Schutzprogramme seit 2009 nicht mehr auf der Roten Liste bedrohter Tierarten. Auch der Wanderfalke, der seit den 1970er Jahren nicht mehr gesehen wurde, brütet mittlerweile wieder in Brandenburg, ebenso Steinkauz und Wiedehopf, die in Baumhöhlen auf Streuobstwiesen, in stillgelegten Steinbrüchen, Ruinen und verlassenen Scheunen nisten. Mäusebussard und Schleiereule suchen auf Wiesen, Äckern oder im Heideland Nahrung. Und der Weißstorch ist als Begleiter der Menschen über die schöne Jahreszeit von der Prignitz bis zum Spreewald, von der Uckermark bis zum Fläming allerorten zu Hause.

Umwelt und Naturschutz

Fast ein Drittel der Landesfläche Brandenburgs nehmen Großschutzgebiete ein. Von ihnen sind zwischen Elbe und Oder, Havel und Spree elf Großgebiete als Naturparks ausgewiesen, weitere drei Naturräume an der Elbe, im Spreewald und in der Schorfheide als Biosphärenreservate sowie die Flussauenlandschaft an der Unteren Oder als Nationalpark. Zusammen repräsentieren sie die Vielfalt der brandenburgischen Landschaften mit ihrer Tier- und Pflanzenwelt und zeigen darüber hinaus, dass Mensch und Natur nicht zwingend im Widerstreit stehen müssen. In Biosphärenreservaten, für die die Organisation für Erziehung, Wissenschaft und Kultur (UNESCO) der Vereinten Nationen zuständig ist, stehen weltweit über 500 typische natürliche Landschaftsformen und ihre spezifischen Öko-

Am Liepnitzsee

systeme ebenso unter Schutz wie das dort vom Menschen geschaffene Kulturland. Modellhaft sollen die ausgewählten Biosphären zur weitergehenden Entwicklung kulturell, sozial und ökologisch nachhaltiger Wirtschaftsregionen beitragen. Dazu gliedert sich das Biosphärenreservat in drei unterschiedliche Schutzzonen: In der Kernzone (Schutzzone I) bleibt die Natur sich selbst überlassen und das Betreten ist nicht erlaubt. In der Pflegezone (Schutzzone II) – in Deutschland meist als Naturschutzgebiet ausgewiesen – genießen Tiere und Pflanzen den Vorrang; die gekennzeichneten Wege

Die seltene Heidelibelle

dürfen nicht verlassen werden. Die Entwicklungszone (Schutzzone III) dient der naturverträglichen Landschaftsnutzung beispielsweise in Form der ökologischen Landwirtschaft und eines sanften Tourismus.

Gemäß der Definition der Internationalen Union zum Schutz der Natur (IUCN) gilt Entsprechendes für Nationalparks, die mit dem Ziel des Erhalts wertvoller Ökosysteme für Mensch und Natur ebenfalls in Kernzone, Pflege- und Entwicklungszone eingeteilt sind. Anders als in der Bundesrepublik, wo 1970 mit dem Nationalpark Bayerischer Wald der erste Nationalpark eröffnet wurde, gab es diese Großschutzgebiete in der DDR nicht. Etwa ein Sechstel der Landesfläche war

jedoch für die Öffentlichkeit gesperrt, entweder weil die Politprominenz und obersten SED-Kader ein Waldgebiet für sich als Jagdrevier nutzten, oder, und dies war überwiegend der Fall, weil sich dort die Westgruppe der Truppen der Sowjetarmee einquartiert hatte und riesige Gelände für Manöverübungen beanspruchte. Jenseits solcher zwar massiven, aber doch lediglich zeitweiligen Eingriffe blieb die Natur in diesen Gebieten weitgehend unberührt, und eine hoch spezialisierte Fauna und Flora entwickelte sich. Schnell noch vor der Wiedervereinigung wurden von der ersten und gleichzeitig letzten frei gewählten Volkskammer fünf der schönsten Landschaften der DDR zu Nationalparks erklärt. Brandenburgs einziger Nationalpark ›Unteres Odertal‹ ist allerdings erst eine Gründung von 1995.

Weite Flächen in Brandenburg stehen unter besonderem Schutz

Waldbrandgefahr in trockenen Sommern

Märkische Kiefernheide auf märkischen Sandböden kann in den regenarmen, manchmal recht heißen märkischen Sommern wie Zunder brennen. Infolge des hohen Anteils an Kiefernreinbeständen zählt Brandenburg sogar zu den waldbrandgefährdetsten Regionen in Deutschland. Gut ein Drittel aller Waldbrände lodern hier auf, davon sind über 90 Prozent von Menschen verursacht – meistens nicht absichtlich, sondern durch Unachtsamkeit. Deshalb hier einige Verhaltensregeln zu ihrer Vermeidung:

Werfen Sie niemals Zigarettenkippen und Streichhölzer, auch keine abgebrannten, in die Gegend. Ohnehin sind Rauchen und offenes Feuer im Wald, und dort auch in Wassernähe am Badestrand, streng verboten. Leere Flaschen, auch Plastikflaschen, können mit ein paar winzigen Tautropfen wie Brenngläser wirken. Sammeln Sie diesen gefährlichen Abfall bitte ein, auch den von anderen Leuten, sobald sie welchen entdecken. Parken Sie Ihren Wagen nicht auf ausgedörrtem Boden. Der heiße Auspuff auf strohtrockenem Gras könnte wie eine Initialzündung wirken.

In trockenen Sommern sind in den Strandbädern, in Ausflugslokalen und an anderen öffentlichen Orten Tafeln mit Angaben zur Waldbrandgefahr allgegenwärtig. Die verschiedenen Stufen von I bis IV sind definiert und jeweils mit bestimmten Verboten verknüpft:

▸ Keine Angabe heißt ›keine Waldbrandgefahr‹.

▸ Stufe I bedeutet ›Waldbrandgefahr‹ ohne weitere Angabe.

▸ Bei Stufe II, ›erhöhte Waldbrandgefahr‹, dürfen Spaziergänger die gekennzeichneten Waldwege nicht mehr verlassen, Parkplätze und andere touristischen Einrichtungen im Wald können gesperrt werden.

▸ Stufe III warnt vor ›hoher Waldbrandgefahr‹. In diesem Fall sind kleinere und größere Feuer auch in den umliegenden Ortschaften, beispielsweise um im Garten Reisig zu verbrennen, nicht mehr gestattet.

▸ Stufe IV zeigt ›höchste Waldbrandgefahr‹ an. Dann ist das Betreten des Waldes strikt verboten, und auf den Straßen und Parkplätzen nicht nur im Wald, sondern auch am Waldesrand herrscht Parkverbot.

Sollte man unterwegs auf einen entstehenden Brandherd stoßen, heißt es löschen, mit allen zur Verfügung stehenden Mitteln und Möglichkeiten – allerdings nur solange man sich dabei nicht selbst in Gefahr begibt. Auf jeden Fall muss sofort die Feuerwehr alarmiert werden. Hierzu wählt man den bekannten Notruf 112.

Die märkischen Kiefernwälder sind besonders waldbrandgefährdet

ESSAY

Geschichte

Vergleichsweise spät im Zeitalter der Völkerwanderung, im 6./7. Jahrhundert, erreichen westslawische Stämme den Raum zwischen Oder und Elbe und besiedeln die nahezu menschenleere Region, die im Jahrhundert zuvor germanische Stämme verlassen hatten. In Brandenburg lassen sich vor allem zwei Kleinstämme nieder: östlich die Sprewanen mit ihrer Hauptburg am Zusammenfluss von Dahme und Spree; westlich im Havelland die Heveller, deren wichtigste Burgen in Spandow und Brennabor stehen.

Man weiß wenig über sie, da sie keine schriftlichen Aufzeichnungen hinterlassen haben. Es ist lediglich gesichert, dass sie in losen Sippenverbänden lebten, Viehzucht, Fischfang, Jagd und eine spärliche Ackerwirtschaft betrieben und zu einem Pantheon voller Gottheiten beteten. Sie führten Kriege untereinander und Kriege gegen das Heilige Römische Reich, das mit der Kaiserkrönung Karls des Großen im Jahr 800 als ›Renovatio Imperii‹ (Erneuerung des Imperiums) aus der Taufe gehoben worden war.

Von 927 bis 929 unterwirft König Heinrich I. erstmals die slawischen Stämme zwischen Elbe und Oder, darunter im Winter 928/29 den Fürstensitz der Heveller in Brennabor. Unter seinem Sohn Otto I., Kaiser des Römischen Reichs, folgt 936 die Einrichtung von Marken, Grenzregionen des Reichs im heidnischen Slawenland. Missionsbistümer werden gegründet: 946 das Bistum Havelberg und zwei Jahr später das Bistum Brandenburg. Unter dem Namen ›Brendanburg‹ wird es in der Stiftungsurkunde das erste Mal schriftlich erwähnt.

Die folgenden zwei Jahrhunderte erschüttern Slawenaufstände das Land, ohne dass eine Seite dauerhaft Siege für sich verbuchen könnte. Doch allmählich kristallisieren sich neue Konstellationen heraus. In der ersten Hälfte des 12. Jahrhunderts existieren im westlichen Brandenburger Land noch die hevellischen Fürstentümer Havelberg und Brandenburg, die mittlerweile in lockerer Verbindung zum Reich stehen. Östlich der umkämpften Grenzlinie entlang der Flüsse Havel und Nuthe herrscht der Sprewanenfürst Jaxa (oder auch Jaczo) über das Land.

Der Dom zu Brandenburg

Die Geburt der Mark Brandenburg

Fürst Pribislaw, der sich mit christlichem Taufnamen Heinrich nennt, geht als letzter hevellischer Herrscher auf der Burg Brandenburg in die Geschichte ein. 1127 besteigt er den Thron, 1134 bekommt er vom Römischen Kaiser einen Königstitel verliehen, der später jedoch wieder aberkannt wird. Seine Rechtsstellung zum Reich bleibt insgesamt unklar, allemal müssen die Beziehungen aber freundschaftlich gewesen sein. Immerhin vererbte der kinderlose Pribislaw-Heinrich sein Land an Albrecht von Ballenstedt aus dem Haus der Askanier, einem führend an der deutschen Ostkolonisation beteiligten Fürstengeschlecht.

Vom Kaiser erhält Albrecht der Bär (um 1100–1170), wie man ihn nennt, 1134 die Nordmark (die heutige Altmark) verliehen. Er gewinnt 1136 die Prignitz und tritt 1150 nach dem Tod Pribislaw-Heinrichs sein Erbe im westlichen Brandenburg an. Nun steht ihm, um sich zum Herrscher über die gesamte Grenzmark aufzuschwingen, nur noch Fürst Jaxa von Köpenick feindlich entgegen. Bald darauf nimmt der Sprewanen-Fürst die Feste Brandenburg ein, die Albrecht 1157 in einer blutigen Schlacht jedoch zurückerobern kann. Anschließend verlegt er seinen Sitz von Ballenstedt im Harzer Vorland auf die Burg Brandenburg und nennt sich fortan Markgraf von Brandenburg. Damit beginnt 1157 die Geschichte der Region, die seither den Namen Mark Brandenburg trägt.

Unter askanischer Herrschaft

Noch unter Albrecht dem Bären beginnt die planmäßige Kolonisierung der Mark. Siedler aus Sachsen, Schwaben, Westfalen ebenso wie Thüringer, Friesen, Holländer und Flamen lassen sich nieder. Dörfer und befestigte Städte mit Marktrecht entstehen und Klöster werden gegründet. 1183 stiftet Albrechts ältester Sohn und Nachfolger Otto I. (1128–1184) das Kloster Lehnin, und mit dieser Stiftung kommen die Mönche des Zisterzienserordens ins Land. Sie missionieren die heidnischen Slawen und tragen mit fleißigen Händen Entscheidendes zum Urbarmachen der Mark bei. Das Kloster Lehnin wird zur Grablege der askanischen Markgrafen und später auch der ersten drei märkischen Herrscher aus dem Hohenzollerngeschlecht.

Bereits 1177 wird dem Markgraf von Brandenburg erstmals die Reichserzkämmerer-Würde zuteil, von der sich später das Kurrecht und damit das Recht der Brandenburger Markgrafen zur deutschen Königswahl ableitet. Viel Ehre für einen so winzigen Landstrich, der aus nicht mehr als der Prignitz und dem Havelland sowie südlich der Zauche-Region rund um das Kloster Lehnin besteht. Erst in den kommenden 100 Jahren gewinnen die Askanier die Uckermark, den Barnim und den Teltow dazu und dehnen ihren verbrieften Herrschaftsbereich bis zur Oder aus.

Ins 12. und 13. Jahrhundert fällt auch die Gründung der meisten Städte und Dörfer, wie wir sie heute in der Mark kennen. Schätzungsweise 200 000 Einwanderer lassen sich nieder und verschmelzen allmählich mit der slawischen Bevölkerung zum brandenburgischen Stamm; wobei, wie im Spreewald, gleichzeitig zahlreiche wendische (westslawische) Sprach- und Kulturinseln fortdauern.

Slawische Traditionen im Spreewald

Als Städtegründer und Landgewinner gehen vor allem die Brüder Johann I. (um 1213–1266) und Otto III. (1215–1267) in die Annalen ein. Berlin und seine Schwesterstadt Cölln werden erstmals genannt, ebenso Bernau, Angermünde oder Frankfurt am großen Oderstrom. Nahezu beispiellos in der Geschichte herrschen die Brüder in großer Eintracht über das wirtschaftlich aufblühende Land. Und auch die Erbfolge regeln sie rechtzeitig: Die Mark wird in eine johannische und eine ottonische Linie geteilt, unter Johanns Enkel Waldemar (um 1280–1319), dem letzten Spross der Brandenburger Askanier, 1317 allerdings schon wieder vereint.

Unruhige Zeiten

Nach dem Aussterben der brandenburgischen Askanier fällt die Mark 1319 ans Reich zurück. Unruhige Zeiten mit wechselnden Herrschaften brechen an, zunächst unter den bayerischen Wittelsbachern, ab 1373 dann unter den Luxemburgern als Markgrafen. Die Regenten zeigen sich, wenn nicht gar untüchtig, so doch zumindest desinteressiert an dem sandigen, sumpfigen, unfruchtbaren Land, aus dem es herauszupressen gilt, was eben nur möglich ist. Die Lehnshoheit über Pommern geht verloren, die gesamte Mark wird für 560 000 Gulden an Jobst von Mähren verpfändet, die Lausitz an Böhmen, die Neumark östlich der Oder an den Deutschen Orden verkauft.
Knapp 30 Jahre nach dem Tod des letzten askanischen Markgrafen taucht 1348 ein ›Falscher Waldemar‹ auf, der mit der Behauptung, er sei der in Wahrheit gar nicht verstorbene Markgraf, bis zu seiner Entlarvung 1350 eine große Anhängerschaft um sich sammeln kann.

In jener mehr oder weniger führungslosen Zeit blüht das Raubrittertum auf. Berühmt-berüchtigte märkische Namen sind mit Wegelagereien, Schutzzoll-erpressungen, Überfällen und Plünderungen von Handelskarawanen, Märkten, ja ganzen Städten verbunden: »Vor Köckeritze und Lüderitze,/Vor Krachten und vor Itzenplitze/Behüt' uns, lieber Herre Gott!«, so reimen die Menschen, die sich außerdem noch vor den Bredows, den Putlitz' und am meisten vor den gefürchteten Quitzows in Acht nehmen müssen. Unter Letzteren, namentlich Dietrich von Quitzow, erreicht das Raubritter-Unwesen mit der Brandschatzung Berlins 1410 einen traurigen Höhepunkt. Die Mark Brandenburg steht vor dem Kollaps, als 1411 Kaiser Sigismund den Burggrafen Friedrich VI. (um 1371–1440) von Nürnberg aus dem Hohenzollern-Geschlecht als obersten Hauptmann und Verweser in das unruhige Land entsendet.

Der erste Hohenzoller

›Und wenn's ein Jahr hindurch Markgrafen von Nürnberg regnete, wir ließen sie nicht aufkommen!‹ Dieses Bonmot wird einem der Raubritter von Quitzow zugeschrieben, und es beschreibt zugleich die künftige Kampflinie. Während vor allem die gebeutelten Städte dem neuen Herrscher huldigen, lässt der märkische Landadel keinen Zweifel darüber aufkommen, wer tatsächlich das Sagen hat. 1412 ziehen die Ritter im Verbund mit den Pommernherzögen gegen Friedrich von Hohenzollern in die Schlacht – und werden am Kremmener Damm empfindlich geschlagen. Denn Friedrich bringt nicht nur Kriegserfahrung, sondern auch bis dahin unbekannte Waffen mit: Donnerbüchsen und allen voran die ›Faule Grete‹, ein ebenso schweres wie enorm durchschlagendes Geschütz, vor dem bis dahin uneinnehmbare Burgmauern zu Staub zerfallen. Feste um Feste wird erobert, die Burg Trebbin derer von Maltitz fällt, Friesack wird genommen, dann Golzow, dessen Burgherr Hans von Rochow im Büßergewand vor dem Nürnberger Hohenzollerngraf erscheint, und schließlich geht Plaue unter, die Hauptburg der berüchtigten Quitzows.

143. friedrich II.

Kurfürst Friedrich II., genannt Eisenzahn

Am 20. März 1414 verkündet Friedrich auf dem Landtag zu Tangermünde eine neue Landfriedensordnung und urteilt auf deren Grundlage sogleich die märkischen Raubritter ab. Im April 1415 überträgt ihm Kaiser Sigismund das Kurfürstenamt. Die Verleihung der Erzkämmerer-Würde und feierliche Belehnung mit der Kurmark Brandenburg findet im April 1417 statt. Fortan nennt sich der Hohenzoller Kurfürst Friedrich I. von Brandenburg. Und mit diesem Titel geht er als Urahn aller brandenburgischen, preußischen und deutschen Kurfürsten, Könige und Kaiser bis 1918 in die Geschichte ein.

Land und Leute

Die Herrschaft festigt sich

Wie seine Vorgänger hält sich auch Friedrich I. kaum in der Mark auf. Erst der Sohn und Nachfolger Friedrich II. (reg. 1437–1470), ›Eisenzahn‹ genannt, lässt sich buchstäblich häuslich nieder, indem er in der Doppelstadt Berlin-Cölln den Bau einer Zwingburg veranlasst. Der Eisenzahn drängt den mächtigen Landadel weiter zurück, schränkt die in der Raubritterzeit erlangte Selbstständigkeit der Städte wieder ein, kauft die Neumark zurück und gewinnt in der Lausitz die Lande Cottbus und Peitz wieder für Brandenburg. Nur gegen die pommerschen Herzöge vermag er nichts auszurichten. Noch weit über das Ende seiner Regentschaft 1470 hinaus wütet ein zermürbender Grenzkrieg mit Verlusten auf beiden Seiten. Auch der nachfolgende Bruder, Kurfürst Albrecht Achilles (reg. 1470–1486), ist eher Kriegsherr als Schlossherr und wird zu zahlreichen Schlachten an die unruhigen Grenzen im Norden und Osten gerufen. Gleichwohl avanciert Berlin zum erklärten Regierungssitz, und die Mark profitiert ebenfalls von der Herrschaft: Die ›Dispositio Achillea‹ garantiert fortan ihre Unteilbarkeit mit Verbleib in der Linie des erstgeborenen Sohns. Albrechts Unternehmen, den Märkern eine Biersteuer zu oktroyieren, scheitert dagegen und löst allerorts Aufruhr aus. Eine ›Bierzise‹ durchzusetzen gelingt 1488 erst dem Sohn Johann Cicero (reg. 1486–1499). Bereits seit 1473 regiert der Mann, den man dank seiner Redegewandtheit und seiner Lateinkenntnisse ›Cicero‹ nennt, von Berlin aus stellvertretend für den in Kriegsangelegenheiten überwiegend auswärts weilenden Vater. Folgerichtig wird Berlin nun zur ersten und dauerhaften Residenz.

Mittelalterlich: Burg Rabenstein im Hohen Fläming

›Liebster Prinz! Ich hinterlasse Euch ein großes Land, allein es ist kein deutsches Fürstentum, in dem mehr Zank, Mord und Grausamkeit im Schwange geht, als in unserer Mark‹, lautet das Vermächtnis Johann Ciceros an seinen Sohn. Noch keine 16 Jahre alt, erbt Joachim I. Nestor (reg. 1499–1535) vom Vater die Kurfürstenwürde über ein Land, in dem das Raubrittertum zwischenzeitlich erneut Blüten treibt. So schonungslos Joachim dagegen vorgeht, so klug und kompetent erweist er sich als Regent. Er eröffnet 1506 die Viadrina-Universität in Frankfurt/Oder und 1516 das Berliner Kammergericht, begründet darüber hinaus mit der ›Constitutio Joachimica‹ die einheitliche Rechtsprechung in Brandenburg und sichert für sein Herrscherhaus außerdem die Erbfolge in Pommern.

Brandenburg-Preußen entsteht

Gleich in zweierlei Hinsicht beginnt mit Joachims Sohn, Joachim II. Hektor (reg. 1535–1571), eine neue Epoche. 1539 führt der Kurfürst die Reformation in Brandenburg ein, 1569 erreicht er mit dem Tod des Verwandten Albrechts I. von Brandenburg-Ansbach die Mitbelehnung im fernen östlichen Preußen. Albrecht I., Hochmeister des Deutschen Ritterordens im geistlichen preußischen Ordensstaat, dessen Gebiet sich im Kern zwischen Weichsel und Memel erstreckte, hatte diesen bereits 1525 in ein weltliches Herzogtum umgewandelt und vom polnischen König als Lehen empfangen. Fortan regierte Albrecht bis zu seinem Tod 1568 als Herzog von Preußen in Königsberg. Und da der Sohn und Nachfolger geistig umnachtete, übernahm die Brandenburger Verwandtschaft schließlich die Regierungsgeschäfte.

Im Jahr 1605 wird Kurfürst Joachim Friedrich (reg. 1598–1608) Administrator von Preußen. Vier Jahre zuvor hat er in Joachimsthal die erste Glashütte der Mark Brandenburg bauen lassen und bereits 1594, zur Festigung der östlichen Bande, seinen Spross Johann Sigismund mit der Tochter des umnachteten preußischen Herzogs verheiratet. 1608 tritt Kurfürst Johann Sigismund (reg. 1608–1619) das väterliche brandenburgische Erbe an, 1609 wird er Vormund seines geistesgestörten Schwiegervaters in Preußen; und als dieser 1618 ohne männlichen Erben verstirbt, geht die Erblichkeit des preußischen Lehens auf die Kurfürsten von Brandenburg über.

Im Dreißigjährigen Krieg

Anders als die 1614 im Westen ererbten Lande Kleve, Mark und Ravensberg mit ihren Handelsplätzen, anders als die reichen Hansestädte im östlichen Preußen ist die Mark Brandenburg Anfang des 17. Jahrhunderts ein rückständiges, armseliges und verschuldetes Land. Es nährt seine Menschen mehr schlecht als recht durch den Ackerbau, während der ostelbische Adel zugleich seine Grundherrschaft ausdehnt, indem er Bauernstellen, Gemeindeland, ja ganze Dörfer besetzt (Bauernlegen) und in die Erbuntertänigkeit zwingt.

Trotz Neutralität im Dreißigjährigen Krieg (1618–1648), die Kurfürst Georg Wilhelm (reg. 1619–1640) zu wahren versucht, wird das geopolitisch zwischen allen Konfliktparteien liegende Brandenburg zum Tummelplatz sämtlicher Kontrahenten. Die Kaiserlichen, die Dänen, die Schweden ziehen hindurch, plündern, brandschatzen, morden. Kaum ein anderes Land leidet so stark unter den Kriegswirren. Die Hälfte der 8000 Dörfer wird dem Erdboden gleichgemacht, fast 50 Prozent der Bevölkerung verlieren ihr Leben. Als 1640 Kurfürst Friedrich Wilhelm die Regentschaft antritt, ist die Stadt Brandenburg von vormals 12 000 auf 2500 Einwohner geschrumpft, die Residenzstadt Berlin von einst 12 000 auf 6000, und Potsdam zählt statt früher 1400 Menschen nur noch 600. Brandenburg ist ein verwüstetes, entvölkertes Land, und die Staatsschatullen sind leer. Bis zum Westfälischen Frieden 1648 bleibt es von schwedischen Truppen besetzt.

Der Große Kurfürst

Nie wieder soll die Mark zum Spielball europäischer Mächte werden! So könnte man den Leitsatz bezeichnen, unter dem Kurfürst Friedrich Wilhelm (reg. 1640–1688) sein großes Aufbauwerk beginnt. Der im calvinistischen Holland erzogene Herrscher stellt – erstmals in Brandenburg – ein stehendes Heer auf und setzt außenpolitisch auf eine bedachte Schaukelpolitik. Mehrmals wechselt er zu seinem Vorteil die politisch-militärischen Bündnisse.

So fällt Hinterpommern im Westfälischen Frieden 1648 an Brandenburg. Im Zweiten Nordischen Krieg (1656–1660) darf der Kurfürst dank einem Seitenwechsel auf die Souveränität über Preußen hoffen, und im Frieden von Oliva 1660 wird sie ihm tatsächlich bestätigt: Der brandenburgische Herrscher ist damit endgültig Souverän im Preußenland. Militärische Siege werden außerdem im Schwedisch-Brandenburgischen Krieg (1674–1679) errungen, und spätes-

tens seit der Schlacht von Fehrbellin 1675, bei der das brandenburgische Heer unter der persönlichen kurfürstlichen Führung die schwedischen Truppen schlägt, wird Friedrich Wilhelm der ›Große Kurfürst‹ genannt.

Innenpolitisch treibt er den Aufbau von Wirtschaft und Verwaltung voran. Anders als in England oder den Niederlanden, den führenden Wirtschaftsmächten jener Epoche, mangelt es in Brandenburg-Preußen jedoch an einem wirtschaftlich tätigen Bürgertum. So überhaupt je im Ansatz vorhanden, hatte es der Dreißigjährige Krieg nachhaltig ruiniert. Also werden Wachstum und Fortschritt von oben durch die Staatsgewalt oktroyiert. 1649 gründet der Kurfürst das Brandenburgische Staatspostwesen, 1660 erklärt er Potsdam ›jottwehdeh‹ (janz weit draußen) zu seiner zweiten Residenz neben Ber-

Denkmal für den Großen Kurfürsten in Rathenow

lin. Infrastrukturmaßnahmen wie der Bau des Müllroser Kanals zwischen Oder und Spree werden in Angriff genommen, Eisenhämmer, Kupfer- und Glashütten gebaut und Manufakturen gegründet.

Größte Leistung des Großen Kurfürsten in seinem entvölkerten Land aber sind die umfangreichen Peuplierungsmaßnahmen. In einem beispiellosen Akt der Toleranz versichert der reformierte Herrscher über lutherische Untertanen im ›Edikt von Potsdam‹ 1685 französischen protestantischen Glaubensflüchtlingen (Hugenotten), ihnen ›eine sichere und freye retraite in alle(n) unsere(n) Lande(n) und Provincien in Gnade zu offeriren.‹ Im Anschluss strömen zehntausende Hugenotten nach Brandenburg-Preußen und bringen Fachkenntnisse, Wissen und Kapital, Arbeits- und Steuerkraft mit.

So kann Friedrich Wilhelm in seiner Regierungszeit die Staatseinkünfte verdreifachen, das Herrschaftsgebiet fast vervierfachen und die Einwohnerzahl um die Hälfte erhöhen. Von nun insgesamt 1,5 Millionen brandenburg-preußischen Untertanen leben knapp eine halbe Million auf dem Gebiet der alten Mark Brandenburg.

Königreich Preußen

Bei seinem Tod 1688 hinterlässt der Große Kurfürst seinem Sohn Friedrich III. (reg. 1688–1713) ein intaktes Land – einem Emporkömmling gleichwohl, der im Konzert der europäischen Mächte allemal nur den Hilfsgeiger spielen darf. Enorme Goldtalersummen und außerdem Hilfstruppen für den Kaiser in Wien tragen zu dessen Nachsicht bei, als sich Friedrich III. im Jahr 1701 – ein ungeheuerlicher Vorgang – selbst zum König krönt. Eigenhändig setzt er sich die Krone aufs Haupt und nennt sich fortan Friedrich I., König in Preußen.

Friedrich Wilhelm I. (reg. 1713–1740) besteigt als zweiter preußischer König den Thron. Sein prunksüchtiger Vater hat ihm neben der beinahe noch taufrischen Krone einen Schuldenberg von 20 Millionen Talern vermacht. Mit einem Federstrich räumt der neue Regent den höfischen Luxus ab und verordnet dem Land ein rigides Sparprogramm. Man fürchtet sich vor dem strengen, despotischen Landesvater. Und kommt er persönlich daher, um seine nichtsnutzen Untertanen den Stock spüren zu lassen, nehmen sie vor ihm Reißaus. Sogar das Tragen von hübschen Kleidern wird abgeschafft. Anstelle von Brokat und Allongeperücke wird im Königreich der Soldatenrock Mode.

Der ›Soldatenkönig‹ Friedrich Wilhelm I. um 1720

Land und Leute

Denn Friedrich Wilhelms I. Leidenschaft gehört den Soldaten. Am Ende seiner Regierungszeit ist die preußische Armee die viertgrößte Europas, und der Mann, der nur ein einziges Mal kurz und erfolgreich ins Feld gezogen ist, wird von aller Welt ›Soldatenkönig‹ genannt. Pünktlichkeit, Fleiß, Pflicht und Gehorsam avancieren zu ersten Tugenden. Die allgemeine Schulpflicht wird eingeführt und das Auswandern verboten. Havelländisches Luch und Rhinluch werden entwässert, Oderdeiche gebaut, die Uckermark urbar gemacht und allerorts die Einwohnerschaft mit Glaubensflüchtlingen aus aller Herren Länder vermehrt.

An seinem Lebensabend blickt der Soldatenkönig auf ein effizient verwaltetes, finanziell konsolidiertes, wirtschaftlich blühendes, zugleich hochgerüstetes Königreich.

Preußens Glanz und Gloria

Friedrich II. (reg. 1740–1786) nutzt die vom Vater geschaffene militärische Schlagkraft, um kurz nach seinem Regierungsantritt 1740 gegen das habsburgische Schlesien zu ziehen. Das Ausland zeigt sich von dem Angriffskrieg überrascht. Die Diplomatie hatte den schmächtigen Schöngeist schlicht unterschätzt. Mit dem Ersten Schlesischen Krieg (1740–1742) entfesselt Friedrich die österreichischen Erbfolgekriege, im Zweiten Schlesischen Krieg (1744/45) verteidigt er erfolgreich seine Eroberung. Am Ende des Siebenjährigen Kriegs (1756–1763) schließlich ist das Haus Habsburg entschieden geschwächt. Die Welt verneigt sich vor König Friedrich dem Großen, wie er nun heißt, und Preußen ist als europäische Militärmacht ersten Rangs anerkannt.

Tatsächlich zeigt sich der König aber nicht nur als Kriegsherr. Als ›erster Diener‹ seines Staates‹ widmet er sich intensiv dem Aufbau des Lands. Mit dem ›Kartoffel-Befehl‹ wird der Anbau der nahrhaften Knolle durchgesetzt. Neue Wasserstraßen wie der Finowkanal entstehen, Dörfer werden gegründet, Bauern und Handwerker angesiedelt, Sümpfe werden trockengelegt und urbar gemacht. Denn Friedrich weiß, Menschen sind das größte Kapital in seinem dünn besiedelten Land. Allein im Oderbruch finden 50 000 Kolonisten ein neues Zuhause.

In Potsdam, der Garnisons- und Lieblingsresidenzstadt des Königs, entsteht nach einer selbstgefertigten Skizze das verspielte Sommerschloss Sanssouci, ›ohne Sorge‹, in dem sich Friedrich der Große dem vertrauten Gespräch mit Voltaire, dem Flötenspiel, Komponieren und Verseschmieden hingibt. Gleichzeitig setzt er das Werk seines Vaters fort, indem er das Königreich im Dienste energischer Leistungsfähigkeit und militärischer Schlagkraft organisiert.

Am Abend seiner langen Regentschaft, drei Jahre vor Ausbruch der Französischen Revolution, präsentiert sich Preußen als ambivalentes Gebilde. Unvergleichbar modern für seine Zeit: Todesstrafe, Folter und Zensur (außer der politischen) sind abgeschafft, es herrschen religiöse Toleranz und in Ansätzen Rechtsstaatlichkeit. Dabei bleiben die überkommenen Ständeprivilegien der preußischen Junker unangetastet. Bauernlegen, Frondienste, de facto Leibeigenschaft zählen zu den Auswüchsen jenes gleichzeitig merkwürdig altertümlichen friderizianischen Staats, der sich in der Zeitspanne zweier Menschenleben – Vater und Sohn – aus der Bedeutungslosigkeit zur europäischen Großmacht erhoben hat.

Friedrich der Große

Um die Mittagszeit am 24. Januar 1712 erblickt Friedrich von Hohenzollern ›recht fet und frisch‹, wie der Großvater feststellt, im Berliner Stadtschloss das Licht der Welt. Er ist der Stammhalter der preußischen Hohenzollern, und so werden hohe Erwartungen bereits mit Baby Friedrich verknüpft. Im Jahr darauf besteigt Vater Friedrich Wilhelm I. den Thron: gestrenger Zuchtmeister, ständig nach Bier und Pfeifenqualm riechender Wüterich, den Friedrich zeitlebens fürchten wird. Um ihm die ›wahre Liebe zum Soldatenstand‹ einzubläuen, lässt der Vater nach Gutdünken den Stock auf den Rücken des kleinen Kronprinzen niedergehen, gerne auch öffentlich, vor Ministern, Generälen und Diplomaten. Die Demütigungen und Misshandlungen graben sich tief in die Kinderseele.

Anders als sich der Vater erhofft, entwickelt sich Friedrich indes gänzlich unsoldatisch, gerät vielmehr nach seiner schöngeistigen Großmutter Sophie Charlotte, die mit Leibniz und anderen Philosophen verkehrte. Der Kronprinz versteht sich aufs Flötenspiel, liebt die Philosophie und die Literatur, die er in Französisch liest, so wie er auch spricht. Seine ›Vater-Sprache‹ Deutsch beherrscht er sein Leben lang, wie er sagt, nur ›wie ein Kutscher‹.

Immer quälender werden unterdessen die Jahre an der Seite des despotischen Vaters, so unerträglich, dass der 18-jährige Thronfolger schließlich die Flucht nach England ins Auge fasst. Mithilfe seiner Freunde Katte und Keith soll sie gelingen. Doch der Plan wird entdeckt, Friedrich verhaftet und auf königlichen Befehl in die Festung Küstrin gebracht. Keith kann entkommen, für Katte gibt es dagegen

Friedrich II.

keine Gnade. Vor Friedrichs Augen wird der geliebte Freund in Küstrin hingerichtet. Der Widerstand gegen den König ist damit gebrochen, und Friedrich versichert, fortan ›blindlings den väterlichen Willen zu befolgen.‹ Das persönliche Lebensglück wird auf dem Altar von Pflicht und Gehorsam geopfert.

Auf des Königs Befehl folgt 1732 die Verlobung mit Elisabeth Christine von Bevern-Braunschweig. Sie bringt dem Thronfolger die Entlassung aus der Küstriner Verbannung ein. Im Jahr darauf wird geheiratet, wobei der Prinz fest entschlossen ist, die Gemahlin unverzüglich nach dem Tod des Vaters zu verstoßen. Bis 1736 bezieht Soldat Friedrich Quartier in der Garnisonsstadt Neuruppin in der nördlichen Mark. Vier glückliche Jahre im Freundeskreis im nahen Rheinsberg schließen sich an. Dann stirbt 1740 der Soldatenkönig, und der Sohn wird zum König Friedrich II. gekrönt.

Schloss Rheinsberg – hier verbrachte Friedrich seine glücklichsten Jahre

Das gestrenge preußische Regime wird nun um die Ideen der Aufklärung und die Schönen Künste bereichert. Friedrich II. ruft Gelehrte aus aller Welt nach Berlin. In religiösen Fragen herrscht Toleranz, ›denn hier muss ein jeder nach seiner Fasson selig werden‹, wie der König erklärt. Noch im selben Jahr 1740 stirbt in Wien der Kaiser ohne männliche Nachfolge. Halb Europa schickt sich an, seiner Tochter Maria Theresia das Erbe streitig zu machen, und auch der preußische König rüstet zur Schlacht.

Im Ersten Schlesischen Krieg (1740–1742) und Zweiten Schlesischen Krieg (1744/45) trotzt er dem Haus Habsburg Schlesien ab, was ihm den Respekt der europäischen Großmächte einträgt. Es folgen zehn Friedenjahre, die Friedrich II. der Innenpolitik und dem Aufbau des Landes widmet, bis er 1756 den Siebenjährigen Krieg gegen Frankreich, Österreich und Russland vom Zaun bricht. Die jahrelangen Kampfhandlungen führen Preußen an den Rand des Untergangs, eine halbe Million Menschen verlieren ihr Leben, während keine der Kriegsparteien den Sieg erstreiten kann. Am Ende bestätigt der Friede von Hubertusburg 1763 nurmehr den territorialen Vorkriegszustand. Doch Preußen ist zur gefürchteten Großmacht aufgestiegen und Friedrich der Große, wie man ihn inzwischen rühmt, als mächtiger Herrscher anerkannt.

Einen letzten ungeheuerlichen Landraub begeht der preußische König neun Jahre später im Bund mit Russland und Österreich. Im Zuge der Ersten Polnischen Teilung 1772 verleibt er sich das polnische Westpreußen, das Ermland und den Netzedistrikt ein. Zu jenem Zeitpunkt hat der ›Alte Fritz‹ seine eleganten Pariser Röcke längst gegen den ›Sterbekittel‹ eingetauscht, die schlichte blaue Uniform, wie sie bereits der Vater trug. Der Krückstock ist zum ständigen Begleiter des 1,65 Meter kleinen Mannes geworden. Greisenhaft erscheint seine Statur, misanthropisch wirkt sein Charakter. Friedrich der Große, der zu den populärsten Herrschern Europas zählt, stirbt einsam am 17. August 1786 in Potsdam in seinem Lieblingsschloss Sanssouci.

Niedergang und Befreiung, Fortschritt und Restauration

Auf Friedrich den Großen, der kinderlos blieb, folgt dessen Neffe Friedrich Wilhelm II. (reg. 1786–1797). In seine Regierungszeit fallen die Zweite und die Dritte Polnische Teilung 1793 und 1795, bei denen sich Preußen Gebiete bis Warschau einverleibt, und 1789 die Französische Revolution. Die Koalitionskriege gegen Frankreich schließen sich an, an deren Ende 1806, nach der Niederlage der preußisch-sächsischen Truppen bei Jena und Auerstedt, der Untergang des alten preußischen Staates steht.

Napoleonische Soldaten besetzen Berlin. Friedrich Wilhelm III. (reg. 1797–1840) muss samt Familie und Hofstaat nach Ostpreußen fliehen. Währenddessen leiten Freiherr vom und zum Stein und Fürst Hardenberg in Preußen Reformen ein. Die Leibeigenschaft wird aufgehoben. ›Mit dem Martinitag 1810 hört alle Gutsuntertänigkeit in unseren sämtlichen Staaten auf‹, lautet der befreiende Satz, der eine massive Landflucht zur Folge hat. Freie Berufswahl, Gewerbefreiheit, die Möglichkeit des Landerwerbs auch für Bürger und Bauern, die Judenemanzipation, eine Bildungs- und eine Heeresreform zählen zu den weiteren Maßnahmen, die bis 1813 auf den Weg gebracht werden.

Die Schlacht bei Großbeeren im August 1813 läutet die Wende in den Befreiungskriegen gegen Napoleon ein; die Völkerschlacht bei Leipzig im Oktober selbigen Jahres bringt für die Grande Armée die vernichtende Niederlage. Auf dem Wiener Kongress 1814/15 erhält Preußen den Großteil seines alten Staatsgebietes zurück, dazu Westfalen, die Rheinprovinz, Schwedisch-Vorpommern sowie obendrein die sächsischen Ämter Belzig, Jüterbog, Dahme, die Herrschaft Baruth und die sächsische Markgrafschaft Niederlausitz. Auf dem Wiener Kongress wird außerdem die alte Ordnung wieder hergestellt. Jahre der Restauration mit Pressezensur, Überwachung und Versammlungsverbot schließen sich an.

Karl Freiherr von und zum Stein und Karl August Freiherr von Hardenberg, die Initiatoren der großen Reformen

Auf dem Weg ins Kaiserreich

Nicht nur die große europäische Landkarte, auch das Königreich Preußen erhält 1815 neue Konturen. Die Mark Brandenburg geht mit der Niederlausitz sowie der Neumark östlich der Oder in der neu geschaffenen Provinz Brandenburg auf. Von insgesamt zehn preußischen Provinzen ist die brandenburgische mit fast 40 000 Quadratkilometern die zweitgrößte Verwaltungseinheit im Königreich, und in dieser Form wird sie bis zum Untergang Preußens Ende des Zweiten Weltkriegs bestehen.

Im Jahr 1838 hält mit der Eröffnung der Eisenbahnstrecke Berlin–Potsdam der Fortschritt Einzug im Land. Ein Jahr später wird die Arbeit für Kinder unter neun Jahren verboten. Trotzdem bleibt Brandenburg in weiten Teilen ein Anachronismus. Während die Junker auf ihren Gütern gutsherrlich wie vor Jahrhunderten wirtschaften, kommt die Bauernbefreiung nur schleppend voran. Die Revolution 1848, als in Berlin auf den Barrikaden gekämpft wird, findet auf dem brandenburgischen Land kaum einen Widerhall.

Seit 1840 sitzt der kunstsinnige Friedrich Wilhelm IV. (reg. 1840–1858/61) auf dem Thron. Tief religiös und der Welt der Romantik verhaftet, lässt er durch seine

Baumeister Schinkel, Stüler und Persius sowie die Gartenkünstler Lenné und Pückler-Muskau bei Potsdam mit Villen, Kirchen und Palazzi in italienisch-klassizistischer Art seinen Traum vom havelländischen Arkadien Wirklichkeit werden. Eine Schlösser- und Gartenlandschaft entsteht, die heute zum Weltkulturerbe der Menschheit zählt. Die Hoffnungen, die die Demokratiebewegung mit dem Regierungsantritt des Königs verknüpfte, erfüllen sich dagegen nicht.

Im Herbst 1858 übernimmt Bruder Wilhelm für den erkrankten König die Regierungsgeschäfte, 1861 wird der 63-Jährige als Wilhelm I. (reg. 1861–1888) zum preußischen König gekrönt. Wenig später ernennt er den reaktionären Altmärker Otto von Bismarck zum preußischen Ministerpräsident, der in drei Kriegen gegen Dänemark, Österreich und Frankreich die deutsche Reichsgründung unter preußischer Führung durchsetzt. Im Januar 1871 wird in Versailles das Deutsche Reich proklamiert und Wilhelm I. zum deutschen Kaiser erklärt.

Friedrich Wilhelm IV. nach 1848

Das Ende der Hohenzollern-Herrschaft

Mit der Reichsgründung, dem Wirtschaftsboom und der rasanten Industrialisierung in den darauffolgenden Jahren verschieben sich die politischen und ökonomischen Gewichte zusehends vom agrarischen Land auf die Industriemetropole und werdende Weltstadt Berlin. Zählte die Provinz Brandenburg Anfang des 19. Jahrhunderts knapp über eine Million Einwohner, so verdreifacht sich ihre Zahl bis zur Jahrhundertwende. Allerdings leben zwei der nun insgesamt drei Millionen Menschen in Berlin. So ist es auch folgerichtig, dass die Reichshauptstadt 1881 aus der Provinz Brandenburg ausscheidet und eine eigenständige Verwaltungseinheit bildet.

Brandenburg profitiert nur geringfügig vom Wirtschaftswachstum nach der Reichsgründung. Eine Rolle spielen die Holzwirtschaft, der Kalkabbau und die Kohleförderung. Neue Transportwege zu Wasser und zu Land entstehen oder werden ausgebaut, und rund um Berlin wachsen Ziegeleien empor, die den unaufhörlichen Hunger der Großstadt nach Backsteinen stillen.

Im ›Dreikaiserjahr‹ 1888 geht die Krone nach dem Tod Wilhelms I. an dessen Sohn Friedrich III. über und, nachdem Friedrich einem Krebsleiden erlegen ist, an dessen schneidigen Sohn Wilhelm II. (reg. 1888–1918). Das Kaiserreich mit dem jungen Regenten an der Spitze rüstet auf, um sich unter den Großmächten einen Platz an der Sonne zu erobern.

Am Ende des Ersten Weltkriegs ist auch die 500-jährige Ära der Hohenzollern an ihr Ende gelangt. Wilhelm II. flieht im November 1918 nach der Kapitulation des Deutschen Kaiserreichs von Potsdam ins holländische Exil.

Weimarer Republik und NS-Herrschaft

Mit dem ›Gesetz über die Bildung einer neuen Stadtgemeinde Berlin‹ 1920 verliert die Provinz Brandenburg die Städte Charlottenburg, Köpenick, Lichtenberg, Neukölln, Schöneberg, Spandau und Wilmersdorf sowie 59 Landgemeinden und 27 Gutsbezirke an die Spree-Metropole, die damit in der Fläche zur seinerzeit größten Stadt der Welt aufsteigt. Bereits im Jahr davor hat die brandenburgische Bevölkerung ihre Stadtverordnetenversammlungen und Gemeindevertretungen zum ersten Mal demokratisch gewählt. Sogar Frauen dürfen ihre Stimme abgeben, was in den ländlich-konservativen Regionen großes Befremden auslöst.

Inflation und Weltwirtschaftskrise verschonen Brandenburg nicht. Mit den Wahlen 1929 ziehen die Nationalsozialisten erstmals in den Potsdamer Provinziallandtag ein. Bei den Reichstagswahlen 1932 werden sie mit über 45 Prozent der Stimmen die mit Abstand stärkste Partei.

Ende Januar 1933 ernennt der greise Reichspräsident Paul von Hindenburg Adolf Hitler zum Kanzler, Ende Februar brennt in Berlin das Reichstagsgebäude. Am 15. März wird im märkischen Oranienburg-Sachsenhausen das erste Konzentrationslager eingerichtet, am 21. März eröffnet der neu gewählte Reichstag in der Potsdamer Garnisonskirche – der Grabstätte der preußischen Könige. Den Ort hat Hitler nicht zufällig ausgewählt, soll doch der ›Tag von Potsdam‹ die propagandistische Vermählung ›zwischen den Symbolen der alten Größe und der jun-

Was der König – der Fürst – der Feldmarschall – rettete und einigte eroberte,   formte   verteidigte   der Soldat.

Von Friedrich dem Großen zu Adolf Hitler – Propagandapostkarte von 1933

gen Kraft‹ zelebrieren, den braunen Führer so in die Nachfolge Friedrichs des Großen stellen und damit die monarchistisch-deutschnationalen Kreise für die Sache der Nazis gewinnen. Am 23. März 1933 erfolgt mit dem ›Ermächtigungsgesetz‹ die nationalsozialistische Gleichschaltung Deutschlands.

Der Zweite Weltkrieg, den Deutschland 1939 entfesselt, kostet etwa 50 Millionen Menschen das Leben. Sechs Millionen finden den Tod im Holocaust, der planmäßigen Ermordung der europäischen Juden durch das NS-Regime.

Seit den Befreiungskriegen war auf märkischem Boden keine Schlacht mehr geschlagen worden. In den letzten Kriegstagen im Frühjahr 1945 überzieht nun eine Feuerwalze das Land. Vor allem die Dörfer und Städte im östlichen Brandenburg gehen in Flammen auf.

Zu DDR-Zeiten

Am 8. Mai 1945 unterzeichnet Deutschland die bedingungslose Kapitulation. Auf der Potsdamer Konferenz im Sommer 1945 teilen die Siegermächte Deutschland in vier Besatzungszonen und Berlin in vier Sektoren ein. Den ›Staat Preußen, seine Zentralregierung und alle nachgeordneten Behörden‹ löst der Alliierte Kontrollrat im Februar 1947 auf.

In den drei westdeutschen Besatzungszonen haben sich zu diesem Zeitpunkt bereits Länder gebildet; im Zuge der Auflösung Preußens und der Einteilung der sowjetischen Besatzungszone (SBZ) in fünf Länder kann sich nun auch das Land Brandenburg gründen. Es trägt offiziell den Namen ›Land Mark Brandenburg‹.

Unter dem Motto ›Junkerland in Bauernhand‹ folgt bis 1947 eine Bodenreform, die die Besitzverhältnisse radikal ändert. Insgesamt werden in der SBZ 3,2 Millionen Hektar Grund und Boden enteignet. Nach der Gründung der DDR am 7. Oktober 1949 beginnt die Kollektivierung der Landwirtschaft.

Die Dinge wandeln sich grundlegend: Im Rahmen einer Verwaltungsreform 1952 wird das Land Brandenburg aufgelöst und in die Bezirke Potsdam, Frankfurt/Oder und Cottbus unterteilt. Rohstoffarme, traditionell agrarische Gegenden werden massiv industrialisiert: Raffinerien und Petrochemie in Schwedt, Eisen- und Stahlerzeugung in Eisenhüttenstadt, Hennigsdorf und Brandenburg/Havel, in Rathenow optische Industrie, in Ludwigsfelde LKW-Produktion, in Wittstock und Premnitz Textilindustrie; nicht zu vergessen die Niederlausitzer Industrieregion mit riesigen Braunkohletagebauten, Kraftwerken, Brikettfabriken und Kokereien.

Dem Arbeiteraufstand am 17. Juni 1953 in Ostberlin schließen sich Werktätige in zahlreichen Industriestädten Brandenburgs an. Selbst in entlegenen Dörfern kommt es zu Protestaktionen, und erst die Sowjetarmee und zehntausende Volkspolizisten können die Lage wieder unter Kontrolle bringen. Mit dem Mauerbau im August 1961 werden für die nächsten 28 Jahre die Verbindungen nach Westberlin gekappt.

Nach Wahlfälschungen bei der Kommunalwahl im Spätfrühling 1989 durch die SED kommt es in der Bevölkerung zu immer schärferen Protesten und schließlich Massenprotestkundgebungen. Elf Tage nach den Feierlichkeiten zum 40. Jahrestag der DDR am 10. Oktober 1989 tritt Erich Honecker als Staatsoberhaupt von seinen Ämtern zurück. Am 9. November fällt die Berliner Mauer, am 10. November wird die Glienicker Brücke geöffnet. Sie verbindet seither Potsdam und Berlin wieder miteinander.

Die wieder geöffnete Glienicker Brücke, Aufnahme vom 12. November 1989

Brandenburg heute

Nach der Wende und dem Beitritt der DDR zur Bundesrepublik Deutschland am 3. Oktober 1990 entsteht Brandenburg neu als Bundesland. Es ist mit beinahe 29 500 Quadratkilometern das größte der fünf neuen Länder und zählt darüber hinaus zu den flächenreichsten Ländern in Deutschland. Noch im Oktober 1990 finden die ersten freien Landtagswahlen statt; die Abgeordneten tagen in Potsdam, der alten und neuen Landeshauptstadt.

Jahre des Umbruch, der Neuorientierung und des Aufbaus schließen sich an. Dem wirtschaftlichen Strukturwandel fallen zahlreiche, oftmals veraltete Industrien zum Opfer, die Arbeitslosigkeit schnellt in die Höhe. Massive Investitionen, Standortsanierungen, Neuansiedlungen insbesondere im Technologie- und im Wissenschaftssektor bringen den Weg aus der Krise. Nach seiner Erneuerung zählt das brandenburgische Kommunikationsnetz zu den modernsten der Welt. Rund sieben Milliarden Euro werden ab 1990 allein in die Straßeninfrastruktur investiert. Im Speckgürtel rund um Berlin siedeln sich zahlreiche Fertigungs- und Dienstleistungsunternehmen an. Eine Länderfusion mit Berlin geht den Brandenburgern dann aber doch zu weit: In einem Volksentscheid 1996 lehnen sie den Zusammenschluss zu einem Bundesland Berlin-Brandenburg ab.

Während der Oderflut im Hochsommer 1997, als die Deiche vor allem im nördlichen Oderbruch über viele Kilometer zu brechen drohen, erfahren die Brandenburger eine große Welle der Solidarität. Neben Bundeswehr, Technischem Hilfswerk und weiteren Organisationen reist eine enorme Zahl freiwilliger Helfer zum Sandsackschaufeln und -schleppen an. Und auch die Spendenbereitschaft ist immens. Dem Jahrhundert-Elbehochwasser 2002, das mit über 20 Milliarden Kubikmeter Wasser auf Brandenburg zuströmt, setzt man auf den Deichen beinahe zwei Millionen Sandsäcke entgegen. Die Flut richtet trotzdem schwere Schäden an. Auf weiter Strecke werden danach die Deiche erneuert, die den kaum weniger dramatischen Elbehochwassern 2006 und 2013 dann standhalten. 2007 begeht man feierlich das 850. Jubiläum der Mark Brandenburg. 2013 locken in Prenzlau die Landesgartenschau und in Forst die Deutsche Rosenschau. Das Jahr 2015 steht ganz im Zeichen der Bundesgartenschau, die sich im Westhavelland über 70 Kilometer zwischen Havelberg und Brandenburg an der Havel erstreckt.

In der Landeshauptstadt Potsdam: Stadtschloss, Nikolaikirche und sozialistische Moderne

Wirtschaft, Politik und Bevölkerung

Noch vor dem Beitritt der DDR zur Bundesrepublik Deutschland am 3. Oktober 1990 beschloss die Volkskammer am 22. Juli mit dem ›Ländereinführungsgesetz‹ die Gründung der neuen Länder Brandenburg, Mecklenburg-Vorpommern und Sachsen-Anhalt sowie der Freistaaten Sachsen und Thüringen. Die im Oktober 1990 gewählten neuen Landtage arbeiteten demokratische Verfassungen für ihre Länder aus. Im April 1992 wurde die Brandenburger Landesverfassung vom Landtag verabschiedet und im darauf folgenden Juni durch Volksentscheid von der Bevölkerung mit 94 Prozent aller Stimmen angenommen. Die Landeshauptstadt Potsdam ist Sitz der Regierung und des brandenburgischen Landtags, der für fünf Jahre gewählt wird.

Seit der Neubildung der Landkreise 1993 gliedert sich Deutschlands fünftgrößtes Bundesland in 14 Landkreise und die vier kreisfreien Städte Brandenburg/Havel, Frankfurt/Oder, Cottbus und Potsdam. Nach Mecklenburg-Vorpommern verzeichnet das knapp 2,5 Millionen Einwohner zählende Brandenburg gleichzeitig die niedrigste Bevölkerungsdichte Deutschlands. Dabei teilt sich das Land in einen prosperierenden Speckgürtel rund um Berlin, in dem mehr als ein Drittel der Menschen lebt, und eine zunehmend verwaisende ländliche Peripherie. Entsprechend sind große Teile der brandenburgischen Infrastruktur auf die Hauptstadtregion Berlin-Brandenburg ausgerichtet. An der A 10 rund um die deutsche Hauptstadt hat Brandenburgs Industrie ihren Schwerpunkt. LKW-, Maschinen- und Lokomotivbau sowie Elektrotechnik, Elektronik und Biotech in Potsdam, Teltow, Ludwigsfelde, Hennigsdorf und Oranienburg erwirtschaften einen hohen Anteil am Bruttoinlandsprodukt. In den kommenden Jahren wird südöstlich von Berlin der Großflughafen Berlin Brandenburg International (BBI) eingeweiht, das größte Infrastrukturprojekt Ostdeutschlands und Magnet für weitere Ansiedlungen. Potsdam feiert mit einer Vielzahl von Forschungsinstituten Erfolge als Wissensstandort und ist deutschlandweit führend in Sachen Biotechnologie und Meteorologie. Außerhalb der Metropolregion befinden sich industrielle Kerne mit Stahlwerken bei Eisenhüttenstadt und Brandenburg/Havel, Petrochemie in Schwedt, Braunkohlekraftwerke in der Niederlausitz und Optikunternehmen in Rathenow.

Die Fachhochschule Eberswalde ist auf Fragen der nachhaltigen Entwicklung spezialisiert

Land und Leute

Verwaltungsgliederung Brandenburgs

Mecklenburg-Vorpommern

Uckermark

Prignitz

Ostprignitz-Ruppin

Ober-havel

Barnim

POLEN

Oder/Odra

Märkisch-Oderland

Havelland

Berlin

Oder-Spree

Sachsen-Anhalt

Potsdam-Mittelmark

Teltow-Fläming

Dahme-Spreewald

Ober-spree-wald-

Spree-Neiße

Elbe-Elster

Lausitz

Sachsen

Kreisfreie Städte

1 Potsdam
2 Cottbus
3 Brandenburg
4 Frankfurt (Oder)

0   30   60 km

Doch während der Speckgürtel wächst, verlieren die weiter abgelegenen Gemeinden viele Einwohner. Prognosen gehen davon aus, dass im Jahr 2030 halb Brandenburg bei Berlin leben wird. Insbesondere die Uckermark, die Prignitz und Brandenburgs Süden entvölkern sich zusehends. Das Thema ›Schrumpfende Städte‹ beschäftigt die Politik. Der Abriss von 55 000 überflüssigen Wohnungen, vorwiegend in Plattenbauten, erfolgt bis Ende 2009 im Rahmen des Bund-Länder-Programms ›Stadtumbau-Ost‹. Weitere 35 000 Wohneinheiten werden in Anbetracht des Bevölkerungsschwunds bis 2016 noch folgen müssen.

Zur Abwanderung trägt vor allem die Arbeitslosigkeit bei. Der dramatische Abbau von Arbeitsplätzen seit Anfang der 1990er Jahre konnte bis heute nicht kompensiert werden. Waren im Dezember 2001 18,6 Prozent der Brandenburger arbeitslos, sank die Zahl bis 2013 auf immer noch hohe 10,3 Prozent. Dabei herrschen innerhalb des Bundeslands deutliche Unterschiede: 7,9 Prozent Erwerbslosenquote in Potsdam stehen mehr als 15 Prozent in der Uckermark gegenüber. Neben Forschung und Industrie ist die Landwirtschaft als drittes ökonomisches Standbein aus Brandenburg nicht wegzudenken. Etwa die Hälfte der Landesfläche wird landwirtschaftlich genutzt. Der Anbau von Getreide, Kartoffeln und

Zuckerrüben konzentriert sich auf die vergleichsweise fruchtbaren Lehmböden im nördlichen Brandenburg. Im Havelland wird Obst angebaut, und die Feuchtgebiete des Spreewalds und Oderbruchs sind Mittelpunkte des Gemüseanbaus. Darüber hinaus funkeln mehr als 3000 Seen im Land, was Brandenburg kontinuierliche Wachstumsraten im Tourismus beschert. Rad-, Wasser- und Wandertourismus in einer intakten Natur sind die Zugpferde, auf die das Bundesland zunehmend setzen kann.

Dörfer und Städte, Bauwerke und Parklandschaften

Eine Vielzahl von Schlössern und Herrenhäusern, Kirchen und Klöstern zählt zum Erbe der reichen Geschichte Brandenburgs. Neben den berühmten Potsdamer Schlössern und Gärten gibt es im Land zwischen Elbe und Oder noch so manche Perle zu entdecken. Typisch ist auch die große Fülle an Städten mit historischen Stadtkernen. Mittlerweile sind viele von ihnen liebevoll restauriert.

Schlösser und Herrenhäuser

Über 500 Schlösser und Herrenhäuser der verschiedensten Epochen in Brandenburg spiegeln den Repräsentationswillen der preußischen Herrscher und des märkischen Landadels wider. Allen voran Potsdam als zweite königliche Residenzstadt neben Berlin entwickelte sich in einer Zeitspanne von drei Jahrhunderten zur faszinierenden Schlösser- und Gärtenlandschaft. Hans Georg Wenzeslaus von Knobelsdorff (1699–1753), Carl von Gontard (1731–1791), Karl Friedrich Schinkel (1781–1841), Ludwig Persius (1803–1845) und Friedrich August Stüler (1800–1865) lautet die illustre Reihe von Architekten, die Potsdam in ein ›Preußisches Arkadien‹ verwandelten. Schloss und Park Sanssouci mit seinen zahlreichen Prachtbauten, der Neue Garten mit Marmorpalais und Schloss Cecilienhof, Schloss und Park Babelsberg und gegenüber am Berliner Havelufer Schloss und Park Glienicke bilden Ensembles einzigartiger Bauwerke inmitten ausgedehnter Parkanlagen. Im 19. Jahrhundert wurden sie mit der Vorstellung, ›alles vereinzelt Schöne harmonisch zu vereinigen‹, durch den Gartenkünstler Peter Joseph Lenné miteinander zu einer Kulturlandschaft verbunden, die europaweit ihresgleichen sucht. Seit 1990 zählt sie zum UNESCO-Welterbe der Menschheit.

Schloss Kröchlendorff in der Uckermark

Auf den Spuren Lennés oder bedeutender Architekten wie David Gilly (1748–1808) und Johann Friedrich Eosander (1669–1728) lassen sich die vielen Parkanlagen und kleinen ländlichen Schlösser rund um Potsdam und Berlin entdecken: das Barockschlösschen Caputh des Großen Kurfürsten und seiner zweiten Frau Dorothea, Schloss Oranienburg seiner ersten Frau Louise Henriette, Schloss Paretz, Lieblingssommerfrische der beliebten Königin Luise, oder Schloss Königs Wusterhausen, Sommeraufenthaltsort des Soldatenkönigs, sowie etwas weiter entfernt Schloss Rheinsberg, Musenhof Friedrichs des Großen und seines jüngeren Bruders Heinrich – um nur einige bedeutende Beispiele zu nennen.

Neben den königlich-preußischen Residenzen prägen hunderte Schlösser und Herrenhäuser des märkischen Adels das Land zwischen Elbe und Oder. Als privilegierte Herrschaftsschicht stellten die Rittergut- und Großgrundbesitzer die obersten Ränge im Staatsdienst und Militär und standen ihren Königen in der Errichtung prestigeträchtiger Standessitze nicht nach. Vom riesigen Schloss Boitzenburg in der Uckermark bis zum Fürst-Pückler-Schloss Branitz bei Cottbus, von Schloss Ribbeck im Havelland bis Schloss Neuhardenberg im Oderbruch zählen sie zu Brandenburgs architekturhistorischen Perlen. Nach der Enteignung der alten Adelsgeschlechter 1945 in der sowjetischen Ostzone wurden die Schlösser in Schulen, Ferien- und Feierabendheime oder auch Produktionsstätten umgewandelt; andere verfielen oder wurden von den Kommunisten als verhasste Symbole des ›Junkertums‹ bewusst abgerissen. Was erhalten blieb, befand sich zum Zeitpunkt der Wiedervereinigung überwiegend in einem erbarmungswürdigen Zustand. Mittlerweile sind viele Millionen Euro geflossen und die meisten der altehrwürdigen Prachtbauten sorgfältig restauriert. Sie dienen als Museen, kulturelle Veranstaltungsorte und oft auch als Luxushotels oder befinden sich wieder in Privatbesitz.

Kirchen und Klöster

Zeugnisse der reichen Geschichte Brandenburgs sind auch die vielen bedeutenden Kirchen und Klöster. Ihre Gründungen reichen oft bis ins 13. und 12. Jahrhundert zurück; darunter die Klöster des Zisterzienserordens Lehnin, Zinna, Chorin und andere mehr, deren Mönche bei der Kolonisierung und Missionierung des Raums östlich der Elbe eine herausragende Rolle spielten. Ihre Abteien in romanisch-gotischer Backsteinarchitektur sind heute zumeist, wie Chorin, efeuumrankte Ruinen. Oder sie dienen mit ihren Gotteshäusern den Kirchengemeinden und beherbergen in ihren Gemäuern Stifte und diakonische Einrichtungen. Oder

Kloster Zinna

In der Altstadt von Cottbus

sie bereichern einfach die Liste von Brandenburgs wichtigsten Sehenswürdigkeiten wie etwa das barocke Kloster Neuzelle, das in der Nähe von Eisenhüttenstadt auf dem Oderhang thront.
Mächtige Sakralbauten mit erstaunlichen Ausmaßen wie die Prenzlauer oder die
Beeskower Marienkirche, die Bad Wilsnacker Wunderblutkirche und allen voran der Dom St. Peter und Paul zu Brandenburg an der Havel – ›Wiege der Mark‹
und ›Mutter aller märkischen Kirchen‹ – gehören zu den eindrucksvollen Zeugnissen der norddeutschen Backsteingotik im Bundesland. Zahllose kleine Feld-
stein- und Fachwerkkirchen, viele von ihnen ebenfalls bereits im 13. Jahrhundert
erbaut, schmücken die Dörfer. Mit ihren einfachen, klaren Formen, nicht selten
von einem wuchtigen Westturm begleitet, haben sie sich ihren mittelalterlichen
Charakter bewahrt. Nach Jahrzehnten der Vernachlässigung und des Verfalls erstrahlt heute ein stattlicher Teil der Kirchen dank unermüdlichem ehrenamtlichen
Engagement wieder in alter Schönheit. Andere harren noch der Sanierung. Und
diese Aufgabe ist überwältigend: Allein 850 mittelalterliche Dorfkirchen gibt es
in Brandenburg; die ländlichen Gotteshäuser späterer Zeiten gar nicht zu zählen.

Dörfer und Städte

Die Siedlungsformen der brandenburgischen Dörfer weisen als Rundlingsdör-
fer in ihren Ursprüngen oft bis in die slawische Epoche zurück. Hufeisenförmig
wurden die Hofstellen auf erhöhten Plätzen im sumpfigen Niederungsland angelegt. Die Straßendörfer – die Häuser giebelständig in einer Reihe an der Hauptstraße entlang – entstanden in großer Anzahl planmäßig nach der Trockenlegung
der Sümpfe im 18. Jahrhundert; während sich die ebenfalls für Brandenburg typischen Angerdörfer eher in Regionen mit fruchtbarer Ackerscholle befinden.
Dort scharen sich die Bauernhöfe um einen großflächigen zentralen Gemeinde-
platz, von dem Kirche und Friedhof einen nicht unwesentlichen Teil einnehmen.

Die Kirche in Caputh, ein Werk Friedrich August Stülers

Aus Feldsteinen, die die Märker so zahlreich aus ihren Äckern klaubten, oder auch Ziegelsteinen sind die mittelalterlichen Wehrmauern errichtet, die mit stattlichen Toren, Wiekhäusern und Mauertürmen die mittelalterlichen Kerne zahlreicher brandenburgischer Städte beschützten. Ob Jüterbog oder Wittstock, Gransee oder Templin: Vollständig erhaltene mächtige Mauern umziehen die historischen Altstädte mit ihren kopfsteingepflasterten Märkten, schmucken Ackerbürgerhäusern und engen Gassen. Das kleine Fachwerkjuwel Lenzen an der Elbe, die Niederlausitzer Schönheitskönigin Luckau mit reichen Renaissancegiebeln, die preußisch-klassizistische Paradestadt Neuruppin im Ruppiner Land, backsteingotisch Perleberg in der Prignitz – sie alle haben sich ihr ganz eigenes Gepräge über Jahrhunderte bewahrt.

Vor allem in den 40 DDR-Jahren waren die Innenstädte mit ihrem bedeutenden kulturhistorischen Erbe zunehmend vom Verfall bedroht. Bereits in den 1980er Jahren schlossen sich deshalb vielerorts Menschen zusammen, um dem Niedergang all der prächtigen Zeugen der Vergangenheit in ihrer Heimat entgegenzuwirken. 1992 gründeten dann 20 Städte die Arbeitsgemeinschaft ›Städte mit historischen Stadtkernen‹. Mit dem Ziel, die Stadtzentren zu sanieren, erneuern und kulturell wiederzubeleben, flossen bisher beträchtliche öffentliche und private Mittel sowie unzählige hauptberufliche und ehrenamtliche Arbeitsstunden in die oftmals 1000-jährigen Orte. Mittlerweile gehören 31 Städte der Arbeitsgemeinschaft an. Kirchen und Rathäuser, historische Marktplätze und Bürgerhäuser, imposante Stadtmauern, Schlösser und Burgen – insgesamt 3750 Bau- und Gartendenkmale und über 450 Bodendenkmale – erstrahlen in neuem Glanz. Für ihr Engagement wurde die Arbeitsgemeinschaft im Jahr 2008 mit dem Tourismuspreis des Landes Brandenburg geehrt.

Karl Friedrich Schinkel – Baumeister Preußens

Wohl kaum jemand hat die preußische Architektur des 19. Jahrhunderts so nachhaltig beeinflusst wie Karl Friedrich Schinkel. Nordische Kühle und südliche Lichtfülle, mittelalterliche Gotik und klassische Antike, Ästhetik und Funktionalität gehen in Schinkels klarer Formensprache eine geniale Synthese ein. 1781 erblickt der Maler, Designer, Stadtplaner und bedeutende Baumeister des Klassizismus in Neuruppin das Licht der Welt. Gerade sechs Jahre alt, wird er Zeuge der verheerenden Feuersbrunst, die seine Heimatstadt in Schutt und Asche legt und in deren Folge der Vater stirbt. 1794 zieht die Witwe mit den Kindern nach Berlin, wo Karl Friedrich 1798 Freund und Schüler des aufstrebenden Jungarchitekten Friedrich Gilly und dessen Vater, des geehrten Baumeisters David Gilly, wird. Im Jahr darauf schreibt sich der junge Schinkel an der soeben gegründeten Berliner Bauakademie ein. Im Jahr 1800 nimmt sein erstes Bauwerk, der kleine Pomonatempel auf dem Pfingstberg in Potsdam, Gestalt an. Von 1803 bis 1805 folgt eine lange Studienreise durch Italien und Frankreich, während der unzählige Skizzen und Zeichnungen entstehen. Im Jahr nach der Rückkehr lernt er seine Frau Susanne kennen, die er 1809 heiratet. Die Eheleute haben vier Kinder.

Im napoleonisch besetzten, verarmten Berlin ist die vormals rege Bautätigkeit unterdessen fast zum Erliegen gekommen. Schinkel macht sich seine außergewöhnliche Doppelbegabung als Maler und Architekt zunutze, verdient den Familienunterhalt mit Malerei, großflächigen Dioramen und Bühnenbildern. Zu diesem Zeitpunkt ist das preußische Königshaus längst auf das junge Talent aufmerksam geworden. 1810 erhält der 29-Jährige eine Stelle als Oberbau-Assessor und kann sich nun endlich der Architektur widmen. Fünf Jahre später wird er bereits zum Geheimen Oberbaurat ernannt. In Berlin entsteht Unter den Linden von 1816 bis 1818 die Neue Wache, sein erstes von zahlreichen Berliner Bauwerken und Preußens erster Staatsbau nach den Befreiungskriegen. Ab 1820 gestaltet er für den Staatskanzler Karl August von Hardenberg Schloss Neuhardenberg im Oderbruch vollständig im klassizistischen Geschmack um.

Zwei ausgedehnte Informationsreisen – 1824 nach Italien und 1826 nach Frankreich und England – bewirken eine intensive Reflexion über die Verbindung von Form und Funktion, Technik und Ästhetik. Als Ergebnis wird 1830 auf der Berliner Museumsinsel Schinkels Königliches Museum (heute das Alte Museum)

Das Schinkel-Denkmal in Neuruppin, seiner Geburtsstadt

feierlich eingeweiht. Deutschlands nach der Münchner Pinakothek zweiter für die Öffentlichkeit zugänglicher Museumsbau löst eine regelrechte ›Schinkelmania‹ aus. Der Schinkel-Stil wird zum Dernier Cri und der Baumeister zum gefeierten Stararchitekt. 1831 folgt seine Berufung zum Oberbaudirektor. Der 50-Jährige ist nunmehr für die gesamte preußische Bautätigkeit vom westlichen Rheinland bis nach Königsberg in Ostpreußen zuständig.

Bereits 1825 entwirft er im Auftrag Königs Friedrich Wilhelm III. die so genannte ›Schinkelsche Normalkirche‹, die wenig später von Brandenburg bis nach Masuren in unterschiedlichen Spielarten die Kleinstädte ziert. Schloss Glienicke bei Potsdam 1825, Schloss Charlottenhof 1829 und die Römischen Bäder im Potsdamer Park Sanssouci schließen sich an. Gleichzeitig beschäftigen den Baumeister neben klassischen antiken Elementen zunehmend nun auch gotische Formen. Für die 1830 in Berlin eingeweihte Friedrichswerdersche Kirche wählt er erstmals seit dem Mittelalter wieder unverputzten Ziegel für eine Außenfassade. Im gleichen Stil wird 1832 bis 1836 nebenan die Schinkelsche Bauakademie errichtet: in ihrer Klarheit und Funktionalität richtungsweisend bis hin zur Bauhaus-Architektur.

Als Oberbaudirektor ständig auf Reisen, dazu parallel mit der Planung und Durchführung einer Vielzahl von Bauprojekten betraut, wechseln seine Schaffensphasen zunehmend mit längeren Kuraufenthalten ab. Der gefeierte Baumeister, den seine Zeitgenossen als einen heiteren, klugen Menschen beschreiben, humanistisch in der Gesinnung und begnadet als Künstler, ist gesundheitlich schwer angeschlagen. Schinkel fällt 1840 nach einem Schlaganfall ins Siechtum und verstirbt ein Jahr später. Auf dem Berliner Dorotheenstädtischen Friedhof findet Preußens großer Baumeister die letzte Ruhe.

Schinkelkirche in Neuhardenberg

Essen und Trinken

Die klassische Brandenburger Küche ist eine bodenständige Landküche. Auf den Teller kommt, was Wald, Feld, Wiese und Wasser zu bieten haben: Wildbret aus der Schorfheide, Schaf- und Heidschnuckenbraten aus den Heidelandschaften, Rinderbraten vom Weiderind, Obst aus dem Havelland, Gemüse aus dem Oderbruch sowie Hecht, Zander, Aal, Karpfen und eine Fülle weiterer Süßwasserfischarten aus den zahllosen Brandenburger Gewässern; dazu Beeren, Kräuter, Pilze je nach Saison, nicht zu vergessen die Kartoffeln, die bei keinem typischen Gericht fehlen dürfen. Zu überregionaler Berühmtheit sind die Spreewaldgurken, der Beelitzer Spargel und die kleinen zarten Teltower Rübchen gelangt.

›Regional‹ und ›saisonal‹ lautet die Zauberformel, mit der sich entdecken lässt, dass man Landschaft auch schmecken kann. Die besten Restaurants im Land setzen für ihre leichten, edlen Kreationen auf jahreszeitliche Erzeugnisse von den heimischen Märkten. Ihre Gratwanderung zwischen ausgefeilter Eleganz und kraftvoller Bodenständigkeit hat zwischenzeitlich fast einem Dutzend Brandenburger Spitzenköchen zwischen 14 und 18 von 20 möglichen Gault-Millau-Punkten eingebracht. Darüber hinaus wurden zwei Cuisiniers mit einem Michelin-Stern geehrt: Oliver Heilmeyer im Restaurant ›17fuffzig‹ in Burg/Spreewald und Alexander Dressel im Potsdamer Restaurant ›Friedrich-Wilhelm‹.

Dabei war die märkische Kost ursprünglich karg, und auf den Tellern herrschte Monotonie. Kohl, Steckrüben, Schwarzbrot, Bier und Hirsebrei dominierten lange den Speisezettel. Erst die Hugenotten, französische protestantische Glaubensflüchtlinge, machten im 17. Jahrhundert Spargel, Gurken, Bohnen, Erbsen, Blumenkohl und Blattsalat in der Mark bekannt. Den Anbau der genügsamen, nahrhaften Kartoffel, die kein Problem mit den mageren märkischen Böden hat, setzte gegen erheblichen Widerstand in der Bevölkerung Friedrich der Große in der zweiten Hälfte des 18. Jahrhunderts durch.

Havelland

Im Havelland isst man traditionell ›Kartoffeln mit Stippe‹, das sind Pellkartoffeln in einer Speck-Zwiebel-Schwitze. Die großen Obstbaugebiete liegen im südlichen Havelland rund um Werder. Dort werden zum berühmten Werderaner Baumblütenfest immer Ende April/Anfang Mai schnell und recht intensiv wirkende Obstweine ausgeschenkt. Frisch aus dem Fluss und den Havelseen kommt Havelzander als Spezialität, den Puristen nur in Butter gebraten mit einem Spritzer Zitrone genießen; aber auch gedünstet, auf Lauch oder Schmorgurken zubereitet, findet er seine Anhänger.

Prignitz

In der Prignitz wird der berühmt-berüchtigte ›Knieperkohl‹ angerichtet. In der Gegend um Perleberg auch ›Sur'n Hansen‹ genannt, besteht das Prignitzer ›Nationalgericht‹ aus verschiedenen Kohlsorten: Weiß-, Grün-, Blau- und Markstammkohl werden zusammen mit Salz, Wein- und Kirschblättern im Steinguttopf schichtweise eingestampft und sechs bis acht Wochen vergoren. Serviert wird die spezielle Köstlichkeit, für die jeder Koch sein eigenes Geheimrezept hat, mit Kartoffeln, Schweinebauch oder Kasseler. Dazu kommt eisgekühlt ein Gläschen ›Kömm‹ auf den Tisch, damit es nach dem Genuss des Knieperkohls im Bauch nicht so ›kniept‹.

Ruppiner Land, Oberhavel

Im wasserreichen Ruppiner Land und an der Oberhavel steht Fisch in allen nur denkbaren Arten und Variationen auf der Speisekarte: Aal, Hecht, Schleie, Zander, Barsch, Wels gegrillt, gebraten, geräuchert, gekocht und als Besonderheit die Kleine Maräne, die ausschließlich in Klarwasserseen wie dem Großen Stechlinsee vorkommt. Tief und glasklar muss das Gewässer sein, damit sich die kleine Silberschuppe aus der Familie der Forellenfische wohlfühlen kann. Aus dem Rauch, gegrillt oder einfach in Butter gebraten, genießt sie der Schlemmer am liebsten direkt beim Fischer an der Bude am See.

Barnim, Uckermark

Neben Fisch ist Wildbret eine klassische Delikatesse aus den Wäldern des Barnim und der Uckermark. Vor allem in der Schorfheide wird Schwarzkitteln, Rehen und Hirschen schon seit historischen Zeiten nachgestellt. Dazu zieren Pilzgerichte – Pfifferlinge, Maronen und Steinpilze – mit frischen Kräutern die Speisekarten. Als uckermärkischer Gaumenkitzel werden außerdem ›Nudln‹ serviert, die dort auf dem Acker wachsen. Warum die Kartoffel in der Uckermark ›Nudl‹ heißt, kann niemand mit Sicherheit sagen; möglicherweise weil sie die um 1690 eingewanderten Hugenotten ›Nouelles‹ genannt haben. Anlass genug, den gesamten Oktober über ›Nudlwochen‹ zu feiern, ist das allemal. ›Gestowte Wruken‹ (Steckrüben) mit Schweinebauch oder ›Klüt un Beer'n‹ mit gebratenem Schinkenspeck, eine Zubereitung ähnlich wie ›Birnen, Bohnen und Speck‹, zeigen die Nähe zum norddeutschen Mecklenburg-Vorpommern an.

Im Osten

Wie das Havelland Brandenburgs Obstgarten, so ist das Oderbruch die Gemüsekammer der Mark. Insbesondere Erbsen, Bohnen, Spinat, Gurken und Kohlgemüse werden angebaut. Als zweites Standbein bildete an der Oder lange die Fischerei die Lebensgrundlage. Im Fischkessel eingedickte Fischpaste war für viele tagaus, tagein Frühstück, Mittag und Abendbrot, und die Quappe, einen bis zu sieben Pfund schweren Raubfisch, gab es im Überfluss. Heute wird das zarte weiße, recht fetthaltige Quappenfleisch von Kennern als besonderer Leckerbissen geschätzt; beispielsweise als ›Quappe braungekocht‹, wozu man den Fisch in einem Sud aus Zwiebeln, Lorbeer und Gewürzkörnern gart und ihm auf dem Teller einen Klecks Fliederbeermus zur Seite gibt.

Im Süden

Der Spreewald ist Gurkenland. Gewürzgurken, Dillgurken, Senfgurken, Kräutergurken, Saure Gurken und andere Geschmacksrichtungen mehr lassen beinahe vergessen, dass ebenso Meerrettich und ferner auch Rote Beete beliebte Spreewälder Erzeugnisse sind. Als Gurkensalat begleitet das lange grüne Kürbisgewächs den kulinarischen Spreewaldklassiker ›Hecht in Spreewaldsoße‹; wobei

Land und Leute

Weithin berühmt: sauer Eingelegtes aus dem Spreewald

die beliebte Soße im Grunde nicht mehr als einen mit Buttermilch, Sahne, Mehl und Bier verquirlten Fischsud darstellt. Sie wird über die angerichteten Hechtstücke gegeben, mit frischer Petersilie und Dill garniert und schmeckt ebenfalls gut zu anderen Fischarten. Die Rinderroulade ist im Spreewald natürlich mit einer Gurke gefüllt, und gekochtes Rind serviert man mit Meerrettichsoße.

Nicht nur im Spreewald, sondern überall in der Niederlausitz heißt es: ›Was macht den Lausitzer stark? – Pellkartoffeln, Leinöl und Quark!‹ Leinöl, dessen spezieller Geschmack entweder als ›nussig‹ geliebt oder als ›muffig‹ abgelehnt wird, darf in der Niederlausitz auf keinem Tisch fehlen. Die aus Leinsamen kalt gepresste, goldgelbe Spezialität ist wichtige Zutat für eine ganze Reihe von nicht nur deftigen, sondern auch süßen Speisen.

Fläming

Im Landkreis Teltow-Fläming werden rund um Beelitz auf ausgedehnten Flächen der begehrte Beelitzer Spargel angebaut und im Umland von Teltow die delikaten Teltower Rübchen. Nach einem kulinarischen Siegeszug im 18. Jahrhundert, der die kleinen gelblichfleischigen Speiserüben bis an den französischen Königshof brachte, gerieten sie im 20. Jahrhundert zusammen mit zahlreichen anderen althergebrachten Gemüsesorten in Vergessenheit. Eine Renaissance erlebte das ursprünglich einmal aus Polen stammende Rübchen an der Jahrtausendwende; 1999 wurde die Leckerei auf der Berliner Grünen Woche erstmals wieder einem größeren Publikum vorgestellt. Man isst sie roh als Salat und noch lieber in zerlassener, mit Zucker oder Honig karamellisierter Butter geschwitzt und anschließend in Fleischbrühe gekocht.

Bier und Wein

Bei aller Liebe zu Gurken und Rübchen zählen Kotelett und Schnitzel zu des Märkers Leib- und Magengerichten. Dazu kommt, wie zu allen deftigen Gerichten, ein frisch gezapftes Bier auf den Tisch, und wenn es feiner sein soll, ein wohlmundender Wein. Heimische Eigengewächse werden in Schlieben im Elbe-Elster-Land kultiviert sowie in Werder im Havelland. Die Lage ›Schliebener Langer Berg‹ gehört aus historischen und weinrechtlichen Gründen zwar zum Anbaugebiet Sachsen, doch vereint der Qualitätswein aus Schlieben ebenso wie der ›Werderaner Wachtelberg‹ – die nördlichste kontrollierte Reblage der Welt – alle Eigenschaften, die charakteristisch für einen ›typischen Märker‹ sind: trocken, aber nicht herb, manchmal ein wenig säuerlich, doch wenn die Sonne vom Himmel lacht, schnell wieder fröhlich und milde gestimmt.

55 Quadratkilometer Wasser, 430 Quadratkilometer Wald und im Frühling eine große Obstblütenpracht, die weltberühmten Schlösser und Gärten der brandenburgischen Landeshauptstadt und verträumte märkische Dörfer machen den Liebreiz des Havellands aus.

Einen ›aparten Fluss‹ hat Fontane die Havel genannt, die dem Land seinen Namen und unverwechselbaren Charakter verleiht.

POTSDAM UND HAVELLAND

Lohnendes Ausflugsziel: Werder (Havel)

Potsdam

Die Havelmetropole und brandenburgische Landeshauptstadt zählt zu den schönsten Städten in Deutschland. Von zahlreichen Seen umgeben, liegt sie eingebettet in einen zauberhaften Flickenteppich aus Wasser und Land. Brandenburgische Kurfürsten, preußische Könige und deutsche Kaiser ließen in Potsdam prachtvolle Residenzen erbauen; ein ›preußisches Arkadien‹ entstand, dessen Schlösser- und Gartenlandschaft – darunter das weltberühmte Sanssouci, der Neue Garten, Park Babelsberg – seit 1990 zum Welterbe der Menschheit gehört.

Kaum weniger eindrucksvoll sind die barocke und klassizistische historische Innenstadt und die Viertel der Einwanderer, der Hugenotten, Holländer, Böhmen, die als Glaubensflüchtlinge seit 1685 in die Preußenresidenz kamen: das Holländische Viertel, die Webersiedlung Alt Nowawes oder auch die Kolonie Alexandrowka. Und noch immer ist Potsdam eine Einwandererstadt. Studenten zieht es an die Universität, die Fachhochschule oder die Hochschule für Film und Fernsehen. Es lockt ein reiches Kulturangebot, und Mäzene wie der Fernsehstar Jauch, Versandhauskönig Otto, Modedesigner Joop oder der Software-Mogul Plattner tragen mit großzügigen Spenden zur Veredelung des Stadtbilds bei. Potsdam wächst, wirtschaftlich und – selten in Ostdeutschland – sogar demografisch, von knapp 140 000 Einwohnern 1992 auf rund 160 000 im Jahr 2013.

Geschichte

An der Mündung der Nuthe in die Havel stand vermutlich bereits im 7. Jahrhundert eine hevellische Burg. Auch die beiden Ansiedlungen nicht weit von ihr entfernt, die Kaiser Otto III. im Jahr 993 seiner Tante Mathilde schenkte, trugen wendische Namen. ›Poztupimi et Geliti‹

Karte S. 65

▲   *Historischer Stadtplan von Potsdam*

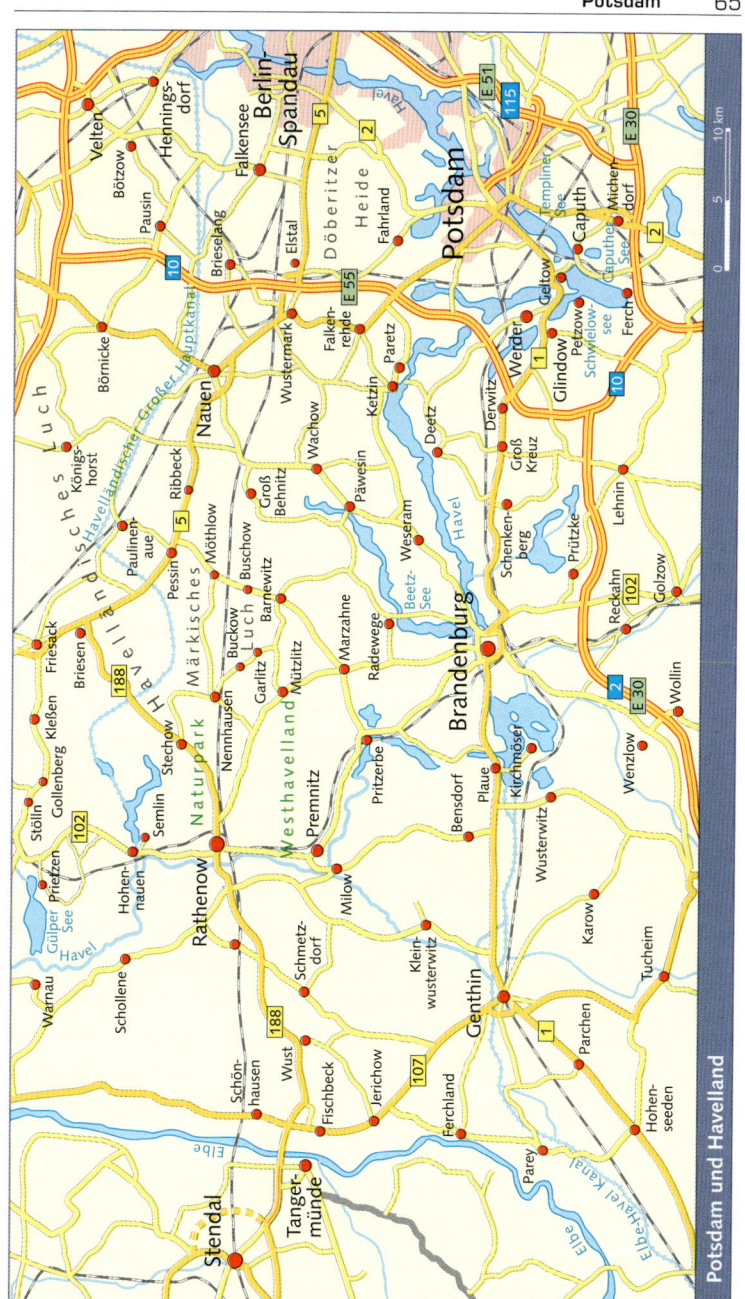

werden sie in Ottos Schenkungsurkunde genannt – die erste Erwähnung von Potsdam und dem benachbarten kleineren Geltow. 1150 erobert sie Markgraf Albrecht der Bär im Rahmen der Ostkolonisierung. 1317 wird ›Postamp‹ das erste Mal als ›Stadt‹ bezeichnet, 1345 erhält es die Stadtrechte. Kleinere Entwicklungserfolge macht eine verheerende Feuerbrunst 1536 wieder zunichte. Die erste Hälfte des 17. Jahrhunderts prägen die Schrecken des Dreißigjährigen Kriegs, an dessen Ende 1648 von vorher 1400 Einwohnern nur noch 600 Menschen in Potsdam leben.

Die Wende zu glanzvolleren Zeiten läutet 1640 der Regierungsantritt des Großen Kurfürst Friedrich Wilhelm ein. Er macht Potsdam zur zweiten kurfürstlichen Residenz neben Berlin und veranlasst am Alten Markt an der Stelle eines heruntergekommenen Vorgängers den Bau eines frühbarocken Stadtschlosses. Infolge des Toleranzedikts 1685 kommen glaubensverfolgte Hugenotten, Böhmen und Holländer in die Stadt. Sie bringen zahlreiche neue Fachkenntnisse und Fertigungstechniken mit.

■ **Unter dem ›Soldatenkönig‹**

Unter dem ›Soldatenkönig‹ Friedrich Wilhelm I., der 1713 den preußischen Thron besteigt, beginnt der Ausbau des kaum 1500 Einwohner zählenden Potsdam zur Garnison. Um Platz und Unterkunft für die Soldaten zu schaffen, wird die Stadt binnen kürzester Zeit zwei Mal erweitert und anschließend mit einer Mauer umzogen. Diese fungiert nicht nur als Zeichen der äußeren Stadtbegrenzung, sondern dient außerdem dazu, das Desertieren der zahlreichen zwangsrekrutierten Soldaten zu unterbinden. Vor allem hochgewachsene Männer müssen in der Regierungszeit Friedrich Wilhelms I. um ihre Freiheit bangen. Mit Gardemaß

Die Französische Kirche

über sechs preußische Fuß (1,88 Meter) laufen sie Gefahr, als Grenadiere in der Lieblingstruppe des Königs zu landen – vom Volk ›Lange Kerls‹ genannt.

Bis zum Tod Friedrich Wilhelms I. 1740 steigt Potsdams Einwohnerzahl auf fast 12 000 an; davon dient jeder dritte beim Militär. Die Türme der neu errichteten Garnisonkirche und der Heilig-Geist-Kirche – beide heute nicht mehr vorhanden – prägen die Silhouette der Stadt. Der Bau der Französischen Kirche für die Hugenotten folgt wenig später unter Friedrich II. Denn in Preußen herrscht – einzigartig für Europa in jener Zeit – religiöse Toleranz.

■ **Schlösser und Gärten**

Friedrich II. (reg. 1740–1786) schenkt der Stadt bald nach seinem Regierungsantritt eines ihrer schönsten Bauwerke: Unter der Leitung des Baumeisters Georg Wenzeslaus von Knobelsdorff entsteht ab 1745 das Rokoko-Sommerschloss Sanssouci. Auch der Park Sanssouci mit Neuem Palais, Bildergalerie und Neuen Kammern nimmt in der Herrschaftszeit

Friedrichs Gestalt an. Bedeutende Architekten wie Carl von Gontard und Georg Christian Unger wirken vor Ort, und immer wieder des Königs Freund Knobelsdorff. Nach dessen Entwürfen beginnt 1744 der Ausbau des Stadtschlosses zur prachtvollen Barockresidenz, so wie sie – im Zweiten Weltkrieg schwer beschädigt und 1960 gesprengt – bis 2013 annähernd originalgetreu wiedererrichtet worden ist.

Der Neue Garten am Ufer des Heiligen Sees und im Herzen der Anlage das Marmorpalais sind die bildschöne Hinterlassenschaft Königs Friedrich Wilhelm II. (reg. 1786–1797). Wie Schloss und Park Sanssouci und zahlreiche weitere Potsdamer Ensembles zählt die Anlage heute zum UNESCO-Welterbe der Menschheit.

■ Im 19. Jahrhundert

Die Jahre nach dem Sieg über Napoleon sind von intensiver Bautätigkeit geprägt. Der große Baumeister Preußens, Karl Friedrich Schinkel, und seine Schüler Ludwig Persius und Friedrich August Stüler, der überragende Landschaftsgestalter Peter Joseph Lenné und der ebenso begnadete Gartenkünstler Hermann Fürst von Pückler-Muskau verwandeln die Havelstadt mit neuen Schlössern und Gärten in ein Gesamtkunstwerk. Romantische Italiensehnsucht, vom Geist der Antike durchdrungen und von klassischer römischer Sakral- und Villenarchitektur beeinflusst, lässt Potsdam als ›preußisches Arkadien‹ erstehen. Schloss Charlottenhof, die Orangerie im Park Sanssouci, der Pfingstberg oder die Friedenskirche gehören zu den vielen eindrucksvollen Bauwerken aus der ersten Hälfte des 19. Jahrhunderts.

Bereits seit 1838 verbindet die Eisenbahn die beiden Residenzstädte Potsdam und Berlin. Auf einer knapp 15 Kilometer langen Strecke transportiert sie mit bis zu 20 Stundenkilometern Personen und Güter. Nur die Märzrevolution trägt sie nicht von der Spree an den Havelstrand. Während das Volk in Berlin 1848 für eine liberale demokratische Verfassung Barrikaden errichtet, geht es in der Soldaten- und Beamtenstadt Potsdam vergleichsweise ruhig und beschaulich zu. Im Gefolge der Proklamation des Kaiserreichs 1871 verlagert sich der Brennpunkt des Geschehens dann vollends in die neue deutsche Hauptstadt und werdende Millionenmetropole Berlin.

Nichtsdestotrotz wird auch in Potsdam weiter Geschichte geschrieben, Filmgeschichte. 1911 eröffnet im benachbarten Babelsberg das weltweit erste Großfilmstudio der Welt, im Jahr darauf fällt die Klappe zum ersten großen Stummfilmerfolg.

Potsdam und Havelland

Blick von der Langen Brücke über den Hafen zum Marstall

■ **Weimarer Republik und NS-Zeit**

Das von 1913 bis 1916 im Stil englischer Landsitze im Neuen Garten errichtete Schloss Cecilienhof ist das letzte Bauwerk der Hohenzollern in Potsdam. Mit der deutschen Kapitulation, der Novemberrevolution, der Ausrufung der Republik und der Flucht Kaiser Wilhelms II. ins Exil endet 1918 in Deutschland die Monarchie – und somit für Potsdam auch das Dasein als zweite Hohenzollernresidenz. Fortan gibt es nur noch die Hauptstadt, und der Rest ist Provinz. Berlins schöne Nachbarin spielt keine politische Rolle mehr.

Der ›Tag von Potsdam‹ am 21. März 1933, an dem der greise Reichspräsident Hindenburg dem neuen Reichskanzler Hitler bedeutungsvoll seine Hand reicht, mag deshalb für manchen in der ehemaligen Preußenresidenz auch als ein vielversprechendes Zeichen erscheinen. Man hofft, der neue Führer würde die ruhmreiche Havelstadt wieder in alte Ehren einsetzen. Immerhin findet auch die konstituierende Reichstagssitzung nicht in Berlin, sondern in der Garnisonkirche zu Potsdam statt. Das Berliner Reichstagsgebäude war im Monat davor infolge von Brandstiftung abgebrannt.

Karte S. 65

Enttrümmerungsarbeiten im zerstörten Potsdam 1945

Im September 1939 entfesselt Deutschland den Zweiten Weltkrieg. Knapp zwei Wochen vor Kriegsende am 8. Mai 1945 werden weite Teile der Potsdamer Innenstadt durch britische Bomben in Schutt und Asche gelegt. Im Juli/August 1945 kommen in Schloss Cecilienhof die alliierten Siegermächte Großbritannien, USA und Sowjetunion zusammen und handeln das ›Potsdamer Abkommen‹ aus. Es schreibt unter anderem die Aufteilung Deutschlands in vier Besatzungszonen und Berlins in vier Sektoren fest.

■ **In der DDR**

1952 erfolgt eine Gebietsreform, die den sozialistischen deutschen Staat in 14 Bezirke unterteilt und Potsdam zu einer Bezirksstadt macht. Bereits ab 1950 wird mit dem Wiederaufbau der Altstadt begonnen, gleichzeitig werden Plattenbauten und Industrieanlagen errichtet. Die einstige Residenz entwickelt sich zum Industriestandort. Von November 1959 bis April 1960 lassen die neuen Machthaber das alte Stadtschloss sprengen. Acht Jahre später folgt die Sprengung der kriegsbeschädigten Garnisonskirche als einem weiteren Bauwerk, das in der DDR zu den herausragendes Symbolen des preußischen Militarismus zählt.

Aufgebaut wird aber auch, beispielsweise die Mauer, die von 1961 an Westberlin hermetisch umschließt. Potsdam verliert dadurch seinen Anschluss zum direkten Nachbarn. Einzig auf der Glienicker Brücke, die Potsdam und Westberlin über die Havel hinweg miteinander verbindet, herrschen in den Jahren des Kalten Kriegs manchmal verdeckte Aktivitäten: Die verfeindeten Militärblöcke tauschen dort ihre Spione aus. Mit dem Mauerfall 1989 und der Öffnung der Glienicker Brücke tauft sie die freudetrunkene Bevölkerung sogleich in ›Brücke der Einheit‹ um.

Das wiederaufgebaute Stadtschloss

■ Potsdam im neuen Jahrtausend

Mit der Wiedervereinigung und Gründung des Bundeslands Brandenburg 1990 wird Potsdam Landeshauptstadt. Brandenburgischer Landtag und brandenburgische Regierung nehmen ihre Arbeit auf. Drei Jahre später feiert die Stadt ihren 1000-jährigen Geburtstag. Seitdem wird ohne Unterlass renoviert, restauriert, rekonstruiert. Teile des 1965 zugeschütteten Stadtkanals sind wieder freigelegt, das Hans-Otto-Theater ist 2006 nach Jahren in einer provisorischen Spielstätte in einen gefeierten Neubau in der Schiffbauergasse eingezogen, und im Herbst 2013 schließlich war Schlüsselübergabe für das wiedererrichtete Potsdamer Stadtschloss. Im Januar 2014 hat der brandenburgische Landtag in den neuen alten Schlossmauern seine Arbeit aufgenommen.

Die historische Innenstadt

Den Spaziergang durch die Potsdamer Innenstadt beginnt man am besten am Hauptbahnhof. Busse und Bahnen starten von hier in alle vier Himmelsrichtungen: östlich zum Park und Schloss Babelsberg, nördlich durch die Innenstadt zum Neuen Garten mit Marmor-palais und Schloss Cecilienhof, südlich zum Telegrafenberg oder westlich dem Höhepunkt jeder Potsdam-Besichtigung entgegen, Park und Schloss Sanssouci. Auch zum Anleger der Weißen Flotte an der Langen Brücke ist es nicht weit. Von dort legen die Ausflugsschiffe zu herrlichen Dampferpartien über die Havelseen ab.

■ Stadtschloss

Spaziert man zu Fuß vom Bahnhof aus den kurzen Weg über die Lange Brücke zur Innenstadt, begrüßt einen sogleich, als wäre es nie anders gewesen, das prachtvolle Potsdamer Stadtschloss. Seit des Großen Kurfürsten Zeiten war der Vierflügelbau die architektonische Dominate der Havelstadt, nach der sich alles ringsherum ausrichtete und auf die alles zulief. Von 2011 bis 2013 ist das Schloss dort, wo seit den 1960er Jahren Potsdams wohl größte Wunde klaffte, in rasend kurzer Bauzeit wiedererstanden und bildet den glänzenden Auftakt für die Besichtigung der brandenburgischen Landeshauptstadt.

Der Große Kurfürst Friedrich Wilhelm ließ die hochherrschaftlichen Gemäuer 1662–1669 anstelle einer früheren Be-

Potsdam, Innenstadt

festigungsanlage errichten. In der Regierungszeit seines prunksüchtigen Sohns und ersten Preußen-Königs Friedrich I. wurden sie kontinuierlich umgebaut und erweitert, wobei als herausragende Leistung des hugenottischen Baumeisters Jean de Bodt 1701 das Fortunaportal als nördliche Schlosseinfahrt entstand. Seine endgültige, barocke Form fand die Hohenzollernresidenz 1744–1751 im Auftrag Friedrichs des Großen durch den Baumeister und engen Freund des Königs, Georg Wenzeslaus von Knobelsdorff (1699–1753). In dieser Erscheinung prägte das Schloss, wie es sich vom Alten Markt bis zum Havelufer erstreckte, über 200 Jahre lang das Stadtbild.

Bei einem alliierten Bombenangriff im April 1945 ging es in Flammen auf, brannte bis auf die Außenmauern ab und wurde 1959/60 gesprengt. Nach der Wiedervereinigung diskutierten die Potsdamer 15 Jahre lang intensiv das Für und Wider eines Wiederaufbaus – während ein begüterter Wahl-Potsdamer da längst Tatsachen schuf: Bereits im Jahr 2002 war die Rekonstruktion des **Fortunaportals** fertiggestellt, der festlichen Hauptzufahrt der kriegszerstörten Hohenzollernresidenz. Der TV-Moderator Günther Jauch hatte dafür in seine Privatschatulle gegriffen und den Wiederaufbau des Portals finanziert. 2005 beschloss das brandenburgische Landesparlament schließlich den Wiederaufbau des gesamten Stadtschlosses.

In der vierflügeligen Knobelsdorff-Kubatur sollte es wieder Gestalt annehmen. 120 Millionen Euro kostete die öffentliche Hand das stolze Projekt. Für die Barockfassade spendierte der Potsdamer Software-Milliardär Hasso Plattner 20 Millionen und für das Kupferdach eine weitere Million Euro. Den Entwurf zeichnete der Dresdener Architekt Peter Kulka: außen barock und innen so up to date, wie es den Anforderungen eines zeitgenössischen Parlamentsgebäudes entspricht. Denn neuer ›Schlossherr‹ ist seit 2014 der Landtag des Bundeslands Brandenburg.

Für diese neue Funktion wurde das alte Stadtschloss deshalb auch nicht hundertprozentig originalgetreu rekonstruiert. Zwar hat man Gesimse, Fenster und andere Baustücke nach historischem Vorbild gefertigt, und, wo noch vorhanden, Originalstücke an ihren historischen Positionen verbaut. Doch das Hohe Haus hat jetzt vier statt vormals drei Stockwerke. Der Südflügel ist durch den Plenarsaal breiter als im Original, in Ost- und Westflügel wandeln nicht mehr Höflinge, sondern sind Fraktionsbüros, Besprechungsräume und die Landtagsverwaltung untergebracht, und auch eine Tiefgarage hat es in preußischen Zeiten bestimmt nicht gegeben. Über das Fortunaportal sind der **Innenhof** und das **Landtagsrestaurant im Dachgeschoss** öffentlich zugänglich.

■ Alter Markt

Mehr noch als das neue alte Stadtschloss am Platz beherrscht weithin sichtbar die mächtige, 77 Meter hohe Tambourkuppel der **Nikolaikirche** die Silhouette der Stadt. Das Wahrzeichen Potsdams und Meisterwerk des preußischen Klassizismus begrenzt nördlich den Alten Markt, das historische Herz der ehemaligen Residenzstadt. Nachdem eine ältere Barockkirche 1795 abgebrannt war, orderte König Friedrich Wilhelm III. 1826 einen Neubau. Vier Jahre später erfolgte der erste Spatenstich. Die Pläne dazu lieferte Karl Friedrich Schinkel (1781–1841), der sich vom Pariser Pantheon und der Londoner St.-Pauls-Kathedrale für St. Nikolai inspirieren ließ. 1837 wurde der Sakralbau geweiht, zuerst allerdings ohne Kuppel. Sie entstand nachträglich auf

Potsdam und Havelland

Wunsch Königs Friedrich Wilhelm IV. durch den Schinkel-Schülern Ludwig Persius und nach dessen frühen Tod 1845 unter Friedrich August Stüler. 1850 war das protestantische Gotteshaus in seiner heutigen Form fertiggestellt.

Ende des Zweiten Weltkriegs schwer beschädigt, dauerte der Wiederaufbau viele Jahre, erst 1981 konnte die Nikolaikirche wieder eingeweiht werden. Die Ausmalung der Apsis folgt dabei einer Schinkel-Skizze. Ein weiteres Schinkel-Werk, das die Zerstörungen 1945 überdauerte, ist die Kanzel im Chorraum. Einen herrlichen Rundumblick über Potsdam und zu Füßen auf das neue alte Stadtschloss verspricht der Aufstieg in die **Kuppel**. Die letzten Meter zum Rundgang auf dem Kolonnadendach müssen über eine steile, sehr schmale gusseiserne Treppe erklommen werden.

Östlich erheben sich am Platz das **Alte Rathaus**, von 1753 bis 1755 durch Jan Bouman errichtet und von einer vergoldeten Atlas-Figur gekrönt, und benachbart das **Knobelsdorffhaus** von 1750, das den Namen seines Baumeisters trägt. Nach Kriegszerstörung und Wiederaufbau diente das durch einen modernen Zwischentrakt miteinander verbundene Gebäudeensemble ab 1965 als kommunales Veranstaltungsforum. Nach Umbau und Sanierung fungiert es seit 2013 als **Potsdam Museum – Forum für Kunst und Geschichte**, das 1000 Jahre Potsdamer Geschichte zeigt.

Vom Baumeister Knobelsdorff stammt wie das Schloss und das Knobelsdorffhaus auch der 1753–1755 geschaffene **Marmorobelisk** im Zentrum des Platzes. Seit seiner Rekonstruktion 1979 zieren den Schaft nicht mehr vier Hohenzollernherrscher in Bildnissen, sondern die Porträts von vier großen preußischen Architekten: Knobelsdorff, Gontard, Schinkel und Persius.

Die Nikolaikirche am Alten Markt

Neben Knobelsdorff zeichnete vor allem Carl von Gontard (1731–1791) als Architekt maßgeblich bei der Platzgestaltung am Alten Markt mit. Aus seiner Feder stammt der Entwurf zum **Palais Barberini**, das 1771/72 nach dem Vorbild des römischen Palazzo Barberini an der Ostflanke des Stadtschlosses am Ufer der Alten Fahrt entstand. Im damaligen italienischen Stil wurden in dessen Nachbarschaft außerdem ein Palazzo Pompei (Vorbild von Baumeister Michele Sanmicheli in Verona) und ein Palazzo Chiericati (Vorbild: Andrea Palladio in Vicenza) aufgebaut. Ab 2015 soll dieses historische Ensemble neu errichtet werden und dem Alten Markt zusammen mit eingepassten modernen Neubauten wieder eine Facon geben.

Karte S. 70

■ **Breite Straße**

Auch die Breite Straße, die vom Stadt-schloss aus nach Westen verläuft, wird in den kommenden Jahren ein Facelifting erhalten und von einer sozialistischen Magistrale, zu der die sie in der DDR umgebaut wurde, in ihren überkomme-nen Rang einer königlichen Allee zu-rückversetzt werden. Gleich am Anfang der Straße erstreckt sich auf den ersten 150 Metern der ocker- und sienafarbene **Marstall**. Der langgezogene Barockbau, dem 1685 Johann Arnold Nering Gestalt verlieh, ist das einzige zum Stadtschloss gehörende Gebäude, das noch original erhalten ist. Auf Geheiß des Großen Kur-fürsten errichtet, diente es zunächst als Orangerie und ab 1715 als Pferdestall. Baumeister Knobelsdorff hat ihm 1746 das heutige Aussehen gegeben. Seit 1981 ist in seinen Mauern das **Filmmu-seum Potsdam** untergebracht, das 100 Jahre Geschichte der weltberühmten Babelsberger Filmstudios präsentiert.

Den offiziellen Auftakt zur einstigen Prachtallee bilden anschließend rechts

Kuppel des Alten Rathauses

und links zwei historische Torhäuschen. Folgt man der Breiten Straße weiter, fällt der Blick kurz darauf auf den **Langen Stall**, 1734 von Georg Christian Un-ger als Reit- und Exerzierhaus errichtet. Seit der Zerstörung im Zweiten Welt-krieg existiert von ihm nur noch eine potemkinsche Fassade. Ein ehrgeiziger Wiederaufbau durch den Mäzen Hasso Plattner als Potsdamer Kunsthalle wird in der Stadt debattiert.

Direkt in der Nachbarschaft steht als soli-tärer Backsteingewölbebogen die Rekon-struktion eines **Bauteils der Potsdamer Garnisonkirche**. Das Gotteshaus, einst vom Soldatenkönig Friedrich Wilhelm I. in Auftrag gegeben und 1732 geweiht, brannte im Zweiten Weltkrieg aus und wurde 1968 als Sinnbild des preußischen Militarismus gesprengt. Ein Förderverein mit viel Prominenz setzt sich unter Fe-derführung der evangelischen Kirche für den Wiederaufbau des überkommenen Potsdamer Wahrzeichens ein. 2005 wur-de der Grundstein für den Gewölbebogen unter strengsten Sicherheitsvorkehrungen gelegt. Denn wie kaum ein anderes Bau-vorhaben – Begräbniskirche des Soldaten-königs und Friedrichs des Großen, 1933 als Traditionsort preußischer Geschichte von Hitler zu Propagandazwecken miss-braucht – ist es auf symbolhafte Weise mit der preußischen und deutschen Ge-schichte verknüpft und spaltet die Pots-damer in engagierte Befürworter und erbitterte Gegner eines Wiederaufbaus. Wenige Schritte entfernt erhebt sich in der Breiten Straße 13 das **Ständehaus der Zauche**, 1770 nach Plänen von Gottfried Christian Unger erbaut. Ursprünglich versammelten sich dort die Bürgerschaft und der Adel der Potsdamer Nachbar-kreise, 1815 wurde es Wohnhaus und 1953 zog das **Potsdamer Naturkunde-museum** ein, das seitdem unter dieser Adresse firmiert.

Rekonstruiertes Bauteil der Garnisonskirche

Um die Ecke nimmt das **Große Militär-waisenhaus** einen ganzen Abschnitt der Lindenstraße ein. 1722–1724 wurde es auf Befehl von König Friedrich Wilhelm I. für die Kinder gefallener, verstorbener oder auch bedürftiger Soldaten errichtet. Durch Carl von Gontard 1771–1777 erweitert und prachtvoll spätbarock ausgebaut, gilt insbesondere die – heute rekonstruierte – 26 Meter hohe Gontardsche Säulenkuppel mit einer Caritas-Figur obenauf als Meisterwerk der preußischen Architektur.

Als schönes Beispiel dafür, wie wohlhabende Bürger in jener Zeit bauen ließen, lohnen außerdem die nach einem Entwurf von Georg Christian Unger 1769 ausgeführten **Hiller-Brandtschen Häuser** in der Breiten Straße 8–12, Ecke Dortustraße einen Blick.

Spaziert man von dort die Breite Straße weiter hinab, ragt kurz vor deren Ende eine kuriose Erscheinung auf. Am Ufer der Neustädter Havelbucht steht eine 1841–1843 von Ludwig Persius erbaute ›Moschee‹ – die in Wahrheit ein **Dampfmaschinenhaus** ist, Pumpwerk für die Fontänen im nahen Park Sanssouci.

›Nach Art der türkischen Moscheen mit einem Minarett als Schornstein‹ wollte es Auftraggeber Friedrich Wilhelm IV. errichtet wissen. Die Dampfmaschine wurde im Oktober 1842 erstmals in Gang gesetzt und ließ mit ihrer Kraft die große Fontäne vor Schloss Sanssouci auf fast 40 Meter aufsteigen.

■ Im alten Stadtkern

Zurück in der Dortustraße, erklingt in der Grünanlage kurz vor dem Stadtkanal seit 1991 eine Nachbildung des **Glockenspiels** der gesprengten Garnisonkirche. Das 40-Glocken-Carillon spielt traditionell zur vollen Stunde ›Lobe den Herrn‹ und zur halben ›Üb' immer Treu und Redlichkeit‹.

Nördlich wird die Grünfläche von der Yorckstraße mit einem rekonstruierten Teilstück des **historischen Stadtkanals** begrenzt. Der Soldatenkönig hatte den Kanal ab 1722 nach dem Eindruck holländischer Grachten bauen lassen. Die künstliche Wasserstraße durchzog auf anderthalb Kilometern die Innenstadt, war mit Havelwasser gespeist und mit geschwungenen Brücken und schmiedeeisernen Geländern geschmückt. Da aber die Fließgeschwindigkeit nicht son-

Karte S. 70

Mosaiken in der Breiten Straße

derlich hoch war, roch das Wasser oft
nicht sehr gut. Anfang der 1960er Jahre wurde der Stadtkanal deshalb zuge-
schüttet. Seit 1999 laufen die Arbeiten
an seiner Restaurierung.

Vom Kanal ist es ein Katzensprung in
den alten Stadtkern zum **Neuen Markt**.
Bis ins 18. Jahrhundert hinein wurden
dort Pferde geschirrt, danach entwickelte
sich der Platz zur vornehmen Adresse,
und als einziger Platz im historischen
Stadtkern hat er den Zweiten Krieg nahezu unversehrt überstanden. Heute
versammeln sich in den barocken Gebäuden, die den Neuen Markt säumen,
eine Reihe von Potsdams bedeutendsten
wissenschaftlichen Institutionen. In der
Platzmitte steht die ehemalige **Städtische
Ratswaage** von 1875, gegenwärtig ein
Restaurant. Im **Kabinettshaus am Neu-
en Markt** 1 wurde 1767 vermutlich Wilhelm von Humboldt geboren und lebte
der spätere König Friedrich Wilhelm II.
1770 erblickte hier König Friedrich Wilhelm III. das Licht der Welt.

Die Westseite am Platz nimmt die frühklassizistische Fassade des **ehemaligen
königlichen Kutschstalls** ein. Von 1787
bis 1790 durch Andreas Ludwig Krüger
errichtet, beherbergt er heute das **Haus
der Brandenburgisch-Preußischen Geschichte**, das mit seinen Ausstellungen
in 900 Jahre brandenburgische und preußische Vergangenheit entführt.

■ Bassinplatz

Von Süd nach Nord, vom Stadtschloss
zum Nauener Tor verläuft die Friedrich-
Ebert-Straße durch die historische In-
nenstadt. Dabei streift sie den Platz der
Einheit und kreuzt kurz darauf Potsdams
Flaniermeile, die Brandenburger Straße.
An deren östlichen Ende ragt am Bas-
sinplatz der 64 Meter hohe Kirchturm
von **St. Peter und Paul** in den Himmel.
Das Gotteshaus für die katholische Ge-

*Der ehemalige Kutschstall am
Neuen Markt*

meinde wurde zwischen 1867 und 1870
nach Plänen von Friedrich August Stüler und Wilhelm Salzenberg im bunten
Mix aus byzantinischen und romanischen Stilelementen erbaut. Als Vorbild
für den Glockenturm diente der Campanile der Basilika San Zeno Maggiore
in Verona; wertvollste Exponate der Innenausstattung sind drei Gemälde von
Antoine Pesne.

Südöstlich am Bassinplatz/Ecke Char-
lottenstraße steht der kleine ovale Kup-
pelbau der **Französischen Kirche**. Architekt Knobelsdorff schuf das Gotteshaus
1752/53 für die französisch-reformierte
Gemeinde. Das Innere wurde 1833 von
Karl Friedrich Schinkel neu gestaltet; die
restaurierte kostbare Grüneberg-Orgel
geht auf das Jahr 1783 zurück.

■ Holländisches Viertel

Weiter auf der Friedrich-Ebert-Straße ist
das nächste architektonische Kleinod, das
Holländische Viertel, schnell erreicht.
134 rote Giebelhäuschen im typisch
holländischen Stil ordnen sich nördlich
des Bassinplatzes in vier Karrees. Weiße Fugen und weißgrüne Fensterläden

schmücken die unverputzten Backstein-
fassaden, so wie sie von 1734 bis 1742
unter der Leitung des Amsterdamers Jan
Bouman (1706–1776) Gestalt annahmen. Sie sollten viele tüchtige nieder-
ländische Handwerker aufnehmen, von
denen sich König Friedrich Wilhelm I.
Wirtschaftswachstum und Wohlstand
versprach. Doch trotz großzügiger Pri-
vilegien kamen die Einwanderer nicht
so zahlreich wie gewünscht, weshalb
das Viertel letztendlich mit Soldaten
bevölkert wurde. Zu DDR-Zeiten völlig
heruntergekommen, ist es unterdessen
sorgfältig restauriert und lädt mit Lokalen, Kunsthandwerk-, Mode- und Design-
läden zum kleinen Bummel ein.

Das um 1735 erbaute, fast noch im Originalzustand erhaltene **Jan Bouman Haus**
in der Mittelstraße 8 versprüht in Vor-
derhaus, Hof, Hofgebäude und Garten
viel Atmosphäre jener Zeit und erzählt
aus der Geschichte der holländischen
Immigranten.

*Brandenburger Tor und Brandenburger
Straße, das lebendige Zentrum Potsdams*

■ Nauener Tor

Bereits im Zuge der beiden Stadterweite-
rungen unter Friedrich Wilhelm I. im ersten Drittel des 18. Jahrhunderts war die
kleine Residenz Potsdam nach Norden
und nach Westen weit über den Stadtkanal hinausgewachsen und hatte sich
beinahe verdoppelt. Dementsprechend
wurde die Stadtmauer versetzt und auch
manches Stadttor neu errichtet. So auch
das Nauener Tor, das in unmittelbarer
Nähe zum Holländischen Viertel mit
Zinnen und Türmen an der Friedrich-
Ebert-Straße thront. Es ist das dritte Tor
diesen Namens. Ein erstes wurde 1722
während der ersten Stadterweiterung errichtet, ein zweites 1733 und 1754/55
schließlich das Tor im neugotischen Stil
– eines der frühesten Beispiele neugo-
tischer Architektur in Europa –, wie es
gegenwärtig noch steht.

Am Platz vor dem Nauener Tor wartet
das traditionsreiche Café Heider auf
Schleckermäuler. Im 1731 von einem
holländischen Tischlermeister erbauten
Haus befindet sich bereits seit 1903 eine
Konditorei. Karl Heider übernahm sie in
den 1960er Jahren und machte das Café dank seiner Tortenbäckerkunst weit

Karte S. 77

▲ *Im Holländischen Viertel*

über die DDR-Grenzen hinaus bekannt. 1991 wechselte es zwar seinen Besitzer, doch ist es mit seiner riesigen Tortenauswahl auch heute noch eine Sünde wert.

■ Brandenburger Straße

Zahlreiche weitere Restaurants und Straßencafés sowie ein bunter Strauß an Läden und Boutiquen finden sich in der Brandenburger Straße. Die Fußgängerzone und Potsdamer Einkaufsmeile, die sich von St. Peter und Paul über 750 Meter westwärts bis zum Brandenburger Tor erstreckt, schmückt sich mit hübsch restaurierten historischen Bürgerhäusern und hält in der Brandenburger Straße 3 in der **Touristeninformation** außerdem zahlreiche Angebote zum Potsdam-Entdecken bereit.

Kurz vorher kreuzt die Lindenstraße, wo sich, mitten im Herz der barocken Innenstadt, hinter der Hausnummer 54/55 lange Zeit eine der berüchtigsten Potsdamer Adressen verbarg. 1733–1737 von Johann Philipp Gerlach für den Kommandanten des Königlichen Leibregiments errichtet, wurde das Palais 1820 zum Gericht umfunktioniert und erhielt nach einer Erweiterung 1843 im Jahr 1909 einen Gefängnisanbau. Hinter dessen Mauern verschwanden im Dritten Reich vom Potsdamer Volksgerichtshof verurteilte Regimegegner. 1945 übernahm der sowjetische Geheimdienst NKWD den Gebäudekomplex. Abermals wurden Tausende eingesperrt, gefoltert und zum Tode verurteilt. Von 1952 bis 1989 diente das ›Lindenhotel‹, wie die Potsdamer das gefürchtete Haus nannten, schließlich als Stasi-Untersuchungsgefängnis des Bezirks Potsdam. Heute bewahrt die **Gedenkstätte Lindenstraße** für die Opfer politischer Gewalt im 20. Jahrhundert den Ort des Schreckens vor dem Vergessen. Die düsteren Zellentrakte kann man besichtigen.

Den westlichen Abschluss der Brandenburger Straße bildet das **Brandenburger**

Potsdam, Holländisches Viertel

Tor am Luisenplatz. 1770 vollendet, ist es älter als sein bekannter Berliner Namensvetter und darf sich darüber hinaus nicht nur eines, sondern gleich zweier Baumeister rühmen: Die stadtwärtige Seite stammt von Carl von Gontard, die üppig verzierte Feldseite von dessen Schüler Georg Christian Unger. Bereits 1744 wurde das Karree vor dem Tor, der Luisenplatz, angelegt. Von dort gelangt man in wenigen Minuten zum Grünen Gitter, einem der Eingänge in den Park Sanssouci.

Sanssouci

Zweifellos zu den Höhepunkten jeder Potsdam-Besichtigung gehört der Besuch von Sanssouci: dem Park Sanssouci mit seinen Schlössern sowie **Schloss Sanssouci** selbst, das dem Park seinen Namen gab. Seit 1990 zählt die beinahe 300 Hektar umfassende Anlage mit ihren zahlreichen Bauwerken zum UNESCO-Welterbe.

Sanssouci, Schloss Sorgenfrei. Im Sommer 1743, drei Jahre nach Regierungsantritt, entwarf König Friedrich II. sein künftiges Sommerdomizil. 1745 folgte der erste Spatenstich auf dem ›Wüsten Berg‹ im Nordwesten von Potsdam, und unter der Leitung des Baumeisters Knobelsdorff nahm die Perle des Rokoko Formen an: eingeschossig, gut 100 Meter lang auf einem Terrassenhang, im Zentrum von einer Kuppel gekrönt. Am 1. Mai 1747 wurde Friedrichs Sommerresidenz eingeweiht, in der er, wenn er nicht reisen musste, vom Frühjahr bis in den späten Herbst seine Tage verbrachte. In Schloss Sanssouci sammelte der König Gefährten um sich, darunter den Dichter und Philosophen Voltaire. Es wurde Zuflucht in schwierigen Zeiten und zuletzt Friedrichs Sterbeort. In einer Gruft in der östlichen Ecke der oberen Weinbergstrasse liegt er seit seiner Rückführung 1991 von der Burg Hohenzollern beim süddeutschen Hechingen begraben. Eine einfache Steinplatte markiert die Grabstätte, auf die Besucher gelegentlich Blumen oder manchmal auch eine Kartoffel legen. Schließlich hatte der Alte Fritz die nahrhafte Knolle einst in Brandenburg durchgesetzt. Im Rahmen einer Führung kann

Karte S. 79

▲ *Schloss Sanssouci, das Wahrzeichen Potsdams*

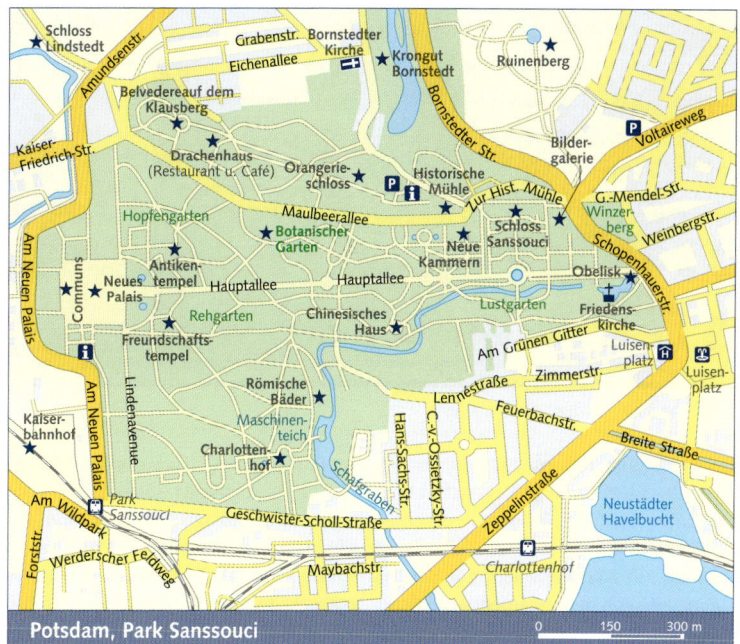

Potsdam, Park Sanssouci

0   150   300 m

man die original erhaltenen Schlossräumlichkeiten besichtigen – Glanzpunkte der Ausstattungskunst des 18. Jahrhundert – und dabei ins friderizianische Rokoko eintauchen.

Schloss Sanssouci wird östlich von der **Bildergalerie** und westlich von den Neuen Kammern flankiert. Die 1755 bis 1764 von Johann Gottfried Büring erbaute Bildergalerie, von außen vergleichsweise schlicht, entfaltet innen mit Marmorböden, barocken Skulpturen und Goldornamentik eine umso größere Pracht. Zu den Höhepunkten der Gemäldesammlung, deren Grundstock einst Friedrich II. legte, zählt Malerei des italienischen und niederländischen Barock, darunter Werke von Peter Paul Rubens, Anton van Dycks ›Pfingsten‹ und Caravaggios ›Ungläubiger Thomas‹.

Die 1747 nach Knobelsdorff-Plänen errichteten **Neuen Kammern** westlich von

Schloss Sanssouci dienten ursprünglich als Orangerie. 1771–1774 erfolgte ihr Umbau unter der Leitung von Georg Christian Unger zum königlichen Gästeschloss. Ihr Inneres zieren im reichen Rokoko ausgestattete Gemächer und Festsäle, unter denen der mit edlen Steinen ausgeschmückte Jaspissaal oder die Ovidgalerie zu den prunkvollsten zählen. Hinter dem Gästeschloss fällt die **Historische Mühle** ins Auge, die Friedrich Wilhelm II. 1787–1791 anstelle einer älteren Bockwindmühle errichten ließ. Jene war im 18. Jahrhundert weit über die Grenzen Preußens hinaus zu Berühmtheit gelangt, denn ihr Klappern störte den König. Man versuchte es im Guten, man drohte dem Müller, man bot ihm Geld; vergeblich, weshalb Friedrich der Große schließlich einen Prozess gegen seinen Untertanen anstrengte – und verlor. Beispiellos im Zeitalter des Absolutismus.

Ein Hauch von Italien: die Orangerie

Bei der Mühle in ihrer heutigen Gestalt handelt es sich um eine Rekonstruktion der unter Friedrich Wilhelm II. errichteten Holländermühle. Eine Mühlenausstellung mit Mahlwerk lädt zur Besichtigung ein; von der umlaufenden Galerie eröffnet sich eine schöne Sicht auf die Potsdamer Parklandschaft.

In unmittelbarer Nachbarschaft zur Historischen Mühle befindet sich das **Besucherzentrum**, das mit umfassenden Informationen zu allen Potsdamer Schlössern und Gärten aufwartet.

■ Vom Obeliskportal zum Neuen Palais

Schloss Sanssouci und seine Nachbarbauwerke bilden den Ursprung der fast 300 Hektar großen Anlage. Gut 70 Kilometer Gesamtlänge zählen die Wege, auf denen man an Fontänen, Lauben, Skulpturen, Pagoden und Tempeln vorbei den Park durchschreiten kann. Zur Orientierung dient dabei die ›Hauptallee‹, die schnurgerade über zweieinhalb Kilometer als Ost-West-Magistrale verläuft.

Nicht weit entfernt vom 1747 erbauten **Obeliskportal** am östlichen Parkeingang erhebt sich die **Friedenskirche**. Anlässlich des 100. Geburtstags von

Sanssouci wurde 1845 der Grundstein zu der dreischiffigen Säulenbasilika gelegt. Auf Grundlage von Entwürfen von König Friedrich Wilhelm IV., des tief religiösen ›Romantikers auf dem Thron‹, entwickelte sie Hofarchitekt Ludwig Persius mit freistehendem Glockenturm, Kreuzgang und Säulenhof nach dem Vorbild des frühchristlichen Gotteshauses San Clemente in Rom. Nach Persius' Tod 1845 wurde die Friedenskirche bis 1854 durch Friedrich August Stüler und Ludwig Ferdinand Hesse vollendet. Im 1888–1890 hinzugefügten **Mausoleum** stehen die Sarkophage des ›99-Tage-Kaisers‹ Friedrich III. und seiner Gemahlin Victoria sowie seit 1991 außerdem der des Soldatenkönigs Friedrich Wilhelm I. Zurück auf der Hauptallee befindet sich, nicht weit entfernt von Schloss Sanssouci, die **Orangerie** (1851–1864). Wie die Friedenskirche ist sie der Italiensehnsucht Friedrich Wilhelms IV. geschuldet, und wie das Gotteshaus wurde sie nach Skizzen des Königs von Persius, Stüler und Hesse gebaut. Die Entwürfe für das über 300 Meter lange Bauwerk mit Pflanzenhallen und zentralem Orangerieschloss orientierten sich am Vorbild italienischer Renaissance-Villen. Der beeindruckende

Raffael-Saal im Zentrum des Mittelbaus, der zahlreiche Kopien von Gemälden des italienischen Meisters präsentiert, erscheint wie die Sala Regia im römischen Vatikan. Vom Orangerieaussichtsturm aus hat man einen herrlichen Blick auf den Park.

Von der oberen Terrasse der Orangerie führt eine Lindenallee über das 1770 entstandene Drachenhaus zum Belvedere auf dem Klausberg. Karl von Gontard entwarf das **Drachenhaus** im Geschmack der damaligen Chinamode in Form einer Pagode. Im selben Jahr 1770 erfolgte auch die Grundsteinlegung für das nahe **Belvedere** auf dem Klausberg. Binnen Zweijahresfrist war Georg Christian Ungers zweigeschossiger, mit zwei Altanen versehener graziler Rundbau fertiggestellt, der – nomen est omen – eine schöne Aussicht auf Potsdams Schlösser und Gärten verspricht.

Unterhalb thront am westlichen Ende der Hauptallee das imposanteste Schloss im Park, das **Neue Palais**. Im Auftrag Fried-

Parkeingang bei den Communs

richs II. wurde das seinerzeit kostspieligste europäische Bauwerk von 1763 bis 1769 nach Plänen mehrerer Baumeister errichtet: Johann Gottfried Büring, Heinrich Ludwig Manger, Jean Laurent Legeay sowie Carl von Gontard machten den dreiflügeligen Prunkbau mit mächtiger Tambourkuppel möglich. Unter seinen über 300 Räumen stechen der zwei Stockwerke hohe Marmorsaal, ein Rokoko-Theater mit 300 Plätzen und schließlich der kuriose Grottensaal hervor. Letzterer war ursprünglich mit Glasschlacken, Muscheln und Korallen ausgelegt, im 19. Jahrhundert wurden diese durch wertvolle Steine, Mineralien und Fossilien ersetzt. Bauherr Friedrich der Große bewohnte das Neue Palais so gut wie nie, und erst dem letzten deutschen Kaiser Wilhelm II. diente es bis 1918 als Aufenthaltsort.

Hinter dem Schloss liegen die **Communs**, 1769 nach dreijähriger Bautätigkeit fertiggestellt. Die an Prachtentfaltung dem Neuen Palais kaum nachstehenden Wirtschaftsgebäude werden heute von der Universität Potsdam genutzt. Nahebei ist im nach Plänen von Carl von Gontard 1768/69 entstandenen Wachhaus ein weiteres Besucherzentrum untergebracht.

Die Friedenskirche

■ Park Charlottenhof

Im Jahr 1825 erwarb König Friedrich Wilhelm III. ein südwestlich an den Park Sanssouci grenzendes Gelände mit barockem Gutshaus und schenkte es seinem Sohn und Thronerben Friedrich Wilhelm IV. Dieser ließ das Haus 1826–1829 durch Karl Friedrich Schinkel in ein von römischen Villen inspiriertes klassizistisches Traumschlösschen umbauen. Für viele zählt das kleine **Schloss Charlottenhof** mit den ebenfalls von Schinkel entworfenen Innenräumen und Möbeln zu den schönsten Werken des preußischen Baumeisters. Den es umgebenden Landschaftspark als südlichen Teil des Gesamtkunstwerks Sanssouci schuf der Gartenbaukünstler Peter Joseph Lenné. Eingebettet in den Lennéschen Park spiegeln sich nahebei die **Römischen Bäder** im Wasser des künstlichen Maschinenteichs. Erste Entwürfe für das südlichheiter wirkende Gebäudeensemble aus Landhaus, griechischem Tempel, Arkadenhalle und Baderaum stammen bereits von 1826 aus der Feder von Schinkel und Persius. 1829 begannen die Bauarbeiten, 1840 war das von lauschigen Ruheplätzen umgebene, üppig mit mediterranen Pflanzen dekorierte ›Mini-Italien‹ im Auftrag Friedrich Wilhelms IV. fertiggestellt.

▲ *Das Chinesische Haus*

Von den Römischen Bädern gelangt man schnell zum **Chinesischen Haus**, einem der bedeutendsten Beispiele für die im 18. Jahrhundert in Europa herrschende China-Liebhaberei. 1754–1764 entstand der auf kleeblattförmigem Grundriss mit Palmsäulen und vergoldeten Figurengruppen geschmückte Tambourkuppelbau nach Plänen von Johann Gottfried Büring. Im Inneren ist Porzellan des 18. Jahrhunderts ausgestellt.

Vom Krongut Bornstedt zum Pfingstberg

Einen Katzensprung nördlich von Sanssouci liegt malerisch am Bornstedter See das **Krongut Bornstedt**, ein Ensemble klassizistischer Gebäude, bei dessen Anblick der italophile König Friedrich Wilhelm IV. Mitte des 19. Jahrhunderts ausrufen konnte: »Nun habe ich endlich mein italienisches Dörfchen!« 1664 gelangte das Gut in den Besitz des Großen Kurfürsten, seit 1689 wird im Gebäude neben dem Herrenhaus ein ›vortreffliches Braunbier‹ gebraut. Der schöne Rosengarten, den Kronprinzessin Victoria nach 1867 anlegte, ist mittlerweile rekonstruiert. Ebenso erstrahlen die Gebäude des zum UNESCO-Welterbe zählenden Kronguts nach umfassender Restaurierung 1999–2002 wieder im überlieferten Glanz. Kunsthandwerke und das Potsdamer Zinnfigurenmuseum sind eingezogen. Die Weinscheune, die Hofbäckerei und das ›Brauhaus‹ sorgen für das leibliche Wohl.

Nahebei erhebt sich der **Ruinenberg**, eine Anhöhe, auf der 1748 zur Bewässerung der Fontänen im Park Sanssouci ein Wasserreservoir in Gestalt einer antiken Theaterruine entstand. Hundert Jahre später wurde sie nach Persius-Plänen durch den zinnenbewehrten **Normannischen Turm** ergänzt. Man kann ihn immer samstags und sonntags ersteigen

Haus in der russischen Kolonie Alexandrowska

und einen schönen Blick über Potsdam genießen. Von dort ist es nicht weit zur **Russischen Kolonie Alexandrowka**. König Friedrich Wilhelm III. ließ die zwölf mit kunstvollen Schnitzereien verzierten Holzblockhäuser 1825/26 nach russischer Art errichten. Er liebte die russische Volksmusik und hoffte, die zwölf Sänger eines russischen Soldatenchors damit am preußischen Hof halten zu können. Damit sie sich wie Zuhause fühlten, ließ er sogar die zwiebeltürmchengekrönte russisch-orthodoxe **Alexander-Newski-Kapelle** auf dem Kapellenberg bauen. Ein einzigartig erhaltenes Beispiel ›romantischer russischer Bauernhäuser‹ sei die Kolonie Alexandrowka, befand die UNESCO und setzte sie 1999 auf die Welterbe-Liste.

Die Blockhäuser werden privat bewohnt. Russische Kolonie Nr. 2 birgt ein **Privatmuseum**, das sich der Geschichte der Alexandrowka von ihrer Entstehung bis heute widmet. Unter dem Dach von Russische Kolonie Nr. 1 ist ein **Restaurant** untergebracht, das zu russischen Klängen Spezialitäten wie Borschtsch oder Plinsen und dazu geistige Getränke aus den Ländern der ehemaligen Sowjetunion serviert.

Hinter dem Kapellenberg steigt der Pfingstberg an. Am 1743 geweihten Jüdischen Friedhof und dem kleinen **Pomonatempel** vorbei – Erstlingswerk 1801 des damals 19-jährigen Karl Friedrich Schinkel – erhebt sich kurz darauf die bildschöne Doppelturmanlage des **Belvedere auf dem Pfingstberg**, heute ebenfalls UNESCO-Welterbe. Mitte des 19. Jahrhunderts schufen die Baumeister Persius, Stüler und Hesse die im Stil italienischer Renaissance-Villen auf dem Pfingstberg thronende ›Schöne Aussicht‹. Von 1945 bis 1993 war das gesamte Areal unzugänglich, denn es lag in direkter Nachbarschaft zur ›Verbotenen Stadt‹, der Deutschlandzentrale des KGB. Darüber hinaus hätte das Belvedere eine Sicht weit über die DDR-Grenzanlagen hinweg nach Westberlin geboten. Dass man diesen fantastischen Blick seit 2001 wieder genießen kann, ist vor allem der rührigen Arbeit des Fördervereins Pfingstberg e.V. zu verdanken. In unermüdlichem Einsatz hat er sich für die Sanierung des in DDR-Zeiten verfallenen Bauwerks eingesetzt. 2005 war die Sanierung abgeschlossen, seitdem dient das Belvedere wieder der schönen Aussicht und immer im Juli außerdem als romantische Kulisse für Konzert- und Theateraufführungen.

Neuer Garten

Östlich vom Pfingstberg dehnt sich, umrahmt vom Jungfernsee und dem Heiligen See, der Neue Garten aus. Der Wörlitzer Gartenarchitekt Johann August Eyserbeck legte den 102 Hektar großen Park ab 1787 im Auftrag von König Friedrich Wilhelm II. an. Es war der erste an englischen Gärten orientierte Landschaftspark der preußischen Herrscher und darin gewissermaßen der Kontrapunkt zur im Kern barocken Anlage von Sanssouci. Zeitgleich zum Park nahmen auch seine Bauwerke Gestalt

Die Gotische Bibliothek im Neuen Garten

an. Als königliche Sommerresidenz entstand am Ufer des Heiligen Sees nach Entwürfen von Carl von Gontard und Carl Gotthard Langhans 1787–1793 das frühklassizistische **Marmorpalais**. Seine prunkvollen königlichen Wohnräume, Konzertsaal und Grottensaal machen es zu einem besonderen Juwel unter den Potsdamer Schlössern. Von 1881 bis zur Fertigstellung von Schloss Cecilienhof 1917 nutzte es das spätere Kaiserpaar Wilhelm II. und Auguste Viktoria. Die zum Marmorpalais gehörenden Zweckbauten wurden nach dem damals bevorzugten Geschmack exotisch gewandet. So erscheint die **Schlossküche** als eine halb vom Erdreich verschüttete antike Tempelruine. Die **Gotische Bibliothek**, ein 1794 erbauter Pavillon am südlichen Parkende, diente der Büchersammlung Friedrichs Wilhelm II. Der **Eiskeller** zur Kühlung der Lebensmittel gleicht einer Pyramide. Die 1791–1793 nach Plänen von Carl Gotthard Langhans entstandene **Orangerie** schmückt sich mit einem von einer Sphinx bewachten Ägyptischen Portal. Aus jenen Jahren stammt ferner auch die **Crystall- und Muschelgrotte** im Norden des Parks am Jungfernsee. Nach einem Entwurf des Oberhofbaurats An-

dreas Ludwig Krüger geschaffen, diente der Grottenbau, innen mit drei Kabinetten, als Aufenthaltsort für sommerliche Abendvergnügen.

1816 überarbeitete Peter Joseph Lenné den Neuen Garten grundlegend. Dabei wurden unter anderem Blickverbindungen zu den in jener Zeit im Entstehen begriffenen Parks an den gegenüberliegenden Seeufern in Sacrow, Babelsberg und auf der Berliner Seite geschaffen.

Ein letzter gestaltgebender Eingriff und zugleich krönende Abschluss fand 1913–1917 mit der Errichtung von **Schloss Cecilienhof** statt. Kaiser Wilhelm II. hatte das Fachwerkschloss im englischen Landhausstil für seinen Sohn, Kronprinz Wilhelm und dessen Ehefrau Cecilie in Auftrag gegeben, noch bis Kriegsende 1945 war es von den Hohenzollern bewohnt. Nur wenige Wochen später geriet es als Tagungsort der Potsdamer Konferenz in den Blick der Weltöffentlichkeit. Vom 17. Juli bis zum 2. August 1945 handelten die alliierten Staats- und Regierungschefs Truman (USA), Stalin (UdSSR) und Churchill bzw. Attlee (Großbritannien) auf Schloss Cecilienhof die Weltnachkriegsordnung aus. Ihre Beschlüsse gingen als ›Potsdamer Abkommen‹

Schiffsanleger an der Meierei

Karte S. 79

in die Geschichte ein. Die historischen Konferenzräume sind heute Museum, die Privaträume des Kronprinzenpaares können im Rahmen einer Führung besichtigt werden.

Zünftiger geht es wenige Schritte entfernt in der **Meierei** direkt am Ufer des Jungfernsees zu. Das 1790–1792 errichtete, 1844 von Ludwig Persius erweiterte Gebäude diente ursprünglich als Wasserpumpstation für den Neuen Garten. Später beliebtes Ausflugslokal und zu DDR-Zeiten verfallen, kommt seit der Wiedereröffnung 2004 in der Gasthausbrauerei drinnen wie draußen im Biergarten hausgebrauter Gerstensaft und dazu Deftiges auf den Tisch. Dazu geht der Blick über die Havel hinweg bis zur Sacrower Heilandskirche oder südwärts Richtung Glienicker Brücke und Park Babelsberg, die man von der Haltestelle an der Meierei im Neuen Garten schnell und bequem im Linienbetrieb der Potsdamer Wassertaxis erreichen kann.

Die Sacrower Heilandskirche

Zwischen Sacrow und Babelsberg

Über die Havel hinweg besteht ein künstlerischer Gestaltungszusammenhang zwischen Neuem Garten und den Parkanlagen von Sacrow und Babelsberg sowie gegenüber an den Berliner Havelufern Schloss und Park Glienicke und der Pfaueninsel. Als Bestandteile des bau-, kunst- und kulturgeschichtlichen Ensembles der Potsdamer Schlösser- und Gartenlandschaft sind sie wie Sanssouci und der Neue Garten als herausragende Zeugnisse der Geschichte der Menschheit Bestandteile der UNESCO-Welterbeliste.

■ **Park und Schloss Sacrow**

Das kleine **Schloss Sacrow** im gleichnamigen Park, ursprünglich ein Barockbau von 1773, ließ König Friedrich Wilhelm IV. nach seiner Thronbesteigung 1840 von Ludwig Persius erweitern und umgestalten. Die Neugestaltung des Parks nahm unter Peter Joseph Lenné die Formen an, wie sie der Gartenarchitekt in seinem Verschönerungsplan der Insel Potsdam 1833 bereits vorgelegt hatte.

Gänzlich neu entstand 1840–1844 nach Persius-Plänen die **Sacrower Heilandskirche** direkt an der Havel. Von der Wasserseite her wirkt der nach der Art frühchristlicher Basiliken errichtete Saalbau mit freistehendem Campanile wie ein vor Anker liegendes Schiff. Das Innere ziert ein monumentales Freskogemälde von Adolf Eybel mit einer Darstellung Christi und der Apostel. Nach dem Mauerbau befanden sich Park und Bauwerke plötzlich im unmittelbaren Grenzbereich. Das Schloss bezogen Grenzsoldaten der Nationalen Volksarmee und ab 1973 der DDR-Zoll, in der Grünanlage baute man Trainingseinrichtungen für Zollhunde auf, und die Heilandskirche stand, von Grenzanlagen umzingelt, hinter dem Mauerstreifen im Niemandsland.

Die Kirchenrestaurierung wurde mit der Einweihung der neuen Orgel im Juni 2009 vollendet. Das Schloss dient heute für wechselnde Ausstellungen und kann in diesem Rahmen besichtigt werden.

Das Kleine Schloss im Park Babelsberg

■ Glienicker Brücke

Die 1907/08 erbaute Glienicker Brücke führt über die Havelenge zwischen Jungfernsee und Glienicker Lanke und verbindet die brandenburgische Landeshauptstadt mit Berlin. Dass sie Weltberühmtheit erlangte, geht auf die Zeit des Kalten Kriegs zurück, als die feindlichen Militärblöcke zwischen den hermetisch abgeriegelten Brückenköpfen in spektakulären Aktionen Agenten und politischen Häftlinge austauschten.

Gleich an der Brücke steht als erstes Haus auf Potsdamer Stadtgebiet die **Villa Schöningen**. Die Ausstellung in der 1843 von Ludwig Persius errichteten Turmvilla widmet sich der Geschichte der Glienicker Brücke und ihrer Rolle während der deutschen Teilung (Di–Fr 11–18, Sa/So 10–18 Uhr).

Auf der Berliner Seite schließen sich Schloss und Park Glienicke an, die ab 1825 unter Karl Friedrich Schinkel und seinen Schülern sowie dem Gartenkünstler Peter Joseph Lenné Gestalt annahmen.

■ Park und Schloss Babelsberg

Schinkel und Lenné sind auch die ersten Baumeister der gegenüberliegenden, fast 120 Hektar umfassenden Anlage von Schloss und Park Babelsberg. Rund um den 78 Meter hohen Babelsberg fällt der ab 1833 angelegte Park sanft zum Tiefen See ab. Im selben Jahr wurde auch der Grundstein zu **Schloss Babelsberg** gelegt, der Sommerresidenz Wilhelms I. und seiner Gemahlin Augusta, die in einer ersten Etappe bis 1835 entstand. Ab 1840 wurde das mit zahlreichen Erkern und Türmen geschmückte Bauwerk im neugotisch-englischen Geschmack zunächst noch von Schinkel, nach dessen Tod 1841 von Ludwig Persius und ab 1845 bis 1849 von Johann Heinrich Strack umgebaut und erweitert. Mit zauberhaftem Blick auf die Glienicker Lanke ist es seitdem das Herzstück des Babelsberger Landschaftsparks.

Ab 1843 wurden auch die Gartenbauarbeiten fortgeführt, die zehn Jahre vorher unter Lenné begonnen hatten. Unter der Hand des Landschaftsarchitekten und legendären Lebemanns Fürst Hermann von Pückler-Muskau entstanden bis 1867 zahlreiche neue Pflanzungen, Terrassen, Spazierwege und andere Gartenkleinode. Unweit vom Havelufer hatte Baumeister Persius bereits 1841/42 ein schlichtes Gartenhaus zum so genannten **Kleinen Schloss** umgestaltet. Das schmucke weiße Gebäude in englischer Tudor-Gotik bewohnte zunächst Preußenprinz Friedrich Wilhelm, später diente es als hochherrschaftliches Gästehaus, heute ist dort ein Restaurant untergebracht. Ebenfalls von Ludwig Persius stammt das **Dampfmaschinenhaus**, das 1845 am nördlichen Parkende fertiggestellt wurde. Zum Park Babelsberg gehören außerdem das mit hohen gotischen Giebeln versehene **Matrosenhaus** (1842) und die backsteinrote **Gerichtslaube** auf der Lennéhöhe, 1871 unter Einbeziehung von Originalteilen der Berliner Gerichtslaube aus dem 13. Jahrhundert vollendet. Die Pläne für beide Gebäude lieferte Johann Heinrich Strack. Baumeister Strack war es auch, der dem Park Babelsberg seinen buchstäblichen

Das Dampfmaschinenhaus im Park Babelsberg

Höhepunkt schenkte. Ab 1853 wurde nach seinem Entwurf auf einem Hügel der 46 Meter hohe, weithin sichtbare **Flatowturm** errichtet. Als Vorbild diente der mittelalterliche Turm des Eschenheimer Tors in Frankfurt am Main, 1856 war der Wohnturm mit Wehrgang und Spitzhelm vollendet. Seine Räumlichkeiten sind teils noch original ausgestattet, und von der Aussichtsplattform bietet sich ein wunderbarer Panoramablick auf die Dächer von Potsdam, die Havelseen und die Parklandschaft.

■ **Stadtteil Babelsberg**
Im Süden der Parkanlage dehnt sich der historische Babelsberger Ortskern aus. 1750 ließ ihn Friedrich der Große für die protestantischen böhmischen Glaubensflüchtlinge anlegen. Die **Weberkolonie Nowawes** entstand. Ihr geistiges und geografisches Zentrum bildet die 1752/53 von Jan Bouman errichtete Friedrichskirche, ein achteckiger Saalbau mit steilem Walmdach.
Weltweit wird der Name Babelsberg mit Filmkunst verbunden. Auf dem Gelände des **Studios Babelsberg** wurde Filmgeschichte geschrieben. Im Februar 1912 fiel hier die erste Klappe zum Asta Nielsen-Streifen ›Der Totentanz‹, mit dem der Aufstieg zum größten europäischen Filmstudio begann. Bis 1945 unter UFA- und zu DDR-Zeiten unter DEFA-Regie, ist die Produktionsstätte mit insgesamt 16 Studios und Außenkulissen auf über 156000 Quadratmetern heute noch der größte zusammenhängende Studiokomplex in Europa. Fernsehserien wie große internationale Kinoproduktionen werden in den Hallen realisiert. Während einer Studiotour durch den **Filmpark Babelsberg** erhält man zwar weniger Einblick in die Filmherstellung, bekommt dafür aber umso mehr Abenteuer, Fantasy, Live Show und Action geboten.

Potsdam und Havelland

Potsdam

Vorwahl: 0331

Touristeninformation, Brandenburger Straße 3 (Brandenburger Tor), 14467 Potsdam, Tel. 27558899, www.potsdamtourismus.de, April–Okt. Mo–Sa 9.30–18, So 9.30–16 Uhr, Nov.–März Mo–Fr 10–18, Sa/So 10–16 Uhr.

Tourist-Information Potsdam Hauptbahnhof, Bahnhofspassagen Potsdam (neben Gleis 6), Babelsberger Straße 16, 14473 Potsdam, Tel. 0331/27558899, www.potsdamtourismus.de, Mo–Sa 9.30–20, So 10–16 Uhr.

Hotel am Luisenplatz, Luisenplatz 5, 14471 Potsdam, Tel. 0331/971900, www.hotel-luisenplatz.de, DZ/F ab 99€. Klassisch-elegante Vier-Sterne-Unterkunft in einem Stadtpalais von 1726 im Herzen Potsdams.

Hotel zum Hofmaler, Gutenbergstraße 73, 14467 Potsdam, Tel. 0331/730760, www.hofmaler-hotel-potsdam.de, DZ/F ab 90€. Komfortzimmer, Barockzimmer und Suiten im sorgfältig sanierten Holländerhaus, in dem Mitte des 18. Jahrhunderts der Hofmaler Friedrichs des Großen lebte; mit modernem Anbau.

Hotel Am Katharinenholz, Amundsenstr. 24d, 14469 Potsdam, Tel. 24348040, www.hotel-katharinenholz.de, DZ/F 85€. Schönes kleines Hotel, 2005 eröffnet, ca. 2 km nördlich vom Park Sanssouci; Fahrradverleih.

Jugendherberge Potsdam, Schulstr. 9, 14482 Potsdam, Tel. 5813100, www.jh-potsdam.de, Ü/F ab 27,50€, 6 bis 26 Jahre 23,50€, 3 bis 5 Jahre 11,75€.

Campingpark Sanssouci, An der Pirschheide 41, 14471 Potsdam, Tel. 9510988, www.camping-potsdam.de, April–Okt. Herrliche Lage in der Pirschheide am Templiner See, 5 km südwestlich vom Stadtzentrum; die Sanitäranlagen teils behindertengerecht, große Badewiese, Restaurant, SB-Laden, Internet-Café, Fahrrad- und Kanuverleih; Hunde erlaubt.

Restaurant Friedrich Wilhelm im Hotel Bayrisches Haus, im Wildpark/Elisenweg 2, 14471 Potsdam, Tel. 55050, www.bayrisches-haus.de, Di–Sa ab 18 Uhr. Herrschaftlich tafeln im historischen Landhaus der Königin Elisabeth von Preußen. Im Restaurant des heutigen Spitzenhotels verleiht Chefkoch Alexander Dressel exquisiten regionalen Kompositionen eine mediterrane Note. Der Michelin gab einen Stern, der Gault Millau 16 Punkte.

Speckers Landhaus, Jägerallee 13, 14469 Potsdam, Tel. 2804311, www.speckers.de, Di–Sa 12–13.45 u. 18–21.45 Uhr. Raffiniertes aus regionalen und saisonalen Produkten; Gault Millau zeichnete den Feinschmeckertempel im ehemaligen Garde-Ulanen-Gasthaus mit 14 Punkten aus.

Café Heider, Friedrich-Ebert-Straße (am Nauener Tor), Tel. 20331/705596, www.cafeheider.de, Mo–Fr ab 8, Sa ab 9, So ab 10 Uhr. Köstlichste Torten in großer Vielfalt, leichte märkische Küche und internationale Gerichte.

Touristeninformation am Brandenburger Tor

Meierei im Neuen Garten, Im Neuen Garten 10, Tel. 7043211, www.meierei-potsdam.de. Ausflugslokal und Brauereigaststätte in Gebäuden der historischen Meierei, Biergarten direkt am Jungfernsee. April–Okt. Di–So 11 bis 22 Uhr, im Winter Di–Sa 12–222 Uhr, So 12–20 Uhr.

Belvedere auf dem Pfingstberg, Tel. 20057930, www.pfingstberg.de, April–Okt. tgl. 10–18, Nov.–März Sa/So 10–16 Uhr.

Dampfmaschinenhaus, Breite Straße 28, www.spsg.de, Mai–Okt. Sa/So 10–18 Uhr. Besichtigung nur mit Führung.

Krongut Bornstedt, Ribbeckstraße 6/7, Tel. 550650, www.krongut-bornstedt.de, Shops mit unterschiedlichen Öffnungszeiten, Restaurant ›Brauhaus‹ tgl. ab 11 Uhr.

Pomonatempel, auf dem Pfingstberg, www.spsg.de, April–Okt. Sa/So 14–17 Uhr.

Kirche St. Peter und Paul, Bassinplatz 2, Tel. 2307990 (Pfarrbüro), www.peter-paul-kirche.de, Di–Sa 10–18, So 12–16 Uhr.

Sacrower Heilandskirche, Fährstraße, Potsdam-Sacrow, Tel. 504375, www.heilandskirche-sacrow.de, Mai–Aug. Di–So 10–16 Uhr, März/April u. Sept./Okt. Di–So 10–15.30 Uhr, Nov.–Feb. Sa/So 10–15.30 Uhr.

St. Nikolaikirche, am Alten Markt, Tel. 2708602, Mo–Sa 10–19 Uhr, So 11.30–19 Uhr.

► **Sanssouci**

Besucherzentrum an der Historischen Mühle, An der Orangerie 1 (Postanschrift: Postfach 601462, 14414 Potsdam), Tel. 9694200, www.spsg.de, April–Okt. Di–So 8.30–17.30 Uhr, Nov.–März Di–So 8.30–16.30 Uhr.

Besucherzentrum am Neuen Palais, Am Neuen Palais 3, 14469 Potsdam, Tel. 9694200 , www.spsg.de, April–Okt. Mi–Mo 9–17.30 Uhr, Nov.–März Mi–Mo 10–16.30 Uhr.

Schloss Sanssouci, April–Okt. Di–So 10–18 Uhr, Nov.–März Di–So 10–17 Uhr.

Der Kartenverkauf ist limitiert und das Ticket gilt nur für den Tag des Erwerbs. Der Andrang, vor allem im Sommerhalbjahr, ist groß. Es empfiehlt sich deshalb, die Eintrittskarte möglichst früh am Tag zu erwerben, am besten gleich bei Öffnung der Kasse um 10 Uhr, auch wenn man anschließend womöglich noch einmal weggehen muss und erst an einer Führung beispielsweise um 13 Uhr teilnehmen kann. Über https://tickets.spsg.de besteht die Möglichkeit, mit dem Erwerb einer ›Premium Tageskarte Online‹, die zum einmaligen Besuch aller Schlösser der Stiftung Preußische Schlösser und Gärten an einem Tag berechtigt (außer Belvedere auf dem Pfingstberg und Schloss Sacrow), eine feste Einlasszeit für Schloss Sanssouci mitzubuchen.

Der Damenflügel ist Mai–Okt. Sa/So 10–18 Uhr zu besichtigen, Schlossküche und Weinkeller April–Okt. Di–So 10–18 Uhr.

Belvedere auf dem Klausberg, Mai - Okt. Sa/So 10–18 Uhr.

Bildergalerie, Mai–Okt. Di–So 10–18 Uhr.

Chinesisches Haus, Mai–Okt. Di–So 10–18 Uhr.

Friedenskirche, Mai–Sept. Mo–Sa 10–18, So 10–18, Okt.–April Mo–Sa 11–16, So 11.30–16 Uhr.

Historische Mühle, April–Okt. tgl. 10–18 Uhr, Nov.–März Sa/So 10–16 Uhr (Dezember geschlossen).

Neue Kammern, April–Okt. Di–So 10–18 Uhr.

Neues Palais, April–Okt. Mi–Mo 10–18, Nov.–März Mi–Mo 10–17 Uhr. Das Schlosstheater, Marmorsaal und Grottensaal sind wegen umfassender Sanierungsarbeiten bis 2015 nicht zu besichtigen.

Orangerie, April Sa/So 10–18 Uhr, Mai–Okt. Di–So 10–18 Uhr.

Römische Bäder, Mai–Okt. Di–So 10–18 Uhr.

Schloss Charlottenhof, Mai–Okt. Di–So 10–18 Uhr.

► **Neuer Garten**

Crystall- und Muschelgrotte, wegen Restaurierung zurzeit geschlossen.

Marmorpalais, April Sa/So 10–18, Mai–Okt. Di–So. 10–18 Uhr, Nov.–März Sa./So. 10–16 Uhr.

Schloss Cecilienhof, April–Okt. Di–So 10–18 Uhr, Nov.–März Di–So 10–17 Uhr, die Privaträume des Kronprinzenpaares kann man mit Führung Di–So 10, 12, 14 und 16 Uhr besichtigen.

▶ **Park Babelsberg**

Schloss Babelsberg, www.spsg.de, bis voraussichtlich 2015 geschlossen.

Flatowturm, Mai–Okt. Sa/So 10–18 Uhr.

▶ **Weitere Sehenswürdigkeiten**

Filmmuseum Potsdam, Breite Straße/Ecke Friedrich-Ebert-Straße, Tel. 2718112, www.filmmuseum-potsdam.de, tgl. 10–18 Uhr.

Gedenkstätte Lindenstraße für die Opfer politischer Gewalt im 20. Jahrhundert, Lindenstraße 54/55. 14467 Potsdam, Tel. 2896136, www.gedenkstaette-lindenstrasse.de,, Di–So 10–18 Uhr.

Haus der Brandenburgisch-Preußischen Geschichte, Am Neuen Markt 9, Tel. 6208550, www.hbpg.de, Di–Do 10–17, Fr–So 10–18 Uhr.

Jan Bouman Haus, Mittelstraße 8 (Holländisches Viertel), Tel. 2803773, www.jan-bouman-haus.de, Mo–Fr 13–18, Sa/So 11–18 Uhr.

Museum Alexandrowka, Russische Kolonie 2, Tel. 8170203, www.alexandrowka.de, Di–So 10–18, Fr bis 21 Uhr.

Naturkundemuseum Potsdam, Breite Str. 13, Tel. 2896707, www.potsdam.de/naturkundemuseum, Di–So 9–17 Uhr.

Potsdam Museum – Forum für Kunst und Geschichte, Am Alten Markt 9 (Altes Rathaus), Tel. 2896868, www.potsdam.de, Di–Fr 10–17, Do 10–19, Sa/So 10–18 Uhr.

Filmpark Babelsberg, Großbeerenstraße 100, Potsdam-Babelsberg, Tel. 7212750, www.filmpark-babelsberg.de, Ende März – Anfang Nov. tgl. 10–18 Uhr (im Sept. Mo/Di geschlossen).

Potsdamer Schlössernacht, www.schloes-

sernacht-2010.de; alljährlich in einer Sommernacht im August im Park Sanssouci, Lustwandeln wie zu Zeiten der preußischen Könige, die Schlösser stimmungsvoll illuminiert, begleitet von Konzerten und Tanz, Theater und Literaturlesungen und abschließenden Feuerwerk. Der Run auf die Eintrittskarten ist groß, ihre Zahl auf 33 000 beschränkt, deshalb rechtzeitig buchen! Tickets unter 01806/570000, http://www.eventim.de.

Weiße Flotte und **Potsdamer Wassertaxi**, Lange Brücke 6, 14467 Potsdam, Tel. 275-9210, www.schiffahrt-in-potsdam.de und www.potsdamer-wassertaxi.de. Ausgangspunkt für Schlösserrundfahrten, für Havelseenrundfahrten sowie Tagesfahrten bis Ketzin, Brandenburg oder Berlin mit den Schiffen der Weißen Flotte ist der Hafen Potsdam an der Langen Brücke am Hotel Mercure. Die Wassertaxis verkehren regelmäßig im Linienbetrieb und verbinden Potsdams berühmteste Sehenswürdigkeiten mit 13 Haltestellen vom Wasser aus.

Potsdam per Pedales, im Hauptbahnhof, Tel. 7480057, www.potsdam-per-pedales.de, April–Nov. tgl. 9.30–19 Uhr. Leihräder und geführte Radtouren durch Potsdam und das Havelland.

Strandbad Babelsberg, Am Babelsberger Park, 14482, Tel. 6619834, www.swp-potsdam.de, Mitte Mai–Aug. tgl. 9–20 Uhr, 1. Maihälfte und 1.–15. Sept. tgl. 10–19 Uhr; am Tiefen See unmittelbar am Schlosspark Babelsberg.

Waldbad Templin, Templiner Straße, 14473, Tel. 6619837, www.swp-potsdam.de, Mitte Mai–Aug. tgl. 9–20 Uhr, 1. Maihälfte und 1.–15. Sept. tgl. 10–19 Uhr; am Templiner See, 5 km südlich von Potsdam Richtung Caputh, mit Bootsverleih.

◀ Karte S. 70, 77, 79

Das Havelland rund um Potsdam

Kaum irgendwo sonst rückt weltberühmtes Kulturerbe, wunderschöne Natur und herrliches Freizeitvergnügen so nah zusammen wie im ›Blauen Salon‹, den Havelseen zwischen Potsdam, südlich Ferch am Schwielowsee und westlich den Städten Werder und Ketzin. Templiner See, Schwielowsee, Großer Plessower und Großer Zernsee sind die Gewässer, die die mittlere Havel hier ausbildet. Und als wolle sie, weil es so schön ist, noch etwas verweilen, wechselt sie gleich zwei Mal die Fließrichtung: An ihrem südlichsten Punkt im Schwielowsee angelangt, dreht sie mit einer 180-Grad-Volte noch einmal eine Ehrenrunde nach Norden und wendet sich erst bei Ketzin weiter nach Westen, um in Richtung Brandenburg Fahrt aufzunehmen.

Weite Obstplantagen ziehen über die Hügel zwischen den Havelgewässern. Das Havelland und insbesondere die Region um die Baumblütenstadt Werder sind schon seit 300 Jahren Obstbauernland. Dazu kamen Fischfang und seit dem 19. Jahrhundert die Ziegelbrennerei für die rasch wachsende Metropole Berlin. Im Gegenzug strömen die Berliner seit der Erfindung der Sommerfrische in Scharen ins Havelland. Albert Einstein liebte es, mit seinem Segelboot von Caputh aus in See zu stechen; und längst vorher wussten bereits die Hohenzollern die schöne Landschaft zu schätzen, wovon ihre Schlösser in Caputh, Marquardt und Paretz malerisch Zeugnis ablegen. Ganz in dem Sinne, wie es Fontane in Verse schmiedete: »Ob rote Ziegel, ob steinernes Grau,/Du verklärst es, Havel, in deinem Blau.«

Schwielowsee

Caputh, Geltow und Ferch am südlichen Scheitel des Schwielowsees bilden seit 2003 die Gemeinde Schwielowsee.

■ Caputh

Drei Seen umrahmen den keine 4500 Einwohner zählenden Ort Caputh. Nördlich grenzt er an die Ufer des Templiner Sees, südlich an den kleinen Caputher See und im Westen an den größten aller Havelseen, den Schwielowsee. Von diesem schwärmte schon Fontane: »Der Schwielowsee ist breit, behaglich, sonnig und hat die Gemütlichkeit aller breit angelegten Naturen. Er hält es mit leben und leben lassen.«

Größte Sehenswürdigkeit im Ort ist das kurfürstlich-königliche **Schloss Caputh**.

Barockes Schmuckstück: Schloss Caputh

Potsdam und Havelland

Ab 1662 wurde es als schlichter rechtecki-ger Baukörper von einem Generalquar-tiermeister des Großen Kurfürsten am Havelufer errichtet. Durch einen Tausch-vertrag fiel es 1671 an Kurfürst Friedrich Wilhelm zurück, der es seiner zweiten Gemahlin schenkte. Kurfürstin Dorothea ließ dann die frühbarocken Gemäuer er-weitern und ausgestalten und verlieh ih-nen damit die Gestalt, in der Schloss Ca-puth heute noch steht – einzig erhaltener Schlossbau in der Potsdamer Schlösser- und Gartenlandschaft, der noch aus der Zeit des Großen Kurfürsten stammt. Die Gemächer des Kurfürstenpaares und der Speisesaal mit 7500 blauweißen hollän-dischen Fayencefliesen, jede einzelne ein Unikat, zählen zu den Höhepunkten ei-ner Besichtigung. Die ausgestellten Lack-möbel, Skulpturen, Gemälde repräsentie-ren die herrschaftliche Kunstauffassung um 1700. Den ursprünglich barocken Schlossgarten gestaltete Peter Joseph Lenné ab 1830 um.

Vis-à-vis erhebt sich mit einem freiste-henden Campanile die neoromanische **Dorfkirche**. Der Entwurf für die 1852 eingeweihte dreischiffe Pfeilerbasilika mit klassizistischer Inneneinrichtung stammt aus der Feder des Schinkel-Schülers Fried-rich August Stüler.

Ungewöhnliche Skulpturen in der Fercher Fischerkirche

Einen herrlichen Blick über die Kirch-turmspitze und das Schlossdach hinweg auf den Templiner See genoss Albert Ein-stein von seinem Feriendomizil aus. Am Waldrand auf einer kleinen Anhöhe über Caputh steht das **Sommerhaus Albert Einsteins**, das der geniale Physiker und Nobelpreisträger sich 1929 von Konrad Wachsmann bauen ließ. Einstein liebte die stille Natur und als leidenschaft-licher Segler vor allem die ausgedehnten Segeltörns mit seinem Boot kreuz und quer über die Havelseen. ›Komm nach Caputh, pfeif' auf die Welt‹, schrieb er einmal an seinen Sohn. Bis 1932 war das Caputher Sommerhaus Treffpunkt der wissenschaftlichen und kulturel-len Elite der Weimarer Republik. Nach-dem Einstein nach der Machtergreifung Hitlers Anfang 1933 aus den USA nicht mehr zurückgekehrt war, wurde es, wie auch sein übriges Eigentum, von den Nationalsozialisten konfisziert. Heute kann man das geräumige Holzhaus im Sommerhalbjahr immer samstags und sonntags im Rahmen einer Führung besichtigen. Im Caputher Bürgerhaus unten im Ort informiert eine Ausstel-lung über Leben und Werk Albert Ein-

Karte S. 65

▲ *Im Webereimuseum Geltow*

steins, Konrad Wachsmanns sowie die Geschichte des Sommerhauses.

Nahebei trägt die **Tussy II** ihre Passagiere über das Caputher Gemünde zum Geltower Ufer hinüber. Bereits seit 1853 beförderte die Caputher Seilfähre Fußgänger und Kutschen bzw. Motorkutschen über das Wasser. So durfte sich ›Tussy I‹ 1998 verdienterweise zur Ruhe setzen und das Ruder an die Nachfolgerin abgegeben.

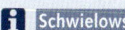 **Geltow und Ferch**

In **Geltow** wartet in einer denkmalgeschützten Hofanlage das **Aktive Museum Handweberei Henni Jaensch-Zeymer** auf einen Besuch. 1939 wurde die Geltower Handweberei von der Webkünstlerin Henni Jaensch-Zeymer (1904–1998) ins Leben gerufen. An zehn historischen Webstühlen aus aller Welt, der älteste 300 Jahre alt, werden die Stoffe in traditioneller Handwebekunst gefertigt, wo-

bei man zuschauen, allerlei Spannendes über Techniken und Materialien erfahren und im zugehörigen kleinen Leinenladen Handgewebtes erwerben kann.

Das 1700 Einwohner kleine Dorf **Ferch** ist ein beliebter Radler- und Wasserwandererstützpunkt und verfügt mit der Fischerkirche und der Havelländischen Malerkolonie gleich über zwei Sehenswürdigkeiten. Seit 1630 hockt die fachwerkgeschmückte kleine **Fercher Fischerkirche** auf einem Hügel in der Dorfmitte. Im Innenraum schwebt ein hölzerner Taufengel von der Holzdecke, die, als Tonne gewölbt, in Form eines auf dem Kopf liegenden Fischerkahns erscheint. In der Nachbarschaft beherbergt ein reetgedecktes Kossätenhaus aus der zweiten Hälfte des 18. Jahrhunderts das **Museum der Havelländischen Malerkolonie**, das Werke der Landschaftsmaler am Schwielowsee um 1900 zeigt.

 Schwielowsee

Vorwahl: 033209
Postleitzahl: 14548
Touristeninformation, im Bürgerhaus Caputh, Straße der Einheit 3, Schwielowsee/OT Caputh, Tel. 70899, www.schwielowsee-tourismus.de, April–Okt. Mo–Fr 10–16, Sa/So 10–14 Uhr, Nov.–März Mo–Fr 11–15 Uhr.

Restaurant Bootsklause Ferch, Seeweg 5, Schwielowsee/OT Ferch, Tel. 70616, www.gastro-bootsklause-ferch.de, März–Okt. tgl. 11.30–22 Uhr, im Winter Mi–So 11.30–21.30 Uhr. Deftiges, Regionales, Hausgemachtes lädt zur Einkehr ein, dazu gibt es den schönen Blick von der Speiseterrasse über den See.

Kavalierhaus im Schlosspark Caputh, Lindenstraße 60, Schwielowsee/OT Caputh, Tel. 84630, www.kavalierhaus-caputh.de, DZ/Ü ab 89€. Heiter-mediterrane, stilvolle Unterkunft im 1830 im italienischen Landhausstil im Schlosspark errichten Kavalierhaus. Das Restaurant bietet regionale und internationale Gerichte.
Landhaus Ferch, Dorfstraße 41, Schwielowsee/OT Ferch, Tel. 70391, www.landhaus-ferch.de, DZ/F ab 68€. Moderner Mittelklassekomfort, unmittelbar neben dem Strandbad Ferch. Das Restaurant serviert deutsche Küche.

Einsteinausstellung im Bürgerhaus Caputh, Straße der Einheit 3, Schwielowsee/OT Caputh, April–Okt. Di–So 11–17 Uhr, Nov.–März Fr–So 11–17 Uhr.
Handweberei Henni Jaensch-Zeymer – Aktives Museum, Am Wasser 19, Schwielowsee/OT Geltow, Tel. 03327/55272, www.handweberei-geltow.de, Feb.–Okt. Di–So 11–17 Uhr, Nov.–Mitte Dez. Di–Fr 11–17 Uhr.
Museum der Havelländischen Malerkolonie, Beelitzer Straße 1, Schwielowsee/OT Ferch, Tel. 21025, www.havelländische-malerkolonie.de, Mi–So 11–17 Uhr.

Dorfkirche Caputh, Straße der Einheit, Schwielowsee/OT Caputh, Ostern–Erntedank tgl. 9–18 Uhr.

Fischerkirche Ferch, Beelitzer Straße, Schwielowsee/OT Ferch, Mi–So 11–17 Uhr, Schlüssel im Museum der Havelländischen Kolonie.

Schloss Caputh, Straße der Einheit 2, Schwielowsee/OT Caputh, Tel. 70345, www.spsg.de, Mai–Okt. Di–So 10–18 Uhr, Nov.–März Sa/So 10–17, April Sa/So 10–18 Uhr.

Sommerhaus von Albert Einstein, Am Waldrand 15–17, Schwielowsee/OT Caputh, Tel. 271780, www.einsteinsommerhaus.de, April–Okt. Sa/So 10–18 Uhr; Besichtigung nur mit Führung.

Campingplatz Himmelreich, Wentorfinsel, Schwielowsee/OT Geltow, Tel. 70475, www.campingplatz-caputh.de, April–Okt. Auf der Landnase zwischen Petzinsee und Schwielowsee; Imbiss, Bootsverleih, Badestrand.

Schwielowsee Camping Ferch, Dorfstraße 50, Schwielowsee/OT Ferch, Tel. 70295, www.schwielowsee-camping.de, April–Okt. Waldcampingplatz unter Buchen und Eichen, wenige Minuten zu Fuß von Seeufer und Strandbad entfernt.

Caputher Seilfähre, max. 16 Tonnen, April–Nov. tgl. 6–22 Uhr, Dez.–März Mo–Fr 6–20, Sa/So 7–20 Uhr.

Havelseenrundfahrten mit der weißen Flotte, Anlegestellen Caputh: am Schloss und am Gemünde, Anlegestellen Ferch: Bootsklause nahe Strandbad sowie Haus am See, Fahrplaninfo Tel. 2759210, www.schiffahrt-in-potsdam.de.

Seebad Caputh, Weg zum Strandbad 1, Schwielowsee/OT Caputh, Tel. 80851, www.seebad-caputh.de, Mitte Mai–Sept. tgl. ab 10 Uhr.

Strandbad Ferch, Dorfstraße 41a, Schwielowsee/OT Ferch, Tel. 70295, www.schwielowsee-camping.de, Mai–Sept. Mo–Fr 10–19 Uhr, Sa/So 10–20 Uhr.

Bootsverleih Kapitäns-Club Ferch, Dorfstraße 39, Schwielowsee/OT Ferch, Tel. 70432. Ruderboote, Tretboote und führerscheinfreie Motorboote; mit Imbiss und kleinem Biergarten, wenige Schritte vom Strandbad.

Werder und Umgebung

»Mit dem ersten Juni beginnt die Saison ... mit Erdbeeren. Dann folgen die süßen Kirschen aller Grade und Farben; Johannisbeeren, Stachelbeeren, Himbeeren schließen sich an.« So lautet Theodor Fontanes 1880 in den ›Wanderungen‹ veröffentlichte Gebrauchsanweisung zum Obstgenuss in der Baumblütenstadt Werder. Der Obst- und Gemüseanbau in der ›Obstkammer der Mark‹ hat eine lange Tradition, und bis heute sind die Erzeugnisse der Werderaner ›Obstmucker‹ in aller Munde. Immer Ende April/Anfang Mai, wenn die Kirsch- und Apfelplantagen die Landschaft in einen weißen und rosa Blütenzauber verwandeln, wird in Werder das Baumblütenfest gefeiert. Mit Obstwein, Blechkuchen und schöner Natur zieht es inzwischen bis zu 500 000 Besucher in die Havelstadt.

■ Petzow

Das Örtchen Petzow, seit 1929 nach Werder eingemeindet, liegt malerisch zwischen Glindowsee, Schwielowsee und dem kleineren Haussee. Von der Petzower **Dorfkirche** auf dem Grelleberg aus eröffnet sich ein wundervoller Blick auf den havelländischen Flickenteppich aus Wasser und Land. Das grazile Gotteshaus ist ein Werk Schinkels. 1840/41

Ein Schinkel-Werk: die Dorfkirche in Petzow

errichtet, wurde es von Friedrich August Stüler vollendet.

Unterhalb liegen am Schwielowseeufer **Schloss und Park Petzow**. Der Gutsbesitzer, Amtsrat und reichste Mann im Dorf, Friedrich August von Kaehne, ließ das Schloss 1825 im kuriosen Mix aus italienischem Castello- und englischem Tudorstil bauen. 1838 gestaltete Peter Joseph Lenné den Schlosspark nach englischer Art. Zu trauriger Berühmtheit gelangten die Kaehnes, als Karl von Kaehne im Mai 1943 den soeben aus KZ-Haft entlassenen Ingenieur Alfred Mehlhemmer im Park erschoss. Ein Gedenkstein erinnert daran. Nach 1945 diente das Schloss als FDGB-Erholungsheim, zwischen 1990 und 2003 als Hotel und verfiel anschließend. In seinen Mauern sollen nun hochwertige Eigentumswohnungen entstehen. Das kleine **Waschhaus** im Park beherbergt eine Ausstellung zur Ortsgeschichte und zur Geschichte des Waschens, die man sich von April bis Oktober immer sonntags von 13 bis 17 Uhr anschauen kann.

Vor dem Schloss in der Zelterstraße wird in der ›Fontane-Klause‹ drinnen und draußen im gemütlichen Garten leckere regionale Küche, hausgebackener Kuchen und Eis aus eigener Produktion serviert.

■ Werder

Immer zur Obstbaumblüte Ende April/Anfang Mai wird rund um die Werderaner Inselstadt eine Woche lang das **Baumblütenfest** gefeiert. 1879 kamen an einem Maiwochende erstmals 50 000 Besucher in dem kleinen Havelstädtchen zusammen, möglicherweise um sich an der schönen Landschaft zu freuen, und ganz bestimmt, um die süffigen Obstweine – respektvoll ›Bretterknaller‹ genannt – gebührend zu würdigen. Das ist heute nicht anders, nur dass sich auf dem Rummel, in den Obstplantagen, in den Altstadtgassen und in zahlreichen blühenden Obstgärten, die die Werderaner für ihre Gäste öffnen, mittlerweile über eine halbe Million Besucher tummeln.

Auf dem **Wachtelberg** wird seit 1985 goldener Rebensaft kultiviert. Mitten in der Stadt erhebt sich der Weinberg als die nördlichste für den Anbau von Qualitätsweinen zugelassene Reblage der Welt. Auf sechs Hektar Anbaufläche gedeiht Müller-Thurgau, Regent, Dornfelder, Saphira, Kernling und Sauvignon blanc. Ein Weinberglehrpfad informiert über weitere Weiß- und Rotweintrauben, und in der kleinen Straußwirtschaft lässt sich zum Blick auf Werders Dächer, die Seen und den Weinberg rundum gemütlich ein Schoppen ›Werderaner Wachtelberg‹ kosten.

Werders Wahrzeichen sind die Heilig-Geist-Kirche und die Bockwindmühle, die sich inmitten der kopfsteingepflasterten Altstadtgassen mit hübsch restaurierten märkischen Bürgerhäuschen auf der havelumflossenen **Werderaner Inselstadt** erheben. 1856–1858 wurde die **Heilig-Geist-Kirche** nach Plänen Friedrich August Stülers auf den Grundmauern eines Gotteshauses aus dem 13. Jahrhundert errichtet. Im Kircheninneren verdient im rechten Seitenschiff das vermutlich Ende des 17. Jahrhunderts entstandene Gemälde ›Christus als Apotheker‹ einen Augenblick. In der Nachbarschaft wartet in einem Anbau neben dem Rathaus das **Obstbaumuseum** auf einen Besuch, das in Bildern und anhand von zahlreichen Gerätschaften die Tradition des Obst- und Weinbaus sowie der Fischerei rund um Werder aufzeigt. Wenige Schritte entfernt thront die **Bockwindmühle** über der Havel. 1987 wurde sie anstelle einer 1973 abgebrannten Vorgängerin aufgebaut. Seit 1993 drehen sich aus Anlass des seitdem jährlich im August begangenen Mühlenfests wieder die Mühlenflügel.

Karte S. 65

Jüngste Werderaner Attraktion soll die **BlütenTherme** in den Havelauen werden, deren Richtfest Ende August 2013 stattfand. 1600 Tonnen Stahl und 9000 Kubikmeter Beton wurden verbaut, um Raum für eine Thermalsole- und Saunalandschaft, Hamam und Wellness, Sportschwimmbecken und ein Gradierwerk zu schaffen. Nach einer Kostenexplosion ist die Fertigstellung inzwischen allerdings ungewiss.

Im Märkischen Ziegeleimuseum

■ Glindow

»Was Werder für den Obstkonsum der Hauptstadt ist, das ist Glindow für den Ziegelkonsum. In Werder wird gegraben, gepflanzt, gepflückt, – in Glindow wird gegraben, geformt, gebrannt«, berichtet Fontane in seinen ›Wanderungen‹. Folgt man seinen Erläuterungen, waren in Glindow am Ufer des Glindower Sees seinerzeit neun Ringöfen zum Ziegelbrennen in Betrieb und im Distrikt ›mit seinem Innen- und Außenrevier wohl mehr denn 50.‹

Bereits seit 1462 ist der Tonabbau im Raum Glindow–Werder dokumentiert, und als Fontane in den 1870er Jahren in der Region auf Wanderung ging, rauchten dort tatsächlich über 50 Schornsteine. Zwei denkmalgeschützte Ringöfen von 1868 sind im **Märkischen Ziegeleimuseum Glindow** erhalten. Ziegelfertigung nach überlieferter Art lässt sich dort miterleben, und eine Ausstellung im um 1890 erbauten Ziegeleiturm berichtet über die Ziegelherstellung und ihre Geschichte in der Region.

■ Derwitz

Auf dem 64 Meter hohen Spitzberg beim Flecken Derwitz, acht Kilometer westlich von Werder, erreichte der Flugpionier Otto Lilienthal 1891 mit seinem Hängegleiter als erster Mensch Flugweiten über 25 Meter. Zum 100-jährigen Jubiläum wurde dort 1991 ein **Lilienthal-Denkmal** eingeweiht. Im Dorf selbst ist im ehemaligen Spritzenhaus eine kleine **Lilienthal-Gedenkstätte** untergebracht. In der Nachbarschaft lohnt der Blick auf die mittelalterliche Feldsteinkirche mit einem um 1500 gestalteten, reich gegliederten Blendgiebel.

Kirschblüte in Werder

Potsdam und Havelland

Werder und Umgebung

Vorwahl: 03327

Postleitzahl: 14542

Touristeninformation, Kirchstraße 6/7 (im Rathaus-Anbau), Werder, Tel. 783374, www.werder-havel.de, Mitte April–Mitte Okt. Mo/Di/Do/Fr 10–12.30 und 13–17.30, Sa/So 13–17 Uhr, im Winterhalbjahr Mo/Di/Do 10–14 Uhr.

Hotel Prinz Heinrich, Fischerstraße 48b, Werder, Tel. 732060, www.hotelprinzheinrich.de, DZ/F ab 79 €. Reizendes 3-Sterne-Hotel an der Uferpromenade auf der Inselstadt; Restaurant und kleiner Café-Garten am Bootssteg.

Hotel zur Insel, Am Markt 6, Werder, Tel. 66160, www.hotel-zur-insel.de, DZ/F um 79 €. Großes gediegenes Mittelklassehotel am Altstadtmarkt.

Campingplatz Riegelspitze, Fercher Straße 4-9, Werder/OT Petzow, Tel. 42397, www.campingplatz-riegelspitze.de, April–Okt. 4-Sterne-Anlage am Glindower See; Restaurant, Biergarten, Shop, Ferienhäuschen, Badestrand, Rad- und Ruderbootverleih.

Wohnmobilhafen, Unter den Linden 1, Werder, gebührenpflichtiger Reisemobilplatz im Ortszentrum unmittelbar an der Brücke zur Insel, mit Stromanschluss und WC.

Hafenrestaurant Ernest, Am Schwielowsee 120 (im Resort Schwielowsee), Werder/OT Petzow, Tel. 732708, www.resort-schwielowsee.com, Di–Fr ab 18, Sa/So ab 12 Uhr, Nov.–März Mi–Fr ab 18, Sa/So ab 12 Uhr. Gehobene deutsch-internationale Gerichte für anspruchsvolle Gaumen im American-Style-Pavillon am Schwielowsee.

Fontane Klause, Zelterstraße 2, Werder/OT Petzow, Tel. 42344, www.fontane-klause.de, Mai–Sept. tgl. ab 11.30, Okt.–April Mi–Mo ab 11.30 Uhr. Obst und Gemüse von heimischen Anbietern, frischer Fisch aus den Seen und Wild aus den Wäldern rundum, zum Nachtisch hausgebackener Kuchen und Eis aus eigener Produktion.

Werderaner Wachtelberg, Straußwirtschaft ›Weintiene‹, Wachtelwinkel 30, Werder, Tel. 741410, www.wachtelberg.de, Mitte Juni–Mitte Okt.Mo– Fr ab 14, Sa/So ab 10 Uhr. Weine, gekeltert von der nördlichsten Qualitätslage Deutschlands.

Obstbaumuseum, Kirchstraße 6/7, Werder, Mitte April–Mitte Okt. Mo/Di/Do/Fr 10–17.30, Sa/So 13–17 Uhr, im Winterhalbjahr Mo/Di/Do 10–14, Sa/So 11–15 Uhr.

Bockwindmühle, Kirchstraße 7, Werder, Mitte April–Mitte Okt. Di/Sa/So 13–17 Uhr.

Märkisches Ziegeleimuseum, Alpenstraße 44, Werder/OT Glindow, Tel. 669395, www.ziegeleimuseumglindow.de, März–Okt. Mi/Sa/So 10–16 Uhr.

Dorfkirche Petzow, auf dem Grelleberg, Werder/OT Petzow, März–Okt. Sa/So 11–18, Nov.–Feb. Sa/So 13–17 Uhr.

Baumblütenfest, neuntägige Feier von Obstblüte und Obstwein Ende April/Anfang Mai; Infos bei der Touristinformation und unter www.baumbluete.de.

Strandbad Werder, Am Plessower See 46, Werder, Tel. 42111, Mai–Sept. tgl. 9–21 Uhr.

BlüthenTherme, www.kristalltherme-werder.de, Eröffnung zum Zeitpunkt der Drucklegung dieses Reiseführers noch ungewiss.

Havelseenrundfahrten mit der weißen Flotte, Anlegestelle Petzow: am Schloss, Anlegestelle Werder: auf der Inselstadt am Hotel Prinz Heinrich. Fahrplaninfo Tel. 0331/2759210, www.schiffahrt-in-potsdam.de.

Ketziner Havelgebiet

Das Ketziner Havelgebiet zwischen Paretz, Ketzin und nördlich Tremmen ist ein Dorado für Angler und Wasserwanderer. Die Havel, von Werder heraufziehend, wässert die Seen, Bruch- und Tonstichlandschaft rund um **Ketzin**. Trockenen Fußes trägt die Havelfähre Spaziergänger, Radler und Automobilisten über das Wasser ins 4000-Einwohner-Städtchen. Zwischen kopfsteingepflastertem Markt, **St. Petrikirche** aus dem 12. Jahrhundert und neu gestalteter **Havelpromenade** liegen die Gassen des **Fischerviertels** mit den ältesten Häusern im Ort: in der Albrechtstraße ›Königs Wassersportheim‹, ein Fachwerkbau aus dem 17. Jahrhundert, und um die Ecke in der Rathausstraße das kleine ›Budenhaus‹ von 1798. Nahebei an der Havelpromenade legen die Ausflugsdampfer zu Havelrundfahrten ab. Das Fischerviertel und das alljährlich an einem August-Wochenende gefeierte Fischerfest erinnern daran, dass Ketzin seit seiner ersten Erwähnung 1197 ein Fischerort war. Ab 1860 zog mit der Errichtung von insgesamt 14 Ziegeleien und 21 Ringöfen die Moderne ein. Knapp 150 Jahre später folgte ein weiteres – umstrittenes – Zukunftsprojekt: Im Juli 2008 bohrten Wissenschaftler des Potsdamer GeoForschungsZentrum GFZ einen ›salinen Aquifer‹ an, eine 650 Meter tiefe, salzwasserführende Sandsteinformation, in die seit 2011 im Testverfahren bei der Energiegewinnung in Kohlekraftwerken anfallende CO_2-Abgase gepresst wurden. Über insgesamt fünf Jahre währte die Testphase, Ende August 2013 wurden die Einspeisungen eingestellt. Doch damit ist das Experiment noch längst nicht beendet. Zukünftig will man beobachten, wie sich das Gas in seiner unterirdischen Ketziner Endlagerstätte verhält.

■ Paretz

»Nur immer denken, dass Sie für einen armen Gutsherren bauen.« Mit dieser viel zitierten Ermahnung, die Kronprinz Friedrich Wilhelm an seinen Baumeister David Gilly adressierte, rückte der winzige Flecken Paretz im Havelland Ende des 18. Jahrhunderts auf einmal ins Licht der Öffentlichkeit. 1797, als der Kronprinz mit der Thronbesteigung zu König Friedrich Wilhelm III. wurde, begannen die Bauarbeiten, und Architekt Gilly schuf

Havelfähre bei Ketzin

Die Dorfkirche in Paretz

das frühklassizistisch schlicht-elegante **Schloss Paretz** – ›Schloss Still-im-Land‹, wie man den ländlich abgeschiedenen Sommersitz des Königs und seiner geliebten Gemahlin Luise bald nannte. Der umgebende **Schlossgarten** stammte ursprünglich ebenfalls von Gillys Hand, und darüber hinaus auch das **Musterdorf Paretz**, das nach Gilly-Plänen bis 1804 als hervorragendes Beispiel preußischer Landbaukunst entstand. Die alten Kossätenhäuser wurden für das kühne Bauprojekt niedergerissen und neue Höfe und Funktionsgebäude errichtet: die Mehlwaage, ein Spritzenhaus, das Planteurhaus für die Gärtner, die Torhäuser am östlichen Ortseingang oder auch das Gotische Haus, bis 1910 königliche Schmiede und seitdem belieb-

tes Ausflugslokal. Die mittelalterliche **Dorfkirche** wurde unter Einbeziehung der Reste von Wandmalereien 1797/98 nach Gillys Vorstellungen neugotisch umgestaltet und mit einem Bohlenbinderdach überspannt. Im kleinen Innenraum schmückt sich die ehemalige Königsloge mit einem Tonrelief von Johann Gottfried Schadow, das die ›Apotheose der Königin Luise‹ darstellt.

Andere Gebäude im Musterdorf, wie etwa das Amtshaus, konnte sich nicht über die Zeit retten. Das Schloss selbst war infolge der verschiedensten Nutzungen – nach Kriegsende geplündert, von der Roten Armee besetzt und in der DDR Sitz diverser schulischer, kultureller und behördlicher Einrichtungen – als solches nicht mehr zu erkennen. 1999–2002 erfolgte die aufwändige Rekonstruktion anhand historischer Unterlagen. Die berühmten Papiertapeten, die die königlichen Wohnräume zierten, konnten dank ihrer Bergung und Einlagerung 1947 zum Teil bewahrt und original wieder angebracht werden. Die Wohnung des Königspaares mit Möbeln und kunstvollen Tapeten, Räume im Erdgeschoss und in der Remise Kutschen und Schlitten des preußischen Königshauses können besichtigt werden.

Am westlichen Ortseingang von Paretz wartet im Sommerhalbjahr immer am ersten Sonntag im Monat zwischen 13 und 18 Uhr eine restaurierte **Bockwindmühle** vom Ende des 19. Jahrhunderts auf einen Besuch.

ℹ Ketziner Havelgebiet

Vorwahl: 033233
Postleitzahl: 14669
Touristeninformation im Kultur- und Tourismuszentrum, Rathausstraße 18, Ketzin, Tel. 73830, www.tourismus.ketzin.de, kleine stadtgeschichtlicher Ausstellung, Mo/Mi/Fr 10–15, Di/Do 10–17 Uhr, Mai–Sept zusätzlich Sa/So 13.30–16.30 Uhr.

Hotel Gutshof Havelland, Potsdamer Allee 30, Ketzin/OT Falkenrehde, Tel. 870, www.gutshof-havelland.de, DZ/F ab 79€. Fachwerkgutshof im beschaulichen Dorf Falkenrehde, ca. sechs Kilometer nordöstlich von Ketzin; Mittelklassekomfort, Restaurant, Caravanstellplatz.

Karte S. 65

Camping Ferienhof Havelblick, Fischerstraße 8, Ketzin, Tel. 20257, www.ferienhof-havelblick.de. Weitläufiges Gartengrundstück direkt an der Havel, Anlegeplätze für Wasserwanderer, FeWos bis 10 Tage Belegung 50€, ab 11 Tage etwas weniger..

 Schloss Paretz, Parkring 1, Ketzin/OT Paretz, Tel. 73611, www.spsg.de, April–Okt. Di–So 10–18 Uhr, Nov.–März Sa/So 10–16 Uhr, im Winter Besichtigung nur mit Führung.

 Havelfähre, April–Sept. tgl. 6–20 Uhr, Okt.–März Mo–Fr 6–19, Sa/So 9–18 Uhr.

 Dampferrundfahrten nach Werder, Potsdam, Brandenburg u.a., Anlegestelle an der Havelpromenade, Fahrplaninfo: Reederei Herzog, Tel. 82798, www.reederei-herzog.de.

 Strandbad Ketzin, Friedrich-Ludwig-Jahn-Weg 31, Ketzin, Mai–Mitte Sept. tgl. 10–20 Uhr; Bootsverleih.

Golfplatz Tremmen, Potsdamer Golfclub e.V., Zachower Straße, Ketzin/OT Tremmen, Tel. 7050, www.potsdamer-golf-club.de. 18-Loch-Anlage vier Kilometer nördlich von Ketzin zwischen Zachow und Tremmen.

Kloster Lehnin

Südlich der Linie Potsdam – Brandenburg/Stadt dehnt sich bis hinunter zum Baruther Urstromtal in sanften Wellen die Landschaft Zauche aus. Es ist ein historisches Kernland der alten Mark Brandenburg, in dessen Mittelpunkt der 3300 Einwohner kleine Ort Lehnin liegt. Markgraf Otto I. stiftete dort 1180 mit dem Kloster Lehnin das älteste märkische Zisterzienserkloster, zugleich eines der ältesten Denkmale der norddeutschen Backsteinarchitektur.

Die Gründungslegende erzählt, Markgraf Otto I. sei während der Jagd unter einem Baum eingeschlummert und habe von einer Hirschkuh geträumt, die ihn fortdauernd belästigte, weshalb er sie niederstreckte. Vom Schlaf erwacht, erzählte er den Traum seinen Begleitern, die ihn als Zeichen deuteten, an dieser Stelle eine Burg gegen die heidnischen Slawen zu bauen. Die Hirschkuh schien ihnen ein Sinnbild des Heidentums zu sein; und demgemäß ließ Otto eine Burg Christi erbauen – das Kloster Lehnin. Tatsächlich hatte der Vater Ottos I., Markgraf Albrecht der Bär, gerade 23

Jahre zuvor bei Brandenburg den Slawenfürst Jaxa von Köpenick vernichtend geschlagen, und nun galt es, das unterworfene hevellische Land erfolgreich zu kolonialisieren. Auf den Ruf Ottos I. kamen 1183 Zisterzienser-Mönche ins Land. Wohl um 1185 begann der Bau der Klosteranlage, wahrscheinlich gegen 1235 waren die wesentlichen Gebäude fertiggestellt und 1262 wurde

In der Klosterkirche

die Klosterkirche St. Marien geweiht. Zu diesem Zeitpunkt war Lehnin längst Begräbnisstätte der askanischen Markgrafen, wie später auch der ersten Hohenzollernfürsten. Tochtergündungen des Lehniner Konvents erfolgten bereits 1234 bei Meseritz im heutigen Polen, 1257 nahe Chorin und 1299 in Himmelpfort im Ruppiner Land. Die Abtei prosperierte. Großzügige Erweiterungen im 14. Jahrhundert und noch einmal gegen Ende des 15. Jahrhundert verliehen dem Wohlstand äußere Gestalt.

Mitte des 16. Jahrhunderts setzte mit der Reformation und Säkularisierung des Klosters der Niedergang ein. Im Dreißigjährigen Krieg verwüstet, anschließend für unterschiedlichste Verwendungen stark umgebaut und endlich als Steinbruch genutzt, wurde die Ruine 1871–1877 nach historischen Vorlagen rekonstruiert. 1911 erwirbt die Märkische Provinzialkirche das Klostergelände und gründet dort ein Diakonissenmutterhaus. Zu DDR-Zeiten Krankenhaus, dient das Kloster Lehnin mit dem Luise-Henrietten-Stift seit 1993 als geriatrische Klinik mit Alten- und Pflegeheim.

In der **Klosterkirche St. Marien** werden evangelische Gottesdienste gefeiert und darüber hinaus Konzerte im Rahmen der Lehniner Sommermusiken veranstaltet. Im Westchor der romanisch-gotischen Backsteinbasilika zeigt ein Gemälde die Legende um die Ermordung des ersten Abts Sibold durch heidnische Slawen. Außerdem verdienen der spätgotische holzgeschnitzte Flügelaltar von 1476, ein frühgotisches Kruzifix um 1250 und ein hölzernes Taufbecken um 1750 Aufmerksamkeit. Das **Museum** im barocken Amtshaus veranschaulicht Leben und Glauben der Zisterzienser und der seit 1911 ansässigen Diakonissen.

Karte S. 65

▲ *Lehnin ist das älteste Kloster in Brandenburg*

■ Reckahn

Etwa zehn Kilometer westlich von Lehnin versammeln sich am Westrand der Zauche rund hundert Häuser, die das kleine Örtchen Reckahn ausmachen. Gleichwohl kann es auf eine große Geschichte blicken: Die Reckahner Schule war 1773 die erste kostenlose, zweiklassige Landschule Preußens, darin zukunftsweisend ebenso wie in ihrer aufgeklärten Unterrichtsform.

Initiator dieses für die damalige Zeit unerhörten Projekts war der Gutsherr von Reckahn, Friedrich Eberhard von Rochow (1734–1805). »Kostenfrei muss der Unterricht sein: a) auf dem platten Lande, wo wahre oder ohne harte Mittel nicht leicht erforschliche Armut den Besuch der Schulen zu allen Jahreszeiten hindert, b) wo die Eltern noch zu unwissend sind, um den Nutzen des ununterbrochenen Schulbesuchs für ihre Kinder zu begreifen.« Unterstützt vom Lehrer Heinrich Julius Bruns (1746–1794), der auf dem Reckahner Kirchhof sein Ehrengrab hat, entwickelte sich die Musterschule zur Pilgerstätte für Gelehrte und Pädagogen. Heute berichtet das **Schulmuseum** in der historischen Schule von der preußischen Bildungsrevolution. Die Ausstellung im benachbarten **Schloss Reckahn**, ein 1729 erbautes Herrenhaus, zeigt das Reformwerk des Aufklärers Friedrich Eberhard von Rochow, der mit seinem ›Versuch eines Schulbuchs‹ für Kinder und Landleute‹ von 1772 außerdem das erste Schullesebuch in Deutschland verfasste.

Lehnin und Reckahn

Vorwahl: Lehnin 03382, Reckahn 033835
Postleitzahl: 14797

Touristeninformation, Markgrafenplatz 1, Kloster Lehnin, Tel. 704480, www.klosterlehnin.de, Mo-Fr 9–17 Uhr.

Hotel Markgraf, Friedensstraße 13, Kloster Lehnin, Tel. 7650, www.hotel-markgraf.de, DZ/F 83 €. Schönes großes Komforthotel wenige Schritte vom Klosterkomplex.
Gästehaus im Abthaus, Kloster Lehnin, Tel. 768409, DZ/F ab 64€. Freundliche Standardzimmer im ehemaligen Abthaus auf dem Klostergelände.

Naturcampingplatz Seeblick, Am Klostersee, Kloster Lehnin, Tel. 700442, www.campingplatz-lehnin.de, April–Anfang Okt. Wiesenplatz unter hohen Erlen, einfache Sanitäreinrichtung; Kiosk und kleine Badestelle.

Schulmuseum, Reckahner Dorfstraße 23, Kloster Lehnin/OT Reckahn, Tel. 60672, http://reckahner-museen.byseum.de, März–Okt. Di–Fr und So 10–17, Sa 10–18 Uhr, Nov.–Feb. Di–So 10–16 Uhr.
Schloss Reckahn, Reckahner Dorfstraße 27, Kloster Lehnin/OT Reckahn, Tel. 60672, www.rochow-museum.de, März–Okt. Di–Fr und So 10–17, Sa 10–18 Uhr, Nov.–Feb. Di–So 10–16 Uhr.

Kloster Lehnin, Klosterkirchplatz 4, Kloster Lehnin, Tel. 768842, www.kloster lehnin.de; Klosterkirche: April–Okt. Mo–Fr 10–16, Sa 10–17, So 13–17 Uhr, Nov.–März Mo–Sa 10.30–15.30, So 13–16 Uhr; Museum im Amtshaus: Mo–Sa 10–17, So 13–17 Uhr.

Lehniner Sommermusiken, Konzerte in der Klosterkirche im Kreuzgang und im Stiftssaal. Infos und Kartenservice Tel. 704480, www.lehniner-sommermusiken.de.

Strandbad, Am Klostersee 13b, Kloster Lehnin, Tel. 707944, www.strandbad-lehnin.jimdo.com, Mai/Sept. tgl. ab 12 Uhr, Juni tgl. ab 11 Uhr, Juli/Aug. tgl. ab 10 Uhr; angeschlossener kleiner Zeltplatz, Bootsverleih.

Brandenburg an der Havel

Die bald 1100-jährige Stadt im westlichen Havelland ist die Wiege der Mark. Keine andere märkische Ortschaft besitzt eine solche Fülle an bedeutenden mittelalterlichen Sehenswürdigkeiten. ›Stadt am Fluss‹ wird sie auch genannt, denn die Havel ist allgegenwärtig, umspült die drei alten Siedlungskerne der Altstadt, der Neustadt und der Dom-insel. Hier erhebt sich der majestätische Backsteindom St. Peter und Paul, die ›Mutter aller märkischen Kirchen‹. Das Archäologische Landesmuseum im Paulikloster zeigt 50 000 Jahre Kulturgeschichte des Landes auf. Und auch der berühmteste zeitgenössische Sohn der Stadt darf nicht unerwähnt bleiben, Vicco von Bülow, kurz Loriot, für den demnächst ein Denkmal entstehen soll. Heute zählt Brandenburg an der Havel 71 000 Einwohner und ist damit nach Potsdam und Cottbus die drittgrößte Stadt in dem Bundesland, dem es den Namen gab. 2015 wird die Havelstadt mit ihren Grünanlagen am Marienberg, am Havelufer und rund um den Dom Teil der ›Bundesgartenschau Havelregion‹ sein.

Karte S. 105

▲ *In der Ritterstraße*

Geschichte

Im Jahr 948 wird die ›civitate Brendanburg‹ in der Stiftungsurkunde des Bistums Brandenburg durch König Otto I. das erste Mal schriftlich genannt. Zwei Jahrzehnte zuvor war die slawische Hevellerburg auf der Dominsel von Ottos Vater Heinrich I. erobert worden, 983 gewinnen sie die Heveller zurück. Nach dem Tod ihres letzten Fürsten Pribislaw-Heinrich 1150 geht das Land als Erbschaft an den Askanier Albrecht von Ballenstedt, ›der Bär‹ genannt, der seinen Herrschaftsanspruch 1157 in einer blutigen Schlacht gegen Fürst Jaxa von Köpenick durchsetzen kann – die Geburtsstunde der Mark Brandenburg. Bereits um 1140 hatte Pribislaw-Heinrich in der späteren Altstadt für die Prämonstratenser-Mönche eine Kirche erbauen lassen. 1165 folgt auf der Dominsel die Grundsteinlegung zum Dom St. Peter und Paul, und südlich davon wird Ende des 12. Jahrhunderts die Neustadt angelegt. Beide Städte, Altstadt und Neustadt, existieren noch bis in 18. Jahrhundert unabhängig voneinander.

Mit Beginn der Herrschaft der Hohenzollern, die Berlin als Residenz wählen, endet im 15. Jahrhundert die erste große Blüte der Dom- und Havelstadt. Die Reformation im 16. Jahrhundert verlagert den politischen Schwerpunkt abermals fort von Brandenburg. Der Dreißigjährige Krieg 1618–1648 bringt schließlich Niedergang und Zerstörung. Von vormals 10 000 Einwohnern überleben ihn keine 3000. 1715 legt König Friedrich Wilhelm I. die beiden Städte zusammen. 1846 an die Bahnlinie Berlin–Magdeburg angeschlossen, setzt nach der Reichsgründung 1871 eine massive Industrialisierung ein. In den Brennabor-Werken werden Fahrräder, Kinderwagen, schließ-

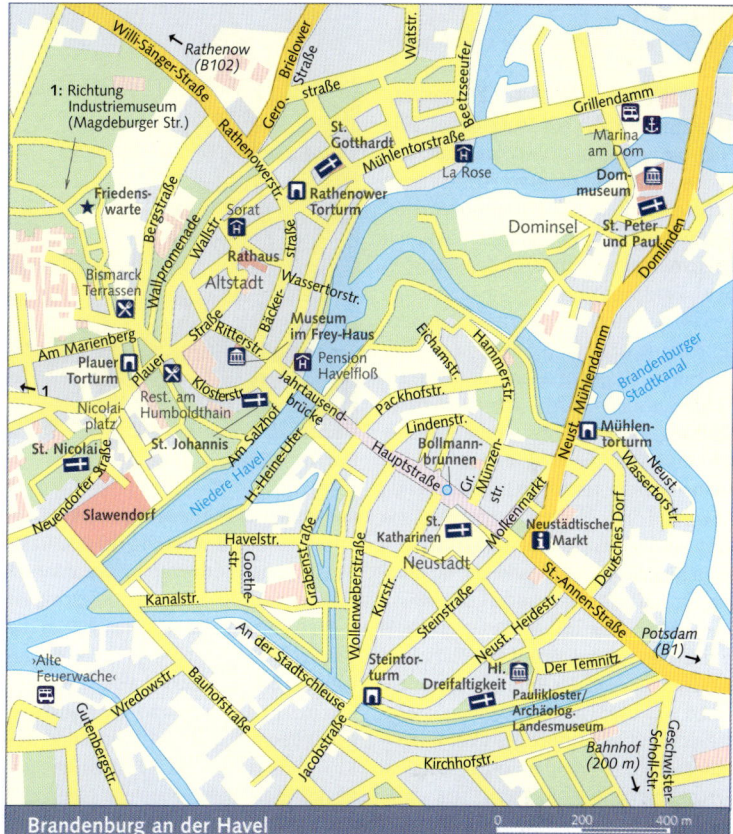

Brandenburg an der Havel

lich Motorräder und Autos produziert, eine Schiffswerft, ein Stahlwerk und zahlreiche weitere Fabriken folgen. Brandenburg steigt zu einer der wichtigsten deutschen Industriestädte auf.

In der NS-Zeit werden im Zuchthaus im Stadtteil Görden bis 1945 über 1700 Widerstandkämpfer hingerichtet, weitere 650 politische Häftlinge sterben durch Krankheit und Auszehrung. Nur wenige überleben den Nazi-Terror, darunter der Schauspieler Ernst Busch, der spätere DDR-Regimekritiker Robert Havemann und der spätere DDR-Staatsratsvorsitzende Erich Honecker.

Ab 1949 erfolgt der Wiederaufbau der Ende des Zweiten Weltkriegs zerstörten Schwerindustrie. Das Walzwerk in Kirchmöser, das Stahl- und Walzwerk im Westen der Stadt, Reichsbahn-Betriebe, Maschinen- und Bauindustrie schaffen Arbeit und Lohn. Nach der Wiedervereinigung und Stilllegung des Großteils der Produktionsstätten schnellt die Arbeitslosigkeit in unerträgliche Höhen. Mittlerweile kann Brandenburg wieder optimistischer in die Zukunft blicken. Die Erwerbslosenquote sank von fast 20 Prozent 2005 auf ›nur noch‹ 11,3 Prozent (Mai 2014).

Neustadt

Den Rundgang durch die drei historischen Stadtkerne beginnt man am besten am Neustädtischen Markt. Die Touristeninformation am Platz bietet eine Fülle an Infos, und vor Kopf fällt der Blick sogleich auf die erste Attraktion in der Neustadt, die **St. Katharinenkirche**. Anstelle einer 1395 niedergerissenen Feldsteinkirche entstand das Meisterwerk norddeutscher Backsteinbaukunst bis 1401 unter dem Stettiner Baumeister Heinrich Brunsberg als dreischiffige Hallenkirche. Imponierend sind ihre äußeren Ausmaße, reich ist ihre Innenausstattung, unter der der große Flügelaltar von 1474, die Messing-Taufe in der Marienkapelle von 1440, die Kanzel von 1668 und die 1725 geschaffene Wagner-Orgel besonders hervorstechen.

Vom Neustädtischen Markt geht in nordwestliche Richtung Brandenburgs Bummel- und Shoppingmeile, die Hauptstraße ab. Gleich an ihrem Anfang plätschert in einem Winkel der **Bollmannbrunnen**. 1924 wurde er vom Brandenburger Bildhauers Carl Lühnsdorf gestaltet und erinnert an das Brandenburger Original Fritze Bollmann (→ S. 113).

Wählt man den Weg südwestlich die Steinstraße hinunter, fällt an deren Ende der markante **Steintorturm** ins Auge. Mit einem kegelförmigen Turmaufsatz ragt er fast 30 Meter hoch hinauf. Zinnenbewehrt war er einst Bestandteil der mittelalterlichen Wehranlage und präsentiert heute in seinen Mauern eine Ausstellung zur Brandenburger Schifffahrtsgeschichte.

Kulturhistorischer Höhepunkt in der Neustadt ist das ehemalige **Dominikanerkloster St. Pauli** am Stadtkanal. Noch im Jahr 2002 war das herausragende Zeugnis hochgotischer Architektur in der Mark eine Ruine und konnte nach aufwändigen Restaurierungen im Herbst 2008 als

Das Altstädtische Rathaus

Archäologisches Landesmuseum neu eröffnen. Anhand von etwa 10 000 kostbaren Funden und Artefakten präsentiert es über 50 000 Jahre Kulturgeschichte in Brandenburg. Daneben erzählt es die Geschichte des Pauliklosters, von der Erbauung der Klosterkirche ab 1286 sowie des Kreuzgangs und der Konventsgebäude vom späten 13. bis Ende des 15. Jahrhunderts, die heute zu den am besten bewahrten Klosteranlagen der Dominikaner in Norddeutschland zählen.

Dominsel

Vom Neustädtischen Markt in nordöstliche Richtung gelangt man am 1411 erbauten Mühlentorturm vorbei auf die Dominsel. In deren Mittelpunkt erhebt sich die **Domkirche St. Peter und Paul**, bedeutendstes sakrales Bauwerk der Stadt und Ausgangspunkt der Geschichte der Mark. 1165 begann man mit seiner Errichtung auf den Grundmauern der einstigen slawischen Burg, bis Mitte des 12. Jahrhunderts fand bereits die erste Erweiterung zu einer dreischiffigen Pfeilerbasilika statt, von 1426 bis 1460 folgte der Ausbau zur gotischen Hallenkirche. Relikte der Ausmalung aus romanischer Zeit sind noch an den Pfeilern des Hauptschiffs und in der Krypta vorhanden, ansonsten weist das Gotteshaus überwiegend spätgotische Elemente auf. Von 1834 bis 1836 fanden unter Karl Friedrich Schinkel erste Sicherungsarbeiten am Gotteshaus statt, das, wie er schrieb, ›auf eine sehr lange Dauer nicht mehr Anspruch machen kann.‹ Infolge der vielen Erweiterungen, Ausbauten, Aufstockungen drohten die Fundamentbögen von St. Peter und Paul buchstäblich im sumpfigen Untergrund zu versinken. Weitere umfassende Sanierungen und Stabilisierungen 1961–1965 und zuletzt 1996–1999 waren nötig, damit St. Peter und Paul auch in Zukunft erhalten bleibt.

Höhepunkte unter den vielen prunkvollen Ausstattungsstücken sind die hoch im Innenraum schwebende Triumphkreuzgruppe von 1462, der 1518 ursprünglich für die Klosterkirche Lehnin gestiftete Hochaltar und der im südlichen Querschiff aufgestellte Böhmische Flügelaltar aus dem letzten Drittel des 14. Jahrhunderts. Besondere Aufmerksamkeit verdienen außerdem das Sandsteintaufbecken aus

Flügelaltar in der Katharinenkirche

dem 14. Jahrhundert und das hölzerne Sakramenthäuschen, ein Tabernakel von 1375, sowie die prachtvoll geschnitzte Barockkanzel von 1691.

Nördlich vom Dom gruppieren sich die **Klausurgebäude** des Domklosters um einen dreiflügeligen Kreuzgang. 1705 öffnete dort die ›Ritterakademie‹ ihre Türen mit dem Ziel, den märkischen und pommerschen Adelssprösslingen eine standesgemäße Ausbildung zu geben. Im östlichen Klausurflügel zeigt das **Dommuseum** wertvolle Altäre, Skulpturen, Messgegenstände und Handschriften, darunter die Gründungsurkunde 948 des Bistums Brandenburg, sowie eine Reihe kostbarster sakraler Textilien, zu denen ein Hungertuch aus der Wende zum 13. Jahrhundert und reich bestickte liturgische Gewänder zählen.

Auf dem Gelände befinden sich ferner die **Domherrenhäuser** und noch vor dem Eingang zum Burghof die gotische **St. Petri-Kapelle**. Im 13. Jahrhundert entstand sie an der Stelle einer vormaligen Burgkapelle. Möglicherweise fallen die Ursprünge des kleinen rechteckigen Gotteshauses aber auch schon vor die Gründung der Mark 1157, und es heißt, der letzte Hevellerfürst Pribislaw-Heinrich und seine Gemahlin Petrissa seien in den Mauern begraben. Ihre Ruhestätten konnten bisher jedoch nicht gefunden werden.

Altstadt

Älter noch als der Dom und eng verbunden mit der Christianisierung des Havellands sind die Ursprünge der **St. Gotthardkirche** in der gegenüberliegenden Altstadt. Bereits 1140 ließ der Hevellerfürst Pribislaw-Heinrich dort in der Siedlung Parduin für die Prämonstratensermönche eine Feldsteinkirche errichten. Anfangs diente sie dem Domkapitel, das 1165 aber auf die Dominsel übersiedelte, und später als Altstadt-Pfarrkirche. Schließlich musste sie einem Neubau weichen. Von 1456 bis 1475 wuchs an ihrer Stelle die dreischiffige gotische Hallenkirche St. Gotthardt empor; von der romanischen Vorgängerin blieb nur das Portal erhalten. 1767 schließlich wurde dem Kirchturm eine Barockhaube aufgesetzt. Innen schmückt sich St. Gotthardt mit einem Renaissancealtar, dessen Tafeln 1559 Meister Wilhelm Gulden aus Leipzig malte, einem Triumphkreuz am Schnittpunkt von Chor und Langschiff und einer reich mit Schnitzfiguren und Sandsteinreliefs versehenen Kanzel, die 1623/24 Georg Zimmermann fertigte. Unweit entfernt ragt der um 1500 zum Schutz der Altstadt errichtete **Rathenower Torturm** auf, und wenige Schritte südwärts über den Parduin öffnet sich auch schon der Altstädtische Markt. Er wird vom **Altstädtischen Rathaus** (1470–1480) dominiert, das mit seinem mit Maßwerk und Staffelgiebel verzierten Turm fast wie eine Kirche ausschaut. Das Hauptportal bewacht, stattliche 5,35 Meter hoch, ein steinerner **Roland** aus dem Jahr 1474, Hüter der mittelalterlichen Marktfreiheit.

Der Brandenburger Dom ist Ausgangspunkt der brandenburgischen Geschichte

Um die Ecke lädt in der Ritterstraße das **Städtische Museum** im 1723 errichteten **Freyhaus** zu einem Spaziergang durch Brandenburgs Stadtgeschichte ein; dort besonders sehenswert: die umfangreiche Spielzeugausstellung mit Exponaten von 1870 bis zum Ende der DDR, als Brandenburg ein bedeutendes Zentrum der deutschen Spielzeugindustrie war.

Vom Altstädtischen Markt über die Plauer Straße und am **Plauer Torturm** aus dem 15. Jahrhundert vorbei, ist die silberglänzende **Friedenswarte** auf dem Marienberg nicht mehr weit. Die Anhöhe über der Altstadt war bereits in slawischer Zeit eine Kultstätte, später eine Marienwallfahrt, die nach 1220 ein viertürmiges Gotteshaus krönte. Als nächstes Bauwerk folgte 1908 ein Bismarckturm, an dessen Stelle – 1974 gesprengt – sich seither die Friedenswarte erhebt. Von dem 32 Meter hohen, blechbüchsenartig erscheinenden Aussichtsturm hat man einen herrlichen Blick auf die Stadt. Unterhalb dehnt sich zwischen Marienberg und Havelufer der weitläufige Nikolaiplatz aus. Westlich flankiert ihn die **St. Nikolaikirche**, eine 1173 erstmals erwähnte Backsteinbasilika und heute der einzige vollständig romanisch erhaltene Sakralbau der Stadt.

In den Verwaltungsgebäuden südlich am Platz befand sich bis zur Eröffnung des neuen Zuchthauses 1931 im Stadtteil Görden ein Gefängnis. Nach der Machtergreifung der Nationalsozialisten wurde in seinen Mauern ein Konzentrationslager eingerichtet, das von 1933 bis 1934 bestand. Von Ende 1939 bis Oktober 1940 verwandelten sich die Gebäude im Rahmen der ›Euthanasie-Aktion T4‹ in eine Tötungsanstalt; 9000 Menschen wurden hier in einer Gaskammer ermordet. Gewissermaßen als ›Probevergasungsanstalt‹ war die Euthanasie–Tötungsstätte in Brandenburg Vorreiter für die syste-

In der Hauptstraße

matische Ermordung der europäischen Juden. Die 2012 eröffnete Gedenkstätte für die Opfer der Euthanasie-Morde am Platz erinnert daran.

An die Gedenkstätte schließt sich zur Havel hin das **Slawendorf** an, eine originalgetreu nachgebaute slawische Siedlung, die mit Hütten und Handwerkstätten aus Holz, Lehm, Weide und Binsen, mit mittelalterliche Werkzeugen, Gerätschaften und Alltagsgegenständen veranschaulicht, wie die Menschen vor etwa 1000 Jahren in Brandenburg lebten.

Von dort lässt es sich am autofreien Havelufer entlang sehr schön zur **Jahrtausendbrücke** spazieren. 1929 wurde sie zur 1000-Jahrfeier Brandenburgs eingeweiht und verbindet Altstadt und Neustadt über die Havel hinweg.

Linkerhand erhebt sich am Salzhof die Ruine der **St. Johanniskirche**, ab 1411 als Klosterkirche der Franziskaner errichtet. 1945 wurde der einschiffige spätgotische Hallenbau bei einem Luftangriff schwer beschädigt und anschließend in der DDR dem Verfall preisgegeben. 1985 stürzte schließlich der Dachstuhl ein, 1991 begannen die Sicherungsarbeiten. Seit 2006 wird St. Johannis nun wie-

der aufgebaut: mit einem Kirchendach nach historischem Vorbild, anstelle des kriegszerstörten Westgiebels einer eingeschrägten modernen Stahl-Glasfassade sowie Emporen, die jeweils halb innen und halb außerhalb des Gebäudes liegen. In dieser Gestalt nimmt das ehemalige Gotteshaus die Blumenschau der Bundesgartenschau 2015 auf.

Den Vorplatz der St. Johanniskirche am Salzhofufer ziert seit der BUGA-Eröffnung ein Denkmal für den bekanntesten Ehrenbürger der Stadt: Vicco von Bülow, genannt Loriot (1923–2011). Der Karikaturist, Humorist, Schauspieler und Regisseur kam 1923 in Brandenburg zur Welt. Und getreu seinem Motto ›Ein Leben ohne Mops ist möglich, aber sinnlos‹, hat man ihm eine aus acht bronzenen Waldmöpsen bestehende Kunst-Installation auf seinen Heimatboden gesetzt. Unmittelbar vor St. Johannis und der Jahrtausendbrücke liegen die Fahrgastschiffe vor Anker, die ihre Gäste zu Kreuzfahrten über die Seen tragen. Vom Anleger ist man durch die Fußgängerzone hindurch bald zum Ausgangspunkt des Rundgangs an den Neustädtischen Markt zurückgelangt.

Die Anhöhe, auf der sich die Friedenswarte erhebt, war eine slawische Kultstätte

*Schloss Plaue harrt weiter seiner
Sanierung*

Vororte und Umgebung

Stadtauswärts an der Magdeburger Landstraße rauchten im Stahl- und Walzwerk
noch bis Ende 1993 die Schornsteine,
rund 10 000 Menschen arbeiteten auf
dem Gelände. Inzwischen ist die Stahl-
werkhalle Teil des **Industriemuseums
Brandenburg**, das Kräne, Gieß- und
Schlackepfannen sowie den letzten Sie-
mens-Martin-Ofen Westeuropas mit den
dazugehörigen Anlagen zum Beschicken,
Schmelzen und Gießen zeigt. Nicht weniger spannend ist **die Brennaborausstel-
lung im Industriemuseum** über Europas
einst größte Kinderwagenfabrik und Mitte der 1920er Jahre Deutschlands größte
Autofabrik sowie bedeutende Fahrrad-
produktionsstätte, die hier bis 1945 ihre
Standorte hatten.

Im Nordwesten der Stadt verbergen sich
in der Nähe vom Gördensee im inneren
Sicherungsbereich der Justizvollzugsan-
stalt Brandenburg die Gedenkräume des
ehemaligen **Zuchthauses Brandenburg-
Görden**. Hier wurden bis 1945 Gegner
des NS-Regimes inhaftiert, rund 2000
von ihnen wurden hingerichtet. Berühm-

teste Häftlinge waren der Widerstands-
kämpfer und spätere Regimekritiker
Robert Havemann (1910–1982), der
Liedermacher, Schauspieler und Regisseur Ernst Busch (1900–1980) sowie der
spätere Staats- und Parteiratsvorsitzende
der DDR Erich Honecker, der 1936 bis
1945 als politischer Häftling im Zuchthaus einsaß. 1945 bis 1947 dienten die
Gemäuer den sowjetischen Militärbehör-
den und dem sowjetischen Geheimdienst
NKWD zur Gefangenen-Internierung. Anschließend übernahm die DDR den Betrieb, und das Zuchthaus Brandenburg
stieg zu einer der unter den Dissidenten
am meisten gefürchteten Haftanstalten
des SED-Regimes auf.

Wenige Kilometer westlich der Stadt liegt
der 1952 nach Brandenburg eingemein-
dete Ort **Plaue**. Das barocke **Schloss
Plaue** am Havelufer ist seine größte Sehenswürdigkeit. Theodor Fontane war
es in seinem ›Wanderungen‹-Band ›Fünf
Schlösser‹ sogar ein ganzes Kapitel wert;
nicht als ›Festes Haus‹, wie es 1216
erstmalig in Erscheinung trat, nicht als
Quitzowsche Raubritterburg, wie es für
1414 bezeugt ist, sondern als großzügige dreiflügelige Barockanlage, wie sie
Friedrich von Görne 1711–1716 auf älteren Fundamenten aufrichten ließ. Im
Zweiten Weltkrieg beschädigt und in der
DDR als Sprachschule genutzt, harrt das
Schloss noch seiner Sanierung. In den
beiden hübsch renovierten Nebengebäuden sind ein Gästehaus mit Apartments
für Urlauber und die Schlossschänke für
Ausflügler untergebracht. Der Schlosshof
wird in der schönen Jahreszeit für Mu-
sik-, Theater-, Kino- und andere kulturelle
Veranstaltungen genutzt.

Ebenfalls ein Ortsteil von Brandenburg ist
Kirchmöser südlich von Plaue. In malerischer Lage auf einer Halbinsel zwischen
Wendsee, Plauer See, Möserschem See
und Großem Wusterwitzer See zeigt das

Karte S. 105

ehemalige Fischerdorf hundert Jahre Industriearchitektur wie sie nur noch selten in Deutschland zu finden ist. 1915 wurde auf der abgelegenen Halbinsel die Königlich-Preußische Pulverfabrik mit 400 Fabrikbauten und fast 200 Wohnungen hochgezogen. Bis Ende des Ersten Weltkriegs waren 4000 Arbeiter und darüber hinaus 2000 Kriegsgefangene mit der Pulverherstellung beschäftigt. 1919 ging das Gelände an die Reichsbahn über, die in den riesigen Hallen Loks und Waggons warten ließ. In den 1920er Jahren errichtete das Unternehmen die Eisenbahnersiedlungen Kirchmöser-Ost und Kirchmöser-West – mit einem dort am Nordtor mitten im Havelland sehr kurios wirkenden Obelisken. Im Zweiten Weltkrieg wurden Panzer in den Werkhallen produziert, in der DDR dienten sie zunächst als Walzwerk und schließlich wieder als Reichsbahnausbesserungswerk. Nach der Wende wurde die Produktion abgewickelt. Ein **Industrielehrpfad** mit 13 Stationen führt zu den wichtigsten Industriebauten auf der Halbinsel.

Potsdam und Havelland

 Brandenburg/Havel und Umgebung

Vorwahl: 03381

Touristeninformation, Neustädtischer Markt 3, 14776 Brandenburg/Havel, Tel. 796360, www.stg-brandenburg.de, Mo–Sa 9–20 Uhr, Mai–Sept. zusätzlich So 10–15 Uhr.

Sorat Hotel Brandenburg, Altstädtischer Markt 1, 14770 Brandenburg/Havel, Tel. 5970, www.sorat-hotels.com, DZ/Ü ab 90€. Vier Sterne-First Class in klassischer Eleganz.

Gästehaus Schloss Plaue, Schlossstraße 27a, 14774 Brandenburg/Havel, Tel. 285360, www.schlossplaue.de, DZ/Ü ab 70 €. Helle freundliche moderne Zimmer und Apartments in einem Nebengebäude von Schloss Plaue. Die benachbarte Schloss-Schänke mit Terrasse direkt an der Havel sorgt für das leibliche Wohl.

Pension La Rose, Mühlentorstraße 17, 14770 Brandenburg/Havel, Tel. 566110, www.pension-larose.de, DZ/Ü 64€. Sorgfältig restauriertes historisches Bürgerhaus in der Altstadt; die behaglichen Zimmer zeigen Liebe zum Detail.

Pension Havelfloß, Altstädtische Fischerstraße 2, 14770 Brandenburg, Tel. 269022, www.pension-havelfloss.de, DZ/F 80 €. Design-Unterkunft auf der Jahrtausendbrücke, alle Zimmer mit Havelblick, am Kai stehen Hausbootmietflöße für Touren über die Seen bereit. Achtung:

Die Rezeption befindet sich ab nachmittags im Café im Brückenhäuschen 35 Meter entfernt an der Jahrtausendbrücke.

Camping am Plauer See, Plauer Landstraße 200, 14774 Brandenburg/Havel, Tel. 804544, www.camping-plauersee.de, ganzjährig. Große Anlage auf einer Landnase im Plauer See, 9 km westlich vom Stadtzentrum; Restaurant, SB-Shop, Ferienhäuser, Sauna, Surfschule, Fahrrad- und Bootsverleih.

Wohnmobilhafen und Marina am Dom, Grillendamm 4, 14776 Brandenburg/Havel. Nördlich gegenüber der Dominsel, mit Strom, Dusche/WC, Wasserversorgung/Abwasserentsorgung, Fäkalienentsorgung.

Wohnmobilstellplatz und Wasserwanderrastplatz ›Alte Feuerwache‹, Wredowstraße 9, 14776 Brandenburg/Havel. Am Wassersportzentrum westlich der Neustadt, mit Zeltmöglichkeit, Strom, Dusche/WC, Wasserversorgung/Abwasserentsorgung, Fäkalienentsorgung.

Wasserwanderrastplatz, Am Salzhof, 14770 Brandenburg/Havel, Steganlage vor dem Slawendorf; Infopunkt, Wasser-/Energieversorgung, Dusche/WC, Fahrrad- und Bootsverleih.

Bismarck Terrassen, Bergstraße 20, 14770 Brandenburg/Havel, Tel. 300939, www.bismarck-terrassen.de, tgl. ab 11 Uhr. Traditionslokal mit preußischem Ambiente, Musikanten in historischen Kostümen und typisch märkischen Gerichten.

Bräuhaus Kneipe Pur, Lewaldstraße 23a (in der Plauer Gartenstadt nördlich der B1), 14774 Brandenburg/OT Plaue, Tel. 403466, www.kneipepur.de, Mi–Sa ab 17 Uhr. Legendäre Kult- und Musikkneipe, seit Anfang des 20. Jahrhundert werden verschiedene Biersorten gebraut. Essen gibt es auch, z.B. Bierkrapfen oder Havelzander in Berliner Weiße-Sauce.

Restaurant am Humboldthain, Plauer Straße 1, 14770 Brandenburg, Tel. 334767, www.am-humboldthain.de, Mi–Sa ab 17 Uhr, So ab 12 Uhr. Das Gourmet-Restaurant verwöhnt seine Gäste mit kreativ komponierten regionalen Spezialitäten.

Archäologisches Landesmuseum, im St. Pauli-Kloster, Neustädtische Heidestraße 28, 14776 Brandenburg/Havel, Tel. 4104112, www.landesmuseum-branden burg.de, Di–So 10–17 Uhr.

Industriemuseum Brandenburg, August-Sonntag-Straße 5, 14770 Brandenburg/Havel, Tel. 304646, www.industriemu seum-brandenburg.de, Di–So 10–17, Nov.–Feb. nur bis 16 Uhr.

Stadtmuseum im Freyhaus, Ritterstraße 96, 14770 Brandenburg/Havel, Tel. 584501, www.stadt-brandenburg.de, Di–So 13–17 Uhr.

Dom St. Peter und Paul/Dommuseum, Burghof 10, 14776 Brandenburg/Havel, Tel. 2112221, www.dom-brandenburg.de, Mo–Sa 10–17, So 12–17 Uhr, im Winter nur bis 16 Uhr.

Museum im Steintorturm, Steinstraße, 14776 Brandenburg/Havel, Tel. 200265, April–Okt. Di–So 13–17 Uhr.

Gedenkstätte für die Opfer der Euthanasie-Morde, Nicolaiplatz 28, 14770 Brandenburg/Havel, Tel. 7935112, www.stif tung-bg.de, Do/Fr 13–17, Sa/So 10–17 Uhr.

Gedenkstätte Zuchthaus Brandenburg-Görden, Anton Saefkow-Allee 2, 14472

Brandenburg/Havel, Tel. 7935112, www. stiftung-bg.de, nur mit Führungen nach Anmeldung (möglichst zwei Wochen vorher).

Friedenswarte, Marienberg 3, 14770 Brandenburg/Havel, April–Okt. Di–So 10–17 Uhr.

St. Gotthardtkirche, Gotthardtkirchplatz, 14770 Brandenburg/Havel, Tel. 522062, Mo–Sa 11.30–15.30, So 11.30–15.30 Uhr..

St. Katharinenkirche, Katharinenkirchplatz 2, 14776 Brandenburg/Havel, Tel. 521162,Mo–Sa 11–15, So 13–16 Uhr.

St. Nikolaikirche, Nikolaiplatz 14770 Brandenburg/Havel, Tel. 28093, Mai–Sept. Fr–So 15–17, Okt.–April Sa/So 14–16 Uhr.

Slawendorf, Neuendorfer Straße 89, 14770 Brandenburg/Havel, Tel. 20874023, www.slawendorf-branden burg.de, April–Okt. Do–So 13–17 Uhr.

Rolandfest, Großes Mittelalterspektakel mit Festumzug und Markttreiben auf dem Altstädtischen Markt und im Slawendorf, immer an Pfingsten; www.rolandfest.de.

Plauer Fischerjakobi, am letzten Juliwochenende in Plaue auf dem Schlosshof, am Havelufer, in der Kirche und auf dem Wasser Musik, Tanz und Jahrmarkt, samstags Feuerwerk, sonntags Fischerbootskorso.

Dampferfahrten, Anlegestelle am Heinrich-Heine-Ufer und gegenüber am Salzhofufer, beide nahe Jahrtausendbrücke; Fahrplan-Info Reederei Nordstern: Tel. 226960, www.nordstern-reederei.de; Fahrplan-Info Reederei Röding: Tel. 522331, www.fgs-havelfee.de.

Sandstrände am Südufer des Breitlingsees (bei Malge), am Westufer des Möserschen Sees auf der Nehrung zwischen Kirchmöser-Ost und Kirchmöser-Dorf.

Johann Friedrich Bollmann – Der Barbier von Brandenburg

In der Brandenburger Fußgängerzone sitzt er und angelt noch immer, der Barbier von Brandenburg Fritze Bollmann. Fast jeder kennt das Spottlied auf den armen Friseur, der ständig einen im Kahn hatte, schließlich beim Angeln ertrank, und dessen Balbiererei selbst Petrus im Himmel nicht haben wollte, der seitdem Vollbart trägt. Es hat ihn wirklich gegeben. Johann Friedrich Andreas Bollmann wurde 1852 in Salbke bei Magdeburg geboren. 1875 kam er nach Brandenburg und führte dort in der Altstadt von 1882 bis 1896 einen Barbierladen. Bollmann stand nicht auf der Sonnenseite des Lebens, acht seiner elf Kinder starben, und die Geschäfte gingen mehr schlecht als recht. Also guckte der Barbier immer öfter tief ins Glas. Und wenn er mit schwerem Seegang aus dem Wirtshaus stolperte, reimten die Kinder Spottverse auf den betrunkenen Mann. Eines Tages kenterte er mit dem Boot, erzählte einem Kunden davon, und blitzschnell sprach sich dieser Lapsus herum. So entstand das Fritze-Bollmann-Lied:

Zu Brandenburg uff'm Beetzsee,
Ja da liegt een Äppelkahn,
und darin sitzt Fritze Bollmann
mit seinem Angelkram.
Fritze Bollmann wollte angeln,
doch die Angel fiel ihm rin,
Fritze wollt se' wieder langen,
doch da fiel er selber rin.

Fritze Bollmann rief um Hilfe,
liebe Leute rettet mir,
denn ick bin ja Fritze Bollmann,
aus der Altstadt der Barbier.
Und die Angel ward jerettet,
Fritze Bollmann, der ersoff,
und seitdem jeht Fritze Bollmann
uff'n Beetzsee nich mehr ruff.

Der Bollmann-Brunnen

Johann Friedrich Bollmann sah keinen Spaß darin, ein Brandenburger Original zu sein. Er beschimpfte die Kinder, die die Spottverse sangen und bespritzte sie mit Rasierschaum. Als das Lied 1885 auf einer Postkarte abgedruckt wurde, ließ er den Verkauf verbieten. 1901 starb der Friseur völlig verarmt im Städtischen Krankenhaus. Aber das Bollmann-Lied wurde weitergeträllert. Und nicht nur das. Der Bildhauer Carl Lühnsdorf meißelte es 1924 in Stein. Auf der Umfassung des Bollmannbrunnens ist es zu lesen, der heute die Fußgängerzone in der Neustadt ziert.

Als wolle die Stadt Brandenburg an ihrem Barbier etwas wiedergutmachen, verleiht sie seit 2003 jährlich den ›Goldenen Bollmann‹ für bürgerschaftliches Engagement. Und sogar eine Ortschaft wurde nach ihm benannt: Bollmannsruh nordöstlich am Beetzsee.

ESSAY

Nördliches Havelland

Das Havelländische Luch, das Märkische Luch und der Naturpark Westhavelland nehmen den größten Teil des nördlichen Havellands ein. Ab Mitte des 18. Jahrhunderts wurden die ausgedehnten Moor- und Sumpfgebiete trockengelegt. Nichtsdestotrotz gehört der Naturpark Westhavelland mit seinen vielen Fließgewässern, Auwiesen und Flussnebenarmen der Unteren Havel noch heute zu den bedeutendsten Feuchtgebieten des mitteleuropäischen Binnenlands.

Mitten in diesem Niederungsland hat die letzte Eiszeit kleine Endmoränen-Anhebungen hinterlassen, so genannte ›Ländchen‹, die sich wie Inseln aus den Niederungen erheben und deren höchste ›Berge‹ manchmal hundert Meter über den Meeresspiegel hinausreichen.

So der berühmte Gollenberg im Ländchen Rhinow, wo Otto Lilienthal seine bahnbrechenden Flugexperimente unternahm – an Berühmtheit nur noch übertroffen vom Örtchen Ribbeck bei Nauen im Havelland, dessen Birnbaum einst Theodor Fontane besang. Rhinow und die Havelanrainer Rathenow, Premnitz, Brandenburg/Stadt sowie das schon in Sachsen-Anhalt liegende Havelberg hüllen sich 2015 als Austragungsorte der Bundesgartenschau in ein üppiges Blumenkleid.

Wisente und Urwildpferde kann man gleich westlich der Berliner Stadtgrenze in der Döberitzer Heide beobachten, wo sich ein ehemaliges Militärgelände gerade wieder in schöne Natur zurückverwandelt.

Entstehen der etwa 5000 Hektar großen Heidelandschaft, die sich im Westen von Berlin der Landkreis Havelland und die Stadt Potsdam teilen, nicht zuletzt ihrer militärischen Nutzung zu verdanken. Besiedlung und Landwirtschaft blieben fern, und Trockenrasen, Heiden, Moore, Eichen- und Erlenwälder, Tümpel und Gewässer entwickelten sich zu einem Refugium für bedrohte Pflanzen und Tiere. Um es dauerhaft zu bewahren, erwarb die Sielmann-Stiftung 2004 rund 3500 Hektar des Geländes und rief dort **Sielmanns Naturlandschaft Döberitzer Heide** ins Leben. Im durch weitere Zukäufe mittlerweile auf 3800 Hektar angewachsenen, zweitgrößten Projekt der Stiftung in Brandenburg wurden Wisente, Przewalski-Pferde und Rotwild angesiedelt – natürliche Rasenmäher, die die Jungbäume wegbeißen und so die Heidelandschaft erhalten.

Ein 25 Kilometer langer Wanderweg mit Aussichtspunkten führt rund um eine Wildniskernzone, in der die Wisente (europäischen Bisons) und Przewalskis (Ur-Wildpferde) ausgewildert worden sind. Wer nicht so weit laufen möchte, kann die mächtigen Zottelgesellen und

Karte S. 65

Döberitzer Heide

Über hundert Jahre lang war die Döberitzer Heide Truppenübungsgelände, zuerst der deutschen Streitkräfte und von 1945 bis 1992 der Roten Armee. So ist das

In der Döberitzer Heide

zierlichen Huftiere in einem Schaugehege nahe dem Eingang bei Elstal in Augenschein nehmen.

In unmittelbarer nördlicher Nachbarschaft liegt bei Elstal das **Olympische Dorf**, das für die Olympischen Sommerspiele 1936 angelegt wurde. Unter der Leitung von Werner March, der auch das Berliner Olympiastadion und Reichssportfeld entwarf, entstanden bis 1935 rund 150 Gebäude für 4000 Sportler sowie Schwimmhalle, Sport- und Trainingsplätze. Nach den Spielen wurde das Areal in eine Kaserne umfunktioniert und blieb dies bis 1992, zuletzt als Standort der Sowjet- bzw. Russischen Armee.

Seit 2006 kann das ehemalige Olympische Dorf nun besichtigt werden, darunter die Unterkunft des Weltrekordlers und vierfachen Goldmedaillengewinners Jesse Owens.

🔲 **Döberitzer Heide**

Sielmanns Naturlandschaft Döberitzer Heide, Zur Döberitzer Heide 10, 14641 Wustermark/OT Elstal, Tel. 033234/ 22223, www.sielmann-stiftung.de; Schaugehege April–Okt. tgl. 10–18 Uhr, im Winter tgl. 10–16 Uhr.

🏛

Olympisches Dorf, 14627 Wustermark/ OT Elstal, Tel. 033094/ 700451, www.dkb-stiftung.de, April– Okt. Mo–Fr 10–16, Sa/So 10–18 Uhr, Führungen April–Okt. Mo–Fr 11, Sa/So 12 und 15 Uhr.

Nauen und Umgebung

In der ›Funkstadt‹ Nauen wurde Technikgeschichte geschrieben. Im Norden des 10 000-Einwohner-Städtchens ging 1906 die erste Großfunkstation Deutschlands in Betrieb. 1917–1945 sowie 1955– 1990 stellte alle Welt seine Uhr nach dem Nauener Zeitzeichen: »Achtung, Achtung! Sie hören jetzt das Nauener

Zeitzeichen! Mit dem letzten Ton war es genau ... Uhr!«

Der 1186 erstmals erwähnte Ort, der 1292 die Stadtrechte erhielt, verfügt heute noch über seinen mittelalterlichen kreisförmigen Grundriss. Im Zentrum erhebt sich die **St. Jacobi-Kirche** (1695), und die im 18. Jahrhundert auf Resten der alten Stadtmauer errichtete Wallgasse lohnt ebenfalls einen Blick. Neben dem Rathaus, 1891 erbaut, ist in einem Fachwerkhaus von 1820 das Bürgerbüro untergebracht, das auch Informationen für Touristen parat hält.

▪ Ribbeck

»Herr von Ribbeck auf Ribbeck im Havelland,/ein Birnbaum in seinem Garten stand«, – wer kennt es nicht, Fontanes Gedicht über den freundlichen Gutsherren, der den Dorfkindern Birnen von seinem Baum schenkte. Tatsächlich brachte es der berühmte Ribbecker **Birnbaum** auf stattliche 150 Jahre, bis ihn 1911 ein Sturm fällte. Der nächste, in den 1970er Jahren gepflanzt, wollte nicht recht gedeihen, und so legt man nun alle Hoffnung auf die dritte Generation, im Jahr 2000 vor die kleine, mit ihren Grundmauern aus dem 14. Jahrhundert stammende **Dorfkirche** gesetzt. 1722 barock umgebaut und 1887 erweitert, befindet sich unter dem südlichen Anbau der Kirche die Familiengruft derer von Ribbeck. Innen ist im, nach dem Vorbild der Schinkelschule neoklassizistisch gestalteten, Kirchraum auf dem Treppenabsatz der vielbesungene Original-Birnbaumstumpf ausgestellt. Rund um die Dorfaue hat sich der **historische Ortskern** mit Pfarrhaus, Scheune und Alter Schule bewahrt. In Letzterer kann man Urgroßvaters Klassenzimmer besichtigen, Kaffee und selbstgebackenen Kuchen genießen oder auch touristische Informationen einholen. Das **Schloss**, 1893–1897 in seiner heutigen

Gestalt auf einem Vorgänger aufgebaut, wurde 1952 zu einem Feierabendheim umgemünzt und feierte nach jahrelanger Sanierung 2009 seine Wiedereröffnung. Das neubarocke ›Doppeldachhaus‹, als das Fontane Schloss Ribbeck wegen seines Krüppelwalmdaches bezeichnete, dient seitdem als Kultur- und Veranstaltungsstätte drinnen wie draußen im hübschen Birnengarten. Im Museum werden den Besuchern die Geschichte der Region und die Baugeschichte des Ribbeckschen Herrenhauses näher gebracht. Im Restaurant speist man moderne regionale Gerichte, und natürlich darf zum Abschluss des Mahls ein Birnen-Likör oder Birnen-Brand nicht fehlen.

Mittlerweile ist auch die nach 1945 enteignete Familie von Ribbeck auf ihr ehemaliges Gut zurückgekehrt, Enkel des 1945 im KZ Sachsenhausen ermordeten letzten Gutsherren auf Ribbeck. Reit- und Kutschstall wurden gekauft und zum Wohnhaus umgebaut, und die **Alte Brennerei**, um das Jahr 1850 errichtet, wurde sorgfältig restauriert. Man produziert köstliche Birnenessig und -balsame sowie Liköre und edle Brände, die man bei den Ribbecks auf Ribbeck kaufen kann.

▲ *Die Kirche in Ribbeck*

■ **Groß Behnitz**

Direkt am Groß Behnitzer See liegt das ehemalige landwirtschaftliche Mustergut der Eisenbahnerdynastie Borsig. Der Berliner Großindustrielle Albert Borsig (1829–1878) erwarb das Gelände mit Schloss und Park 1866 vom hoch verschuldeten Grafen Itzenplitz und baute für die Versorgung seiner Arbeiter mit gesunden Lebensmitteln einen Muster-Landwirtschaftsbetrieb nach modernsten Erkenntnissen auf. Zwischen 1941 und 1943 diente das Anwesen unter Ernst von Borsig jun. (1906–1945) mehrmals für konspirative Treffen des Kreisauer Kreises. Nach dem Scheitern des Attentats auf Hitler vom 20. Juli 1944 blieb Borsig anders als andere Mitglieder des Widerstandskreises von der Verhaftung verschont; er starb 1945 in sowjetischer Gefangenschaft. 1947 ging der Dachstuhl des Schlosses in Flammen auf, danach wurde es abgerissen. Die Umwandlung des Borsigschen Guts in eine Landwirtschaftliche Produktionsgenossenschaft (LPG) schloss sich an.

Heute sind die Gebäude des **Landguts A. Borsig** originalgetreu restauriert bzw. rekonstruiert. Solarenergie zur Warmwasserversorgung, Grund- und Regenwasser für Sekundärkreisläufe und vieles dergleichen mehr sorgen für einen umweltschonenden Betrieb ganz im Sinne der Borsigs, die mit einem durch Biomasse klimatisierten Rinderstall und einer nachhaltigen Bewässerungswirtschaft wohl zu den ersten ›Biobauern‹ der Industriegesellschaft zählten. Ausstellungen zur Geschichte des Landguts, der Familie und zum Anti-Hitler-Widerstand im Kreisauer Kreis, ein Erlebnishof, das Café-Restaurant ›Seeterrassen‹ mit marktfrischer Küche von regionalen Produkten, ein vornehmes Hotel im ehemaligen Logierhaus sowie ein nicht weniger elegantes, von Bioland zertifiziertes Biohotel locken Besucher an.

Nauen und Umgebung

Postleitzahl: 14641

Touristeninformation, Rathausplatz 2 (im Bürgeramt), 14641 Nauen, Tel. 03321/4082 85, www.nauen.de, Mo/Fr 8–12, Di/Do 8–18 Uhr, monatlich jeden 1. Sa 9–12 Uhr.

Touristeninformation, Café und Fahrradverleih, Am Birnbaum 3 (in der Alten Schule), 14641 Ribbeck, Tel. 033237/85458, www.touristeninfo-ribbeck.de, tgl. 10–18, Nov.–März tgl. 10–17 Uhr.

Landhaus Ribbeck, Uhlenburger Weg 2, 14641 Nauen/OT Ribbeck, Tel. 0179/9111973, www.landhaus-ribbeck.de, DZ/F ab 86 €. Geschmackvolle Zimmer im Vintage- oder Landhausstil im denkmalgeschützten, restaurierten und umge-

bauten ehemaligen Schafstall von 1860; im Restaurant leichte mediterrane Küche; Fahrradverleih.

Schloss Ribbeck, Theodor-Fontane-Straße 10, 14641 Ribbeck, Tel. 033237/85900, www.schlossribbeck.de, Schloss, Restaurant und Museum tgl. 10–18 Uhr.

Dorfkirche Ribbeck, Am Birnbaum 2, 14641 Ribbeck, Tel. 0172/4692804, www.kirche-ribbeck.de. April–Okt. tgl. 10–18 Uhr, Nov.–März Fr–So 10–16 Uhr.

Landgut A. Borsig, Behnitzer Dorfstraße 29–31, 14641 Nauen/OT Groß Behnitz, Tel. 033239/208060, www.landgut-a-borsig.de; mit **Café-Restaurant ›Seeterrassen‹** und Ausstellungen. Aparte Hotelzimmer im sorgsam restaurierten, eleganten Logierhaus, DZ/F ab 109 €, im Biohotel ab 119 €.

Havelländisches Luch

Flunderflach dehnt sich das Havelländische Luch im Herzen des Havellands aus. Niedermoortorfe und Talsande prägen das Niederungsland, mit dessen Trockenlegung und Urbarmachung man im 18. Jahrhundert begann. Seitdem durchziehen von Erlen und Pappeln gesäumte Gräben und Kanäle die Ackerflächen, Wiesen und Brüche. Mehr als 5500 Hektar davon stehen heute unter besonderem Schutz: Das Havelländische Luch zwischen Nennhausen, Möthlow und Buckow ist eines der insgesamt drei brandenburgischen **Großtrappen-Schutzgebiete**. Die bis zu 17 Kilogramm schweren, größten flugfähigen Vögel der Erde sind akut vom Aussterben bedroht. Zuerst die Jagd, dann die Mechanisierung und Intensivierung der Landwirtschaft haben den braunweiß gesprenkelten Jumbo unter den Vögeln auf Anfang 2007 deutschlandweit nur noch 100 Lebewesen dezimiert. Gut 60 von ihnen haben im Havelländischen Luch, strengstens geschützt, ein Zuhause gefunden. Mit viel

Glück und einem guten Fernglas kann man die Großtrappen auf einer geführten Wanderung beobachten; besonders spektakulär während der Balz zwischen Ende März und Mai, wenn die gefiederten Gesellen beim Anblick der Auserwählten ihr Kleid zu einem riesigen weißen Federball aufplustern. Zwei Kilometer südlich von Buckow stehen nahe Garlitz direkt im Balzgebiet zwei öffentlich zugängliche Beobachtungstürme. Außerdem beantwortet die **Vogelschutzwarte Buckow** während der Großtrappenbalz an den Wochenenden im April und Mai alle Fragen rund um den seltenen Vogel. In Möthlow am Ostrand des Schutzgebiets wartet das **Bienenmuseum** mit gut 800 Imkerei-Exponaten auf einen Besuch. Westlich steht der Ort Nennhausen für romantische Literatur. Nach **Schloss Nennhausen**, 1737 als barocke Zweiflügelanlage errichtet, heiratete 1803 der romantische Schriftsteller Friedrich de la Motte Fouqué (1777–1843) ein. Fast alle seine Werke, darunter auch das berühmte von der Meerjungfrau

Potsdam und Havelland

›Undine‹, das Albert Lortzing als Oper vertonte, entstanden hier. Nach den unterschiedlichsten Nutzungen zu DDR-Zeiten befindet sich das sanierte Schloss seit 1992 in Privatbesitz. Der Park ist öffentlich zugänglich.

 Havelländisches Luch

Bienenmuseum, Altbuschower Straße 2, 14715 Märkisch Luch/OT Möthlow, Tel. 033876/40564, www.rathenow. de, April–Okt., Mi 13–18, Sa 9–13 Uhr.

Vogelschutzwarte Buckow, Dorfstraße 34, 14715 Nennhausen/OT Buckow, Tel. 033878/21 12 77, www.grosstrappe. de, April/Mai samstags und sonntags 14–17 Uhr während der Großtrappen-balz, Führungen.

Rathenow und Umgebung

Über 800 Jahre alt ist die 23 000 Einwohner große Stadt im westlichen Havelland – 1216 das erste Mal urkundlich erwähnt –, und seit mehr als 200 Jahren kann sie sich ›Stadt der Optik‹ nennen. Nachdem der Pfarrer Johann Heinrich Duncker (1767–1843) eine Vielschleifmaschine zur rationellen Brillengläserproduktion entwickelt hatte, wurde ihm 1801 das Königliche Privileg zum Bau einer optischen Industrieanstalt zuteil. Rathenows Aufstieg zur Metropole der optischen Industrie begann. Noch zu DDR-Zeiten arbeiteten mehrere tausend Menschen in den Rathenower Optischen Werken. Daran erinnert heute der **Optikpark** westlich der Altstadtinsel am Havelaltarm. Mit Tiergehege, Optikerlebnispfad Optikerlebnispfad, Skulpturengarten, Farbpyramiden, begehrbarer Weltzeituhr und als besonderer Attraktion dem Rathenower Brachymedial-Fernrohr von 1953 entstand die Grünanlage als weiträumiger Familienpark in der Nachfolge der Landesgartenschau 2006. Darüber hinaus zeigt das **Optikindustriemuseum** im Kulturzentrum Tausende optische Instrumente und informiert über die Geschichte des Optikstandorts Rathenow. Über historische Sehenswürdigkeiten verfügt das Havelstädtchen dagegen wenige. Im April 1944 wurden bei einem alliierten Luftangriff neun Zehntel Rathenows zerstört. Auf der Altstadtinsel umrahmen einige historische Häuser aus dem 16. und 17. Jahrhundert den Kirchplatz, in dessen Mittelpunkt sich die **St.-Marien-Andreas-Kirche** erhebt. Ursprünglich Anfang des 13. Jahrhunderts errichtet und im 16. und 19. Jahrhundert umgebaut, fiel sie im Zweiten Weltkrieg in Schutt und Asche. Ihr Wiederaufbau erfolgte ab 1959 in mehreren Etappen. Zuletzt wurden im September 2000 die Glasfenster nach Entwürfen des heimischen Künstlers Gerhard Henschel eingesetzt, und seit dem Abschluss der Turmerneuerung 2001 erklingen auch wieder die Kirchglocken. Im Haus Nr. 6

Die St.-Marien-Andreas-Kirche in Rathenow

Karte S. 65

Potsdam und Havelland

am Kirchplatz erblickte 1767 Johann
Heinrich Duncker das Licht der Welt.
Im Osten der ansonsten überwiegend
aus Nachkriegsbauten bestehenden Altstadtinsel steht am Schleusenplatz ein
von Johann Georg Glume geschaffe-
nes barockes **Sandsteindenkmal** (1736–
1738), das den Großen Kurfürst im Kleid
eines römischen Imperators zeigt.

Naturpark Westhavelland

Rathenow liegt im Herzen des 1998 eröffneten, mit mehr als 1300 Quadratkilometern größten brandenburgischen
Schutzgebietes. Westlich an Sachsen-
Anhalt grenzend, nördlich, östlich und
südlich durch die Städtchen Neustadt/
Dosse, Friesack und Pritzerbe begrenzt,
umfasst der Naturpark Westhavelland
die Niederungslandschaften der Unteren
Havel, eines der bedeutendsten Feuchtgebiete im Binnenland Mitteleuropas.
Zahlreiche kleine Fließgewässer, Havel-
Nebenarme, ausgedehnte Feuchtwiesen
und von dichten Schilfgürteln umgebene
flache Seen bilden den Lebensraum für
Krick- und Knäckenten, Bekassinen und
Kampfläufer, das Wappentier des Naturparks. Immer im Frühjahr und Herbst
dienen die Flussauen fernerhin als Rastplätze für Zehntausende Sing- und Zwerg-
schwäne, Kraniche und nordische Gänse.
Bis 2018 wird die Untere Havel zwischen
Pritzerbe und ihrer Mündung in die Elbe
bei Gnevsdorf unter der Regie des Natur-
schutzbunds Deutschlands (NABU) auf
18 700 Hektar renaturiert. Dazu werden
Uferbefestigungen zurückgebaut, alte
Flutrinnen neu aktiviert, Fischtreppen
errichtet und anderes mehr. In **Milow**
acht Kilometer südlich von Rathenow
erfährt man im **Besucherzentrum** des
Naturparks Westhavelland viel Interessantes über Flussauen, Zugvögel, Fische
und Fischer und das Havelrenaturierungs-
projekt. In Milow lohnt außerdem die

Die schöne Kirche in Semlin

kleine **Fachwerkkirche** von 1695 einen
Blick. In der Ende des 19. Jahrhunderts
erbauten Villa des ›Milchkönigs‹ Carl
Bolle (1832–1910) – durch seine Meierei, aber besonders die bimmelnden
Bolle-Milchwagen bekannt geworden –
ist eine Jugendherberge untergebracht.
Sechs Kilometer nördlich von Rathenow
liegt am Hohennauener See das schmucke Angerdörfchen **Semlin**. Mit Pensionen und Ausflugslokalen, Bootsanleger
und Badestelle, einer hübschen Dorfkirche von 1732 sowie einem Golfplatz in
der Nähe ist es die Sommerfrische der
Rathenower.

Am Kirchplatz in Rathenow

Rathenow und NP Westhavelland

Touristeninformation, Freier Hof 5 (am Kirchberg), 14712 Rathenow, Tel. 03385/514991, www.tourismusverein-westhavelland.de, tgl. 10–18 Uhr.
Besucherzentrum des Naturparks Westhavelland, Stremmestraße 10, 14715 Milower Land/OT Milow, Tel. 03386/211227, www.nabu-westhavelland.de, April–Okt. Do–Di 10–17 Uhr, Nov.–März Do–So 10–16 Uhr.

Hotel Fürstenhof, Bahnhofstraße 13, 14712 Rathenow, Tel. 03385/558000, www.hotel-fuerstenhof-rathenow.de, DZ/F ab 98 €. Erstes Haus am Platz, im restaurierten Gründerzeitbau, vornehm-gediegen mit Stilmöbeln ausgestattet.
Pension Zur alten Stadtmauer, Jederitzer Straße 19, 14712 Rathenow, Tel. 03385/54640, www.stadtmauer.de, DZ/F 70 €. 1995 erbautes gutbürgerliches kleineres Haus auf der Altstadtinsel.
Guthan's Landhaus Semlin, Dorfstraße 17, 14712 Rathenow/OT Semlin, Tel. 03385/54420, www.guthans-landhaus.de, DZ/F ab 60 €. Holzhaus und angeschlossen ein Steinhaus 100 Meter vom See entfernt, die mit Kiefernholzmöbeln ausgestatteten Zimmer überwiegend mit Terrasse oder Balkon; Ruderboot und Fahrradverleih.
Jugendherberge Milow, Friedensstraße 21, 14715 Milow, Tel. 03386/280361, www.jh-milow.de.

Campingpark Buntspecht, Am 1. Haken, 14715 Ferchesar, Tel. 033874/90072, www.campingpark-buntspecht.de, April–Okt. Vier-Sterne-Anlage neun Kilometer nordöstlich von Rathenow am Ferchesaer See; mit Shop, Gaststätte, Ferienbungalows, Badestrand, Fahrrad- und Bootsverleih.
Campingplatz Rathenow, Hauptstraße 72, 14712 Rathenow/OT Steckelsdorf, Tel. 03385/499510, www.campingplatz-rathenow.de, ganzjährig. Drei Kilometer nordwestlich am Steckelsdorfer See, mit Ferienbungalows, Gaststätte, Badestrand.
Wohnmobilstellplatz, Parkplatz Steinstraße/Ecke Baustraße, 14712 Rathenow, östlich auf der Altstadtinsel unmittelbar bei der Schleusenbrücke, mit Strom, Wasserversorgung, Abwasserentsorgung.

Optikindustriemuseum, Märkischer Platz 3 (im Kulturzentrum), 14712 Rathenow, Tel. 03385/519030, www.kulturzentrum-rathenow.de, Di–So 11–17 Uhr.
Optikpark Rathenow, Schwedendamm 1, 14712 Rathenow, Tel. 03385/49850, www.optikpark-rathenow.de, Mitte April–Mitte Okt. tgl. 10–21 Uhr, letzter Einlass 19, Sept./Okt. 18 Uhr.

Golf Resort Semlin am See, Ferchesaer Straße 8b, 14712 Rathenow/OT Semlin, Tel. 03385/554410 (Golfplatz) bzw. Tel. 03385/5540 (Hotel), www.golfresort-semlin.de. 27-Loch Meisterschaftsanlage sowie öffentlicher 9-Loch Kurzplatz; großes Vier-Sterne-Hotel am Platz (DZ/F ab 135 €).

Ländchen Rhinow

»Zwischen Rathenow und Neustadt an der Dosse liegt ein Landstrich, das so genannte Ländchen Rhinow, welches die gewünschten Berge in großer Auswahl erhält.« Der Flugpionier Otto Lilienthal, der dies schrieb, verlegte 1892 seine Experimente von Berlin auf den gut 110 Meter hohen Gollenberg bei **Stölln**.

Von dort erreichte er unter anderem mit dem Flugapparat Nr. 11 ›Stölln‹ als erster Mensch Flugweiten bis zu 350 Meter. Der älteste Flugplatz der Welt liegt also in Stölln im **Ländchen Rhinow** im Havelland! Am 9. August 1896 verunglückte Lilienthal bei einem Flugversuch und erlag am nächsten Tag seinen Verletzungen. An der Absturzstelle erinnert

Karte S. 65

Die ›Lady Agnes‹, Museum und Standesamt zugleich

ein Gedenkstein an den Flugpionier. 103 Jahre später landete auf dem Flugfeld am Gollenberg in einer spektakulären Aktion die ausgemusterte Interflug-Passagiermaschine vom Typ Iljuschin IL 62. Seitdem fungiert die Röhre, nach Lilienthals Frau Agnes ›Lady Agnes‹ genannt, als Museum und Standesamt. Als Deutschlands einziges **Interflug-Museum** präsentiert ›Lady Agnes‹ Sammlerstücke, Wissenswertes und Kurioses rund um die DDR-Luftfahrtgesellschaft. Selbst einmal abheben kann man immer am Wochenende zwischen Ostern und Oktober. Dann bietet der Segelflugverein Stölln bis zu 60-minütige Rundflüge an. Im Ort wartet in der ›Alten Brennerei‹ das **Lilienthal-Centrum** mit Wissenswertem zum Flugpionier und zur Luftfahrt auf. Östlich vom Gollenberg erstrahlt in **Kleßen** nach umfangreicher Restaurierung **Schloss Kleßen** wieder in neuem Glanz. Die 1723 erbaute, 1858 klassizistisch umgestaltete Dreiflügelanlage befand sich ehemals im Besitz der Familie von Bredow und wird heute für Konferenzen und Veranstaltungen genutzt. Bekannter Sprössling der märkischen Adelsfamilie ist die Schriftstellerin Ilse Gräfin von Bredow (1922–2014), die in ihren Roman ›Kartoffeln mit Stippe. Eine Kindheit in der Märkischen Heide‹ ihrer Heimat ein

literarisches Denkmal setzte. In der alten Kleßener Dorfschule zeigt das **Spielzeugmuseum** historisches Spielzeug.
Ornithologen finden ihr Paradies keine fünf Kilometer westlich von Rhinow am **Gülper See**. Von mehreren Aussichtstürmen am Südufer lassen sich Kampfläufer, Bruchwasserläufer, Bekassinen, Zwergsäger und zahlreiche andere Vogelarten beobachten. Bei Prietzen hat sich eine **Bockwindmühle** aus dem Jahr 1773 erhalten.

Ländchen Rhinow

Interflug Museum, Am Gollenberg 10 (in der ›Lady Agnes‹), Tel. 033875/906 90, 14728 Gollenberg/OT Stölln, www.otto-lilienthal.de, März Sa/So 11–16 Uhr, April–Okt. Di–So 10–17 Uhr.
Lilienthal-Centrum, Otto-Lilienthal-Straße 50, 14728 Gollenberg/OT Stölln, Tel. 033875/90690, www.lilienthal-centrum.de, März Sa/So 11–16, April–Okt. Di–So 10–17, Nov.–Feb. So 11–16 Uhr.
Spielzeugmuseum, Schulweg 1, 14728 Kleßen, Tel. 033235/29311, www.spielzeugmuseum-havelland.de, Mi–So 11–17 Uhr.

Segelfliegen, Flugplatz Stölln, Am Gollenberg 5, 14728 Gollenberg/OT Stölln, Tel. 033875/30535, www.flugsport-stoelln.de, Ostern–Okt. Sa/So 11–17 Uhr.

Der äußerste nordwestliche Zipfel von Brandenburg
zählt zu den ältesten Regionen der Mark. Zugleich
ist er einer der am dünnsten besiedelten Landstriche
Deutschlands. Hier ist man in Norddeutschland
angelangt. Burgen, Herrenhäuser und kleine Städtchen
mit historischen Ortskernen liegen eingebettet in der
Weite einer romantischen, von der Elbe durchzogenen
Landschaft.

PRIGNITZ

Blick über Lenzen

Ganz im Nordwesten von Brandenburg, auf halbem Wege zwischen Hamburg und Berlin und von Elbe und Dosse begrenzt, entfaltet die Prignitz ihren herbromantischen Charme. Felder, weite Wiesen und Auen bestimmen das Bild, darin die Silhouetten alter Burgen und Herrenhäuser, kleiner Dörfer und Städte, die sich bildschön wie Lenzen im Biosphärenreservat Flusslandschaft Elbe-Brandenburg, wie Perleberg, Wittstock oder der Kur- und Thermalort Bad Wilsnack mit rotem Ziegel und Fachwerk schmücken. Wahrzeichen der Prignitz sind die Störche, denen die Auen und saftigen Wiesen eine reiche Tafel bestellen. Im Europäischen Storchendorf Rühstädt werden im Sommer fast so viele Störche wie Einwohner gezählt.

Das Prignitzer ›Nationalgericht‹ ist der Knieperkohl: verschiedene Kohlsorten, im Steintopf geschichtet, eingestampft und sauer (suern) vergoren, zusammen mit Speck oder Grützwurst serviert. Und damit es nach dem Genuss im Magen nicht kniept, kommt zum Suern Knieper ›Kömm‹, ein kurzer Hochprozentiger, auf den Tisch.

Neustadt/Dosse

In Neustadt am Flüsschen Dosse dreht sich alles um Pferde. Seit mehr als 200 Jahren existiert das Haupt- und Landesgestüt, seit über 400 Jahren werden bereits Pferde gezüchtet.

1662 kaufte Prinz Friedrich II. von Hessen-Homburg die Herrschaft Neustadt in der östlichen Prignitz – ein seinerzeit winziges Nest im sumpfigen Dosse-Bruch, das aus sieben Bauernhöfen, einer Schmiede und einer Mühle bestand. Seit dem 12. Jahrhundert besiedelt und 1375 erstmals schriftlich als ›Nuewestat‹ dokumentiert, zog mit dem Prinz der Fortschritt ins Land. Die Sümpfe rund um das Dorf wurden trockengelegt, und 1664 erhielt Neu-

stadt Stadtrechte verliehen. 1673 folgte die Grundsteinlegung der Kirche, 1675 trug der hessische Prinz maßgeblich zum Sieg des brandenburgischen Kurfürsten in der Schlacht bei Fehrbellin gegen die Schweden bei – und damit auch zum Ruhm seiner Wahlheimat Neustadt.

1694 ging das Dorf infolge eines Landtauschs an den brandenburgisch-preußischen Kurfürst Friedrich III. über, den späteren König Friedrich I., der im Jahr darauf eine bescheidene Pferdezucht einrichten ließ. König Friedrich Wilhelm II. schließlich verdankt Neustadt den Aufstieg zu einer der wichtigsten Pferde-Städte in Deutschland. 1787 erteilte er seinem Reisestallmeister Carl Heinrich August Graf von Lindenau den Auftrag, das preußische Gestütswesen ›zum Besten des Landes‹ auf neue Füße zu stellen. 1788 wurden in Neustadt daraufhin zwei große klassizistische Hofanlagen gebaut: das heutige Landgestüt für die Hengste und, durch eine schnurgerade Allee miteinander verbunden, das heutige Hauptgestüt für die Stuten. Weil ihre Architekturen beinahe schlossartig ausfielen, wird das **Brandenburgische Haupt- und Landgestüt** – eine der zehn staatlichen Zuchtstätten in Deutschland – auch das ›Sanssouci für Pferde‹ genannt. In der Nachbarschaft zum Landgestüt beherbergt die 1999 eröffnete Graf-von-Lindenau-Halle ein **Kutschenmuseum**, das fast drei Dutzend Kutschen aus anderthalb Jahrhunderten zeigt. Turniere und Vorführungen international renommierter Reitschulen locken Pferdenarren in die keine 3600 Einwohner zählende Stadt an der Dosse. Zu den **Hengstparaden** jedes Jahr an den September-Samstagen, wenn Dressurnummern, altrömische Pferderennen und andere großartige Spektakel auf dem Programm stehen, sind bis zu 60 000 Menschen in Neustadt zu Gast. Gleich gegenüber der Lindenau-Halle

◀ Karte S. 125

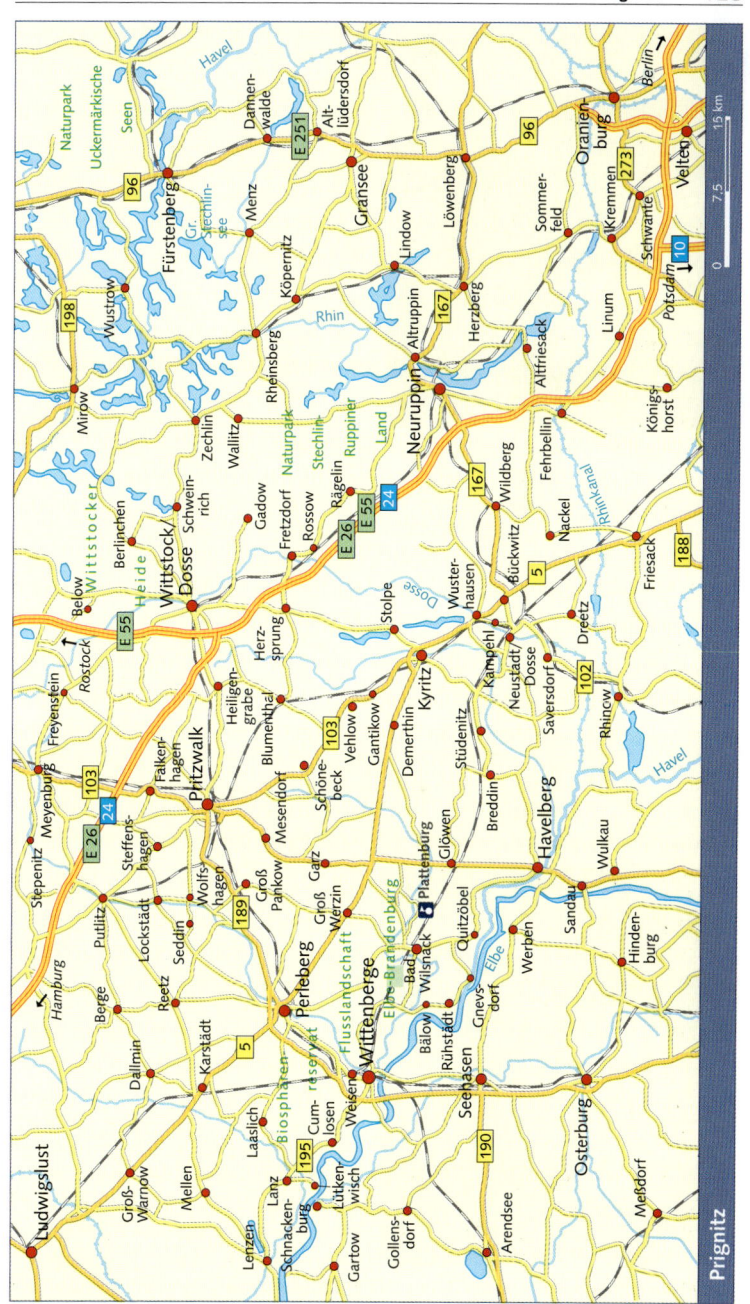

Im Kutschenmuseum in Neustadt/Dosse

steht auf der anderen Straßenseite ein letzter Zeuge aus den Anfängen der über 150-jährigen deutschen Gaswirtschaft. Bis zu seiner Stilllegung 1980 gehörte das 1902 errichtete **Industriedenkmal Gaswerk** zu den ältesten noch produzierenden Steinkohle-Entgasungsanlagen. Inzwischen Museum, zeigt es allerlei historische gasbetriebene Geräte und außerdem Wissenswertes zum Neustädter Ortsteil Spiegelberg, wo sich von 1689 bis 1840 die größte brandenburgisch-preußische Spiegelmanufaktur befand.

Karte S. 125

▲ *Die Kulturscheune in Kampehl*

Die barocke **Kreuzkirche**, 1673 vom Prinz von Homburg veranlasst, trägt den Namen nach ihrem Grundriss in Form eines griechischen Kreuzes. Ungewöhnlich für die Region ist das achteckige Kuppeldach, das nicht roter Dachziegel, sondern dunkler Schiefer bedeckt.

■ **Kampehl**

Im winzigen Dörfchen Kampehl stellt der **Ritter Kalebuz** eine biologische Merkwürdigkeit dar. Seit über 300 Jahren liegt er in der Gruft der Kampehler Dorfkirche und will nicht verwesen. Mediziner und Wissenschaftler wie Rudolf Virchow oder Ferdinand Sauerbruch und zuletzt in den 1980er Jahren computertomographische Untersuchungen fanden für dieses Wunder keine Erklärung. Bei der offensichtlich nicht einbalsamierten Leiche setzt auch nach Jahrhunderten kein Verwesungsprozess ein.

Dabei ist die Sache ganz einfach, sofern man der Geschichte Glauben schenkt, die sich der Volksmund seit vielen Generationen erzählt: Ritter Christian Friedrich von Kalebuz (1651–1702) geboren und gestorben zu Kampehl, hatte sich 1690 wegen Mordes vor Gericht zu verantworten. Aus Rache habe er den Verlobten der Magd Maria Leppin erschlagen, lautete die Anklage, weil diese dem Ritter das ›Recht der ersten Nacht‹ verweigert hatte. Zeugen gab es keine, und Kalebuz schwor, nicht der Mörder gewesen zu sein, und wenn doch, solle sein Leichnam zur Strafe für den Meineid niemals verwesen.

Der Gutsherr starb 1702 und wurde wie seine Vorfahren in der Gruft der Kampehler Dorfkirche beigesetzt. Als man ein knappes Jahrhundert später bei Renovierungsarbeiten am Gotteshaus die Särge hervorholte, lag der Mann im Unterschied zu seinen ordnungsgemäß zu Staub verfallenen Verwandten zwar

Hier kann der berühmte Ritter Kalebuz besichtigt werden

Prignitz

etwas eingeschrumpft, aber ansonsten beinahe unversehrt da. Von diesem Zeitpunkt an wurde viel Gewese um die Mumie gemacht. Ausgestellt an Ort und Stelle, trieb man Schabernack mit dem Kalebuz, klaute ihm Haare und Fingernägel als makabre Trophäen, und erst zu DDR-Zeiten fand er dank Glasdeckel und Vorhängeschloss am Sarg wieder Ruhe. Mehr oder weniger. Denn jährlich pilgern zehntausende Schaulustige zur Mitte des 13. Jahrhunderts aus Feldsteinen errichteten kleinen Wehrkirche. In der Nachbarschaft präsentiert die **Kultur-Scheune** mit einem Sammelsurium von Erinnerungsstücken, Alltagsgegenständen, Staatstragendem und Kuriosem die Ausstellung ›DDR-Erinnerungen

Plus 1‹. ›Plus 1‹ bedeutet, dass der unermüdliche Sammler Ernst-Felix Rutsch, der das Mini-Museum betreibt, es in den nächsten Jahren um einen BRD-Teil erweitern wird.

Ebenfalls nur wenige Schritte von der Kirche entfernt steht das **ehemalige Schloss**, das, mehrmals umgebaut, im Kern von Mitte des 18. Jahrhunderts stammt. Zu DDR-Zeiten als Schulheim genutzt, befindet sich der zweigeschossige Putzbau heute in Privatbesitz.

Links und rechts der Dorfstraße hat man sich mit einer Reihe von Gaststätten gastronomisch auf die Besucher eingestellt. Kampehl ist ein Erlebnisdorf, das seine Gäste mit Ritterfesten und Rittertheater erfreut.

ℹ️ Neustadt/Dosse und Kampehl

Vorwahl: 033970
Postleitzahl: 16845

 ✕

Parkhotel St. Georg, Prinz-von-Homburg-Straße 35, Neustadt/Dosse, Tel. 970, www.park-hotel-neustadt.de, DZ/F ab 74 €. Drei-Sterne-Haus mit bürgerlichen Komfort, im Ortskern neben der Kreuzkirche gelegen.

Landhotel Ritterhof, Kampehl 25b, Neustadt/Dosse, Tel. 033970/13854, www.ritterhof-kampehl.de, DZ/F 68 €. Großer Fachwerkhof mit viel Mittelaltertheater, die Zimmer mit Mittelklassekomfort; das Restaurant serviert deftige Kost.

🏛️

Kutschenmuseum, Havelberger Straße 18a (in der Graf-von-Lindenau-Halle), Neustadt/Dosse, Tel. 13883, www.lindenau-

halle.de, Di–Fr 9–16 Uhr.
Denkmal Gaswerk, Havelberger Straße 25, Neustadt/Dosse, Tel. 51187, Mai–Sept. Di–So 10-16 Uhr, Okt.–April Di–Fr 10–16 Uhr.
Kalebuz-Gruft, Dorfkirche Kampehl, www.kalebuz.de, April–Okt. Di–So 10–12 und 13–17 Uhr, (Juli/Aug. auch Mo), Nov./

Dez., Feb./März Di–So 10–12 und 13–16, Jan. Sa/So 10–12 und 13–16 Uhr.

Brandenburgisches Haupt- und Landesgestüt, Havelberger Straße 20 (Landesgestüt) und 10 (Hauptgestüt), Neustadt/Dosse, 50290, www.neustaedter-gestuete.de.

Kyritzer Seenkette

Über 22 Kilometer von Nord nach Süd erstreckt sich die Kyritzer Seenkette, eine waldumrahmte Gewässerrinne, bestehend aus Obersee und Borker See sowie südlich Untersee und Klempowsee. Der schmale Waldkanal verbindet sie auf halber Höhe bei Stolpe miteinander. Für Motorboote verboten, sind die Seen mit Strandbädern und Bootsverleihen in Kyritz und Wusterhausen ein stilles Paradies für Ruderer, Angler und Badegäste.

■ Wusterhausen

Ganz unten an der Südspitze der Seenkette liegt am Ufer des Klempowsees das 6000 Einwohner-Städtchen Wusterhausen. Seit 1233 in Besitz der Stadtrechte und dank Salzhandel zur Blüte gelangt, wurde es später als ›Schusterhausen‹ bekannt. Knapp hundert Schuhmacher

werkelten für das ab 1860 an der Dosse stationierte 2. Brandenburgische Ulanen Regiment Nr. 11, das ebenso Tuchmachern, Schneidern und Bierbrauern reichlich Arbeit verschaffte.

Wusterhausens Sehenswürdigkeiten gruppieren sich rund um den Markt. Historische Fachwerkhäuser, die teils noch der Sanierung harren, und im Zentrum das spätklassizistische **Rathaus** von 1854 schmücken den Platz. Dahinter thront wuchtig die dreischiffige Backsteinkirche **St. Peter und Paul**, deren Ursprünge auf Mitte des 13. Jahrhunderts zurückgehen. Neben Resten spätgotischer Wandmalerei, dem Chorgestühl von 1474 und einer Kanzel aus dem Jahr 1610 birgt sie als besonderen Schatz eine 1742 von Joachim Wagner geschaffene Barockorgel.

Im 1764 am Markt errichteten, prachtvoll restaurierten **Herbst'schen Haus** ist

▲ *In Wusterhausen*

hinter dem Fachwerk das **Wegemuseum** untergebracht. Das Museum zeigt Stadtgeschichte und widmet sich außerdem dem Wandel von Verkehrswegen in 3000 Jahren. Das historische **Strandbad** am Klempowsee lädt zum Eintauchen ins erfrischende Nass.

■ **Kyritz**

Wenn Kyritz mit seinem Geburtsdatum 1237 auch vier Jahre jünger ist als das südliche Wusterhausen, bildet es doch, heute rund 9000 Einwohner groß, die Metropole in der Region.

Frühbarocke Fachwerkhäuser zieren den im Osten und Süden noch von einer **Stadtmauer** aus dem 13./14. Jahrhun-

dert umgezogenen Ortskern. Vor allem die **Fachwerkgiebelbauten** in der Johann-Sebastian-Bach-Straße Nr. 36 von 1682 und Nr. 44 von 1667 sind besondere Schmuckstücke.

Die Bachstraße flankiert westlich den kopfsteingepflasterten weitläufigen **Markt**, an dem sich das kastellförmige **Backsteinrathaus** von 1879 erhebt. Davor breitet die 1871 gepflanzte Friedenseiche ihr Blattwerk aus, und am anderen Ende des Platzes plätschert seit 2006 der vom Künstler Jan Witte-Kropius gestaltete **Bassewitzbrunnen**. Das Werk spielt auf die für Kyritz so schicksalsträchtige Bassewitz-Sage an, angesiedelt im Jahr 1411, als Kyritz noch eine wohlhaben-

Prignitz

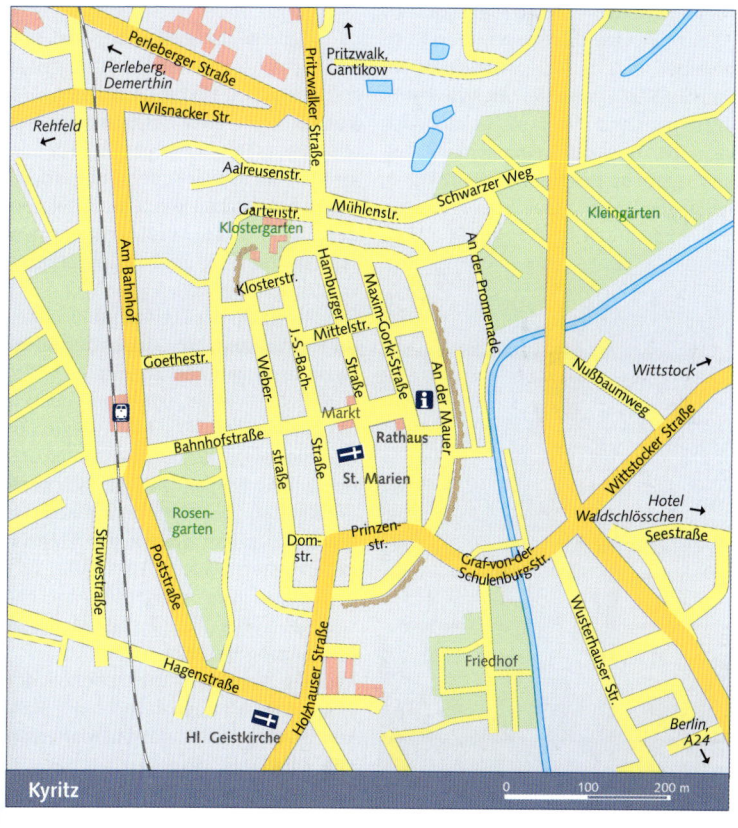

Kyritz

0   100   200 m

de Hansestadt war. Seinerzeit zog der mecklenburgische Raubritter Bassewitz plündernd und brandschatzend durchs Land. Jahre zuvor hatten ihn die Kyritzer schon einmal vertrieben und waren nun bestens gerüstet, weshalb der Raubritter klammheimlich durch einen Tunnel in die Stadt zu gelangen versuchte. Als er aber am Marktplatz wieder ans Tageslicht kam, erwarteten ihn die tapferen Kyritzerinnen bereits und setzten ihn mit kochend heißem Hirsebrei außer Gefecht. Kurz darauf wurde der Ritter Bassewitz mit seinem eigenen Schwert hingerichtet, die Gefahr war gebannt.

Dass das 1488 erstmals gebraute Kyritzer Schwarzbier dieser Begebenheit seinen Namen ›Mord und Totschlag‹ verdankt, ist nicht gewiss. Ebenso wenig lässt sich beweisen, dass das Bassewitz-Schwert im Rathaus-Sitzungssaal das originale Mordinstrument von 1411 ist. Letztendlich kann man noch nicht einmal mit Sicherheit sagen, ob sich das Bassewitz-Abenteuer überhaupt jemals so zugetragen hat. Authentisch ist dagegen die kost-

Auf dem Marktplatz von Kyritz

bare niederdeutsche Bibel aus dem Jahr 1478, ebenfalls im Rathaus-Sitzungssaal zu bewundern. Und auch gefeiert wird trotzdem, und zwar das Bassewitz-Fest alle zwei Jahre an einem Wochenende im Mai, mit allerlei Budenzauber sowie einem historischen Bühnenspektakel, in dem die ›Kyritzer Knattermimen‹ den sagenhaften Sieg über den Raubritter wieder aufleben lassen.

Dass Kyritz an der Jäglitz und nicht ›an der Knatter‹ liegt, hat sich dagegen inzwischen herumgesprochen, und es heißt, das Missverständnis rühre wohl vom lauten Knattern der vielen Mühlen einst am Flüsschen Jäglitz her. Also benannten sich die Kyritzer Mimen lautmalerisch nach der Knatter. Seit 1996 dient ihnen der Klausurflügel des **ehemaligen Franziskanerklosters** als feste Spielstätte. Von der 1303 erstmals genannten Abtei hat sich neben der Klausur außerdem ein Laubengang bewahrt.

Weithin sichtbares Wahrzeichen der Ostprignitz-Metropole sind die schlanken Zwillingstürme der **St. Marienkirche.** Ihre Anfänge gehen auf das 13. Jahrhundert zurück, im 15. Jahrhundert

Karte S. 129

▲ *Das schöne Schloss Demerthin*

wurde sie zu einer dreischiffigen Halle ausgebaut. Nachdem der alte Kirchturm 1824 ein Opfer der Flammen geworden war, erhielt das Gotteshaus die neue Doppelturmfront nach einem Entwurf Friedrich August Stülers. Ein romanischer Taufstein, der Achatiusaltar um 1450, eine Barockkanzel und eine 1873 erbaute Orgel aus der Werkstatt von Adolf Reubke schmücken den Innenraum. Es handelt sich um die einzige noch erhaltene Reubke-Orgel und gleichzeitig die größte romantische Orgel des 19. Jahrhunderts im Bundesland Brandenburg.

■ **Demerthin**
Schloss Demerthin ist eines der wenigen in Brandenburg erhaltenen Renaissanceschlösser. Im Jahr 1604 war es als eleganter Putzbau fertiggestellt, zwei Stockwerke hoch, wenn auch drei Zwerchdächer ein drittes Geschoss vortäuschen. Dem vorgebaut wurde ein Treppenturm, so wie für ländliche Herrenhäuser vor dem Dreißigjährigen Krieg üblich.

Von frühesten Lehenszeiten an bis zur Enteignung nach dem Zweiten Weltkrieg befand sich das Schloss im Besitz der Familie von Klitzing. Heute kann man, nach ausgiebiger Bewunderung des von Wappen und Akanthusornamenten verzierten, farbenprächtigen Sandsteinportals, die 108 Stufen zur Turmspitze erklimmen und einen schönen Blick auf das Land genießen. Ein kleines **Museum** gewährt Einblick in die Schloss- und Familiengeschichte und zeigt bäuerlichen Hausrat aus vergangenen Jahrhunderten.

Prignitz

🛈 **Kyritzer Seenkette**

Touristeninformation, Maxim-Gorki-Straße 32, 16866 Kyritz, Tel. 033971/52331, www.tourismus-kleeblatt.de, Mai–Sept. Mo–Fr 9–18, Sa 10–14 Uhr, Okt.–April Mo–Fr 10–16 Uhr.

🛏 ✕

Hotel und Restaurant Waldschlösschen, Seestraße 110, 16966 Kyritz, Tel. 033971/30780, www.waldschloesschen-kyritz.de, DZ/F ab 68 €. Hübsch sanierte Villa in Ortsrandlage via Waldkolonie/Untersee, gediegener Komfort; im Restaurant regionale Gerichte sowie eine Auswahl internationaler Küche.

Hotel und Restaurant Seeidylle, Seemühle 4, 16868 Wusterhausen/Dosse, Tel. 033979/87111, www.seeidylle.de, DZ/F 68€, mit Seeblick 73€. Großes Fachwerkhaus am Seeufer, die Zimmer im rustikalen Schick; Fisch- und Wildspezialitäten im Restaurant.

▲

Campingplatz Wusterhausen, Seestraße 42, 16868 Wusterhausen, Tel. 033979/14274, www.camping-wusterhausen.de, ganzjährig geöffnet. Vier-Sterne-Platz im Kiefernwald am See; Gaststätte, Eisdiele, Fitnessstudio, Pool, Sauna, Ferienbungalows, Boots- und Fahrradverleih.

🏛

Wegemuseum, Am Markt 3, 16868 Wusterhausen/Dosse, Tel. 33979/87760, www.wegemuseum.de, April–Okt. Di–So 10–17, Nov.–März Do–So 10–16 Uhr.

Schloss Demerthin, Schulstraße 10, 16866 Gumtow/OT Demerthin, Tel. 033979/80344, www.schloss-demerthin. de, wechselnde Öffnungszeiten, bitte telefonisch erfragen.

🏊

Strandbad Wusterhausen, Uferweg 2, 16868 Wusterhausen/Dosse, Tel. 0152/53412915, Mitte Mai–Mitte Sept. Mo–Fr 13–18, Sa/So 10–19 Uhr, in den Ferien tgl. 10–19 Uhr, Tret- und Ruderbootverleih.

Strandbad Kyritz, Seestraße 120, 16866 Kyritz, Tel. 033971/72262, www.strandbad-kyritz.de, Juni–Sept., Mo–Fr 13–18, Sa/So 12–18, in den Ferien tgl. 10–19 Uhr, Kanu-, Tret- und Ruderbootverleih.

Der Pollo – Brandenburgs einzige Schmalspurbahn

Spät, sehr spät hielt die Eisenbahn Einzug im Land zwischen Elbe und Dosse. 1846 wurde die Strecke Hamburg–Berlin eröffnet – und der Fortschritt brauste an der Prignitz vorbei. Erst 1897 begann der Bau eines Gleisnetzes auch zwischen Perleberg, Pritzwalk und Kyritz, das mit 750 Millimeter allerdings eine Spur schmaler ausfiel. Nach 15 Jahren war es auf 102 Kilometer Länge fertiggestellt. Vier Äste hatte das neue Netz, reichte sogar bis ins sachsen-anhaltinische Havelberg und machte zugleich den kleinen Ort Lindenberg im Herzen der Prignitz zum Verkehrsknotenpunkt für eine Fahrt in die große weite Welt.

70 Jahre lang schnaufte die Prignitzer Schmalspurbahn, von den Einheimischen liebevoll ›Pollo‹ genannt, mit mächtigen Qualmwolken über das Land. 1967 kam dann das Aus für die unrentabel gewordene Kleinbahn, seit 1988 sammelten die Eisenbahnfreunde alles, was vom Pollo und seinen Reisen übrig geblieben war. Nach der Wende gründeten sie 1993 den Verein ›Prignitzer Kleinbahnmuseum Lindenberg‹ mit dem Ziel, ihrer Sammlung eine würdige Heimstatt zu geben. Drei Jahre später war es so weit: Seit 1996 präsentiert sich in Lindenberg im ehemaligen Güterschuppen die Pollo-Ausstellung mit zahlreichen Sehenswürdigkeiten, von der historischen Fahrkartendruckerei bis hin zu detailgetreuen Modelleisenbahnanlagen. Im Lokschuppen in Lindenberg und neuerdings auch in Mesendorf sind die technisch aufgearbeiteten historischen Fahrzeuge untergebracht, darunter auch die Pollo-Dampflok 99 46 44 aus dem Jahr 1923.

Mittlerweile kommen die Oldtimer sogar wieder zum Einsatz. 2002 konnte die Schmalspurstrecke zwischen Mesendorf und Brünkendorf nach einjährigen Gleisbauarbeiten wiedereröffnet werden. 2004 folgte die Verlängerung bis Vettin, und seit 2007 fahren die Museumszüge, gezogen von kleinen Diesellokomotiven, auf nun neun Kilometer Gleisstrecke wieder bis Lindenberg. So geht der kleine Pollo wieder auf große Fahrt und lädt Eisenbahnfreunde an jedem ersten Wochenende von Mai bis Oktober sowie zu Ostern und Nikolaus zur historischen Partie im Herzen der Prignitz ein. Wann genau der Schaffner zur Abfahrt pfeift, erfährt man beim Verein, deren Mitglieder den Pollo ehrenamtlich betreiben. Fahrkarten erhält man im Kleinbahnmuseum in Lindenberg, im Packwagen in Mesendorf oder im Zug selbst.

Prignitzer Kleinbahnmuseum Lindenberg e.V., Hauptstraße 7, 16928 Lindenberg, Fahrplaninfo: Tel. 033982/60114, www.pollo.de. Das Museum ist geöffnet Ende Mai–Anfang Okt. Sa/So 10–17 Uhr.

Die Wiedergeburt des ›Pollo‹ im Jahr 2007

Bad Wilsnack und Umgebung

Bad Wilsnack ist so klein, dass man, kaum in die Stadt hinein-, auf der anderen Seite auch schon wieder hinausgelangt ist. Gleichwohl beherbergt der 2600 Einwohner zählende Kurort im Biosphärenreservat Flusslandschaft Elbe-Brandenburg bereits seit dem späten Mittelalter große Pilgerscharen. Diese lockt gegenwärtig 36 Grad warmes Thermalsolewasser, Hamam, Edelstein-Meditationsgrotte und ayurvedischer Stirnguss in der Therme Bad Wilsnack. Früher strömten sie zur Wunderblutkirche, um einen Ablass für ihre Sünden zu kaufen.

Im Jahr von Wilsnacks erster Erwähnung, 1383, als der Raubritter Heinrich von Bülow das Dörfchen brandschatzte, wurden in der Kirchenruine auf dem Altar drei unbeschädigte Hostien gefunden, jede auf ›wunderlike Wys und von gödliker Schickunge‹ mit einem roten Blutstropfen versehen; ›Wunderblut‹, das direkt aus den Wunden des Heilands stammte. Bald darauf strömten die Gläubigen herbei und machten das Örtchen Wilsnack zu einer der größten Wallfahrten im nördlichen Mitteleuropa. Der Preis für den Ablass, den man erhoffte, bemaß sich jeweils nach dem Ausmaß der Sünde, die man begangen hatte. Mit einer Sündenwaage, so wird erzählt, sei die Höhe der Opfergabe festgesetzt worden, die Einnahmen flossen in den Bau eines neuen Gotteshauses.

Und hoch ist sie geworden, die **Wunderblutkirche St. Nikolai.** In beeindruckenden Dimensionen ragt sie über den Dächern des kleinen Bad Wilsnack empor. 1396 war Baubeginn, über 150 Jahre dauerte die Errichtung der dreischiffigen gotischen Backsteinhalle. Das Langhaus blieb unvollendet – was dem Sakralbau eine gedrungene Außenwirkung verleiht –, denn die Reformation bereitete dem einträglichen Bluthostienkult ein Ende.

Orgel in der Wunderblutkirche

Der lutherische Geistliche Joachim Ellefeld verbrannte 1552 die wundertätigen Hostien, wofür er ein Jahr im Kerker der nahen Plattenburg schmorte. Der Wunderblutschrein in der Wunderblutkapelle aus dem 15. Jahrhundert blieb vom protestantischen Bildersturm verschont. Aus derselben Zeit stammen die schönen Glasfenster und wohl auch der dreiteilige Flügelaltar im Chor der Wunderblutkirche.

2006 wurde der mittelalterliche Pilgerweg Berlin–Bad Wilsnack wiederbelebt. Er mündet am Markt vor der Kirche und dem benachbartem Alten Rathaus. Zweigeschossige **Fachwerkhäuser,** teils noch von Ende des 17. Jahrhunderts, säumen die Straßen ringsum im Zentrum des Städtchens, das auch seine zweite Karriere dem Ruhm, Heilung zu bringen, verdankt. 1906 entdeckte der Stadtförster Gustav Zimmermann eisenoxidhaltige heilkräftige Moorerde, seit 1929 ist Bad Wilsnack ein Kurbad.

Vollends vom Pilgerort zum Wellnessmekka mauserte es sich seit Eröffnung der **Kristall Kur- und Gradiertherme** im Jahr 2000. Aus 1070 Meter Tiefe sprudelt eisen- und jodhaltige Sole, 34 bis 36 Grad warm, in die Thermalwasserbecken. Eisnebel- und Edelsteingrotte, Saunalandschaft und Hamam laden zum Entspannen und Gesundbaden ein. Direkt vor der Therme ermöglicht Brandenburgs einziges Gradierwerk die Freiluftinhalation salzhaltiger Luft.

■ Plattenburg

Norddeutschlands älteste erhaltene **Wasserburg** steht fünf Kilometer Vogelfluglinie östlich von Bad Wilsnack. Nur aus der Vogelperspektive lassen sich die stattlichen Backsteingebäude, Pallas und Bergfried, Stallungen, Speicher, Back- und Brauhaus, Gesinde- und Küchenhaus der wall- und wassergrabenumzogenen Ober- und Unterburg in ihrer Gesamtheit erkennen.

Wohl schon im 12. Jahrhundert von den brandenburgischen Markgrafen begründet, wird die Plattenburg 1319 aus Anlass ihres Verkaufs an die Havelberger Bischöfe erstmals erwähnt. Bis 1548 bauen sie die Bischöfe mit Geldern aus der Wilsnacker Wallfahrt zu ihrer Som-

Ein Flügel der Plattenburg

merresidenz aus. Anschließend gelangt die Burg im Zuge der Reformation in den Besitz der Familie von Saldern, die bis ins 20. Jahrhundert von Zeit zu Zeit An- und Umbauarbeiten vornehmen lässt. In der DDR dienen die Gemäuer als Kinderferienlager. Seit 1991 kümmert sich ein Förderverein um Erhalt und Restaurierung der Burg.

Bei einem Rundgang verdienen besonders der Rittersaal in der Oberburg, die ursprünglich 1714 eingerichtete, 1886 umgestaltete Kapelle, aber auch Brau- und Backhaus besondere Aufmerksamkeit. Das Museum erläutert die Bau- und Sozialgeschichte des Burgkomplexes. Es gibt ein Standesamt, Seminarräume, übernachten in einfachen Zimmern kann man dort auch (DZ 26 € pro Person), und im Burgkeller kommt im Gewölbe der ›Taverna Obscura‹ deftiger Schmaus auf den Tisch. Eine Sonderausstellung widmet sich in zwei Räumen dem preisgekrönten Film von Michael Haneke ›Das weiße Band‹, der 2007/2008 im Plattenburger Ortsteil Netzow gedreht wurde.

▲ *Natürlich horstbekrönt: der Wasserturm*

Alljährlich zum Sommeranfang lädt die Plattenburg zum mittelalterlichen Spektakel ein. Der Burghof verwandelt sich dann in ein buntes Fest der Gaukler, Marketender und Akrobaten, und Ritter hoch zu Ross fechten Turniere aus.

■ Storchendorf Rühstädt

Rund 250 Menschen leben im entzückenden Backsteindörfchen Rühstädt im Auland an Elbe und Havelmündung. Fast alle Dächer im Dorf sind mit Storchenhorsten geschmückt, in denen jedes Jahr bis zu 40 Storchenpaare ihre Jungen großziehen – weshalb man nach Adam Riese sagen kann, dass Rühstädt im Sommer fast so viele Störche wie Einwohner hat. Seit den 1970er Jahren, als die Rühstädter erste Nisthilfen auf ihre Dachfirste hievten, hat sich der kleine Ort zum storchenreichsten Dorf Deutschlands entwickelt. 1996 kürte ihn die Stiftung Europäisches Naturerbe zum Europäischen Storchendorf. Mit dieser Auszeichnung werden europaweit Gemeinden geehrt, die sich besonders intensiv für den Schutz der Weißstörche einsetzen.

An der Elbe im Biosphärenreservat

Der Wasserturm als eines der beiden Rühstädter Wahrzeichen ist, natürlich, von einem Horst gekrönt. Die kleine **Dorfkirche** haben die gefiederten Hausbesetzer dagegen bisher respektvoll geschont. Ein spätgotischer Schnitzaltar und Wandmalereien in der Apsis (beides um 1400) , Epitaphe der ehemaligen Dorfbesitzer und eine Wagner-Orgel von 1738 zieren das Innere der um 1455 erbauten, im 18. Jahrhundert umgestalteten Backsteinkirche. Ihre Krypta diente vom 11. bis zum 16. Jahrhundert als Ruhestätte der Ritterfamilie von Quitzow, die bis 1717 Eigentümer von Rühstädt war. Wahrscheinlich leitet sich auch Rühstädts Name von dieser Grablege ab.

Gegenüber wird im kleinen **Bauernmuseum** der Alltag der Rühstädter im 19. und frühen 20. Jahrhundert nachgezeichnet. Im **Schloss** nahebei, von 1780 bis 1945 von der Familie von Jagow bewohnt, ist heute ein elegantes Wellnesshotel untergebracht.

Einmal um die Ecke herum vermitteln **Storchenhaus** und **Besucherzentrum des Biosphärenreservats** Wissenswertes über die großen Schreitvögel. Immer zwischen April und Ende August bieten der Storchenclub vom Storchenhaus aus sowie der Naturschutzbund (NABU) ab Besucherzentrum Storchen-, Dorf- und Naturführungen an.

■ Biosphärenreservat Flusslandschaft Elbe-Brandenburg

Rühstädt ist Sitz der Verwaltung des UNESCO-Biosphärenreservats Flusslandschaft Elbe-Brandenburg. Von der Havelmündung elbabwärts bis vor die Tore von Dömitz in Mecklenburg erstreckt sich der größte Teil des länderübergreifenden Großschutzprojekts über 553 Quadratkilometer am östlichen Elbufer im Bundesland Brandenburg. Während der deutschen Teilung blieb sich die Natur in

Prignitz

Am Deich bei Gnevsdorf

den Elbtalauen beiderseits der undurchlässigen Grenze jahrzehntelang nahezu selbst überlassen. Gleich 1990 wurde die Landschaft unter Schutz gestellt und acht Jahre später von der UNESCO als repräsentative Modellregion anerkannt. Gemächlich mäandert hier der drittgrößte deutsche Strom durch das Land, hat vor dem Deich Sandbänke oder wie bei Quitzöbel große Binnendünen geschaffen, die sich mit Flutrinnen, Altwassern und Haken in Feuchtgebieten und Auwäldern abwechseln, wie man sie beispielsweise am **Elbblick bei Bälow** drei Kilometer nördlich von Rühstädt bewundern kann. Alljährliche Elbehochwasser formen die Landschaft. Charakteristisch ist das seit alters so genannte ›Johanni-Hochwasser‹ im Sommer, das manchmal jahrelang ausbleibt, dann wieder beeindruckend anschwillt oder sogar, wie beim Jahrhunderthochwasser 2002 und den Elbefluten 2006 und 2013, höchst bedrohliche Ausmaße annehmen kann. Die Pflanzen- und Tierwelt hat sich auf

den Wechsel auf engstem Raum zwischen extremer Trockenheit und totaler Feuchtigkeit eingestellt. Weißstörche, Seeadler, Biber und Fischotter finden hervorragende Lebensbedingungen. Im Frühjahr und Herbst rasten Tausende Kraniche, und Zehntausende Saat- und Blessgänse, Zwerg- und Singschwäne werden gezählt.

Insgesamt 24 Naturerlebnispunkte wurden an der Elbe im Biosphärenreservat eingerichtet, vom Qualmwassersteg nördlich bei Lenzen bis südlich zur Binnendüne bei **Quitzöbel**. Der einstige Stammsitz der Quitzows, wo sich früher einmal die Mündung der Havel in die Elbe befand, wartet mit einem spätgotischen Backsteinkirchlein auf, typisch für die Prignitz mit einem blendengeschmückten Staffelgiebel versehen. Zweite Sehenswürdigkeit nahe dem Örtchen ist die **Quitzöbeler Wehrgruppe**, bestehend aus zwei Havelwehren und einem Elbwehr. Während der Elbeflut 2002 mussten sie das erste Mal seit

Karte S. 125

ihrem Bestehen geöffnet werden, um das Brechen der Deiche zu verhindern. Immer wieder gab es verheerende Überflutungen, weshalb man von 1934 bis 1936 die Wehranlagen errichtete. Ab 1937 folgte der Bau des **Gnevsdorfer Vorfluters** und damit die Verlegung der Haveleinmündung in die Elbe bei Quitzöbel nahe Havelberg über gut sieben Kilometer elbabwärts nach Gnevsdorf. Durch den Zweiten Weltkrieg unterbrochen, wurden die Arbeiten an der künstlichen Havelverlängerung 1956 fertiggestellt. Seitdem lässt sich mithilfe des Vorfluters der Rückstaupunkt eines Elbe-Hochwasser flussabwärts verlegen, indem die Havel durch das Schließen der Wehre quasi an ihrer Mündung gehindert wird und im Gegenteil Elbwasser in den Vorfluter fließt. Übersteigt der

Stauraum bei Extremhochwasser einen bestimmten Pegelstand, können die Wassermassen schließlich in die Polder der Havelauen abgelassen werden, so wie 2002 erstmals geschehen. Am **Gnevsdorfer Wehr** hat man auf der Landspitze zwischen Elbe und künstlicher Havelmündung einen kleinen Rastplatz mit Aussichtsturm eingerichtet, von wo aus man sich einen hübschen Überblick über Fluss und Land zwischen den Deichen verschaffen kann.

Vom **Informations- und Besucherzentrum** in Rühstädt starten Exkursionen in die Flusslandschaft. Im Haus selbst zeigt eine Ausstellung alles Wissenswerte zur Flusslandschaft Elbe und über den Storch, mit Live-Übertragung des Familienlebens im Storchenhorst oben auf dem Dach des Besucherzentrums.

Prignitz

ℹ️ Bad Wilsnack und Umgebung

Touristeninformation, Am Markt 5, 19336 Bad Wilsnack, Tel. 038791/2620, www.wilsnack.de, Mo–Do 10–17, Fr 10–15 Uhr, April–Sept. zusätzlich Sa/So 10–13 Uhr.

Storchenclub Rühstädt/Storchenhaus, Am Schloss 5, 19322 Rühstädt, Tel. 038791/6703, www.storchenclub.de, April–Aug. Mo–Fr 10–16, Sa/So 12–16 Uhr, Sept.–März Mo–Mi 8–16, Do 10–16 Uhr, Storchenführungen nach Voranmeldung ab 8 Personen.

Besucher- und Informationszentrum Rühstädt, Neuhausstraße 9, 19322 Rühstädt, Tel. 038791/98 025, www.flusslandschaft-elbe.de; Naturwacht: Tel. 038791/98022, www.naturwacht.de, April–Sept. tgl. 10–18, Nov.–März Mo–Fr 10–17 Uhr; Naturschutzbund (NABU): Tel. 038791/98024, www.brandenburg.nabu.de, April–Sept. tgl. 10–18 Uhr.

🛏️

Schlosshotel Rühstädt, Am Schloss 3, 19322 Rühstädt, Tel. 038791/80850, www.schlosshotel-ruehstaedt.de, DZ/F

ab 110 €. Im Rühstädter Barockschloss, elegante Möblierung, Wellness- und Beautybereich.

Hotel Schloss Grube, Gruber Dorfstraße 24, 19336 Bad Wilsnack/OT Grube, Tel. 038791/801748, www.schloss-grube.de, DZ/F im OG ab 109 €, im Dachgeschoss ab 70 €. Fürstlich logieren im 1741 erbaute Barockschloss Grube, 5 km nördlich von Bad Wilsnack im Weiler Grube; Prignitz-weit das letzte gänzlich erhaltene Schloss der Raubritterfamilie von Quitzow. Für die sorgfältige Restaurierung 2010 mit dem Brandenburgischen Denkmalpflegepreis ausgezeichnet, die großzügigen Zimmer im Obergeschoss folgen dem alten barocken Grundriss, die Zimmer im Dachgeschoss sind etwas kleiner. Das Restaurant serviert regionale Spezialitäten und internationale moderne Küche.

Kurhotel Legde, Wittenberger Straße 1, 19336 Bad Wilsnack/OT Legde, Tel. 03791/79271, www.kurhotel-legde.de, DZ/F ab 84 €. Hotelanlage im Örtchen Legde, vier Kilometer südlich von Bad Wilsnack, Zimmer und Apartments in einer restaurierten alten Villa sowie neuen Bunga-

lows; mit Schwimmbad, Sauna, Wellness, Kegelbahn, angeschlossener Reiterhof. **Hotel an der Therme**, Kählingstraße 1, 19336 Bad Wilsnack, Tel. 038791/80870, www.hotel-an-der-therme-bad-wilsnack.de, DZ/F ab 68 €. Hübsches Mittelklassehotel 100 Meter von der Therme entfernt, das Restaurant bereitet regionale Küche zu, Fahrradverleih.
Landgasthaus Storchenkrug, Am Schloss 4, 19322 Rühstädt, Tel. 038791/9970, www.storchenkrug-online.de, DZ/F ab 55€. Im ehemaligen Wirtschaftsgebäude des Schlosses, die Zimmer im Landhausstil; Sauna, Solarium, Wellnessbereich, das Restaurant bietet Prignitzer Spezialitäten.
Pension Hanna, Töpferstraße 44, 19336 Bad Wilsnack, Tel. 038791/779001, www.pension-hanna.de, DZ-Apartment ab 59€. Nichtraucher-Apartments an der Straßenkreuzung im Ortszentrum; Fahrradverleih.

Wohnmobilstellplatz, Neuhausstraße, 19332 Rühstädt, Wiesenplatz mit Container-WC kurz vor dem Besucherzentrum, gebührenfrei.
Campingplatz/Wohnmobilhafen, Am Kähling 1, 19336 Bad Wilsnack, großer Wiesenplatz neben der Therme, Dusche/WC, Wasserversorgung, Abwasserentsorgung.
Camping/Wohnmobilstellplatz Dörpkrog an Diek, Am Deich 7, 19322 Ruhstadt/OT Abbendorf, Tel. 038791/7233, www.doerpkrog-an-diek.de, ganzjährig. Wiesengarten acht Kilometer südlich von Bad Wilsnack in herrlicher Lage hinter dem Elbdeich; Grillmöglichkeiten, Bootsanleger, Strom, Wasserversorgung/-entsorgung, ausgezeichnetes Restaurant.

Gasthaus Dörpkrog an Diek, Am Deich 7, 19322 Ruhstadt/OT Abbendorf, Tel. 038791/7233, www.doerpkrog-an-diek.de, April–Dez. tgl ab 11 Uhr, Jan.–März auf Anfrage. Für seinen Knieperkohl be-

rühmt, der saisongerecht im Winterhalbjahr auf den Tisch kommt, außerdem wird fangfrischer, köstlich zubereiteter Fisch serviert. An den Dörpkrog (Dorfkrug) angeschlossen ist ein kleiner Zelt- und Caravanplatz.
Restaurant Taverna Obscura, Auf der Burg 1 (in der Plattenburg), 19339 Plattenburg, Tel. 038791/568225, www.taverna-obscura.de, April–Sept Di–So 11–21, Okt.–März Fr–So 12–19 Uhr. Tafeln im Burgkeller wie im Mittelalter, deftige deutsche Küche, Rustikales sowie frischer Fisch aus dem benachbarten Fischereipark.

Burg Plattenburg, Museum, Restaurant, Herberge, Auf der Burg 1, 19339 Plattenburg, Tel. 038791/2400, www.plattenburg.de, April–Okt. Di–So 10–16, Nov.–März Fr–So 11–16 Uhr. Samstags im Sommer finden auf der Burg oft Hochzeiten statt. Während der Feierlichkeiten ist sie dann für den Publikumsverkehr geschlossen, weshalb sich für die Besichtigung vorweg ein kurzer Anruf empfiehlt. Restaurant ›Taverna Obscura‹; Übernachtung in einfachen 2–4-Bett-Zimmern für 26 € pro Person.

Bauernmuseum Rühstädt, Dorfstraße 16, 19322 Rühstädt, Tel. 038791/801730, April–Aug. Di–So 11–17 Uhr.

Mittelalterspektakel Im Sommer auf der Plattenburg. Infos beim Tourismusverband Prignitz e.V., Großer Markt 4, 19348 Perleberg, Tel. 03876/30741920, www.plattenburgspektakel.de.

KristallKur- und Gradier-Therme Bad Wilsnack, Am Kähling 1, 19336 Bad Wilsnack, Tel. 038791/80880, www.kristalltherme-bad-wilsnack.de, So–Do 9–22, Fr/Sa 9–23 Uhr, Mo ab 19.30 Uhr textilfrei.

Weltenbummler Adebar

Fast könnte man den Storch als heimisches Haustier bezeichnen, flöge er nicht Ende August schon wieder davon. Wenn Meister Adebar seinen Horst auf Masten und Dachfirsten baut, freut sich der Mensch, denn es bedeutet, dass sein Haus nicht vom Blitz getroffen wird und das Glück bei ihm wohnt. Niemals lässt sich der große Schreitvogel an Orten nieder, wo sich unterirdische Wasserläufe kreuzen und deshalb dort der Blitz einschlagen könnte. Darüber hinaus ist er ein treuer Geselle. Nach seinem Winteraufenthalt in Afrika kehrt er Ende März, Anfang April in seinen angestammten Sommerheimatort zurück, und bezieht er dort wieder denselben Horst, ist das ein Zeichen dafür, dass die Welt noch in Ordnung ist. Anschließend legt die Storchendame drei bis vier Eier, selten auch bis zu sieben, die sie mit ihrem Gefährten die nächsten 30 bis 35 Tage arbeitsteilig bebrütet. Vor allem zur Paarungs- und Nistzeit ist die Luft von ihrem Schnabelgeklapper erfüllt. Es wird zur Begrüßung des Partners geklappert, zur Balz und zur Verteidigung gegen Futter- und Nestkonkurrenten – weshalb man sie ja auch ›Klapperstörche‹ nennt. Zwitschern oder singen kann der Weißstorch nicht, er hat keine Stimme. Umso umfangreicher erklingt dafür das Repertoire an Rufen und Gesängen, die sein kleinerer schwarzer, äußerst seltener Verwandter von sich gibt. Schätzungsweise 45 Schwarzstorch-Brutpaare gibt es in Brandenburg. Und während der Weißstorch die weiten Felder und offenen Feuchtgebiete bevorzugt, scheut der Schwarzstorch die Menschen, fühlt sich in tiefen Waldlandschaften wohl und nistet dort in den Baumkronen. Auf der Speisekarte der roten Socken, gleich ob mit schwarzem oder weißem Federkleid, stehen Fische, Reptilien, Amphibien. Störche sind Fleischfresser. Gut 200 Hektar Jagdrevier benötigen Herr und Frau Adebar, um ihre Nesthocker-Brut großzuziehen. Täglich gut 360 Gramm Futter pro Schnabel – das sind 15 kleine Mäuse oder 60 Regenwürmer – müssen für den hungrigen Nachwuchs herangeschafft werden, bis er nach etwa zwei Monaten flügge wird. In den letzten Augusttagen neigt sich der Storchensommer dem Ende zu. Die Jungstörche beginnen sich in Trupps auf den just abgeernteten Feldern zu sammeln. Hunderte weißschwarze Gesellen staksen dann über die Stoppeln, um hier oder

Der Stroch ist das heimliche Wappentier Brandenburgs

da noch einen Happen als Wegzehrung für die lange Reise zu schnappen. Rund acht Tage nach den Jungen ziehen die Alttiere los. Vor ihnen liegt eine 10 000 bis 12 000 Kilometer lange Strecke, um zu den afrikanischen Winterquartieren zu gelangen. Anders als ihre westeuropäischen Familienangehörigen, die eine Flugroute über Gibraltar wählen, ziehen die brandenburgischen Störche mit den mittel- und osteuropäischen Storchenverbänden über den Bosporus, Kleinasien und das Rote Meer bis nach Südafrika. Von dort kehren sie im nächsten Frühling wieder in ihre Sommerheimat zurück.

Wittenberge

Wittenberge an der Mündung der Flüsschen Karthane und Stepenitz in die Elbe war bis vor nicht allzu langer Zeit als Industriestandort bekannt. Erstmals urkundlich im Jahr 1300 genannt, als der Edle Otto I. Gans die Stadtrechte bestätigte, begann mit Anbruch des Industriezeitalters der Aufstieg der heutigen 17 500-Einwohner-Stadt. 1820 steuerte das erste Dampfschiff der Berlin-Hamburg-Linie den Wittenberger Elbhafen an. Ab 1823 folgte im Auftrag des Berliner Kaufmanns Salomon Herz die Errichtung einer Ölmühle, damals eine der modernsten in Preußen. 1835 war der Hafenausbau abgeschlossen. 1846 feierte man den Anschluss an die Eisenbahnlinie Berlin–Hamburg, 1851 den Anschluss nach Magdeburg. Eine Seifenfabrik und eine chemische Fabrik wurden gebaut, und 1875 öffnete das Eisenbahn-Ausbesserungswerk, das noch heute besteht.

Der Uhrenturm – Denkmal der industriellen Moderne

1903 ging am Hafen die Nähmaschinenfabrik der New Yorker Firma Singer in Betrieb. Bis 1991 wurden dort Nähmaschinen produziert: bis 1945 das Fabrikat ›Singer‹, zu DDR-Zeiten dann im VEB Nähmaschinenwerk Wittenberge die Marken ›Naumann‹ und ›Veritas‹. So nimmt es nicht Wunder, dass in der ehemaligen Prignitzer Industriemetropole nicht etwa ein Kirchturm, sondern ein Industrieturm das Wahrzeichen ist. Weithin sichtbar ragt nahe der Elbbrücke der **Singer-Uhrenturm** auf. 1928/29 als Wasserturm für die Nähmaschinenfabrik errichtet, misst er vom Flachdach zum Fundament exakt 49,40 Meter und besitzt die nach dem Londoner Big Ben größte Turmuhr Europas. Die Ausstellung im Turm erzählt von der Werkgeschichte und präsentiert ausgewählte Nähmaschinen von Singer ab 1903 sowie Veritas bis 1991.
Nahebei dehnt sich am Stadthafen das Gelände der **Alten Ölmühle** aus. 1823

hatte Salomon Herz das Grundstück erworben und eine Ölmühle bauen lassen, in der aus Rüben und Raps aus dem umliegenden Bauernland Rohöl fabriziert wurde. 1856 brannte die gesamte Anlage nieder und entstand noch im selben Jahr umso größer und moderner wieder. Mehrmals erweitert und modernisiert, lief die Produktion noch bis 1990 und wurde nach der Wiedervereinigung eingestellt. Neues Leben zog 2009 in die denkmalgeschützten Mauern ein. In den großen Backsteinspeichern haben sich unter anderem ein Restaurant mit Schaubrennerei und ein Festsaal einquartiert, die alte Fabrikantenvilla wurde großzügig zum Hotel umgebaut und der Saugturm am Ufer zu einem Café mit Strandbar umfunktioniert. Herzstück der Alten Ölmühle bildet die Open-Air-Bühne für ein buntes Kulturprogramm, darunter alljährlich die bekannten Elblandfestspiele für Musical, Operette und Filmmusik. Schwergewichtige Zeugen des Industriezeitalters sind im **Historischen Lokschuppen** auf dem Gelände des ehemaligen Bahnbetriebswerks untergebracht. Mit dem Wechsel der Deutschen Reichsbahn 1987 von Dampf- zu Diesel- und

▲ Karte S. 125

Elektrolokomotiven schnauften die alten Dampf-Stahlrosse aufs Abstellgleis. Zehn Jahre später hatte auch das Bahnbetriebswerk ausgedient und Lokschuppen, Drehscheibe, Stellwerk, Wassertürme und Gleisanlagen fielen in einen Dornröschenschlaf. Nach umfassenden Umbau- und Sanierungsarbeiten zu Brandenburgs größtem Eisenbahnmuseum stehen die Tore seit Herbst 2012 wieder offen. Sechs Dampfloks, Dieselloks, ein Katastrophenschutzzug der Deutschen Reichsbahn, der Autotransportwagen des ersten DDR-Regierungszugs oder Unikate wie eine Schienenzugmaschine mit Trabi-Motor können bewundert werden.

Nicht zu vergessen der Publikumsliebling ›Emma‹, eine Dampflok von 1925. Den Wandel Wittenbergs vom Ackerbürgerflecken über das Zeitalter der Industriebarone bis hin zum zeitgenössischen Elbtal-Tourismuszentrum sowie die Geschichte des Wittenberger Nähmaschinenwerks erzählt nicht weit entfernt das **Stadtmuseum Alte Burg**. Das Fachwerkhaus in der Putlitzstraße, 1699 erbaut, diente einst den Edlen Herren Gans, die vom 13. bis Ende des 18. Jahrhunderts Stadtherren von Wittenberge waren. Als weiterer Ausstellungsort fungiert um die Ecke das gotische **Steintor**, das um das Jahr 1430 datiert.

Prignitz

 Wittenberge

Vorwahl: 03877
Postleitzahl: 19322
Touristeninformation, Paul-Lincke-Platz 1, Wittenberge, Tel. 929181, www.wittenberge.de, Mo–Fr 9–17, Sa 10–13 und 14–18, Okt.–April Sa nur 10–12 Uhr.

Hotel Alte Ölmühle, Bad-Wilsnacker-Straße 52, Wittenberge, Tel. 567994600, www.oelmuehle-wittenberge.de, DZ/F ab 99 €. Im Industriedenkmal Alte Ölmühle bieten ein umgebauter Speicher und die ehemalige Fabrikantenvilla direkt an der Elbe Zimmer mit modernem Komfort; Fahrradverleih.
Wohnmobilhafen, Elbstraße 65, Wittenberge, gebührenpflichtiger Platz im Sportboothafen ›Nedwighafen‹ direkt an der Elbe, Strom, Dusche/WC, Wasserversorgung, -entsorgung.

Kranhaus, Elbstraße 4a, Wittenberge, Tel. 402050, www.kranhaus.de, Di–So 11–14 und 18–22 Uhr. Auf dem Deich über dem Fluss, Blick auf den Hafen, berühmt für seine Heidschnuckengerichte, Wild- und Fischspezialitäten.
Brauhaus & Restaurant Alte Ölmühle,

Bad-Wilsnacker-Straße 52, Wittenberge, Tel. 56799425, www.oelmuehle-wittenberge.de, Mai–Okt tgl. ab 11 Uhr, Nov.–April Mi–So ab 11 Uhr. Im historischen Saatenspeicher oder draußen im Biergarten kommen deutsch-internationale Gerichte, Deftiges und Bier-Spezialitäten wie Biergulasch oder Biereis auf den Tisch. Die Schaubrauerei produziert würziges Herz-Bräu, nach dem Gründer der Ölmühle Salomon Herz benannt.

Singer-Uhrenturm, Bad Wilsnacker Strase 48, Wittenberge, Tel. 405266, Mai–Sept. Führungen durch Betriebsgelände und Uhrenturm jeden ersten Sa im Monat 14 Uhr sowie nach tel. Voranmeldung.
Historischer Lokschuppen, Am Bahnhof 6, Wittenberge, www.lokschuppen-wittenberge.de, April–Okt. Sa 10–17 Uhr.
Stadtmuseum, Putlitzstraße 2, Wittenberge, Tel. 405266, Di–So 11–17 Uhr.

Elblandfestspiele Wittenberge, Open-Air-Operettenfestival an einem Wochenende im Juli in der Alten Ölmühle, Informationen und Kartenreservierungen über die Touristeninformation Wittenberge, Tel. 929181, www.elblandfestspiele.de.

An der Elbe nach Lenzen

Radelt man von Wittenberge elbabwärts durch das Biosphärenreservat Flusslandschaft Elbe-Brandenburg Richtung Lenzen, stößt man bei **Cumlosen** auf einen der selten in Deutschland noch verbliebenen Restwälder, denen das Wasser gelegentlich bis zum Hals steht. Ein Holzbohlensteg führt in die kleine **Weichholzaue**, so dass man ihre Fauna und Flora selbst bei Hochwasser trockenen Fußes entdecken kann. Wegen der immer wieder dräuenden Elbhochwasser sind die meisten Cumloser Häuser auf so genannten Wurten (kleinen künstlichen Hügeln) errichtet.

Cumlosen, wenige Kilometer elbabwärts der Weiler **Lütkenwisch**, wo seit der Wiedervereinigung wieder eine Elbfähre zum niedersächsischen Ufer nach Schnackenburg pendelt, und schließlich Lenzen lagen zu DDR-Zeiten im grenznahen Sperrgebiet. Nach dem Bau des Eisernen Vorhangs waren viele Einwohner gezwungen, ihre Heimat am östlichen Elbufer zu räumen. 1977 antwortete die damalige ›Gegenseite‹ damit, am westlichen niedersächsischen Elbufer bei Gorleben ein Zwischenlager für hochradioaktive Abfälle einzurichten.

Schöne Fachwerkhäuser in Lenzen

Karte S. 125

Der **Böse Ort** flussabwärts, Lenzen entgegen, trägt aber nicht aufgrund dieser Vergangenheit seinen Namen. Es handelt sich um einen kritischen Deichabschnitt an einer 90-Grad-Schleife, die die Elbe dort macht. Mit voller Kraft drückt sie gegen den Deich, und die Bilder von der Elbeflut 2002, als tausende Helfer gegen die Wassermassen Sandsäcke zur Stabilisierung der Deiche schaufelten, bewegten ganz Deutschland.

Im Rahmen einer Führung, die die Lenzener Naturwacht anbietet, kann man im Biosphärenreservat auf halber Höhe zwischen Lütkenwisch und Lenzen einen alten DDR-Grenzturm besteigen und sich mit weiter Sicht über das Land ein Bild von den untergegangenen Grenzanlagen, der dramatischen Flut 2002 und auch ihren – positiven – Auswirkungen machen. Denn im Rahmen des Naturschutzgroßprojekts ›Lenzener Elbtalaue‹ wurden bis 2010 die Deiche zurückverlegt, um wieder natürliche Überflutungsräume zu schaffen.

Landeinwärts, auf gerader Linie fünf Kilometer nördlich von Lütkenwisch verdient der Ort **Lanz** eine Erwähnung. 1778 wurde hier Friedrich Ludwig Jahn geboren, besser als ›Turnvater Jahn‹ unter dem Motto ›frisch, fromm, fröhlich, frei‹ bekannt. Als Initiator des deutschen Geräteturnens und historisch umstrittener Befürworter nationaler Bewegung ging der Pädagoge und Politiker in die deutsche Geschichte ein.

■ Lenzen

Mit seinen zahlreichen Fachwerkhäusern nach niedersächsischer Art erscheint das 4400 Seelen kleine Lenzen wie ein letzter brandenburgischer Außenposten. Seine erste urkundliche Erwähnung fällt in das geschichtsträchtige Jahr 929, als sächsische Heere auf Befehl König Heinrichs I. die Wendenfeste ›Lunzini‹ eroberten.

Der Bergfried der Burg Lenzen

sich ein herrlicher Ausblick rundum auf die Elblandschaft eröffnet. Im Turminneren wird auf vier Etagen die ganze Vielfalt der Elbe-Flusslandschaft dargestellt und eine Filmdokumentation zeigt die dramatischen Ereignisse während der Elbeflut 2002.

Größte Attraktion im angeschlossenen **Burgmuseum** ist das Diorama ›Die Schlacht bei Lenzen‹, das mit über 8000 Zinnfiguren das Kriegsgeschehen im Jahr 929 nachstellt. Außerdem präsentiert der Bund für Umwelt und Naturschutz Deutschland (BUND), der seit 1996 Burgherr auf der Burg Lenzen ist und dort das **Europäische Zentrum für Auenökologie, Umweltbildung und Besucherinformation** aufgebaut hat, Ausstellungen zur Stadtgeschichte und natürlich zum Biosphärenreservat. Keine zwei Kilometer südlich kann man am Fähranleger über die Elbe ins niedersächsische Pevestorf einen alten DDR-Grenzturm erklimmen und einen schönen Blick über das weite Land genießen.

Sie stand an der Stelle, wo sich heute die Burg Lenzen erhebt, in deren Schutz sich im Lauf der Jahrhunderte das malerische Fachwerkstädtchen entwickelte. Seit 1995 werden die aus dem frühen 19. Jahrhundert, teils sogar aus dem 18. Jahrhundert stammenden Gebäude Schritt für Schritt sorgfältig restauriert. Mehr als die Hälfte des nahezu geschlossenen Altstadtkerns erstrahlt bereits wieder in neuem Glanz; darunter das 1713 nach einer Feuersbrunst errichtete **Rathaus** und der **Stumpfe Turm** östlich vom Markt, im 14. Jahrhundert als Teil der Stadtbefestigung mit hohem Kegeldach aufgebaut. Anfang des 18. Jahrhunderts stürzte es ein, was dem so gekürzten Turm seinen Namen eintrug. Ein weiteres Zeugnis hinaufragender Lenzener Baukunst ist die in ihren Anfängen aus dem 14. Jahrhundert rührende **St. Katharinenkirche**. Zu ihren ältesten und wertvollsten Kunstgegenständen gehören ein Taufbecken von 1486 und eine Barockorgel von Gottlieb Scholtze. Überragt wird der Ort von der auf einem alten slawischen Burgwall errichteten **Burg Lenzen**. Gut 28 Meter hoch ist ihr 800-jähriger Bergfried, von dem

Prignitz

> ℹ️ **An der Elbe nach Lenzen**
>
> **Vorwahl**: 038792
> **Postleitzahl**: 19309
> **Touristeninformation und Besucherzentrum Burg Lenzen**, Burgstraße 3, Lenzen, Tel. 1221, www.burg-lenzen.de, April–Okt. tgl. 10–18 Uhr, Nov.–März Mi–So 10–17 Uhr.

> 🛏️ ❌
>
> **Hotel Burg Lenzen**, Burgstraße 3, 19209 Lenzen, Tel. 5078300, www.burghotel-lenzen.de, DZ/F ab 80 €. Modern-elegante Zimmer auf der historischen Burg und in der Burgschule am Burgvorplatz. Das Restaurant bietet verfeinerte deutsche Küche mit Produkten regionaler Erzeuger. **Hotel & Restaurant Alte Fischerkate**, Lenzener Straße 35, Lenzerwische/OT Mödlich, Tel. 1212, www.altefischerkate.de, DZ/F ab 84 €. Reetgedecktes

Fachwerkanwesen im Weiler Mödlich, romantisch hinter dem Deich gelegen, die Zimmer mit angenehmem Mittelklassekomfort. Das viel gelobte Restaurant bereitet gehobene leichte deutsche Regionalküche zu, fangfrische Fischspezialitäten wie Elbaal, sauer eingelegt oder in Butter gebraten, und Köstlichkeiten des Hauses wie kross gebackene Bauernente oder Prignitzer Rehragout (Mo Ruhetag). **Wohnmobilstellplatz**, Haus am See, Rekener Straße 1, Lenzen, Tel. 50960, www.hausamsee-lenzen.de, gebührenpflichtiger Wiesenplatz am Restaurant Haus am See, 2 km vom Stadtzentrum entfernt am Rudower See, Strom, Dusche/WC, Wasserver-/-entsorgung, Badestelle.

Camping am Rudower See, Leuengarten 9, Lenzen, Tel. 80075, www.campingplatz-lenzen.de, ganzjährig. Wiesenplatz in herrlicher Alleinlage; Bootsverleih und Badestrand.

Elbfähre Lütkenwisch–Schnakenburg, Mitte April–Mitte Sept. Mo–Fr 6–21, Sa/So 8–21 Uhr, im Winterhalbjahr Mo–Fr 6–19.30, Sa/So 8–19.30 Uhr.
Elbfähre Lenzen–Pevestorf, Mai–Aug. Mo–Fr 6–21, Sa/So 8–21 Uhr, Sept.–April Mo–Fr 6–19.30, Sa/So 8–19.30 Uhr.

Perleberg

›Perle der Prignitz‹ wird die 12 200 Einwohner große Kreisstadt des Landkreises Prignitz genannt. Von den Armen des Flüsschens Stepenitz umschlungen, schmückt sich Perlebergs Altstadtinsel mit gewundenen **Kopfsteinpflastergassen**, die prächtige **Giebelhäuser** aus dem 16. und 17. Jahrhundert säumen, sowie am Markt einem recht majestätisch wirkenden **Backsteinensemble** aus Kirche und Rathaus.
Funde belegen, dass auf der Stepenitzinsel schon vor 3000 Jahren gesiedelt wurde. Im frühen Mittelalter ließen sich Slawen nieder, um 1200 gründeten die Edlen Herren Gans eine Burg, und bereits 1239 wurde dem Marktflecken das Stadtrecht zuteil. Handwerker, Kaufleute und 1358 schließlich der Hanse-Beitritt tragen zur Blüte Perlebergs bei, das im 14. Jahrhundert zu einer der reichsten Städte der Mark Brandenburg aufsteigt. Ein hölzerner Roland, Symbol der Marktfreiheit, findet erstmals 1498 Erwähnung. Mitte des 16. Jahrhunderts, als Perleberg Sitz des Landgerichts wird, ist die Figur bereits durch einen steinernen Roland ersetzt. Der Dreißigjährige Krieg beendet abrupt diese goldene Zeit. Mitte des 17. Jahrhunderts sind von vormals 3500 Einwohnern gerade noch 300 übrig geblieben.
Mit der Stationierung eines preußischen Reiterregiments 1724 setzt Perlebergs zweite Karriere als Garnisonsstadt ein. Über 250 Jahre später erst wird sie mit dem Abzug des Bundeswehr-Sanitätsbataillons 1997 beendet, und als eine bleibende Frucht jener militärischen Ära geht die Erfindung der ›Perleberger Glanzwichse‹ 1835 für die Knobelbecher der preußischen Soldaten in die Geschichte ein.

Das prächtige Knaggenhaus in Perleberg

Karte S. 145

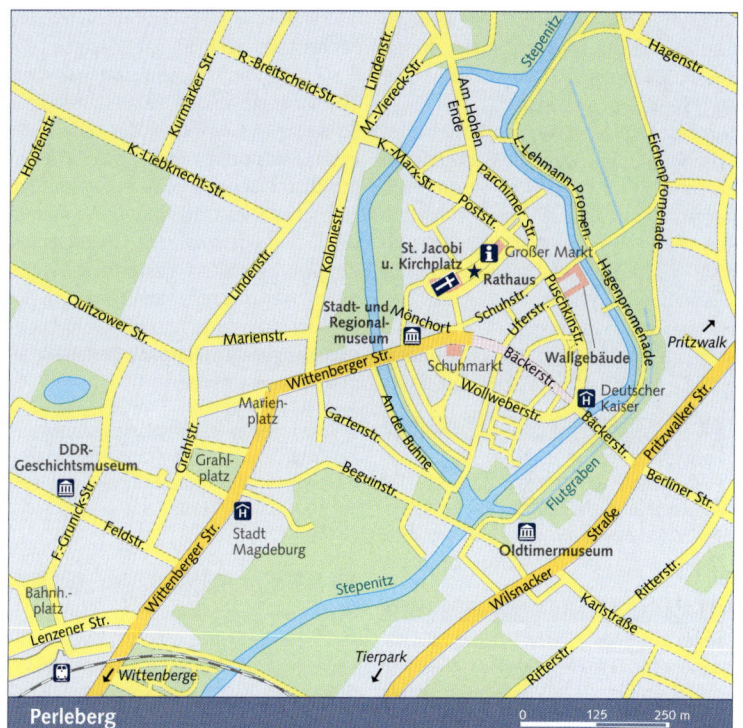

Perleberg

Prignitz

■ Sehenswürdigkeiten

Wie vor fast 500 Jahren steht der steinerne **Roland**, stattliche 4,26 Meter hoch, östlich am Großen Markt. Mit erhobenem Schwert wendet er seinen Blick dem backsteinroten **Rathaus** zu, dessen westlicher Gebäudeteil auf das 15. Jahrhundert datiert und dessen Erweiterungsbau auf der Marktseite 1837–1839 von Friedrich August Stüler stammt. Nach Stülers Plänen wurde 1851–1854 auch der Innenraum der benachbarten **St. Jacobikirche** neu ausgestaltet. Den ersten Spatenstich zu der dreischiffigen gotischen Hallenkirche unternahm man im Jahr 1294, 1440 waren die Bauarbeiten vollbracht. Auf der Südseite am Großen Markt findet sich unter der Hausnummer 4 ein besonderes architektonisches Kleinod: das

1525 erbaute **Knaggenhaus**, aus dessen Fachwerk holzgeschnitzte Knaggen-Figuren – vom Heiligen bis zur Hure – auf den Betrachter hinabschauen. Weitere hübsche Fachwerkhäuser schließen sich nach Westen hin an.

Das **Stadt- und Regionalmuseum** um die Ecke am Mönchort widmet sich der Ur- und Frühgeschichte der Region sowie Perlebergs Stadtgeschichte. Zu bestaunen sind u.a. Grabungsfunde aus der Prignitz von der Steinzeit bis zum Mittelalter, sakrale und weltliche Kunstschätze der mittelalterlichen Hansestadt, Artefakte der alten Handwerkszünfte, ein Biedermeierzimmer und Repliken der wertvollen Funde aus dem bronzezeitlichen Königsgrab bei Seddin (die Originale befinden sich im Märkischen Museum in Berlin, → S. 149). Ein weiterer Glanzpunkt sind Werke sakraler Kunst aus der Perleberger St. Jacobikirche und aus Prignitzer Dorfkirchen.

Nur einen Katzensprung entfernt ist der Schuhmarkt, von dem die Bäckerstraße als verkehrsberuhigte Bummel- und Einkaufsmeile abgeht. Wenig östlich davon duckt sich das Wallgebäude – ab 1310 vermutlich als Wasserschloss für die brandenburgischen Markgrafen entstanden und in seiner gegenwärtigen Gestalt auf das 16. und 18. Jahrhundert datiert. In den alten Mauern ist heute die Stadtbücherei untergebracht. Jenseits der Altstadtinsel lohnt am Flutgraben ein Besuch im **Oldtimermuseum**, das rund 50 Fahrzeuge ab den 1920er Jahren zur Schau stellt. Gegenüber der Feuerwehr in der Feldstraße erinnert das **DDR-Geschichtsmuseum** an den Alltag im sozialistischen Deutschland, zeigt Wohnmobiliar, landwirtschaftliche Geräte, einen Konsum, eine HO-Gaststätte und vieles mehr. Wer möchte, kann ferner im Süden der Kreisstadt Wisent, Wolf, Luchs und Känguru im **Tierpark Perleberg** einen Besuch abstatten.

 Perleberg
Vorwahl: 039876
Postleitzahl: 19348
Touristeninformation, Großer Markt 12, Tel. 781522, www.stadt-perleberg.de, Mo–Fr 9–15, Sa 10–12 Uhr.

Hotel Deutscher Kaiser, Bäckerstraße 18, Perleberg, Tel. 79140, www.hoteldeutscherkaiser.de, DZ/F 68 €. Historisches Gebäude und Neubau an der Stepenitz, wenige Schritte zur Altstadt, die Zimmer klassisch elegant; das Restaurant serviert leichte moderne Küche der Region.
Hotel Stadt Magedburg, Wittenberger Straße 67, Perleberg, Tel. 78090, www.hotel-stadt-magdeburg.de, DZ/F 54 €. Hotelzimmer wie Restaurant gutbürgerlich; mit Kegelbahn.

Camping und Caravanhafen Neue Mühle, Neue Mühle 3, Perleberg, Tel. 301010, www.caravanhafen.de, ganzjährig. Zwei Kilometer Richtung Groß Buchholz auf einer Stepenitz-Halbinsel gelegen; einer beliebten Ausflugsgaststätte (regionale, deutsche und internationale Gerichte) angeschlossen; Fahrrad-, Kanu- und Tretbootverleih.

Stadt- und Regionalmuseum, Mönchort 7–11, Perleberg, Tel. 301754, www.stadtmuseum-perleberg.de, Juni–Sept. Di–Fr 10–17, So 10–16 Uhr, Okt.–Mai Di–Fr 10–16 Uhr, jeden 2. und 4. So 10–16 Uhr.
DDR-Geschichtsmuseum im Dokumentationszentrum Perleberg, Feldstraße 98a, Perleberg, Tel. 616393, www.ddr-museum-perleberg.de, April–Nov. Do/Fr 10–13, Sa/So 13–16 Uhr.
Oldtimermuseum, Wilsnacker Straße 12, Perleberg, www.oldtimerfreunde-perleberg.de, So 14–17 Uhr.

Tierpark, Wilsnacker Chaussee 1, Perleberg, Tel. 789892, www.tierpark-perleberg.de, März–Okt. 9–18 Uhr, Nov.–Feb. 9–16.30 Uhr.

Pritzwalk und die nördliche Prignitz

Pritzwalk, 13 000 Einwohner groß, verfügt nur über wenige Sehenswürdigkeiten, zeigt sich im Zentrum jedoch mit schönen geschlossenen, teils noch sanierungsbedürftigen historischen Fachwerkzeilen. 1265 taucht der Name der Ortschaft zur Verleihung der Stadtrechte das erste Mal in einer Urkunde auf, 1359 wird Pritzwalk Mitglied der Hanse und als Tuchmacherstadt weit über die

In der Perleberger Fußgängerzone

Grenzen der Prignitz hinaus bekannt. Eine Tuchmacherfabrik befand sich auch im Besitz der Industriellenfamilie Quandt, die ursprünglich aus Pritzwalk stammt. 1945 wurden die Quandts enteignet und ihre Fabrik als Reparationszahlung abgebaut, aber ihr Mausoleum steht heute noch auf dem städtischen Friedhof.

An der Marktstraße im Ortszentrum erhebt sich hinter dem klassizistischen **Rathaus** von Mitte des 19. Jahrhunderts die spätgotische **Kirche St. Nikolai**, die innen der Schnitzaltar aus der Wallfahrtskirche Alt Krüssow ziert.

Auf dem Areal der 1863 errichteten Brauerei hat sich im ehemaligen Lagerkeller das **Stadt- und Brauereimuseum** einquartiert, das eine ständige Ausstellung zur Stadt-, Brauerei- und Industriegeschichte Pritzwalks präsentiert. Ebenfalls dort befindet sich die Touristeninformation.

Zum Stadtmuseum gehört außerdem die **Kathfelder Mühle**, eine Getreidemühle an der Dömitz am nordwestlichen Stadtrand, die aus den 1930er Jahren stammt und heute ein technisches Denkmal ist. Die dortige Ausstellung informiert über die Geschichte der Wassermühlen in der Region Pritzwalk.

Freunde von Druckerschwärze, Setzkästen und Bleibuchstaben kommen in der **Museumsdruckerei** im Örtchen Streckenthin auf ihre Kosten. Mit original erhaltenen alten Maschinen wird die überlieferte Handwerkskunst praktisch wieder erlebbar gemacht.

■ Wolfshagen

Zehn Kilometer westlich von Pritzwalk ließ Albrecht Gottlob Gans Edler Herr zu Putlitz auf den Resten einer mittelalterlichen Burg 1771–1787 **Schloss Wolfshagen** erbauen. Bis zur Enteignung 1945 war die spätbarocke Zweiflügelanlage einer der wichtigsten Sitze der Familie Gans zu Putlitz. 1952–1998 als Schule im Dienst und anschließend umfassend saniert, fungiert das Schloss mittlerweile als Museum. Es zeigt Wohnkultur des früheren preußischen Landadels, erzählt die Geschichte derer Gans zu Putlitz und die des Schlosses. Das Obergeschoss schmückt eine Sammlung Unterglasurblaugemaltes Porzellan aus vier Jahrhunderten. Ein weiterer Raum präsentiert Kopien der Funde aus dem bronzezeitlichen Königsgrab von Seddin.

Schloss Wolfshagen beherbergt heute ein Museum

Prignitz

Kurioser Rest des Schlosses Freyenstein

■ Königsgrab von Seddin

Ungefähr zwei Kilometer von Wolfhagens Nachbarflecken Seddin entfernt liegt die mit rund 11 Metern Höhe und einen Durchmesser von über 60 Metern größte bronzezeitliche Grabstätte Deutschlands auf freiem Feld. 1899 wurde die Grabkammer aus der Zeit um 800 v. Chr. bei Steinbrucharbeiten entdeckt. In der Sage vom ›Hinzeberg‹, nach der ein König Hinz, der vor 3000 Jahren über die Region geherrscht und bei Seddin in einem dreifachen Sarg begraben sein soll, steckte also ein Körnchen Wahrheit.

In der aus Granitfindlingen errichteten, 1,75 Meter hohen Grabkammer mit falschem Gewölbe befand sich bei ihrer Öffnung im Zentrum ein Tongefäß und darin eine bronzene Urne mit männlicher Asche, worin, wer möchte – Kammer, Gefäß, Urne – einen dreifachen Sarg erkennen mag. Dem Grab beigegeben waren drei weitere Urnen, die weibliche Brandreste bargen, sowie Schmuck und Gegenstände des täglichen Bedarfs. Die archäologisch bedeutenden Funde werden in Berlin im Märkischen Museum aufbewahrt. Kopien sind im Stadtmuseum von Perleberg (→ S. 146) und in Schloss Wolfshagen zu sehen.

■ Putlitz

Das 2700 Einwohner zählende Putlitz an der Stepenitz gehört, 946 erstmals urkundlich genannt, zu den ältesten Städten der Prignitz. Nach dem Sieg über die Wenden erhielt der altmärkische Ritter Johannes Gans 1179 die Burg mitsamt Ländereien als Lehen; Putlitz wurde zum Stammsitz des einflussreichsten Zweiges der Edlen Gans.

Von der ›Gänseburg‹ auf dem Burgberg ist heute kaum noch etwas zu sehen. Sie brannte im 17. Jahrhundert nieder und wurde nicht wieder aufgebaut. Die Restaurierung des **Bergfrieds** in der Burgruine nahm man Ende des 19. Jahrhunderts in Angriff. 2004 ein weiteres Mal hübsch gemacht, dient das Putlitzer Wahrzeichen heute als Schöne Aussicht. Das kleine **Fachwerkrathaus** am Rathausplatz stammt aus der zweiten Hälfte des 19. Jahrhunderts, die Kirche von 1854.

■ Meyenburg und Stepenitz

Knapp 20 Kilometer nördlich von Pritzwalk liegen das Ackerbürgerstädtchen Meyenburg (2200 Einwohner) und das gleichnamige **Schloss.** Seine Fundamente gehen auf das Jahr 1364 zurück, als die Adelsfamilie derer von Rohr in den Besitz der ans Mecklenburgische grenzenden Feste gelangte.

Mitte des 19. Jahrhunderts ließen die Rohrs zwei bis dato voneinander getrennte mittelalterliche Bauten zum neuen Schloss zusammenlegen und im Geschmack der Neorenaissance ausgestalten. Heute finden sich unter dem Dach von Schloss Meyenburg ein **Heimatmuseum**, das Orts- und Schlossgeschichte zeigt, sowie ein **Modemuseum**. Auf rund 1000 Quadratmetern Ausstellungsfläche umfasst es Kleider, Hüte, Schuhe, Schmuck und andere Accessoires aus der Zeit von 1900 bis etwa 1970.

Im Nachbardorf Stepenitz gründete 1231 der Ritter Johannes Gans Edler Herr zu Putlitz mit dem Kloster Marienfließ die älteste Zisterzienserinnen-Abtei in Brandenburg. Es teilte das Schicksal der meisten Klöster im Land: In der Reformation in ein adliges Damenstift umgewandelt und im Dreißigjährigen Krieg stark beschädigt, blieb von den alten Gemäuern nur Weniges original erhalten. Um 1900 wurden Gebäude wie auch die Klosterkirche neugotisch umgestaltet. Heute ist das **Evangelische Stift Marienfließ** eine Einrichtung der Altenpflege.

Prignitz

■ **Freyenstein**

Wie Meyenburg wurde auch der rund 1000 Seelen zählende Flecken Freyenstein im 13. Jahrhundert als Grenzfestung gegen Mecklenburg gegründet. In Grenzkriegen mehrmals zerstört, wurde die Siedlung 1287 schließlich knapp einen Kilometer weiter östlich neu aufgebaut. Ausgrabungen seit den 1980er Jahren brachten am alten Ort mittelalterliche Fundamente zutage. Ein **Archäologischer Park** dokumentiert die Stadtwüstung anhand von Informationstafeln, visualisierten Fundamenten sowie einem gut erhaltenen Feldsteinkeller; eine einstige Burganlage wurde mit einem Schnitt durch den äußeren und inneren Burggraben wieder sichtbar gemacht. Tiergehege, Bauern- und Kräutergarten und in der benachbarten alten Dorfschule das Informations- und Ausstellungszentrum des Archäologischen Parks runden das Angebot für Besucher ab.

Die **Marienkirche** im Ortskern entstand im Zuge des Wiederaufbaus nach 1287. 1325 war der Feldsteinbau vollendet, im 16. Jahrhundert erhielt das Gotteshaus seinen massigen viereckigen Turm. Nahebei steht im Park ein Schloss der besonderen Art. 1556 als Dreiflügelanlage für die Familie von Rohr errichtet, ist von der heute so genannten **Burg** nur noch ein Teil des reich mit Terrakotten geschmückten Westflügels übrig geblieben – ein kurioses Bauwerk, zugleich einer der seltenen noch existierenden märkischen Renaissancebauten. Die Räumlichkeiten werden für Feiern und Veranstaltungen genutzt. In der Nachbarschaft klebt das bis Mitte des 17. Jahrhunderts errichtete **Neue Schloss** direkt am mittelalterlichen Wittstocker Tor. Schlicht und schmucklos gleicht das Gebäude leider mehr einem kaputten Backsteinspeicher. Langfristige Sicherungsmaßnahmen stehen an.

🛈 **Pritzwalk und nördliche Prignitz**

Touristeninformation, Meyenburger Tor 3a, 16928 Pritzwalk, Tel. 03395/700703, www.pritzwalk-info.de, Di–Do 10–12 u. 13–17, Fr 10–12 u. 13–15, So 13–16 Uhr.

🛏️ ✗

Waldhotel Forsthaus Hainholz, Hainholz 2, 16928 Pritzwalk, Tel. 03395/300790, www.prignitz-hotels.com, DZ/F 78€. Drei-Sterne-Hotel im ehemaligen Forsthaus, gediegener Komfort; das Restaurant bietet deutsche und internationale Gerichte sowie Prignitzer Wildspezialitäten.

Gästehaus Wolfshagen, Pankower Weg 9a, 19348 Wolfshagen, Tel. 038789/90054, www.hotelrestaurantamschloss.de, DZ/F 58€. Im historischen Wirtschaftsgebäude neben Schloss Wolfshagen, Zimmer im Landhausstil, angeschlossenes Restaurant.

Hotel Germania, Wilhelmsplatz 3, 16945 Meyenburg, Tel. 033968/5020, www.germania-meyenburg.de, DZ/F ab 83 €. Am

Schlosspark, konsequent in Stil und Komfort, das Restaurant kombiniert bäuerliche regionale Spezialitäten mit gehobenen kulinarischen Ansprüchen; Fahrradverleih.

🏛️

Stadt- und Brauereimuseum, Meyenburger Tor 3a, 16928 Pritzwalk, Tel. 03395/302802, www.museum-pritzwalk.de, Di–Do 10–12 u. 13–17, Fr 10–12 u. 13–15, So 13–16 Uhr.

Museum Kathfelder Mühle, 16928 Pritzwalk, Anmeldungen im Stadtmuseum oder in der Touristeninformation.

Museumsdruckerei Streckenthin, Streckenthiner Dorfstraße 17, 16928 Pritzwalk/OT Streckenthin, Infos über das Stadt- und Brauereimuseum Pritzwalk.

Schlossmuseum Wolfshagen, Putlitzer Straße 16, 19348 Wolfshagen, Tel. 038789/61063, www.schlossmuseum-wolfshagen.com, Mi–So 11–17, Jan.–Feb. nur Sa/So 11–17 Uhr.

► Karte S. 125

Museen im Schloss Meyenburg, Schloss 1, 16945 Meyenburg: Heimatmuseum, Tel. 033968/502974, www.schloss-meyenburg.de, Di–So 10–16; Mode-museum, Tel. 033968/508961, www.modemuseum-schloss-meyenburg.de, Di–So 11–17 Uhr.
Archäologischer Park Freyenstein, Alt-stadt 11, 16918 Freyenstein, www.freyenstein.de, April–Okt. Mi–So 10.30–16.30, Sa/So 13–17 Uhr.

Wittstock und Umgebung

Am Nordrand der Kyritz-Ruppiner Heide, wo sich das Flüsschen Glinze in die Dosse ergießt, liegt die lebhafte Kleinstadt Wittstock, mit über 15 000 Einwohnern zugleich die Metropole der Ostprignitz. Rundum von Wallgraben und Backstein-mauern umzogen, schmückt sich die

Wittstocker Altstadt mit Kopfsteinpflas-terzeilen und hübschem Fachwerk, was ihr früher einmal den Beinamen ›Märki-sches Rothenburg‹ eintrug.

Auf eine ältere slawische Siedlung ge-baut, wird der Ort 946 erstmals erwähnt. 1248 folgen die Stadtrechte, und 1271 ziehen die Havelberger Bischöfe nach Wittstock um. Bis 1548 residieren sie im südlichen Altstadtzipfel in der **Alten Bischofsburg**. Von der mittelalterlichen Trutzburg sind die Mauern mit drei Wiek-häusern und auch der 32 Meter hohe Amtturm erhalten geblieben. Dort er-innert auf sieben Etagen das **Museum des Dreißigjährigen Kriegs** an die wirren politischen und militärischen Ereignisse 1618–1648, die Norddeutschland an den Rand des Untergangs brachten. Zwi-

Prignitz

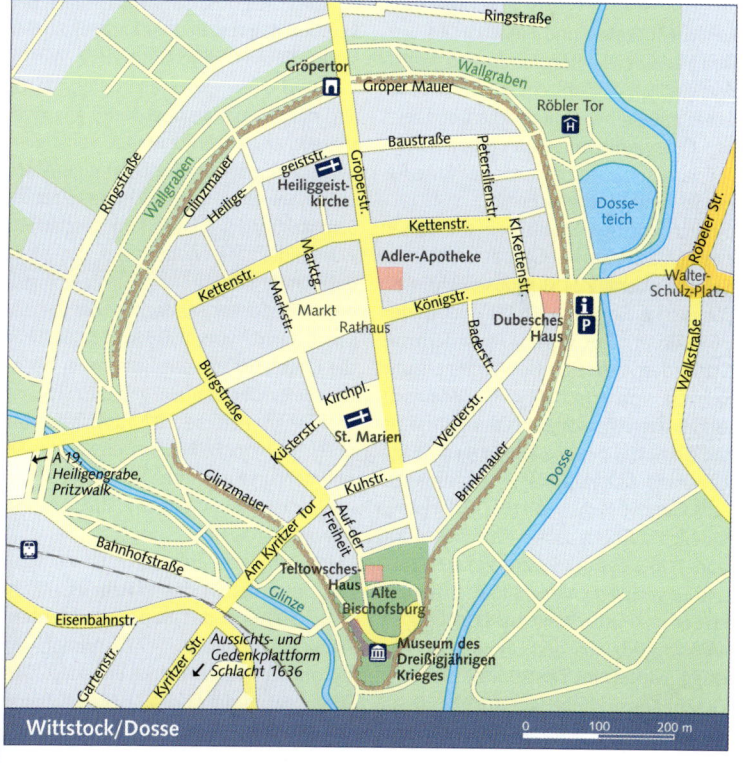

Wittstock/Dosse

0   100   200 m

*Im mächtigen Amtturm ist das Museum
des Dreißigjährigen Krieges untergebracht*

schen Musketen und Hellebarden werden Abläufe, Hintergründe und selbstverständlich die Schlacht am Wittstocker Scharfenberg beleuchtet. Ergänzend zeigt das **Ostprignitzmuseum** im benachbarten Bürgermeisterhaus auf der Burg Regional- und Stadtgeschichte.

Südlich vor den Stadttoren standen in der Schlacht am 4. Oktober 1636 am Scharfenberg 22 000 kaiserliche und sächsische Soldaten 16 000 Schweden gegenüber. Der Kampf, aus dem die Schweden siegreich hervorgingen und sich die Vorherrschaft in Norddeutschland sicherten, war eines der grausamsten Gemetzel des Dreißigjährigen Kriegs. Literarisch findet es sich in Grimmelshausens ›Simplicissimus‹ wieder. Historischen Quellen zufolge sollen zwischen 6000 und 7000 Landsknechte gefallen sein; und tatsächlich entdeckten Archäologen im Sommer 2007 beim Scharfenberg ein Massengrab aus dem Dreißigjährigen Krieg. Mitten im Zentrum des blutigen Geschehens erhebt sich dort heute am südlichen Stadtrand die **Aussichts- und**

Gedenkplattform Schlacht bei Wittstock 1636. Schlachtpanoramen, Informationstafeln und, mit einem Blick durch das Fernrohr, zahlreiche Markierungen im Gelände zeichnen den Waffengang nach; ein Banner macht den Fundort des Massengrabs kenntlich.

Wittstock ist umgeben von einer noch vollständig erhaltenen **Backsteinstadtmauer**. Zweieinhalb Kilometer lang und zwischen vier und acht Meter hoch, zählt sie gut drei Dutzend Wiekhäuser und umzieht im Süden die Alte Bischofsburg. Tritt man aus dieser heraus, fällt der Blick sogleich auf das **Telschowsche Haus**. In dem 1566 gebauten Fachwerkhaus befand sich die erste Wittstocker Poststation. Nur einen Steinwurf von dort entfernt thront seit dem 13. Jahrhundert die gotische Backsteinhalle der **St. Marienkirche**. In ihrer Kargheit strahlt sie im Inneren eine besondere Würde aus, und umso mehr fallen die Schätze auf: der Hochaltar, bestehend aus zwei spätgotischen Schnitzaltaren, von denen der untere, der im Zentrum eine Marienkrönung zeigt, um 1530 vom Lübecker Schnitzkünstler Claus Berg geschaffen wurde; die 1,15 Meter hohe, um 1400 datierende bildschöne Sandsteinplastik der ›Wittstocker Madonna‹; die Renaissance-Kanzel von 1608 und schließlich die Orgel, 1935 vom Potsdamer Meister Alexander Schuke gebaut. Schwindelfreie können die 200 Turmstufen bis unter die barocke Haube von St. Marien nehmen und aus über 60 Meter Höhe auf Wittstock und das Wittstocker Land hinunterschauen.

Den Kirchplatz flankieren Fachwerkhäuser, unter denen das **Pfarrhaus** (Kirchplatz 12) und das **Superintendentenhaus** (Kirchplatz 2), 1722 erbaut, ein besonderes Augenmerk verdienen. Das **Rathaus** um die Ecke am Markt wurde unter Einbeziehung von Gerichtslaube

Karte S. 151

und Nordgiebel aus dem 15. Jahrhundert 1905 neu aufgebaut.

Gegenüber gelangte die fast 450-jährige **Adlerapotheke** im Mai 1716 zu trauriger Berühmtheit. Der Apotheker soll mit einem Branntwein-Experiment den verheerenden Stadtbrand verursacht haben, dem gut drei Viertel aller Häuser zum Opfer fielen. Anschließend durfte, so wie es seinerzeit allerorts in Preußen Vorschrift wurde, zum Vorteil der leichteren Löscharbeit nur noch traufständig, d. h. mit der Langseite des Hauses zur Straße hin, und nicht mehr giebelständig gebaut werden. Das über 300-jährige **Dubesche Haus** östlich am Röbler Tor, konnte sich als Wittstocks letztes giebelständiges Gebäude über die Feuersbrunst retten. Dicht dabei ist die Touristeninformation, standesgemäß im Fachwerkbau, im ehemaligen Spritzenhaus untergebracht. Erwähnenswert ist ferner das nördliche **Gröpertor**, das anders als die beiden anderen Stadttore, die heute nur noch Breschen in der Stadtmauer bilden, aus dem 14. Jahrhundert erhalten blieb.

Portal der Stiftskirche Heiligengrabe

Das Gröpertor

■ Below

Am 21. April 1945 wurden im Zuge der Räumung des Konzentrationslagers Sachsenhausen bei Oranienburg 33 000 Häftlinge in nordwestliche Richtung in Marsch gesetzt. Viele starben unterwegs an Entkräftung oder wurden ermordet. Im Belower Wald, etwa zwölf Kilometer nördlich von Wittstock, wurden am 23. April 1945 über 16 000 Menschen zusammengezogen, die nach Schwerin weitergetrieben werden sollten. 20 Jahre später wurde zu DDR-Zeiten an diesem Ort, wo noch heute Inschriften der Häftlinge in den Baumrinden zu lesen sind, ein erster Gedenkstein errichtet. 1981 eröffnete dann das **Todesmarschmuseum im Belower Wald** und informiert seitdem in Bildern und Dokumenten über die Gräueltaten der Nationalsozialisten.

■ Kloster Stift zum Heiligengrabe

Wie die Wilsnacker Wunderblutkirche steht auch das 1287 als Zisterzienserinnen-Abtei gestiftete Kloster Heiligengrabe in der Tradition der Blutwunder Jesu. Seit seiner Gründung ist es im Kern

Fachwerkkirche in Fretzdorf

beinahe vollständig erhalten: der Kreuzgang, die Klausur, das Refektorium, die Bibliothek und Teile der Klostermauern sowie die einschiffige **Klosterkirche** aus dem 14. Jahrhundert. Herzstück ist die benachbarte **Heiliggrabkapelle** mit reich gegliedertem Staffelgiebel, 1512 geweiht und auch ›Blutkapelle‹ genannt. Sie war bis zur Reformation ein bedeutender Wallfahrtsort.

1548 in ein evangelisches Damenstift umgewandelt und im Dreißigjährigen Krieg schwer beschädigt, folgte Anfang des 18. Jahrhunderts der Bau der umstehenden Fachwerkhäuser, so wie man sie gegenwärtig noch sieht. Der heutige kleine evangelische Frauenkonvent lebt wie zur Gründung des Klosters nach dem Leitsatz der Zisterzienserinnen und engagiert sich in vielen Bereichen des geistlichen und kulturellen Lebens. Im Sommer finden regelmäßig Konzerte statt, und das **Museum** im 1838 erbauten Stiftshauptmannhaus erlaubt einen Einblick in die über 700-jährige Klostergeschichte.

■ **Blumenthal**

Mit rund 45 Metern Höhe ist der **Aussichtsturm Blumenthal** der höchste Holzturm in Deutschland. Er befindet sich circa sechs Kilometer Vogelfluglinie südlich von Heiligengrabe. Seine Errichtung ist der Idee und Initiative eines ortsansässigen Vereins zu verdanken, und seit September 2004 kann von der Plattform in genau 36,4 Meter Höhe die herrliche weite Sicht in alle vier Himmelsrichtungen genossen werden.

■ **Fretzdorf und Rossow**

Die kleine, 1704 gebaute Fachwerkkirche in Fretzdorf, zehn Kilometer südlich von Wittstock, verfügt über eine reiche barocke Innenausstattung. Die benachbarte Rossower Dorfkirche, ein Feldsteinbau aus dem 16. Jahrhundert, besitzt einen wertvollen Schnitzaltar aus der Frühgotik sowie umlaufende Fresko-Malereien. Aber nicht wegen der Kunstschätze, sondern durch die Ostermärsche sind die beiden Dörfchen weit über Bran-

Karte S. 125 ▲

denburgs Grenzen hinaus bekannt. Seit Anfang der 1990er Jahre zogen von Fretzdorf aus jedes Jahr Zehntausende Demonstranten in die **Kyritz-Ruppiner Heide**, um gegen den dort geplanten größten Bombenabwurfplatz Europas zu protestieren.

Die sowjetische Armee richtete 1950 das 125 Quadratkilometer große, ›Bombodrom‹ genannte Gelände zwischen Wittstock, Kyritz, Rheinsberg und Neuruppin ein. Nach der Vorstellung des Bundesverteidigungsministeriums sollte die deutsche Luftwaffe den ehemaligen russischen Truppenübungsplatz weiter nutzen und in rund 1700 Tiefflügen pro Jahr Bomben regnen lassen. Dagegen kämpfte die Bürgerinitiative ›Freie Heide‹ im Schulterschluss mit den Städten und Gemeinden vor Ort, der Tourismus-

branche sowie den Landesregierungen in Mecklenburg-Vorpommern, Brandenburg und Berlin. Mit Erfolg: Nach einer Reihe von Prozessen, die die Bundesregierung alle verlor, erklärte sie im Sommer 2009 den Verzicht auf eine weitere Revision. Das stark munitionsbelastete ›Bombodrom‹ wird nun im Lauf der kommenden Jahre von Blindgängern und anderen Altlasten geräumt.

4000 Hektar dieser einzigartigen Heidelandschaft übernahm im Jahre 2012 die Heinz-Sielmann-Stiftung, um den Naturschutz nachhaltig abzusichern. In **Sielmanns Naturlandschaft Kyritz-Ruppiner-Heide** ist darüber hinaus ein sanfter Naturtourismus geplant, allerdings nur von geräumten, mithin gefahrlosen Wegen und Aussichtspunkten aus (www.sielmann-stiftung.de).

Prignitz

 Wittstock und Umgebung

Touristinformation Wittstock, Walter-Schulz-Platz 1, 16909 Wittstock, Tel. 03394/433442, wwww.wittstock.de und www.wittstocker-land.de, Mo–Do 9–16.30, Fr 9–17 Uhr, Mai–Sept. zusätzlich Sa 10–14 Uhr.

🛏 🍴

Hotel Röbler Tor, Am Dossteich 1, 16909 Wittstock, Tel. 03394/40046, www.prignitz-hotels.com, DZ/F 78€. Freundliche Unterkunft; die Zimmer im Mittelklassekomfort; das Restaurant bietet regionale und internationale Gerichte.

⛺

Campingplatz Blanschen, Wittstocker Straße 1, 16909 Wittstock/OT Schweinrich, Tel. 033966/60395, www.campingplatz-blanschen.de, Mai–Sept. Einfacher Wald- und Wiesengrund am Dranser See, zehn Kilometer östlich von Wittstock.

🏛

Museen Alte Bischofsburg, Amtshof 1–5, 16909 Wittstock, Tel. 03394/433725,

www.mdk-wittstock.de, Mai–Aug. Di–Do 9–17, Fr 9–15, Sa/So 11–16.30, Sept.–April Di/Do 9–16, Mi 9–17, Fr 9–14, Sa 13–16, So 11–16.30 Uhr.

Aussichts- und Gedenkplattform Schlacht bei Wittstock 1636, Bohnekampweg 1636, 16909 Wittstock, April–Aug. Di–So 11–17, Sept./Okt. Sa/So 11–16 Uhr. Außerhalb der Öffnungszeiten Informationen und Anmeldung über die Touristeninformation Wittstock..

Museum des Todesmarsches, Belower Damm 1, 16909 Wittstock, Tel. 039925/2478, www.stiftung-bg.de, tgl. bis Einbruch der Dunkelheit.

Kloster Stift zum Heiligengrabe, Stiftgelände, 16909 Heiligengrabe, Tel. 033962/8080, www.klosterstift-heiligengrabe.de, Klosterführungen Di–So 14 Uhr; Museum Di–Sa 10–17, So 11–17, Nov.–März Di–Sa 10–16, So 11–16 Uhr.

Aussichtsturm Blumenthal, Wittstocker Chaussee 9, 16928 Heiligengrabe/OT Blumenthal, Tel. 033984/71872, www.blumenthaler-aussichtsturm.de, ganzjährig, solange es hell ist.

Mit Brandenburgs Norden sind so bedeutende Namen
wie Friedrich der Große, Schinkel oder Fontane verbunden.
Schöne Natur, eine reiche Kultur und rund 2000 Kilometer
Wasserwege bieten ein reizvolles Kontrastprogramm.
Über hunderte Seen, Kanäle und Flüsse hinweg lädt die
gewässerreichste brandenburgische Region zu Entdeckungs-
touren ein – wandernd oder mit dem Rad durchs sanfte
Hügelland der Ruppiner Schweiz und natürlich im Boot. Denn
hier ist der Wassersportler ein König.

OBERHAVEL UND RUPPINER LAND

Blick auf Flecken Zechlin

Vom Rhinluch im Süden bis hoch zur Landesgrenze nach Mecklenburg erstreckt sich das Ruppiner Land. Preußische Kleinstädte wie die Fontanestadt Neuruppin – Tor zur sanft gewellten grünen Ruppiner Schweiz – oder Rheinsberg, das wahre Sanssouci Friedrichs II., bilden die kulturellen und touristischen Mittelpunkte der an Wald und Gewässern reich gesegneten Region. Über 170 Seen, die meisten von ihnen durch schiffbare Kanäle und Flüsse miteinander verbunden, fügen sich zu einem mehr als 2000 Kilometer zählenden Netz von Wasserwegen.

Den östlichen Teil dieses Mosaiks aus Wasser und Land speist die Obere Havel. Aus ihrem Quellgebiet in Mecklenburg fließt sie auf Höhe von Fürstenberg nach Brandenburg ein, durchzieht zahlreiche Seen und schlängelt sich in vielen Kurven und Kehren durch Sumpfgebiete, Wiesenland oder Kiefernheide südwärts in Richtung Oranienburg. Unterwegs erinnern Zeugnisse der Industriekultur daran, dass sich an der Oberen Havel im 19. Jahrhundert der größte Ziegeleistandort Europas befand. Kleine

Ackerbürgerstädtchen mit großen mittelalterlichen Stadtmauern säumen den Weg ebenso wie alte Schlösser und Herrenhäuser. Von Schloss Rheinsberg über Schloss Meseberg bis Schloss Oranienburg atmen sie die märkische und preußische Vergangenheit.

Oranienburg

Oranienburg, Kreisstadt im Landkreis Oberhavel, ist mit 42 000 Einwohnern fünftgrößte Stadt im Bundesland Brandenburg. Im Jahr 1216 ist für den Ort am Ufer von Havel und Lehnitzsee erstmals eine Wasserburg ›Bothzowe‹ in einem Schriftstück verzeichnet. Kurfürst Joachim II. ließ diese 1550 schleifen und ein kleines Jagdschloss namens Bötzow errichten, das der Große Kurfürst Friedrich Wilhelm 1650 schließlich seiner ersten Gemahlin Louise Henriette von Oranien-Nassau schenkte. Die Kurfürstin zeigte sich so angetan von der weiten, wasserreichen Landschaft im Norden Berlins, die sie an ihre Heimat Holland erinnerte, dass sie Baumeister Johann Gregor Memhardt beauftragte, das Jagd-

▲ *Schmuckstück: das aufwändig renovierte Schloss Oranienburg*

Karte S. 159

schlösschen zu einer kurfürstlichen Residenz zu erweitern. 1651 begannen die Bauarbeiten, 1655 war das Schloss, nun ›Oranienburg‹ genannt, vollendet. Louise Henriettes prunkliebender Sohn, ab 1701 König in Preußen, ließ die Bauarbeiten 1689 wieder aufnehmen. Unter Leitung von Johann Arnold Nering und Johann Friedrich Eosander von Göthe

entstand bis 1711 **Schloss Oranienburg** als prachtvolle barocke Dreiflügelanlage. Eine lange Karriere als höfische Residenz war ihm jedoch nicht beschieden. 1802 wird es an den Berliner Apotheker Hempel verkauft, der in seinen Mauern eine Baumwollmanufaktur einrichtet. Nach der napoleonischen Besatzung folgt eine Schwefelsäurefabrik, in der der Chemiker

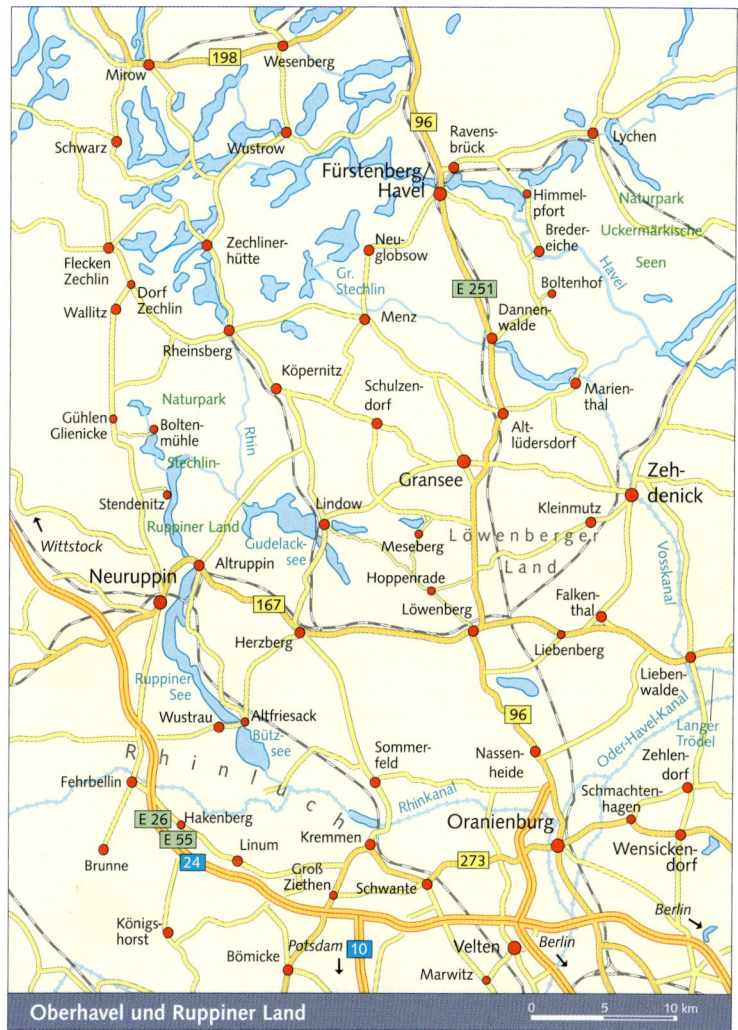

Oberhavel und Ruppiner Land

Friedlieb Ferdinand Runge 1832 die technische Leitung übernimmt und dort 1833 eine bedeutende Entdeckung macht: Anilin und Karbolsäure im Steinkohlenteer – Ausgangsstoffe für Arznei-, Kunst- und Farbstoffe. Später Lehrerseminar, SS-Kaserne, Polizeischule und zuletzt wieder Kaserne, gelangt das Schloss 1997 in den Besitz der Stadt Oranienburg und schließlich in Obhut der Stiftung Preußische Schlösser und Gärten. Nach umfassenden Restaurierungsarbeiten erstrahlt es seit Anfang des dritten Jahrtausends wieder in seiner ganzen Pracht.

Das **Schlossmuseum** zeigt als glanzvolle Höhepunkte Etagèren mit ostasiatischem Porzellan des 17. und 18. Jahrhunderts, Tapisserien sowie Gemälde niederländischer Meister. Das im Südflügel des Schlosses beheimatete **Kreismuseum Oberhavel** präsentiert eine umfangreiche Ausstellung zur Geschichte von Stadt und Region. Der **Schlosspark**, der sich westlich an Schloss und Havel anschließt, wurde unter dem Motto ›Traumlandschaften einer Kurfürstin‹ für die Landesgartenschau 2009 mit blühenden Gartenzimmern, Grachten- und Polderlandschaften neu gestaltet.

Nur einige Meter vom Schlossplatz entfernt fällt der Blick auf das frühbarocke **Amtshauptmannshaus**. Mit dem Baujahr 1657 ist es das älteste Haus der Stadt. Folgt man der Breiten Straße, ist wenige Minuten später die 1864–1866 nach einem Stüler-Entwurf errichtete **St. Nikolaikirche** erreicht. In ihrer Nachbarschaft steht Brandenburgs erstes und ältestes **Waisenhaus**, das Louise Henriette 1665 erbauen ließ.

Weitere bedeutende Sehenswürdigkeiten wird man in Oranienburg kaum finden. Als Standort der NS-Rüstungsindustrie und Verwaltungszentrale aller deutschen Konzentrationslager wurde es im Zweiten Weltkrieg bei Luftangriffen beinahe ausradiert. Unmittelbar nach der Machtergreifung durch die Nationalsozialisten beginnt Oranienburgs dunkelstes Kapitel. Gleich im März 1933 richtet die örtliche SA mitten im Stadtzentrum in einer Fabrik das erste Konzentrationslager in Preußen ein. Bis zu seiner Schließung im Juli 1934 werden dort über 3000 Menschen eingesperrt. 1936 folgt im Norden der Stadt die Errichtung des Konzentrationslagers Sachsenhausen. Bis zur Befreiung am 22./23. April 1945 durch sowjetische und polnische Soldaten werden in dem Lager über 200 000 Menschen inhaftiert, Zehntausende kommen ums Leben.

Ab August 1945 nutzt der sowjetische Geheimdienst NKDW den Kernbereich des KZ-Komplexes, um bis 1950 erneut 60 000 Menschen zu internieren, mindestens 12 000 finden den Tod. 1961 weiht die DDR auf dem Gelände die Nationale Mahn- und Gedenkstätte Sachsenhausen ein. Nach der Wiedervereinigung beginnt eine umfassende Sanierung der noch erhaltenen Gebäude und Lagerreste sowie die Neugestaltung von **Gedenkstätte und Museum Sachsenhausen** mit 13 historischen Ausstellungen jeweils am authentischen Ort auf dem Schreckensgelände.

 Oranienburg

Vorwahl: 03301
Postleitzahl: 16515
Touristeninformation, Schloßplatz 2, Tel. 6008110, www.oranienburg-erleben.de, tgl. 9–18 Uhr.

Stadthotel Oranienburg, André-Pican-Straße 23, Tel. 6900, www.stadthotel-oranienburg.de, DZ/F 84 €, am Wochenende 79 €. Komforthotel zwischen Bahnhof und Lehnitzsee.
Jugendherberge Sachsenhausen, Bernauer Straße 162, Tel. 203396, www.jh-sachsenhausen.de.

Karte S. 159

Schlossmuseum/Kreismuseum, Schlossplatz 1 (im Schloss Oranienburg), Oranienburg, Tel. Schlossmuseum: 537437, www.spsg.de; Kreismuseum, Tel. 6015688, beide Museen April–Okt. Di–So 10–18, Nov.–März Di–Fr 10–16, Sa/So 10–17 Uhr.

Gedenkstätte und Museum Sachsenhausen, Straße der Nationen 22, Oranienburg, Tel. 200200, www.stiftung-bg.de, Mitte März–Mitte Okt. tgl. 8.30–18 Uhr, im Winterhalbjahr tgl. 8.30–16.30 Uhr, Mo sind Museen, Archiv und Bibliothek geschlossen, Freilichtdokumentation, Gedenkort und Besucherzentrum aber offen.

Löwenberger Land

Nördlich von Oranienburg erstreckt sich das Löwenberger Land, das, folgt man dem Gewährsmann Fontane, ›aus drei Hauptteilen, aus dem eigentlichen Löwenberg, aus Liebenberg und letztens aus Hoppenrade‹ besteht. Alle drei Dorfflecken rühmten sich stattlicher Schlösser, was für Fontane einst Anlass der Wanderung war, alle drei ursprünglich Bredowsche Gründungen, und allen drei Schlössern wurde mit Anbruch des dritten Jahrtausends eine interessante Bestimmung zuteil.

So findet sich **Schloss Löwenberg**, einst im Barockstil für die Familie von Bredow errichtet, heute als Kindertagesstätte wieder. Der Geschichte um die ›Krautentochter‹ von **Schloss Hoppenrade**, einen Katzensprung nördlich und 1723/1724 ebenfalls von den Bredows errichtet, widmet Fontane ein gut hundert Seiten umfassendes Kapitel in seinen Wanderungen: wie Luise Henriette Charlotte von Kraut, Tochter des sagenhaft reichen Innenministers von Friedrich dem Großen, durch Erbschaft nach Hoppenrade gelangte und das Anwesen zu einem klassizistischen dreiflügeligen Schloss ausbaute. Nach der Enteignung der letz-

ten Eigentümer 1945 wird Hoppenrade Jugendklub, Konsum, Kneipe und ist seit der Wiedervereinigung, frisch restauriert, erneut in Privatbesitz.

Schloss Liebenberg gelangte 1996 in die Schlagzeilen, als es die Treuhand zum Verkauf anbot, mitsamt Kirche, Seen, Wäldern, Feldern, Park und Seehaus, die das einstige Rittergut ausmachten. Von den Bredows erbaut, die von 1460 bis 1652 auf dem Fleck ansässig waren, ging das Schloss hernach an die Hertefelds und per Erbschaft 1867 an die Eulenburgs über. Unter Schlossherr Philipp Fürst von Eulenburg wurde es Mittelpunkt einer illustren Herrenrunde, bestehend aus der politischen Elite des Deutschen Reichs, Kaiser Wilhelm II. inklusive, der man eine gewisse Delikatesse nachsagte. Als der Skandal ruchbar wurde, ließ der Kaiser seinen getreuen Freund Eulenburg fallen, der, seiner Ämter und seiner Ehre beraubt, einsam und von der Gesellschaft geächtet 1921 auf Liebenberg verstarb. Heute sind Schloss und Gut Liebenberg Deluxe-Hotellerie.

Schloss Liebenberg

Das Rathaus in Liebenwalde

Liebenwalde

Liebenwalde am Langen Trödel, 1244 erstmals urkundlich als ›Levenwalde‹ genannt, wurde 1878, als das Ackerbürgerstädtchen ein Amtsgericht erhielt, durch den Bau eines neuen Rathauses am Markt mit praktischerweise gleich angeschlossenem Gefängnis bekannt. Seit 1999 ist in seinen Mauern das **Heimatmuseum** untergebracht, das aus der Stadtgeschichte und von der Schifffahrt auf dem Finowkanal erzählt; sogar eine Gefängniszelle gibt es zu sehen.

Aber nicht nur für diese Sehenswürdigkeit wird das 4300-Einwohner-Städtchen angesteuert. Auch nicht nur wegen der **Pfarrkirche**, die 1833–1835 nach dem Schinkelschen Generalentwurf entstand. Sondern weil Liebenwalde am Kreuzpunkt zahlreicher Wasserstraßen liegt: Oder-Havel-Kanal und Vosskanal (Havel-Müritz-Wasserstraße), Schnelle Havel und Langer Trödel verbinden Wassersportler über die Mecklenburgische Seenplatte oder östlich die Oder bis hin zur Ostsee.

Den zehn Kilometer langen **Langen Trödel** zwischen Liebenwalde und Zerpenschleuse können heute allerdings nur noch kleine Boote befahren, für größe-

re ist der wildromantisch verkrautete Abschnitt des Finowkanals nicht mehr gangbar. Der **Finowkanal** wiederum ist die älteste noch schiffbare künstliche Wasserstraße in Deutschland und als solche heute für große Schleppkähne nicht mehr passierbar. Bereits Anfang des 17. Jahrhunderts wurde das kühne Bauprojekt, Havel und Oder miteinander zu verbinden, in Angriff genommen. 1609 waren die ersten rund 23 Kilometer fertiggestellt, bis 1620 folgten weitere 16 Kilometer. Der Dreißigjährige Krieg stoppte den weiteren Ausbau; der Kanal verfiel und konnte erst 1746 wieder eröffnet werden. Im Lauf des 19. Jahrhunderts entwickelte er sich zu einer wichtigen Ost-West-Wasserstraße und wurde dementsprechend zu klein für den großen Verkehr. 1914 eröffnete parallel der Oder-Havel-Kanal, auf dem die Handels- und Transportschifffahrt seitdem ihre Bahn zieht. Der schmale historische Finowkanal begnügt sich dagegen nach wie vor mit zwölf handbetriebenen Schleusen und bietet stille Natur. Sehr zur Freude der Wasserwanderer.

Ein alter Treidelweg, heute ein Radweg, läuft am Langen Trödel entlang. Paddler finden an der kleinen **Marina Liebenwalde** Zeltplatz und Sanitäranlagen.

Die Wasserstation am Finowkanal

Karte S. 159

Zehdenick ist ein Verkehrsknotenpunkt für Wassersportler

Zehdenick und Umgebung

Ob die Schnelle Havel mit ihren Nebenarmen oder der Vosskanal, überall in Zehdenick ist man von Wasser umgeben, und dies macht den Ort am Westrand des Biosphärenreservats Schorfheide zu einem beliebten Wassersportknotenpunkt. Radler kommen auf dem internationalen Radweg Berlin–Kopenhagen an Zehdenick nicht vorbei, und Angler freuen sich an den Teichen der **Tonstichlandschaft** rund um den Ort.

Beim Bau der Eisenbahnstrecke nach Templin 1888 entdeckte man riesige Tonlager. Schon kurz darauf wurde in gut 70 Gruben Ton abgebaut, und über 60 Ringöfen zum Ziegelbrennen entstanden. Sie produzierten bis zu 700 Millionen Ziegel im Jahr, die man per ›Finowmaßkähnen‹ auf der ausgebauten Havel (Vosskanal) nach Berlin transportierte. Nicht umsonst sagte man früher, die Hauptstadt sei vom Kahn aus gebaut. Zehdenick entwickelte sich binnen kürzester Zeit zum größten Ziegeleistandort Europas. Erst 1991 schloss der letzte Betrieb in der Region seine Tore. Mittlerweile hat sich die Natur diesen Flecken Erde zurückerobert. Die aufgelassenen Tonstiche sind längst mit Wasser gefüllt und bilden ein kleines Paradies für Angler und Paddler, zahlreiche Vogelarten, Biber oder auch Fischotter. Die Kleinstadt selbst, die inklusive aller 13 Ortsteile keine 14 000 Einwohner zählt, wartet mit einem um 1250 gegründeten **Zisterzienserinnenkloster** auf; Klausurgebäude und Reste des Kreuzgangs sind noch erhalten. Das **Rathaus am Markt** wurde 1803 fertiggestellt, die evangelische **Kirche** um die Ecke 1812 vollendet. Folgt man vom Markt der Berliner Straße in nördliche Richtung, hat man bald darauf die **Zugbrücke** über die Havel erreicht. Nur Fußgänger und Radler dürfen sie queren. Autos müssen die nächstwestlich gelegene Möglichkeit nahe Schleuse und Stadthafen über das Wasser nehmen. Eine erste Schleuse wurde bereits 1813 gebaut, im Jahr 2002 erfolgte die Automatisierung. Nahebei ankert am Bollwerk der Elisabethmühle der alte Finowmaßkahn des **Schiffermuseums**, das Brandenburger Schiffergeschichte aufzeigt; nicht weit entfernt bietet sich am **Stadthafen** die Gelegenheit, sich ein Paddel- oder Motorboot auszuleihen oder auch sich mit dem Oldtimerschiff ›Zehdenixe‹ durch die Tonstich- und Havellandschaft schippern zu lassen. Das Havelschloss auf der benach-

Der Ziegeleipark Mildenberg

barten Halbinsel, in dem heute ein schickes Apartmenthotel-Restaurant untergebracht ist, geht in seinen Ursprüngen bis auf die Zeit der erstmaligen Erwähnung Zehdenicks im Jahr 1216 zurück. Acht Kilometer südwestlich stellt das **Kurt-Mühlenhaupt-Museum** im Ortsteil Bergsdorf im Gutshof des 2006 mit 85 Jahren verstorbenen Berliner Malerpoeten Kurt Mühlenhaupt dessen Bilder, Grafiken und Skulpturen aus.

Vier Kilometer nördlich ist der **Ziegeleipark Mildenberg** eine besondere Attraktion. Auf dem 42 Hektar großen Areal zweier stillgelegter Großziegeleien wartet das 1997 eröffnete Freiluftmuseum inmitten der Tonstichlandschaft mit historischem Ringofen, Dampfmaschinen, alten Werkstätten, Feldbahn- und Dampflokschau auf. Ausstellungen geben Einblick in die Industrie- und Technikgeschichte der einst größten europäischen Ziegelproduktion. Eine originale Feldbahn zockelt mit den Besuchern 45 Minuten durch das ehemalige Betriebsgelände, und doppelt so lang geht es auf große Fahrt ins Tonstichland.

Gransee

Ein Grundriss wie mit dem Lineal gezogen, fünf Straßen längs, fünf Straßen quer, von reizenden kleinen Ackerbürgerhäuschen gesäumt und auf drei Viertel Wegstrecke einer ringförmigen mittelalterlichen **Feldsteinstadtmauer** umzogen – so zeigt sich die kleine Altstadt von Gransee als verschlafene ländliche Idylle. 1262 gegründet, wurde Gransee im 13./14. Jahrhundert mit der heute noch rund sechs Meter hohen, mit 35 Wiekhäusern bestückten Mauer umgeben. Seit dem 15. Jahrhundert bewachen das spätgotische backsteinerne **Ruppiner Tor** und in der Nachbarschaft zinnenbewehrt und kegelgekrönt der **Pulverturm** den westlichen Altstadteingang. Ihnen zu Füßen duckt sich Ecke Hospitalstraße die mittelalterliche **Kapelle St. Spiritus**. Von einem ehemaligen Hospital konnte sie sich als einziges Gemäuer über den verheerenden Stadtbrand von 1715 retten – jener Feuersbrunst verdankt sich der Wiederaufbau der Kopfsteinpflastergassen im preußischen Schachbrettmuster. Heute ist St. Spiritus Bestandteil des

Karte S. 159 ▲

Heimatmuseums, in dem sich außerdem auch die Touristeninformation befindet. An ein Ereignis, das ein knappes Jahrhundert später ganz Preußen erschütterte, erinnert das von Karl Friedrich Schinkel geschaffene **Königin-Luise-Denkmal** um die Ecke am Schinkelplatz. Am 19. Juli 1810 war die von allen geliebte preußische Königin 34 Jahre jung im mecklenburgischen Hohenzieritz gestorben. Nach einer mehrtägigen Aufbahrung setzte sich von dort der Trauerzug zur Überführung ihrer sterblichen Hülle in die Residenzstadt Berlin in Bewegung. Von Ort zu Ort schlossen sich immer mehr Trauernde an, überall läuteten Kirchglocken, und abends am 25. Juli 1810 traf der Zug in Gransee ein. Den Leichnam der Königin bahrte man über Nacht in einem schwarzen Zelt auf dem Platz auf, dort, wo seither das Schinkelsche Denkmal steht.

Fast noch aus der Gründungszeit Gransees rührt ein letztes erhaltenes Gebäude des 1280 gestifteten, in der Reformation 1561 aufgehobenen **Franziskanerklos-**

Das Denkmal für Königin Luise

ters wenige Schritte nördlich. Bis in die 1960er Jahre war es als Schule im Dienst, gegenwärtig nutzt man die altehrwürdigen Mauern für Wechselausstellungen. Herzstück und Höhepunkt des kleinen Städtchens bildet die dreischiffige spätgotische **St. Marienkirche**. Ihre Baugeschichte reicht bis ins Jahr 1220 zurück, Mitte des 15. Jahrhunderts war das Gotteshaus nach drei Bauetappen fertiggestellt. Es verfügt über eine wertvolle Innenausstattung, darunter eine um 1500 geschaffene Triumphkreuzgruppe, einen gotischen Schnitzaltar aus der Zeit um 1470 sowie eine Wagner-Orgel von 1745. Markenzeichen von St. Marien und zugleich markantes Granseer Wahrzeichen sind ihre ungleichen Kirchtürme, nördlich der 1717 gebaute Schieferturm und südlich der Steinturm von 1648, den man erklimmen und ins weite Land hinaus schauen kann.

Wer noch höher hinaus möchte, kann dies vom Flugplatz Gransee aus tun und sich mit dem Fallschirm aus den Wolken von 3000 bis 4000 Meter Höhe in die Tiefe stürzen.

Der Pulverturm in der mittelalterlichen Feldsteinmauer

■ **Meseberg**

Im Wasser des Huwenowsees spiegelt sich die strahlende Barockfassade von **Schloss Meseberg**. 1737 wurde es von Herman Graf von Wartensleben erbaut, einem Obristen im Reiterregiment des Soldatenkönigs. Unter Christian Ludwig von Kaphengst, Günstling des Preußenprinzen Heinrich, erhielt das Schloss nach 1774 seine jetzige Gestalt. 1994 erwarb es die Messerschmittstiftung für Denkmalschutz, und makellos restauriert und herausgeputzt dient es seit 2007 als

Gästehaus der Bundesregierung. Schloss und Park stehen der Öffentlichkeit deshalb leider nicht offen.

Es lohnt sich jedoch, einen Moment im 100-Seelen-Örtchen Meseberg zu verweilen, um einen Blick in das Anfang des 16. Jahrhunderts gebaute Gotteshaus zu werfen; es ziert ein großes Votivbild von 1558 mit einer Darstellung von Christi Auferstehung. Bei einem Spaziergang um den Huwenowsee findet sich dort am Westufer eine Wiesenbadestelle mit kleinem Sandstrand.

 Liebenwalde, Zehdenick, Gransee

Touristeninformation Liebenwalde, Havelstraße 1a, 16559 Liebenwalde, Tel. 033054/90772, www.liebenwalde.de, Juni–Aug. tgl. 10–18 Uhr, April/Mai und Sept./Okt. Di–So 10–18 Uhr, Nov.–März Mi–So 10–17 Uhr.

Touristeninformation Zehdenick, Am Markt 11 (im Rathaus), 16792 Zehdenick, www.fremdenverkehrsbuero-zehdenick.de, Tel. 03307/2877, Mitte Mai–Mitte Okt. Mo–Fr 9–17, Sa/So 10–13, im Winterhalbjahr Mo–Fr 9–16 Uhr.

Touristeninformation Gransee, Rudolf-Breitscheid-Straße 44 (im Heimatmuseum), 16775 Gransee, Tel. 03306/21606, www.gransee-info.de, Mai–Sept. Di–Fr 10–16.30, Sa/So 10–16 Uhr, Okt.–April Di–Fr 10–16, Sa/So 12–16 Uhr.

Schloss & Gut Liebenberg, Parkweg 1, 16775 Löwenberger Land/OT Liebenberg, Tel. 033094/700500, www.schloss-liebenberg.de, DZ/F Schloss um 150 €, DZ/F Seehaus um 170 €. Nobles Anwesen mit Schloss und Seehaus auf einem ehemaligen Rittergut; das Restaurant bereitet regionale Spezialitäten aus saisonalen Produkten, Wild aus dem eigenen Revier sowie Obst, Gemüse und Kräutern aus der Schlossgärtnerei zu.

Schlosswirt Meseberg, Meseberger Dorfstraße 27, 16775 Gransee/OT Meseberg, Tel. 03306/204670, www.schlosswirt-

meseberg.de, DZ/F ab 90 €. In der historischen Stellmacherei und Brennerei von Schloss Meseberg; die Zimmer gediegenelegant, das Restaurant bietet leichte deutsche und mediterran angehauchte Küche.

Pension am Stadtpark, Grünstreifen 19, 16792 Zehdenick, Tel. 03307/301620, www.pension-stadtpark.de, DZ/F 69 €. Mittelklassekomfort im Klinkersteinhaus am Stadtpark; das Restaurant serviert regionale Gerichte.

Gasthaus und Pension Alter Hafen, Ziegelei 11, 16792 Zehdenick/OT Mildenberg, Tel. 03307/301870, www.gasthaus-alter-hafen.de, DZ/F 59 €. Lauschiger Gasthof an der Marina von Mildenberg; zwei freundliche Zimmer sowie eine FeWo; die Küche bereitet Köstlichkeiten mit Produkten aus der Region; kleiner Campingplatz und Radlerhütten (15 € p. P.).

Camping Marina Alter Hafen, Ziegelei 11, 16792 Zehdenick, Tel. 03307/420504, www.marina-alter-hafen.de/Camping. Camping- und Womo-Standplätze direkt am Ufer der Havel am Ziegeleipark Mildenberg, Shop, Grillplatz, Yachtcharter, Boot- und Kanuverleih..

Heimatmuseum Liebenwalde, Marktplatz 20 (im ehemaligen Stadtgefängnis), 16559 Liebenwalde, Tel. 033054/80555, www.museum-im-knast.de, Mai–Sept.

Karte S. 159

tgl. 10–16 Uhr, Okt.–April Di–Fr und So 10–16 Uhr.

Kurt-Mühlenhaupt-Museum, Bergsdorfer Dorfstraße 1, 16792 Zehdenick/OT Bergsdorf, Tel. 033088/50550, www.muehlenhaupt.de, Sa/So 13–18 Uhr.

Schiffermuseum Zehdenick, Schleusenstraße 22, 16792 Zehdenick, Tel. 03307/2877, www.museumsschiff.fremdenverkehrsbuero-zehdenick.de, Mitte April–Okt. Di–So 10–17 Uhr.

Ziegeleipark Mildenberg, 16792 Zehdenick/OT Mildenberg, Tel. 03307/310410, www.ziegeleipark.de, April–Okt. tgl. ab 10–18 Uhr.

Marina, Zeltplatz, Charterboote und Kanuverleih Liebenwalde, Berliner Straße 45a (am Langen Trödel), 16559 Liebenwalde, Tel. 033054/39030, www.marina-liebenwalde.de, Mitte April–Mitte Okt.

Yachtcharter, Boot- und Kanuverleih, Ziegelei 11 (am Ziegeleipark Mildenberg), 16792 Zehdenick, Tel. 03307/420504, www.marina-alter-hafen.de.

Kanustation Wallapoint, Am Welsengraben 5, 16792 Zehdenick/OT Mildenberg, Tel. 03307/420800, www.wallapoint.de.

Waldbad Zehdenick, Straße zum Waldbad, 16792 Zehdenick, www.waldbad-zehdenick.de, Mitte Mai – Mitte Sept. tgl. 10–19 Uhr, in den Sommerferien bis 20 Uhr, Bootsverleih.

Badewiese am Huwenowsee, ca. ein Kilometer südlich von Baumgart (nahe Meseberg/Gransee) am Westufer vom Huwenowsee.

Fallschirmspringen, Flughafen Gransee, Tel. 030/24534030, www.gojump.de.

Westlich von Oranienburg

Ton und Torf prägten einst Landschaft und Geschichte in der Region. Velten und Marwitz sind ebenso wie weiter nördlich Mildenberg oder Zehdenick Höhepunkte der **Deutschen Tonstraße**. Auf einem Rundkurs von gut 125 Kilometern führt diese durch das Ruppiner Land und die Region Oberhavel zu zahlreichen Sehenswürdigkeiten, die sich im historischen Tonstich- und Ziegelbrennerland mit dem Thema Ton befassen.

■ Velten

Seit 1835 werden in der ›Ofenstadt‹ **Velten** nordwestlich der Berliner Stadtgrenze serienweise Kachelöfen hergestellt. 100 000 Stück pro Jahr waren es an der Wende zum 20. Jahrhundert, die rund 40 Ofenfabriken allein für die Hauptstadt produzierten – und die Firma ›A. Schmidt, Lehmann & Co.‹ tut es heute noch. 1994 neu unter ihrem Fabrikdach hinzugekommen ist das **Ofen-** und Keramikmuseum. So lässt sich beim Rundgang von Kachelöfen und alten Küchenmaschinen vom 16. bis zum 20. Jahrhundert über eine historische Brennkammer bis hin zur modernen Produktausstellung und zu Exponaten von bekannten Keramikern wie Otto Douglas-Hill oder Hedwig Bollhagen ein Stück Kulturgeschichte rund um den gebrannten Ton in Augenschein nehmen. Die legendären **HB-Werkstätten** von Hedwig Bollhagen (1907–2001) befinden sich nur zwei Kilometer südwestlich im Nachbardorf **Marwitz**. Wie 1927, als die durch das Bauhaus inspirierte Keramikerin die Marwitzer Manufaktur übernahm, wird dort auch heute noch ihr berühmtes schnörkelloses Tafelgeschirr produziert. Für dessen Design wurde Hedwig Bollhagen zuerst 1937 auf der Pariser Weltausstellung mit einer Goldmedaille prämiert und danach mit vielen weiteren Preisen und Auszeichnungen geehrt. Ihr Nachlass ist im Veltener

Im Scheunenviertel von Kremmen

Ofen- und Keramikmuseum auf dem Gelände der Ofenfabrik Schmidt, Lehmann & Co. zu sehen. Ende März 2013 war dort außerdem Grundsteinlegung für ein Hedwig-Bollhagen-Museum, mit feierlicher Eröffnung im Frühjahr 2015.

■ Kremmen

Lange vor Velten wird das 7000-Einwohner-Städtchen Kremmen für sein Töpfergewerbe bekannt. Im Jahr 1216 als ›Cremmene‹ erstmals in einer Urkunde erwähnt, wirkten bis zum großen Stadtbrand 1840 drei bedeutende Töpfereien vor Ort; danach musste Kremmen die führende Rolle an Velten abgeben. Das **Rathaus** am Markt, ein zweigeschossiger klassizistischer Putzbau, stammt ebenso wie die hübschen Bürgerhäuser rundum aus der Zeit unmittelbar nach dem Brand 1840. Die **Pfarrkirche St. Nikolai**, die auf über 800-jährigen Fundamenten ruht, birgt an Kostbarkeiten einen Altar von 1686.

Allein im 17. Jahrhundert suchten Kremmen drei furchtbare Feuersbrünste heim, weshalb auf Befehl des Großen Kurfürsten 1659 die wie Zunder brennenden Scheunen fortan nur noch vor den Stadttoren gebaut werden durften. So

entstand bis Mitte des 18. Jahrhunderts südlich des Ortes mit über 70 Scheunen das **Scheunenviertel**. Rund 50 sind noch erhalten und beherbergen, unterdessen liebevoll restauriert, Kunsthandwerk und Gastronomie sowie die Museumsscheune mit der Touristeninformation.

Schloss Ziethen beim Weiler Groß-Ziethen geht auf eine Gründung der Familie von Bredow zurück. Mehrfach wechselte es den Besitzer: die prominentesten unter ihnen 1798–1828 Feldmarschall Fürst von Blücher, später die Familie von Bülow, die das Gut bis 1945 bewirtschaftete. 1994 erhielten Bülowsche Nachkommen das verfallende Schloss zurück, und nach intensiven Sanierungsarbeiten eröffnete das 700 Jahre alte Gemäuer 1997 als Schlosshotel neu.

■ Rhinluch

Von Kremmen bis westlich vor die Tore von Neustadt/Dosse reicht die Niedermoorlandschaft des Rhinluchs, die das Flüsschen Rhin mit seinen zahlreichen Nebenarmen geschaffen hat. Vor der Melioration dieses Sumpfgebiets, die unter dem Soldatenkönig Friedrich Wilhelm I. durch holländische Einwanderer begann, stand der Rhin mehr im Land, als dass er floss. Nur die Ländchen Bellin und Friesack schauten als Sandinseln aus dieser bald hundert Quadratkilometer messenden Wasserfläche, so wie sie Fontane in seinen ›Wanderungen‹ beschreibt: »Diese beiden ›Ländchen‹ sind alte Sitze der Kultur, und ihre Hauptstädte, Fehrbellin und Friesack, wurden schon genannt, als beide Luche noch einem See glichen, der in der Sommerzeit zu einem ungesunden, unsicheren Sumpfland zusammentrocknete.«

Ende des 19. Jahrhunderts begann man mit der Ausbeutung der Torfvorkommen. Vor allem am Südrand des Ländchens Bellin entstanden beim Straßendorf Linum

Karte S. 159

riesige Torfstiche. Zwei Ziegeleien und zwei Windmühlen waren in Betrieb, und vom Hafen aus gingen ohne Unterlass die Torfkähne mit ihrer Fracht nach Berlin. Nach Beendigung des Torfbaus wurden die Stiche geflutet und Fischzuchten angelegt. Das **Linumer Teichland** mit 240 Hektar Wasserfläche entstand, heute ein Paradies für Biber, See- und Fischadler, Otter, Kranich und Storch. Immer zwischen März und Mai treffen die Störche ein und verwandeln Linum in das nach Rühstädt in der Prignitz zweitgrößte brandenburgische Storchendorf. Im **Naturschutzzentrum Storchenschmiede** erfährt man alles Wissenswerte über die Linumer Tier- und Pflanzenwelt und natürlich über Meister Adebar. Storchenführungen von April bis August sowie Kranichführungen von Ende September bis Anfang November stehen auf dem Programm. Denn nicht nur den Störchen deckt das Luch einen reichen Tisch. Es zählt mittlerweile auch zu den größten binnenländischen Kranichrastplätzen Europas. Ein knapp zwei Kilometer langer Erlebnispfad, den hier und da Vogelbeobachtungsstände säumen, führt trockenen Fußes durch den Schilfdschungel im Teichland.

An der Linumer Dorfkirche prangt seit 1998 eine Gedenktafel für Linums größte Persönlichkeit, Luise Hensel (1798–1876). Aus der Feder der von Clemens Brentano Zeit seines Lebens innigst verehrten Dichterin stammt das wohl bekannteste deutsche Wiegenlied ›Müde bin ich, geh' zur Ruh‹.

■ **Hakenberg und Fehrbellin**

Beim Weiler Hakenberg erhebt sich am Ende einer Allee auf freiem Feld eine **Siegessäule**. 30 Meter hoch steht sie auf einem achteckigen Unterbau an der Stelle, von der aus der Große Kurfürst 1675 die **Schlacht bei Fehrbellin** gegen die Schweden dirigiert haben soll, und wird obenauf von der Siegesgöttin Victoria gekrönt. 1879 wurde das wie eine Miniaturausgabe der Berliner Siegessäule ausschauende Schlachtendenkmal nach vierjähriger Bautätigkeit feierlich eingeweiht. 1821 bereits hatte Heinrich von Kleist den Ereignissen im ›Prinz von Homburg‹, damals unter dem Titel ›Schlacht von Fehrbellin‹ uraufgeführt, ein literarisches Denkmal gesetzt. Der Schlachtruf ›In den Staub mit allen Feinden Brandenburgs!‹ wurde zum geflügelten Wort. (→ S. 172)

Eine Wendeltreppe führt zur Aussichtsplattform auf die Siegessäule hinauf, von wo aus mancher beim Blick auf das Ländchen Bellin die historische Gefechtslage vor dem geistigen Auge noch einmal aufleben lässt. In der **Hakenberger Kirche** werden in einer Nische über 40 Kugeln der historischen Schlacht aufbewahrt, die die Bauern aus ihren umliegenden Äckern klaubten.

Alle fünf Jahre, das nächste Mal 2015, wird in **Fehrbellin** um den 18. Juni herum mit zahlreichen Teilnehmern aus nah und fern die Schlacht nachgespielt. Sehenswert am Ort ist die 1867 eingeweihte, nach Stüler-Plänen errichtete **Stadtkirche**.

Idylle im Rhinluch

Oberhavel und Ruppiner Land

■ **Wustrau**

Wie in Fehrbellin ist man auch im malerischen Dorf Wustrau am Südzipfel des Ruppiner Sees ganz auf preußische Geschichte eingestellt. Das **Brandenburg-Preußen-Museum** rekapituliert anhand zahlreicher Exponate die 500-jährige Historie Brandenburgs/Preußens von der Ankunft der Hohenzollern bis zum Ende ihrer Herrschaft 1918. Doch damit nicht genug: Mit Schloss, Kirche, Pfarre, Gesindehäusern hat sich Wustrau über die Zeiten hinweg als typisch brandenburgisch-preußisches Landgut bewahrt.

1462 erstmals als ›wostroqwe‹ erwähnt und später als ›Zieten-Wustrau‹ bekannt, war es im Besitz des legendären Husarengenerals Hans Joachim Zieten (1699–1786). König Friedrich der Große hatte dem alten Haudegen, der mit seinen ›Husarenstücken‹ zu einem der volkstümlichsten Helden Preußens aufstieg, Geld in die Hand gegeben, damit er sich in Wustrau ein hübsches Haus baue. So entstand von 1747 bis 1750 am Seeufer das **Zieten-Schloss**. Heute gehört es der Deutschen Richterakademie und dient ihr als Tagungsstätte.

Historische Landwirtschaftsgeräte vor dem Eiskeller in Wustrau

Nahebei wurde am Dorfanger 1750 der **Eiskeller** gemauert, in dem die winters aus dem See gesägten Eisblöcke noch im Spätsommer die Speisen kühlten. Liebevoll restauriert, umgibt ihn eine auf dem Rasen drapierte kleine Ausstellung historischer Landwirtschaftsgeräte.

An der Nordseite der **Dorfkirche**, einem im Kern spätgotischen Feldsteinsaalbau, befinden sich die schlichten Grabstellen des Husarengenerals und seiner Familie. Den Kirchenraum schmücken ein spätgotischer Marienaltar, eine Sauer-Orgel und eine Zieten-Loge.

In der 1833 gebauten ehemaligen **Dorfschule** kann man im Heimatmuseum in Urgroßelterns Zeiten eintauchen und erfährt außerdem Interessantes über Luchlandschaften, Torfstechen, Landwirtschaft und Binnenschifffahrt.

Wenige Schritte vom Schloss Richtung Seen ist am **Wustrauer Bollwerk** mit kleinem Bootshafen die Edelstahlskulptur ›Die Seeschlacht‹ des Bildhauers Matthias Zàgon Hohl-Stein zu sehen. Das 1999 geschaffene Kunstwerk nimmt ein Ereignis aus dem Jahr 1785 auf, als die befreundeten Adelssprösslinge derer von Zieten und derer von Knesebeck aus

Karte S. 159

Erinnerung an die für Brandenburg so bedeutende Schlacht bei Fehrbellin

Langeweile eine Schlacht auf dem Ruppiner See inszenierten. Seit 2007 wird diese ›Seeschlacht zwischen Wustrau und Karwe‹ nun als Spektakel im Rahmen des **Seefestivals Wustrau** auf einer schwimmenden Seebühne zum Besten gegeben. Außerdem werden open air vor der romantischen Naturkulisse von Mai bis September Lesungen, Musicals und Theaterstücke aufgeführt. Ein an-

derer Blickfang am Wasser ist der nahe dem 1790 erfolgten Durchstich zwischen Ruppiner See und Bützsee bei **Altfriesack** aufgestellte Obelisk, der den Schiffern anzeigte, wo es mit dem Wasserweg weitergeht. Ein Blick noch auf die Altfriesacker **Klappbrücke** über den Rhinkanal, 1927 als Nachfolgerin einer hölzernen holländischen Klappbrücke erbaut, macht die Idylle in Wustrau-Altfriesack perfekt.

 Westlich von Oranienburg

Touristeninformation Kremmen, Scheunenweg 49 (in der Museumsscheune), 16766 Kremmen, Tel. 033055/21161, www.kremmen.de, März–Okt. Mo–Fr 10–16, Sa/So 10–18 Uhr, Jan./Feb. Mo–Fr 10–16 Uhr..

Schloss Ziethen, 16766 Kremmen/OT Groß-Ziethen, Alte Dorfstrasse 33, Tel. 033055/950, www.schlossziethen.de, DZ/F ab 114€. Feudales Anwesen, Zimmer modern und farbenfroh; das Restaurant kreiert ›brandenburgische Herrenhausküche‹, Regionales kombiniert mit Rezepten vornehmer Gutsküchen vergangener Zeiten.

Hotel Seeschlösschen, Am Schloss, 16818 Wustrau, Tel. 033925/8803, www.wustrau.de, DZ/F ab 139€. Vier-Sterne-Domizil, preußisch-klassizistisch und zugleich stilvoll dem Modernen verpflichtet; das Restaurant serviert französisch inspirierte internationale Gerichte.

HB-Werkstätten für Keramik, Hedwig-Bollhagen-Straße 4, 16727 Oberkrämer/OT Marwitz, Tel. 03304/39800, www.hedwig-bollhagen.de, Mo–Do 9–17, Fr 9–16, Sa 10–16 Uhr, Jan.–März Sa nur bis 14 Uhr. Führungen jeden letzten Mi im Monat um 13 Uhr.

Ofen- und Keramikmuseum, Wilhelmstraße 32, 16727 Velten, Teil. 03304/31760, www.ofenmuseum-velten.de, Di–Fr 11–17, Sa/So 13–17 Uhr.

Brandenburg-Preußen Museum, Eichenallee 7a, 16818 Wustrau, Tel. 033925/70798, www.brandenburg-preussen-museum.de, April–Okt. Di–So 10–18 Uhr, Nov.–März Di–So 10–16 Uhr.

Heimatmuseum Wustrau, Hohes Ende 20, 16818 Wustrau, Tel. 033925/70847, www.wustrau.de, April–Okt. Sa/So 14–16 Uhr.

Seefestival Wustrau-Altfriesack, Hohes Ende 20, 16818 Wustrau, Kartentel. 033925/90191, www.seefestival.com.

Storchenschmiede Linum/NABU Naturschutzzentrum, Nauener Straße 54, 16833 Linum, Tel. 033922/50500, www.berlin.nabu.de/projekte/linum, Mitte April–Nov. Mi–Fr 10–16, Sa/So 10–18 Uhr.

Camping Zum Roten Milan, Hohes Ende 3, 16818 Wustrau, 033925/70210, www.wustrau.de, Ostern–Okt. Auf dem Gartengrundstück der Familie Bauske, lauschig, guter Standard.

Wustrau, eine kleine Naturbadestelle befindet sich nördlich vom Schloss am Ruppiner See.

Kanuverleih, Triftweg 3, 16818 Altfriesack, Tel. 033925/90163, www.altfriesack.de/kanu.html.

Oberhavel und Ruppiner Land

Die Schlacht bei Fehrbellin

Weithin drang die sensationelle Kunde über das Land: Am Hakenberge bei der Stadt Fehrbellin hatte die brandenburgische Armee die gefürchteten, als unbesiegbar geltenden Schweden geschlagen! Fast überall in Europa rief diese erstaunliche Leistung Respekt hervor. Daheim wurden die maßgeblichen Heerführer, Feldmarschall Derfflinger und Prinz Friedrich von Hessen-Homburg als General der Kavallerie, von der Bevölkerung gefeiert, und den Armeechef, Kurfürst Friedrich Wilhelm von Brandenburg, nannte man fortan den ›Großen Kurfürst‹.

Feldmarschall Georg von Derfflinger

Im Rahmen des Holländischen Krieges 1672–1679 war Brandenburg mit gut 20 000 Mann am Reichskrieg gegen Frankreich beteiligt. Schweden als Frankreichs Verbündeter fiel daraufhin Ende 1674 in der Mark ein und besetzte das Land, um Kurfürst Friedrich Wilhelm zum Frieden mit dem Sonnenkönig Louis XIV. zu zwingen. Von der schwedisch gehaltenen Burg Rathenow aus, so der Plan, sollten die schwedischen Truppen unter Generalleutnant Wrangel die Elbe überschreiten und Richtung Magdeburg vorstoßen. Die Nachricht erreichte den Kurfürst am 18. Mai 1675 vor Schweinfurt. Unverzüglich brach er mit seinen Truppen auf und stand vor Rathenow, das Derfflingers Dragoner binnen Zweitagesfrist einnahmen. Im Anschluss wurde der Gegner durch das unwegsame Gelände ostwärts gedrängt. Am 17. Juni standen sich Schweden und Brandenburger auf Kanonenschussweite bei Nauen gegenüber, für den kommenden Morgen rechnete man mit der Eröffnung der Schlacht. Doch der Feind war plötzlich verschwunden, hatte sich bei Fehrbellin eingegraben. ›Meine Engelsdicke‹, schreibt der Prinz von Homburg aus dem Feld an seine Frau, ›wir seint braff auf der jacht mit den Herren Schweden, sie seint hier seim passe Nauen diesen morgen übergegangen, mussten aber bei 200 Todten zurücklassen von der arrier guarde; jenseits haben wir bei Fer-Bellin alle brücken abgebrannt und alle übriche paesse so besetzet, das sie nun nicht aus dem Lande wieder können.‹ Am 18. Juni 1675 kommt es am Hakenberg bei Fehrbellin zur Schlacht. 5600 brandenburgische Reiter ringen die Schweden mit 7000 Mann Infanterie und 4000 Reitern nieder. Ungewöhnlich für die Zeit handelte es sich um brandenburgischer Seite aus um ein reines Reitergefecht. Ob der Prinz von Homburg entgegen der Ordre des noch zögerlichen Kurfürsten die Attacke ritt oder ob es die Schweden mit einer zwischen Kurfürst und Reitergeneral verabredeten kühnen neuen Militärstrategie zu tun bekamen, ist unter Historikern umstritten, für den Ausgang der Schlacht jedoch unerheblich. Am 20. Juni wurde dem bezwungenen schwedischen Heer bis Wittstock nachgesetzt, am 22. Juni traf Generalleutnant Wrangel im mecklenburgischen Demmin mit nur noch 4000 von ehedem 11 000 Soldaten ein.

Ruppiner Land und nördliches Oberhavel-Gebiet

Im Süden das Rhinluch, im Norden Mecklenburg, westlich die Kyritz-Ruppiner Heide und östlich die Uckermark – so lauten in etwa die Grenzmarken, innerhalb derer das Ruppiner Land liegt; mal mit sanften Wellen wie in der Ruppiner Schweiz und dann wieder flunderflach wie im von der Oberen Havel durchflossen Stechlin-Fürstenberger Land.

Der vielbesungene Stechlinsee ist Namenspate des 2002 gegründeten Naturparks Stechlin-Ruppiner Land. Auf 680 Quadratkilometern umfasst der Park ein Gebiet mit zahllosen Seen und herrlichen Wäldern zwischen Neuruppin, Lindow und Rheinsberg sowie östlich von Gransee und Fürstenberg bis zur mecklenburgischen Landesgrenze. Zahlreiche selten gewordene Tierarten wie Fischotter, Biber, europäische Sumpfschildkröte, Fischadler, Eisvogel und Schellente haben in den Wäldern und Feuchtwiesen, im Schilf, an den Seen und Wasserläufen ein Refugium. Fontanes Geburtsstadt Neuruppin und nicht weit davon entfernt Rheinsberg bilden die schönsten Ausgangspunkte zum Entdecken der Region.

Neuruppin

Mit dem Namen ihres berühmten Sohnes, Theodor Fontane, schmückt sich die Fontanestadt Neuruppin. Man hätte sie ohne weiteres aber auch ›Schinkelstadt‹ nennen können, denn der große Baumeister Preußens, Karl Friedrich Schinkel ist ebenfalls ein Neuruppiner Kind. Im Jahr 1256 wurden der Ansiedlung am Ruppiner See bereits die Stadtrechte verliehen. Im 18. Jahrhundert wurde sie Garnisonsstadt, und kein geringerer als Kronprinz Friedrich, der spätere König Friedrich der Große, diente von 1732 bis 1740 im Regiment. Eine verheerende Feuersbrunst 1787 bedeutete eine

tiefe Zäsur in der Stadtgeschichte. Beinahe der gesamte mittelalterliche Ort ging in Flammen auf, über 400 Häuser lagen in Schutt und Asche. Im Jahr darauf begann der Wiederaufbau, und bis 1806 nahm Neuruppin als weiträumige geometrische Anlage Gestalt an: drei große Plätze, durch breite Straßen miteinander verbunden, die Häuser traufständig, zweigeschossig und relativ schmucklos, funktional und feuersicher. Ein einheitliches Stadtbild im frühklassizistischen Baustil entstand – heute ein Baudenkmal von internationalem Rang. Bereits zu DDR-Zeiten wurde die preußischste aller preußischen Städte zum Flächendenkmal erklärt. Heute ist die Perle des Klassizismus Kreisstadt des Landkreises Ostprignitz-Ruppin und zählt nach Eingemeindungen 1993 insgesamt 31000 Einwohner; davon leben etwas mehr als 24000 Menschen in der Kernstadt am Ruppiner See. Darüber hinaus gibt es eine Ausstellung zu dem Stadtbrand 1787 und dem Wiederaufbau von Neuruppin zu sehen.

■ Vom Kirchplatz zur Uferpromenade
Als Ausgangspunkt zum Erkunden der adretten, quirligen Kleinstadt bietet sich sehr schön der BürgerBahnhof mit der Touristeninformation an. Von dort verbindet die Karl-Marx-Straße als straßencafégesäumte, pulsierende Hauptschlagader die drei weitläufigen Plätze des historischen Zentrums miteinander. Gleich am ersten, dem **Kirchplatz**, thront die **St. Marienkirche** mit imposanten 55 Meter Breite unter der Kuppel. 1806 war der querstehende Saalbau, den der Neuruppiner Oberbaustadtrat Berson entworfen hatte, nach fünfjähriger Arbeit vollendet, und mit ihm zugleich auch der Wiederaufbau Neuruppins. ›Bienenkorb‹

An der Uferpromenade in Neuruppin, rechts Parzival, links St. Marien

Karte S. 175

tauften die Neuruppiner die ziegelgedeckte Kuppel, 1970 drohte sie infolge der mangelhaften Gründung des Bauwerks einzustürzen. Nach der Wende begann die aufwändige Sanierung. 2002 fertiggestellt, dient St. Marien seitdem als Kultur- und Veranstaltungszentrum. Für ›in vieler Hinsicht misslungen‹ hielt Karl Friedrich Schinkel die Marienkirche und mochte sich mit ihrer exzentrischen Form nicht so recht anfreunden. Das **Schinkeldenkmal**, 1883 von Max Wiese geschaffen, wurde nichtsdestotrotz ausgerechnet östlich am Kirchplatz aufgestellt, den Blick des Meisterarchitekten dem Gotteshaus zugewandt. 1781 kam Schinkel in Neuruppin zur Welt, erlebte als Sechsjähriger die große Feuersbrunst mit und anschließend den Wiederaufbau der Stadt.

Um die Ecke steht in der Karl-Marx-Straße 84 im Haus der **Löwenapotheke** die Wiege des zweiten großen Künstlers, den Neuruppin hervorgebracht hat. Am 30. Dezember 1819 wurde Theodor Fontane in der Löwenapotheke geboren und verbrachte seine ersten sieben Lebensjahre an diesem Ort, bevor die Familie mit Sack und Pack nach Swinemünde umzog.

Ganz in der Nähe (Fischbänkenstraße 8) befindet sich das **Predigerwitwenhaus**, in dem Karl Friedrich Schinkel vom 6. bis zum 14. Lebensjahr zu Hause war. Schinkels Vater, Superintendent über die Kirchen und Schulen der Stadt, erlag 1787 den Folgen seines Einsatzes gegen den Stadtbrand, und die Witwe zog mit ihren Kindern ins Predigerwitwenhaus, das den Hinterbliebenen verstorbener Geistlicher zugedacht war. Heute sitzt an dieser prominenten Adresse die Karl-Friedrich-Schinkel-Gesellschaft.

In der Fischbänkenstraße 3 wartet im Museumshof das **Handwerksmuseum** mit alten Maschinen aus Schlosserei,

Weberei, Tischlerei und anderen Handwerken auf. Heute so gut wie ausgestorbene Gewerke wie Riemer oder Nagel.schmied werden hier wieder anschaulich gemacht.

Am Ende der Fischbänkenstraße ist die neu gestaltete **Uferpromenade** am Bollwerk erreicht. Unter der Wacht des 17 Meter hohen, edelstahlglänzenden **Parzival am See** des Karwer Künstlers Matthias Zàgon Hohl-Stein legen die Fahrgastschiffe der Weißen Flotte zu Kreuzfahrten über die Gewässer im Ruppiner Land ab. Die Enthüllung der aus über 40 Edelstahlplatten bestehenden Figur fand 1998 anlässlich der Verleihung des Namens ›Fontanestadt‹ an Neuruppin statt.

In der Nachbarschaft ragen weithin sichtbar über den See die beiden Türme der **Klosterkirche St. Trinitatis** in den Himmel hinauf. Das Wahrzeichen Neuruppins geht auf die Klostergründung des Dominikanerpaters Wichmann 1246 zurück. Von der Abtei geblieben ist nur noch das Gotteshaus, 1836–1841 nach Vorstellungen Schinkels restauriert und 1907 mit den markanten Zwillingstürmen versehen. Man kann einen Turm besteigen und hat von dort Ausblick auf Stadt und Land. Geblieben ist außerdem die 700-jährige **Wichmannlinde** neben der Kirche und in deren Schatten ein kleiner Rest der mittelalterlichen Stadtmauer. Einen Steinwurf entfernt versteckt sich in der kopfsteingepflasterten kleinen Siechenstraße das ältestes erhaltene Neuruppiner Gebäudeensemble: die auf 1491 datierende spätgotische St. Laurentiuskapelle des ehemaligen Siechenhospital, deshalb auch **Siechenhauskapelle** genannt, sowie dahinter und nur durch einen lauschigen Hof voneinander

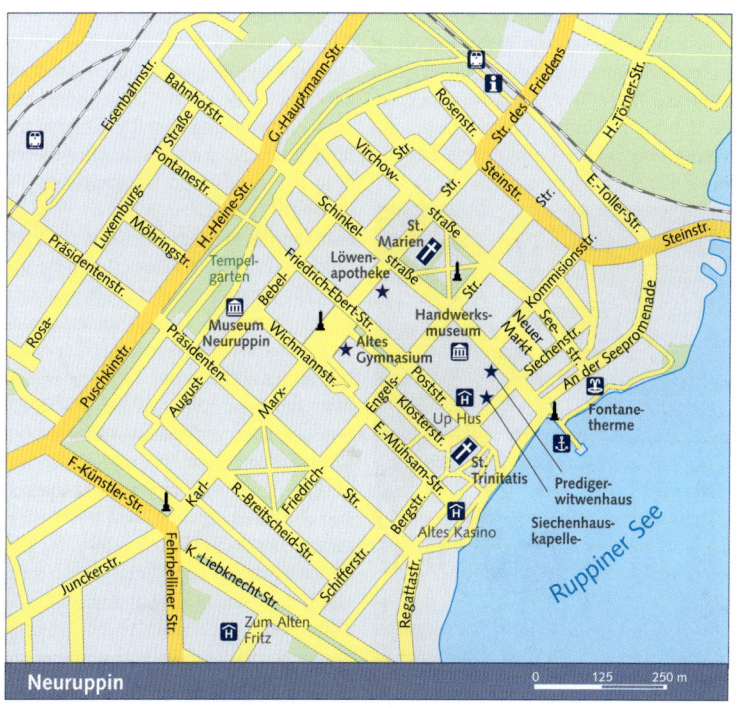

Neuruppin

0   125   250 m

Oberhavel und Ruppiner Land

getrennt das 1692 mit Fachwerk errichtete **Up Hus**, plattdeutsch ›offenes Haus‹. Im Up Hus kann man sich als Hotelgast einquartieren. Unter dem Netzgewölbe der kleinen Siechenhauskapelle erklingen Kammermusikkonzerte, und darüber hinaus bringen Solo- und Chorkonzerte die alten Mauern zum Schwingen.

■ **Am Schulplatz**

Herzstück und Mittelpunkt des historischen Zentrums bildet der Schulplatz mit dem 1790 erbauten **Alten Gymnasium**. Der zweigeschossige längsgestreckte Putzbau trägt auf seinem Mittelrisalit die Inschrift: civibus aevi futuri – den Bürgern des künftigen Zeitalters. Vier Jahre nach dem Heimgang des aufgeklärt-absolutistischen Monarchen Friedrich II., drei Jahre nach dem verheerenden Stadtbrand und ein Jahr nach der französischen Revolution kündigte das Alte Gymnasium wie kein anderes nach der Feuersbrunst gebaute Gebäude das bürgerliche Zeitalter an. Prominenteste Schüler waren Fontane, der Bildhauer Max Wiese und Georg Heym, der bedeutende Lyriker des deutschen Expressionismus.

Karte S. 175

▲ *Das Alte Gymnasium*

Gegenüber am Platz wurde dem Fürsprecher des Neuruppiner Wiederaufbaus nach der Feuersbrunst, König Friedrich Wilhelm II., 1829 ein **Friedrich-Wilhelm-Denkmal** gesetzt. Nach dem Zweiten Weltkrieg verschollen, gelangte der bronzene Monarch 1998 mit einer Nachbildung des ursprünglichen Memorials an seine alte Stelle zurück.

Am Südende der Karl-Marx-Straße hat der alte Fontane das Geschehen im Blick. Lässig sitzt der Dichterfürst da, als Bronzefigur im Schatten der Bäume, mit Hut, Wanderstock und Notizblock. 1907 wurde das **Fontane-Denkmal** von Max Wiese geschaffen.

■ **Museum Neuruppin und Tempelgarten**

Das **Museum Neuruppin**, in der August-Bebel-Straße im 1790/91 erbauten Noeldechen-Palais untergebracht, zeigt eine Zeitreise durch Stadt und Ruppiner Land von der Gründung bis heute. Ausstellungen zu den berühmtesten Söhnen der Stadt, Schinkel und Fontane dürfen nicht fehlen, ebenso wenig wie eine Ausstellung der berühmten **Neuruppiner Bilderbogen**. ›Dreipfennigbögen‹ nannte Fontane die in 100 000er-Auflagen gedruckten schablonenkolorierten Lithografien, die Neuruppin im 19. Jahrhundert in der ganzen Welt bekannt machten. Den Vorläufer unserer modernen Illustrierten entwickelte der Buchdrucker Johann Bernhard Kühn bereits um 1800. Populär machte die bunten Blätter, die mit viel Bild, kaum Text die großen politischen Ereignisse ebenso wie Klatsch von den europäischen Höfen zum Besten gaben, der Sohn Gustav Kühn, der das Geschäft 1822 vom Vater übernahm. Unter dem Slogan ›Zu haben bei Gustav Kühn, Neu-Ruppin‹ wurden die Bilderbogen noch bis 1935 verlegt und erreichten ein Millionenpublikum.

Hinter dem Museum schließt sich auf dem nördlichen Stadtwall der **Tempelgarten** an. 1732 als ›Amalthea‹-Garten von Kronprinz Friedrich angelegt, ließ dieser dort drei Jahre später durch seinen Freund Georg Wenzeslaus von Knobelsdorff einen kleinen Rundtempel errichten. Die Ruppiner Kaufmannsfamilie Gentz erwarb den Garten 1853, baute sich eine Villa im damals beliebten Orient-Geschmack und schmückte den Garten mit stilisierten Bastionen, Backsteinminarett und barocken Sandsteinskulpturen – ein Kuriosum der besonderen Art. In der Gentzschen Villa mit original erhaltener orientalisierender Inneneinrichtung serviert ein Café-Restaurant regionale Gerichte.

 Neuruppin
Vorwahl: 03391
Postleitzahl: 16816
Touristeninformation, Karl-Marx-Straße 1 (im BürgerBahnhof), Tel. 45460, www.neuruppin.de, Mai–Sept. Mo–Fr 8–18, Sa, 8–16, So 10–17 Uhr, Okt.–April Mo–Mi und Fr 8–16, Do 8–18, Sa 8–13, So 14–17 Uhr.

Hotel am See Altes Kasino, Seeufer 11/12, Tel. 3059, www.hotel-altes-casino.de, DZ/F ab 82€. Am Seeufer, niveauvoll und gediegen; das Restaurant bietet märkische und internationale Speisen.
Hotel Up Hus, Siechenstraße 4, Tel. 398844, www.up-hus.de, DZ/F ab 78€. Romantisch im ältesten Gebäudeensemble der Stadt, im eleganten Landhausstil.
Hotel Zum Alten Fritz, Feldmannstraße 4, Tel. 502184, www.zum-alten-fritz.com, DZ/F 50€ Klassizistisches Haus fünf Minuten zur Seepromenade, die Zimmer einfach, im Restaurant solide Hausmannskost.

Restaurant Up Hus, Siechenstraße 4, Tel. 856457, www.restaurant-up-hus.de, April–Dez. Mo 17–24, Di–So 12–24, Jan.–März Mo–Fr 17–24, Sa/So 12–24 Uhr. Frisches und Regionales im ältesten Haus Neuruppins, z.B. gebratene Flunder in Bärlauchbutter oder Kräuterlammrücken.

Museum Neuruppin, August-Bebel-Straße 15, Tel. 3555100, www.museum-neuruppin.de, April–Sept. Di–So 10–17, Okt.–März Di–So 11–16 Uhr. (Neueröffnung nach Umbau vorauss. im Januar 2015.)
Handwerksmuseum, Fischbänkenstraße 3, Tel. 651747, www.museumshof-neuruppin.de, Di–So 11–17 Uhr.
Tempelgarten, Präsidentenstraße 64, www.tempelgarten.de, April–Okt. tgl. 9–20 Uhr, Nov.–März tgl. 9–17 Uhr.

Mai- und Hafenfest, am 1. Maiwochenende am Neuruppiner Bollwerk, mit Musik- und Bühnenprogramm, Markttreiben und Drachenbootrennen um den ›Parzifal-Cup‹.

Fahrgastschifffahrt Neuruppin, Abfahrten an der Uferpromenade, Büro der Fahrgastschifffahrt im BürgerBahnhof, Karl-Marx-Straße 1, Tel. 45460, www.schifffahrt-neuruppin.de, Mitte April–Mitte Okt., Fahrten auf dem Ruppiner See, nach Boltenmühle, nach Wustrau, in die Ruppiner Schweiz.

Fontane Therme, An der Seepromenade 21 (im Resort Mark Brandenburg), Tel. 4032400, www.fontane-therme.de, tgl. 10–22 Uhr. Themensaunen, Thermalsolebecken und Schwimmbecken drinnen und draußen.

Neuruppiner Jahnbad, Strandbad am Ruppiner See, Alt Ruppiner Allee, Tel. 2647, www.seebadeanstalt-neuruppin.de, Mai–Sept. Mo–Fr 14–19, Sa/So 9–19 Uhr.

Theodor Fontane – Dichter der Mark

»Der moderne Roman wurde für Deutschland erfunden, verwirklicht, auch gleich vollendet von einem Preußen, Mitglied der französischen Kolonie, Theodor Fontane. Als erster hier hat er wahrgemacht, dass ein Roman das gültige, bleibende Dokument einer Gesellschaft, eines Zeitalters sein kann.« – So würdigt Heinrich Mann den bedeutenden Vertreter des poetischen Realismus und wohl berühmtesten märkischen Wandersmann aus Anlass seines 50. Todestags 1948.

Am 30. Dezember 1819 erblickt Fontane als Apothekersohn in Neuruppin das Licht der Welt. Er lernt Apotheker wie der Vater, wird dann Journalist, lebt in London und Berlin und reüssiert um das 40. Lebensjahr als Reiseschriftsteller und nach seinem 60. als Romancier. Der geistige Vater der ›Effi Briest‹, der ›Frau Jenny Treibel‹, des ›Schach von Wuthenow‹ und zahlreicher weiterer Gesellschaftsromane wird deshalb gerne als ›alter Knochen‹ typisch preußisch-konservativer Provinienz wahrgenommen, oder als Alterego des ebenso kauzigen wie zutiefst menschlichen Dubslav von Stechlin, mit dem in Fontanes letztem Roman ›Der Stechlin‹ ein ganzes märkisches Zeitalter dahingeht.

Weniger bekannt ist dagegen, dass der junge Fontane im Revolutionsjahr 1848 im Berliner März auf den Barrikaden steht. Im Jahr davor hatte er sich als ›Apotheker erster Klasse‹ approbiert und 1844 bis 1845 einen freiwilligen Militärdienst absolviert. 1849 entschließt er sich, ›sein Leben auf den Vers zu stellen‹ und künftig als freier Autor zu arbeiten. Erste Gedichte und Erzählungen wurden bereits 1839/40 veröffentlicht, nun folgen politische Texte, publiziert in der radikal-demokratischen ›Dresdner Zeitung‹, sowie sein erstes Buch mit anekdotischen Balladen: ›Männer und Helden. Acht Preußenlieder‹.

1850 heiratet er Emilie Rouanet-Kummer. Aus der Ehe gehen sechs Kinder hervor, von denen drei kurz nach ihrer Geburt sterben. Nach Monaten ohne Arbeit und großer finanzieller Probleme erhält Fontane 1852 eine Anstellung bei der staatlichen ›Zentralstelle für Pressangelegenheiten‹, weilt in diesem Zusammenhang mehrmals in London und bleibt schließlich bis 1858 als Presseattaché an der Themse. Eine Schottlandreise aus dieser Zeit erscheint literarisch verarbeitet 1860 unter dem Titel ›Jenseits des Tweed‹. Es ist Fontanes Debüt als Reiseschriftsteller.

1859 zurück in Berlin, wird die Spree-Metropole seine Heimat. 1860 tritt er in die Redaktion der erzkonservativen

Chronist seiner Heimat und glänzender Stilist: Theodor Fontane

Fontane am Schreibtisch in seinem Haus an der Potsdamer Straße in Berlin

›Neuen Preußischen Zeitung‹ ein. Es folgt eine erste ausführliche Reise ins ›Ruppinische‹, das Land seiner Kindheit. Dabei entdeckt Fontane, dass die Mark reicher ist, als er zu hoffen gewagt hatte, wie der Schriftsteller 1861 im Vorwort zu Band 1 seiner ›Wanderungen durch die Mark Brandenburg‹ vermerkt. Vier weitere dicke Bände der Fontaneschen Reisen in die Mark hält die Nachwelt heute in Händen.

1878 erscheint sein erster Roman ›Vor dem Sturm‹, und von da an geht es Schlag auf Schlag. Fast jedes Jahr liegt ein neuer Fontane-Roman in den Buchhandlungen, und fast alle werden zu Bestsellern. Mit seinen märkischen und berlinischen Gesellschaftsromanen trifft der Schriftsteller den Nerv der Zeit.

Von 1896 an arbeitet er ununterbrochen am ›Stechlin‹. Während einer Kur in Karlsbad im August/September 1897 schließt er die Fahnenkorrektur daran ab. Am 20. September 1898 stirbt der große Dichter der Mark in Berlin und wird dort, der Herkunft seiner Vorfahren gemäß, auf dem Französischen Friedhof beerdigt. ›Der Stechlin‹, Fontanes letzter großer Roman, erscheint posthum ein Jahr später. Er ist eine Liebeserklärung an die Mark, zugleich ein Schwanengesang, denn mit dem Tod des Protagonisten, des ebenso kauzigen wie liebenswerten alten Dubslav von Stechlin, schwindet an der Wende vom 19. zum 20. Jahrhundert auch ein letztes Stück altes Preußen dahin.

»Was war es denn schließlich mit ihm«, fragt Kurt Tucholsky in einem 1919 im ›Berliner Tagblatt‹ erschienen Aufsatz. »Er schrieb seine Bücher und arbeitete – er war einer der gewieftesten Techniker, die die deutsche Literatur je gehabt hat, ohne dass man Versen und Sätzen ansieht, wie sie gebosselt sind – er schrieb und lebte bescheiden daher. Und das Leben auf der großen Weltbühne rauschte vorbei, umbrauste ihn, und er lächelte. Wer so lächeln kann –!«

Beliebtes Ausflugsziel: die Boltenmühle

Ruppiner Schweiz

Nördlich von Neuruppin erstreckt sich in munterem Hügelhinauf und Hügelhinab mit schönem Laubmischwald die **Ruppiner Schweiz**. In ihrem Mittelpunkt glitzert die Ruppiner Seenkette, die sich nördlich vom Flecken Binenwalde am Kalksee über Tornow-, Zermützel-, Tietzen- und Molchowsee südwärts zum Ruppiner See zieht.

Auf halber Höhe lohnt sich ein Ausflug zum westlichen Zermützelseeufer, wo in einem Blockhaus das **Waldmuseum Stendenitz** bereits seit 1935 allerlei Auskunft zum Wald, den Seen und der heimischen Tierwelt gibt. Nebenan lädt die zünftige Waldschenke Stendenitz zur Rast, und der Campingplatz bietet einen hübschen Badestrand sowie Fahrrad- und Bootsverleih.

Wenig nördlich, noch vor dem Dorf Gühlen Glienicke, ermöglicht der **Tierpark Kunsterspring** auf 16 Hektar eine Begegnung mit einheimischen Säugern: Waschbären, Steinmardern, Luchsen, Wildkatzen, Auer- und Birkhühnern oder den scheuen seltenen Fischottern. Im Eulenwald lassen sich unter zwei Kuppeln Waldkäuze, Schleiereulen und Waldohreulen anschauen oder von einer Aussichtsplattform aus Wölfe in ihrem Gehege beobachten.

Schon seit den 1930er Jahren ist die fachwerkgeschmückte **Boltenmühle** mitten im Wald am nördlichen Tornowseeufer eine beliebte Sommerfrische. Zu DDR-Zeiten rauschte der Binenbach, der draußen das große Mühlrad bewegt, zur Freude der Gäste sogar mitten durch das Ausfluglokal. 1718 wurde die Mühle in diese herrliche Lage gebaut, und bereits Friedrich der Große bekannte: »Wahrlich, wenn ich nicht Herr von Rheinsberg wäre, möchte ich Müller von Boltenmühle sein, so ein idyllisches schönes Plätzchen.« Im Sommer 1992 brannte das bald 300-jährige Haus bis auf die Grundmauern ab und wurde drei Jahre später nach historischem Vorbild komplett neu aufgebaut, nach der Jahrtausendwende um Gästehaus und Wellnessoase ergänzt. Im rustikalen Restaurant und auf der Sonnenterrasse kommen bodenständige märkische Speisen auf den Tisch. Am Bootsanleger stoppen die Fahrgastschiffe, die im Liniendienst vom Bollwerk Neuruppin aus über die WaldschenkeStendenitz die Boltenmühle ansteuern.

 Ruppiner Schweiz

Hotel Boltenmühle, Am Wald 1, 16818 Neuruppin/OT Gühlen-Glienicke, Tel. 033929/70500, www.boltenmuehle.de, DZ/F 99€. In der fachwerkgeschmückten Boltenmühle in herrlicher Alleinlage am Tornowsee; die Gästezimmer im Haupt- und im Gästehaus gehobener Mittelklassestand, die Apartments sind eher rustikal; Sauna und Thermalsolebecken; das Restaurant bietet bodenständige märkische Küche.

 Campingplatz Stendenitz, Stendenitz, 16827 Neuruppin/OT Molchow, Tel. 03391/7138, www.camping-rheinsberg-neuruppin.de, April–Okt. Zehn Kilometer

Karte S. 159

nördlich von Neuruppin am westlichen Zermützelseeufer; Bootsliegeplätze, Sandstrand, Fahrrad- und Bootsverleih.
Campingplatz Am Rottstielfließ, Stendenitz, 16827 Neuruppin/OT Molchow, Tel. 033929/70644 und 033929/50990, www.camping-rheinsberg-neuruppin.de, April–Okt. Alleinlage am Südufer vom Tornowsee, etwa 1 km nördlich vom Camping Stendenitz; Ferienhäuschen, kleiner Laden, Gaststätte, Naturbadestelle.

Boltenmühle, s.o.
Waldschenke Stendenitz, Stendenitz 13, 16827 Neuruppin/OT Molchow, Tel. 03391/775119, www.waldschenke-stendenitz.de, April–Okt. tgl. 11–22 Uhr; beliebtes Ausflugslokal mit einfacher deutscher Küche.

Waldmuseum Stendenitz, Stendenitz, 16827 Neuruppin/OT Molchow, Tel. 03391/771128, Mai–Okt. Mi–So 10–17 Uhr.

Tierpark Kunsterspring, Kunsterspring 4, 16818 Neuruppin/OT Gühlen Glienicke, Tel. 033929/70271, www.tierpark-kunsterspring.com, April–Sept. tgl. 9–19 Uhr, Okt.–März tgl. 9–17 Uhr.

Fahrgastschifffahrt Neuruppin,Tel. 45460, www.schifffahrt-neuruppin.de,, Mitte April–Mitte Okt., Rundfahrten auf dem Ruppiner See, Touren nach Boltenmühle, nach Wustrau, in die Ruppiner Schweiz.

Lindow

Das 3000-Seelen-Städtchen liegt auf einer nur 500 Meter breiten Landbrücke zwischen Wutz- und Gudelacksee sowie südlich dem Vielitzsee. Es geht auf eine Klostergründung um 1230 durch den Grafen von Arnstein zurück, der Zisterzienserinnen an das Ufer des Wutzsees holte. Erstmals erwähnt wurde die Abtei 1343, als sie bereits zu den gut situierten märkischen Landwirtschaften gehörte. Ein großer Teil der Anlage wurde im Dreißigjährigen Krieg zerstört, in den verbliebenen Rest zog Ende des 17. Jahrhunderts ein adeliges Damenstift ein. Heute ein christliches Altenheim, ist auf dem Gelände nur noch eine kleine **Feldsteinruine** des alten Klosters zu sehen. Aber der Mythos vom ›Kloster Wutz‹ ist geblieben, als das es Fontane in seinem Roman ›Der Stechlin‹ verewigte.
Lindows neues kleines Wahrzeichen, die **Steinplastik Schöne Nonne**, steht seit Sommer 2007 auf einem Feldstein im Wutzsee und erinnert an eine Sage aus der Zeit, als im Damenstift noch die unverheirateten Töchter des Ruppiner Adels untergebracht waren. Das Mädchen Amelie aber wollte sich mit einem solchen Schicksal nicht abfinden, sie liebte einen Jüngling aus niederem Adel, und dieser kratzt so lange an den dicken Klostermauern, bis er Amelie befreien und sie miteinander durchbrennen konnten. Das Liebespaar wurde nie wieder gesehen, aber manchmal ist zur Geisterstunde noch das Kratzen und Schaben zu hören.
Westlich am größeren Gudelacksee liegt Lindows kleiner Hafen mit Bootsverleih, Segel- und Surfschule sowie nicht weit entfernt einer Seebadeanstalt. Im Örtchen lohnt die barocke Lindower **Stadtkirche** einen Besuch. 1751–1755 an der Stelle eines abgebrannten Vorgängers erbaut, zählen eine bald 250-jährige Sanduhr und eine Sauer-Orgel zu ihren besonderen Schätzen. Von Ende Juni bis Ende August erklingen in der Kirche im Rahmen der **Lindower Sommermusikwochen** Orgelkonzerte und Kammermusik.

Die malerischen Reste der Klosteranlage in Lindow

Lindow
Vorwahl: 033933
Postleitzahl: 16835
Touristeninformation, Am Marktplatz 1, Tel. 70297, www.lindow-mark.de, im Sommerhalbjahr Mo–Fr 9–17, Sa/So 10–16, außerhalb der Saison Mo–Fr 10–16 Uhr, Fahrradverleih.

Campingplatz Weißer Sand, Am Gudelacksee 3 (am Nordufer vom Gudelacksee), Tel. 0171/7929037, www.campingplatz-lindow.de, Juni–Sept. Wiesenplatz mit kleinem Badestrand; Imbiss, Bootsverleih.

Hotel Heidegasthof, Klosterheider Straße 10, Lindow/OT Klosterheide, Tel. 89310, www.lindow-klosterheide.de, DZ/F ab 73 €. Drei-Sterne-Unterkunft im Vierseithof zwei Kilometer nördlich von Lindow; ländlich elegante Zimmer; das Restaurant bietet leichte märkische und internationale Küche.

Gasthaus am Gudelacksee, Am Gudelacksee 2a, Tel. 72330, www.gasthaus-gudelacksee.de, DZ/F ab 46€. Kleine Pensi-

on direkt neben der Lindower Marina, die Zimmer sind rustikal; das Restaurant (geöffnet im Sommerhalbjahr) serviert Regionales, Deftiges und Wildkräuterspezialitäten.

Lindower Sommermusiken, Kammermusik in der Lindower Stadtkirche, Ende Juni–Ende August, Infos bei der Evangelischen Kirchengemeinde Lindow, Tel. 70296, www.kirchengemeinde-lindow.de/sommermusiken.

Yachthafen Lindow, Gudelackufer 4, Tel. 71908, www.yachthafen-lindow.de, April–Okt. Seerundfahrten auf dem Gudelacksee, Hafenbistro, Yachtcharter und Bootsverleih.

Heides Wassersportzentrum Lindow, Am Gudelacksee 1, Tel. 70241, www.w-s-c-l.de, April–Okt. Kanu-, Ruder-, Segelbootverleih, Windsurf- und Segelschule.

Seebadeanstalt, Am Gudelacksee 2, Juni–Anfang Sept. tgl. 10–20 Uhr.

Rheinsberg

Eingebettet in sanfte Hügel und Wälder liegt Rheinsberg malerisch am Grienericksee. Es zählt mit seinen 17 Ortsteilen gerade 8350 Einwohner und bildet mit Schloss und Kammertheater die kulturelle Metropole in der Region. Von 1736 bis zur Thronbesteigung 1740 verlebte Kronprinz Friedrich hier seine vier glücklichsten Jahre, wie er später bekannte. ›Rheinsberg – ein Bilderbuch für Verliebte‹ nannte Kurt Tucholsky seine 1912 erschienene kleine Erzählung, die dem Städtchen weit über Preußens Grenzen hinaus große Bekanntheit verschaffte. Bis ins 13. Jahrhundert reicht seine Geschichte zurück, als die Herren von Arnstein hier eine Wasserburg errichten.

1465 werden die Bredows mit dem Landstrich belehnt und bauen die Burg als Grenzfeste gegen Mecklenburg aus. 1734 erwirbt Soldatenkönig Friedrich Wilhelm I. die Herrschaft Rheinsberg für seinen Sohn Friedrich. Bereits zwei Jahre später sind die Umbauarbeiten an der Burg abgeschlossen und der Kronprinz kann mit seinem Tross von Neuruppin an den Grienericksee umziehen.
Ab 1737 legt Friedrichs Freund Georg Wenzeslaus von Knobelsdorff Hand an **Schloss Rheinsberg** an. Der Nordflügel mit dem zweiten der beiden markanten Schlosstürme und die Kolonnaden werden nach Knobelsdorff-Plänen errichtet. Antoine Pesne, der Maler, und Friedrich Christian Glume, der Bildhauer, widmen

Oberhavel und Ruppiner Land

sich der Innengestaltung und finden in Rheinsberg zu einem künstlerischen Ausdruck, der wenige Jahre später in Charlottenburg und Sanssouci als friderizianisches Rokoko seinen Gipfel erreicht. Vier Jahre ›tanzen bis zur Atemlosigkeit, essen bis zum Platzen‹, umschnurrt von ›Tönen, die zur Liebe anreizen‹, vermeldet der Kronprinz aus Rheinsberg. Vier Jahre nach seinem Regierungsantritt 1740 und der Entscheidung für Potsdam als Residenz vermacht er das Schloss seinem Bruder Heinrich, der dann 1753 Wohnsitz in Rheinsberg nimmt.

Prinz Heinrich (1726–1802) verleiht Schloss und Park schließlich das Aussehen, wie wir das Ensemble heute noch sehen. Mit dem Innenumbau des Schlosses, dem Ausbau von **Kavalierhaus** und **Schlosstheater** prägt er ebenso wie mit der Gestaltung des Schlossparks bis 1802 den frühklassizistischen Stil seines ›preußischen Musenhofs‹. Das **Schlossmuseum** zeigt vier noch original aus der friderizianischen Zeit erhaltene Räume: die beiden Turmkabinette – im südlichen verfasste der Kronprinz 1739 den ›Antimachiavell‹ –, den Rittersaal und den prachtvollen Spiegelsaal mit dem gro-

ßen Deckengemälde von Antoine Pesne. Die zahlreichen weiteren, nicht weniger prächtigen Räume, die man bei einem Rundgang durchschreitet, stammen aus den Jahren nach der Umgestaltung unter Prinz Heinrich; darunter der 1769 von Carl Gotthard Langhans geschaffene Marmorsaal oder die Gewölbten Kammern, 1771 von Friedrich Reclam in pompejanischer Malerei ausgestaltet. Der Nordflügel von Schloss Rheinsberg beherbergt das **Kurt-Tucholsky-Literaturmuseum**. Es zeichnet die Lebensgeschichte des 1890 in Berlin geborenen, spitzfedrigen Journalisten, Erzählers, Dichters, messerscharfen Satirikers und radikalen Pazifisten nach, der 1935 im schwedischen Exil in den Freitod ging.

Der rekonstruierte **Schlosspark** zeigt sich wieder annähernd in der Gestalt, die ihm ab Mitte des 18. Jahrhunderts verliehen wurde: als eine Verbindung von geometrischen Mustern, wie sie für Barockgärten üblich sind, mit Anklängen an den heraufziehenden naturnahen Stil englischer Landschaftsgärten. Die Rokoko-Anlage mit Sichtachsen und Rasenrondell wurde bereits vor 1740 von Knobelsdorff und Johann Samuel Sello

▲ *Schloss Rheinsberg*

Kutschen in Rheinsberg

ler erleben. Die Musikakademie Rheinsberg widmet sich im Schlosstheater des historischen Kavalierhauses – 1774 unter Prinz Heinrich eröffnet und nach der Rekonstruktion 1999 feierlich wieder eingeweiht – darüber hinaus der Wiederaufführung selten gespielter Werke.

■ Stadt Rheinsberg

Auch Rheinsberg selbst hat so manche Sehenswürdigkeit zu bieten. Nach einer Feuersbrunst 1740 wurde die kleine Ackerbürgerstadt nach Plänen von Knobelsdorff als typisch preußische Anlage im rechtwinkligen Straßenraster wieder aufgebaut. Zahlreiche Ein- und Doppelstubenhäuser, die die Kopfsteinpflaster links und rechts säumen, stammen noch aus jener Zeit.

Im Herzen der Altstadt erhebt sich am Kirchplatz die um 1570 auf älteren Grundmauern erbaute **St. Laurentiuskirche**. Sie blieb vom Stadtbrand 1740 verschont und steht daher nicht stramm rechtwinklig im neuen Grundriss. Der holzgeschnitzte Hochalter von 1576 und die Scholtze-Orgel von Mitte des 18. Jahrhunderts, im Zentrum durch eine neue von 1994 ergänzt, lohnen den Blick.

geschaffen; Heckentheater, Sphinxtreppe und Feldsteingrotte entstanden nach 1753 unter Prinz Heinrich.

Am Westufer des Grienericksees erhebt sich auf einem bühnenartigen Prospekt der **Obelisk**, den Heinrich 1790 für die Helden des Siebenjährigen Kriegs aufrichten ließ. Er verzeichnet die Namen von 29 preußischen Offizieren, ›die durch Tapferkeit und Kenntnisse verdient haben, dass man sich ihrer ewig erinnere‹; allen voran Prinz August Wilhelm (1722–1758), der aufgrund seiner Kritik an dem zerstörerischen Krieg Friedrichs II. unehrenhaft aus der Armee entlassen worden war. Bemerkenswert dabei: Der gemeinsame Bruder und oberste Kriegsherr, Friedrich II., bleibt auf dem Obelisk ungenannt. Die **Grabstätte Heinrichs** in Form einer abgebrochenen Pyramide steht nahe der Sphinxtreppe.

Alljährlich von Ende Juni bis Mitte August verwandelt sich der Innenhof vor den Kolonnaden von Schloss Rheinsberg in ein ›Bayreuth des Ostens‹. Vor der Kulisse des Grienericksees können Opernliebhaber im Rahmen des ›Sommerfestivals Kammeroper Schloss Rheinsberg‹ die kommende Weltelite junger Sangeskünst-

Am Rheinsberger Hafen

Oberhavel und Ruppiner Land

Im Alten Spritzenhaus am Kirchplatz ist das **Keramikmuseum** untergebracht. Seit sich 1762 auf Order des Prinzen Heinrich eine erste Fayence-Manufaktur gründete, werden in Rheinsberg in Ateliers und Manufakturen bis heute Porzellan und Steingut produziert. Tassen, Terrinen, Töpfe und Vasen sind zu betrachten; nicht zu vergessen die berühmte braune Rheinsberger Teekanne, zu DDR-Zeiten ein Kassenschlager. Immer am zweiten Oktoberwochenende findet der ›**Rheinsberger Töpfermarkt**‹ statt, der größte Keramik-

markt Deutschlands. Auf ihm stellen internationale Keramikkünstler ihre Werke zur Schau. Eisenbahnfreunde erfahren im **Eisenbahnmuseum** im ehemaligen Lokschuppen am Bahnhof viel Interessantes über die Geschichte der Bahnlinie Löwenberg–Rheinsberg und die Anschlussbahn zum heute stillgelegten Atomkraftwerk am Stechlinsee. Außerdem sind historische Technikanlagen, eine Kleinlok von 1934, Eisenbahnwagen, ein Kohlebansen und der ehemalige Atomtransportwagen des KKW Rheinsberg zu sehen.

 Rheinsberg

Vorwahl: 033931
Postleitzahl: 16831
Touristeninformation, Remise am Schloss, Mühlenstraße 15a, Tel. 34940, www. rheinsberg.de, Mo–Do 10–17, Fr–So 10–18 Uhr.

Der Seehof Rheinsberg, Seestraße 18, Tel. 4030, www.seehof-rheinsberg.de, DZ/F 110 €. 1750 erbaut, eines der ersten Häuser vor Ort; in behaglicher Landhausatmosphäre kombinieren die Zimmer klassische Eleganz mit modernem Design.
Gast- & Logierhaus Zum Jungen Fritz, Schloßstraße 8, Tel. 4090, www.jungerfritz.de, DZ/F ab 72 €. Historisches Gebäude im Herzen der Altstadt, die Zimmer im sachlichen Schick; im Restaurant Hausmannskost und saisonale Gerichte der Region.
Pension Holländermühle, Holländer Mühle 1, Tel. 2332, www.hollaender-muehle. de, DZ/F ab 65 €. Am südlichen Stadtrand um eine historische Windmühle gebaute kleine Bungalowanlage mit bürgerlichem Komfort; das angeschlossene Restaurant serviert deutsche und internationale Gerichte.
Jugendherberge, Prebelow 2, Rheinsberg/OT Prebelow, Tel. 70222, www. jh-prebelow.de, 10 Kilometer nördlich von Rheinsberg.

Restaurant im Seehof Rheinsberg (s.o.). Mehrfach ausgezeichnete leichte Kreationen der Deutschen Küche, heimische Fisch- und Wildköstlichkeiten; aufgetragen im sonnigen Wintergarten, im mediterranen Hofgarten oder im historischen Eiskeller.
Gaststätte Zum Fischerhof, Seestraße 19a, Tel. 39586, Mai–Okt. Mi–Mo 12–22 Uhr. Kleine Gaststätte mit Fischräucherei und Fischverkauf; der Fisch aus eigenem Fang kommt, täglich frisch, knusprig gebraten auf den Tisch.

Schlossmuseum, Schloss Rheinberg, Mühlenstraße 1, Tel. 7260, www.spsg.de, April–Okt. Di–So 10–18 Uhr, Nov.–März Di–So 10–17 Uhr.
Kurt-Tucholsky-Literaturmuseum, Schloss Rheinsberg, Mühlenstraße 1, Tel. 39007, www.tucholsky-museum.de, Di–So 10–17.30 Uhr.
Keramikmuseum, Kirchplatz 1, Tel. 37631, www.museum-rheinsberg.de, Mo und Mi–Sa 10–18, So 12–16, Nov.–März Mi/Do 12–17, Sa 10–17 Uhr.
Eisenbahnmuseum, Damaschkeweg, Tel. 37017, www.bahnhof-rheinsberg.de, im ehemaligen Lokschuppen, Di 14–18 Uhr.

 musical note icon

Musikakademie Rheinsberg, Kavalierhaus der Schlossanlage, Tel. 7210, Programm-

Info unter www.schlosstheater-rheinsberg.de und www.musikakademie-rheinsberg.de, Kartenverkauf und Reservierung in der Rheinsberger Touristeninformation. **Kammeroper Schloss Rheinsberg**, im Kavalierhaus der Schlossanlage, Tel. 7250, Kartentel. 34940, www.kammeroper-schloss-rheinsberg.de.

Seebad Rheinsberg, Schillerstraße, historisches Strandbad von 1929 am Grienericksee, zwei Kilometer nördlich vom Zentrum, Juni–Sept. tgl. 10–18 Uhr.

Ausflugsschifffahrten, Reederei Halbeck, Markt 11 (Büro), Tel. 38619, www.schifffahrt-rheinsberg.de, Seerundfahrten, Halbtagestouren bis Strasen und zum Fleetsee, Tagestouren z.B. nach Lychen oder zur Müritz, Abfahrt vom Hafen in der Seestraße.

Bootsverleih Halbeck, am Yachthafen in der Kurt-Tucholsky-Straße, Tel. 39390, www.schifffahrt-rheinsberg.de, April–Okt. tgl. 9–19 Uhr. Motor- und Segelboote, Kanus, Kajaks, Kanadier, Ruder- und Tretboote.

Das Rheinsberger Seengebiet

Ein endlos erscheinendes Netz aus Seen, Flüsschen und Kanälen, ausgedehnte Buchen- und Kiefernwälder, Moore und Heiden und dazu eine herrlich saubere Luft machen das Rheinsberger Seengebiet – letzter südlicher Ausläufer der Mecklenburgischen Seenplatte – zu einem Paradies für Wanderer, Bootstouristen, Reiter und Radler. In den winzigen Dörfern ringsum hat man sich mit einer ganzen Reihe von Campingplätzen, Ferienwohnungen und Privatquartieren auf sanften Tourismus eingestellt. Der Wasserverkehrsknotenpunkt am Schlabornsee, **Zechlinerhütte**, ist etwas über 400 Einwohner klein. Als Ausgangs- bzw. Endpunkt für viele Wasserwanderer über die Seenkette verfügt der Ort, der auf die Gründung einer Glashütte 1736 zurück-

Verträumt und malerisch: Flecken Zechlin

Oberhavel und Ruppiner Land

geht, über eine Informationsstelle. Sie ist im Haus des kleinen Museums untergebracht, das sich dem Polarforscher und Entdecker der Kontinentalverschiebung Alfred Wegener (1880–1930) widmet. Die Familie Wegener hatte 1886 das Direktorenhaus der Glashütte gekauft und verbrachte viele Ferientage in Zechlinerhütte.

Das verträumte Örtchen **Flecken Zechlin** am Schwarzen See zählt 750 Seelen. Durch seine Lage am Uferhang wirken die schmalen Kopfsteinpflastergassen, die Feldstein-, Ziegel- und Fachwerkhäuser und inmitten die 1775 erbaute Dorfkirche besonders malerisch. Wie

Flecken Zechlin wird auch das 440 Einwohner große **Dorf Zechlin** am Braminsee 1237 erstmals erwähnt. 1549 erhält es eine aus Feldsteinen errichtete Kirche, die innen ein Altar aus dem Jahr 1722 schmückt. Im Jahr 1839 beginnt das Zeitalter der Familie Krüger als Müller der Zechliner Wassermühle. Mit einer Unterbrechung 1931–1952 wurde die Mühle bis 1989 betrieben. Seit 1993 ist sie **Mühlenmuseum**, zeigt auf drei Ebenen den einstigen Mühlenbetrieb sowie bäuerliche und handwerkliche Gegenstände verschiedener Epochen, während unten im Erdgeschoss die urige ›Mühlenschänke‹ heimische ländliche Küche auftischt.

 Rheinsberger Seengebiet

Touristeninformation Zechlinerhütte, Rheinsberger Straße 14, 16831 Zechlinerhütte, Tel. 033921/70217, www. zechlinerhuette.com, Mi–So 10–16 Uhr. **Touristeninformation Flecken Zechlin**, Rheinsberger Straße 15, 16837 Flecken Zechlin, Tel. 033923/70412, April–Okt. Mo–Sa 10–16, So 10–15 Uhr, Nov.–März Mo–Fr 10–16 Uhr.

Haus am See, Zechliner Straße 5, 16831 Zechlinerhütte, Tel. 033921/7690, www. hotel-see-rheinsberg.de, DZ/F ab 75 €. Großes Haus direkt am Schlabornsee gelegen. Das angeschlossene Restaurant bietet regionale und internationale Küche, Wild- und Fischgerichte sowie Spezialitäten vom Saalower Kräuterschwein.
Jugendherberge, Prebelow 2, 16831 Prebelow, Tel. 033921/70222, www.jh-prebelow.de.

Camping Schlabornhalbinsel, Schlabornhalbinsel, 16831 Zechlinerhütte, Tel. 033921/70295, www.schlabornhalbinsel.de, April–Okt. Großer Platz malerisch auf der Halbinsel im Schlabornsee, wahlweise unter Kiefern oder auf der Wiese;

kleine Badestelle, Kiosk, Verleih von Kanus und Paddelbooten.
Campingplatz Eckernkoppel, Am Tietzowsee, 16831 Zechlinerhütte, Tel. 033921/50941, www.campingplatz-eckernkoppel.de, März–Okt. Im Wald am Tietzowsee; Kiosk, Bootsverleih und mehreren kleine Sandbadestellen, 2,5 Kilometer nördlich von Zechlinerhütte.

Alfred-Wegener-Museum, Rheinsberger Straße 14, 16831 Zechlinerhütte, Tel. 033921/70217,www.alfred-wegener-museum.de, Mi–So 10–16 Uhr.
Mühlenmuseum, Am Kunkelberg 14, 16837 Dorf Zechlin, Tel. 033923/70267, www.muehlenhof-zechlin.de, Mi–Mo 12–19 Uhr; Mühlenschänke April–Okt. Mi–Mo 12–20.30 Uhr.

Bootsverleih Behnfeldt, Zechlinerstraße 10, 16831 Zechlinerhütte, Tel. 033921/70650, www.bootsservice-behnfeldt.de. Kanus, Kajaks, Ruderboote, Wassertreter, Motorboote.
Fahrrad- und Bootsverleih Maranke, Amtstraße 4, 16837 Flecken Zechlin, Tel. 033923/70155, www.boote-rheinsberg-zechlin.de.

Badestelle am Stechlin bei Neuglobsow

Stechlin-Fürstenberger Land

Auf halber Höhe zwischen Rheinsberg und Fürstenberg liegt in der Menzer Heide der **Große Stechlin**; vielbesungen, sagenumwoben und spätestens seit Fontane seinen letzten Roman nach ihm ›Der Stechlin‹ nannte, weithin bekannt. 425 Hektar Wasserfläche misst der See. Auf einem 16 Kilometer langen Rundwanderweg am Ufer entlang durch herrlichen Buchenwald kann man seine drei weit ins Land greifenden Arme und halbinselartige Vorsprünge umwandern. Der Große Stechlin gilt als eines der saubersten Gewässer Norddeutschlands, und die Kleine Maräne weiß es zu schätzen. Frisch aus dem Rauch oder saftig gebraten kommt der edelste Speisefisch des Stechlin überall in der Region auf den Tisch.

Ungewöhnlich für die eher seichten brandenburgischen Klarwasserseen, reicht der Stechlin an seiner tiefsten Stelle 68 Meter hinab und verfügt zudem über keine nennenswerten oberirdischen Zuflüsse. Dafür sei er unten in der Tiefe unsichtbar mit der ganzen Welt verbunden, lässt Fontane seine Leser in den ›Wanderungen‹ wissen, während dem Erdbeben in Lissabon 1755 tanzten auf dem Stechlin Strudel, Trichter und Wasserhosen. Und Launen habe er. Verhält sich ihm jemand zum Trotz, ›so gibt es ein Unglück, und der Hahn steigt herauf, rot und zornig, der Hahn, der unten auf dem Grunde des Stechlin sitzt, und schlägt mit den Flügeln, bis er schäumt und wogt, und greift das Boot an und kreischt und kräht, dass es die ganze Menzer Forst durchhallt von Dagow bis Roofen und bis Alt-Globsow hin‹. So geht die Sage vom Roten Hahn im Großen Stechlin.

■ Neuglobsow

Ausgangspunkt für eine Stechlin-Umrundung ist das zentrale, weil einzige Dörfchen Neuglobsow am östlichen Ufer. Seine Geschichte beginnt mit der Gründung der örtlichen Glashütte 1779, als Frau Johanna Pirl dafür die Betriebserlaubnis erhielt. Alles für die Glasproduktion Nötige gab es in Hülle und Fülle: Holz, Wasser, Sand. Glasmacher siedelten sich an, die grünes Gebrauchsglas herstellten, außerdem baute man Teeröfen und Holzkohlemeiler – Neuglobsow entstand. Einige geduckte Arbeiterhäuschen zeugen mit ihren Inschriftenbändern im Fachwerk noch von dieser Zeit. In einem

In Neuglobsow

Oberhavel und Ruppiner Land

davon ist das Neuglobsower **Glasmuseum** zu Hause, das die Geschichte der Stechliner Glasproduktion nachzeichnet. Anfang des 20. Jahrhunderts kam Neuglobsow, nicht zuletzt dank Fontane, in vermögenden Kreisen als Sommerfrische in Mode, was den kleinen Flecken im Wald um ein paar großartige Villen bereicherte. ›Haus Hirschberg‹ etwa, am gleichnamigen Weg, ließ Anfang des 20. Jahrhunderts der Bremer Reeder Georg Heinrich Plate für, wie man erzählt, eine Million Goldmark errichten. Zu DDR-Zeiten ein Ferienheim, stand die mittlerweile vom Verfall gekennzeichnete Schönheit seit Jahren zum Verkauf. Oder ›Haus Bernadotte‹ am Neuglobsower Hauptweg: Der Ausbau eines bescheidenen Fachwerkhauses zu einem schlossähnlichen Anwesen geht auf das Konto des Berliner Müllunternehmers Patzek, der die Villa seiner Tochter Erika und Prinz Sigvard von Bernadotte, Bruder des schwedischen Kronprinzen, zur Hochzeit schenkte. Viele Fontane-Liebhaber möchten im ›Haus Bernadotte‹ das Vorbild für Schloss Stechlin im Roman ›Der Stechlin‹ wiedererkennen.

Zum Baden und Sonnenbaden lädt bei Neuglobsow am Seeufer die große Badewiese sowie am nördlichen Seezipfel die ›Sonnenbucht‹ mit einer Reihe lauschiger kleiner Waldnischen ein.

Als Relikt der jüngsten Vergangenheit steht auf einer Landbrücke zwischen Stechlin und Nehmitzsee das Kernkraftwerk Rheinsberg. Es ging 1966 ans Netz, wurde unmittelbar nach der Wende abgeschaltet und befindet sich seit 1995 im Rückbau.

Menz südlich von Neuglobsow bildet mit dem **Besucherzentrum NaturParkHaus Stechlin**, wo man viel Wissenswertes über die Fauna und Flora erfährt, den informativen Mittelpunkt im Naturpark Stechlin-Ruppiner Land.

 Stechlin-Fürstenberger Land
Vorwahl: 033082
Postleitzahl: 16775
Touristeninformation Neuglobsow, Stechlinseestr. 17 (im Stechlinsee-Center), Stechlinsee/OT Neuglobsow, Tel. 70202, www.stechlin.de, März/Okt. Mi/Do/So 10–15, April/Sept. Mi–So 10–15, Mai/Juni Mo–Fr 10–15, Sa/So 10–16, Juli/Aug. tgl. 10–16 Uhr.

 Restaurant & Logis Luisenhof, Stechlinseestr. 8, Stechlinsee/OT Neuglobsow, Tel. 70386, www.luisenhof-stechlin.de, DZ/F ab 69€. Gepflegter Fachwerkneubau im Dorfzentrum; Spezialität im Restaurant sind Zubereitungen von Wild und Fisch aus den heimischen Wäldern und Seen.
Gaststätte & Pension Fontanehaus, Fontanestraße 1, Stechlinsee/OT Neuglobsow, Tel. 6490, www.fontanehaus.com, DZ/F 52€. Kleines historisches Fachwerkhaus in der Ortsmitte mit ein wenig altmodisch möblierten Zimmern im Haupthaus und Gästehaus mit Duschbad/Telefon/TV; bodenständige märkische Küche.

Campingplatz & Pension Ferienhof Altglobsow, Seestraße 11b, 16775 Großwoltersdorf/OT Altglobsow, Tel. 50250, www.ferienhof-altglobsow.de, ganzjährig geöffnet. Vier Kilometer östlich von Neuglobsow, Wiesenplatz am Waldrand, kleine Bungalows; die Pension bietet Zimmer mit Duschbad und TV (DZ/F 44€), im angeschlossenen Café Seeblick Hausmannskost.

 Imbiss der Fischerei Stechlinsee, Stechlinsee/OT Neuglobsow, Tel. 70422, www.fischerei-stechlinsee.de, April–Okt. Di–So 10–20 Uhr. Fisch in allen Variationen, gebraten oder geräuchert, direkt am Seeufer, schön an einem lauschigen Sommerabend.

Karte S. 159

Glasmachermuseum, Stechlinsee/OT Neuglobsow, Stechlinseestraße 21, Stechlinsee/OT Neuglobsow, Tel. 40863, Mai–Sept. Di–So 10–16 Uhr, Okt.–April Fr–So 10–16 Uhr.
Besucherzentrum Naturparkhaus Stechlin, Kirchstraße 4, Stechlin/OT Menz, Tel. 51210, www.naturparkhaus.de. Mai–Sept. tgl. 10–18 Uhr, sonst tgl. 10–16 Uhr.

 Mehrere **Badestellen** in Menz am Roofensee; am Großen Stechlin eine ausgedehnte **Badewiese** bei Neuglobsow sowie **Waldbadestellen** am nördlichen Ufer.

 Tauchbasis Stechlin, Fischerweg 2 in Neuglobsow, Tel. 70453, www.tauchbasis-stechlinsee.de.

 Bootsverleih in Neuglobsow am südlichen Ende der Badewiese, Tel. 679978, www.bootsverleih-stechlin.de, Mai–Sept. tgl. 9–19 Uhr. Kanus, Kajaks, Ruderboote.

 Fahrradverleih, in der Pension Stechlinsee in Neuglobsow, Tel. 408090, www.fahrradverleih-stechlinsee.de, April–Okt. tgl. 8–20 Uhr.

Fürstenberg/Havel

Auf einem Stückchen Land zwischen Röblinsee, Baalensee und Schwedtsee liegt die 6000-Einwohner-Stadt Fürstenberg inmitten des brandenburg-mecklenburgischen Seengebiets. Das ›Tor zur Mecklenburgischen Seenplatte‹ wird der für viele Segler und Paddler zentrale Wasserwanderstützpunkt deshalb genannt. 1318 erstmals als Stadt ›Vorstenberge‹ erwähnt, berichtet die Chronik von zahlreichen Bränden, Grenzscharmützeln mit Mecklenburg, dem Bau von Schifffahrtsschleusen und schließlich 1899 der Eröffnung der Eisenbahnstrecke Fürstenberg–Templin, die dem Städtchen wirtschaftlichen Aufschwung bescherte. Bereits 1741–1752 entstand das dreiflügelige **Barockschloss** auf der nördlichsten der drei Altstadtinseln zwischen den Seen für die mecklenburgischen Herzogin Dorothea Sophia. Es soll einmal als Hotel genutzt werden.
Das Zentrum der von der Havel umflossenen Altstadtinsel schmückt am Markt die 1845–1848 nach einem Entwurf des Schinkelschülers Friedrich Wilhelm Buttel errichtete **Pfarrkirche**. Im Inneren fällt der von Christof Grüger 1963 geschaffene, mit sieben Meter Länge größte

Batikteppich Europas ins Auge, der die Auferstehung Jesu darstellt. Augenfällig ist außerdem der Altar, der nicht wie üblich in christlichen Gotteshäusern im Osten, sondern im Westen aufgestellt ist. Ein Reisevergnügen der besonderen Art sind die Fahrten mit der **Fahrrad-Draisine** zwischen Fürstenberg und dem uckermärkischen Templin. 1996, fast ein Jahrhundert nach ihrer Eröffnung, wurde die gut 30 Kilometer lange Gleisstrecke touristisch wiederbelebt. Seitdem geht es per Muskelkraft auf der Tret-Draisine

Mahn- und Gedenkstätte Ravensbrück

Oberhavel und Ruppiner Land

Fürstenberg/Havel

0   60   120 m

mit zahlreichen Möglichkeiten für Zwi-
schenstopps über Himmelpfort und Lychen zum Zielbahnhof in Templin.

Nahe dem Draisinenbahnhof befindet
sich am Ostufer des Schwedtsees die
Mahn- und Gedenkstätte Ravensbrück.
Ab November 1938 ließ die SS durch
Häftlinge des Konzentrationslagers Sachsenhausen das Frauen-KZ Ravensbrück
errichten, das größte Frauenkonzentrationslager auf deutschem Gebiet. Es wuchs
kontinuierlich, wurde 1941 um ein Män-
nerlager sowie 1942 das so genannte ›Ju-
gendschutzlager Uckermark‹ erweitert;
in den Produktionsstätten innerhalb des
Lagers und angrenzend in 20 Werkhallen
der Firma Siemens & Halske leisteten Ge-
fangene Zwangsarbeit. 132 000 Frauen
und Kinder, 20 000 Männer und 1000
weibliche Jugendliche aus über 40 Ländern der Welt wurden als Lagerinsassen

verzeichnet. Zehntausende wurden um-
gebracht, verhungerten, starben durch
Krankheit oder infolge medizinischer
Experimente. Zwischen 5000 und 6000
Menschen kamen in der Ende 1944 er-
richteten Gaskammer ums Leben.

Von 1945 bis zum Abzug 1993 wurde das Gelände von der Sowjetarmee
genutzt, die mit rund 25 000 Soldaten
in Fürstenberg stationiert war. Deshalb
richtete die DDR ihre nach Buchenwald
und Sachsenhausen dritte **Nationale
Mahn- und Gedenkstätte** außerhalb der
KZ-Mauern ein. Unter Einbeziehung eines Abschnitts der vier Meter hohen
Lagermauer und davor der Gestaltung
eines Massengrabes als Rosenbeet wurde sie im September 1959 am Ufer des
Schwedtsees eingeweiht. Weithin sichtbar über den See ist Will Lammerts Bron-
zeskulptur ›Die Tragende‹ Zeichen der

Trauer wie gleichermaßen mahnendes Wahrzeichen von Ravensbrück.

Im Jahr 1993 begannen Spurensuche, Erforschung, Sicherung und Sanierung der verbliebenen historischen Bausubstanz sowie die Neugestaltung der Mahn- und Gedenkstätte. Zum 50. Jahrestag der Befreiung 1995 wurde der Lagereingang wieder öffentlich zugänglich gemacht, weitere Bereiche des ehemaligen KZ folgten. Ausstellungen vergegenwärtigen die Geschichte und Topografie der Verbrechen gegen die Menschlichkeit.

■ Himmelpfort

Das 600 Seelen kleine Himmelpfort ist ein bei Wasserwanderern beliebter Stopp auf ihrem Weg über die Lychener Seenkette zur Oberen Havel. Das Dorf auf dem schmalen Landsteg zwischen Stolpsee, Haussee, Moderfitz- und Sidowsee geht auf die Stiftung von Brandenburgs jüngstem Zisterzienserkloster ›Coeli Porta‹ (Pforte des Himmels) 1299 durch Markgraf Albrecht zurück. 1541 wurde der Konvent im Zuge der Reformation aufgelöst, im Dreißigjähri-

gen Krieg im Jahrhundert darauf erlitt die Anlage schweren Schaden. Abrisse ganzer Teile schlossen sich an, bis von der einst blühenden Abtei kaum mehr etwas zu sehen war. Erhalten blieben die kleine **Klosterkirche**, das ehemalige Brauhaus und ein romantisch mit Efeu überwachsener Rest der alten Klostermauern. Gleich gegenüber legte man 1997 nach mönchischer Überlieferung einen **Kräutergarten** an.

Vor allem aber für die Postanschrift Klosterstraße 23 wurde das kleine Dorf weltweit bekannt. Denn hier wohnt der Weihnachtsmann! Alljährlich Mitte November öffnet die Deutsche Post in Himmelpfort ihre Weihnachtspostfiliale, und hunderttausende Briefe mit Wunschzetteln nicht nur aus Deutschland, sondern aus aller Welt treffen ein. So geht es in der Weihnachtsmannschreibstube in der kalten Jahreszeit heiß her, da alle Briefe, die bis zehn Tage vor Heiligabend eintreffen, vom Weihnachtsmann höchstpersönlich und seinen fleißigen Engeln in Deutsch und 17 weiteren Sprachen beantwortet werden.

Oberhavel und Ruppiner Land

In der Klosterkirche Himmelpfort

Fürstenberg und Himmelpfort

Touristeninformation, Markt 5, 16798 Fürstenberg/Havel, Tel. 033093/32254, www.fuerstenberger-seenland.de und www.fuerstenberg-havel.de, Mai–Sept. Mo–Fr 10–18, Sa/So 10–14 Uhr, Okt.– April Mo–Fr 10–17, Okt., März, April zusätzlich Sa 10–13 Uhr.

Touristeninformation, Haus des Gastes, Klosterstraße 23, 16798 Himmelpfort, Tel. 033089/41888, www.himmelpfort.de, April–Sept. Mo–Fr 10.30–17, Sa 10–18, So 10–16 Uhr, Okt.–März Di–Fr 10.30–16, Sa 10–18, So 10–16 Uhr.

Gut Boltenhof, **Hotel und Restaurant**, Lindenallee 14, 16798 Boltenhof, Tel. 033087/52520, www.gutboltenhof.de und www.goldene-gans-boltenhof.de, DZ/F ab 63 €, FeWo ab 58 €. Urige Gutsanlage aus der Mitte des 19. Jahrhunderts, 11 km südlich von Himmelpfort; Zimmer im Landhausstil; das angeschlossene Restaurant bietet eine kleine, feine, französisch inspirierte Karte mit Produkten von regionalen Erzeugern.

Haus an der Havel, Schliemannstraße 6, 16798 Fürstenberg/Havel, Tel. 033093/39069, www.haus-an-der-havel.de, DZ/F 55€. In ökologischer Bauweise errichtetes Landhaus, sonnendurchflutet, die Zimmer komfortabel und funktional; im Café gibt es selbstgebackene Kuchen und kleine Imbissgerichte; Kanuverleih.

Jugendherberge Internationale Jugendbegegnungsstätte Ravensbrück, Straße der Nationen 3, 16798 Fürstenberg/Havel, Tel. 033093/60590, www.jh-ravensbrueck.de; unmittelbar bei der Mahn- und Gedenkstätte Ravensbrück in den Aufseherinnen-Häusern der ehemaligen SS-Siedlung.

Campingpark Himmelpfort, Am Stolpsee 1, 16798 Himmelpfort, Tel. 033089/41238, www.camping-himmelpfort.de, Mitte März–Anfang Okt. Drei-Sterne-Platz am Stolpsee; Gaststätte, SB-Laden, Kanu-, Ruderboot- und Motorbootverleih.

Campingplatz am Röblinsee, Röblinsee Nord 1, 16798 Fürstenberg/Havel, Tel. 033093/38278, www.camping-amröblinsee.de, April–Nov. Wiesenplatz am Röblinsee neben dem Strandbad, wird gerne von Wasserwanderern genutzt; Kanuverleih.

Wohnmobil-Hafen, Dorfstraße 26 (an der Fürstenberger Marina am Nordufer des Schwedtsees), Tel. 033093/39 203, www.marina-fürstenberg.de.

Mahn- und Gedenkstätte Ravensbrück, Straße der Nationen, 16798 Fürstenberg/Havel, Tel. 033093/6080, www.ravensbrueck.de, Gedenkstätte Mai–Sept. tgl. 9–20 Uhr, Okt.–April tgl. 9–17 Uhr, Ausstellungen und Besucherzentrum Mai–Sept. Di–So 9–18 Uhr, Okt.–April Di–So 9–17 Uhr.

Klosterkirche Himmelpfort, Kirchweg, Mai–Okt. tgl. 10–16 Uhr.

Kloster-Kräutergarten Himmelpfort, Klosterstraße, Mai–Sept. Mo–Fr 9–17, Sa/So 12–17 Uhr, Okt.–April Mo–Fr 9–15 Uhr.

Weihnachtspostamt Himmelpfort, Anschrift: An den Weihnachtsmann, Weihnachtspostfiliale, 16798 Himmelpfort; die Weihnachtsmannschreibstube befindet sich in der Klosterstraße 23, www.weihnachtsmann-in-himmelpfort.de, Mitte Nov.–24. Dez. tgl. ab 10 Uhr; montags ist der Weihnachtsmann nicht persönlich zugegen, sondern macht Pause und lässt sich vertreten.

Badestrände bei Himmelpfort: auf Höhe des Ortskerns am Stolpsee, am Ostufer vom Haussee, am Südwestufer vom Moderwitzsee.

Fahrrad-Draisine, Halbtagestour von Fürstenberg bis Lychen, April–Okt. 9–11 und 14.30–15.30 Uhr, Fahrtrichtungswechsel ab 12 Uhr (Rückgabe bis 14 Uhr) bzw. ab

16.30 Uhr (Rückgabe bis 18.30 Uhr) ab Basisstation am Weidendamm (kurz vor Ravensbrück); Info: Tel. 03377/3300850, www.draisine.com.
Zweiradcenter Intress, Brandenburger Straße 47, 16798 Fürstenberg/Havel, Tel. 0152/34062993, www.zweirad-intress.de.

Bootverleih, Nordlicht-Kanustation, Brandenburger Straße 33, 16798 Fürstenberg, Tel. 033093/37186, www.nordlicht-kanu.de, sowie auf den Campingplätzen in Himmelpfort und am Röblinsee, s.o.

Lychen

›Lychen ist ein schöner Ort, liegt zwischen Fegefeuer und Himmelpfort‹, reimte der Sänger, Dichter und Humorist Otto Reuter (1870–1931) über die zwischen sieben Seen gebettete Flößerstadt im nordwestlichsten Zipfel der Uckermark. Unter Markgraf Johann I. 1248 gegründet, entwickelte sich die heute 3500 Einwohner zählende Ort ab Anfang des 18. Jahrhunderts zu einer Hochburg der Flößerei. Holzstämme von überall aus den Wäldern ringsum wurden zu Flößen gebunden und zu den Sägewerken geschifft. Noch in den 1960er Jahren wurde professionell geflößt; die allerletzte Floßfahrt fand 1975 statt. 1995 hat man diese Tradition wieder aufleben lassen, bietet am Oberpfuhlsee nun touristische Floßfahrten an und feiert darüber hinaus jedes Jahr Ende Juli, Anfang August ein buntes Flößerfest. Eine kleine Ausstellung zum überlieferten Flößerhandwerk zeigt das **Flößereimuseum** im alten Feuerwehrhaus am Stargarder Tor.

Das Stargarder Tor ist eines von drei noch aus der Lychener Gründungszeit rührenden Stadttoren, die zusammen mit Resten der Stadtmauer den Jahrhunderten trotzten; ebenso die wuchtige spätgotische **St. Johanneskirche**, die auf Mitte des 13. Jahrhunderts datiert.

Eine richtungsweisende Erfindung wurde 1902 in Lychen gemacht. Der Uhrmachermeister Johann Kirsten schenkte der Welt Reißzwecken, ›Pinnen‹, wie er sie nannte. Reich wurde jedoch ein anderer damit, nämlich der Lychener Kaufmann Lindstedt, der des Uhrmachers kleines Metallstiftchen patentieren ließ und mit ihnen Millionen scheffelte. Von dieser und anderen Geschichten, die sich in Lychen im Lauf der Jahrhunderte zugetragen haben, berichtet die **Heimatstube** in der Stabenstraße, wenige Schritte vom Marktplatz entfernt. Stilecht hat sie ihren Sitz in einem kleinen Gebäude, in dem noch bis Ende des 19. Jahrhunderts Pinnen fabriziert wurden.

Der größte Reichtum aber, den die Flößerstadt Lychen bis heute besitzt, sind ihre Wälder und Seen. An der Nahtstelle der Naturparks Stechlin-Ruppiner Land und Uckermärkische Seen, die hier buchstäblich fließend ineinander übergehen,

Draisinenfahrt zwischen Templin und Lychen

hat man dem **Besucherzentrum des Naturparks Uckermärkische Seen** ein Zuhause gegeben. Es informiert über Geologie, Besiedlungsgeschichte, Landschaft, Fauna und Flora der nordwestlichen Uckermark.

Seglern und Paddlern wird das Lychener Seenkreuz als ein kleines Eldorado erscheinen, denn die fünf oberen Seen sind für die Motorschifffahrt gesperrt. Dafür kommt ab Großem Lychensee zwischen Mai und Oktober die ›Möwe‹ zum Einsatz und schippert Ausflügler über die Havel, die Woblitz und die Seenplatte bis Fürstenberg. Ebenso schön lässt sich diese Distanz erradeln, wahlweise mit dem eigenen Rad oder auf fester Schiene mit der Fahrraddraisine auf der Strecke Fürstenberg–Lychen–Templin.

Der Ort Fegefeuer ist übrigens keineswegs einem Ulk des Humoristen Otto Reuter geschuldet. Er liegt, aus einem Haus und zwei Scheunen bestehend, etwa zwei Kilometer südöstlich von Lychen.

 Lychen

Vorwahl: 039888
Postleitzahl: 17279
Touristeninformation, Stargarder Straße 6, Lychen, Tel. 2555, www.lychen.de, Mai–Sept. Mo–Fr 9–18, Sa/So 10–13 Uhr (Juli/Aug. Sa/So 10–15 Uhr), Okt.–April Mo–Fr 9–12 und 13–17 Uhr.

Tel. 64530, www.natur-schau-spiel.com, Mo–Fr 8–15 Uhr.
Flößereimuseum, Clara-Zetkin-Straße 1, Lychen, Tel. 49 99 73, www.floesserver ein-lychen.de, Juni–Okt. Di–So 10–18 Uhr.
Heimatstube, Stabener Straße 25, Lychen, Di und Do–Sa 13–17 Uhr, Mi 9–13 Uhr.

Seehotel Lindenhof, Lindenhof 1, Tel. 64310, www.seehotel-lindenhof.de, DZ/F 110 €. Gediegenes Haus in traumhafter Lage auf einer Halbinsel im Wurlsee; kreative regionale und internationale Küche.
Waldhotel Sängerlust, Haus am Zenssee 2, Lychen, Tel. 64600, www.saengerlust. de, DZ/F ab 76 €. Ferienanlage mit Hotel und Apartments im Wald am Zenssee, die Zimmer gediegen-solide möbliert; Sauna und Hallenbad, Bootsverleih, Badestrand.
Pension Wurlsee, Wurlweg 11, Lychen/OT Retzow, Tel. 28 97, www.pension-wurlsee.de, DZ/F 49 €. Solide, gutbürgerliche Unterkunft nahe Wurlsee, mit angeschlossenem Café-Restaurant.

Reederei Knaack & Kreyss, Mai–Okt. ab Marina am Großen Lychensee, Prenzlauer Straße 7, Lychen, Tel. 3893, www.ms-moewe.de.

Treibholz, Oberpfuhlstraße 3a, Lychen, Tel. 43377, www.treibholz.com. Ruder-, Paddel-, Tretboote, Kanus und Hydrobikes, Floßfahrten.
Bootsvermietung am Nesselpfuhl, Berliner Straße 1a, Lychen, Tel. 38 93, www. solarboote-lychen.de. Solarboote, Tret- und Ruderboote, Kanus, Kajaks.

Strandbad, Am Strandbad 3 (am Ostufer des Großen Lychensees), Lychen, Tel. 52305.
Badestrand auf dem Campingplatz Wurlseecamping am nordöstlichen Wurlseeufer.

Wurlseecamping, Streelitzer Straße 5b, Lychen, Tel. 2509, www.wurlseecamping-lychen.de, April–Okt. Am nördlichen Ufer.

Naturpark-Besucherzentrum Uckermärkische Seen, Zehdenicker Str. 1, Lychen,

Reiten auf Pferden und Mulis, Kutschfahrten: Familie Rensch, Weinbergstr. 6a, Tel. 2778, www.muli-rensch.de.

Heilstätte, Geisterstätte – die ehemalige Heilanstalt Hohenlychen

Wälder und Seen, Sonnenlicht und vor allem viel gute Luft hießen die Zutaten, denen Lychen Anfang des 20. Jahrhunderts seinen Aufstieg zum Luftkurort verdankte. 1902 erwarb der Mediziner und Generalsekretär des ›Volksheilstättenvereins vom Roten Kreuz zur Bekämpfung der Tuberkulose‹, Gotthold Pannwitz, im Ortsteil Hohenlychen ein ausgedehntes Gelände am Westufer des Zenssees und ließ dort eine Heilanstalt für erkrankte Kinder aus einkommensschwachen Familien errichten. Ein Sanatorium, ein Kurhotel, eine Badeanstalt und weitere Gebäude für die Genesung und Rehabilitation von Tuberkulosekranken schlossen sich an, und schnell erwarb sich Hohenlychen den Ruf einer profilierten Lungenheilstätte.

Im Nationalsozialismus wandelte sich die Einrichtung unter dem Sauerbruch-Schüler und Himmler-Freund Karl Gebhardt in eine Klinik für Arbeits- und Sportverletzungen und schließlich – bis zum Olympiajahr 1936 um ein Sportsanatorium und Sportanlagen ergänzt – zum Rehazentrum für deutsche Spitzenathleten. Lychen wurde en vogue. Zahlreiche NSDAP-Größen, Botschafter aus aller Herren Länder und Angehörige des europäischen Hochadels weilten als Gäste am Zenssee.

Währenddessen begannen Prof. Gebhardt und Kollegen mit grausamen Experimenten zur bakteriellen Wundinfektion an Häftlingen aus dem Frauenkonzentrationslager Ravensbrück. Viele Frauen erkrankten schwer und trugen Verstümmelungen davon, viele starben. Nach Kriegsende wurde Gebhardt dafür im Nürnberger Ärzteprozess 1947 angeklagt und zum Tode verurteilt; über zwei seiner Mitarbeiter wurden lebenslange Haftstrafen verhängt.

Bereits zwei Jahre vorher war die Rote Armee am Ende des Zweiten Weltkriegs in Lychen einmarschiert und hatte die halbe Stadt in Brand gesetzt. Die ehemaligen Heilstätten blieben dabei verschont und dienten den Sowjets fortan als Militärhospital und Kaserne. Fast ein halbes Jahrhundert lang verschwand Hohenlychen hinter Stacheldraht. Dann kamen Wende und Wiedervereinigung und 1993 der Abzug der sowjetischen Streitkräfte.

Seitdem stehen die Häuser leer und verwandeln sich mehr und mehr in eine Geisterstätte. Zwar wurden einige der alten Arztvillen restauriert und sind wieder bewohnt, darunter auch die Gebhardtsche Villa. Doch die meisten der einst prachtvollen Gebäude sind dem Verfall preisgegeben. Und würden statt Kiefern besser Rosen rund um die zahlreichen Ziergiebel, Erker und romantischen Fachwerke ranken, und gäbe es nicht die Belastung durch die Geschichte, ja dann könnte man fast von einem Dornröschenschlaf sprechen.

So aber warten die Hohenlychener Heilstätten nicht auf den Märchenprinz, sondern immer noch auf einen potenten Investor, der neben Tatkraft, Ausdauer und sehr viel Geld außerdem eine gute Idee mitbringen würde, um sie wieder zum Leben zu erwecken.

Mit dem Naturpark Barnim, dem Biosphärenreservat Schorfheide-Chorin, dem Naturpark Uckermärkische Seen und dem Nationalpark Unteres Odertal besitzt das nordöstliche Brandenburg großflächige Schutzgebiete. Eberswalde und Schwedt, Bernau und Prenzlau mit mittelalterlichen Stadtmauern und Wehrtürmen, die Fachwerkperle Angermünde sowie das mittelalterliche Thermalbadestädtchen Templin eignen sich gut als Ausgangspunkte für ausgedehnte Touren.

Kloster Chorin

BARNIM UND UCKERMARK

Vom Berliner Urstromtal steigt die Barnim-Hochfläche an, deren brandenburgischen Teil weitgehend der Naturpark Barnim einnimmt.

Knapp 750 Quadratkilometer groß ist dieses herrliche Mosaik aus Wasser und Land, an das sich im Norden mit dem Biosphärenreservat Schorfheide-Chorin eines der größten zusammenhängenden Waldgebiete Deutschlands anschließt. Dieses geht im Nordwesten in den Naturpark Uckermärkische Seen über und mündet

östlich an der deutschpolnischen Grenze in den Nationalpark Unteres Odertal – weshalb die Brandenburger mit einigem Stolz von sich sagen können, dass sie im Nordosten ihres Bundeslandes eines der ausgedehntesten Großschutzgebiete in Deutschland besitzen.

Im nordöstlichen Zipfel bildet die Uckermark auf einer Fläche von 3058 Quadratkilometern einen der größten Landkreise in Deutschland. Hügel und Seen wechseln sich im ›Nudlland‹ ab – in der

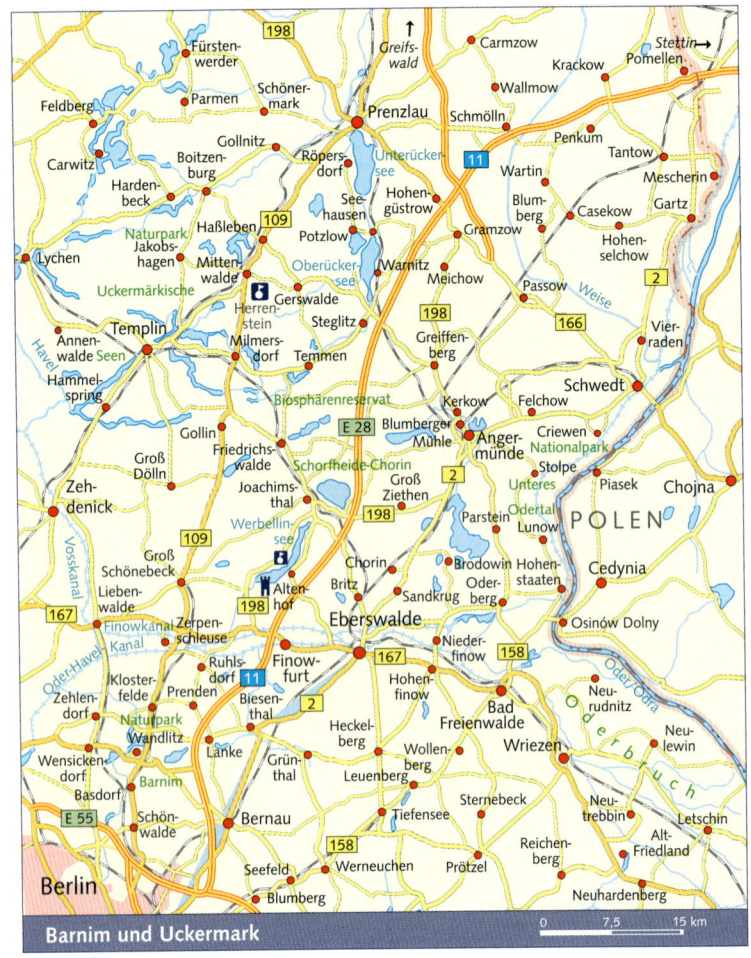

Uckermark werden Kartoffeln ›Nudln‹ genannt. Traditionell wird zur Oder hin Tabak angebaut, und auch die Fischerei spielt in dem gewässerreichen Land noch eine Rolle.

Größere Städte gibt es nur wenige. Das städtische ›Konglomerat‹ zwischen Finowkanal und Oder-Havel-Kanal, das sich von Finowfurt über Eberswalde bis Niederfinow mit dem berühmten Schiffshebewerk hinzieht, Schwedt am Nationalpark Unteres Odertal sowie Bernau nördlich von Berlin sind die einzigen Orte, die die 30 000-Einwohner-Marke übersteigen. Die Kreisstadt Prenzlau mit mittelalterlichen Stadtmauern und Wehrtürmen folgt mit knapp unter 20 000 Menschen, und auf mehr als 10 000 Einwohner kommen noch die kleine Fachwerkperle Angermünde sowie das mittelalterliche Thermalbadestädtchen Templin.

Bernau

Der Sage nach soll der erste Markgraf von Brandenburg, Albrecht der Bär, die Stadt Mitte des 13. Jahrhunderts gegründet haben. Auf der Pirsch habe er sich in den dichten Wäldern rings um Bernau verirrt, sei auf eine Schänke gestoßen, eingekehrt, und ob letztlich die schöne Gegend, der frischherbe Gerstensaft oder die hübsche Wirtin den Ausschlag für die Stadtgründung gab, bleibt im Dunkel der Geschichte verborgen.

Tatsächlich ist der genaue Geburtstag der heute 37 000 Einwohner zählenden Stadt am Ufer der Panke unbekannt, denn die entsprechenden historischen Dokumente wurden bei verheerenden Feuersbrünsten 1406 und 1484 ein Raub der Flammen. Mit Sicherheit weiß man dagegen, dass Bernau dank seiner Tuche und vor allem durch seine Bierbraukunst im Mittelalter zu großer Berühmtheit gelangte.

■ Sehenswürdigkeiten

Die kreisrunde mittelalterliche Stadtanlage mit einer im 13./14. Jahrhundert erbauten, acht Meter hohen **Feldsteinmauer**, durch die einst drei Stadttore Einlass gewährten, hat sich in Teilen bis heute bewahrt; darunter das östliche **Steintor**, über zwei Wehrgänge mit dem benachbarten **Hungerturm** verbunden, das bereits seit 1882 als **Heimatmuseum** dient. Stadtgeschichtliches sowie eine Harnisch- und Waffensammlung werden gezeigt, und von den Zinnen des Hungerturms aus kann man sich einen Überblick über Bernaus historisches Zentrum verschaffen.

Der Oder-Havel-Kanal durchzieht die Region

Bernau

0   50   100 m

Zahlreiche Plattenbauten zeichnen den alten Grundriss nach. Dazwischen verbergen sich umso schönere baugeschichtliche Perlen: an der westlichen Stadtmauer der knapp 30 Meter hohe **Pulverturm** und in der Tuchmacherstraße das fachwerkgeschmückte **Kantorhaus**, 1583 errichtet und damit das älteste Wohnhaus der Stadt. Im Schatten der nördlichen Stadtumwallung duckt sich das 250 Jahre alte **Henkershaus**, einst Wohnhaus des Scharfrichters, heute Teil des Heimatmuseums, das unter anderem Henkerswerkzeuge zeigt. Am Marktplatz erhebt sich das 1805 erbaute klassizistische **Rathaus**, und über allem thront weithin sichtbar die 1519 vollendete **St. Marienkirche**.

Die spätgotische vierschiffige Backsteinhalle fußt auf einem älteren spätromanischen, dann gotisch veränderten Feldsteinbau. Den Kirchenraum zieren die bei einer Renovierung wiederentdeckten Ausmalungen von 1519 sowie ein wertvoller, mit reichem Figurenschmuck versehener spätgotischer Flügelaltar um 1511, der vermutlich aus der Schule von Lucas Cranach d.Ä. stammt.

Dass die dicken Stadtmauern im Lauf der Jahrhunderte so manchem Angreifer standhielten, wie beispielsweise 1406 den Raubrittern Quitzow oder 1432 einem Vorstoß der Hussiten, feiern die Bernauer mit dem überregional bekannten Hussitenfest. Immer am zweiten

Juniwochenende verwandelt sich die grüne Wallanlage am Pulverturm in ein mittelalterliches Brigantenlager. Gaukler und Musikanten, Marketender und Ritterspiele und zum Höhepunkt ein prächtiger bunter Festumzug stehen auf dem Programm.

 Bernau

Vorwahl: 03338
Postleitzahl: 16321
Touristeninformation, Bürgermeisterstraße 4, Bernau, Tel. 761919, www.bernau-bei-berlin.de, April–Okt. Mo–Fr 9–18, Sa 9–13 Uhr, Nov.–März Mo–Fr 10–17 Uhr.

Hotel & Gasthof zum Zicken-Schulze, Brauerstraße 2, Bernau, Tel. 704580, www.hotel-bernau.de, DZ/F 69€. In der Altstadt in einem historischen Bürgerhaus; die Küche serviert Deftiges nach deutscher Art.

Heimatmuseum Henkershaus, Am Henkershaus, Tel. 2245, Di–Fr 9–12 u. 13–17, Sa/So 10–13 u. 14–17 Uhr.
Heimatmuseum Steintor mit Hungerturm, Berliner Straße, Tel. 2924, Mai–Okt. Di–Fr 9–12 u. 14–17, Sa/So 10–13 u. 14–17 Uhr.

Alt und Neu im Zentrum von Bernau

Das Steintor in Bernau

Wandlitz und Umgebung

Etwa 30 Kilometer nordöstlich von Berlin liegt Wandlitz im Herzen des Wandlitzer Seengebiets. 2004 wurde die aus neun verstreut liegenden Dörfern bestehende Großgemeinde Wandlitz gebildet, mit dem selbst knapp 6000 Menschen zählenden Ort Wandlitz im Mittelpunkt. Seine erste urkundliche Erwähnung fällt in das Jahr 1242 und dokumentiert den Verkauf des Dorfs an das Kloster Lehnin. Aus jenen Jahren rühren noch die Grundmauern der **Dorfkirche**, die im alten Ortskern auf einer Landnase am südlichen Wandlitzseeufer steht. Um die Ecke legt das **Agrarmuseum** mit einer Fülle von Ausstellungsstücken zur Landtechnik vergangener Zeiten Zeugnis davon ab, dass Wandlitz von alters her ein Ackerbauern- und Fischerdorf war. Diese größte agrarhistorische Sammlung im Land Brandenburg wird seit 2013 unter dem Dach eines regionaltypischen

Barnim und Uckermark

Dreiseitenhofs durch das **Besucherzentrum des Naturparks Barnim** mit Ausstellungen zur Geschichte des Barnim von der Eiszeit bis zur modernen Kulturlandschaft ergänzt.

Bereits seit 1901 transportiert die ›Heidekrautbahn‹ Scharen von Berlinern bis in die Schorfheide hinauf, mit einem Zwischenstopp in Wandlitz am Wandlitzsee. 1923 wurde am Ostufer das **Strandbad** eingeweiht. Und weil der Ansturm der Sommerfrischler nicht abreißen wollte, kam für ihre bequeme Beförderung gegenüber der Badeanstalt 1927 noch der **Bahnhof Wandlitzsee** dazu. Das denkmalgeschützte Gebäudeensemble nach Plänen von Wilhelm Wagner gilt als ausgezeichnetes Beispiel der Bauhaus-Architektur.

Keine zwei Kilometer Spaziergang trennen den Wandlitzsee vom östlichen, traumhaft im Wald gelegenen **Liepnitzsee**. Seine sanft hügeligen Ufer – für den Autoverkehr gesperrt – schmückt Laubmischwald, und auf acht Kilometer Wanderweg – mal als Höhen-, meist als Uferweg – lässt er sich in zwei bis drei Stunden gemütlich umrunden. Dabei fällt der Blick stets auf die Insel Großes Werder, die in der Mitte des Sees im kristallklaren Wasser schwimmt. Vom nördlichen und vom südlichen Festlandufer her pendelt in der warmen Jahreszeit die Fähre ›Frieda‹ auf ihre östliche Inselspitze – das einzige Boot, das mit Motorkraft über den See tuckern darf – und bringt Fußgänger und Radler immer zur vollen Stunde hin und wieder zurück. Einen Großteil der Insel nimmt ein Vereinscampingplatz ein; die Badewiese an der Südwestspitze steht dagegen allen Gästen schön offen. Eine weitere große Sandbadestelle findet sich auf dem Festland am südwestlichen Seeufer; am Nordwestufer lädt das **Waldbad Liepnitzsee** zu einem herrlichen Badetag ein.

■ Basdorf

Im Ortsteil Basdorf kommen Eisenbahnfreunde auf ihre Kosten. Seit dem Jahr 2000 ist auf dem Freigelände und unter den Dächern des ehemaligen Bahnbetriebswerks das **Heidekrautbahn-Museum** untergebracht.

In Fotos, Dokumenten, Modellen und originalen Bahnbetriebsutensilien wird die Geschichte der 1901 eingeweihten Niederbarnimer Eisenbahn, von allen ›Heidekrautbahn‹ genannt‹, nähergebracht. Darüber hinaus gibt es alte Lokomotiven, Personen- und Güterwagen zu sehen sowie im Freigelände eine faszinierende Modelleisenbahn. Zu bestimmten Terminen im Jahr rücken die alten Dampfrosse noch einmal aus und gehen wieder auf große Fahrt.

■ Ruhlsdorf

An den **Kiesseen** beim Dörfchen Ruhlsdorf herrscht im Sommer absolutes Badevergnügen. Schwimmen, Sonnenbaden, Schlauchbootpaddeln, Wasserski an puderzuckerfeinen riesigen Sandstränden – die Baustoffnachfrage hat den Ruhlsdorfern diese herrlichen Freizeitseen geschenkt. Und es werden stets mehr. Denn weiter nördlich schaufeln die Saugbagger eines Kies- und Betonunternehmens das Baumaterial immer noch aus dem Boden. Der nächste künftige Badesee ist schon im Entstehen.

■ Zerpenschleuse

Der nördlichste Ortsteil von Wandlitz ist das 1100 Seelen kleine Zerpenschleuse am **Finowkanal**. 1638 entstand der Ort an der Schleuse, die zusammen mit dem zwischen 1605 und 1620 geschaffenen Finowkanal gebaut worden war. Auf drei Kilometer Länge ziehen sich die Häuser an der alten künstlichen Wasserstraße entlang, westlich am ›Langen Trödel‹ genannten Abschnitt nach Liebenwalde und östlich zu Oder hin. Dem regulären Wirtschaftsverkehr dient der rund 40 Kilometer lange Finowkanal längst nicht mehr. Um 1900 hatte die älteste noch schiffbare künstliche Wasserstraße Deutschlands ihre Leistungsgrenze erreicht. Sie war für die so genannten ›Finowmaßkähne‹ konzipiert, nicht breiter als 4,5 Meter, mit einem Tiefgang bis 1,4 Meter, die nur zwischen 200 und 300 Kilo Fracht laden konnten und darüber hinaus vom Ufer aus auf dem Treidelweg von Treidlern und Pferden gezogen wurden. 1914 wurde deshalb parallel zum Finowkanal der Oder-Havel-Kanal eröffnet, auf dem die Transportschifffahrt seitdem verkehrt – zur großen Freude der Paddler und Hobbyschiffer. Denn der grün eingewachsene schmale Finowkanal bietet ihnen, bei zwölf handbetriebenen altertümlichen Schleusen, die unterwegs zu passieren sind, eine zauberhafte stille Natur.

■ Biesenthal

Im Jahr 2008 erlebte Biesenthal gleich zwei denkwürdige Ereignisse: Das 750-jährige Jubiläum der Stadtgründung wurde gefeiert, und die Zuschauer der RBB-Sendung ›Die schönsten Ausflugsorte‹ wählten das 1925 eröffnete **Wukensee-Bad** mit seinen viktorianisch anmutenden Pavillons zum schönsten Strandbad in Brandenburg.

Sehenswert ist auch das **Alte Rathaus** am Marktplatz, zwischen 1762 und 1768 als Fachwerkbau errichtet, das die Touristeninformation und eine Heimatstube beherbergt.

Nahebei finden sich auf dem Schlossberg am Kaiser-Friedrich-Turm Grundmauerreste einer Askanierburg aus dem 13. Jahrhundert.

Die **Stadtkirche**, die ihre Ursprünge ebenfalls im 13. Jahrhundert hat, birgt eine auf 1859 datierte Orgel aus der Werkstatt von August Ferdinand Dinse.

 Wandlitz und Umgebung

Touristeninformation, Bahnhofsplatz 2 (im Bahnhof Wandlitzsee), 16348 Wandlitz, Tel. 033397/67277, www.wandlitz.info, Mo 10–16, Di und Sa 10–17, Do/Fr 10–18, So 10–15 Uhr.

🛏 ✕

Kurhotel SeePark, Kirchstraße 10, 16348 Wandlitz, Tel. 033397/750, www.seepark-wandlitz.com, DZ/F 105€. Erstes Hotel vor Ort, im alten Ortskern am südlichen Wandlitzseeufer; das Restaurant kreiert internationale und regionale Gerichte.

Hotel Seeterrassen Wandlitzsee, Thälmannstraße 93, 16348 Wandlitz, Tel. 033397/7690, www.hotel-seeterrassen.de, DZ/F ab 77€. Das Hotel befindet sich in einer stattlichen Gründerzeitvilla am Nordufer des Wandlitzsees; das elegante Restaurant kredenzt Köstlichkeiten der internationalen Küche.

Pension Rubirosa, Bernauer Chaussee 48, 16348 Wandlitz, Tel. 033397/81230, www.rubirosa.de, DZ/F 60€, FeWo ab 76€. Hübsch restaurierte Villa südlich im Ort nahe Bahnhof Wandlitz, die Zimmer stilvoll im zeitgenössischen Geschmack; das viel gelobte Restaurant bereitet moderne leichte deutsche Küche zu, berühmt sind die hausgebackenen Kuchen.

🛏

Jugendherberge, Prenzlauer Chaussee 146, 16348 Wandlitz, Tel. 033397/22109, www.jh-wandlitz.de.

Jugendherberge Liepnitzsee, Wandlitzer Straße 6, 16348 Wandlitz, OT Lanke/Ützdorf, Tel. 033397/21659, www.jh-liepnitzsee.de.

Strandrestaurant Wandlitzsee Ristorante alla Fontana, Prenzlauer Chaussee 154, 16348 Wandlitz, Tel. 033397/68303, www.fontana-wandlitz.de, tgl. 11–0 Uhr. Abends auf der großen Aussichtsterrasse bei Pasta, Pizza, Fisch- oder Fleischgerichten den Sonnenuntergang über dem Wandlitzer See zu genießen ist Kult.

Campingplatz Am Liepnitzsee, Am Liepnitzsee 8a, 16359 Lanke/OT Ützdorf, Tel. 033397/688881; ganzjährig. Wiesenfläche am Waldesrand oberhalb vom Liepnitzsee, mit Gaststätte.

Campingplatz Am Ruhlesee, Biesenthaler Chaussee 24–25, 16348 Marienwerder/OT Ruhlsdorf, Tel. 03337/451635, www.wake-and-camp.de, ganzjährig. Unter Kiefern an den Ruhlsdorfer Kiesseen; Mietwohnwagen, SB-Restaurant, Minigolf, Wasserski, Sandstrände.

Naturparkzentrum und Agrarmuseum Wandlitz, Breitscheidstraße 8–9, 16348 Wandlitz, Tel. 033397/681920, www.barnim-panorama.de, tgl. außer Fr 10–18 Uhr.

Heidekrautbahn-Museum Basdorf, An der Wildbahn 2a, 16352 Basdorf, Tel. 033397/72656, www.berliner-eisenbahnfreunde.de, April–Okt. Sa 11–17 Uhr.

Pendelfähre Liepnitzsee zum Großen Werder, ab Nordufer und Südufer, April–Okt. Mo–Do 10–17, Fr–So 10–19 Uhr zur vollen Stunde, zusätzlich je nach Bedarf, www.liepnitzinsel.de.

Sport Factory Wandlitz, Prenzlauer Chaussee 3, 16348 Wandlitz, Tel. 033397/22765, www.sportfactory-onlineshop.de. Fahrradverleih.

Kanuverleih, Kanalstraße 11, 16348 Wandlitz/OT Zerpenschleuse, Tel. 033395/70099, www.am-langen-troedel.de; Am Finowkanal 4 (vier Kilometer südwestlich von Zerpenschleuse), und 16348 Marienwerder/OT Ruhlsdorf, Tel. 033395/70489, www.bootshaus-ruhlsdorf.de.

Strandbad Wandlitzsee, Prenzlauer Chaussee 154, 16348 Wandlitz, Tel. 033397/64888, Mai, Juni, Sept. tgl. 10–19 Uhr, Juli/Aug. tgl. 9–20 Uhr.

Waldbad Liepnitzsee, Am Liepnitzsee, 16348 Wandlitz/OT Liepnitzsee, Tel. 033397/81915, Juni–Sept. Mo–Fr 9–19, Sa/So 9–20 Uhr.

Strandbad Stolzenhagener See, Straße am See 1, 16348 Wandlitz/OT Stolzenhagen, www.strandbad-stolzenhagen.de, Juni–Sept. tgl. 10–20 Uhr.

Ruhlsdorfer Kiesseen, Biesenthaler Straße, 16348 Marienwerder/OT Ruhlsdorf; **Bernsteinsee** in Ruhlsdorf, Ostuferstrand (bewirtschaftet) Mai–Sept. tgl. ab 9 Uhr, Bernsteinsee Süduferstrand unbewirtschaftet.

Strandbad Wukensee, Ruhlsdorfer Straße 41, 16359 Biesenthal, Tel. 03337/490380, www.strandbad-wukensee.de, Mai, Juni, Sept. tgl. 9–19 Uhr, Juli/Aug. tgl. 8–20 Uhr, Ruderbootverleih.

Surf-Center Wandlitz, Prenzlauer Chaussee 150, 16348 Wandlitz, Tel. 033397/60480, www.fss-berlin.de, Ende April–Anfang Okt. tgl. 10–18 Uhr.

Wasserski, am Campingplatz Ruhlesee s.o.

Golfplatz Prenden, Waldweg 3, 16348 Prenden, Tel. 033396/7790, www.golfplatz-prenden.de. 18-Loch- und 9-Loch-Platz sowie Golfschule.

Fahr- und Reit Gestüt Insel, Insel 1 (zwischen Ruhlsdorf, Marienwerder und Zerpenschleuse), 16348 Marienwerder/OT Ruhlsdorf, Tel. 033395/71397, www.gestuet-insel.de; Reitunterricht, Wanderreiten, Kremserfahrten.

Karte S. 200

ESSAY

Schöner Wohnen am Liepnitzsee – die Waldsiedlung Wandlitz

Hermetisch abgeschirmt von der Normalbevölkerung wohnten die mächtigsten Männer der DDR mit ihren Familien bis zum Untergang des sozialistischen deutschen Staats in der berühmt-berüchtigten ›Waldsiedlung Wandlitz‹. Rund 40 Kilometer vom Zentrum Ostberlins, Hauptstadt der DDR, entfernt hatte es sich die Politprominenz, hinter hohen Mauern verborgen, in der schönen Natur nahe dem Liepnitzsee gemütlich gemacht. Auf etwa zwei Quadratkilometern entstanden dort von 1958 bis 1961 insgesamt 23 ›Objekte‹ in Form von Zweifamilienhäusern – aus Sicherheitsgründen. Denn nach dem Volksaufstand in der DDR 1953 und dem Ungarn-Aufstand 1956 hatten die höchsten Funktionäre der SED allen Grund, sich vor ihrem Volk fürchten zu müssen.

Mit ›Wessi‹-Augen betrachtet, nahmen sich die Domizile der Polit-Obrigkeit zwar eher bescheiden aus. Und wer nach der Wende noch Gelegenheit hatte, diese Wohnungen zu Gesicht zu bekommen, bevor das Gelände privatisiert wurde, war zudem mehr als erstaunt über ihre Kleinbürgerlichkeit. Nichtsdestoweniger bezeichnete manch einer die vom Ministerium für Staatssicherheit strengstens bewachte Wohnanlage als ein ›Götterghetto‹. Denn immerhin gab es ein Schwimmbad, und für die kontinuierliche Versorgung der Bewohner mit Westkonsumgütern war die Ehefrau von Alexander Schalck-Golodkowski zuständig, des skandalumwitterten Chefs der ›Kommerziellen Koordinierung‹ (KoKo).

In den 1970er Jahren bekamen die Herrschaften für den Weg von der Waldsiedlung zu ihren Büros in Ostberlin eine eigene Autobahn in den märkischen Sand gebaut. Sie war so konzipiert, dass sie zugleich als Start- und Landebahn für Flugzeuge hätte dienen können. Doch dieses Ereignis trat soweit bekannt niemals ein. Gleich 1990 wurde die Waldsiedlung an einen Investor verkauft; ein knappes Jahr später fand bereits die Einweihung der Brandenburg-Klinik statt, die seitdem das Gelände betreibt. Die ehemaligen Polit-Häuser hat man längst umgebaut und in den Klinikbetrieb integriert, und zahlreiche weitere Gebäude wurden errichtet. Kaum noch etwas erinnert an das ehemalige ›Götterghetto‹. Die Spuren dieses Ausschnitts der DDR-Vergangenheit sind mittlerweile so gut wie verschwunden.

Dieser Neubau ist Teil der Brandenburg-Klinik

Am Finowkanal entlang zur Oder

Von 1605 bis 1620 als erste künstliche Wasserstraße Deutschlands gegraben und nach dem Verfall im Dreißigjährigen Krieg nach nur dreijähriger Bauzeit 1746 neu eröffnet, war der Finowkanal als Verbindung zwischen Havel und Oder in den folgenden 150 Jahren eine der wichtigsten preußischen Binnenwasserstraßen. Das Flüsschen Finow im Eberswalder Urstromtal hatte bereits im Mittelalter große wirtschaftliche Bedeutung. Seine Wasserkraft lieferte Energie für den Betrieb von Getreide-, Säge- und Hammermühlen, und mit dem Kanalbau siedelten sich schließlich zahlreiche frühindustrielle Werke an. Der Kanal entwickelte sich zur Lebensader der brandenburg-preußischen Industrieregion Finowfurt/Eberswalde.

Anfang des 20. Jahrhunderts war man jedoch an die Kapazitätsgrenze gelangt. Obwohl Tag und Nacht geschleust wurde, konnte der Güterverkehr auf dem Finowkanal nicht mehr bewältigt werden. 1906 begann daher wenig entfernt der Bau des größeren Oder-Havel-Kanals mit weniger Schleusen für größere Schiffe, die mehr Fracht laden können. 1914 fand seine Einweihung statt.

Der Finowkanal verlor mehr und mehr an Bedeutung. 1972 kam der Wirtschaftsverkehr endgültig zum Erliegen, und seither dient die kleine künstliche Wasserstraße, mittlerweile romantisch verkrautet, als herrliche Landpartie für Paddler und Hobbyschiffer. Zwölf handbetriebene historische Schleusen müssen zwischen Zerpenschleuse im Westen und der Mündung in die Oder bei Hohensaaten überwunden werden. Unterwegs bieten Wasserwanderrastplätze Zelt- und Versorgungsmöglichkeiten.

In **Finowfurt** lädt zudem das Touristenfloß ›Schippelschute‹ zu Ausflugsfahrten auf dem alten Kanal ein. Im Süden der Ortschaft kann man auf einem ehemaligen sowjetischen Militärflugplatz im **Luftfahrtmuseum Finowfurt** mehr als zwei Dutzend Flugzeuge und vieles mehr aus der Geschichte der Zivil- und Militärluftfahrt bewundern.

Eberswalde

Von Finowfurt über Finow und Eberswalde bis Hohenfinow erstreckt sich am Finowkanal ein städtisches Konglomerat mit beinahe 50 000 Einwohnern. Mehr als 41 000 davon leben in der Kreisstadt des Landkreises Barnim, in Eberswalde, das sich auf einer Länge von gut 14 Kilometern am Kanal entlang ausdehnt.

In der Mitte des 13. Jahrhunderts von Markgraf Johann I. gegründet, wurde die Stadt 1276 erstmals urkundlich als ›Euerswolde‹ erwähnt. Bereits 1532 entstanden am Finowfluss die beiden ersten städtischen Kupferhämmer. 1605–1620 folgte der Bau des ersten Finowkanals, der im Dreißigjährigen Krieg jedoch verfiel. Auch unter den Eberswaldern forderte der erste große Krieg der Neuzeit unermessliche Opfer. Im Kriegsjahr 1635 zählte die Stadt nur noch 20 Bewohner.

Karte S. 200

▲ *Historische Schleuse am Finowkanal*

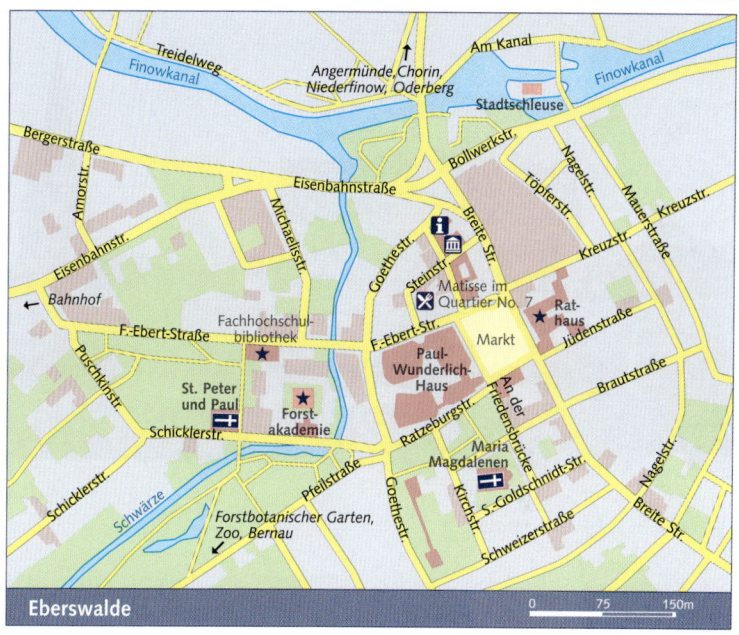

Eberswalde

Nach der Einweihung des zweiten Finow-kanals 1746 ging es wieder bergauf. Eine Eisenspalterei, ein Kupferwalzwerk, ein Messingwerk, eine Papierfabrik entstanden, um die herum sich die ältesten Industriekerne Eberswaldes entwickelten; die Namen der Stadtteile Kupferhammer, Eisenspalterei und Messingwerk erinnern bis heute daran. 1830 wurde die Forstakademie von Berlin nach Eberswalde verlegt, 1921 ging daraus die forstliche Hochschule hervor. An die wissenschaftliche Tradition knüpfte man mit der Gründung der Fachhochschule 1991 wieder an, die Studiengänge unter anderem in den Fachbereichen Forstwirtschaft und Holztechnik anbietet.

■ **Sehenswürdigkeiten**
Eine Altstadt sucht man in Eberswalde vergeblich. Gegen Ende des Zweiten Weltkriegs legten Bomben die Stadt, nun wichtige Rüstungsproduktionsstätte,

in Schutt und Asche. Und auch das gegenwärtige **Stadtzentrum** ist nicht ganz einfach zu finden. Dort, wo die B167, die Ost-West-Magistrale, östlich auf die Landstraße Richtung Chorin stößt, erstreckt es sich über ein paar Karrees zwischen Stadtschleuse, Markt, St. Maria-Magdalenen-Kirche und Forstakademie. Wenige Schritte südlich der Schleuse logieren im 1663 errichteten Fachwerkhaus der ehemaligen **Adler-Apotheke** das Städtische Kulturamt, die Touristeninformation und, mit einem modernen Anbau seit 2014, das **Stadtmuseum**. Letzteres präsentiert die Geschichte des Finowtals, der Stadt und ihrer Industrialisierung im 18. Jahrhundert sowie der forstlichen Lehre im frühen 19. Jahrhundert und zeigt außerdem eine historische Apothekensammlung, Möbel sowie eine Nachbildung des berühmten ›Eberswalder Goldschatzes‹. 1913 hatte man bei Schachtarbeiten in Finow über 2,5

Am Marktplatz von Eberswalde

Kilo Schmuck, Schalen, Gefäße aus purem Gold aus der Bronzezeit entdeckt – bis heute der größte vorgeschichtliche Goldfund in Deutschland. Lange Zeit galt er als verschollen, doch seit 2004 ist nun bekannt, dass er Ende des Zweiten Weltkriegs als Beutekunst nach Moskau gelangte und dort in einem Depot des Puschkin-Museums lagert.

Am Markt steht dem **Alten Rathaus** (1755) und Neuen Rathaus (1905) das 2007 eröffnete **Paul-Wunderlich-Haus** gegenüber. Der funktionale moderne Gebäudekomplex dient der Kreisverwaltung und zeigt darüber hinaus auf drei Etagen verteilt eine ständige Ausstellung von über 300 Gemälden, Skulpturen und Grafiken des 1927 in Eberswalde geborenen Künstlers Paul Wunderlich (gestorben 2010).

Die Südseite am Markt flankiert eine erhalten gebliebene Altbauzeile, hinter der sich das Wahrzeichen Eberswaldes, die Mitte des 13. Jahrhunderts geweihte **Maria-Magdalenen-Kirche** erhebt. Der steinerne Figurenschmuck an ihren Porta-

len stammt ebenso wie die Bronzetaufe noch aus den Gründungsjahren. Der Innenraum der hochgotischen dreischiffigen Pfeilerbasilika wurde das erste Mal nach einem Stadtbrand 1499 und das zweite Mal 1762 grundlegend erneuert. Unter dem hohen Kreuzrippengewölbe schmücken ihn seit 1606 ein prächtiger Schnitzaltar sowie eine Orgel, die 1783 der Wagner-Schüler Ernst Marx für das Gotteshaus schuf.

Vor der Kirche steht die 1518 gegossene Barbaraglocke. Nach 370-jährigem treuem Geläut hatte sie einen Sprung bekommen, der nicht mehr zu kitten war, und man setzte die betagte Glocke zu Füßen des Turms verdient auf ihr Altenteil.

Nur einen Steinwurf entfernt lohnt an der Schicklerstraße die um 1795 erbaute **Alte Forstakademie** sowie in direkter Nachbarschaft die 1873–1876 errichtete **Neue Forstakademie** einen Blick. Sie rahmen südlich den Fachhochschulcampus, in dessen Nordwestecke seit 1999 Eberswaldes umstrittenstes Bauprojekt

Karte S. 209

steht: die **Fachhochschulbibliothek**. Nach einem Entwurf des Schweizer Architektenbüros Herzog & de Meuron, das unter anderem für die Londoner Tate Modern und die Münchner Allianz-Arena verantwortlich zeichnete, wurde die Bibliothek als schlichter dreigeschossiger Quader realisiert. Den optischen Clou bildet die von oben bis unten auf Glas und Beton komplett umlaufende Bilderhaut, mit seriellen Fotografien des Künstlers Thomas Ruff bedruckt. Das war der Jury 1999 den Brandenburgischen Architekturpreis wert (→ S. 51).

Am südlichen Stadtrand warten der 1830 gegründete **Forstbotanische Garten** und nahebei der **Zoologische Garten** Eberswalde auf einen Besuch.

Westlich, zwischen den Ortsteilen Eberswalde und Finow wurde am Finowkanal das Gelände des Alten Eisenwalzwerks und der Hufeisenfabrik für die Landesgartenschau 2002 neu gestaltet. Seitdem gehen im **Familiengarten Eberswalde** Technikgeschichte und Gartenkunst, Spiellandschaft und Kultur eine neue Verbindung ein.

Schiffshebewerk Niederfinow

Dort, wo beim Dörfchen Niederfinow die Barnim-Hochfläche um 36 Meter abrupt ins Niederoderbruch abfällt, musste man sich beim Bau des Oder-Havel-Kanals 1906–1914 zur Überwindung des Höhenunterschieds Cleveres einfallen lassen.

Anders als der alte Finowkanal verfügte die neue künstliche Wasserstraße zwischen Havel und Oder nur noch über vier Stufen, war somit auf der Höhe der Zeit, und auch die **Schleusentreppe** bei Niederfinow galt als Spitzenleistung der Ingenieurbaukunst: Vier hintereinander geschaltete Schleusenkammern überwanden jeweils neun Meter Hubhöhe – damals Weltrekord.

Aber auch dieses technische Schleusenwunderwerk war schon bald wieder an seine Grenzen gelangt. Vor allem der Zeitaufwand, den das viermalige Schleusen erforderte, wirkte sich nachteilig aus. Also entschied man sich für den Bau eines **Schiffshebewerks**. 1934 ging die Stahlkonstruktion mit einem Schiffstrog von 85 Meter Länge, 12 Meter Breite und 2 Meter Tiefe in Betrieb. Schiffe inklusive Last sowie dem umgebenden Wassergewicht bis insgesamt 4300 Tonnen konnten die 36 Meter Höhendifferenz fortan in einer fünfminütigen Fahrstuhlpassage meistern.

So befördert der Schifflift seitdem ohne Unterlass Kähne, Schubverbände, Motorboote, Ausflugsschiffe, Segler und Paddler hinauf und hinunter und wurde darüber hinaus zu einer bedeutenden Touristenattraktion. Rund 150 000 Besucher pro Jahr erweisen dem Technikdenkmal die Ehre, entweder von der Besucherplattform hoch oben auf dem Stahlbauwerk aus oder als Schiffspassagiere, die im Ausflugsdampfer im Trog die Hebewerkfahrt hautnah miterleben.

Technisches Denkmal und Aussichtspunkt zugleich: das imposante Schiffshebewerk

Die ›Riesa‹ ist Teil des Oderberger Binnenschifffahrts-Museums

Die alte Dame wird voraussichtlich im Sommer 2015 in Ruhestand gehen, denn auch sie ist mittlerweile zu klein geworden. Zum 75. Geburtstagsjubiläum des Schiffshebewerks wurde 2009 in der Nachbarschaft der Grundstein zu einem neuen, leistungsfähigeren Stahlkoloss gelegt. 285 Millionen Euro wird er kosten, und 8500 Tonnen Troggewicht werden die Schiffe nach seiner Fertigstellung über 38 Meter Höhendifferenz hinauf- und hinunterhieven.

Oderberg

Die Lage des 2200-Seelen-Städtchens Oderberg könnte man, in märkischen Relationen betrachtet, als ›aufsehenerregend‹ bezeichnen. Denn Oderberg liegt erstaunliche hundert Meter über Normalnull an einem Berghang, was in der Mark außerordentlich ungewöhnlich ist. Südlich und östlich dehnt sich das weite flache Niederoderbruch aus, das

vom Barnimplateau, dem Neuenhagener Sporn sowie dem Lieper und Oderberger Endmoränenbogen eingerahmt wird. Fast hundert Meter tief fällt die steile Sand- und Geröllwand am ehemaligen Eisrand der letzten Eiszeit zur Oderniederung ab. So darf man, mit märkischen Augen gesehen, vielleicht formulieren, dass Oderberg hoch über der Oder am schroffen Steilhang klebt.

Die ältesten Fachwerkhäuser im Ort stammen noch aus dem 18. Jahrhundert, 1855 wurde die nach Stüler-Plänen neugotisch erbaute **St. Nikolaikirche** eingeweiht. Vor allem aber prägten Schiffer, Fischer, Flößer und Kahnbauer das Bild. Das **Binnenschifffahrts-Museum** erinnert seit seiner Eröffnung in den 1960er Jahren daran und lädt auf eine Zeitreise in die Geschichte der Oder-Schifffahrt ein. Im Freilichtbereich liegt der 1897 vom Stapel gelaufene Elbe-Seitenraddampfer ›Riesa‹ an der Alten Oder vor Anker.

Eberswalde, Niederfinow, Oderberg

Touristeninformation, Steinstraße 3, 16225 Eberswalde, Tel. 03334/64520, www.eberswalde.de, Di–Fr 10–13 u. 14–18, Sa 10–13 Uhr.
Tourismuszentrum Familiengarten Eberswalde, Am Alten Walzwerk 1, 16227 Eberswalde, Tel. 03334/384910, www.familien

garten-eberswalde.de, April–Okt. Di/Mi 10–18 Uhr, Nov.–März Di/Mi 10–16 Uhr.

Hotel & Restaurant Wilder Eber, Heegermühler Straße 16, 16225 Eberswalde, Tel. 03334/24551, www.wilder-eber.de, DZ/F ab 68 €. Apartes Holzblockhaus mit großem Garten in zentraler Lage in Bahnhofsnähe, die Zimmer schick im Landhausstil, im Restaurant Deftiges, große Steak- und Schnitzelauswahl. Salat und Fisch gibt es auch.

Landhof Liepe, Gutshof 1, 16248 Niederfinow/OT Liepe, Tel. 033362/619230, www.landhof-liepe.de, DZ/F 67 €. Im Landhausstil im 1753 erstmals erwähnten Gutshof in Liepe, liebevoll saniert; das Restaurant bietet Kräuterküche und Spezialitäten der Region.

Camping Niederfinow, Dorfstraße 31 (im Ortsteil Stecherschleuse 1,5 Kilometer westlich am Finowkanal), 16248 Niederfinow, Tel. 03362/70437, www.triangel tour.de, Mai–Sept. Wiesenidylle am stillen Finowkanal; Holzhäuschen, Imbissstube, Kanu- und Fahrradverleih.

Zeltplatz, Wasserwanderrastplatz, Wohnmobilstellplatz in Finowfurt; Sanitär, Koch- und Abwaschgelegenheit, Zelt- und Caravanplätze auf dem alten Mühlengelände oberhalb der Schleuse Schöpfurt, Mai–Sept., Kanu- und Fahrradverleih.

Matisse im Quartier Nr. 7, Steinstraße 23, 16225 Eberswalde, Tel. 03334/526409, www.matisse-im-quartier.de. Restaurant-Kneipe-Cocktailbar-Kunstgalerie im Eberswalder Altstadtkarree, behagliches Backstein-Fachwerk-Ambiente, lauschiger Hofgarten, wechselnde Karte mit bodenständiger deutscher Küche.

Kieslinger's Kaffeestube, Angermünder Straße 7, 16248 Oderberg, Tel. 033369/642, www.kieslingers-kaffeestube.de. Bestes Eis weit und breit, aus eigener Produktion, fantastische Eisbecher-Kreationen, außerdem köstliche hausgebackene Kuchen und Torten.

Luftfahrtmuseum Finowfurt, Museumsstraße 1, 16244 Schorfheide/OT Finow-

furt, Tel. 03335/7233, www.luftfahrt museum-finowfurt.de, April–Okt. tgl. 10–17 Uhr.

Stadtmuseum Eberswalde, Steinstraße 3, 16225 Eberswalde, Tel. 03334/64520, Di–Fr 10–13 u. 14–17, Sa 10–13, So 13–17 Uhr.

Paul-Wunderlich-Ausstellung, Am Markt 1, 16225 Eberswalde, Tel. 03334/2141867, www.paul-wunderlich-haus.de, Mo–Do 8–18, Fr 8–15, Sa 11–16 Uhr.

Binnenschifffahrts-Museum, Herrmann-Seidel-Straße 44, 16248 Oderberg, Tel. 033369/539321, www.bs-museum-oder berg.de, April–Okt. tgl. 10–17 Uhr, Nov.–März tgl. 10–15 Uhr.

Familiengarten Eberswalde, Am Alten Walzwerk 1, 16227 Eberswalde, Tel. 03334/384910, www.familiengarten-eberswalde.de, April–Okt tgl. 10–18, Nov.–März Mo–Sa 12–17 Uhr.

Schiffshebewerk Niederfinow, Hebewerkstraße 52, 16248 Niederfinow, www.schiffs hebewerk-niederfinow.info, April–Okt. tgl. 9–18, Nov.–März tgl. 9–16 Uhr.

Zoologischer Garten Eberswalde, Am Wasserfall 1, 16225 Eberswalde, Tel. 03334/22733, www.zoo.eberswalde.de, tgl. 9 Uhr bis Einbruch der Dämmerung.

Forstbotanischer Garten Eberswalde, Am Zainhammer 5, 16225 Eberswalde, Tel. 03334/65562, tgl. 9 Uhr bis Einbruch der Dämmerung.

Finowkanalfahrten, mit dem Touristenfloß ›Schippelschute‹, April–Okt. ab Finowfurt Schöpfurter Schleuse bzw. Hubertusmühle (2,5 km westlich am Kanal) oder Bahnhof Ruhlsdorf/Zerpenschleuse, Info: MST-Touristikflößerei, Werbelliner Straße 54, 16244 Schorfheide/OT Finowfurt, Tel. 03335/30203, www.mst-touristik floesserei.de.

Barnim und Uckermark

Schiffshebewerkfahrten, Fahrgastschifffahrt Neumann, Tel. 03334/24405, www.schiffshebewerk-niederfinow.info; wahlweise Abfahrten ab Unterhafen des Schiffshebewerks in der Hebewerkstraße in Niederfinow oder ab Oberhafen an der Schleusentreppe am Parkplatz an der L 291 (Straße in Richtung Liepe), tgl. Ende März–Okt.

Schiffshebewerk- und Oderfahrten, ab Bollwerk Oderberg, Fahrgastschifffahrt Oderberg, Galgenberg 3, 16248 Oderberg. Tel. 033369/779983, www.oderschiff.de, tgl. April–Okt.

Kanu- und Fahrradverleih, am Camping Niederfinow und am Wasserwanderrastplatz Finowfurt (s.o.); in Eberswalde an der Stadtschleuse, Bergerstraße 99, Tel. 033362/70437, www.triangeltour.de; in Oderberg: Hermann-Seidelstraße 62a, Tel. 0174/53 15 452, www.kanu-oderberg.de. **Ruder- und Motorboote, Kanus, Kajaks und Fahrräder**, Marina Oderberg, Altes Bruch 5, 16248 Oderberg, Tel. 033369/ 75540, www.marina-oderberg.de.

Schleusenzeiten am Finowkanal: Mitte April–Mitte Okt. tgl. 9–16.45 Uhr, www.wsa-eberswalde.de und www.elwis.de.

Chorin und Umgebung

In einem Talgrund beim Dorf Chorin erhebt sich die wohl bekannteste Klosterruine zwischen Elbe und Oder. **Kloster Chorin** wurde 1258 durch die Brüder Otto III. und Johann I. als zweites Begräbniskloster für die brandenburgischen Markgrafen gestiftet; nicht am gegenwärtigen Ort, sondern nahebei auf einer Insel im Parsteinsee unter dem Namen ›Mariensee‹. An Besitztümern statteten die Brüder die neue Abtei, die Zisterziensermönche aus dem Mutterkloster Lehnin besiedeln sollten, mit den slawischen Weilern Chorin, Brodowin, Plawe und Pehlitz aus, dazu acht Seen und einem Hospital bei der Burg Oderberg. Das Bauprojekt auf der Insel wurde jedoch schon bald wieder aufgegeben. Um 1270 begann man mit

In der Klosterkirche Chorin

seiner Verlegung an den heutigen Platz nach Chorin an den Amtssee.

Etwa um 1300 war dort die majestätische gotische Backsteinbasilika nach dem Vorbild der Lehniner Mutterkirche vollendet; die gesamte Klosteranlage mit allen Gebäuden wurde nach 1330 fertiggestellt. Als bedeutendes Zeugnis der frühgotischen Backsteinbaukunst wurde Chorin zum Vorbild für viele weitere Kirchen und Klöster in Brandenburg.

1542 folgte die Säkularisierung, der Verfall des einst mächtigen, reichen Zisterzienserklosters begann. Große Teile brannten im Dreißigjährigen Krieg nieder, danach dienten die Bauten als Steinbruch. Wahrscheinlich wäre vom Kloster nicht viel übrig geblieben, hätte nicht Karl Friedrich Schinkel 1817 die romantische Ruine entdeckt, sie als wertvolles Baudenkmal eingeschätzt und erste Sicherungs- und Renovierungsmaßnahmen veranlasst. Sie dauern bis heute an.

Noch erhalten sind die hohen nackten Mauern der Klosterkirche, daran angeschlossen der Westflügel mit einigen Kellergewölben, Fürstensaal, Klosterküche und Kreuzgang sowie der Ostflügel mit Kreuzgang und vorgelagerter kleiner Kapelle, die heute der evangelischen Kirche in Chorin als Gotteshaus dient. Erhalten blieben außerdem einige Nebengebäude wie das Brauhaus und das Abthaus sowie in der Nachbarschaft die spärlichen Überreste der Klostermühle. Sie bilden die malerische Kulisse für den Choriner Musiksommer, in dessen Rahmen im Klosterhof an den Wochenenden Opern und klassische Konzerte erklingen.

■ Ökodorf Brodowin

Eingebettet in sanfte Hügel, Wälder, Wiesen und Felder und von einem ganzen Kranz größerer und kleinerer Seen umgeben, liegt Brodowin im südöstlichen

Blick vom Rummelsberg auf Brodowin

Winkel des **Biosphärenreservats Schorfheide-Chorin**. Ein winziger 400-Seelen-Flecken und trotzdem weithin bekannt: Bereits zu DDR-Zeiten eine Hochburg der Umweltbewegung, zählt das Ökodorf mit über 1250 Hektar ökologischer Landwirtschaftsfläche heute zu den größten Demeter-Betrieben in Deutschland. Seit 1990 werden in dem kleinen Stra-

Stummer Beobachter im Ökodorf Brodowin

ßendorf erstklassige Bio-Lebensmittel produziert, die man dort auch im Hofladen kaufen kann.

Kleine Sträßlein und Wanderwege führen ringsum in die schöne Natur, so beispielsweise zum Aussichtpunkt auf dem **Rummelsberg**, einen jäh im Land emporragenden Drumlin, von dem aus einem das ganze herrliche Land ringsum zu Füßen liegt. Nördlich glitzert der **Parsteiner See**, dessen Ufer an die Gemarkung

von Brodowin grenzen. Mit 1085 Hektar Fläche ist er der größte See auf dem Barnim. Dort auf der Halbinsel Pehlitzwerder liegen die spärlichen Reste des mittelalterlichen Klosterbauprojekts ›Mariensee‹ im Schilf verborgen. Aber nicht deshalb gehört der Parsteiner See zu den beliebten Sommer-Sonne-Ausflugszielen, sondern dank seiner großen Badewiese mit Bootsverleih am Campingplatz nahe dem Dörfchen Parstein.

 Chorin und Umgebung

Touristeninformation Schorfheide-Chorin, Bahnhofstraße 2, 16230 Chorin, Tel. 033 366/530053, www.schorfheidechorin.info, April–Sept. tgl. 9–18 Uhr, im Winterhalbjahr auf tel. Anfrage.

Hotel Haus Chorin, Neue Klosterallee 10, 16230 Chorin, Tel. 033366/500, www.chorin.de, DZ/F ab 59 €. Drei-Sterne-Hotelanlage auf einer Anhöhe über dem Amtssee, gepflegter Mittelklassekomfort; angeschlossen das Honigspezialitätenrestaurant ›Immenstube‹, Ruderboot- und Fahrradverleih.

Seehotel Mühlenhaus, Ragöser Mühle 1, 16230 Chorin/OT Sandkrug, Tel. 033366/52360, www.hotel-muehlenhaus.de, DZ/F ab 59€. Drei-Sterne-Anwesen am Großen Heiligen See südlich vom Kloster Chorin beim Weiler Sandkrug; das Restaurant serviert leichte saisonale deutsche Küche von regionalen Bioprodukten.

Immenstube, im Hotel Haus Chorin, s.o. Das Honigspezialitäten-Restaurant offeriert raffinierte Köstlichkeiten mit Honig aus der hauseigenen Imkerei. Zum Restaurant gehören ferner ein kleines Honigmuseum sowie ein Honigladen.

Campingplatz Parsteiner See, Seestraße 1, 16248 Parsteinsee, Tel. 033365/362,

www.camping-parsteiner-see.de, April–Okt. Wiesenplatz am Südostufer des Parsteiner Sees; Ferienbungalows, Gaststätte, Imbiss, Minimarkt, Ruder- und Tretbootverleih, große Badewiese.

Kloster Chorin, Amt Chorin 11, 16230 Chorin, Tel. 033366/70377, www.kloster-chorin.info, April–Okt, tgl. 9–18 Uhr, Nov.–März tgl. 10–16 Uhr.

Choriner Musiksommer, im Kloster Chorin, Programminfo: Choriner Musiksommer e.V., Eisenbahnstraße 3, 16225 Eberswalde, Tel. 03334/818472, www.choriner-musiksommer.de.

Hofladen Brodowin, Dorfstraße 89, 16230 Chorin/OT Brodowin, Tel. 033362/70610, www.brodowin.de, April–Okt Mo–Sa 9–18, So 10–18 Uhr, Nov.–März Di–Fr 10–18, Sa–Mo 10–16 Uhr.

Fahrradverleih, Bahnhofstraße 2 (im Bahnhof Chorin), 16230 Chorin, Tel. 033366/53700, www.fahrradverleih-chorin.de.

Bootsverleih am Campingplatz Parsteiner See, s.o.; Ruder- und Tretboote.

Karte S. 200

Angermünde und Umgebung

Förmlich eingeklemmt zwischen dem Biosphärenreservat Schorfheide-Chorin und östlich dem Nationalpark Unteres Odertal liegt die 15 000 Einwohner große Fachwerkperle Angermünde am Mündesee. Frisch sanierte Ackerbürger- und Fachwerkhäuser des 18. und 19. Jahrhunderts schmücken die Altstadt, die sich mit Pflastersteingassen, kleinen Läden, netten Gasthäusern und Cafés, Gaslaternen, Blumenkübeln und Linden am Straßenrand herausgeputzt hat.

Um 1230 von den märkischen Askanier als Grenzfeste gegen Pommern gegründet, schrieb Angermünde 1336 als ›Ketzer-Angermünde‹ Geschichte: Nach einem Inquisitionsprozess wurden 14 Angehörige der religiösen Erneuerungsbewegung der Waldenser auf dem Marktplatz grausig verbrannt.

■ Sehenswürdigkeiten

Der Markt ist seit alters der Mittelpunkt des historischen Zentrums, dessen Mitte wiederum das barocke **Rathaus** mit klassizistischer Fassade beherrscht. Um die Ecke duckt sich im Winkel Brüderstraße/Hoher Steinweg die im 18. Jahrhundert erbaute **Ratswaage**, in der die Touristeninformation residiert. Dort kann man sich neben zahlreichen Tipps für die

Angermünde

Das Rathaus von Angermünde

Gegend außerdem mit einem ›Kalit‹ und einem guten Angermünder ›Nudlschluck‹ verproviantieren. Der aus hellem dünnen Span geflochtene leichte Korb, in dem die Bauern früher ihre Brotzeit zur Feldarbeit trugen, war aus dem uckermärkischen Alltag nicht wegzudenken; und gerne befand sich im Kalit auch ein Fläschchen Kartoffelschnaps, ›Nudlschluck‹ genannt, da die Knolle in der Uckermark ›Nudl‹ heißt.

Wenige Schritte vom Markt entfernt erhebt sich die imposante Ruine der hochgotischen **Franziskaner-Klosterkirche**. Das im 15. Jahrhundert auf einem kleineren Vorgänger zur zweischiffigen Backsteinhalle erweiterte Gotteshaus ist das letzte Relikt einer 1291 gestifteten Franziskanerabtei. Seit 1989 wird die Ruine kontinuierlich rekonstruiert, seit 1999 dient sie als Angermündes Kulturzentrum. Im Rücken der Kirche zieht sich eine bis zu vier Meter hohe **Stadtmauer** entlang und beschließt das historische Zentrum im Süden. Sie stammt aus dem 13. Jahrhundert ebenso wie der **Pulverturm**, der sich an ihrem Verlauf weiter westlich mit trutzigen Backsteinzinnen erhebt. Bereits seit 1850 nisten alljährlich Störche im Horst auf seiner Spitze.

Einen Katzensprung entfernt lohnt am Anfang der geschäftigen Berliner Straße die **Heilig-Geist-Kapelle** einen Blick. Um 1330 wurde sie als Hospital-Kapelle errichtet und diente nach dem Dreißigjährigen Krieg den Hugenotten als Gotteshaus. Darüber ragt nahebei der staffelgiebelgeschmückte Turm der **St. Marienkirche** auf. Der dreischiffige gotische Hallenbau, dessen Ursprünge auf das 13. Jahrhundert zurückgehen und der im 15. Jahrhundert zu seiner gegenwärtigen Gestalt fand, thront auf der höchsten Geländestelle in der Angermünder Altstadt. Innen unter dem Sternengewölbe birgt der Sakralbau als kostbare Schätze ein bronzenes Taufbecken aus dem 14. Jahrhundert, eine Wagner-Orgel, 1742–1744 geschaffen, sowie Reste eines Renaissancealtars von 1601. Teile der bei einer Umgestaltung Ende des 19. Jahrhunderts übertünchten mittelalterlichen Decken- und Gewölbeausmalungen wurden wieder freigelegt und restauriert.

Folgt man der Berliner Straße in nördliche Richtung, ist man bald am **Mündesee** angelangt. Dort finden sich die Überreste der **Angermünder Burg**, deren Gründung um 1170 datiert, in Form einer knapp 30 Meter langen, zwei Me-

Restaurant in Angermünde

Karte S. 217

Das NABU-Zentrum Blumberger Mühle

NABU-Besucherzentrum des Biosphärenreservats Schorfheide-Chorin. Mit Ausstellungen über Pflanzen und Tiere, Wald und Heide, Gewässer, Feld, Wiese, Stock und Stein informiert es über die drei Großschutzgebiete im nordöstlichen Brandenburg. Auf dem Freigelände werden Lebensräume im Naturpark Uckermärkische Seen, im Biosphärenreservat Schorfheide-Chorin und Nationalpark Unteres Odertal nachgezeichnet, vom Kräutergarten über Schilfmoore bis zur Freianlage für Europäische Sumpfschildkröten. Ein Kaffeegarten und das Restaurant ›Zum grünen Wunder‹ sorgen im Sommerhalbjahr für das leibliche Wohl.

ter hohen Feldsteinmauer. Den Rasen an der Uferpromenade ziert die Skulpturengalerie SteinZeit der Moderne. Die aus uckermärkischen Findlingen geschaffenen Kunstwerke entstammen den verschiedenen ›Internationalen Hartgesteinsymposien‹, zu denen sich Granitbildhauer aus ganz Europa seit 1992 regelmäßig in Angermünde versammeln.

Im Süden des historischen Stadtkerns hat Angermünde seinem berühmtesten Sohn, Ehm Welk, in einem Fachwerkhäuschen das **Ehm-Welk-Museum** gewidmet. In zwei Räumen beleuchtet es das bewegte Leben und mannigfaltige Schaffen des 1884 in einem Dorf nicht weit von Angermünde geborenen Schriftstellers. Wenige Schritte südlich entführt der **Tierpark Angermünde** in ferne Welten. Auf acht Hektar Fläche sind im einzigen Tierpark der Uckermark über 250 Tiere in 45 Arten aus allen fünf Kontinenten daheim.

■ **Blumberger Mühle**
Vier Kilometer nordwestlich von Angermünde liegt zwischen Fischteichen und Wolletzsee das Gelände der Blumberger Mühle. Was dort wie ein überdimensionaler Baumstumpf ausschaut, ist das

■ **Wolletzsee und Grumsiner Forst**
Vom Angermünder Stadtforst, von Wiesen und den Wäldern des Biosphärenreservats eingehüllt, hat der Wolletzsee einen entscheidenden Anteil an Angermündes schöner Umgebung. Ein 18 Kilometer langer Wanderweg umrundet den klaren See, mit Start am Ostufer am Strandbad Wolletzsee, der beliebten Sommerbadewanne der Angermünder. Von dort geht es durch das Welsebruch und an steilen Seeufern vorbei nach **Wolletz**, gewissermaßen der Metropole, weil einzigen Ortschaft am nördlichen Seeufer. Hier lohnt ein Blick auf Mielkes ehemaliges Jagdschloss, heute die Fachklinik Wolletzsee.

Ein erstes Jagdschloss wurde 1826 unter der Herrschaft des Generalmajors Ludwig von Rohr errichtet, Mitte der 1930er Jahre vom neuen Eigentümer abgerissen und in der Gestalt neu erbaut, wie es annähernd heute noch steht. Von 1953 bis zum Untergang der DDR nutzte es der Minister für Staatssicherheit, Erich Mielke, für sich und seine Familie, weshalb der Wald ringsum vom Volk nicht betreten werden durfte. Seit 1994 fungiert das ehemalige Jagdschloss, um ei-

Barnim und Uckermark

nige Neubauten erweitert, als Fachklinik und Rehabilitationszentrum.

Quasi gegenüber, nahe dem südwestlichen Seeufer, liegt der verträumte 200-Seelen-Weiler **Altkünkendorf**. 1287 tauchte sein Name als ›Altkonckendorp‹ das erste Mal in einer Urkunde auf, und aus jener Zeit stammen auch die Fundamente der alten Dorfkirche. 1870 bis 1880 neugotisch umgebaut und von 1999 bis 2001 umfassend saniert, dient sie heute für kulturelle Veranstaltungen. Auch das schmucke Gutshaus Mon Plaisier, um 1800 erbaut, erstrahlt in neuem Glanz.

Und weiter wäre aus dem niedlichen Dörfchen wohl kaum zu berichten, hätte die UNESCO nicht 2011 den Grumsiner Forst südlich vor Altkünkendorfs Toren zum Weltnaturerbe erklärt. Seitdem ist der Weiler zum beliebten Ausgangspunkt für Wanderungen durch den von Mooren und Sümpfen durchzogenen Tiefland-Buchenwald avanciert. Schließlich steht das **Weltnaturerbe Buchenwald Grumsin** von seiner Bedeutung her auf einer Stufe mit dem Yellowstone-Nationalpark oder dem Nordsee-Wattenmeer. Ein zehn Kilometer langer, mit einem Buchenblatt gekennzeichneter Wanderweg führt von Alkünkendorf durch den Wald. Zwei weitere Routen bieten alternativ 22 oder 7 Kilometer Weglänge an.

Wer die Sehenswürdigkeiten rund um den Wolletzsee nicht auf Schusters Rappen erkunden möchte, dem bietet sich in der schönen Jahreszeit ein Fahrt mit der Biberbus-Linie 496 an. Ab Bahnhof Angermünde steuert sie im Zweistunden-Takt alle Ausflugsziele an: von der Blumberger Mühle über Wolletz, das Strandbad und Altkünkendorf bis zum Tierpark Angermünde. Und wer lieber auf dem Wasserweg Kurs nehmen will, für den hält das Strandbad Wolletzsee Leihboote parat.

■ Stolpe

Zehn Kilometer südöstlich von Angermünde geht es in den Nationalpark Unteres Odertal hinein. Dort steht im äußersten Zipfel des Schutzgebiets auf einem Oderhang beim Örtchen Stolpe einer der mächtigsten Bergfriede Deutschlands. Fünf Meter dick sind die Außenmauern des **Stolper Turms**, auch **Grützpott** genannt. Auf halber Höhe bei 18 Metern wirkt der Rest einer im 12. Jahrhundert errichteten Burg wie abgesägt. Im obersten Geschoss wird die Geschichte des Bauwerks nachgezeichnet. Seinen lustigen Namen erhielt es der Sage nach, weil eines fernen Tages seine verzweifelten Verteidiger zu letzten Mitteln griffen und alles, was nicht niet- und nagelfest war, von oben herab auf die nahende Angreifer warfen, darunter auch das Mittagessen, einen Grützbrei. Geholfen hat es nichts, die Burg wurde geschleift, und nur der dicke Grützpott blieb erhalten. Oben auf dem Stumpf ist eine Aussichtsplattform eingerichtet, von der die Sicht weit ins Odertal schweifen kann.

Karte S. 200, 217

ℹ Angermünde und Umgebung

Vorwahl: 03331

Postleitzahl: 16278

Touristeninformation, Brüderstraße 20, Angermünde, Tel. 297660, www.angermuende-tourismus.de, April–Okt. Mo–Fr 9–18, Sa/So 10–13 Uhr, Nov.–März Mo–Fr 9–16 Uhr.

Informationspunkt Weltnaturerbe Buchenwald Grumsin, Altkünkendorfer Straße 22, 16278 Angermünde/OT Altkünkendorf, Tel. 0175/9328178.

Hotel am Seetor, Jägerstraße 25, Angermünde, Tel. 26560, www.hotelamseetor.

de, DZ/F ab 58 €. Schön restauriertes Haus aus dem 18. Jahrhundert, die Zimmer im gutbürgerlichen Komfort; das Restaurant serviert Schmackhaftes aus der Region. **Pension Köhler**, Unterwall 4, Angermünde, Tel. 23892, www.pension-koehler.info, DZ/F 60 €. Freundliches Haus zehn Minuten zu Fuß vom Markt, die Zimmer behaglich, mit großem Gartengrundstück am Mündesee, Grillstelle, Bootssteg; Fahrräder und ein Ruderboot stehen zur Verfügung.

Ehm Welk- und Heimatmuseum, Puschkinallee 10, Angermünde, Tel. 33381, www.museumangermuende.de, Besichtigung nach vorheriger Anmeldung.
Kulturzentrum Franziskaner-Klosterkirche, Klosterstraße, Angermünde, Mai–

Sept. Mo–Fr 10–16, Sa/So 12–17 Uhr. **Blumberger Mühle**, Blumberger Mühle 2, Angermünde, Tel. 26040, www.blumberger-muehle.de, April–Okt. tgl. 9–18, Nov.–März Sa/So 10–16 Uhr.
Stolper Turm (Grützpott), zehn Kilometer südöstlich bei Stolpe, April–Okt. Mi–So 10–12 und 14–16 Uhr.

Tierpark Angermünde, Puschkinallee 12b, Angermünde, Tel. 32143, April–Okt. tgl. 10–18 Uhr, sonst tgl. 10–16 Uhr.

Strandbad Wolletzsee, Am Wolletzsee (Richtung Altkünkendorf), Tel. 32431, Mai/Sept. tgl. 10–19, Juni–Aug. tgl. 9–20 Uhr, Bootsverleih

Nationalpark Unteres Odertal

Auf 60 Kilometern Länge – von Hohensaaten im Süden bis vor die Tore des polnischen Szczecin (Stettin) am Oderhaff – schützt der 1995 gegründete Nationalpark die Oder-Flussauen. Über Jahrzehnte war der Strom, der seit 1945 die Grenze zwischen Deutschland und Polen bildet, vergleichsweise unreguliert geblieben. Der Aufenthalt im Grenzbereich DDR–Polen war nur mit Einschränkung möglich. So blieb die Natur sich selbst überlassen, und ein einzigartiges Biotop entstand. Die drei bis fünf Kilometer breite Niederung zwischen den Oderhängen mit ihrem Geflecht von Altwasserarmen, Gräben und Kanälen, dazwischen Sümpfen, Überschwemmungsflächen und Torfinseln, wurde zum Paradies für zahlreiche seltene Pflanzen und Tiere. Seeadler, Fischadler und Steinadler, Mäusebussard und Wasserralle gehen auf Beutefang. Seggenrohrsänger, Wachtelkönig und der buntgefiederte Eisvogel ziehen im Unteren Odertal ihre Jungen auf. Fischotter tummeln sich in den Sümpfen, und Biber legen ihre Staudämme an.

Im Frühjahr, wenn das abfließende Winterhochwasser die Moore, Auwälder und Feuchtwiesen freigibt, verwandeln sich diese in riesige Brut- und Rastgebiete. Hunderttausende Gänse, Schwäne, Enten werden gezählt, dazu Kiebitze, Brachvögel, Kampfläufer und andere Arten mehr sowie im Herbst bis zu 15 000 Kraniche, die im Unteren Odertal in den dichten Röhrichtflächen ihre Schlafplätze haben. Bis Ende der 1920er Jahre wurden in den keinen halben Meter über dem Meeresspiegel liegenden Auen nach holländischem Vorbild Poldersysteme geschaffen. Seitdem lässt sich mit Einlass- und Auslassbauwerken das Wasserniveau regulieren; bis zu 130 Millionen Kubikmeter Wasser können die eingedeichten Flächen (Polder) aufnehmen – die beste Art Hochwasserschutz, wie sich insbesondere 1997 während der Oderflut zeigte. Szczecin blieb vom Jahrhunderthochwasser verschont, denn viele Millionen Kubikmeter konnten in die Aulandschaft vor den Toren der Stadt abfließen. Bereits 1992 unterzeichneten die Umweltminister von Mecklenburg-Vorpommern, Brandenburg und der Woiwode von Szczecin eine ›Gemeinsame Erklärung über die Schaffung eines Schutzgebietes im Unteren Odertal‹. 1993 folgte auf polnischer Seite die Gründung des Landschaftspark Unteres Odertal (Park Krajobrazowy Dolina Dolnej Odry) und 1995 auf deutscher Seite des Nationalparks Unteres Odertal. Zusammen mit dem südlich sich anschließenden Landschaftspark Zehden (Cedynski Park Krajobrazowy) wurde so ein insgesamt 117000 Hektar großes, grenzüberschreitendes Schutzgebiet am unteren Oderlauf eingerichtet. Aus diesem soll einmal ein gemeinsamer deutsch-polnischer Internationalpark Unteres Odertal entstehen.

■ Criewen

Im Weiler Criewen hat die **Nationalparkverwaltung** ihren Sitz. Das alte Fischerdorf an der Oder, dessen Anfänge noch aus slawischer Zeit rührten, hatte die vornehme Familie von Arnim 1816 abreißen und weiter östlich an der Straße nach Schwedt wieder aufbauen lassen, um so Raum für ihr Schloss und einen von Peter Joseph Lenné zu gestaltenden Park zu schaffen. Einzig die kleine **Dorf-**

Auf dem Oder-Radweg

kirche mit Ursprüngen im 13. Jahrhundert durfte bleiben. Zusammen mit dem restaurierten **Schloss Criewen**, das 2002 als Deutsch-Polnisches Umweltbildungs- und Begegnungszentrum neu eröffnete, bildet das Kirchlein heute die Zierde im **Lenné-Park**. In die ehemaligen Stallungen ist das **Nationalpark-Besucherzentrum** eingezogen, dessen Ausstellungen über Fauna und Flora am Oder-Unterlauf informieren. Landschaftsmodelle zeigen den Oderlauf in verschiedenen Zeitaltern, und die Attraktion bei Groß und Klein ist ein riesiges Oder-Aquarium mit über 20 heimischen Fischarten.

Criewen eignet sich herrlich als Ausgangspunkt für Ausflüge auf den über 200 Kilometer Spazierwegen im Nationalpark. 120 Kilometer davon führen zur Freude der Radler und Skater stets geradeaus auf glattem Asphalt auf der Deichkrone entlang. Zwischen Mitte Juli und Mitte November bietet der Schwedter Tourismusverein ›Am Unteren Odertal‹ außerdem geführte Kanuwanderungen an. Ein weiteres großartiges Naturschauspiel ist die Rast der Kraniche Anfang Oktober, deren Beobachtung ebenfalls der Tourismusverein organisiert.

Karte S. 200

▲ *Naturparadies an der unteren Oder*

Ehm Welk – der Heide von Biesenbrow

»Wie eine Weltstadt lag Randemünde da, mit seiner mächtigen Marienkirche, dem Kloster, dem Pulverturm, und überhaupt ...« So unverhüllt tritt Angermünde dem Leser in ›Die Heiden von Kummerow‹ vor Augen, Ehm Welks populärstem, zwei Mal verfilmtem Roman, der »in zweiundzwanzig Kapiteln [erzählt], was sich in einem halben Jahre ... zutrug in Kummerow im Bruch hinterm Berge.« Augenzwinkernd, mit einem Herz voller Liebe zu Land und Leuten; und die Angermünder und noch mehr die ›Kummerower‹ alias Biesenbrower sind dafür ordentlich stolz auf ihren Schriftsteller.

Im wenig nördlich von Angermünde gelegenen, 270 Seelen kleinen Weiler Biesenbrow erblickt Ehm Welk 1884 als Bauernkind das Licht der Welt. Seine Eltern taufen ihn auf den Namen Emil Gustav und ermöglichen ihm den Dorfschulbesuch. Danach zieht er, 16-jährig, fort aus dem Bruch, um in Stettin am Oderhaff eine kaufmännische Lehre zu absolvieren, fährt anschließend zur See und wird 1904 Journalist.

Wegen seiner Kritik an der zunehmend antidemokratischen Ausrichtung der konservativen Tageszeitungen wird Welk 1922 aus dem Reichsverband der deutschen Presse ausgeschlossen. Drei Jahre später gelingt ihm an der Berliner Volksbühne mit seinem Stück ›Gewitter über Gotland‹ in der Inszenierung von Erwin Piscator der Durchbruch. Das revolutionäre Schauspiel wird zum großen Erfolg und erregt einen fast ebenso großen Skandal, weshalb es bald darauf wieder vom Spielplan verschwindet.

Arbeitsjahre von 1927 bis 1934 als Redakteur bei der vielgelesenen Sonntagszeitung, ›Die Grüne Post‹ schließen sich an, bis ihn nach seinem kritischen Artikel an den Propagandaminister Goebbels – ›Herr Reichsminister, ein Wort, bitte!‹ – das zweite Mal ein Quasi-Berufsverbot ereilt. Aus der Haft im KZ Sachsenhausen wird Ehm Welk dank einer Protestwelle engagierter Kollegen nach drei Monaten wieder entlassen, doch journalistisch tätig werden darf er unter den Nazis nicht mehr. 1935 zieht er mit seiner Frau von Berlin nach Lübbenau in den Spreewald und widmet sich der Schriftstellerei. ›Die Heiden von Kummerow‹ (1937), ›Die Lebensuhr des Gottlieb Grambauer‹ (1938), ›Die Gerechten von Kummerow‹ (1943) und weitere erfolgreiche Werke entstehen, die seinen Ruf als volkstümlich-humoristischer Autor begründen.

Nach dem Zweiten Weltkrieg tritt Welk in die KPD und in den Kulturbund ein und kümmert sich um den Aufbau der Volkshochschulen in Mecklenburg. 1950 lässt er sich mit seiner Frau im mecklen-

Ehm Welk

burgischen Bad Doberan nieder, das ihm bis zu seinem Tod 1966 zur zweiten Heimat wird. Zahlreiche weitere Romane und Schriften entstehen, darunter 1952 das autobiografische Erzählbuch ›Mein Land, das ferne leuchtet‹. Vielfach ausgezeichnet, unter anderem 1961 mit dem DDR-Nationalpreis, stirbt Ehm Welk am 19. Dezember 1966 in Bad Doberan.

Bis heute wird vor allem Welks ›Heiden von Kummerow‹ gerne gelesen, und auch die Verfilmungen – 1967 als deutsch-deutsche Gemeinschaftsaufgabe mit Paul Dahlke, Theo Lingen und Ralf Wolter in den Hauptrollen sowie 1982 noch einmal als DEFA-Produktion – haben sein Werk unsterblich gemacht. Die ernsthafte Aufarbeitung der Rezeption von Welks Arbeit steht dagegen noch aus. Zwischen den Erstausgaben seiner Romane im Nationalsozialismus und den späteren DDR-Editionen bestehen manche tiefgreifenden inhaltlichen wie motivischen Änderungen. Hat Ehm Welk sie selbst vorgenommen, vielleicht um unter dem Zwang der NS-Zeit geborene Zugeständnisse wieder zurückzunehmen? Oder handelt es sich bei den zu DDR-Zeiten erschienenen Ausgaben um sein erstmals authentisch wiedergegebenes Werk? Und weshalb wurde Welks Arbeit in der BRD so wenig gewürdigt? Diese Fragen sind alle noch unbeantwortet.

Wenig nördlich von ›Randemünde‹ aber gibt es in ›Kummerow‹ alias Biesenbrow neben Kirche, Dorfschule, Pfarrhaus und Gänsestall seit 1999 den Landkulturverein ›Erben von Kummerow‹, der dem Schriftsteller immer am letzten Augustwochenende die Ehre erweist – augenzwinkernd, wie es Ehm Welk bestimmt gut gefallen hätte –, indem er mit Theater, Lesungen und anderem großen Aufhebens eine ›Völkerwanderung‹ auf dem Heiden-Weg von Biesenbrow in die Weltstadt Randemünde veranstaltet – fälschlicherweise auch ›Angermünde‹ genannt.

Das Ehm-Welk-Museum in Angermünde

Schwedt

Wie ein Keil schiebt sich Schwedt in den Nationalpark hinein. Bei dessen Gründung 1995 wurde die Stadt mit einer Erdölraffinerie und zwei Papierwerken als größten Arbeitgebern auf eigenen Wunsch aus dem Naturgroßschutzgebiet ausgenommen. Heute bekennt sich die 31 000-Einwohner-Stadt an der Oder zum Schönsten, das sie zu bieten hat: den deutschlandweit einzigen Flussauen-Nationalpark unmittelbar vor ihren Toren – und schmückt sich seit Herbst 2013 mit der Zusatzbezeichnung ›Nationalparkstadt‹.

Vom alten Schwedt, 1265 erstmals genannt, hat der Zweite Weltkrieg kaum etwas übrig gelassen. Sanierte Plattenbauten prägen das Bild, obwohl Schwedt sogar noch über einen kleinen historischen Ortskern rund um die **Pfarrkirche St. Katharinen** verfügt. Diese geht auf die zweite Hälfte des 13. Jahrhunderts zurück und wurde 1887–1889 neugotisch umgestaltet. Am 18. April 1945 brannte sie ab; die wertvolle Innenausstattung wurde ein Raub der Flammen. Das Westportal von St. Katharinen öffnet sich zur Vierradener Straße, der kleinen Schwedter Fußgängermeile. Folgt man ihr in Richtung Oderbollwerk, ist kurz darauf die Grünanlage mit dem **Kulturhaus** erreicht. Seit 1978 erhebt es sich am Ort des 1960 gesprengten Markgrafenschlosses und beherbergt heute die Uckermärkischen Bühnen. Als breite Magistrale zieht von dort die Lindenallee nach Nordwesten, und spaziert man auf dieser entlang, fällt etwa 300 Meter später Ecke Poststraße der **Berlischky-Pavillon** ins Auge – Schwedts letztes verbliebenes Relikt seiner einst barocken Bebauung. Die 1777 geweihte, auf einem ovalen Grundriss errichtete Kirche mit hohem Kuppeldach trägt den Namen nach ihrem Architekt Ge-

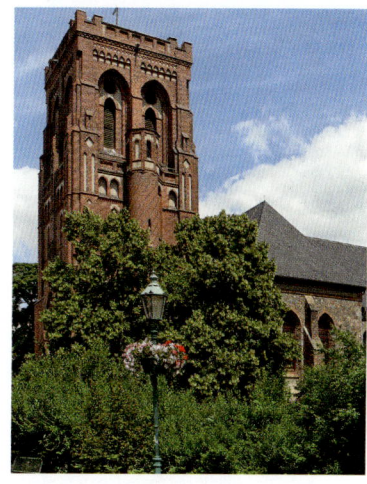

Die Katharinenkirche, eines der wenigen erhaltenen historischen Gebäude

org Wilhelm Berlischky und diente den Schwedter Hugenotten als Gotteshaus. Heute fungiert der Pavillon als Raum für kulturelle Veranstaltungen.

Die Stadtgeschichte von der Frühzeit bis in die Neuzeit, die Geschichte der Oder-Fischerei und des Tabakanbaus, den die Hugenotten in die Uckermark brachten, zeigt das **Stadtmuseum** in einem schön restaurierten historischen Bürgerhaus nicht weit entfernt in der Jüdenstraße.

■ Vierraden

Nirgends in der Region könnte man den traditionsreichen uckermärkischen Tabakbau besser in Augenschein nehmen als im Schwedter Ortsteil Vierraden. Überall stehen noch die alten hohen luftigen Trockenscheunen, die daran erinnern, dass die östliche Uckermark einmal nach der Pfalz und nach Baden das drittgrößte Tabakanbaugebiet Deutschlands war. Bis zum Zusammenbruch der DDR galt die Tabakproduktion als Schwedts drittes wirtschaftliches Standbein nach der Petrochemie und der Papierfertigung.

Im Tabakmuseum Vierraden

Im Vierradener **Tabakmuseum**, in einem ehemaligen Speicher mit Freigelände beheimatet, wird die Kultur- und Anbaugeschichte der Suchtpflanze Nicotiana nachgezeichnet. Man kann ihren Weg von der Neuen in die Alte Welt und mit den Hugenotten in die Uckermark mitverfolgen. Traditionelle und moderne Anbaugerätschaften, Anbaumethoden und Schaubeete mit den verschiedensten Tabakpflanzen werden gezeigt, und immer an einem Augustwochenende, wenn Nicotiana von gelb über rosa bis purpur in Blüte steht, wird das Vierradener Tabakblütenfest gefeiert.

■ Gartz, Mescherin und Umgebung

Der kleine alte Ortskern im verschlafenen Weiler Gartz lohnt einen Blick. Rund um die Kirchenruine **St. Stephan** schmücken Ackerbürgerhäuser aus dem 18. und 19. Jahrhundert die Gassen. Außerdem gereichen die ehemalige **Kirche des**

Heilig-Geist-Hospitals zur Zierde, deren Anfänge ins 13. Jahrhundert zurückreichen, sowie die teils erhaltene mittelalterliche **Stadtmauer** mit dem **Stettiner Tor**. Am Stettiner Tor im nordwestlichen Ortskern ist ein kleines **Ackerbürgermuseum** untergebracht.

In Mescherin schließlich kann man am ehemaligen deutsch-polnischen Grenzübergang – seit Polens Schengen-Beitritt Ende 2007 erfreulicherweise verwaist – gemütlich über die Oder nach Gryfino (Greifenhagen) wechseln. In dem winzigen idyllischen Örtchen, dem nordöstlichsten in der Uckermark, könnte es nicht friedlicher zugehen. Wer Ruhe und Abgeschiedenheit liebt, findet hier, was er sucht. Eine atemberaubende Sicht weit über das stille Land bis nach Szczecin eröffnet der **Stettiner Berg** am Oderhang bei Mescherin.

ℹ️ Nationalpark Unteres Odertal

Touristeninformation, Berliner Straße 46/48 (in den Uckermärkischen Bühnen), 16303 Schwedt, Tel. 03332/25590, www.unteres-odertal.de, Mai–Sept. Mo–Fr 9–18, Sa 10–14 Uhr, Okt.–April Mo–Fr 9–17 Uhr, geführte Rad- und Wandertouren sowie Kanutouren in den Nationalpark.
Nationalparkladen in Criewen, Am Speicher 16303 Schwedt/OT Criewen, Tel. 03332/267227, www.unteres-odertal. de, Mi/Do 9–15, Fr–So 9–16 Uhr.

Pension Storchennest, Bernd von Arnim-Straße 15, 16303 Schwedt/OT Criewen, Tel. 03332/516367, www.pension-storchennest-criewen.de, DZ/F 50€. Freundliche, familiär geführte Pension mit großem Garten; Zimmer mit Bad/TV in Kiefernholzausstattung.
Dorotheenhof Mescherin, Untere Dorfstraße 16, 16307 Mescherin, Tel. 033332/80726, www.dorotheenhof-mescherin. de, DZ/F 70€. FeWos und gediegene

▲ Karte S. 200

Gästezimmer in einem Gutshof direkt an der Oder; die Küche in der gemütlichen Kutscherkneipe gutbürgerlich deftig.

Ferienhof Salveymühle, Salvey Mühle 3, 16307 Gartz/OT Geesow, Tel. 033333/ 30335, www.salveymuehle.de, DZ/F 70 €. Malerisch im restaurierten alten Mühlenwohnhaus der letzten der vormals fünf Mühlen im Salveytal, Alleinlage ca. 4 km nördlich von Gartz, die Zimmer lehmverputzt und mit Naturfarben gestaltet; angeschlossen sind ein Mühlenmuseum und ein Fahrradverleih.

Campingplatz Mescherin, Obere Dorfstraße 17, 16307 Mescherin, Tel. 033332/870044, www.campingplatz-mescherin.de, April–Okt. Malerisch an der Oder gelegen.

Tabakmuseum Vierraden, Breite Straße 14, 16303 Schwedt/OT Vierraden, Tel. 03332/250991, www.schwedt.eu. April–Sept. Do–So 10–17 Uhr.

Stadtmuseum Schwedt, Jüdenstraße 17, 16303 Schwedt/Oder, Tel. 03332/23460, www.schwedt.eu, Di–Fr 10–17, So 14–16 Uhr.

Ackerbürgermuseum mit Gästeinformation Gartz, Stettiner Straße 14a, 16307 Gartz/Oder, Tel. 033332/86044, www. unteres-odertal.de, Di–Fr 10–16, Sa/So 14–16 Uhr.

Nationalpark-Besucherzentrum, Park 2, 16303 Schwedt/OT Criewen, Tel. 033 32/26 770, www.natur-schau-spiel.com, April–Okt. tgl. 9–18 Uhr, Nov.–März Fr–So 10–17 Uhr.

Biospährenreservat Schorfheide-Chorin

Zwischen dem Naturpark Uckermärkische Seen im Nordwesten, dem Naturpark Barnim im Südwesten und östlich dem nahen Nationalpark Unteres Odertal dehnt sich das UNESCO-geschützte Biosphärenreservat Schorfheide-Chorin aus. Mit seinen knapp 1300 Quadratkilometern ist es eines der größten Großschutzgebiete der Bundesrepublik. Von Oderberg am Alten Oderstrom bis zum uckermärkischen Oberuckersee hinauf, von Eberswalde über Joachimsthal bis vor die Tore Templins hat die letzte Eiszeit dieses Land hinterlassen. Während sich östlich der Linie, die etwa die Autobahn A 11 beschreibt, im sanft gewellten bis kuppigen Grundmoränenland dichte Laubmischwälder mit Weide- und Feldwirtschaft abwechseln, dominieren westlich auf den unfruchtbaren Sanderflächen die weiträumigen Waldgebiete der Schorfheide.

Rund um die über 240 Seen im Biosphärenreservat fühlen sich Biber und Fischotter wohl. Die selten gewordenen Laubfrösche und Kreuzottern, die bedrohte Europäische Sumpfschildkröte und Rotbauchunke sind in den zahlreichen Mooren, Feldsöllen und Feuchtwiesen zu Hause. In den Wäldern brüten See-, Fisch- und Schreiadler. Sogar der extrem seltene, scheue Schwarzstorch hat hier ein Refugium.

Nicht weniger reich ist der Wildbestand, dem von jeher sämtliche vornehmen Herrschaften nachsetzten. Von brandenburgischen Markgrafen und Kurfürsten über preußische Könige und deutsche Kaiser bis hin zu Nazi-Größen und DDR-Oberen gingen sie in der Schorfheide auf die Pirsch. Zusammen mit zahlreichen weiteren schützenswerten Naturgebieten stellte die DDR-Volkskammer diese einzigartige Landschaft im Nordosten Brandenburgs noch schnell vor der Wiedervereinigung im Herbst 1990 unter Schutz. Ebenfalls noch 1990 wurde

Barnim und Uckermark

die Region Schorfheide-Chorin von der UNESCO als Biosphärenreservat anerkannt. 17 Jahre danach entdeckte man in der Schorfheide erstmals wieder Spuren freilebender Wölfe.

■ Groß Schönebeck

An der südwestlichen Grenze des Biosphärenreservats bildet Groß Schönebeck, 1700 Einwohner klein, das Tor zur Schorfheide. Seine erste Erwähnung im Jahr 1313 datiert in eine Zeit, in der überall in der nördlichen Mark Trutzburgen zum Schutz gegen die feindlichen Pommern entstanden. So wohl auch in Groß Schönebeck, worauf Feldsteinfundamente hindeuten, die man 1993 nicht weit vom heutigen Schloss entfernt aus dem Boden grub. Ein weiteres denkwürdiges Datum in den Groß Schönebecker Annalen markiert das Jahr 1522, in welchem der junge Kurfürst Joachim II. (1505–1571) in der Schorfheide einen ernsten Strauß mit einem Bären ausfocht. Und für das Jahr 1585 ist bekannt, dass sich Joachims Sohn und Nachfolger im Kurfürstenamt, Johann Georg (1525–1598), auf der Pirsch in der Heide befand. Die Tradition der Vornehmen und Mächtigen, in der ›Magna Merica‹, der Großen Heide, die Büchse zu führen, wurde demnach schon im 16. Jahrhundert begründet. Von den brandenburgischen Kurfürsten über die Hohenzollern bis hin zu den wichtigsten Nazi-Größen und DDR-Oberen frönte man der Jagdleidenschaft in einem Wildzaun, der 1937 schließlich sagenhafte 50 000 Hektar umfasste und zu DDR-Zeiten als ›personenbezogenes Sonderjagdgebiet‹ galt. Doch zurück zu den Anfängen von Groß Schönebeck: Im Dreißigjährigen Krieg zerstörten dänische Truppen Burg und Dorf. Nur der Kirchturm blieb stehen, weshalb er am Ort heute das älteste Gemäuer darstellt. 1680 veranlasste der Große Kurfürst den Bau eines Jagdschlosses, das bis etwa 1715 Gestalt annahm. Fortan fungierte das große quadratische zweigeschossige Haus mit einem spitzen Dach obendrauf als Domizil für hochherrschaftliche Waidmänner und deren Gefolge.

Seit 1991 ist im Schloss nun das **Schorfheidemuseum** zu Hause. Erzählt wird die Geschichte der Forstwirtschaft und mit der Ausstellung ›Jagd und Macht‹ die Geschichte der Schorfheide als Jagdgebiet von der Kaiserzeit bis zum Ende der DDR. Außerdem erfährt man Biografisches über den Uckermärker und Boxschwergewicht-Weltmeisters Max Schmeling (1905–2005), dessen Nachlass im Schorfheidemuseum zu sehen ist. Wer gerne mehr zum Naturraum Schorfheide erfahren möchte, kann dies im restaurierten Bahnhof Groß Schönebeck tun. Seit 2012 hat dort die Naturwacht ihren Sitz und wartet im ehemaligen Wartesaal mit einer Ausstellung zu Fauna und Flora der Schorfheide sowie der Wälder rund um die polnische Projektpartner-Stadt Drawsko Pomorskie auf.

Wenige Kilometer nördlich von Groß Schönebeck beginnen die Gehege des **Wildparks Schorfheide.** Auf 100 Hektar durchziehen sieben Kilometer Wanderwege das Gelände, auf dem heimische Wildtierarten in freier Wildbahn beobachtet werden können: Rot-, Damm-, Schwarz- und Muffelwild, Wisente, Elche oder auch Luchse. Aus sicherem Abstand kann man von einer Aussichtsplattform aus auch ein Wolfsgehege in Augenschein nehmen.

■ Rund um den Werbellinsee

»Es ist ein Märchenplatz, auf dem wir sitzen, denn wir sitzen am Ufer des Werbellin«, schwärmte Fontane von dem nur 1 Kilometer breiten, aber 10 Kilometer langen und bis zu 60 Meter tiefen Rinnensee. Sagen sind mit ihm verbunden:

Karte S. 200

Die Schorfheide ist eines der größten Waldgebiete Deutschlands

Von einer Stadt namens Werbellow erzählt man sich, deren Bewohner vor lauter Reichtum so hochmütig geworden waren, dass sie Bedürftige an ihren Toren abwiesen und die Stadt zur Strafe dafür im See versank. Sonntagskinder sollen ihre Glocken am Johannistag mittags noch hören können. Ansonsten hat von dieser Unglücksstadt nie wieder jemand etwas vernommen.

Mehrere Campingplätze und Badewiesen liegen an den Ufern des Werbellinsees. Ausflugsdampfer kreuzen die Wellen, und der 1765 eröffnete **Werbellinkanal** verbindet den See mit Oder-Havel- und Finowkanal.

An seiner Südspitze wacht an der Mündung des Werbellinkanals, als Reminiszenz an eine längst verschwundene Burg, der 1879 eingeweihte **Askanierturm**. Ein zwei Kilometer langer Spaziergang führt von der Schleuse im Flecken **Eichhorst** dorthin. An der Schleuse befindet sich auch die Touristeninformation. Sie hütet den Schlüssel für den Askanierturm, von dem aus man eine herrliche Sicht auf den See und die umliegenden Wälder genießen kann.

Die ›Alte Fischerei‹ in Altenhof

Nahe dem südwestlichen Seeufer verbirgt sich im Wald das vom Namen her gewiss bekannteste Anwesen am Werbellinsee: **Jagdschloss Hubertusstock**. Der Romantiker unter den preußischen Königen, Friedrich Wilhelm IV., hatte das Fachwerkgebäude 1847–1849 für den Aufenthalt seiner Jagdgesellschaften bauen lassen, aus Liebe zu seiner Gemahlin Elisabeth von Bayern nach Art bayerischer Forsthäuser. Es diente den Hohenzollern als Jagdquartier, nachfolgend Reichspräsident Hindenburg, im Dritten Reich den ranghöchsten Nazi-Schergen und ab 1952 schließlich erholungsbedürftigen leitenden Angestellten des DDR-Innenministeriums. Von 1971 bis 1973 wurde das morsche Jagdhaus bis auf die Grundmauern abgetragen und mit Schwimmbad und modernem Komfort in gleicher Art wieder aufgebaut. Fortan fungierte Hubertusstock als Gästehaus der DDR-Regierung. Staatschefs wie Leonid Breshnew und Fidel Castro logierten hier, und mit dem Treffen 1981 zwischen SED-Generalsekretär Erich Honecker und Bundeskanzler Helmut Schmidt wurde in Hubertusstock deutsch-deutsche Geschichte geschrieben.

Karte S. 200

Am Werbellin-Kanal bei Wildau

Gleichwohl muss es verhältnismäßig bescheiden zugegangen sein. ›In seinem Inneren erfreut ein alter Kamin; sonst allerdings herrscht eine Kleinbürgereleganz, wie sie Versandhauskatalogen zur Zierde gereicht‹, schrieb Christian Graf von Krockow, der das Jagdhaus 1990 noch original besichtigen konnte. Die nächsten zehn Jahre Hotel und anschließend lange Zeit leer stehend, können sich die Besucher seit Mitte 2009 im nun frisch renovierten Anwesen wieder einquartieren und am geschichtsträchtigen Ort unter anderem die Honecker-Suite in Augenschein nehmen.

Die 600 Einwohner kleine Sommerfrische **Altenhof** am östlichen Werbellinseeufer bietet eine hübsche **Uferpromenade** und eine große **Badewiese** am Wasser. Weitere Badewiesen befinden sich auf der Nordwestseite Richtung Joachimsthal zwischen Landstraße und See.

■ Joachimsthal

Zwischen nördlicher Werbellinseespitze und Grimnitzsee gibt es im Bahnhof Joachimsthal etwas zu hören! Im **Kaiserbahnhof**, den man 1898 für Wilhelm II.

im skandinavischen Fachwerkstil bauen ließ, wird heute im **Hörspielbahnhof** in den Sommermonaten spannendes Ohrentheater zum Besten gegeben.

Nicht weit entfernt steht noch vor dem Kreisel am Joachimsthaler Ortseingang der alte Wasserturm, der, modernisiert und um einen Fahrstuhl bereichert, nun als **Aussichtsplattform Biorama-Projekt** aus 123 Meter Höhe über dem Meeresspiegel einen großartigen Rundumblick auf die Schorfheide und bei klarer Sicht bis zum Fernsehturm nach Berlin verspricht.

Das Dorf Joachimsthal selbst, 3300 Einwohner klein, ist eine Gründung von 1604 durch Kurfürst Joachim Friedrich. In der Abgeschiedenheit der Schorfheide sollte eine Knabenschule entstehen, die den brandenburgischen Spitzennachwuchs auf ein Universitätsstudium vorbereitete. Nach einem Stadtbrand 1814 entstanden Schule, Amtshaus, Kirche und Brauerei neu, das Gotteshaus sogar nach einem Schinkelplan. 1817 wurde die **Schinkelkirche** geweiht und ist seitdem Joachimsthals besondere Sehenswürdigkeit.

Die Schinkelkirche in Joachimsthal

Barnim und Uckermark

Kaum noch etwas zu sehen ist dagegen von der einst stolzen **Burg Grimnitz**, die, um 1300 erbaut, als Grenzfeste gegen die pommersche Uckermark über die Landenge zwischen Werbellinsee und Grimnitzsee wachte. Ein Kellergewölbe,ein paar Mauerfundamente und Reste der alten Ringmauer haben den Zeiten getrotzt und machen heute die Burgruine Grimnitz aus. Sie wird betreut vom Grimnitzer Glashüttenverein, der sich im Joachimsthaler Ortsteil Grimnitz der Bewahrung der Waldglashüttentradition widmet.

Denn von der Burg Grimnitz ging die brandenburgische Glasmacherkunst aus. Um 1575 wurde dort die erste märkische Glashütte eingerichtet. Weitere folgten nahebei im 17. und 18. Jahrhundert, so in Althüttendorf und in Neugrimnitz, in denen man vorwiegend grünes Gebrauchsglas, aber auch feineres Tafelglas, Reagenzgläser, Kirchen- und Butzenfenster, Vasen, Schmuck und anderes mehr produzierte. Einmal jährlich im August lebt die Tradition während der ›Grimnitzer Glas-Tage‹ wieder auf. Fast am historischen Ort lassen sich dazu Glasmacher, Glasbläser, Glaskünstler aus Deutschland und Polen bei ihrer Arbeit über die Schulter schauen.

■ Im Amt Joachimsthal

Der Flecken **Althüttendorf** am südlichen Grimnitzseeufer geht auf eine 1653 gegründete Glashütte zurück. Doch kaum zwei Jahrzehnte währte der Betrieb. 1674/75 zerstörten schwedische Truppen die Hütte bei ihrem Einfall in Brandenburg im Nordischen Krieg. Den Althüttendorfern verblieb die Waldwirtschaft für den Broterwerb, bis sich Mitte des 19. Jahrhunderts als zweites Standbein die Steinschlägerei dazugesellte. Bei diesem schweißtreibenden Handwerk zerlegten die Arbeiter eiszeit-

liche Findlingssteine – bis zu acht Meter mächtige Blöcke – wie man sie in den nahen Steinbrüchen bei Sperlingsherberge und in den Ihlowbergen vorfand, um Baumaterial für Gebäude und vor allem für Straßenpflaster und Gleisbettbefestigungen herzustellen.

Bereits aus dem Jahr 1828 stammt die Althüttendorfer **Bockwindmühle**. In ihrer Nachbarschaft genießt man vom Turm des **Naturbeobachtungszentrums** aus einen herrlichen Blick über den Grimnitzsee.

Sowohl der Werbellinsee als typischer Rinnensee wie auch der beinahe kreisrunde Grimnitzsee als Zungenbeckensee sind Kinder der letzten Eiszeit. Beide Gewässer gehören zum 2007 ausgerufenen **Nationalen GeoPark Eiszeitland am Oderrand**, der sich auf einer Fläche von fast 3500 Quadratkilometern über weite Teile des Barnim, der Uckermark und Märkisch Oderlands erstreckt.

Bei Geoparks handelt es sich um geschützte Landschaften, die in besonderer Form die geologische Geschichte einer Region repräsentieren. Und in der Tat. Geradezu beispielhaft liegen in der nordbrandenburgischen Jungmoränenlandschaft alle Erscheinungsformen der glazialen Serie dicht beieinander: Grundmoränen, Endmoränen, Sanderflächen und Urstromtäler, dazwischen Drumlins und Sölle, Binnendünen, Moore und Trockentäler.

Die **Märkische Eiszeitstraße** führt auf gut 340 Kilometer Länge durch diese eiszeitlichen Phänomene. In der Touristeninformation in Joachimsthal zeigt eine Ausstellung Wissenswertes zum GeoPark. Und etwa zehn Kilometer östlich von Althüttendorf wartet im Weiler Groß-Ziethen in der historischen Dampfmühle das **Besucher- und Informationszentrum Geopark Eiszeitland am Oderrand** auf einen Besuch. Auf drei Etagen

Karte S. 200 ▲

Bronzener Hirsch beim Jagdschloss Hubertusstock

werden die Gäste in die vergangenen Eiszeiten entführt. Außerdem wird über das nicht weit entfernte Weltnaturerbe Buchenwald Grumsin informiert (→ S. 295), wohin auch Wanderungen führen.

■ Walddorf Glambeck

›Grünes Herz des UNESCO-Biosphären-reservats Schorfheide-Chorin‹ nennt sich der Flecken Glambeck, der, ca. fünf Kilometer Vogelfluglinie nördlich vom Grimnitzsee, aus keinen drei Dutzend Häusern besteht. 1375 erstmals erwähnt, darf man als außergewöhnlichste historische Tat der Einwohner nennen, dass sie, trotz der Jahrhunderte währenden Armut in der Region, nicht wie ihre Nachbarn im verschwundenen Dörfchen Mellin 1860 alle nach Amerika ausgewandert sind. 1862 erwarb der einflussreiche Politiker am Hohenzollernhof, Generalintendant für Schauspiel und Musik und einer der reichsten Großgrundbesitzer Preußens, Graf Friedrich Wilhelm von Redern (1802–1883), das Gut Glambeck. Den alten Gutspark ließ er herrichten und im Dorf außerdem einen **Taubenturm**

bauen – der seither das Glambecker Wahrzeichen ist. Folgerichtig wird dort heute im Turm in einer Ausstellung der Rolle des Grafen in seiner Zeit gedacht. Im hübschen **Fachwerkkirchlein**, 1708 auf einem im Dreißigjährigen Krieg zerstörten Vorgänger aufgebaut, werden mit hochkarätigen Künstlern die ›Glambecker Konzerte‹ veranstaltet. Am Radfernweg Berlin–Usedom und am Uckermärkischen Radrundweg gelegen, finden im kleinen Gotteshaus nach Anmeldung außerdem Radler-Andachten und Fahrrad-Gottesdienste statt. Vis-à-vis erzählt das Glambecker **Dorfmuseum** von der Ortsgeschichte. Die Besichtigung eines vermutlich im Mitte des 19. Jahrhunderts erbauten **Eiskellers**, den seit langer Zeit Fledermäuse als Winterquartier bewohnen, rundet das touristische Angebot ab.

■ Am Großen Döllnsee

Nicht nur das Jagdschloss Hubertusstock, noch ein weiteres großes Staatsdomizil der deutschen Vergangenheit findet sich in der Schorfheide, das seit Ende der DDR als Hotel fungiert. 1994 eröffnete am Großen Döllnsee die Vier-Sterne-Herberge ›Döllnsee-Schorfheide‹ in einem großzügigen Anwesen, das 1934/35 NS-Reichsjägermeister Hermann Göring für einen Günstling hatte erbauen lassen. Es diente zunächst als Gästehaus für Görings Jagdschloss und Weihestätte Carinhall, die sich vor ihrer Sprengung am Nordostufer des Großen Döllnsees befand. Das malerisch auf einer Landnase im Großen Döllnsee drapierte heutige Hotel-Gebäudeensemble – weit mehr eines Schlosses würdig als das nicht weit entfernte Hubertusstock –, wurde zum Alterssitz Walter Ulbrichts. Von seiner Entmachtung 1970 bis zu seinem Tod 1973 verbrachte der einstige DDR-Staatschef am Großen Döllnsee seinen Lebensabend.

Barnim und Uckermark

Schorfheide-Chorin

Touristeninformation Groß Schönebeck, Schloßstraße 6 (im ehemaligen Stallgebäude des Jagdschlosses), 16244 Schorfheide/OT Groß Schönebeck, Tel. 033393/65777, www.schorfheide.de, Mai/Juni/Sept. Do–So 10–18, Juli/Aug. tgl. 10-18, Okt. Do–So 10–16 Uhr.

Touristeninformation Eichhorst, Am Werbellinkanal 13b, 16244 Schorfheide/OT Eichhorst, Tel. 03335/330934, www.schorfheide.de, Mitte April–Sept. tgl. 10–18, Okt. tgl. 10–16 Uhr.

Schorfheide-Info Joachimsthal, Töpferstraße 1, 16247 Joachimsthal, Tel. 033361/63380, www.joachimsthal.de, April–Sept. Mo–Sa 10–16, Okt. Mo–Fr 10–16, Nov.–März Fr 10–16 Uhr.

Hotel Döllnsee-Schorfheide, Döllnkrug 2, 17268 Templin/OT Groß Dölln, Tel. 039882/630, www.doellnsee.de, DZ/F ab 100€. Vier-Sterne-Anwesen auf einer Landnase im Großen Döllnsee; Hallenbad, Badehaus am See, Ruderboot- und Fahrradverleih, Bogenschießen, Tennis, Wellness; Spezialität des Restaurants Fisch- und Wildgerichte sowie uckermärkische Küche.

Jagdschloss Hubertusstock, Hubertusstock 1, 16247 Joachimsthal, Tel. 033363/500, www.hubertusstock.de, DZ/F 79 €. Unterkunft in drei eleganten Waldvillen auf dem Gelände von Schloss Hubertusstock; die vierte Villa, einst Gästebungalow für DDR-Staatsgäste, wurde im Originalzustand belassen und kann besichtigt werden, ebenso wie die Honecker-Suite im Haupthaus. Gefrühstückt wird im Kaminzimmer im Schloss.

Pension Poppe, Dorfstraße 13, 16244 Schorfheide/OT Altenhof, Tel. 033363/3226, www.pensionpoppe.de, DZ/F 65€. Freundliches gutbürgerliches Haus im Örtchen Altenhof; im Restaurant bodenständige heimische Gerichte.

Pension Altermann, Liebenwalder Straße 31, 16244 Schorfheide/OT Groß Schöne-

beck, Tel. 033393/70212, www.pension-altermann.de, DZ/F 60€. Hübscher eingeschossiger Klinkerbau am Ortsrand mit Blick auf weite Wiesen und Weiden; die Zimmer hell und freundlich in Kiefernholz; Wellnessangebot und Fahrradverleih.

Campingplatz Am Spring, Seerandstraße am Hubertusstock, 16247 Joachimsthal, Tel. 033363/4232, www.campingplatz-werbellinsee.de, ganzjährig. Am südwestlichen Seeufer; Minimarkt, Gaststätte, Badewiese, Fahrrad- und Bootsverleih.

Jugendherberge, Joachimsthaler Straße 20 (an der Landstraße zwischen Altenhof und Joachimsthal), 16247 Joachimsthal, Tel. 033363/6296 oder 6297, www.ejb-werbellinsee.de.

Schorfheidemuseum, Schloßstraße 6, 16244 Schorfheide/OT Groß Schönebeck, Tel. 033393/65272, www.jagdschloss-schorfheide.de, Mai–Sept. tgl. 10 -17, Okt.–April tgl. 10–16 Uhr.

Naturwacht Groß Schönebeck, Bahnhof Groß Schönebeck, Bahnhofstraße 2, 16244 Schorfheide/OT Groß Schönebeck, Tel. 033393/63819, Mo–Fr 9–15 Uhr.

Hörspielbahnhof, Straße zum Kaiserbahnhof, 16247 Joachimsthal, Tel. 033361/63380, www.hoerspielbahnhof-joachimsthal.de.

Aussichtsplattform Biorama-Projekt, Am Wasserturm 1, 16247 Joachimsthal, Tel. 033361/64931, www.biorama-projekt.org, Ostern–Okt. Do–So 11–18 Uhr.

Besucher- und Informationszentrum Geopark Eiszeitland am Oderrand, Zur Mühle 51, 16247 Ziethen/OT Groß-Ziethen, Tel. 01573/1359023, www.geopark-eiszeitland.de, April–Okt. Mi–Fr 10–16, Sa/So 10–17 Uhr.

Denkmale Glambeck, Wolletzer Weg, 16247 Friedrichswalde/OT Glambeck, www.glambeck-schorfheide.de, tgl. 10–18 Uhr.

Karte S. 200

Wildpark Schorfheide, Prenzlauer Straße 16, 16244 Groß Schönebeck, Tel. 03339 3/65855, www.wildpark-schorfheide.de, tgl. 9–19 Uhr.

Werbellinsee-Kreuzfahrten, Reederei Wiedenhöft, Seerandstraße 23, 16247 Joachimsthal, Fahrplaninfo: Tel. 033361/ 474, www.werbellinsee-schorfheide.de, Mitte April–Mitte Okt.

Boots- und Fahrradvermietung Am Breten, Am See, 16244 Schorfheide/OT Altenhof, Tel. 0170/2950730, www.al tenhof-werbellinsee.de/breten.htm, an den Wochenenden und im Juli/Aug. tgl. 10–19 Uhr. Fahrradverleih, Ruder-, Motor- und Tretboote.
Campingplatz Am Spring, s.o., Ruder- und Tretboote.

Werbellinsee: Badewiese in Altenhof (Ostufer); bewachte Badestelle mit Nichtschwimmerbereich, Gastronomie, WC am EJB Werbellinsee (Ostufer, s. ›Jugendherberge‹); zwei Badewiesen am Nordwestufer sowie eine weitere am Südwestufer auf dem Campingplatz Am Spring.
Grimnitzsee: Badestrand bei Althüttendorf (nahe Sportplatz westlich der Ortschaft), Badewiese in Grimnitz sowie zwei weitere jeweils nördlich und südlich davon.

Templin und Umgebung

›Perle der Uckermark‹ wird Templin genannt. Eingebettet in sanfte Hügel, Wiesen und Wälder und von sechs Seen umgeben, ist das historische Zentrum des 16 000-Einwohner-Städtchen von einer 1735 Meter langen, bis zu sieben Meter hohen, komplett erhaltenen **Feldsteinstadtmauer** mit drei gotischen Stadttoren und rund 50 Wiekhäusern umzogen. Die Ende des 13./Anfang des 14. Jahrhunderts errichteten Wehrmauern, die im Oval die Altstadt umschließen, sind die größte Sehenswürdigkeit von Templin und auf jeden Fall einen Spaziergang über die schmale Gasse in ihrem Schatten wert.

Vor Dürre und Hochwasser und auch vor dem Dreißigjährigen Krieg konnten die Mauern die Templiner jedoch nicht schützen. 1230 gegründet und 50 Jahre später erstmals in einer Urkunde genannt, fand der Aufstieg der Stadt an günstigen Handelswegen mit dem Dreißigjährigen Krieg ein jähes Ende. Die Gegend wurde Durchmarschgebiet schwedischer Trup-

Barnim und Uckermark

Templin bezaubert durch seine Lage an gleich mehreren Seen

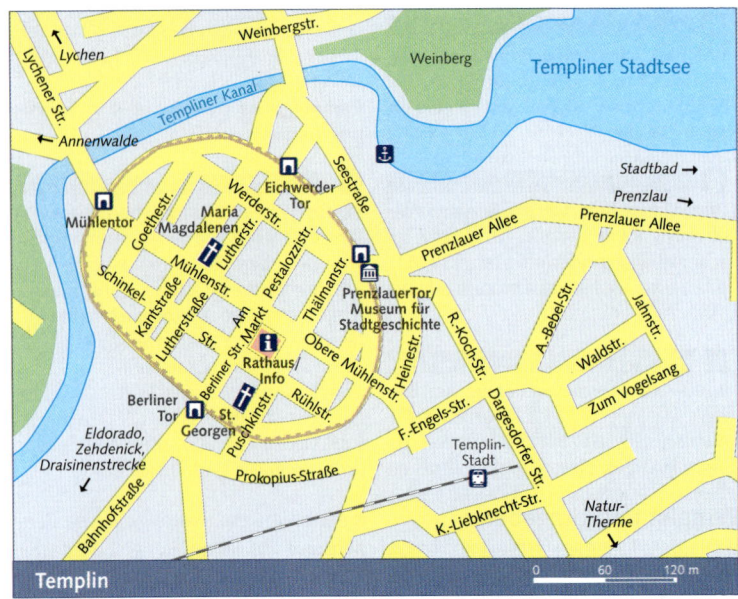

pen, und auch der Schwarze Tod raffte die Menschen dahin. Am Ende des Kriegs 1648 waren von einst 413 Templiner Familien nur noch 30 übrig geblieben. Ein nächstes einschneidendes Ereignis stellte der große Stadtbrand 1735 dar. Innerhalb weniger Stunden hatten die Flammen Templin verschlungen. Der Wiederaufbau erfolgte als regelmäßige, schachbrettartige Anlage, so wie man sie heute noch, über Kopfsteinpflaster spazierend, erkunden kann.

Auf den Mauerresten des niedergebrannten Vorgängers wurde die **Maria-Magdalenen-Kirche** im Herzen der Altstadt 1749 neu eingeweiht. Ihren Turm kann man erklimmen, bekommt unterwegs im Dachstuhl die drei eindrucksvollen Kirchglocken und das alte Uhrwerk zu sehen und kann, oben angelangt, einen herrlichen Blick über die Dächer Templins genießen. Das zweite bedeutende Bauwerk ist das **Alte Rathaus** am Markt. Wie die Maria-Magdalenen-Kirche wurde es

nach Plänen des königlich-preußischen Oberbaudirektors Karl Samuel Schmidt nach der Feuersbrunst neu errichtet. Als barocker Putzbau nahm es bis 1748 Gestalt an, wurde nach seiner Teilzerstörung durch einen Bombenangriff im Frühjahr 1944 von 1963 bis 1966 in seiner überlieferten Form wieder aufgebaut und dient heute unter anderem als Domizil für die Templiner Touristeninformation. Wenig südlich ist von dort das **Berliner Tor** schnell erreicht. Der backsteingotische Turm ist das jüngste der drei Templiner Stadttore, die von Anfang bis Mitte des 14. Jahrhunderts gebaut wurden. In der Nachbarschaft hat die **St.-Georgen-Kapelle** den Stadtbrand von 1735 heil überstanden. Der kleine Backsteinbau aus dem 14. Jahrhundert birgt an kostbarer Ausstattung einen spätgotischen Schnitzaltar mit Heiligenfiguren (um 1500). Woher und von wessen Hand das Kunstwerk stammt, ist nicht bekannt. Das **Prenzlauer Tor** schließt die Altstadt im Nordosten ab. Bereits 1957 eröffnete in seinen Mauern ein Heimatmuseum. Bis 2010 diente es dann als Volkskundemuseum und präsentiert sich nach umfassender Sanierung seit 2012 als **Museum für Stadtgeschichte**.

Folgt man dem Prenzlauer Tor zum Tor hinaus ist man rasch am Templiner **Stadtsee** mit Stadthafen, Bootsverleih und Dampferanleger für Ausflugspartien über das Templiner Seenkreuz angelangt. Abermals nur einen kurzen Spaziergang entfernt, kann man im **Strandbad** am Stadtsee in die Fluten eintauchen.

Spaziert man in die entgegengesetzte Richtung aus dem Berliner Tor zur Stadt hinaus, warten an der Basisstation südlich vom Templiner Bahnhof Fahrraddraisinen auf Ausflügler. Mit der Stilllegung der Eisenbahnstrecke Templin–Lychen–Fürstenberg schlug 1996 die Geburtsstunde der beliebten touristischen **Raddraisinenlinie**. Auf 30 Kilometer Länge führt sie über das alte Bahngleis nach Fürstenberg.

Das Berliner Tor, Teil der historischen Wehrmauer

Wer eher auf echte Rösser als auf Drahtesel schwört, ist in der **Westernstadt Eldorado** goldrichtig. Im Freizeitpark am Röddelinsee feiert der Wilde Westen in der Kulisse einer alten US-Goldgräberstadt Auferstehung.

Mehr noch ist Templin für seine **NaturTherme** bekannt. Aus 1650 Meter Tiefe tritt die 57 Grad warme Thermalsole an die Oberfläche und wird, auf wohlige Körpertemperatur heruntergekühlt, für Dampfbäder drinnen und draußen, Wellen- und Sprudelbecken, Blubber-Geysir und Grottengang mit künstlichen Wasserfällen genutzt. Zum Wohlfühlprogramm zählen außerdem eine Saunalandschaft, Rasul und Hamam.

■ Annenwalde

Mitte des 18. Jahrhunderts gründeten 20 Kolonistenfamilien die **Glashütte Annenwalde**. Seit dem Jahr 2000 wird am historischen Ort erneut Glas produziert, was man bei Schauvorführungen miterleben kann. Rund um die nach dem Schinkelschen Generalentwurf gebaute Dorfkirche haben sich in den niederen Fachwerkhäuschen Künstler niedergelassen und Annenwalde in ein entzückendes, höchst lebendiges Freilichtmuseum verwandelt.

■ Alt Placht

Etwa drei Kilometer nördlich von Annenwalde duckt sich im winzigen Flecken Alt Placht das **Kirchlein im Grünen**. Fast schon war die um 1700 erbaute ehemalige Gutskapelle dem Verfall preisgegeben, da kam die Wende, und eine Initiative zu ihrer Rettung gründete sich. Maßgeblich beteiligt daran war Pfarrer Horst Kasner, der Vater von Bundeskanzlerin Angela Merkel. 1993 begannen die Restaurierungsarbeiten, im Jahr darauf konnte das fachwerkgeschmückte Kleinod wieder eingeweiht werden.

Barnim und Uckermark

Templin und Umgebung

Vorwahl: 03987

Postleitzahl: 17268

Touristeninformation, Am Markt 19 (im Alten Rathaus), Templin, Tel. 2631, www.templin.de, Mai–Sept. Mo–Fr 9–18, Sa/So 10–15 Uhr, Okt.–April Mo–Fr 9–17 Uhr.

Villa Morgentau, Burgwaller Straße 2, Templin/OT Storkow, Tel. 208080, www.villa-morgentau.de, DZ/F ab 130 €. Wellnesshotel Garni ca. 10 km südwestlich von Templin in herrlicher Alleinlage im Wald. Frühstücksraum und Wellnessbereich sind im Haupthaus untergebracht, einer ehemaligen Fabrikantenvilla aus den 1920er Jahren, die stilvollen Gästezimmer liegen in kleinen Bungalows auf dem Gelände verteilt.

Pension Kleine Schorfheide, Annenwalde 13, Templin/OT Densow, Tel. 54074, www.kleineschorfheide.de, DZ ohne Frühstück ab 50 €. Gemütlicher Gasthof an der Dorfstraße, die Zimmer sind praktisch bequem, im Restaurant gibt es uckermärker Spezialitäten.

Camping am Fährsee, Fährkrug 1b, Templin, Tel. 200114, www.camping-am-faehrsee-templin.de, ganzjährig. Am Fährsee auf einem schmalen Uferstreifen; zwei Badestellen, Minishop; in der Nachbarschaft das Hotel ›Am Fährkrug‹ mit Restaurant ›Zum Fährmann‹.

Naturcamp Templin am Gleuensee, Gleuensee 1, Templin/OT Klosterwalde, Tel. 201736, www.naturcamp-templin.de, ganzjährig. Großzügig parzelliert im Kiefernwald, viele Dauercamper, leicht hügelig und zum Badesee abschüssig; Gaststätte und behindertengerechte moderne Sanitärausstattung.

Museum für Stadtgeschichte, im Prenzlauer Tor, Templin, Tel. 20 00 526, www.museum-templin.de, Mai–Sept. Di–Fr 10–17, Sa/So 13–17 Uhr, Okt.–April Di–Fr 10–16, Sa/So 10–15 Uhr.

Glashütte Annenwalde, Annenwalde 28, Templin/OT Densow, Tel. 200250, www.glashuette-annenwalde.de, Di–So 11–17 Uhr.

Westernstadt Eldorado, Am Röddelinsee 1, Templin, Tel. 20840, www.eldorado-templin.de, Mai–Mitte Okt. tgl. 10–18 Uhr.

Dampferpartien, April–Okt.; ab Stadthafen Templin: Fahrplaninfo Tel. 202718, www.fgs-uckermark.de; ab Mühlentor Schleuse: Fahrplaninfo Tel. 20 27 18, www.uckerperle.de.

Fahrrad-Draisine, Tagestour von Templin bis Lychen, April–Okt. 9–12 Uhr ab Bahnhof Templin, Fahrtrichtungswechsel ab 14 Uhr (Rückgabe bis 18 Uhr); Info: Tel. 03377/3300850, www.draisine.com.

Bootsverleih, am Stadthafen, Seestraße 4, Templin, Tel. 53661, www.bootsverleih-templin.info; am Strandbad Templin, s.u. Motor-, Paddel- und Tretboote.

Strandbad Templin, Prenzlauer Allee 26, Templin, Tel. 0172/7841801, www.wassersport-templin.de, mit Tauchbasis, Bootsverleih, Zeltplatz und Bungalowvermietung.

NaturThermeTemplin, Dargersdorfer Straße 121, Templin, Tel. 201200, www.naturthermetemplin.de, tgl. 9–21 Uhr.

Die nördliche Uckermark

Sanfte Hügel, Viehweiden, Getreidefelder und dazwischen wie hingetupft kleine Waldinseln prägen das dünn besiedelte Land. Die Region am nördlichen Rand des Biosphärenreservats zählt zu den strukturschwächsten Gebieten Deutschlands.

Größte Attraktion im 1000 Einwohner kleinen Gerswalde, Hauptort im gleichnamigen Amt, ist die **Ruine der Wasserburg Gerswalde**. Ihre Grundmauern stammen noch aus der Zeit der Eroberung der Uckermark Mitte des 13. Jahrhunderts durch die Askanier. 1463 wurde der Ritter Henning von Arnim mit der Burg belehnt, und von da an befand sich die Gemarkung im Besitz derer von Arnim. Seit dem Dreißigjährigen Krieg ist die Burg nun bereits eine Teilruine, deren feste Mauern heute das **Gerswalder Heimat- und Fischereimuseum** beherbergen. Im benachbarten Herrenhaus, mit dessen Errichtung die Arnims 1530 begannen, ist seit der Wiedervereinigung ein Jugendheim mit Ausbildungsstätte untergebracht.

Drei Kilometer westlich befindet sich das 1890 ebenfalls durch die Arnims errichtete **Schloss Herrenstein**. Die große Anlage mit restauriertem Herrenhaus, Dependancen, Reithalle, Tennisplätzen und hauseigenem Badestrand ist seit Mitte der 1990er Jahre ein Vier-Sterne-Hotel.

Bei Stegelitz südöstlich von Gerswalde entspringt das Flüsschen Ucker. Bereits kurz darauf durchfließt es den sieben Kilometer langen **Oberuckersee**, an dessen nördlichem Gestade sich beim Weiler **Seehausen** die Halbinsel Marienwerder ins Wasser schiebt. Graureiher, Fisch- und Seeadler sind in der Sumpflandschaft zu Hause an dem Ort, wo von 1250 bis zur Reformation ein bedeutendes Zisterzienserinnenkloster stand. Von der Abtei ist schon lange nichts mehr zu sehen, sie verfiel im Lauf der Jahrhunderte. Doch konnten Unterwasserarchäologen rund 20 000 mittelalterliche Artefakte vom Seegrund heben: Keramik, Schmuck, Heiligenplastiken oder auch Alltagsgegenstände des einstigen Klosterlebens. Sie sind gegenwärtig im Dominikanerkloster in Prenzlau zu sehen.

Camping- und Badefreunde kommen am östlichen Oberuckerseeufer in **Warnitz** auf ihre Kosten. Inmitten duftender Kiefernheide liegt das winzige Örtchen am sanften Uferhang, verfügt im Naherholungsgebiet Am Quast über eine weitläufige Badewiese sowie einen etwas

Barnim und Uckermark

Am Oberuckersee

Die Marienkirche, das Wahrzeichen von Prenzlau

kleineren Badeplatz nahe dem Warnitzer Schiffsanleger. Von dort schippert der Dampfer ›Onkel Albert‹ seine Fahrgäste nordwärts über den See, immer dem Lauf der Ucker folgend, vom Ausgang des Oberuckersees über den fünf Kilometer langen Ucker-Kanal in den Unteruckersee hinein, an dessen Nordufer schließlich die Hauptstadt der Uckermark, Prenzlau, liegt.

Prenzlau

Bereits 1465 wurde Prenzlau erstmals schriftlich die ›Hauptstadt der Uckermark‹ genannt, und heute darf sich die knapp 20 000 Einwohner zählende Kreisstadt der Uckermark rühmen, die Hauptstadt eines der größten Landkreise in Deutschland zu sein. Im Zweiten Weltkrieg ist das alte Prenzlau nahezu untergegangen. 85 Prozent der historischen Bausubstanz wurden zerstört und die Stadt in Plattenbauweise mit breiten Straßenzügen, die das Zentrum durchschneiden, wieder aufgebaut.

Gleich, von woher man sich nähert, weithin sichtbar dominiert die **St. Marienkirche** mit ihrer wuchtigen 64 und 68 Meter hohen Doppelturmanlage das Stadtbild. Im Inneren zeigt sich die dreischiffige, im 13./14. Jahrhundert erbaute Hallenkirche mit gewaltig emporstrebenden Pfeilersäulen schmucklos mit nacktem Ziegelmauerwerk. Nach ihrer Zerstörung im Zweiten Weltkrieg – sie brannte bis auf die Umfassungsmauern ab – wird St. Marien seit 1972 wieder aufgebaut, und die Rekonstruktion dauert bis heute an. Von ihrer einstigen Ausstattung überstand der wertvolle Marienaltar den Brand, da man ihn rechtzeitig in Sicherheit gebracht hatte. Von einem unbekannten Lübecker Meister geschaffen und 1512 geweiht, ist er seit 1995 wieder vor dem Chorabschluss aufgestellt. Seine kunstvollen Schnitzfiguren

kann man allerdings nur hinter Glas bewundern. Seit einem spektakulären Raub Anfang 1991 – die Figuren tauchten einige Monate später in einem Kölner Bordell wieder auf – dient die Verglasung als Sicherheitsschutz.

Ebenfalls aus dem späten 13. Jahrhundert stammt die **Dreifaltigkeitskirche** gegenüber in der Klosterstraße. Der einschiffige Sakralbau diente als Gotteshaus des Franziskanerklosters, das aber bereits im 18. Jahrhundert abgerissen wurde. Um die Ecke stehen am Marktberg die Ruine der Anfang des 14. Jahrhunderts als Hospitalkirche erbauten **Heiliggeistkapelle** und daneben der wuchtige **Mitteltorturm**, Teil der ab Ende des 13. Jahrhunderts errichteten, noch abschnittweise erhalten Stadtmauer. Vom Mitteltorturm wird eine Sage aus slawischer Zeit erzählt, als der reiche Fürst Primislaw über Prenzlau herrschte. Eines Tages kam ihm sein goldener Ring abhanden. Der Verdacht fiel auf den Knappen, und obwohl dieser seine Unschuld beteuerte, wurde er vom Mitteltorturm in den Tod gestürzt. Lange später wurde das Schmuckstück in einem Rabennest im Geäst einer gefällten Eiche entdeckt, und der Fürst ließ zum Zeichen seines Bedauerns einen aus dem Holz dieser Eiche geschnitzten Raben auf die Spitze des Mitteltorturms setzen.

Ein langes Stück **Stadtmauer** mit der Ruine des Pulverturms, des Seilerturms und dem Hexenturm kann man östlich der Baustraße im Stadtpark in Augenschein nehmen; ein weiteres Teilstück schließt sich, beginnend mit dem **Steintorturm**, im Süden des historischen Stadtkerns zum Unteruckersee hin an. Dort hatten 1275 Dominikanermönche ein Kloster gegründet. Mitte des 16. Jahrhunderts wurde es im Zuge der Reformation aufgelöst. Doch die alten Gemäuer mit Kreuzgängen, Refektorium, Officium, Sakristei

Barnim und Uckermark

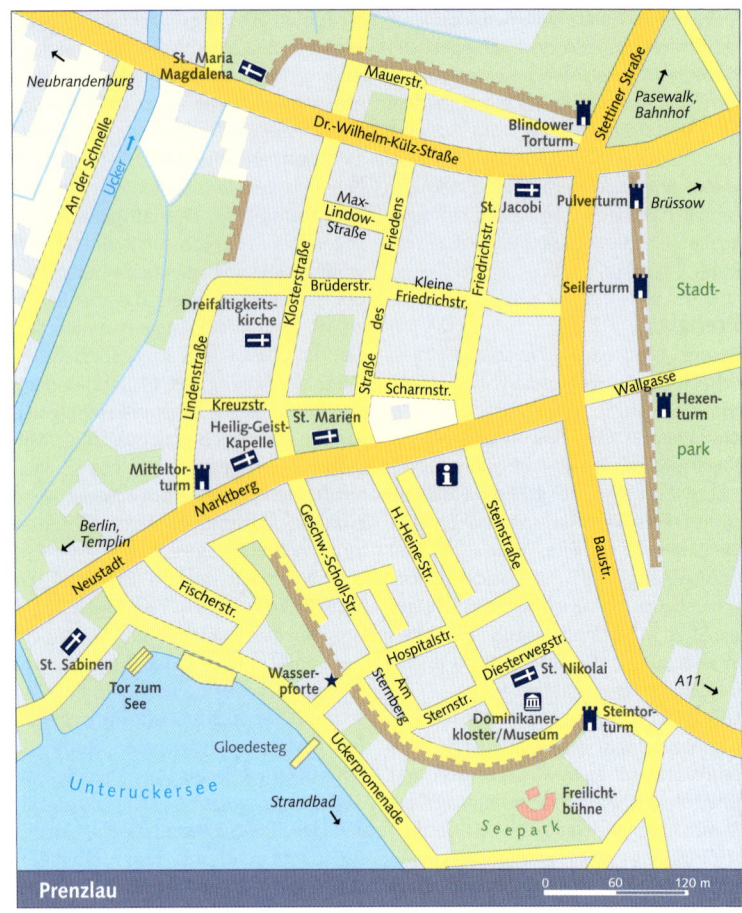

Prenzlau

0   60   120 m

konnten sich relativ unbeschadet über die Jahrhunderte retten. 1997–1999 aufwändig restauriert, dient das **Dominikanerkloster** heute dem **Kulturhistorischen Museum**. Sammlungen mittelalterlicher Sakralplastiken und vor allem die Kunstwerke und Objekte des ›Schatzes von Seehausen‹ sind zu bewundern sowie außerdem eine Ausstellung zur Kulturgeschichte der Uckerseenregion.

Die von 1275 bis 1343 als Gotteshaus des Dominikanerklosters erbaute, turmlose **St. Nikolaikirche** besitzt ein schönes Taufbecken von Anfang des 15. Jahrhunderts und als größten Schatz einen Holzschnitzaltar von 1609. Von der ehemaligen **Alten Nikolaikirche** in der Nachbarschaft blieb nach Abbruch des Kirchenschiffes im 18. Jahrhundert der Westturm erhalten.

Nahebei warten an der Uckerpromenade am Unteruckerseeufer ein **Strandbad, Tauchschule** und **Bootsverleih** auf einen Besuch. Der gesamte Bereich vom Stadtpark an der historischen Stadtmauer bis hin zum Seepark, der sich von dort zum

Seeufer hin erstreckt, wurde im Rahmen der Landesgartenschau 2013 neu gestaltet. Eine Steganlage mit Sonnendeck lädt zum Sitzen mit schöner Aussicht aufs Wasser ein, und nebenan legt das Fahrgastschiff ›Onkel Albert‹ zu Ausflugspartien über die Uckerseen ab.

■ Gramzow

Das schmucke kleine Dorf Gramzow wurde 1168 erstmals in einer Urkunde erwähnt und ist damit der älteste schriftlich überlieferte Ort in der Uckermark. Die Nennung von ›Gramzowe‹ fällt zusammen mit der Gründung eines Prämonstratenserklosters, von dem jedoch schon lange nichts mehr zu sehen ist. Aber die malerische Ruine der **Kloster-kirche** steht noch im Dorfzentrum und ist einen Blick wert.

Ein weiteres geschichtsträchtiges Datum stellt das Jahr 1905 dar, als die Kleinbahn zwischen Damme, Gramzow und Schönermark eröffnete. 1995 wurde der Betrieb eingestellt und bereits ein Jahr später auf dem Bahnhofsgelände am Gramzower Ortsausgang das **Brandenburgische Museum für Klein- und Privatbahnen** eingeweiht. Nicht nur eine Fülle an Modellen, Technik, Bildern und Dokumenten gibt es zu sehen, sondern auf dem Freigelände außerdem alte Loks, Trieb- und Eisenbahnwagen in Normalspur und Schmalspur. Zu bestimmten Terminen schnauft sogar die Museumsbahn über die Gleise.

ℹ Nördliche Uckermark

Stadtinformation Prenzlau, Marktberg 2, 17291 Prenzlau, Tel. 03984/833952, www.prenzlau-tourismus.de, Mai–Sept. Mo–Fr 10–18, Sa/So 10–13 Uhr, Okt.–April Mo–Fr 10–17, Sa 10–12 Uhr.

🛏 ✕ ✕

Hotel Schloss Herrenstein, 17268 Gerswalde/OT Herrenstein, Tel. 039887/710, www.herrenstein.com, DZ/F im Schloss 116 €, in der Dependance 96 €. Hotel Deluxe im Schloss derer von Arnim oder in einer der Fachwerkdependancen auf dem Gelände; Tennis, Reiten, Wellness und Beauty, Schwimmbad, Badestrand; im Restaurant leichte internationale Küche.
Seehotel Huberhof, Dorfstraße 49, 17291 Oberuckersee/OT Seehausen, Tel. 039863/6020, www.seehotel-huberhof.de, DZ/F ab 66 €. Liebevoll restaurierte Fachwerkvilla am See, die Zimmer elegant im Landhausstil; Fahrrad-, Ruder-, Segelbootverleih; im Restaurant und auf der Sonnenterrasse genießt man feine regionale Küche.
Hotel am Uckersee, Straße am Uckersee 27/30, 17291 Röpersdorf, Tel. 03984/6748, www.schilfland.de, DZ/F

ab 77 €. Mittelklassehaus unter einem Walmdach, die Zimmer teils mit Wasserbetten; großer Garten, Fahrrad- und Kanuverleih; das Restaurant am Unteruckerseeufer bietet Regionalküche und Fischspezialitäten.

🏛

Heimat- und Fischereimuseum Gerswalde, in der Wasserburg, 17268 Gerswalde, Tel. 039887/174889, www.gerswalder-wasserburg.de, April–Okt. Di–Fr 10–16, Sa/So 10–17 Uhr.
Marienkirche Prenzlau, www.marienkirche.com, April–Okt. tgl. 11–18 Uhr.
Kulturhistorisches Museum Prenzlau im Dominikanerkloster, Uckerwiek 813, 17291 Prenzlau, Tel. 03984/2241, www.dominikanerkloster-prenzlau.de, April–Sept. tgl. 10–18, sonst Di–So 10–17 Uhr.
Brandenburgische Museum für Klein- und Privatbahnen, Am Bahnhof 3, 17291 Gramzow, Tel. 039861/70159, www.eisenbahnmuseumgramzow.de, Mai–Anfang Okt. Di–So 10–17 Uhr

⚑

Camping am Oberuckersee, Lindenallee 2, 17291 Oberuckersee/OT Warnitz, Tel.

039863/459, www.camping-oberucker
see.de, April–Mitte Okt. Unter Kiefern am
Hang; kleine Badestelle, Einkaufs- und Im-
bissgelegenheit, Fahrrad- und Bootsverleih.

Dampferfahrten über Oberucker- und Unteruckersee (zwischen Warnitz und Prenzlau); Mai–Sept. ab Anlegestelle Prenzlau,
Uckerpromenade 44; ab Warnitz Schif-
fanleger; Fahrplaninfo: Reederei Kohn,
Uckerpromenade 44, 17291 Prenzlau, Tel.
03984/832089, www.uckerseeschiff.de.

Seebad Prenzlau, Uckerpromenade 46,
17291 Prenzlau, www.seebad-prenzlau.

de, Mai/Juni tgl. 9–18 Uhr, Juli/Aug. tgl.
9–20 Uhr; Badewiesen am Oberuckersee/
Ostufer: in Warnitz, nördlich von Warnitz
Am Quast.

Boots- und Fahrradverleih auf dem Camping am Oberuckersee, s.o.; bei Adven-
ture Camp Solaris, Neustädter Damm 17d,
17291 Prenzlau, Tel. 0174/1802180,
www.solaris-prenzlau.de.

Reiten, Kutschfahrten, Pferdehof Ruhnau
17291 Oberuckersee/OT Potzlow-Ab-
bau, Tel. 039863/6010, www.pferde
hof-ruhnau.de.

Boitzenburg

Boitzenburg liegt im nordöstlichen Winkel des Naturparks Uckermärkische Se-
en. Hübsche Fachwerkhäuser, eine
Kirche am Berge, eine Mühle im Talgrund und ein riesiges Schloss zieren
den 1100 Seelen kleinen, idyllischen
Ort, der im Jahr 1276 erstmals Erwähnung fand. Damals befand sich hier, im
einstigen Grenzgebiet zwischen Brandenburg, Pommern und Mecklenburg,
auf einer Halbinsel im See eine Wasserburg. 1528 erwarb der Landvogt Hans
von Arnim den Besitz, und Boitzenburg
wurde ein Stammsitz des alten märkischen Adelsgeschlechts derer von Arnim.
Mitte des 18. Jahrhunderts barock ausgebaut, folgte die nächste umfassende
Erweiterung 1838–1842 unter Friedrich August Stüler im neugotischen Geschmack. 40 Jahre später erhielt das
Schloss schließlich sein Aussehen im gegenwärtigen Neorenaissancestil.
Nach der Enteignung der Arnims 1945
in ein Erholungsheim der Nationalen
Volksarmee umfunktioniert, öffnete es
im Anschluss an eine grundlegende Sanierung an der Jahrtausendwende als
Familien-, Kinder- und Jugendhotel. Im

1827 nach Plänen von Peter Joseph
Lenné gestalteten Schlosspark befindet
sich unten am See eine Badewiese. Gegenüber vom Schloss ist im ehemaligen
gräflichen **Marstall** eine Schaubäckerei,
Kaffeerösterei und Schokoladenmanu-
faktur untergebracht, in der man die
köstlichen süßen Verführungen nicht
nur genießen, sondern auch bei ihrer
Herstellung zuschauen kann.
Östlich vom Marstall schließen sich die
ehemals gräflichen Fischteiche an, heute
die Forellenzucht Boitzenburg, und oberhalb hockt, von hübschen Fachwerkhäusern umgegeben, auf einer kleinen Anhöhe die Pfarrkirche **St. Marien am Berge**.
Der in seinen Grundfesten aus dem
13. Jahrhundert stammende Granitstein-
bau, im 18. Jahrhundert erweitert und
mit einer Barockhaube versehen, birgt
zahlreiche Grabsteine und Epitaphe der
Familie von Arnim.
Am östlichen Ortseingang klapperte von
Ende des 13. Jahrhunderts bis 1978 die
Klostermühle im Tal. Die Wassermühle
wurde zusammen mit einem 1271 gestifteten Zisterzienserkloster gebaut und
datiert in der Gestalt, wie sie heute noch
steht und funktionstüchtig ist, auf das

Karte S. 200

Jahr 1640. Zum per Wasserkraft betriebenen historischen Aufzug, Schrotgang, Mehlwalzenstuhl, Mehl- und Kornelevator hat sich in modernen Zeiten 1919 lediglich noch eine Turbine gesellt. Mit dieser Mühlentechnik herrschte noch bis 1978 Mahlbetrieb. Heute präsentiert sich die Produktionsstätte als technisches Denkmal und **Museum Klostermühle**. Alte land- und hauswirtschaftliche Geräte, eine Schmiede und Stellmacherei sowie eine historische Müllerwohnung werden gezeigt, und auf Wusch wird sogar die alte Mühle in Gang gesetzt.

Das **Zisterzienserkloster** in der Nachbarschaft fiel bereits im Dreißigjährigen Krieg in Trümmer und bildet im Hochsommer die malerische Kulisse für die Aufführungen des Naturtheaters an der Klosterruine Boitzenburg.

Außen verspielt, innen elegant: Schlosshotel Boitzenburg

 Boitzenburg

Vorwahl: 039889
Postleitzahl: 17268

Schlosshotel Boitzenburg, Templiner Straße 13, Boitzenburg, Tel. 50930, www.schloss-boitzenburg.de, DZ/F 80€. Kinder-, Jugend- und Familienhotel, mit Badewiese, Paddelbootverleih; Spezialität im gutbürgerlichen Restaurant: Boitzenburger Forelle.

Landhaus Buchenhain, Buchenhain 31, Boitzenburger Land, Tel. 509648, www.landhausbuchenhain.de, DZ/F ab 74€. Herrenhaus derer von Arnim, anno 1922 erbaut, 7 km nordwestlich von Boitzenburg beim Weiler Buchenhain im Wald am See, stilvoll und behaglich; im Restaurant uckermärkische Spezialitäten.

Dreetzseecamping, Thomsdorf 51, Boitzenburger Land, Tel. 746, www.dreetzseecamping.de, Mitte April–Anfang Okt. 16 Kilometer nordwestlich von Boitzenburg am Südufer des Dreetzsees; Ferienhütten,

Gaststätte, Imbiss, Badestrand, Tauchbasis, Boots- und Fahrradverleih.

Marstall, Templiner Straße 5, 17268 Boitzenburg, Tel. 039889/509094, www.marstall-boitzenburg.de, tgl. 10–17 Uhr. Produktion und Verkostung von Süßem, dazu hausgeröstete Kaffezubereitungen.

Wirtshaus Zur Klostermühle, Mühlenweg, Boitzenburg, Tel. 86960, www.zur-klostermuehle.de, Mo Ruhetag. Neben der Klostermühle kommt drinnen im rustikalen Ambiente und draußen in Hof und Laube delikate Hausmacherküche von heimischen Produkten auf den Tisch.

Museum Klostermühle, Mühlenweg 5a, Boitzenburg, Tel. 236, www.klostermuehle-boitenburg.de, Di–So 10–17 Uhr, im Winterhalbjahr 10–16 Uhr.

Paddelbootverleih, im Schloss Boitzenburg, s.o.

»Die Trockenheit und die Nässe hart beieinander, Bewegung und Stillstand, Heide und Bruch, eine Zugehörigkeit im Kontrast, von der Weite des Himmels überwölbt: Wer darauf sich einlässt, den mag diese Landschaft anrühren wie kaum eine andere.«

Christian Graf von Krockow

MÄRKISCH-ODERLAND UND ODER-SPREE-REGION

Der Todnitz-See nahe Bestensee

Wasser ist auch im östlichen Brandenburg das prägende Element. Oder und
Spree sind die ständigen Begleiterinnen
in der Region. Vor 250 Jahren wurde das
Oderbruch trockengelegt, und bis heute
noch zeigt es sich hinter dem Deich als
zutiefst stilles Land.

Auf halber Strecke zwischen Berlin und
der Oder erhebt sich das wald- und
seenreiche Hügelland der Märkischen
Schweiz. Rundum ist es von einem Reigen stolzer Schlösser und Herrenhäuser
umgeben.

Wandern, Radfahren und einmal mehr
Wassersport sind die großen Freizeitvergnügen im Oder-Spree-Seengebiet. Orte
wie Beeskow oder Storkow sind durch
die Spree und eine Kette von Seen miteinander verbunden. Westlich fließt die
Dahme durch weitläufige Kiefernheiden
und bildet zur Freude der Wassersportler
weitere Seenketten.

Erkner und Umgebung

Nur der Dämeritzsee, durch den die
berlin-brandenburgische Landesgrenze
verläuft, trennt Erkner von der Bundeshauptstadt. Die heute 11 500 Einwohner
zählende Stadt wurde 1579 das erste
Mal unter dem Namen ›Arckenow‹ erwähnt, und noch Anfang des 19. Jahrhunderts wohnten nur ein paar Fischer
zwischen Dämeritzsee und Flakensee.

Infolge des raschen Wachstums der nahen preußischen Residenzstadt Berlin
kam im 19. Jahrhundert zur Fischerei
die Binnenschifffahrt als zweites wirtschaftliches Standbein hinzu. Die Eröffnung der ›Theerproductenfabrik‹ durch
Julius Rütgers 1861/62 läutete schließlich das Industriezeitalter ein.

Gleichzeitig entwickelte sich Erkner zur
beliebten Sommerfrische, und mancher berühmte Zeitgenosse erkor es
zum Wohnsitz. 1885 zog der angehen-
de Schriftsteller und spätere Literatur-
nobelpreisträger Gerhart Hauptmann
(1862–1946) mit seiner Familie an den
Dämeritzsee. Die Villa Lassen, in der sie
vier Jahre verlebten, ist heute **Gerhart-
Hauptmann-Museum**, das neben dem
Originalwohnzimmer einen großen Teil
der Hauptmannschen Bibliothek zu seiner Sammlung zählt.

Unweit entfernt lief auf dem Gelände
der Rütgerschen Fabrik 1910 erstmalig
in der Welt die industrielle Produktion
härtbarer Phenolharze an – Kunststoff,
nach dem Erfinder Leo H. Baekeland
›Bakelite‹ genannt. Zusammen mit der
1938 gegründeten Kugellagerfabrik stieg
Erkner im Dritten Reich zum wichtigen
Standort der deutschen Rüstungsindus-
trie auf. Im Zweiten Weltkrieg wurde es
deshalb bei einem Bombenangriff fast
gänzlich zerstört. 1946 ging der ›VEB

Karte S. 249

Im Strandbad Erkner

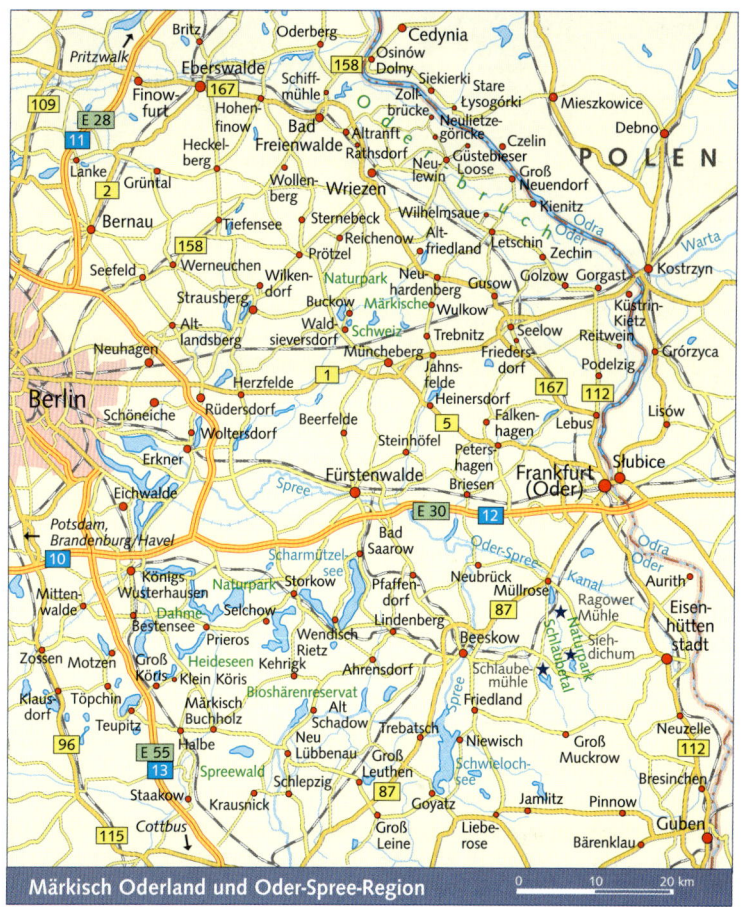

Märkisch Oderland und Oder-Spree-Region

Plasta, Kunstharz- und Preßmassenfabrik‹ Erkner in Betrieb, der ab 1955 die Werkstoffe für die Karosserien des Kleinwagens P 70 und ab 1957 für den Trabant herstellte. 1979 weihte man anlässlich der 400-Jahrfeier im ältesten noch erhaltenen Haus Erkners eine Heimatstube ein. Gegenwärtig umfasst das **Heimatmuseum** in dem 1760 erbauten, reetgedeckten kleinen Fachwerkhaus sechs Räume, die die wesentlichen Ereignisse in der Stadtgeschichte vorstellen. Erkner besitzt eine stadteigene Badewie-se am Dämeritzsee und bildet zugleich das Tor zum Grünheider Wald- und Se-engebiet, das mit duftenden Kiefern-wäldern und großen Sandstränden an Werlsee und Petzsee an heißen Sommer-tagen beinahe adriatische Atmosphäre aufkommen lässt.

■ **Woltersdorf und Rüdersdorf**
Seit über 750 Jahren wird in Rüdersdorf bereits Kalk abgebaut, und auch der Wol-terdorfer Kalksee begann sein Dasein einmal als Kalktagebau. Der Aufschluss

Märkisch-Oderland und Oder-Spree-Region

Die Schleuse in Woltersdorf

zwischen Woltersdorf und Rüdersdorf wurde später geflutet – der Kalksee entstand. Beinahe 500 Jahre ist die **Woltersdorfer Schleuse** zwischen Kalksee und dem südlichen Flakensee inzwischen alt. Allerdings nicht mehr das Original, sondern die dritte Nachfolgerin, seit 1860 von einer **Klappbrücke** überspannt. Rund um die Schleuse finden sich Cafés und Gartenlokale, von denen aus man den Lastkähnen, Seglern und Paddler auf dem Weg zur Schleuse zugucken kann. Nur einen kurzen steilen Wanderweg von dort entfernt, erhebt sich auf dem 105 Meter hohen Kranichberg seit 1962 der Woltersdorfer **Aussichtsturm**. Er bietet einen herrlichen Blick weit über Wasser und Land sowie eine kleine Ausstellung, die an Woltersdorfs glänzende Stummfilmzeiten erinnert, als in den Kinderjahren des Kintopps am Kalkseeufer die damals größte europäische Filmkulissenstadt stand.

Bereits seit 1913 verbindet die **historische Tram** Linie 87 den Berliner S-Bahnhof Rahnsdorf mit Woltersdorf und hat dem rund 8000 Einwohner zählenden Ort den Titel ›kleinste Gemeinde Deutschlands mit eigener Straßenbahn‹ eingetragen.

Einen Superlativ kann auch das benachbarte **Rüdersdorf** bieten, die Wiege der deutschen Kalk- und Zementindustrie. Durch den jahrhundertelangen Kalkabbau entstand hier auf vier Kilometer Länge und zwei Kilometer Breite der größte geologische Aufschluss in Norddeutschland. 240 Millionen Jahre alt ist der Muschelkalk, der zahllose Fossilien und Minerale enthält und darüber hinaus den einzigen oberirdischen Zugang zu einer Lagerstätte des Erdmittelalters darstellt. Rüdersdorfer Kalkstein diente als Baumaterial für zahlreiche preußische Bauwerke, darunter das Brandenburger Tor und Schloss Sanssouci. 1885 entstand das erste Zementwerk, und bis heute ist Rüdersdorf von zentraler Bedeutung für die Bauwirtschaft im Nordosten Deutschlands.

Auf dem 17 Hektar großen Gelände des **Museumspark Rüdersdorf** folgt man der Spur der Steine von den ersten Tagen des Kalkabbaus bis hin zu zeitgenössischen Jeeptouren durch den angrenzenden aktiven Tagebau; von germanischen Kalkbrennöfen über Rumfordöfen und Schachtofenbatterien bis zu einem der modernsten Zementöfen der Welt geht die spannende Zeitreise.

Karte S. 249

Krokodile in Woltersdorf

Kaum zu glauben, aber wahr – der ›Tiger von Eschnapur‹, wie wir ihn aus dem Kino kennen, durchstreifte in Wirklichkeit märkischen Sand. Von 1919 bis 1921 ließ der Filmpionier, Regisseur und Produzent Joe May am Kalkseeufer eine knapp 30 Fußballfelder große Kulissenstadt aus dem Boden stampfen, damals eine der größten Europas. Stummfilm-Kassenschlager wie ›Herrin der Nacht‹ nach einem Drehbuch Fritz Langs oder der Zweiteiler ›Das indische Grabmal/Der Tiger von Eschnapur‹ nach dem gleichnamigen Roman Thea von Harbous wurden am Kalksee von Regisseur May auf Zelluloid gebannt. Dazu schwammen eigens aus dem Berliner Zoologischen Garten geliehene Krokodile in einem Becken im See. An Land fauchten Indische Tiger aus Hagenbecks Tierpark, und Elefanten stampften durchs Gras, die der Zirkus Sarrasani zur Verfügung gestellt hatte. Am Seeufer erhoben sich ein riesiger Maharadscha-Palast sowie zwei Gopura-Tempel, und eine imposante Freitreppe führte zum Wasser hinab. Hunderte Filmarbeiter und tausende Statisten in exotischen bunten Kostümen bevölkerten Woltersdorf. Allein das ›Indische Grabmal‹ soll die für die damalige Zeit ungeheure Summe von 20 Millionen Mark verschlungen haben.

Von der einst prächtigen Kulissenstadt ist schon lange nichts mehr zu sehen. Tausendsassa Joe May, einer der kreativsten Pioniere des deutschen Films seiner Zeit, emigrierte nach der Machtergreifung der Nazis 1933 nach London und dann weiter nach Hollywood. Bereits 1929 begann der Verkauf des Geländes ›Am Film‹. Doch der Name der Badewiese am Kalksee erinnert noch an die legendäre Stummfilmwerkstatt. Und wenn es in Woltersdorf heute heißt: »Komm, wir gehen zum Film«, ist damit nicht etwa ein Casting oder ein Probesprechen gemeint, sondern die Badewiese ›Am Film‹ und der Sprung dort ins erfrischende Nass.

Die Badewiese ›Am Film‹ am Woltersdorfer Kalksee

Strausberg von der Fähre aus gesehen

■ **Strausberg**

Strausberg liegt nördlich des Berliner Urstromtals und damit bereits auf der Barnim-Hochfläche. Die 26 000-Einwohner-Stadt am Straussee verfügt über einen hübsch restaurierten **historischen Ortskern** mit kopfsteingepflasterten Gassen, den eine in weiten Abschnitten erhaltene **Feldsteinwehrmauer** umzieht. Ursprünglich war sie einmal 1600 Meter lang und stammt, ebenso wie die aus Feldsteinen errichtete frühgotische **Pfeilerbasilika St. Marien** auf dem höchsten Punkt über dem Straussee, aus den Jahren unmittelbar nach der Stadtgründung Mitte des 13. Jahrhunderts. Von jenen Zeiten an bis in die Gegenwart vermittelt das **Heimatmuseum** Einblicke in die Geschichte der Stadt.

Reformation und Dreißigjähriger Krieg, der Strausberg an den Rand des Untergangs bringt, sind weitere bedeutende Daten in der Stadtchronik, und schließlich das Jahr 1714, in dem mit der Stationierung einer Soldatenkompanie Strausbergs bis heute währende Geschichte als Truppenstandort beginnt. 1935 werden im Norden der Stadt eine Munitionsfabrik, ein Militärflugplatz und eine Luftwaffenkaserne errichtet, zu DDR-Zeiten

wird Strausberg Sitz des Ministeriums für Nationale Verteidigung. 1994 ziehen die russischen Streitkräfte nach 49-jähriger Stationierung ab. Seitdem ist Strausberg einer der größten Bundeswehrstandorte Ostdeutschlands.

Davon ist im historischen Zentrum jedoch wenig zu spüren. Die Atmosphäre einer typischen Sommerfrische umweht die Kleinstadt am Westrand des Naturparks Märkische Schweiz. Im Juni 1925 eröffnete am Straussee die **historische Badeanstalt**, und bereits 1894 ging nahebei an der Seepromenade die **Personen-Seilfähre** in Betrieb. Seitdem pendelt sie zwischen Stadt und dem gegenüberliegenden Waldufer, seit 1915 mit Strom aus einer 360 Meter langen Oberleitung angetrieben. In sieben Minuten legt die Fähre die Distanz zwischen den Ufern zurück und bietet von unterwegs einen schönen Blick auf die Silhouette der Strausberger Altstadt.

ℹ️ Zwischen Erkner und Strausberg

Touristeninformation Erkner, Friedrichstraße 6-8 (im Rathaus), 15537 Erkner, Tel. 033 62/79 50, www.erkner.de, Mo, Mi, Fr 9–13, Di 9–19, Do 9–18 Uhr. **Stadt- und Touristen-Information Strausberg**, August-Bebel-Straße 1, 15344 Strausberg, Tel. 03341/311066, www.stadt-strausberg.de, Mai–Sept. Mo–Fr 9–17, Sa/So 10–16, Okt.–April Mo–Fr 10–15 Uhr.

Pension zur Altstadt, Große Straße 17, 15344 Strausberg, Tel. 03341/250664, www.pension-altstadt-strausberg.de, DZ/F 70€. Freundliche Mittelklassepension in der Altstadt.

Gerhart-Hauptmann-Museum, Gerhart-Hauptmann-Straße 1–2, 15537 Erkner, Tel. 03362/3663, www.hauptmann museum.de, Di–So 11–17 Uhr.

Karte S. 249

Heimatmuseum Erkner (Museumshof am Sonnenluch), Heinrich-Heine-Straße 17/18, 15537 Erkner, Tel. 03362/22452, www.heimatverein-erkner.de, Mi u. Sa/So 13–17 Uhr.

Woltersdorfer Aussichtsturm, Auf dem Kranichsberg, 15569 Woltersdorf, www.verschoenerungsvereinwoltersdorf.de, April–Okt. Mo–Fr 9.30–15.30, Sa/So 10–17 Uhr, Nov.–März Sa/So 10–15 Uhr.

Museumspark Rüdersdorf, Heinitzstraße 41, 15562 Rüdersdorf, Tel. 033638/799797, www.museumspark.de, April–Okt. tgl. 10–18 Uhr, Nov.–März. tgl. 10.30–16 Uhr.

Campingplatz Flakensee, Fangschleusenstraße 40, 15569 Woltersdorf, Tel. 03362/888357, www.campingplatz-flakensee.de.

Strandbad Erkner, Straße zum Freibad, in Erkner, tgl. Mai–Sept.

Badestrände am Werlsee-Nordufer und Werlsee-Südufer in Grünheide.

Badewiese Am Film, Richard-Wagner-Straße, **Badestrand Schwarzer Stubben**/

Weißer Strand, Fangschleusenstraße; beide in Woltersdorf.

Badeanstalt Strausberg, Fichteplatz 2, in Strausberg, Tel. 03341/23074, www.strausberger-baeder.de, Mai Mo–Fr ab 10, Sa/So ab 9, Juni–Aug. tgl. ab 9 bis Einbruch der Dunkelheit.

Strausberger Fähre, an der Uferpromenade zwischen Altstadt und Badeanstalt. Tel. 03341/345100, www.strausberger-eisenbahn.de.

Bootsverleih Strausberg, Fichteplatz (direkt neben der Badeanstalt), Tel. 03341/23074, Mai Mo–Fr 10–18, Sa/So 9–19, Juni–Aug. tgl. ab 9, Sept. tgl. 10–18 Uhr.

Golfpark Schloss Wilkendorf, Am Weiher 1, 15345 Altlandsberg/OT Wilkendorf, Tel. 03341/330960, www.resort-schloss-wilkendorf.com. Wenige Kilometer nördlich von Strausberg, 220 Hektar-Anlage mit zwei 18-Loch-Plätzen, der eine davon ohne Zwang zur Clubmitgliedschaft.

Naturpark Märkische Schweiz

Die Schweizer würden vor Neid erblassen. Denn im Unterschied zu dem Land, das die Eidgenossen bevölkern, besitzt Brandenburg sogar zwei ›Schweizen‹: im Nordwesten die Ruppiner Schweiz und im Osten die Märkische Schweiz, wobei sich die Märkische auf schwindelerregende 130 Meter über dem Meeresspiegel hochschraubt und damit die Ruppiner sogar noch um einige Höhenmeter überragt. Seen und Sölle, Wälder, Moore, Wiesen und Felder prägen den kleinsten und mit seinem Geburtsjahr 1990 dienstältesten Brandenburger Naturpark. Als wichtigstes Flüsschen windet sich die Stobber durch die märkischen Mini-Alpen, durchfließt die Seen des Buckower Kessels

und mündet nordöstlich in den Altfriedländer Strom, einen ehemaligen Oderarm. Rot- und Hainbuchen, Stiel- und Traubeneichen säumen die Uferhänge, etwa ein Drittel des Naturparks ist mit dichten Laubmischwäldern bedeckt. Vor allem im Naturschutzgebiet Stobbertal bauen im Biber ihre Burgen, und wo die Fische alte Mühlenstaue nicht überwinden können, hat der Mensch ihnen Treppen errichtet. Bei Altfriedland im nordöstlichen Winkel der Märkischen Schweiz ist der Naturpark zudem als Europäisches Vogelschutzgebiet ausgewiesen. Mehr als 140 brütende Vogelarten werden gezählt, darunter die seltene Haute Volée der mitteleuropäischen Vogelwelt: Rotmilan, Schwarzstorch und Seeadler.

■ **Schlösser und Herrenhäuser**

Eine augenfällige Dichte an Schlössern und Herrenhäusern umkränzt den Naturpark. Ritter, Barone und Industrielle ließen sie einst auf ihren weitläufigen Gütern erbauen. Im Zuge der Bodenreform und Enteignung 1945–1949 in der Sowjetischen Besatzungszone bzw. DDR gingen sie in Volkseigentum über, wurden zu Feierabendheimen, Schulen oder Lagerhallen umfunktioniert und standen nach der Wende – abgewohnt, heruntergekommen und oft bis zur Unkenntlichkeit umgebaut – meistens leer. Kaum jemand fand sich, der gerne Schlossherr werden wollte und auch das nötige Kleingeld für eine umfassende denkmalgerechte Sanierung und Modernisierung mitbringen konnte.

Doch mancher Investor traut sich Geld in die Hand zu nehmen. Das Jagdschloss Wilkendorf nördlich von Strausberg beispielsweise, 1891 im englischen Landhausstil erbaut, soll nach Jahren des Leerstands eines Tages als Luxushotel wiedererstehen.

Schloss Prötzel direkt an der nordwestlichen Naturparkgrenze wartet auf seine umfassende Grundsanierung. Anschlie-ßend soll auch hier ein Luxushotel einziehen. 1712–1717 wurde es von Andreas Schlüter für die Grafen Kameke errichtet und 1859 durch Friedrich August Stüler für die nachfolgenden Eigentümer, die Freiherren von Eckardstein, klassizistisch umgestaltet.

Nicht weit von Prötzel entfernt erhebt sich **Schloss Reichenow**. Mit Zinnen und Türmen 1897–1900 im Tudorstil für August Freiherr von Eckardstein erbaut, war in seinen Mauern bis 2013 ein Hotel Deluxe untergebracht. Nach Renovierungsarbeiten beabsichtigt die Brandenburgische Schlössergesellschaft, in deren Besitz sich neben Schloss Reichenow eine ganze Reihe weiterer hochherrschaftlicher brandenburgischer Liegenschaften befinden, den vornehmen zweigeschossigen Putzbau erneut zu verpachten.

Schloss Neuhardenberg, 1820 bis 1823 nach Plänen von Karl Friedrich Schinkel für den preußischen Staatskanzler Karl August Fürst von Hardenberg entstanden, beherbergt ein Fünf-Sterne-Hotel und konnte sich außerdem als Kultur- und Wissenschaftszentrum etablieren (→ S. 257).

Karte S. 249

Schloss Neuhardenberg

Schloss Wulkow, 1697 für den berühmten Generalfeldmarschall des Großen Kurfürsten, Georg Freiherr von Derfflinger, errichtet und zuletzt 1912 umgebaut, ist heute ein Vier-Sterne-Hotel.

Schloss Trebnitz mit Fundamenten, die bis ins Mittelalter zurückreichen, erhielt seine gegenwärtige neubarocke Gestalt um 1900; seit 1992 ist dort ein Bildungs- und Begegnungszentrum untergebracht.

Schloss Jahnsfelde schließlich, das kleinste und bescheidenste in der märkisch-oderländischen Schlösserparade, wurde 1680 als Stammsitz der Familie von Pfuel erbaut und 1871 im Stil märkischer Backsteingotik erweitert; heute wird es privat bewohnt.

Das Brecht-Weigel-Haus

■ **Buckow**

1600 Seelen zählt die ›Hauptstadt‹ der Märkischen Schweiz an Buckow- und Schermützelsee – Kneipp-Kurort und Perle im märkischen ›Alpenland‹, das bei Buckow von seiner tiefsten Stelle 30 Meter unter dem Schermützelsee-Wasserspiegel zum Krugberg auf 130 Meter über Normalnull aufsteigt.

1253 wird ›villa buchowe‹ im Besitz des Klosters Lebus erstmals genannt. Haupterwerb der Siedlung im Mittelalter ist neben der Feldwirtschaft der Hopfenanbau; im Jahr 1489, so ist es dokumentiert, beziehen 39 Dörfer ihr Bier aus ›Hoppen-Buckow‹. Der Dreißigjährige Krieg bereitet der Wirtschaftsblüte ein Ende, und erst 1854 ist Buckow nach einem Besuch Königs Friedrich Wilhelm IV. wieder in aller Munde. Denn der königliche Leibarzt empfiehlt: ›Majestät, in Buckow geht die Lunge auf Samt«, woraufhin Friedrich Wilhelm IV. vom 12. bis zum 16. September auf dem heute nicht mehr existierenden Schloss weilt. Nächster berühmter Gast ist im Sommer 1862 und ein zweites Mal im Frühling 1863 Theodor Fontane. Seine Eindrücke finden im 1881 veröffentlichten vierten Band ›Spreeland‹ seiner ›Wanderungen‹ Niederschlag, und sie läuten in Buckow den modernen Fremdenverkehr ein. 1927, als die städtische Badeanstalt längst eröffnet hat, kommen 41 000 Übernachtungsgäste in die schöne Natur. In den 1960er Jahren – Buckow ist mittlerweile das größte ostbrandenburgische FDGB-Ferienobjekt – werden jährlich bis zu 130 000 Übernachtungen gezählt. Heute hat der seit 1995 staatlich anerkannte Kneipp-Kurort die 100 000er-Marke fast schon wieder erreicht. Mit einer onkologischen Reha-Klinik, Mutter-Kind-Genesung, Kneippkuren und darüber hinaus einem breiten Spektrum an Wellness und Beauty lädt er zum Aufenthalt ein. Ein **Strandbad**, die 7,5 Kilometer lange Rundwanderung um den Schermützelsee und ein kleines **Eisenbahnmuseum** am Bahnhof, das die 100-jährige Geschichte der Buckower Kleinbahn zeigt, zählen zu den Sehenswürdigkeiten. Ausflugsfahrten auf historischen Gleisen führen vom

Märkisch-Oderland und Oder-Spree-Region

Bahnhof aus in der schönen Jahreszeit mit der elektrischen Museumseisenbahn immer am Wochenende über Waldsieversdorf nach Müncheberg und zurück. Einen Anziehungspunkt für Literaturfreunde aus aller Welt stellt das **Brecht-Weigel-Haus** am Schermützelseeufer dar. 1952 erkoren Bertolt Brecht und Helene Weigel das 1910/11 errichtete Atelierhaus für sich zum Sommersitz. Seit 1977 ist es als Gedenkstätte zu besichtigen, seit 1998 wird jedes Jahr ein Literatursommer mit Lesungen, Liedernachmittagen, Konzerten, Filmen, Ausstellungen und Diskussionsrunden veranstaltet. Im ehemaligen Bootshaus ist eine Ausstellung über die Brecht-Weigelsche Theaterarbeit sowie als Prachtstück der Planwagen zu sehen, den Helene Weigel in ihrer berühmten Rolle als Mutter Courage über die Bühne zog.

Kleinstadtcharme im Zentrum

■ Waldsieversdorf

Brecht und Weigel waren nicht die einzigen Künstler, die fernab der hektischen Metropole Berlin in der Märkischen Schweiz Ruhe suchten. Wenige Kilome-

Im Vogelschutzgebiet Kietzer See bei Altfriedland

▲

Karte S. 249

ter südlich von Buckow genoss der Protagonist der Berliner Dada-Bewegung und Meister der Fotomontage, John Heartfield (1891–1968), in Waldsieversdorf die märkische Sommerfrische. Am Waldhang hoch über dem Großen Däbersee steht **Heartfields Holzdatsche**, in der der berühmte Feriengast bis zu seinem Tod 1968 die Sommer verbrachte. Der ›Freundeskreis John Heartfield Waldsieversdorf‹ konnte sie der Öffentlichkeit wieder zugänglich machen. Ein nach alten Fotos und Dokumenten teils mit Originalinventar rekonstruierter Wohnraum sowie zwei weitere Räume für wechselnde Ausstellungen bilden das Herzstück der kleinen Erinnerungsstätte.

Das **Strandbad** am Großen Däbersee zählt zu Waldsieversdorfs weiteren Attraktionen.

■ Altfriedland

400 Seelen klein ist der Flecken Altfriedland im nordöstlichen Zipfel des Naturparks Märkische Schweiz. Auf einem schmalen Landstreifen zieht sich das Straßendorf zwischen Klostersee,

Kietzer See und zahlreichen Fischteichen entlang, und von überall her ist insbesondere im Frühling und Herbst, wenn die Zugvögel rasten, das Lärmen einer viele Zehntausend Köpfe zählenden Vogelschar zu vernehmen. Vom nördlichen Dorfende aus führt ein Spazierweg durch das Dickicht zu zwei Beobachtungskanzeln im **Europäischen Vogelschutzgebiet am Kietzer See**, von wo aus man – am besten mit dem Fernglas – dem bunten Treiben des Federvolks zuschauen kann. Das Dorf, 1271 erstmals urkundlich als ›Vredelant‹ genannt, geht auf eine um 1230 errichtete Zisterzienserinnenabtei zurück, von der heute noch eine kleine **Klosterruine** vorhanden ist. Im August und September erklingen im erhaltenen Refektorium an den Wochenenden Barockkonzerte für kleine Ensembles. Rückwärtig schließt sich zum Klostersee hin die Liegewiese des **Strandbads** an. Zur Straßenseite gewandt erhebt sich die um 1230 aus Feldsteinen gemauerte und 1734 erneuerte ehemalige **Klosterkirche**. Nahebei ist an der Dorfstraße im Langen Haus eine **Heimatstube** und eine kleine ehrenamtliche Touristeninformation untergebracht.

Am südlichen Dorfende finden Angler an den **Teichen** der Fischerei Altfriedland ihr Paradies. Karpfen, Hechte, Störe, Aale, Welse, Barsche, Plötzen und Forellen werden aus dem Wasser gezogen. Und wer nicht selbst die Schnur auswerfen möchte, kann den Fisch fangfrisch erwerben oder gleich im Hoflokal kosten.

Neuhardenberg

Einen Steinwurf östlich des Naturparks Märkische Schweiz liegt das mit knapp 2000 Einwohnern größte Dorf im Oderbruch. Aber nicht deshalb ist Neuhardenberg zur Berühmtheit gelangt, sondern als **klassizistisches Gesamtkunstwerk** von Hand des Baumeisters Karl Friedrich Schinkel.

Das 1348 erstmals als ›Quilicz‹ erwähnte Gutsdorf war 1801 abgebrannt und wurde ab 1802 unter der Regie des jungen Schinkel, der sich gerade seine ersten Sporen verdiente, als einheitliche klassizistische Siedlungsanlage wieder aufgebaut. Schule und Pfarrhaus,

Beeindruckendes klassizistisches Ensemble: Neuhardenberg

Märkisch-Oderland und Oder-Spree-Region

Orangerie und Wirtschaftsgebäude nahe dem vom Feuer verschont gebliebenen Herrenhaus entstanden neu nach den Plänen des Baumeisters. 1809 konnte nach siebenjähriger Bautätigkeit auch die Schinkelsche **Dorfkirche** eingeweiht werden. Nach 1814 erfolgte unter der neuen Patronatsherrschaft der Grafen von Hardenberg ihre Innengestaltung, ebenfalls nach Schinkel-Entwürfen.

1814 hatte der preußische Staatskanzler Karl August von Hardenberg (1750–1822) das Dorf namens Quitlitz als Donationsgut erhalten; und dem Graf zu Ehren, der zusammen mit Karl Freiherr von Stein als wichtigster preußischer Reformer in die Geschichte einging, wurde es sogleich in Neu-Hardenberg umbenannt. 1820 bis 1822 schloss sich der Umbau des alten Herrenhauses zum **klassizistischen Schloss** an, wiederum durch Karl Friedrich Schinkel. Die Umgestaltung der Grünflächen in einen Landschaftsgarten mit Teich und schönen Skulpturen realisierte 1821 Fürst Pückler-Muskau unter Mitwirkung von Peter Joseph Lenné.

Nach der Enteignung der Hardenbergs 1945 wurde Neu-Hardenberg vier Jahre später in Marxwalde umgetauft. Ab 1957 diente das Dorf als Standort der NVA (Nationalen Volksarmee) und erhielt 1991 seinen älteren Namen zurück – nun ohne Bindestrich.

Im Anschluss an die Rückübertragung der alten Besitztümer 1996 an die Familie von Hardenberg verkaufte diese das Schlossareal an den Deutschen Sparkassen- und Giroverband. Damit standen ausreichend Mittel zur Verfügung, das Schloss aufwändig sanieren und modernisieren zu lassen. 2002 wurde es in Anwesenheit des damaligen Bundespräsidenten Rau als Fünf-Sterne-Hotel feierlich eingeweiht.

Das von der Stiftung Schloss Neuhardenberg betriebene, einzigartige Klassizismus-Ensemble hat sich seitdem einen Namen als erste Kulturadresse im Land gemacht. In Schloss und Schinkelkirche finden über das Jahr Konzerte, Lesungen, Theater und zahlreiche Begegnungen mit Künstlern, Wissenschaftlern und Intellektuellen statt.

ℹ Märkische Schweiz/Neuhardenberg

Touristeninformation Buckow, Sebastian-Kneipp-Weg 1, 15377 Buckow, Tel, 033433/65 982, www.maerkische schweiz.eu, Mo–Fr 9–12.30 u. 13–17, Sa/So 10–12.30 und 13–17 Uhr (Nov.– März Mo–Fr 10–12.30 und 13–16 Uhr, Sa/So 10–14 Uhr).
Besucherzentrum Naturpark Märkische Schweiz, Lindenstraße 33 (im Schweizer Haus), 15377 Buckow, Tel. 033433/15841, www.maerkischeschweiz.eu, tgl. 10–16 Uhr.
Touristeninformation Neuhardenberg, Karl-Marx-Allee 23, 15320 Neuhardenberg, Tel. 033476/60477, www.neuhar denberg-information.de, April–Okt. Di– Fr 10.30–16, Sa 11–16 Uhr, Nov.–März Mo–Fr 10.30–16 Uhr.

🛏 ✕

Hotel Schloss Neuhardenberg, Schinkelplatz, 15320 Neuhardenberg, Tel. 033476/6000, www.schlossneuharden berg.de, DZ/F ab 189 €. Fünf-Sterne-Hotel in Schinkels klassizistischem kleinen Schloss; im Restaurant ›Kleine Orangerie‹ tafelt man klassische gehobene Küche, das Landgasthaus ›Brennerei‹ kredenzt märkische Spezialitäten.
Strandhotel Buckow, Wriezener Straße 27/28, 15377 Buckow, Tel. 033 433/279, ww.strandhotel-buckow.de, DZ/F 75 €. Ökologisch und energetisch runderneuertes 3-Sterne-Haus am Schermützelseeufer, barrierefrei, die Zimmer geschmackvoll, im Restaurant leichte Frischeküche der Region mit schönem Seeblick von der Gartenterrasse, Elektroradverleih.

Karte S. 249

Gasthaus Stobbermühle, Wriezener Straße 2, 15377 Buckow, Tel. 033433/66833, www.stobbermuehle.de, DZ/F ab 75 €. Gepflegtes Haus im Buckower Ortszentrum; die Zimmer mit romantischem Touch; das Restaurant bietet gehobene saisonale Küche mit frischen regionalen Zutaten.

Hotel Bergschlösschen, Königstraße 38, 15377 Buckow, Tel. 033433/57312, www.bergschloesschen.com, DZ/F 85 €. Gründerzeitliches Haus am Hang, gepflegter Mittelklassekomfort, die Zimmer teils mit sehr schöner Aussicht auf Buckow, das Restaurant serviert kreative moderne Küche von regionalen Produkten.

Jugendherberge Buckow, Berliner Str. 36, 15377 Buckow, Tel. 033433/286, www. jh-buckow.de.

Jugendherberge Erich Weinert, Straße der Jugend 2, 15374 Müncheberg/OT Münchehofe. Tel. 033432/8734, www. jh-muenchehofe.de.

Ferienpark am Däbersee, Dahmsdorfer Straße 59, 15377 Waldsieversdorf, Tel. 033433/57505, www.ferienpark-daebersee.de, ganzjährig. Wiesenplatz unter hohen Kiefern in leichter Hanglage; Gaststätte, Ferienhäuser, Minizoo und Fahrradverleih.

Fischerei Altfriedland, Fischerstraße 1, 15320 Neuhardenberg/OT Altfriedland, Tel. 033476/124866, www.fischerei-alt friedland.de. Lebendfisch aus den Dorfteichen, Räucherfisch aus der hauseigenen Erlenholzräucherei, tgl. ab 11 Uhr Fisch-Imbiss auf dem Fischerei-Hof.

Brecht-Weigel-Haus Buckow, Bertolt-Brecht-Straße 30, 15377 Buckow, Tel. 033433/467, www.brechtweigelhaus.de, April–Okt. Mi–Fr 13–17, Sa/So 13–18 Uhr, Nov.–März Mi–Fr 10–12 u. 13–16, Sa/So 11–16 Uhr.

Eisenbahnmuseum und Museumseisenbahn Buckow, Hauptstraße (im Bahnhof), 15377 Buckow, Tel. 033 433/57 578 (nur an Fahrttagen), www.bkb-info.de, Fahrten mit der Buckower Kleinbahn Ende April–Anfang Okt. immer Sa/So, das Museum hat an den Fahrttagen 10–16 Uhr geöffnet.

Schinkelkirche Neuhardenberg, 15320 Neuhardenberg, Tel. 033476/50296 www.schinkel-kirche.de, Di–So 12–15 Uhr.

Datsche von John Heartfield, Schwarzer Weg 12, 15377 Waldsieversdorf, www. heartfield.de, Mai–Anfang Okt. Fr–So 13–8 Uhr.

Klosterkonzerte Altfriedland, Infos in der Touristeninformation Neuhardenberg.

Kulturprogramm Neuhardenberg, Infos und Programm bei der Stiftung Schloss Neuhardenberg, Kurfürstendamm 214, 10719 Berlin, Tel. 030/8892900, www. schlossneuhardenberg.de.

Strandbad Buckow, Wriezener Straße 38, Tel. 0172/9535809, Mitte Mai–Sept. tgl. bei gutem Wetter 10–19 Uhr, Ruderbootverleih.

Volksbad Waldsieversdorf, Dahmsdorfer Straße 62, Tel. 0176/24240892, Mitte Mai–Mitte Sept. tgl. bei gutem Wetter 10–20 Uhr; Ruderbootsverleih.

Strandbad Altfriedland, am Klostersee; unbewirtschaftet.

Fahrradverleih in Buckow, Berliner Straße 9b (an der Minigolfanlage), Tel. 033433/ 56567, www.minigolf-bistro.de

Fahrrad- und Kajakverleih in Neuhardenberg, Karl-Marx-Straße 39, Tel. 0162/ 7229044, www.kanuverleih-brandenburg. de; die Kajakstation befindet sich in Quappendorf, Lindenstraße 1a.

Oderbruch

Hoch ist der Himmel über dem Land, tief und grenzenlos die Stille am deutsch-polnischen Grenzstrom, der langsam und gemächlich dahinfließt und dessen Kraft sich trotzdem nie vollständig eindämmen ließ. Von Lebus im Süden bis Hohensaaten/Oderberg im Norden erstreckt sich das Oderbruch als 55 Kilometer langes und 15 Kilometer breites Niederungsland. Auf 850 Quadratkilometern bildet es Deutschlands größten Flusspolder, der für 18 000 Menschen die Heimat ist.

Erste bekannte Siedlungen im Oderbruch reichen ins 13./14. Jahrhundert zurück. Es waren slawische Fischerdörfer, meistens als Runddörfer auf inselartigen Erhebungen gebaut, die in dem unberechenbaren Sumpf- und Wasserland Schutz vor Überschwemmungen boten. Erste weitreichendere Maßnahmen die Oder zu bändigen leitete Kurfürst Joachim I. Anfang des 16. Jahrhunderts ein. Eine erstmalig systematische Trockenlegung fand dann unter König Friedrich Wilhelm I. in der ersten Hälfte des 18. Jahrhunderts statt: Ein Oderdeich von Lebus bis nach Zellin (das heutige polnische Czelin) wurde gebaut. Zehntausende Morgen Land wurden auf diese Weise gewonnen, mit dem Erfolg, dass sich die oftmals verheerenden Wasserfluten nun weiter nördlich ins Bruchland ergossen. Unter Friedrich dem Großen erfolgte darum 1747–1753 die Trockenlegung auch des nördlichen Niederoderbruchs. Dazu kappte man eine ausladende Flussschleife, die die Oder zwischen Güstebiese und Hohensaaten vollführte, und kürzte den Wasserweg durch Verlegung des Flussbetts schnurgerade ab, wodurch der Fluss schneller abfloss und seine Fracht nicht mehr unvermittelt im Oderbruch abladen konnte. Hohe Dämme zu allen Seiten sicherten den alten und neuen Oderlauf, unterstützt von einem dichten Netz von Vorflutern, Stauwehren, Schöpfwerken und Abzugsgräben. 130 000 Morgen fruchtbare Ackerfläche entstanden im Rahmen dieser Meliorisierungsmaßnahmen, und Friedrich II. verkündete stolz: »Hier habe ich im Frieden eine Provinz erobert!« Nun brauchte es nur noch Menschen, die dieser neuen Provinz Früchte abtrotzten und sie zur ›preußischen Gemüsekammer‹ machten.

Karte S. 249

▲ *Das renommierte ›Theater am Rand‹ ist weit über das Oderbruch hinaus bekannt*

Dem Aufruf des Königs folgten Kolonisten aus der Pfalz, aus Hessen und Württemberg, aus Österreich, Frankreich und der Schweiz. Sie legten ihre Dörfer vorwiegend als Straßendörfer an und versahen sie mit dem Zusatz ›Neu‹, wie beispielsweise Neulewin, während sich das angestammte Lewin plötzlich mit einem ›Alt‹ vor seinem Namen wiederfand.

Der Zusatz ›Loose‹ der überall im Bruch verstreut liegenden Flecken wurzelt ebenfalls in der Kolonisierungszeit. Die Ackerkrumen, die die Siedler erhielten, trockneten erst nach und nach und in sehr unterschiedlichen Geschwindigkeiten ab, was dazu führte, dass viele Bauern weit auseinanderliegende Flächen bestellten und dafür lange Wege zurücklegen mussten. Eine Gebietsreform in der ersten Hälfte des 19. Jahrhunderts schaffte Abhilfe. Die Flächen wurden zusammengelegt, neu aufgeteilt und anschließend per Los vergeben. Die Loose-Gehöfte entstanden.

Unterdessen erinnert nur noch wenig daran, dass das Oderbruch kein natürlicher Lebensraum ist, sondern ein wasserbauliches Kunstwerk von Menschenhand – durch seine Lage kaum einen Meter über dem Meeresspiegel auch heute noch stets der Hochwassergefahr ausgesetzt. Zuletzt entgingen die Menschen im Juli 1997, in den dramatischen Wochen der Oderflut, knapp der Katastrophe. Unter dem gewaltigen Wasserdruck drohten die Deiche zu brechen, und die Fluten hätten sich wie in eine Badewanne in die Landschaft ergossen. Teile des Oderbruchs mussten komplett evakuiert werden. Dass die Deiche letztendlich standhielten, ist auch dem Einsatz tausender freiwilliger Helfer zu verdanken, die aus ganz Deutschland zum Sandsäckeschaufeln anreisten und so mithalfen, den Menschen an der Oder ihre Heimat zu bewahren.

In der Königstraße im Zentrum von Bad Freienwalde

Bad Freienwalde

Ungewöhnlich bergig geht es in Brandenburgs ältestem Kur- und Badeort zu. Von der Alten Oder steigt das Land rasch auf fast 90 Meter an, weshalb der Wandersmann Fontane schrieb: »Freienwalde ist eine Bergstadt, aber nicht minder ist es ein Badeort, eine Fremdenstadt.«

Bereits der gichtgeplagte Kurfürst Friedrich Wilhelm hatte Genesung in Freienwalde gefunden und ließ 1684, nachdem eine mineralhaltige Heilquelle – die heutige Kurfürstenquelle – entdeckt worden war, den Gesundbrunnen gründen. Doch nicht Wasser, sondern Moor wurde zum Heilmittel Nummer 1 in der 8000-Einwohner-Stadt, die seit 1925 den Titel ›Bad‹ trägt und seit Dezember 2003 als Moorheilbad anerkannt ist.

■ Sehenswürdigkeiten

Neben hübsch restaurierten historischen Bürgerhäusern besitzt das Städtchen als besondere Sehenswürdigkeiten ein spätklassizistisches **Rathaus** von 1855 sowie die ursprünglich aus dem 13. Jahrhundert stammende, im 15. Jahrhundert zur spätgotischen Backsteinhalle erweiterte **St. Nikolaikirche** mit schöner Renaissance-

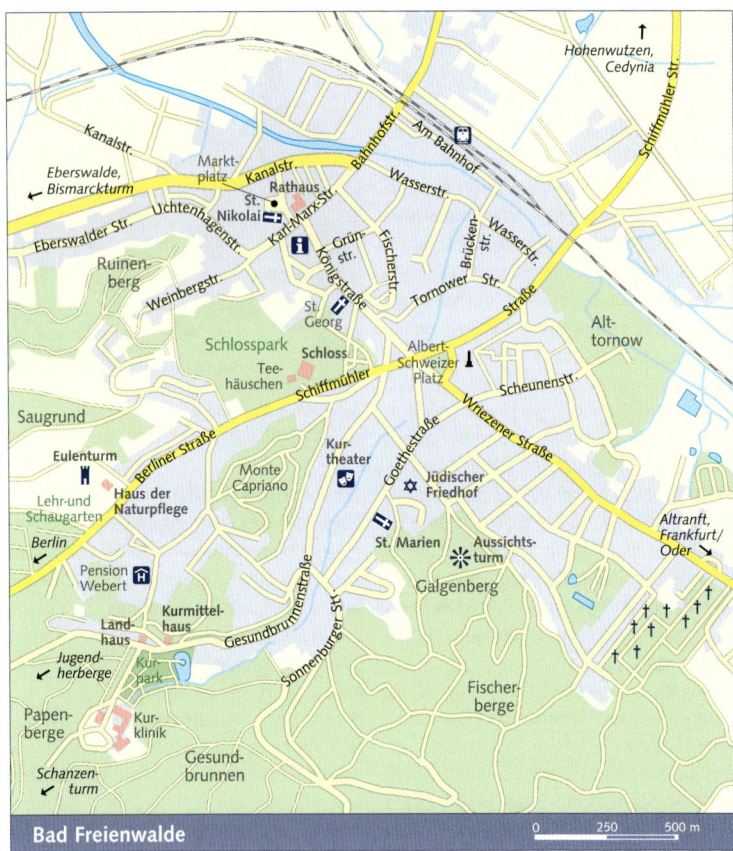

Bad Freienwalde

0   250   500 m

ausstattung. Gegenüber sind im 1744 errichteten **Loebenschen Freihaus** die Touristeninformation und das **Oderlandmuseum** zu Hause. Das Museum präsentiert Geschichte der Kur- und Badestadt Bad Freienwalde und des Oderbruchs. Folgt man der Königstraße bergauf, ist die kleine **Fachwerkkirche St. Georg** schnell erreicht. Das auf 1696 datierende Gotteshaus fungiert heute als Freienwalder Konzerthalle. Um die Ecke steigt, von grünen Hügeln umkränzt, der **Schlosspark** am Hang auf. Im unteren Teil erheben sich grazil das **Teehäuschen** von 1795 und daneben **Schloss Freienwalde**,

das Baumeister David Gilly im Auftrag der Königin Friederike Luise 1798/99 als Witwensitz errichten ließ. 1909 erwarb der Industrielle und spätere Außenminister der Weimarer Republik Walter Rathenau das Anwesen. Nach seiner Ermordung 1922 schenkten die Erben das Schloss der Stadt Freienwalde unter der Auflage, in den Räumlichkeiten das Andenken an den bedeutenden demokratischen Politiker zu bewahren. Seit 1991 dient das umfassend sanierte Schloss als Rathenau-Gedenkstätte.

Einen kurzen Spaziergang von dort steht hoch oben am grünen Hang das **Haus der**

Naturpflege. Der 1,7 Hektar große **Lehr- und Schaugarten** mit über 1000 verschiedenen Pflanzenarten wurde 1960 von Erna und Kurt Kretschmann (1912–2001 und 1914–2007) angelegt. Bereits 1954 entwickelten die Kretschmanns das Naturschutzsymbol –eine Waldohreule auf gelbem Grund –, das zuerst in der DDR und seit der Wiedervereinigung deutschlandweit gültig ist. Das Blockhaus, das sich die Naturschutzpioniere 1946 erbauten, ist seit 1996 **Naturschutzmuseum**. Gegenüber auf dem Gelände wurde das ›Munitionskistenhaus‹ 1920 unter Verwendung von 1000 alten Munitionskisten errichtet. Rauchen und offenes Feuer ist in dem heutigen Vortragshaus, das außerdem über zwei Gästezimmer verfügt, deshalb strengstens verboten.

Den höchsten Punkt im Garten krönt seit 2004 der 13 Meter hohe **Eulenturm**. Doppelt so hoch, nämlich 26 Meter, geht es weiter östlich auf den 1897 gebauten **Aussichtsturm** auf dem Galgenberg hinauf. 28 Meter hinauf führt die 1895 errichtete **Bismarckturm** auf dem Tobbenberg, getoppt nur noch vom 66 Meter hohen **Schanzenturm**, der auf dem Papenberg über dem Papengrund steht. 2008 wurde er als vierte, jüngste und höchste

Schild am Naturschutzmuseum im Kretschmann-Haus

Skisprungschanze in Deutschland nördlichstem Skisprungort eingeweiht. Haben die Kurgäste alle vier Aussichttürme erklettert und die fantastische Aussicht weit über das Oderbruch bis nach Polen genossen, bekommen sie das Bad Freienwalder Turm-Diplom verliehen.

Im Kurviertel werden in der Fachklinik Erkrankungen des Stütz- und Bewegungsapparats sowie rheumatologische Beschwerden behandelt. Nahebei stehen im **Kurpark** im 1789/90 nach Plänen von Carl Gotthard Langhans errichteten, nach aufwändiger Rekonstruktion 2002 wiedereröffneten **Kurmittelhaus** außerdem Selbstzahlerbadekuren, Wellness und Beauty auf dem Programm.

Das nördliche Oderbruch

Seit 1990 ist das Dörfchen **Altranft** wenige Kilometer südlich von Bad Freienwalde als Ganzes **Brandenburgisches Freilichtmuseum** – ein höchst lebendiges Museum, denn anders als sonst bei ethnografischen Open-Air-Museen üblich, sind die historischen Objekte nicht von anderorts zusammengetragen und hier als Schauhäuser wieder aufgebaut worden, sondern sie befinden sich inmitten des mit 900 Menschen bevölkerten Altranft. Dazu gehören die alte Dorfschule (1859), das Spritzenhaus (1862), ein reetgedecktes Fischerhaus (1759), die Schmiede (1911) und der Bergschmidt-Hof (1830), das Fachwerkhäuschen des Dorfschulzen, dessen Innenräume mit typischem Mobiliar aus der Zeit nach dem Ersten Weltkrieg man besuchen kann. Am weitläufigen kopfsteingepflasterten Markt erheben sich die Dorfkirche (1752) und dort in der Nachbarschaft, im Mittelpunkt des ehemaligen Gutsbauerndorfs, das neubarocke **Schloss**. Das bis ins 16. Jahrhundert zurückgehende, in seiner jetzigen Gestalt seit 1876 bestehende Herrenhaus

Das Storchenmuseum Rathsdorf

ist Startpunkt für Führungen durch das Dorf. Im Schloss selbst kann man sich anhand einer Ausstellung über gutsherrschaftliches Wohnen in der Gründerzeit informieren.

Bei **Rathsdorf-Altgaul** hat sich in einem etwa 200-jährigen Ziegelbrennofen am südlichen Ortseingang ein **Storchenmuseum** einquartiert. Standesgemäß ist seine Dachspitze von einem mächtigen Storchenhorst geziert.

In **Zollbrücke** unmittelbar hinter dem Oderdeich kehren die Radler auf dem Oder-Neiße-Radweg im Gasthaus Zollbrücke ein und lassen sich Fischspezialitäten schmecken. Ein paar Häuser weiter spielt das **Theater am Rand** auf. Akteure und Betreiber sind der Akkordeonist Tobias Morgenstern und der Schauspieler Thomas Rühmann, einem breiten Publikum als Dr. Heilmann in der Arztserie ›In aller Freundschaft‹ bekannt.

Neulietzegöricke, 1753 gegründet und 220 Seelen klein, steht als ältestes Kolonistendorf im Oderbruch mit seinen hübsch restaurierten Fachwerkhäuschen komplett unter Denkmalschutz. Seit das DDR-Fernsehen hier Ende der 1970er

Jahre Szenen zum Film ›Salz und Brot und gute Laune‹ drehte, ist der Dorfkrug unter dem Namen ›Zum feuchten Willi‹ bekannt.

Bereits Anfang des 20. Jahrhunderts entwickelte sich in Güstebiese am östlichen Oderufer der Fremdenverkehr. 1930 wurde es Luftkurort, den vor allem Scharen von Berlinern besuchten. Die Oderfähre trug sie vom westlichen Ufer bei **Güstebieser Loose** über den Strom nach Güstebiese, heute Gozdowice, hinüber. Nach 1945 fiel der Eiserne Vorhang – auch zwischen den sozialistischen Bruderstaaten DDR und Polen. Nach der Wiedervereinigung, der Anerkennung der Oder-Neiße-Linie als polnischer Westgrenze durch die Bundesrepublik und schließlich Polens EU-Beitritt wurde endlich mit dem Bau eines neuen modernen Fähranlegers begonnen. Im Oktober 2007 fand die Jungfernfahrt der neuen **Schaufelradfähre** mit dem schönen Namen ›Bez Granic‹ (Ohne Grenzen) statt. Sie fasst sechs Pkw und 20 Personen und pendelt zwischen April und Oktober immer dienstags bis sonntags.

Groß Neuendorf, einst Fischerdorf, ist heute ein romantisch-verschlafener Touristenort. Mehrere Bootsverleihe, Cafés

Im Schloss Altranft informiert eine Ausstellung über gründerzeitliche Wohnkultur

Karte S. 249

Die Bockwindmühle bei Wilhelmsaue

und Lokale sind auf Gäste eingestellt. Vor dem Hafen hat ein Infopunkt mit Fahrradverleih aufgemacht, und im 1953 gebauten Maschinenhaus am Oderhafen ist auf vier Etagen ein schickes Hotel eingezogen. Am nördlichen Ortsende überstand ein kleiner jüdischer Friedhof unbeschadet die Nazizeit.

Einen Katzensprung südwestlich hat sich bei **Wilhelmsaue** eine 1880 gebaute Bockwindmühle erhalten, die heute zum Freilichtmuseum Altranft gehört. **Wriezen** ist wegen der erheblichen Zerstörungen 1945 zwar ohne Sehenswürdigkeiten, aber 8000 Einwohner groß und damit nach Bad Freienwalde die zweite ›Metropole‹ im nördlichen Oderbruch.

Das mittlere Oderbruch

Folgt man der B1/5 von der Märkischen Schweiz aus nach Osten, hat man nicht lange darauf bei Kietz-Kostrzyn (Küstrin) die deutsch-polnische Grenze erreicht. En passant wechselt man vom einen Land in das andere, denn seit Polens Beitritt zum Schengen-Abkommen bestehen im Personenverkehr keine Kontrollen mehr; en passant aber auch, weil seit 1945 kein historisches Kietz-Küstrin mehr existiert und man auch deshalb nicht viel vom Grenzübertritt merkt. Der alte Ort ging wie die meisten Städte an der Oder im Feuersturm der letzten Kriegsmonate unter. Wer Küstrin und seine einst gewaltige Festung besichtigen möchte – zur Preußenlegende geworden durch die Festungshaft des jungen Kronprinzen Friedrich – wird nicht mehr als ein paar Ruinen vorfinden. In ihrer Nachbarschaft ist am östlichen Oderufer die neue Stadt Kostrzyn emporgewachsen. Das alte Küstrin wurde nicht wieder aufgebaut. Am westlichen Oderufer entstanden 1883–1889 vier Forts zum Schutz von Küstrin. Nach ihrer Fertigstellung waren sie militärtechnisch bereits wieder veraltet und spielten im Kriegsgeschehen keine besondere Rolle mehr. **Fort Gorgast** beim Flecken Gorgast kann man heute besichtigen. Ins flache Ackerland gebaut und von einem tiefen breiten Wassergraben umzogen, lugen die einzelnen Ziegelbauten wie in einen Berg eingegraben hinter Buschwerk hervor: Zugbrücke und Torhaus, Kasematten, Artilleriekaserne, Frontkaserne. Zuletzt nutzte die NVA das Gelände als Lager und stapelte dort Berge von Munitionskisten. Zur Besichtigung sollte man eine Strickjacke mitnehmen, die Temperatur in den Kasematten beträgt auch im Sommer nur zehn Grad.

Im Nachbarort **Golzow** wurde mit Barbara (geb. 1943) und Winfried (1935– 2010) Junges Langzeitdokumentation ›Die Kinder von Golzow‹ Filmgeschichte geschrieben. Von 1961 an bis ins neue Jahrtausend begleiteten die beiden Dokumentarfilmer eine Golzower Schulklasse mit Mikro und Kamera. Daraus entstand in 19 Filmen ein einzigartiges Porträt des Lebens in der DDR vom Mauerbau bis zu ihrem Untergang und darüber hinaus ins wiedervereinigte Deutschland. Das kleine **Filmmuseum Die Kinder von Golzow** widmet sich im Gemeindezentrum diesen Ereignissen. Der Originalschnitttisch der Junges und rund 400 Kilometer Film in 350 Filmrollen, die alle noch archiviert werden müssen, sind neben einer Fülle an Bildern und Dokumenten zu den vielen einzelnen Golzower Filmhauptdarstellern zu sehen.

Über eine Million Soldaten der 1. Belorussischen Front und der 1. Polnischen Armee stand unter Marschall Schukow im April 1945 an der Oder bereit, ihr Leben

Der Eingang zu Fort Gorgast

für die Eroberung der nahen Hauptstadt des Dritten Reichs zu opfern. Gegen den erbitterten Widerstand der deutschen Wehrmacht entbrannte an den **Seelower Höhen**, die als natürliche Bastion 60 Kilometer vor Berlin jäh aus dem Oderbruch aufsteigen, vom 16. bis 19. April 1945 der letzte entscheidende Kampf des Zweiten Weltkriegs auf deutschem Boden. Unzählige Soldaten verloren ihr Leben. Die **Gedenkstätte/ Museum Seelower Höhen** in **Seelow** beleuchtet die Geschehnisse und ehrt mit dem bereits im November 1945 auf Order Marschall Schukows eingeweihten Sowjetsoldaten-Friedhof die Toten. Über den weißen Kreuzen erhebt sich zum Andenken an die gefallenen Rotarmisten ein Bronzesoldat des Bildhauers Lew Kerbel. Nicht weit entfernt steht in **Gusow** das gleichnamige **Schloss Gusow**. Erstmals 1336 erwähnt, kam es nach dem Dreißigjährigen Krieg in den Besitz des Generalfeldmarschalls des Großen Kurfürsten und Helden der Schlacht von Fehrbellin, Georg Freiherr von Derfflinger. Im Jahr 1800 wurde die barocke dreiflügelige Anlage nach Art englischer Landhäuser umgestaltet. Ein weiterer Umbau folgte 1869, nun im neugotischen Geschmack.

Karte S. 249

In der Gedenkstätte Seelower Höhen

Seit 1992 ist das Schloss, damals eine Ruine, Eigentum eines Architektenehepaars, das die Gemäuer seitdem aus eigenen Mitteln Stückchen für Stückchen saniert. Neben schlichten Hotelzimmern ist unter dem Schlossdach ein **Zinnfigurenmuseum** untergebracht. In elf Sälen präsentiert es in einer Fülle von Dioramen unterschiedlichster Größe mit zehntausenden Zinnfiguren brandenburgisch-preußische Geschichte.

Drei Kilometer südlich von Seelow ist in **Friedersdorf** der **Kunstspeicher** die touristische Attraktion. Der restaurierte ehemalige Getreidespeicher bietet auf sechs Böden Platz für kulturelle Veranstaltungen, eine Ausstellung zur Geschichte des Oderbruchs, einen Laden für Keramik, Töpferwaren und kulinarische Spezialitäten sowie ein Wirtshaus, das köstliche regionale Gerichte aus dem Steinbackofen serviert. Aber nicht der Speicher hat den Dorfflecken bekannt gemacht. Einmal mehr ist es Fontane gewesen, der dem Dorf, damals im Besitz der Familie von der Marwitz, ein literarisches Denkmal setzte. In seinen ›Wanderungen‹ erzählt er die Geschichte der berühmtesten ›Marwitze‹; darunter die des ›Hubertusburg-Marwitz‹, der bei König Friedrich dem Großen in Ungnade fiel, weil er sich weigerte, Schloss Hubertusburg auszuplündern. Der Grabstein des Johann Friedrich Adolf von der Marwitz (1723–1781), auf dem eingraviert ist: »Wählte Ungnade, wo Gehorsam nicht Ehre brachte«, ist in der im 13. Jahrhundert erbauten und später barockisierten **Dorfkirche** zu sehen.

Das südliche Oderbruch

Südöstlich von Seelow ist der **Reitweiner Sporn** nicht zu übersehen. Mit genau 81,5 Meter an seiner höchsten Stelle schiebt er sich wie eine Nase aus der Lebuser Hochfläche ins Oderbruch. Der exponierte Sporn wurde deshalb bereits seit prähistorischen Zeiten militärisch genutzt, und 1945 befehligte Marschall Shukow von hier aus den Sturm auf die Seelower Höhen. Sein Befehlsstand nördlich auf dem Sporn ist noch zu sehen. Unterhalb erhebt sich am Fuß des Bergs im Flecken **Reitwein** der schlanke Turm der Reitweiner **Stülerkirche**. 1855 hatte Graf Rudolf Finck von Finckenstein ihren Bau nach Plänen Friedrich August Stülers veranlasst, 1858 war das Gotteshaus fertiggestellt. Während der Kämpfe im April 1945 zerstört, wurde die Ruine Stückchen für Stückchen rekonstruiert. Inzwischen steht sogar der 46 Meter hohe Turm wieder, und auch das Glockenläuten kann man wieder vernehmen. Die Ruine des Schlosses Reitwein derer Finck von Finckenstein wurde dagegen nicht wieder aufgebaut, sondern 1962 vollends abgetragen. Am Ort des untergegangenen Herrenhauses dehnt sich stattdessen ein Soldatenfriedhof aus.

Soldatenfriedhöfe wird man an der Oder, auf der deutschen wie der polnischen Seite, hier zahlreich finden. Doch die Natur ist gnädig, hat vielerorts an den steilen Oderhängen Gras über das furchtbare Sterben 1945 wachsen lassen. Im Frühling blühen Adonisröschen, Orchideen

Landschaft im Oderbruch

und Schlüsselblumen an den Hängen, die mehr als 30 Meter hoch über der Sohle des Odertals ansteigen. Durch die Steillage dem Sonneneinfall ausgesetzt, haben sich für Brandenburger Verhältnisse ungewöhnliche Trockenrasengesellschaften gebildet, so im Naturschutzgebiet Zeisigberg am Reitweiner Sporn oder weiter südlich bei Lebus an den ebenfalls naturgeschützten Adonishängen.

Das Städtchen **Lebus**, mitsamt seinen eingemeindeten Ortsteilen 6000 Einwohner klein, blickt auf eine große Vergangenheit. Bis zur Gründung von Frankfurt (Oder) 1253 war es der unangefochtene Mittelpunkt der Region. Der Name Lebus geht vermutlich auf den slawischen Fürsten Liubus zurück, der Anfang des 9. Jahrhunderts die Stämme der Wilzen anführte. Bis Mitte des 13. Jahrhunderts gehörte der Ort zum polnischen Piastenreich – bereits 1125 hatte König Bolesław III. Krzywousty das Bistum Lebus gegründet – und gelangte danach an die askanischen Markgrafen, womit

Lebus' Blütezeit ein Ende fand. Das wirtschaftliche und gesellschaftliche Leben verlagerte sich in die soeben gegründete Handelsstadt Frankfurt (Oder). 1276 wurde der Bischofssitz zunächst nach Göritz (heute Górzyca) und 1373 schließlich nach Fürstenwalde verlegt. Fortan blieb Lebus ein kleines randständiges Städtchen. 1945 wurde es bei den Kämpfen um die Seelower Höhen fast völlig zerstört und in den 1950/60er Jahren wieder aufgebaut.

Auf einem Bergrücken über der Oder gelegen, bilden die kleine **Pfarrkirche St. Marien** von 1810 sowie das Haus Lebuser Land mit einer Ausstellung zur Geschichte des Lands, Bistums und der Stadt Lebus die kulturelle Sehenswürdigkeit. Eine weitere Ausstellung im **Haus Lebuser Land** widmet sich den berühmten Söhnen der Stadt: dem in Lebus geborenen Lyriker Günter Eich (1907–1972) und dem Maler und Bildhauer Karl Lukas Honegger (1902–2003), der bis 1944 seine Sommer in Lebus verbrachte.

Karte S. 249

▲ *Blick über die Oder bei Lebus*

Auf der polnischen Seite der Oder

Auf über 35 000 Hektar erstreckt sich der **Cedyński-Landschaftspark** gegenüber vom nördlichen Oderbruch. Von den Flussauen knapp über dem Meeresspiegel steigt das Land in fünf Kilometer Vogelfluglinie bis auf 167 Meter zu seinem höchsten Punkt an. Hügelig ist es, bergauf und bergab, und dann wieder flach, Laubmischwälder, Wiesen, Felder und Auen schmücken das Land, über das man von zahlreichen Aussichtspunkten am Oderufer seinen Blick endlos hinweg schweifen lassen kann.

Bei Hohenwutzen führt eine der wenigen Brücken über den deutsch-polnischen Grenzstrom. Am anderen Ufer, bei Stary Kostrzynek ist der westlichste Punkt Polens erreicht, und fünf Minuten später ist man bereits im Dörfchen **Osinów Dolny** (Niederwutzen) angelangt. Es hat keine 200 Einwohner, aber eine unüberschaubare Menge an Friseuren, Tankstellen, Tabakläden. Deutsche Schnäppchenjäger können sich dem Konsumrausch hingeben und von Damendessous über nachgeahmte Designerware bis hin zum Autozubehör alles ›tanie‹ (billig) erstehen. Noch viel mehr ist der Weg auf der polnischen Seite an der Oder entlang aber ein Weg der Gedenkstätten. In fast allen Ortschaften erinnert zumindest ein Ehrenmal an die Oderoffensive im Frühjahr 1945, als die 1. Polnische Armee, Bestandteil der 1. Belorussischen Front unter Marschall Shukow, bei Güstebiese zum Marsch in Richtung Berlin forcierte. Ein Denkmal für den Unbekannten Soldaten (Pomnik Nieznanego Dziecka) befindet sich wenige Kilometer südlich von Osinów Dolny auf einer Anhöhe über der Oder beim Dorf **Siekierki** (Zäckerick). Es bildet den Auftakt zur **Wallfahrtsstätte der heiligen Jungfrau Maria Friedenskönigin** (Sanktuarium NMP Królowej Pokoju), einem im Gedenken an die Opfer des Zweiten Weltkriegs 1984–1990 erbauten, von einem 550 Meter langen Kreuzweg umzogenen, betonschweren Gotteshaus, das der vielverehrte polnische Papst Johannes Paul II. (1920–2005) segnete.

Weiter flussaufwärts informiert kurz vor dem nördlichen Ortseingang von **Stare Łysogórki** (Alt Lietzegöricke) eine Tafel am Straßenrand über die Oderoffensive. Gegenüber weist ein Panzerdenkmal den Weg ins **Museum der 1. Polnischen Armee**, das in drei Räumen das Kampfgeschehen illustriert. An das Museum schließt sich eine **Gedenkstätte** mit beinahe 2000 Gräbern an, darunter über 300 unbekannte Soldaten der 1. Polnischen Armee, die bei den Kämpfen an der Oder und um Berlin ihr Leben verloren. Im Mittelpunkt von 1200 symbolischen Kreuzen auf dem Gelände erhebt sich 18 Meter hoch eine Stele. Sie ist von einer Muttergottes-Skulptur flankiert und mit zwei Grunwalder Schwertern dekoriert – Sinnbild des polnischen Siegs 1410 im masurischen Grunwald/Tannenberg gegen den Deutschen Ritterorden. Der Entwurf für das bereits kurz nach Kriegsende geschaffene Monument stammt vom Stettiner Künstler Sławomir Lewiński.

Wenige Flusskilometer südlich wurden bei **Gozdowice** (Güstebiese) Mitte April 1945 die Truppenverbände gesammelt, zur Vorbereitung für die Schlacht um Berlin. Das **Museum Sapera** (Museum der Pioniere) zeichnet im Haus, in dem 1945 der Stab der 1. Polnischen Armee einquartiert war, mit zahlreichen Ausstellungsstücken die Gefechtstrecke nach. Gleich nebenan erhebt sich das 1952 enthüllte Denkmal ›Ruhm der Pioniere‹; und von dort die Straße wenige Meter den Hang hinab pendelt seit Herbst 2007 wieder die Oderfähre.

Oderbruch

Touristinformation Bad Freienwalde, Uchtenhagenstraße 2, 16259 Bad Freienwalde, Tel. 03344/150890, www.bad-freienwalde.de, Mo–Fr 9–18, Sa/So 10–15 Uhr.

Infopunkt und Fahrradverleih Groß Neuendorf, Hafenstraße 3, 15324 Letschin/OT Groß Neuendorf, Tel. 033478/38727, www.oderlandrad.de, April–Okt. Di–So 10–18 Uhr, Juli/Aug. auch Mo.

Touristeninformation Seelow, Mittelstraße 10, 15306 Seelow, Tel. 03346/849808, www.oderbruch-tourismus.com, Mo–Fr 9–17, Sa 10–14 Uhr.

Infopunkt Lebus, Kietzer Chaussee 1, 15326 Lebus, Tel. 033604/63758, www.amt-lebus.de, Mo–Fr 10–18 Uhr, im Sommer zusätzlich Sa 10–13 und So 10–12 Uhr, im Winter Mo–Fr 10–17 Uhr..

Hotel Maschinenhaus, Hafenstraße 2, 15324 Letschin/OT Groß Neuendorf, Tel. 33478/387710, www.maschinenhaus-online.de, DZ/F 95 €. Tolle Aussicht und zeitgenössisches Design im alten Maschinenhaus direkt an der Oder; das Restaurant mit wöchentlich wechselnder Speisekarte.

Pension Lindenwirtin, Neulewin 17, 16259 Neulewin, Tel. 0174/3067648, www.lindenwirtin-neulewin.de, DZ/F 80 €. Kleines Anwesen mit großem Garten am Ortsausgang Richtung Güstebieser Loose, die fünf DZ in behaglich-stilvollem Geschmack.

Gasthaus Zollbrücke, Zollbrücke 7, 16259 Oderaue/OT Zollbrücke, Tel. 033457/5116, www.sdz-berlin.de, DZ/F 60 €. Auf dem Oderdeich, etwa 14 Kilometer östlich von Bad Freienwalde, die Zimmer im Landhausstil; im Restaurant gibt es Fisch- und Wildspezialitäten.

Pension Webert, August-Heese-Str. 19, 16259 Bad Freienwalde, Tel. 03344/330281, www.pension-webertfamily.npage.de, Zimmer und FeWos 15 € pro Person. Hübsches Haus im Villenviertel

zwischen Schlosspark und Kurpark, die Räumlichkeiten sind zweckmäßig eingerichtet.

Jugendherberge Haus am Teufelssee, Hammerthal 3, 16259 Bad Freienwalde, Tel. 03344/3875, www.jh-bad-freienwalde.de.

Haus der Naturpflege, Dr.-Max Kienitzweg 1, 16259 Bad Freienwalde, Tel. 03344/3582, www.haus-der-naturpflege.de, April–Okt. tgl. 10–17 Uhr, Nov.–März Di–Fr 10–16 Uhr. Übernachtung im Gästezimmer mit Bad/WC auf dem Gang DZ 34 €, im Heuhotel Erwachsene 10 €, Kinder bis 14 Jahre 8 €; eine Küche zum Kaffeekochen und Frühstückmachen steht zur Verfügung.

Campingplatz Wolffscamp, Neue Siedlung 18, 15326 Zeschdorf/OT Alt Zeschdorf, Tel. 033602/247, www.wolffscamp.de, April–Okt. Sieben Kilometer westlich von Lebus, Wiesenplatz am Ostufer des Hohenjesarschen Sees; Imbiss, Badestrand, Boots- und Fahrradverleih.

Schloss Freienwalde, Rathenaustraße 3, 16259 Bad Freienwalde, Tel. 03344/300367, www.schloss-freienwalde.de, Mi–So 11–17 Uhr (Nov.–März nur bis 16 Uhr).

Oderlandmuseum, Uchtenhagenstraße 2, 16259 Bad Freienwalde, Tel. 03344/2056, www.oderlandmuseum.de, Mi–So 11–17 Uhr.

Brandenburgisches Freilichtmuseum Altranft, Schloss, 16259 Bad Freienwalde/OT Altranft, Tel. 03344/414300, www.freilichtmuseum-altranft.de, April–Okt. Di–Fr 9–17, Sa/So 11–18 Uhr, Nov.–März Di–Fr 10–16, Sa/So 11–16 Uhr.

Storchenmuseum Rathsdorf-Altgaul, 16259 Bad Freienwalde/OT Rathsdorf-Altgaul, April–Okt. tgl. 10–17 Uhr.

Theater am Rand, Zollbrücke 16, 16259 Oderaue/OT Zollbrücke, Tel. 033457/66521, www.theateramrand.de.

Fort Gorgast, 15328 Küstriner Vorland/OT Gorgast, Tel. 033472/51632, www.fort-gorgast.de, Mai–Okt. Mo–Fr 10–16 Uhr, Wochenende auf Anfrage.

Filmmuseum Kinder von Golzow, Gemeindezentrum Golzow, Hauptstraße 16, 15328 Golzow, Tel. 033472/51882, www.oderbruchhalle.kulturserver.de, Mo–Fr 11–17, Sa 10–16 Uhr, Nov.–Feb. Di–So 11–16 Uhr.

Gedenkstätte/Museum Seelower Höhen, Küstriner Straße 28a, 15306 Seelow, Tel. 03346/597, www.gedenkstaette-seelower-hoehen.de, April–Okt. Di–So 10–17 Uhr, Nov.–März bis 16 Uhr.

Zinnfigurenmuseum, Schloss Gusow, Schloßstraße 7, 15306 Gusow, Tel. 03346/8725, www.schloss-gusow.de, April–Sept. Di–So 10–18 Uhr, im Winter Di–Fr 10–17, Sa/So 10–18 Uhr.

Haus Lebuser Land, Schulstraße 7, 15326 Lebus, Tel. 033604/230, April–Okt. Di–Fr 10–17, Sa/So 13–16 Uhr, Nov.–März Di–Fr 10–15 Uhr.

Fähre Güstebieser Loose–Gozdowice, Info-Tel. 033456/39960, www.barnim-oderbruch.de, April Di–So 8.40–18 Uhr, Mai/Aug. 8–18.50 Uhr, Juni/Juli 8–20.20 Uhr, Sept. 8–18, 1. Oktoberhälfte 8–15.50 Uhr, 2. Oktoberhälfte 8.40–15.50 Uhr etwa alle 40 Minuten. Bei schlechtem Wetter, starkem Wind, Niedrig- oder Hochwasser kann passieren, dass die Fähre eingeschränkt oder gar nicht übersetzt.

Kanuverleih, Kandi's Abenteuertouren, Genschmerer Chaussee 25, 15328 Küstriner Vorland/Gorgast, Tel. 033472/58879, www.abenteuertouren.com.

Frankfurt (Oder)

Ende April 1945 ging das alte Frankfurt im Feuersturm der letzten Kriegstage unter. Fast die gesamte Innenstadt brannte nieder, und auch in der Dammvorstadt gegenüber am östlichen Oderufer blieb kein Stein auf dem anderen. Frankfurt und seine ehemalige Vorstadt, die nach dem Ende des Zweiten Weltkriegs zur polnischen Stadt Słubice wurde, mussten sich neu erschaffen.

Bereits im Jahr 1253 waren der Gründung von fränkischen Kaufleuten 1226 die Stadtrechte verliehen worden. Ab 1430 Mitglied der Hanse, eröffnet Kurfürst Joachim I. 1506 in Frankfurt die erste brandenburgische Universität. Der Humanist Ulrich von Hutten (1488–1523), der radikalprotestantische Reformer Thomas Müntzer (um 1490–1525), der Komponist Carl Philipp Emanuel Bach (1714–1788), die Gelehrten, Politiker und Weltreisenden Wilhelm und Alexander von Humboldt (1767–1835

bzw. 1769–1859) und der Schriftsteller Heinrich von Kleist studierten an der Frankfurter Alma Mater.

Mit der Einweihung der Eisenbahnlinie Berlin–Frankfurt 1842 hielt die Industrialisierung Einzug; darüber hinaus entwickelte sich Frankfurt zur erfolgreichen Messestadt. 1951 begann der Wiederaufbau, ein Jahr später wurde Frankfurt Bezirkshauptstadt des neuen DDR-Bezirks Frankfurt (Oder). Es folgt 1958 die Eröffnung des Halbleiterwerks, das bis zur Wende 8000 Menschen beschäftigt. Im Jahr nach der Wiedervereinigung wird feierlich die 1811 nach Breslau verlegte Universität neu gegründet, die seither den Namen ›Europa-Universität Viadrina‹ trägt. Heute sind dort Studenten aus zahlreichen Ländern der Welt eingeschrieben. Gegenüber liegt direkt an der Stadtbrücke in Słubice das Collegium Polonicum, eine gemeinsame Lehr- und Forschungseinrichtung der Viadrina-Universität und der Adam-Mickiewicz-Universität in Poznań.

Märkisch-Oderland und Oder-Spree-Region

■ **Ein Stadtrundgang**

2003 feierte die mit fast 58 500 Einwohnern viertgrößte Stadt Brandenburgs ihr 750-jähriges Jubiläum, und trotz der Narben, die der Krieg hinterließ, hat sie manches Sehenswerte zu bieten. Herausragende Sichtmarke ist der 24-geschossige, knapp 90 Meter hohe **Oderturm**, das höchste Gebäude im Bundesland Brandenburg. 1968–1976 errichtet, dient das Hochhaus heute als Büro- und Einkaufszentrum. Im 24. Stock serviert das Restaurant ›turm24‹ zum tollen Blick verfeinerte deutsche Küche.

Die Touristeninformation und das neubarocke **Hauptgebäude der Viadrina-Universität** befinden sich nahebei, und ebenfalls nur wenige Schritte entfernt steht am Markt das ab 1253 erbaute backsteingotische **Rathaus**. Sein prachtvoller Giebel kündet vom Selbstbewusstsein der ehemaligen Hansestadt, und in

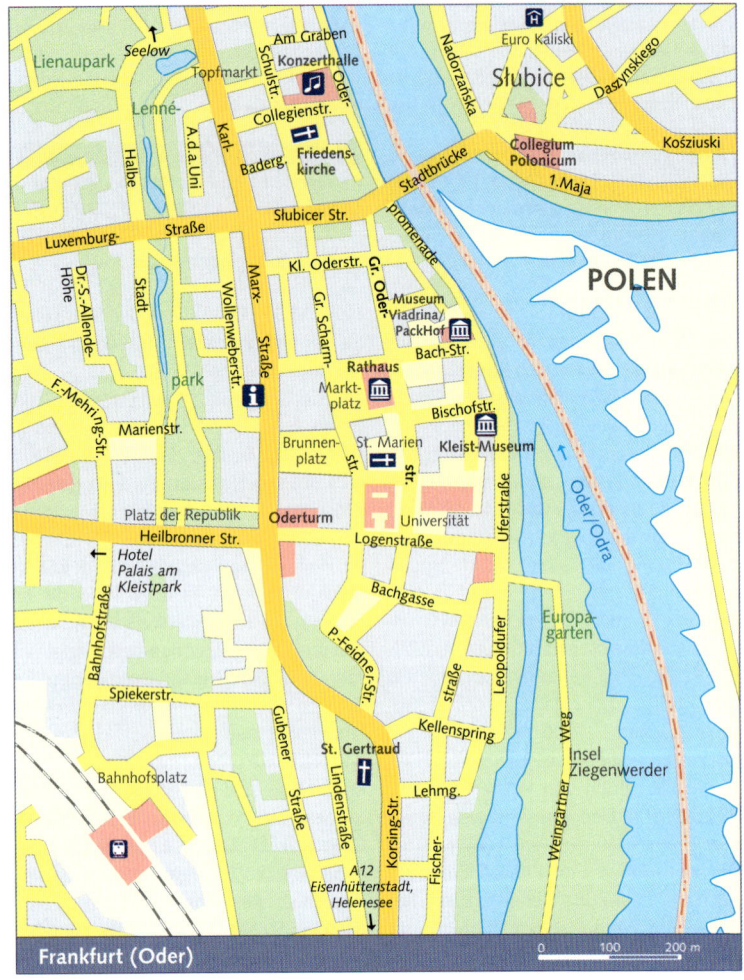

Frankfurt (Oder)

0   100   200 m

der Rathaushalle zeigt das **Museum Junge Kunst** Wechselausstellungen moderner und zeitgenössischer Kunst.

Gegenüber thront der majestätische Backsteinbau der **St. Marienkirche**. Vermutlich 1253 wurde der Grundstein zur dreischiffigen, im 15. Jahrhundert auf fünf Schiffe erweiterten Hallenkirche gelegt. 1945 ging sie in Flammen auf und wurde bis auf die Umfassungsmauern zerstört. 1979 begann die Rekonstruktion, die mit der Fertigstellung des Dachstuhls 1998 einen krönenden Abschluss fand. Die berühmte **Frankfurter Bilderbibel** wieder aufzufinden, wagte dagegen niemand zu hoffen. 1943 waren die drei farbenprächtigen Hauptchorfenster von St. Marien, die in 111 Bildern die christliche Schöpfungsgeschichte erzählen sowie – eine Seltenheit in der christlichen Sakralkunst – eine Darstellung des Antichrist zeigen, kriegsbedingt ausgebaut und zunächst nach Potsdam ausgelagert worden. Lange Zeit galten die kostbaren Kunstwerke als verschollen. Dann tauchten sie 1991 in einem Depot der Eremitage im russischen St. Petersburg auf und gelangten nach langwierigen Verhandlungen 2002 nach Frankfurt zurück. 2005 wurde nach mühevoller Restaurierung das erste der drei zwischen 1360 und 1370 geschaffenen Chorfenster wieder eingesetzt. 2007 folgten die beiden anderen Fenster. Die anderen Kunstschätze der St. Marienkirche wurden ebenfalls 1943 ausgelagert und sind heute in der 1878 geweihten, neugotischen **Gertraudkirche** in der Nähe des Bahnhofs zu sehen. Zu den Prunkstücken zählen der siebenarmige, 4,70 Meter hohe vergoldete Bronzeleuchter von 1375, eine Bronzetaufe, 1376 von Händen Meister Arnolds geschaffen, und der auf 1489 datierende, dreiflügelige Marienaltar.

Auf Höhe des Marktplatzes beherbergt der 1777 errichtete Barockbau der einstigen Garnison-Schule das **Kleistmuseum**.

Die Marienkirche in Frankfurt (Oder)

Märkisch-Oderland und Oder-Spree-Region

Das Kleistmuseum am Oderufer

1969 wurde es als Literaturmuseum, Kleist-Gedenk- und Forschungsstätte eröffnet und widmet sich seitdem Leben und Werk des bedeutenden Frankfurter Sohns Heinrich von Kleist (1777–1811). Über 34 000 Bücher, Handschriften und Kunstwerke umfasst die Dokumentation zum Schriftsteller und seinem literaturhistorischen Umfeld. Dank eines an die alte Garnison-Schule angeschlossenen Neubaus, der im Herbst 2013 eingeweiht wurde, hat diese Fülle von Zeugnissen nun hinreichend Raum zum Forschen und für Ausstellungen gefunden. Mit einem Brückenschlag über den alten Oderarm, lädt die grüne **Insel Ziegenwerder** auf einen Spaziergang ein. Folgt man dagegen weiter der Uferpromenade, ist wenige Minuten darauf das **Museum Viadrina** erreicht. Im barocken Junkerhaus aus dem 17. Jahrhundert untergebracht – einem der wenigen Gebäude, das den Zweiten Weltkrieg unversehrt überstand – zeigt das Museum Ausstellungen zur Stadt- und Regionalgeschichte. Neben-

an eröffnete 2003 im **PackHof** eine Dependance des Museums Junge Kunst. Nach Norden fallen die **Stadtbrücke** und dahinter die Türme der **Friedenskirche** in den Blick. Es ist Frankfurts ältestes Gotteshaus, vermutlich bereits um 1226 zusammen mit der Kaufmannssiedlung entstanden. Bis ins 20. Jahrhundert hinein trug sie – zwischenzeitlich mehrfach ausgebaut und zuletzt 1890–1894 neugotisch umgestaltet – dem Schutzpatron der Fischer und Kaufleute St. Nikolaus zu Ehren den Namen St. Nikolai. 1929 wurde sie in Friedenskirche umbenannt. In der Nachbarschaft präsentiert sich die ehemalige **Franziskaner-Klosterkirche** (1270, Erweiterungen 1516–1525) nach umfangreicher Rekonstruktion seit 1967 als Frankfurts Konzerthalle ›Carl Philipp Emanuel Bach‹. Sie ist Sitz des Brandenburgischen Staatsorchesters Frankfurt und der Singakademie Frankfurt (Oder), die die altehrwürdige Halle mit einem vielfältigen Musikangebot zum Klingen bringen.

Karte S. 272

■ **Helenesee**

Südlich vor den Toren der Stadt liegt
im Wald die ›Schöne Helene‹, wie die
Frankfurter den Helenesee nennen. Der
nach seiner Stilllegung 1959 geflutete
ehemalige Braunkohletagebau ist gut
250 Hektar groß, bis zu 70 Meter tief
und lädt mit kristallklarem Wasser und
kilometerlangen, außerordentlich breiten
Sandstränden zum Wassersport, Sonnenbaden und Baden ein.

Fürstenwalde

An der Autobahn auf halber Höhe zwischen Frankfurt (Oder) und Berliner
Ring liegt das 31 000 Einwohner große Fürstenwalde an Müggelspree und
Oder-Spree-Kanal. Bereits 1272 wird
die Stadt erstmals urkundlich erwähnt.
Von 1385 an dient sie über 200 Jahre
als Sitz der Lebuser Bischöfe, die 1446
den Neubau des durch Hussiten brand-
geschatzten **Doms St. Marien** in Auftrag
geben. 1470 ist die dreischiffige Kathe-
dralkirche mit ihrem 68 Meter hohen
Turm fertiggestellt – das Wahrzeichen

Stadtmauer mit Bullenturm

Fürstenwaldes. 1511 wird in der Nachbarschaft am Marktplatz das **Alte Rathaus** eingeweiht, das 1624 einen kaum
weniger markanten Turm erhält.

Im Zweiten Weltkrieg werden vier Fünftel
der Stadt dem Erdboden gleichgemacht.
Anschließend entsteht Fürstenwalde neu
als Industrie- und Truppenstandort. 1966
beginnt der Wiederaufbau der Domru-
ine, 1995 findet die feierliche Wieder-
einweihung statt. An wertvoller Innenausstattung verfügt St. Marien noch
über ein Sakramentshaus von 1517, das
aus der Schule Tilmann Riemenschnei-
ders stammt.

In der ehemaligen Domschule am Domplatz präsentiert das **Stadtmuseum** Erd-,
Ur- und Stadtgeschichte sowie als besondere Attraktion einen Münzschatz:
317 Silbertaler, die ein Fürstenwalder
Kaufmann wohl gegen 1630 vergraben
hatte und die 1959 entdeckt wurden.
Im Stadtpark am westlichen Ortsrand
leben im **Heimtiergarten** 300 Tiere in
über 70 europäischen Arten.

Im Zentrum von Fürstenwalde

Märkisch-Oderland und Oder-Spree-Region

Drei Kilometer nordöstlich bietet **Schloss Steinhöfel** im weitläufigen englischen Park fürstliche Unterkunft. Wahrscheinlich um 1730 erbaut, ließ es die Familie von Massow ab 1790 mitsamt dem Dorf und den Gutsgebäuden durch David Gilly zu einer einheitlichen Anlage umgestalten. 1840 folgte eine weitere Überformung. Nach der Enteignung der Massows 1945 und den DDR-Jahren als Kindergarten, Wohn-, Büro- und Gemeindehaus, begannen im Jahr 2000 die Sanierungs- und Umbauarbeiten. Zwei Jahre später eröffnete das Luxushotel.

 Frankfurt (Oder) und Fürstenwalde

Touristeninformation Frankfurt (Oder), Karl-Marx-Straße 189, 15230 Frankfurt (Oder), Tel. 0335/325216, www.tourismus-ffo.de, Mai–Sept. Mo–Fr 9–19, Sa 10–14 Uhr, Okt.–April Mo–Fr 10–18, Sa 10–14 Uhr.
Touristeninformation Fürstenwalde, Mühlenstr. 1, 15517 Fürstenwalde/Spree, Tel. 03361/760600, www.fuerstenwalde-tourismus.de, Mo–Fr 10–18, Sa 10–14 Uhr.

Schloss Steinhöfel, Schlossweg, 15518 Steinhöfel, Tel. 033636/2770, www.schloss-steinhoefel.de, DZ/F ab 130 €. Geschichtsträchtiges Schloss, in dem schon Friedrich der Große und Theodor Fontane weilten, die Zimmer mit Stilmöbeln im eleganten Landhausstil; das Restaurant, fürstlich unter Stuck und Kronleuchtern, bietet klassische gehobene Küche der Saison.
Palais am Kleistpark, Fürstenwalder Straße 47, 15234 Frankfurt (Oder), Tel. 0335/56150, www.hotel-gallus.com, DZ/F ab 65 €.
Hotel Euro Kaliski, ul. Jedności Robotniczej 13, 69–100 Słubice, Tel. 0048/95/7583735, www.hotelkaliski.pl, DZ/F ab 170 Złoty (ca. 43 €). Freundliches Hotel im Stadtzentrum von Słubice nahe Fußgängerzone und Stadtpark, etwa 200 Meter von der Stadtbrücke über die Oder.

oske, Gaststätte und Eiscafé, Ferienhütten, Verleih von Tretbooten, Paddel- und Ruderbooten sowie Katamaranen und Surfbrettern, angeschlossene Surf- und Tauchschule.

Museum Viadrina, Carl-Philipp-Emanuel-Bach-Straße, 11, 15230 Frankfurt (Oder), Tel. 0335/401560, www.museum-viadrina.de, Di–So 11–17 Uhr.
Museum Junge Kunst, Marktplatz 1 (im Rathaus) und Carl-Philipp-Emanuel-Bach-Straße 11 (im Packhof des Viadrina-Museums), 15230 Frankfurt (Oder), Tel. 0335/5524150, www.museum-junge-kunst.de, Di–So 11–17 Uhr.
Kleist-Museum, Faberstraße 7, 15230 Frankfurt (Oder), Tel. 0335/3872210, www.kleist-museum.de, Di–So 10–18 Uhr.
St. Marienkirche, Oberkirchplatz, 15230 Frankfurt (Oder), www.st-marien-ffo.de, Mai–Sept. tgl. 10–18 Uhr, Okt.–April tgl. 10–16 Uhr.
Dom St. Marien, Domplatz 10, 15517 Fürstenwalde, Tel. 03361/591812, www.kirche-fuerstenwalde.de, Mo–Fr 10–16, Sa/So 11–16 Uhr, im Winter jeweils bis 15 Uhr.
Stadtmuseum Fürstenwalde, Domplatz 7, 15517 Fürstenwalde, Tel. 03361/2130, www.museum-fuerstenwalde.de, Di–So 13–18 Uhr.

Campingpark Helenesee, Am Helenesee 2, 15236 Frankfurt (Oder), Tel. 0335/556660, www.helenesee-ag.de, Mitte April–Mitte Okt. Ausgedehnte Anlage am Helenesee sieben Kilometer südlich von Frankfurt (Oder); Supermarkt, Ki-

Heimtiergarten Fürstenwalde, Dr.-Wilhelm-Külz-Straße 10b, 15517 Fürstenwalde, Tel. 03361/4541, www.heimtiergarten-fuerstenwalde.de, April–Sept. tgl. 9–18 Uhr, Okt.–März tgl. 9–16 Uhr.

Karte S. 249

Oder-Spree-Region

Gleich zwei Urkunden aus dem Jahr 1209 weisen **Storkow** zwischen Dahme und Spree als eine der fünf ältesten Städte Brandenburgs aus. Eine **Schleuse** mit hölzerner Zugbrücke am 1746 eröffneten Storkower Kanal, eine neugotische **Kirche** von 1845, ein **Marktplatz** und wenige Schritte entfernt die kleine Storkower **Burg** gehören zu den Sehenswürdigkeiten. 1136 errichtet und im Lauf der Jahrhunderte unter den verschiedensten Eigentümern ausgebaut, brannte sie 1978 ab und konnte, wieder aufgebaut und restauriert, pünktlich zur 800-Jahr-Feier im Frühjahr 2009 mit Stadtbibliothek, Touristeninformation und Besucherzentrum des Naturparks Dahme-Heideseen (→ S. 297) neu eingeweiht werden.

Die 9000 Storkower verteilen sich im Städtchen selbst sowie in den zugehörigen Ortsteilen rund um den Großen Schauener, Großen Selchower und Großen Storkower See. Am nördlichen Ufer des Storkower Sees liegen das ortseigene Strandbad und die Anlegestelle der Scharmützelsee-Schifffahrt, deren Fahrgastschiffe über die Seenkette und Kanäle zwischen Prieros (südwestlich) und Bad Saarow (nordöstlich) schippern.

Am Großen Schauener See hat die Heinz Sielmann Stiftung mit dem Erwerb von 1057 Hektar Gelände 2001 ein Rückzugsgebiet für seltene Tier- und Pflanzenarten geschaffen. Mit etwas Glück bekommt man auf den Rundwanderwegen in **Sielmanns Naturlandschaft Groß Schauener Seen** Fischotter, Fischadler, Rohrdommeln oder Trauerseeschwalben zu sehen. In Kooperation mit der **Fischerei Köllnitz** soll an den fischreichen Gewässern ferner die extensive Fischerei erhalten und der sanfte Tourismus gefördert werden. Auf dem Betriebsgelände der Genossenschaftsfischerei am nordwestlichen Ufer vom Großen Schauener See befindet sich das **Informationszentrum** von Sielmanns Naturlandschaften Groß Schauener Seen. Ein kleines Fischereimuseum, eine Fischverkaufsstelle, Restaurant, Hotel und ein Bootsverleih sind angeschlossen.

Eine Geschichte wie im kapitalistischen Märchen verbindet sich mit **Schloss Hubertushöhe** am Großen Storkower See: Es war einmal ein aus Südafrika stammender Londoner Unternehmer, der über Berlin-Brandenburg flog, um sich einen Überblick über seine Lebensmittelmarktketten-Beteiligungen zu verschaffen. Dabei entdeckte er das 1900 für den Geheimen Königlichen Kommerzienrat Büxenstein erbaute Jagdschloss Hubertushöhe. Als Ingenieursschule hatte es die DDR-Zeit relativ unversehrt überstanden und wartete nun auf den Traumprinzen, der es wachküssen sollte. So geschah es. Der Unternehmer kam, investierte Millionen und verwandelte es – mit Marina und eigenem Hubschrauberlandeplatz – in eines der feudalsten Fünf-Sterne-Hotels in Brandenburg. Doch 2011 ging er pleite, und fast wäre das Schloss wieder in einen Dornröschenschlaf gefallen, hätten es nicht zwei Brüder aus dem Ruhrpott erworben, die mit der Produktion von LED-Taschenlampen ihr Glück gemacht hatten. 2015 wollen sie Hotel und Restaurant Hubertshöhe wieder eröffnen und dann nicht mehr nur den Superreichen andienen. Im Schlosspark wird es eine einfache Unterkunft für Schüler und Studenten geben, und der Park selbst wird mit einer neuen Kunsthalle als Kunst- und Literaturpark neu erstehen. Bis es soweit ist, hat dort schon mal ein kleiner Imbiss mit Biergarten Quartier bezogen (Mai–Mitte Okt.), von wo aus man die abermalige Verwandlung von Schloss Hubertushöhe mitverfolgen kann.

Märkisch-Oderland und Oder-Spree-Region

Am Scharmützelsee

Knapp 14 Quadratkilometer groß ist der Scharmützelsee, das Herz im Oder-Spree-Seengebiet. 1905 kaufte die Berliner Landesbank die beiden Gutsdörfer Saarow und Pieskow und errichtete dort am nördlichen Seeufer eine Villenkolonie. Regierungsbeamte und Industrielle aus der nahen Reichshauptstadt erwarben die Domizile. 1912 eröffneten nach der Entdeckung heilkräftiger Moore das erste Sanatorium und eine Seebadeanstalt. Die ›Saarow-Pieskow Landhaussiedlung AG‹ entwickelte sich zum Erholungs- und Genesungsort. 1923 bekam Saarow den Titel ›Bad‹ verliehen. Vier Jahre später wurden in **Bad Saarow** in 175 Meter Tiefe chlor- und kalziumhaltige Solequellen erschlossen. Prominenz aus Kunst und Kultur stellte sich ein: UFA-Stars wie Käthe Dorsch, Viktor de Kowa und Anny Ondra mit ihrem Mann, dem Boxer Max Schmeling, verbrachten in Saarow-Pieskow die Sommerfrische.

In DDR-Zeiten erholten sich im ›Bad der Werktätigen‹ jedes Jahr zehntausende Urlauber, und auch die russischen Militärs ließen es sich wohl ergehen. Heute knüpft der jüngste brandenburgische Kurort mit seinen knapp 4700 Einwoh-nern wieder an alte Traditionen an. Ab 1995 wurden das alte Moorbad zum modernen Spa-Mekka umgestaltet, ein **Theater** errichtet, eine neue, über 450 Meter tiefe **Solequelle** gebohrt, **Kurpark**, **Uferpromenaden** und ein **Yachthafen** neu angelegt. Das Helios-Klinikum mit 15 Fachkliniken kam dazu sowie eine stattliche Anzahl gehobene Hotellerie und Gastronomie. 1998 eröffnete schließ-lich die **SaarowTherme**, wo man in 34 bis 36 Grad warmen Solebecken, Saunalandschaft, Whirlpools, Massagemulden, Innen- und Freiluftbecken entspannen kann. Beauty und Wellness stehen auf dem Programm, aber auch traditionelle Anwendungen wie Moorbäder und medizinische Massagen. Mit dem ›Esplanade‹ und dem ›A-Rosa‹ als Luxuswohlfühl-Hotelanlagen, dazu Golf, Tennis, Reiten und Segeln komplettiert sich Bad Saarow als Wellness-Walhalla. Bereits 1998 erhielt es die Anerkennung als ›Staatlich anerkanntes Sole- und Moorheilbad‹.

Das Dorf **Wendisch Rietz** am südlichen Seezipfel ist die Urlaubsalternative für die ganze Familie. Eine schlichte Ferienanlage aus DDR.-Zeiten ist längst abgerissen und einem Saunapark mit Lodges im skandinavischen Hüttenstil gewichen.

Am Scharmützelsee bei Wendisch Rietz

Die Burg ist das Wahrzeichen von Beeskow

Beeskow und Schwielochsee

Die 8000-Einwohner-Stadt Beeskow an der Spree, 1272 das erste Mal in einer Urkunde genannt, hat sich seine gegen 1450 fertiggestellte **Stadtmauer** beinahe vollständig bewahrt. An drei Seiten umzieht sie den im Schachbrettmuster angelegten Ortskern, sechs von ehemals neun trutzigen **Backsteintürmen** sind noch erhalten; darunter südlich der Luckauer Torturm, den die Beeskower zärtlich ›den Dicken‹ nennen, sowie im Norden der 27 Meter hohe Schlauchturm, 2004 zum Aussichts- und Kletterturm umgebaut.

Rund um den Markt gruppieren sich schön restaurierte historische **Ackerbürgerhäuser**, dahinter erhebt sich zur Spree hin die imposante **St. Marienkirche**. Die vierschiffige gotische Hallenkirche entstand in mehreren Bauabschnitten zwischen 1373 und 1511 vermutlich auf einem älteren Vorgänger. 1945 brannte

sie aus und wird seit 1991 wieder aufgebaut. 1999 wurde Richtfest gefeiert, und auch der Turm hat seinen Helm längst zurück. Innen ist St. Marien dagegen immer noch backsteinnackt. Wer möchte, kann die weitere Rekonstruktion des Beeskower Gotteshauses mit einer Spende unterstützen, damit eines Tages eine neue Orgel gekauft werden kann. Auf der Spreeinsel, dem ältestem Siedlungsteil der Ortschaft, steht mit wuchtigem Bergfried die **Burg Beeskow**. Sie geht auf die Jahre der Stadtgründung durch die Ritter von Strele zurück. 1991 begann ihre umfangreiche Sanierung, heute dient sie als Kultur- und Veranstaltungszentrum. Ein **Regionalmuseum** zeigt in den dicken Mauern Ausstellungen zu historischen, ethnografischen und ökologischen Themen sowie ein Mittelaltermagazin und im Salzhaus einen Folterkeller. Vom Bergfried aus hat man einen schönen Blick auf die Dächer von Beeskow. Wenige Kilometer nördlich der Ortschaft erhebt sich im Weiler Groß Rietz das gleichnamige **Barockschloss Groß Rietz**. Johann Georg von der Marwitz, Sprössling eines der ältesten märkischen Adelsgeschlechter und Herr über Groß- und Klein-Rietz, Friedersdorf, Kienitz, Birkholz und Rassmannsdorf, ließ es 1693–1700 nach einem Entwurf des niederländischen Baumeisters Cornelis Ryckwaert errichten. 1790 verkaufte sein Enkel den Herrschaftssitz, der unter die besten Beispiele der Schlossbaukunst in Brandenburg rechnet, an den preußischen Staatsminister Johann Christoph von Wöllner. 1895 gelangte das Schloss an die von der Marwitz zurück und verblieb bis zur Enteignung nach dem Zweiten Weltkrieg im Familienbesitz. Anschließend Kindergarten und Erstunterkunft für Vertriebene aus den ehemaligen deutschen Ostgebieten, ging es nach der Wende in die Obhut der

Die Ruine der gotischen Pfarrkirche steht als Mahnmal in Lieberose

Brandenburgischen Schlössergesellschaft über, die es in einer gut 20-jährigen Restaurierungsarbeit wieder herrichten ließ. Neue Bewohnerin ist seit Herbst 2012 eine Berliner Marketingagentur, die die Tore von Schloss Groß Rietz temporär für Wechselausstellungen öffnet.

Südlich von Beeskow erstreckt sich der **Schwielochsee**. Das mit einer Ausdehnung von 13,27 Quadratkilometern größte brandenburgische Gewässer wird an seiner nördliche Spitze von der Spree in Richtung Bundeshauptstadt durchflossen, und von seinen schilfbestandenen Ufern lässt sich sogar ein Bogen ins australische Outback schlagen. 1813 kam im Flecken Sabrodt beim 600-Seelen-Dörfchen **Trebatsch** an der Spree kurz vor ihrem Eingang in den Schwielochsee der Biologe, Geologe und Australienforscher Ludwig Leichhardt zur Welt. In drei großen Expeditionen durchquerte der Abenteurer ab 1844 bis dato unentdeckte Teile des fünften Kontinents und

hob sie damit auf die Landkarte. Von der dritten Forschungsreise 1848 kehrte er nicht mehr zurück. Die Spur der Expedition verlor sich im Outback, ihre Teilnehmer blieben verschollen.

Australien ehrt seinen großen Entdeckungsreisenden seither mit zahlreichen Orts- und anderen geografischen Namen. Und auch in der Heimat wird Ludwig Leichhardt gebührend gewürdigt. Nahe dem nordwestlichen Schwielochseeufer wartet in Trebatsch das **Leichhardt-Museum** auf einen Besuch, und ein Leichhardt-Wanderweg führt durch den Ort und seine Umgebung.

Wassersport- und touristisches Zentrum sind Jessern und Goyatz am südlichen Zipfel des Schwielochsees. In **Jessern** zieht sich ein ausgedehnter Badestrand am Ufer entlang. **Goyatz** besitzt einige kleinere Badestellen sowie eine größere Marina, von wo aus Ausflugsdampfer zu Kreuzfahrten über den Schwielochsee ablegen.

Karte S. 249

▲

Lieberose und Umgebung

Das 1400 Einwohner kleine Städtchen **Lieberose** südöstlich vom Schwieloch-see zeichnet sich durch ein wahrhaftig großes **Barockschloss** aus. Es wurde 1657 errichtet und durch die Grafen von Schulenburg, die 1519 in den Besitz der Herrschaft Lieberose gelangten, Mitte des 18. Jahrhunderts zur barocken Vierflügelanlage ausgebaut. Im Zweiten Weltkrieg und zu DDR-Zeiten gingen der Nordflügel und ein Teil des Westflügels mit dem alten Schlossturm verloren. Heute versucht die Brandenburgische Schlösser GmbH, seit 1999 der Eigentümer, für das teilsanierte Gebäude einen potenten Mieter zu finden. Öffentlich ist es leider nicht zu besichtigen.

Der Zweite Weltkrieg hat in der winzigen Stadt mit dem hübschen Namen die gotische Pfarrkirche als Ruine hinterlassen. Sie dient als Mahnmal und wurde bisher nicht wieder aufgebaut.

Unter der Adresse Bahnhofstraße 4 firmiert das kleine **Museum mit Gedenkstätte KZ-Nebenlager Lieberose**, das das Schicksal der meist jüdischen Häftlinge, die hier ermordet wurden, im Gedächtnis bewahrt. Ab November 1943 ließ die SS durch KZ-Gefangene das Nebenlager des KZ Sachsenhausen errichten, in das im Frühjahr 1944 Häftlinge vor allem aus den Vernichtungslagern Auschwitz und Groß-Rosen verbracht wurden. Unter unmenschlichen Bedingungen mussten sie im Süden der Stadt den Truppenübungsplatz ›Kurmark‹ mit zugehörigen Kasernen und militärischen Anlagen bauen. Tausende fanden dabei den Tod. Weitere 1200 marschunfähige Häftlinge wurden bei der Auflösung des Lagers Anfang Februar 1945 ermordet. 1971 entdeckten Bauarbeiter bei Staakow ein Massengrab, und am Rande des Lieberoser Friedhofs wurde die Urne mit der Asche der Toten beigesetzt. Elf Jahre später weihte man

in einer Baracke das Museum ein. Nach Kriegsende nutzten die Sowjets das Gelände als Internierungslager. Noch einmal tausende Menschen starben bis 1947 im Speziallager Nr. 6 Jamlitz.

Zwei Jahre nach dem Abzug der russischen Streitkräfte ging das riesige Truppenübungsgelände, das südlich bis vor die Tore von Peitz reicht, 1994 in Besitz des Bundeslands Brandenburg über. Ähnlich wie die Sielmann-Stiftung solche Liegenschaften durch Kauf für den Naturschutz sichert, erwarb der NABU 1999 über 3000 Hektar des ehemaligen Militärgeländes und brachte sie in die gemeinsam mit dem WWF Deutschland, dem Brandenburgischen Umweltministerium und der Zoologischen Gesellschaft Frankfurt unterhaltene ›Stiftung Naturlandschaften Brandenburg‹ ein. Die **Heide-, Moor- und Sandflächen**, auf denen bisher mehr als 142 gefährdete Pflanzenarten gezählt wurden, können so für die Natur erhalten werden. Bis man dort wieder spazieren gehen kann, wird es jedoch noch eine Weile dauern. Infolge der jahrzehntelangen militärischen Nutzung ist das Gelände mit Chemikalien verseucht, und durch die im Waldboden vergrabenen größeren Mengen an Munition sowie chemische Kampfstoffe besteht Lebensgefahr.

Bereits teilgeräumt ist ein Abschnitt der **Reicherskreuzer Heide** bei dem gleichnamigen Örtchen Reicherskreuz, etwa zehn Kilometer nordöstlich von Lieberose. Ein Rundwanderweg führt hier im südlichen Teil des Naturparks Schlaubetal über trockene Sanderflächen zu einem zweistöckigen hölzernen Ausguck – besonders schön im September, wenn ein Teppich von violett blühendem Heidekraut das Land überzieht.

Aber auch hier gilt zum eigenen Schutz, die Wanderwege wegen noch vorhandener Munitionsbelastung der Böden auf keinen Fall zu verlassen.

Märkisch-Oderland und Oder-Spree-Region

Oder-Spree-Region

Touristeninformation Storkow, Schloßstraße 6, 15859 Storkow (Mark), Tel. 033678/73108, www.storkow.de, tgl. 10–17 Uhr, Nov.–März tgl. 11–16 Uhr..

Gästeinformation Bad Saarow, Bahnhofsplatz 4, 15526 Bad Saarow, Tel. 033631/438380, www.scharmuetzel see.de, www.bad-saarow.de, April–Okt. Mo–Fr 9–18, Sa/So 9–16 Uhr, im Winter Mo–Fr 10–16, Sa/So 10–15 Uhr.

Touristeninformation Wendisch Rietz, Kleine Promenade 1, 15864 Wendisch Rietz, Tel. 033679/64840, www.schar muetzelsee.de, April–Okt. Mo–Fr 9–18 Uhr, Sa/So 9–16 Uhr, im Winter Mo–Fr 9–12.30 u. 13–16 Uhr.

Touristeninformation Beeskow, Berliner Straße 30, 15848 Beeskow, Tel. 03366/42211, www.spreeregion.de, Mai–Sept. Mo–Fr 9–18, Sa/So 9–15 Uhr, Okt.–April Mo–Fr 9–18, Sa 9–12 Uhr.

Fremdenverkehrsverein Schwielochsee, Am Bahnhof 27, 15913 Schwielochsee/ OT Goyatz, Tel. 035478 512, www.frem denverkehrsverein-schwielochsee.de, Mo–Fr 9–13 u. 15–17, Sa 9–13 u. 15–18, So 10–12 u. 15–18 Uhr.

Landhaus Alte Eichen, Alte Eichen 21, 15526 Bad Saarow, Tel. 033631/43090, www.landhaus-alte-eichen.de, DZ/F ab 110 €. Vier-Sterne-Villa auf einer Halbinsel im Scharmützelsee, die Zimmer sind mit Stilmöbeln oder im eleganten Landhausstil eingerichtet; das Restaurant lockt mit ausgesuchter Weinkarte und exquisit verfeinerter Landküche.

Hotel zum Schwan, Berliner Straße 31, 15848 Beeskow, Tel. 03366/33980, www.hotelzumschwan.de, DZ/F 78 €. Im ältesten, liebevoll restaurierten Gasthof im historischen Ortszentrum; im Restaurant speist man frische regionale Gerichte.

Hotel Köllnitzer Hof, Groß Schauener Hauptstraße 31, 15859 Storkow/OT Groß Schauen. Tel. 033678/6960, www.koell

nitz.de, DZ/F 80 €. Zur Fischerei Köllnitz gehörendes Anwesen am Großen Schauener See, die Zimmer im neuen Fachwerk-Walmdachgebäude im Mittelklassekomfort; im Restaurant Fischspezialitäten.

Jugendherberge, Dorfstraße 20, 15526 Bad Saarow, Tel. 033631/2664, www. jh-bad-saarow.de.

Regionalmuseum Burg Beeskow, Frankfurter Straße 23, 15848 Beeskow, Tel. 03366/352701, www.burg-beeskow.de, April–Sept. Di–So 9–19 Uhr, Nov.–März Di–So 11–17 Uhr.

St. Marienkirche Beeskow, Kirchplatz, 15848 Beeskow, Ostern–Okt. Mo–Sa 10–17, So 12–17 Uhr.

Ludwig Leichhardt Museum, Sawaller Straße 2a, 15848 Tauche/OT Trebatsch, Tel. 033674/220, März/April Di–Do 10–16, Fr 10–14, Mai–Okt. Di–Do 10–16, Fr 10–14, So 13–16, Nov./Jan./Feb. Di–Do 10–15 Uhr..

Museum und Gedenkstätte KZ-Nebenlager Lieberose, Bahnhofstraße 4 (am Ortsausgang Richtung Guben), 15868 Lieberose, Tel. 033671/2511, www.die-lager-jamlitz.de, Mai–Sept. Mi 16.30–17.30 u. So 10–12 Uhr.

Campingplatz Schwarzhorn, Schwarzhorner Weg, 15864 Wendisch Rietz, Tel. 033679/401, www.wendischrietz.de, April–Okt. Platz unter Kiefern am Scharmützelseeufer; Imbiss, Bootsverleih, großer Badestrand.

Naturcamping am Springsee, Am Springsee 1, 15859 Storkow/OT Limsdorf, Tel. 033677/440, www.springsee.de, April–Okt. Fünf Kilometer südlich von Wendisch Rietz (Anfahrt über Limsdorf) im Kiefernwald am Springsee; Gaststätte, Ferienhütten, Badestrand, Fahrrad-, Ruder- und Paddelbootverleih.

Naturcampingplatz ›Ludwig Leichhardt‹ Zaue, Ludwig-Leichhardt Weg 1, 15913

Schwielochsee/OT Zaue. Tel. 035478/ 522, www.camping-am-schwielochsee.de. Sandplatz unter Kiefern am See, Gaststätte, Ferienhäuschen, Fahrrad- und Bootsverleih, Badestrand.

Wohnmobilstellplätze:

In **Storkow** im Ortszentrum an der Schleuse am Storkowkanal, Strom und Trinkwasserzapfsäule, Schlüssel in der Touristeninformation Storkow;

In **Beeskow** am Spreepark, Bertholdplatz 6, Tel. 03366/520640, www.spreepark-beeskow.de.

Dampferpartien, Ende April–Mitte Okt. Scharmützelsee-Rundfahrten und Dampferpartien ab Saarow Hafen über Storkow bis Prieros; Fahrplaninfo: Scharmützelsee Schifffahrtsgesellschaft, Seestraße 40, 15526 Bad Saarow, Tel. 033631/59930, www.bad-saarow-schiff.de.

Kreuzfahrten über den Schwielochsee, April–Okt., Schifffahrt Wiedemann, Dorfstraße 19, 15913 Schwielochsee/OT Goyatz, Tel. 035478/746, www.fahrgastschiff-schwielochsee.de.

Sielmanns Naturlandschaften Groß Schauener Seen, Informationszentrum (auf dem Gelände der Fischerei Köllnitz), Hauptstraße 31, 15859 Storkow/OT Groß Schauen. www.sielmann-stiftung.de, Ausstellung tgl. 9–17 Uhr.

Besucherzentrum Naturpark Dahme-Heideseen, Burg Storkow, Schlossstraße 6, 15859 Storkow, Tel. 033678/73108, www.natur-schau-spiel.com, tgl. 10–17 Uhr, Nov.–März tgl. 11–16 Uhr.

A-Rosa Sport & Spa Resort, Parkallee 1, 15526 Bad Saarow, Tel. 033631/62682, www.a-rosa.de; Golf: drei 18-Loch-Plätze und ein 9-Loch-Kurzplatz; Tennis: 6 Außen- und 6 Hallenplätze.

Saarow-Therme, Am Kurpark 1, 15526 Bad Saarow, Tel. 033631/8680, www.bad-saarow.de, So–Do 9–21 Uhr, Fr/Sa 9–23 Uhr.

Pferdefreunde Klein-Schauen, Alte Dorfstraße 31, 15859 Storkow/OT Klein Schauen, Tel. 033678/40914, www.pferdefreunde-klein-schauen.de.

Wolfstouren, Wolfswinkel 38, 15859 Storkow, Tel. 033678/72607, www.wolfstouren.de; Kajaks und Kanus.

Yacht Akademie Axel Schmidt, Parkallee 2, 15526 Bad Saarow, Tel. 033631/63400, www.yaas-segeln.de; Segel-, Tret-, Paddelboote, Surfbretter.

Seesportclub Wendisch Rietz, Beeskower Chaussee 18, 15864 Wendisch Rietz, Tel. 033679/971692, www.seesportclub-wendischrietz.de; Jollen, Ruder- und Paddelboote.

Spreepark Beeskow, Bertholdplatz 6, 15848 Beeskow, Tel. 03366/520640, www.spreepark-beeskow.de; Kanus, Wassertreter, Fahrräder.

Strandbad Storkow, Seestraße 24 (am Großen Storkower See), 15859 Storkow, Tel. 033678/72282, www.strandbad-storkow.de, Mai– Mitte Sept. tgl. 10–18 Uhr.

Seebad Mitte, Seestraße 36, 15526 Bad Saarow, Tel. 033631/59195.

Badestelle Festwiese an der Hauptstraße sowie Badestrand am Campingplatz Schwarzhorn, Wendisch Rietz.

Flussbadeanstalt an der Spree, Spreepark Beeskow, Bertholdplatz 6, 15848 Beeskow, Tel. 03366/520640, www.spreepark-beeskow.de.

Badestrand in Jessern am südlichen Seezipfel des Schwielowsees.

Wanderwegweiser im Schlaubetal

Naturpark Schlaubetal

Mitten im flachen südöstlichen Brandenburg präsentiert sich mit dem Schlaubetal eine Landschaft, wie man sie eher im Mittelgebirge erwarten würde: ein von Buchenwäldern bedecktes Hügelland, durch das sich muntere Bäche in teils tief eingekerbten Schluchten den Weg bahnen. Ein solcher Bach ist die Schlaube, die auf halber Höhe im Naturpark aus den Wiesen südlich des Wirchensees hervorsprudelt. Auf ihrer 20 Kilometer langen Reise nach Norden schlängelt sie sich durch Wälder und Täler, fädelt dabei eine Kette kleiner Seen auf, streift Teiche, Moore und Erlenbrüche, schluckt kleinere Bäche und mäandert schließlich friedlich durch saftige Wiesen, um sich bei Müllrose in den Großen Müllroser See zu ergießen.

Der 4500 Einwohner zählende, staatlich anerkannte Erholungsort **Müllrose** ist das nördliche Tor zum Schlaubetal. Im Rahmen seiner ersten urkundlichen Erwähnung 1275 wird auch eine Wassermühle genannt. Sie ist Urahn der bis heute noch produzierenden, größten **Getreidemühle** im östlichen Brandenburg, deren sechsgeschossiger Backstein-

komplex die Silhouette des Städtchens prägt. Im Lauf der Jahrhunderte kamen ein gepflasterter **Marktplatz** und 1746 die Müllroser **Pfarrkirche** dazu. Knapp 80 Jahre zuvor war 1688 der Friedrich-Wilhelm-Kanal eingeweiht, der die Fürstenwalder Spree über Müllrose mit der Oder verband. Mit zunehmendem Transportaufkommen hatte die kleine künstliche Wasserstraße ausgedient und wurde durch den 1891 fertiggestellten Oder-Spree-Kanal ersetzt. Diese und viele weitere Geschichten erfährt man um die Ecke vom Markt im **Heimatmuseum**, das außerdem in der Remise eine Sammlung historischer Kutschen zeigt.

Von Müllrose aus erstreckt sich südwärts bis vor die Tore von Peitz der **Naturpark Schlaubetal**. Mit seinem Gründungsjahr 1995 ist er der drittälteste Naturpark in Brandenburg. Von seinen knapp 230 Quadratkilometern sind gut zwei Drittel mit herrlichem Laubmischwald bedeckt. Rund 1000 verschiedene Pflanzenarten konnten Biologen nachweisen, darunter 13 Orchideenarten und hier den seltenen Frauenschuh, der in Brandenburg nur im Schlaubetal vorkommt. 140 Brutvogelarten werden gezählt, unter ihnen Schwarzstorch und Eisvogel, See- und Fischadler. Ferner sind Fledermäuse, Fischotter und etwa 700 Schmetterlingsarten im Naturpark zuhause.

Zu den kulturellen Hinterlassenschaften zählen die Mühlen im Schlaubetal. Zwischen dem 14. und 17. Jahrhundert entstanden, sind manche, wie die Kieselwitzer Mühle, als solche heute nicht mehr auszumachen; andere wiederum fungieren als beliebte Ausflugs- und Wanderziele und bieten als Gasthäuser Speis und Trank. Als letzte Mühle im Schlaubetal hat die bis ins 14. Jahrhundert zurückgehende **Ragower Mühle** südlich von Müllrose noch ihre alte Mühlentechnik bewahrt. Vor allem aber kehren die Wanderer ein, weil man drinnen und draußen im Biergarten herzhafte ländliche Küche genießen kann.

Eine nächste Rast auf der Wanderung durch das Bachtal und an den Seen entlang bietet das im Herzen des Naturparks gelegene **Forsthaus Siehdichum** mit leckeren Gerichten aus Wald und Wasser. Ein weiteres Mal lädt südlich vom Großen Treppelsee die **Bremsdorfer Mühle** ein. Die Anfang des 16. Jahrhunderts erbaute, malerisch gelegene Fachwerkmühle wurde als Tuchwalke, Mahl- und Schneidemühle betrieben, bis zu ihrer Stilllegung 1950 zuletzt mithilfe einer Turbine. Zur Freude der Wanderer, die in der gemütlichen Gastwirtschaft und im Biergarten eine Pause einlegen, blieb das Mühlrad aber erhalten und auch funktionstüchtig. Am Ort der im 16. Jahrhundert errichteten **Schlaubemühle** nahe Wirchensee steht heute das vom BUND unterhaltene **Naturschutz-Zentrum Schlaubemühle**. Es ist Startpunkt für Erkundungen in die noch beinahe unberührte Natur, zum Beispiel auf dem vier Kilometer langen Naturlehrpfad rund um den Wirchensee, und bietet außerdem Übernachtungsgelegenheiten.

Eisenhüttenstadt

1950 beschloss der dritte Parteitag der SED den Bau des ›Eisenhüttenkombinats Ost (EKO)‹ beim kleinen Weiler Fürstenberg an der Oder. Anfang 1951 erfolgte der erste Spatenstich, und binnen Jahresfrist wurde der erste Hochofen mit zugehöriger Schlafstadt aus dem Boden gestampft. Bis 1955 folgten die nächsten fünf Hochöfen und zahlreiche weitere Wohnsiedlungen für eine immer größer werdende Zahl Werktätiger. Die sozialistische Planstadt Eisenhüttenstadt, die zeitweilig den Namen ›Stalinstadt‹ trug, war ein Erfolgsmodell. Mit Spitznamen ›Hütte‹ genannt – oder von denen, die sie weniger mochten, ›Schrottgorod‹ –, verzeichnete die Stahlfabrik mit über 50 000 Eisenhüttenstädtern 1990, kurz vor dem 40. Jahrestag ihrer Gründung, ihren jemals höchsten Einwohnerstand. Gegenwärtig leben noch 30 000 Menschen in der Stadt, Tendenz sinkend. Tausende Wohnungen wurden im Rahmen des ›Stadtumbaus Ost‹ bereits abgerissen, weitere sollen folgen, und besonders im südlichen Eisenhüttenstadt stehen trotz Sanierung viele Häuser und Läden leer.

Einkehr in der Bremsdorfer Mühle im Schlaubetal

Märkisch-Oderland und Oder-Spree-Region

Neuzelle,
das ›märkische Barockwunder‹

Aber nach wie vor wird im Ort Stahl gekocht. Oberster Boss der aktuell etwa 2600 Werktätigen beim EKO-Nachfolger ›ArcelorMittal Eisenhüttenstadt‹ ist der aus Indien stammende Brite und Stahlbaron Lakshmi Mittal. Als einer der fünf reichsten Männer der Welt verfügt er über eine Summe an Devisen und Kapital, von der die Deutsche Demokratische Republik vermutlich niemals zu träumen wagte.

Heute erinnert in der ›ersten sozialistischen Stadt Deutschlands‹ das **Dokumentationszentrum Alltagskultur der DDR** mit einem Fundus von 150 000 Originalobjekten an das alltägliche Leben in der DDR.

Neuzelle

Rund zehn Kilometer südlich von Eisenhüttenstadt liegt einer der für Brandenburg ungewöhnlichsten Orte: **Kloster Neuzelle** ist nicht nur barock, sondern inklusive aller Außenanlagen auch vollständig erhalten geblieben. 1268 wurde es vom Meißner Markgrafen Heinrich dem Erlauchten gestiftet und bis 1330 von Zisterziensermönchen erbaut und besiedelt. Bis 1815 gehörte Neuzelle zur Markgrafschaft Lausitz und damit zur böhmischen Krone. Erst durch Beschluss auf dem Wiener Kongress 1815 fiel die Niederlausitz an das Königreich Preußen. Also wurde die Abtei im Unterschied zu den anderen brandenburgisch-preußischen Klöstern nicht schon im Zuge der Reformation im 16. Jahrhundert aufgelassen, sondern erst 1817, zwei Jahre nachdem sie an Preußen gekommen war.

Die mehr als 150 Jahre dazwischen nutzte die Geistlichkeit, die **Klosterstiftskirche St. Marien** zu einem überbordend barocken Gotteshaus auszugestalten. Anfang des 14. Jahrhunderts entstand St. Marien als gotische Backsteinhalle, wurde von 1380 bis 1400 auf drei Schiffe erweitert, dann Anfang bis Mitte des 18. Jahrhunderts um einen Chorraum, Seitenkapellen sowie eine Eingangshalle komplettiert und im barocken Geschmack üppig ausgeschmückt. Eine Vielzahl von Nebenaltären vor den Säulen wurde zum dominierenden Gestaltungselement des reich stuckierten und ausgemalten Kirchenraums, und mit der Einweihung des 1736 bis 1741 geschaffenen Hochaltars war das ›Barockwunder‹ fertiggestellt.

Nach der Säkularisierung 1817 ging der Klosterbesitz in ein preußisches Stift Neuzelle über, das 1955 verstaatlicht wurde. 1997 nahm die neu gegründete Stiftung ›Stift Neuzelle‹ die Arbeit auf und veranlasste die umfangreiche Sanierung des Klosterkomplexes. Zuletzt konnten 2009 nach zehnjähriger Restaurierung der spätgotische Kreuzgang und die benachbarten Klausurräume neu eingeweiht werden. In den schönen Kreuzrippengewölben wurde ein Klostermuseum untergebracht, das die Geschichte und Bedeutung von Kloster Neuzelle aufzeigt.

Als zweites, kleineres Gotteshaus schmiegt sich die **Kirche zum Heiligen Kreuz** am Oderhang an die Klostermauern. Anstelle einer älteren Pfortenkirche wurde der Kreuzkuppelbau mit dreischiffigem Langhaus 1728–1734 errichtet und im reichen Barock ausgestaltet. Seit der Auflösung des Klosters 1817 dient das Gotteshaus als evangelische Pfarrkirche.

Der Oderniederung zugewandt präsentiert sich die zum Kloster gehörende **Grünanlage im historischen Barock**. Ein nach der Wende in der Berliner Staatsbibliothek aufgefundener Plan ermöglichte die denkmalgerechte Wiederherstellung mit ihren steil zur Oder hin abfallenden Terrassen und der Orangerie in der Nie-

Der Kobbelner Stein

derung – ein gartenkünstlerischer Höhepunkt in Brandenburg, den die Deutsche Zentrale Für Tourismus zu den 50 bedeutendsten Gartenanlagen Deutschlands zählt.

Wo ein Kloster ist, da wird auch Bier gebraut. Seit 1589 besitzt Neuzelle die Braurechte. 1905 entstand das heutige **Brauereigebäude** vor dem Klostergelände. Man kann die Brauerei besichtigen und im Laden den würzigen Gerstensaft kaufen.

Einen zehnminütigen Spaziergang entfernt, zeigt im Südwesten des kleinen Dörfchens Neuzelle das **Museum Strohhaus** in einem reetgedeckten Tuchmacherhaus von 1780 Möbel und Gegenstände des Alltagslebens aus vergangenen Zeiten.

■ Die Umgebung von Neuzelle

Zehn Kilometer westlich kann man im Weiler **Kobbeln** den größten Findling Brandenburgs in Augenschein nehmen. Der 1925 ausgegrabene **Kobbelner Stein** ist über 7 Meter lang, 4,50 Meter hoch und wiegt fast 260 Tonnen.

Fünf Kilometer südwestlich dreht sich im Dorche-Tal das hölzerne Rad der **Schwerzkoer Mühle**. Von 1420 bis in die 1920er Jahre trieb das Bächlein Dorche das Wasserrad für ein Mühl- und Sägewerk an. Heute kann man im Rahmen einer Führung beim Schausägen zugucken und anschließend in der Mühlenklause Deftiges schmausen.

Sechs Kilometer südöstlich von Neuzelle mündet bei **Ratzdorf/Kosarzyn** die Neiße in die Oder ein.

Karte S. 249

ℹ **Schlaubetal, Eisenhüttenstadt, Neuzelle**
Schlaubetal-Information und Heimatmuseum, Haus des Gastes, Kietz 5, 15299 Müllrose, Tel. 033606/77290, www.schlaubetal-online.de, April–Sept. Mo–Fr 10–17, Sa/So 10–14 Uhr, Okt.–März Di–Fr 10–16, Sa 10–14 Uhr.
Touristeninformation Neuzelle, Stiftsplatz 7 (im Kloster), 15898 Neuzelle, Tel. 033652/6102, www.neuzelle.de, tgl. 10–17 Uhr, im Winterhalbjahr tgl. 10–16 Uhr.
Tourismusinformation Eisenhüttenstadt, Lindenallee 25, 15890 Eisenhüttenstadt, Tel. 03364/413690, www.tor-eisenhuetttenstadt.de; Juni–Sept. Mo–Fr 10–18 Uhr, Sa, So 10–14 Uhr; Jan.–Mai und Okt.–Dez. Mo–Fr 10–18 Uhr.

Waldseehotel am Wirchensee, Am Wirchensee 1, 15898 Neuzelle/OT Treppeln, Tel. 033673/660, www.wirchensee.de, DZ/F ab 75 €. Alleinlage im Schlaubetal zwischen zwei Seen, die Zimmer bürgerlich; Badewiese, Fitness, Sauna und Wellness; das Restaurant serviert Wild und Fisch aus dem Schlaubetal.

Landhaushotel Prinz Albrecht, Frankfurter Straße 34, 15898 Neuzelle, Tel. 033652/81322, www.hotel-prinz-albrecht.de, DZ/F ab 65 €. Aparte Logieradresse mit Blick auf das Kloster Neuzelle; das Restaurant bietet moderne internationale Küche sowie Einheimisches, bspw. den ›Schlaubetalteller‹ (in Neuzeller Schwarzbier mariniertes Schweinerückensteak) oder Neuzeller Zwiebelfleisch.

Naturschutz-Zentrum Schlaubemühle, An der Schlaube 1, 15898 Neuzelle/OT Treppeln, Tel. 033673/5952, www.bund-brandenburg.de, Mo–Fr. 9.30–16 Uhr; einfach, Erwachsene 20 €, Jugendliche bis 17 Jahre 12 €, Kinder bis 14 Jahre 10 €. Bettwäsche 4 €.

Jugendherberge Bremsdorfer Mühle, Bremsdorfer Mühle 1, 15890 Schlaubetal/OT Bremsdorf, Tel. 033654/272, www.jh-bremsdorfer-muehle.de.

Schervenzsee Camping, Am Schervenzsee 1, 15890 Siehdichum/OT Schernsdorf, Tel. 033606/770800, www.schervenzsee.de, Mitte April–Mitte Okt. Acht Kilometer südlich von Müllrose im Wald am Schervenzsee; Gaststätte, Shop, Ferienhäuschen, Badestrand, Fahrrad- und Bootsverleih.

Ragower Mühle, 15890 Siehdichum/OT Schernsdorf, Tel. 033655/721, www.ragowermuehle.de, April–Okt. Di–So 10–18, Nov.–März Sa/So 10–18 Uhr. Fischspezialitäten und ländliche Gerichte; zwei Gästezimmer (DZ/F 40 €).

Forsthaus Siehdichum, 15890 Siehdichum, Tel. 033655/210, www.forsthaussiehdichum1.de, April–Okt. tgl. ab 11.30 Uhr, in den Wintermonaten, Sa/So ab 11.30 Uhr. Regionale Küche im rustikalen Ambiente sowie Hotelbetrieb (DZ/F ab 70 €).

Bremsdorfer Mühle, Bremsdorfer Mühle 1, 15890 Schlaubetal/OT Bremsdorf, Tel. 033654/232, April–Okt. tgl. ab 11 Uhr. Hausmannskost vom Wild und Fisch.

Schwerzkoer Mühle, Schwerzkoer Straße 41, 15898 Neuzelle/OT Schwerzko, Tel. 033655/59866, www.schwerzkoer-muehle.de, Sa/So ab 11.30 Uhr. Brotzeiten, deftige regionale Gerichte, hausgebackene Küchen; Schausägewerk.

Klosterbrauerei Neuzelle, Brauhausplatz 1, 15898 Neuzelle, Tel. 033652/8100, www.neuzeller-bier.de, Mo–Fr 9–18, Sa/So 10–17.30 Uhr.

Heimatmuseum Müllrose, Kietz 7, 15299 Müllrose, Tel. 033606/77290, Di–Fr 10–17, Sa/So 10–14 Uhr (Okt.–März Di–Fr nur bis 16 Uhr).

Dokumentationszentrum Alltagskultur der DDR, Erich-Weinert-Allee 3, 15890 Eisenhüttenstadt, Tel. 03364/417355, www.alltagskultur-ddr.de, Di–So 11–17 Uhr.

Kloster Neuzelle, Stiftsplatz 7, 15898 Neuzelle, Tel. 033652/8140, www.kloster-neuzelle.de, Kirche Mai–Okt. Mo–Fr 10–12 u. 13–17, Sa/So 11–16 Uhr, Nov.–April Mo–Fr 11–12 und 14–16 Uhr, Sa nur bis 15.30, So 11–12 und 13–15.30 Uhr. Anmeldungen zu Führungen durch das Kloster, Kirche, Kreuzgang und Gartenanlage bei der Touristinformation Neuzelle (s.o.).

Strohhaus, Slawengrund 11, 15898 Neuzelle, Tel. 033652/82558, www.neuzelle-strohhaus.de, Di–So 11–17 Uhr, im Winter Mi–So 11–16 Uhr.

›Sonne Brandenburgs‹ wird die sonnenreiche südliche Landesregion genannt. Zahlreiche Seen, durch die Dahme miteinander verbunden, prägen das Dahme-Gebiet. Im Spreewald teilt sich die Spree in hunderte Fliese, die man per Paddelboot oder im Spreewaldkahn erkunden kann. Berühmt sind die sorbischen/wendischen Trachten und die Spreewälder Gurken, berüchtigt die riesigen Braunkohletagebaue, die Teile der Niederlausitz in bizarre Mondlandschaften verwandeln. Manche der aufgelassenen Kohlegruben füllen sich allmählich mit Wasser. Deutschlands größte künstliche Seenregion ist im Entstehen.

Hausgiebel in Luckau

Direkt an der südlichen Berliner Stadtgrenze beginnt das Gebiet der Dahme-Seen. Eine Fülle von Gewässern, Felder und weite Kiefernheide prägen das Land, das sich von der Kreisstadt Königs Wusterhausen mit dem Schloss des Soldatenkönigs bis zum Unteren Spreewald, vom Prieroser Wasserwegekreuz über die Teupitz-Köriser-Seenkette bis hin zum Baruther Urstromtal und der Glashüttenstadt Baruth erstreckt. Einen Großteil der schönen Landschaft nimmt der Naturpark Dahme-Heideseen ein – ein Paradies für Radler, Badegäste und Freizeitkapitäne, wie es die Mark in ihrer Bestform nur bieten kann.

Weiter südlich ändert sich plötzlich das Bild. Gut 120 Kilometer trennen die Niederlausitz von den alten Preußen-Metropolen Berlin und Potsdam, nur 60 Kilometer sind es bis Dresden. Neben klassizistischen Ackerbürgerhäusern kommt nun mit einmal schwunghaftes sächsisches Barock ins Spiel. Die Scheunen werden größer, die Dachgiebel spitzer, die Gassen verlaufen nicht mehr nur planmäßig, und auch die sächsischen Postdistanzsäulen zeigen an, dass die Niederlausitz vor 1815 nicht Teil von Preußen war.

Im 10. Jahrhundert eroberte Markgraf Gero das slawischen Lusizerland, 971

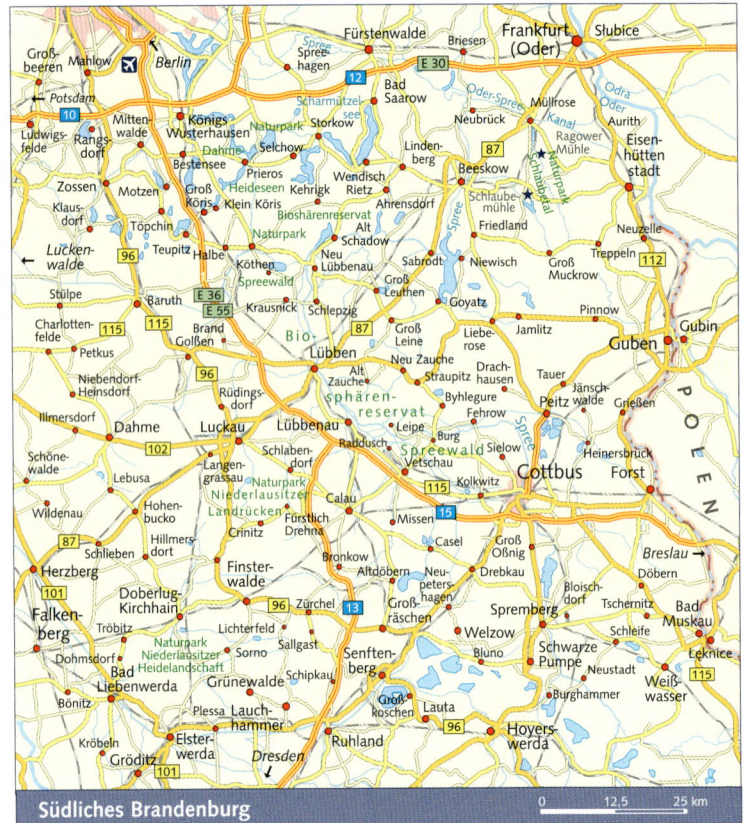

Südliches Brandenburg

0   12,5   25 km

wurde es dem Bistum Meißen unterstellt. Viele Jahrhunderte verwalteten sächsische Adelsgeschlechter das Land, unter denen sich besonders die Wettiner aus der Mark Meißen hervortaten. 1367 kam die Lausitz durch Verkauf an die böhmische Krone, deren Nebenland sie bis zum Prager Frieden 1635 blieb. Anschließend wurde der sächsische Kurfürst mit der Markgrafschaft Niederlausitz belehnt, und erst 1815 gelangte diese im Rahmen der Neuordnung Europas an das Königreich Preußen und damit zu Brandenburg.

Städtebauliche kleine Perlen wie Luckau und Fürstlich Drehna, die Sängerstadt Finsterwalde und natürlich die Niederlausitz-Metropole Cottbus laden zur Besichtigung ein. Überall zeigen zweisprachige Ortsschilder an, dass die Lausitz die althergebrachte Heimat der slawischen Sorben/Wenden ist.

Mit dem Naturpark Niederlausitzer Heidelandschaft, dem Naturpark Niederlausitzer Landrücken und dem von hunderten Spree-Fließen durchzogenen Biosphärenreservat Spreewald verfügt die Niederlausitz gleich über drei Großschutzgebiete. Unmittelbar angrenzend dehnen sich bizarre Mondlandschaften aus, die der Braunkohletagebau in Brandenburgs Süden gefressen hat. Dinosaurier der Industriegeschichte wie das Peitzer Hüttenmuseum, das Besucherbergwerk Abraumförderbrücke F60 bei Lichterfeld oder die Brikettfabrik ›Louise‹ zählen ebenso zum Niederlausitzer Kulturraum wie die Slawenburg Raddusch und der Spreewälder Kahn. Dort, wo die riesigen Tagebaulöcher ausgekohlt und saniert sind, füllen sie sich allmählich mit Wasser. So wird in den nächsten Jahren im brandenburg-sächsischen Grenzland mit dem Niederlausitzer Seenland Deutschlands größte künstliche Seenlandschaft entstehen.

F60-Förderbrücke im Besucherbergwerk bei Lichterfeld

Dahme-Gebiet

Die alte Preußenresidenz Königs Wusterhausen vor den Toren Berlins, die verschlafenen Landstädtchen Mittenwalde und Zossen, die ›verbotene Stadt‹ Wünsdorf und schließlich Baruth mit Glashütte und Wildpark Johannismühle bilden die Wegmarken im beschaulichen Dahme-Land. Dazu gesellt sich das Dahme-Seengebiet, zu dessen ausgedehnter Gewässerkette sich das Flüsschen Dahme ausbreitet und die der Naturpark Dahme-Heideseen in seinen Grenzen umschließt. Ein immer noch beinahe ursprüngliches Land, so wie es einst schon Fontane auf seiner Wasserfahrt mit der ›Sphinx‹ von Berlin nach Teupitz ins Schenkenländchen beschrieb: »Die Ufer still und einförmig. Nur dann und wann ein Gehöft, das sein Strohdach unter Eichen versteckt; dahinter ein Birkicht, ein zweites und drittes, kulissenartig in die Landschaft gestellt. Am Horizonte der schwarze Strich eines Kiefernwaldes. Sonst nichts als Rohr und Wiese und ein schmaler Gerstenstreifen dazwischen.«

Königs Wusterhausen

›KW‹, wie die Einheimischen sagen, ist die größte Stadt im Landkreis Dahme-Spreewald, der sich von der südlichen Berliner Stadtgrenze über das Dahme-Seengebiet bis in den Spreewald erstreckt. Sie zählt mit ihren sieben eingemeindeten Ortsteilen 34 000 Menschen und gehört damit zu den wichtigen Städten in Brandenburg. Mit dem Schloss reiht sich Königs Wusterhausen darüber hinaus in die stolze Parade preußischer Königsresidenzen ein.
Als ›hus to wosterhusen‹ wird Wusterhausen 1320 das erste Mal urkundlich aufgeführt. Im Sommer 1682 erwirbt der spätere erste König in Preußen, Friedrich I., Ort und Anwesen und schenkt es

1698 seinem zehnjährigen Sohn Friedrich Wilhelm. Unter dem Soldatenkönig Friedrich Wilhelm I. steigt Wusterhausen zur bedeutenden Residenzstadt auf. Zeit seines Lebens bewohnt der König mehrere Monate im Jahr die Wusterhausener Schlossgemäuer. Bereits 1718 wird der Ort deshalb in ›Königs Wusterhausen‹ umbenannt.
Im Unterschied zur verschwenderischen Hofhaltung seines Vaters bevorzugt Friedrich Wilhelm I. allerdings das einfache Leben, nutzt das Schloss als Arbeitsplatz, Ausgangspunkt die für königlichen Jagden und für seine als ›Tabakskollegium‹ in die Geschichte eingegangenen Männerrunden. Vielfach umgebaut und erweitert, wie es sonst in der preußischen Schlössergeschichte üblich ist, wird ›KW‹ deshalb nicht. Nach dem Tod des Soldatenkönigs 1740 verwaist es vielmehr und wird erst im 19. Jahrhundert auf Initiative König Friedrich Wilhelms IV. wiederbelebt. Ab 1927 fungiert das Schloss als Museum, im Zweiten Weltkrieg als Lazarett, von 1957 bis 1965 als Sitz einer sowjetischen Nachrichteneinheit und anschließend als Sitz

Die Dahme bildet in ihrem Verlauf zahlreiche Seen aus

Karte S. 292

Schloss Königs Wusterhausen bei Abendbeleuchtung

des Rats des Kreises. Nach der Wende folgen umfassende Sanierungsarbeiten, und seit September 2000 kann man das Schloss wieder besichtigen. Zu sehen sind mit Mobiliar und Malerei der ersten Hälfte des 18. Jahrhunderts ausgestattete Räume, so wie sie die preußischen Könige einst bewohnten. Auch die meisten Gemälde, die Friedrich Wilhelm I. eigenhändig besonders in seinen letzten Jahren ab 1735 gemalt hat, werden im Schloss präsentiert.

Die benachbarten, zwischen 1703 und 1706 entstandenen **Kavalierhäuser**, wo einst des Königs Besucher logierten, beherbergen ein Schlossrestaurant, eine Zuckerbäckerei und eine Hofbrauerei, in der naturtrüber, obergäriger ›Wusterhausener Zwölfender‹ gezapft wird, sowie Veranstaltungsräume für Lesungen und Konzerte, darunter die alljährliche ›Musikalische Sommerakademie Schloss Königs Wusterhausen‹.

Nahebei zeigt das **Heimatmuseum** in Wort und Bild Stadtgeschichte. Ebenfalls im alten Ortskern lohnt auch die 1697 geweihte **Kreuzkirche** einen Blick. 1822 erhielt sie ihren achteckigen Westturm im neuromanischen Geschmack. Seit einer Erweiterung 1889 hat der Sakralbau seine heutige Kreuzform.

85 Jahre deutsche Rundfunkgeschichte kann man im **Sender- und Funktechnikmuseum** auf dem Funkerberg im Nordwesten von Königs Wusterhausen nachvollziehen. 1911 fanden dort die ersten funktechnischen Experimente statt, ab 1915 konnten bereits Morsezeichen empfangen werden. Nach weiteren Jahren der Versuche zur Wort- und Musikübertragung war es am 22. Dezember 1920 dann so weit: Erstmals in Deutschland wurde ein Instrumentalkonzert in den Äther geschickt. Ein Antennenwald mit drei Sendehäusern entstand im Lauf der Zeit. Radio DDR und der Berliner Rundfunk strahlten von ›KW‹ ihre Programme aus. Nach der Wende wurde der Betrieb eingestellt, aber im Stadtwappen bewahrt Königs Wusterhausen die Erinnerung: Es zeigt einen Ausschnitt der Erdkugel, auf der sich drei rote Sendemasten erheben.

Der Süden

Mittenwalde

Kopfsteinpflastergassen und Ackerbürger-häuschen des 18. und 19. Jahrhunderts im Ortszentrum, Reste der mittelalterlichen **Wehrmauer**, der wuchtige Pulverturm und daneben die pittoreske Ruine des **Berliner Tors** schmücken das kleine Städtchen Mittenwalde südwestlich von Königs Wusterhausen. Ein slawisches Gräberfeld aus dem 12. Jahrhundert, das Archäologen 2004 freilegten, beweist, dass hier bereits vor fast 1000 Jahren gesiedelt wurde. Eine Urkunde von 1307 nennt Mittenwalde erstmals ›civitas‹, also Stadt. In der **St. Moritzkirche** wirkte von 1651 bis 1657 Paul Gerhardt (1607–1676), protestantischer Theologe und bedeutender Kirchenlieddichter. Zum wertvollen Inventar in der mittelalterlichen Backsteinhalle, der 1877/78 ein Turm angefügt wurde, zählen ein prachtvoller Flügelaltar von 1514 sowie das Ratsherren- und Innungsgestühl aus dem 16. Jahrhundert.

Ein weiterer berühmter Einwohner war ab 1799 der preußische Generalfeldmarschall Johann David Ludwig Yorck von Wartenburg (1759–1830), der ein in Mittenwalde stationiertes Feldjägerregiment kommandierte. Dem Held der Befreiungskriege, der mit der Konvention von Tauroggen 1812 am Rad der Geschichte drehte, blieben allerdings nur wenige Jahre am Ort. Der Krieg gegen Napoleon zog ihn 1806 schon wieder fort. Dafür, dass die Mittenwalder im zu Ehren 1907 die Große Straße in Yorckstraße umbenannten, hat sein Aufenthalt in dem Städtchen aber gereicht. Von dieser und anderen Geschichten aus der Stadtchronik berichtet in einem Fachwerkhaus von Anfang des 18. Jahrhunderts das **Heimatmuseum**. Vom Start- und Zielbahnhof Mittenwalde aus kann man sich auf stillgelegten Eisenbahngleisen mit einer **Draisine**, wahlweise als Fahrrad-, Handhebel- oder Kartdraisine, in Richtung Königs Wusterhausen oder nach Süden (Richtung Motzen) begeben.

■ Motzener See

Wenig südlich von Mittenwalde steht am großen flachen Motzener See die Wiege der deutschen Freikörperkultur. Seit den frühen 1920er Jahren zog es die ›Naturisten‹, wie man sie nannte, aus dem Berliner Asphaltdschungel in die Idylle, um so, wie der Liebe Gott sie geschaffen hatte, ins klare Wasser zu hüpfen. Auf der großen **Liegewiese** im Örtchen Motzen und auch am Nord-westufer im **Strandbad Kallinchen** hält es heute je-

▲   *Im Strandbad Kallinchen am Motzener See*

der so, wie er möchte, wobei allerdings Textilbaden deutlich überwiegt. Das **Heimatmuseum** im Haus des Gastes in Motzen erzählt die Geschichte des Orts von der Frühzeit bis in die Gegenwart, darunter natürlich auch die Geschichte von Motzen als Geburtsstätte der deutschen Nudistenbewegung. Nicht weit entfernt kann man im **Berliner Golf- und Countryclub Motzener See** seine Golfbälle über das Fairway schlagen.

Naturpark Dahme-Heideseen

Rund 600 Quadratkilometer groß ist der 1998 gegründete Naturpark, den die Dahme von Süden nach Norden durchfließt. Vom Niederlausitzer Landrücken her schlängelt sich die kleine Schwester der Spree durch das Schenkenländchen, schluckt bei Märkisch Buchholz den Spree-Dahme-Umflutkanal und zieht dann weiter über Königs Wusterhausen in Richtung Berlin. Dabei durchfließt sie eine Vielzahl von Seen oder bildet selbst welche aus, die, durch weitere Fließe und kleine Kanäle miteinander verbunden, ein herrliches Wassersportparadies schaffen. Im augenfälligen Gegensatz zum Wasserreichtum der Landschaft stehen die trockenen sandigen Böden. In ausgedehnten Kiefernwäldern stehen die Nadelbäume wie Zündhölzer dicht an dicht in Reih' und Glied und lassen in der märkischen ›Streusandbüchse‹ außer Heide und Sandtrockenrasen kaum Unterholz hochkommen – Kiefernheide eben, die zu Wasser und zu Land zu herrlichen Ausflügen einlädt.

Eine beliebte Sommerfrische südwestlich im Naturpark stellt das **Schenkenländchen** mit den Dörfern Teupitz, Groß Köris und Klein Köris dar. Das 1800 Seelen kleine **Teupitz** am Teupitzer See besitzt eine 600-jährige, mehrfach umgebaute **Backsteinkirche**, ein historisches **Rathaus** und eine große alte Eiche am Markt-

Am Teupitzer See

platz. Von 1328 bis 1718 herrschten die Edlen Schenken von Landsberg und Syda über die Gegend, die ihnen den Namen Schenkenländchen verdankt. In ihrem **Herrenhaus** auf einer Landnase im Teupitzsee, das mit seinen gegenwärtigen Mauern aus dem 17. Jahrhundert stammt, war bis 2005 ein Hotel untergebracht. Seitdem ist das Haus in Privatbesitz und öffentlich nicht mehr zugänglich. Von der Dampferanlegestelle um die Ecke vom Markt geht die kleine ›MS Schenkenland‹ auf große 10-Seen-Fahrt Richtung Prieros.

Auf einem Flecken Land zwischen Langem See, Tiefem See, Streganzer See, Hutschesee, Schmölde und Dahme gelegen, bildet **Prieros**, 1000 Einwohner klein und 1314 erstmals als ›Prerosz‹ genannt, ein viel besuchtes Wasserwegekreuz. Wer auch immer von Königs Wusterhausen in den Spreewald paddelt oder von Teupitz östlich Richtung Scharmützelsee, kommt in Prieros vorbei. Ein Blick lohnt am Dorfanger in das reetgedeckte **Heimathaus Prieros**, das Spannendes über die Bauern und Fischer vergangener Zeiten erzählt. In der Nachbarschaft befindet sich eine Touristeninformation.

Der Süden

Königs Wusterhausen/Mittenwalde

Touristeninformation Königs Wuster-hausen, Bahnhofsvorplatz 5, 15711 Königs Wusterhausen, Tel. 03375/252025, www.dahme-seen.de, Mo–Fr 6.30–18, Sa 9–13 Uhr, April–Sept. zusätzlich So 9–13 Uhr.

Tourismusinformation Prieros, Prieroser Dorfstraße 18a, 15754 Heidesee/OT Prieros, Tel. 033768/208930, www.gemeinde-heidesee.de, Ende Mai–Anfang Okt. Di–Sa 9–16 Uhr.

Hotel Sophienhof, Kirchplatz 3–4, 15711 Königs Wusterhausen, Tel. 03375/217780, www.hotelsophienhof.de, DZ/F ab 69 €. Hübsches kleineres Mittelklassehotel gegenüber vom Schloss.

Ferienhotelanlage Waldhaus Prieros, Am Waldhaus 1, 15754 Heidesee/OT Prieros, Tel. 033768/9990, www.hotel-waldhaus-prieros.de, DZ/F 97 €. 1920 erbaute Villa auf einem ausgedehnten Waldgrundstück am Streganzer See, 1949–1960 Sommersitz von DDR-Präsident Wilhelm Pieck; die Zimmer gemütlich und solide, entweder im Haus oder in kleinen Bungalows mit Sonnenterrasse.

Hotel Alter Krug, Hauptstraße 15, 15806 Zossen/OT Kallinchen, Tel. 033769/8980, www.alter-krug-kallinchen.de, DZ/F 64 €. Gutbürgerliche freundliche Dorfpension; im Restaurant kommen Fleisch-, Fisch- und Wildgerichte aus den heimischen Gewässern und Wäldern auf den Tisch.

Märkische Stuben, Töpchiner Str. 4 (im Hotel Residenz am Motzener See), 15749 Mittenwalde/OT Motzen, Tel. 033769/850, www.hotel-residenz-motzen.de. Gehobene regionale Küche, Wild und frischer Fisch im Wintergarten oder auf der Sonnenterrasse im grünen Park am See.

Gaststätte Fischerhütte, Blossiner Seeweg 2, 15754 Heidesee/OT Blossin, Tel. 0333767/80456, www.fischerei-blossin.

de. Köstlichen Fisch nach Hausmacherart in allen nur denkbaren Zubereitungen bietet die zur Fischerei Blossin gehörende Gaststätte. Auch Außer-Haus-Verkauf.

Campingplatz Am Motzener See, Seestraße 17, 15806 Zossen/OT Kallinchen, Tel. 033769/50381, www.camping-kallinchen.de, ganzjährig. Großer Platz unter Kiefern; Gaststätte, Strand und Bootsverleih.

Camping D66 Hutschesee, An der Schmölde, PF 63, 15754 Heidesee/OT Prieros, Tel. 033768/50253, www.campingplatzD66.de, April–Okt. Wenige Kilometer südlich von Prieros im Kiefernwald an der Schmölde; Imbiss und Bootsverleih.

Schloss Königs Wusterhausen, Schlossplatz 1, 15711 Königs Wusterhausen, Tel. 03375/211700, www.spsg.de, April–Okt. Di–So 10–18 Uhr, Nov.–März Di–Fr 10–16, Sa/So 10–17 Uhr (Besichtigung nur mit Führung).

Heimatmuseum Königs Wusterhausen, Schlossplatz 7, 15711 Königs Wusterhausen, Tel. 03375/293034, www.heimatverein-kw.de, Di–Sa 10–16 Uhr.

Museum Funkerberg Königs Wusterhausen, Funkerberg 20, Sendehaus 1, 15711 Königs Wusterhausen, Tel. 03375/294755, www.funkerberg.de, Di, Do, Sa/So 13–17 Uhr.

Heimatmuseum Mittenwalde, Salzmarkt 5, 15749 Mittenwalde, Tel. 033764/22270, www.salzmarkt5.de, Mai–Sept. Mi, Do, Sa, So 13–17 Uhr, sonst Mi, Do 10–16, Fr–So 13–16 Uhr.

Heimatmuseum Motzen, Haus des Gastes, Karl-Marx-Straße 1, 15479 Mittenwalde/OT Motzen, Tel. 033769/20621, Mai–Sept. Di–So 10–18, Okt.–April Mi–So 10–16 Uhr.

Heimathaus Prieros, Prieroser Dorfaue 1, 15754 Heidesee/OT Prieros, Tel. 033768/50144, www.gemeinde-heidesee.de, Mai–Sept. Di–Fr 11–16, Sa/So 13–17 Uhr.

Dampferfahrten, Dahme-Schifffahrt Teupitz, Am Markt 16, 15755 Teupitz, Tel. 0337-66/41555, www.dahme-schifffahrt.de.

Draisinenbahn, Am Ostbahnhof 1, 15749 Mittenwalde, Tel. 0177/5604778, www.draisinenbahn.de.

Strandbad Neue Mühle, Küchenmeisterallee 32, 15711 Königs Wusterhausen, Tel. 03375/290199, Mai–Sept. tgl. 10–18 Uhr, in den Schulferien tgl. 9–20 Uhr; Ruderbootverleih.

Seebad Motzen, Am Sportplatz (öffentliche Liegewiese am Südostufer des Motzener Sees), 15749 Motzen.

Strandbad Kallinchen, Am Strandbad, 15806 Zossen/OT Kallinchen, Tel. 033769/51350, www.kallinchen.de, Juni–Sept. tgl. 8–19 Uhr; Tretboot-, Kajak-, Ruderboot- und Fahrradverleih.

Badewiese am Nordufer des Wolziger Sees in Wolziger Kolonie, 15754 Heidesee/OT Wolzig-Wolziger Kolonie.

Badewiese am Südufer des Wolziger See in Kolberg, Straße Am Strandbad, 15754 Heidesee/OT Kolberg.

Berliner Golf- und Countryclub Motzener See, Am Golfplatz 5, 15749 Mittenwalde/OT Motzen, Tel. 33769/50130, www.golfclubmotzen.de; 18-Loch- und 9-Lochplatz.

Zwischen Zossen und Baruth

Der Name Sossen, Sossna, Zozne oder Suzozne für **Zossen** taucht nachlesbar das erste Mal im Jahr 1320 auf. Bereits seit 1244 ist eine Burg bekannt, die nahebei in der Notte-Niederung, im damals äußersten nördlichen Zipfel der Niederlausitz, über die Heerstraße nach Berlin wachte. 1490 erwirbt der brandenburgische Kurfürst Johann Cicero die Herrschaft Zossen. 1641 erstürmen im Dreißigjährigen Krieg schwedischen Truppen Burg und Stadt, wobei auch das Zossener Gotteshaus in Schutt und Asche fällt. Ab 1734 baut man es binnen Fünfjahresfrist wieder auf, so wie die **Dreifaltigkeitskirche** heute noch steht.

Neben der Pfarrkirche und einem hübsch restaurierten Markt verfügt die gegenwärtig knapp 18 000 Einwohner zählende Kleinstadt am Notte-Kanal über keine weiteren Sehenswürdigkeiten. Sonnenanbeter, Badefreunde, Wakeboard- und Wasserskifans kommen am breiten Strand des **Horstfelder Kiessees** auf ihre Kosten, während sich Pedalritter auf Draisinenfahrt machen. Vom Zossener

denkmalgeschützten **Bahnhof der Königlich Preußischen Militäreisenbahn** aus gehen die per Muskelkraft betriebenen Freiluftgleiswägelchen auf große Fahrt über Mellensee bis Sperenberg und zurück. Dabei folgen sie der Trasse der ehemaligen Militäreisenbahn, die, 1875 eröffnet, von Berlin-Schöneberg über Zossen nach Kummersdorf-Schießplatz und seit der Verlängerung 1897 bis Jüterbog führte. Zwischen 1901 und 1904 diente die Strecke für Tests mit elektrischen Schnellbahnen, was ihr den Spitznamen ›Kanonenbahn‹ eintrug: Am 27. Oktober 1903 stellte ein AEG-Triebwagen mit 210 Stundenkilometern einen Geschwindigkeits-Weltrekord auf.

■ Bücher- und Bunkerstadt Wünsdorf

Der Name ›Königlich Preußische Militäreisenbahn‹ deutet schon an, dass es in der Region lange Zeit militärisch zuging. Ab 1910 entwickelte sich zwischen Zossen und dem nur einen Steinwurf südlich gelegenen Weiler Wünsdorf ein weitläufiges Militärgebiet. Ein Truppenübungsplatz wurde angelegt und im

Ersten Weltkrieg das ›Halbmondlager‹, in dem etwa 30 000 russische, britische und französische Kriegsgefangene muslimischen Glaubens interniert waren. Ein nächstes Mal ging der Ort 1919 in die Geschichte ein, als man den Leichnam der ermordeten Sozialistin Rosa Luxemburg zur Obduktion vom revolutionären Berlin in die stille Provinz ins Wünsdorfer Garnisonslazarett brachte.

Mehr und mehr weitete sich der Militärstandort aus. Im Nationalsozialismus entstand ein ausgedehnter Kasernenkomplex mit Bunkeranlagen; darunter die heute recht kurios wirkenden Luftschutztürme der ›Bauart Winkler‹, die wie riesige Betonraketen in den Himmel aufragen, sowie die ab 1937 teils unterirdischen, bis zu 20 Meter tief ins Erdreich gegrabenen Bunker mit den Tarnnamen Maybach I und II. Von Letzteren, ein Hauptquartier des Oberkommandos der Wehrmacht, gingen im Zweiten Weltkrieg die Befehle zur Vernichtung der Welt aus.

Nach dem Ende des ›Tausendjährigen Reichs‹ 1945 zog das Oberkommando der sowjetischen Streitkräfte in Deutschland in Wünsdorf ein. Hinter Stacheldraht und Mauern verschanzt, wuchs eine zehntausendköpfige Soldatenstadt mit Kasernen und Wohnhäusern, Schulen und Einkaufsläden, Kulturzentrum, Schwimmbad und eigenem Krankenhaus. Für die Menschen rundum blieb die sowjetische Garnison dagegen eine ›verbotene Stadt‹.

Nach der Wiedervereinigung hinterließ die Rote Armee bei ihrem Abzug 1994 auf rund 600 Hektar zwischen Zossen und Wünsdorf eine riesige Militärgeisterstadt. Was sollte damit geschehen? Und wie könnte man sie in einen zivilen Ort der Begegnung zurückverwandeln? Eine Antwort war 1998 die Gründung der **Bücherstadt**.

Karte S. 292

Die Bewegung der Bücherstädte geht auf das 1961 im walisischen Hay-on-Wye gegründete erste Bücherdorf mit fast 40 antiquarischen Buchläden zurück. In Wünsdorf kann man aktuell in drei großen Antiquariaten in geschätzten 350 000 Titeln stöbern. Darüber hinaus bieten sich in der Bunkerstadt verschiedene Führungen durch die historischen Bunkeranlagen an. Zwei kleine Museen erzählen dazu die Geschichte: das **Garnisonsmuseum Wünsdorf**, das eine Ausstellung zum Standort aufzeigt, und das **Museum Roter Stern**, das den Alltag der sowjetischen Soldaten in Wünsdorf 1945–1994 nachzeichnet. Darüber hinaus vermittelt das in Wünsdorf in der ehemaligen Dorfschule untergebrachte **Museum des Teltow** Einblicke in die Landschaft, Geschichte und Kultur der Region.

■ Baruth/Mark

Mitten im Baruther Urstromtal, durch das vor gut 20 000 Jahren die Schmelzwasser der Weichseleiszeit in Richtung Elbe abflossen, liegt das verschlafene Landstädtchen, das dem Urstromtal seinen Namen gegeben hat. 1234 wurde es erstmals erwähnt, 1596 gelangte es in den Besitz der Grafen zu Solms, die für die nächsten fast 350 Jahre die Geschicke in Baruth lenkten. 1616 Stadtrecht, Verheerungen im Dreißigjährigen Krieg und 1716 Gründung der Baruther Glashütte lauten weitere historische Wegmarken. 1815 fällt Baruth nach dem Wiener Kongress ans Königreich Preußen. Nach der Gründung des Deutschen Reichs erhält es 1882 den Zusatz ›Mark‹, um es bei der Postzustellung vom sächsischen Baruth unterscheiden zu können. 1886 werden die zu Solms-Baruth in den Fürstenstand erhoben.

Lange vorher schon, 1671, wuchsen am nördlichen Ortseingang auf den Fundamenten eines älteren Vorgängers die Mauern von **Schloss Baruth** empor. Erweiterungsbauten kamen in den nächsten Jahrhunderten dazu, die beim Einmarsch der Roten Armee 1945 zu zwei Dritteln zerstört worden sind. Der letzte Schlossherr aus der Fürstenfamilie, Friedrich Hermann Heinrich Christian Hans zu Solms-Baruth (1886–1951), war im Jahr vor Kriegsende aufgrund seiner Kontakte zum Kreisauer Kreis am Morgen nach dem Hitler-Attentat am 20. Juli 1944 verhaftet worden. Nach dem Zweiten Krieg wanderte zu Solms-Baruth mit seiner Familie nach Namibia aus.

Im erhaltenen Alten Schloss wurde in den 1960er Jahren ein Kino eingebaut. Ab 1987 stand das Gemäuer leer und verfiel und konnte vom neuen Eigentümer, der Stadt Baruth, ab 1999 in vierjähriger Sanierungsarbeit zu neuem Leben erweckt werden. Seit Sommer 2013 fungiert das Haus, das ein Landschaftspark nach Lenné-Plänen umgibt, als Kultur- und Veranstaltungszentrum für die Region.

Im Museumsdorf Baruther Glashütte

Wer mehr über die Geschichte von Baruth erfahren möchte, wird im **Heimatmuseum** (gegenüber der Stadtverwaltung, immer So 14–16) fündig. Auch die spätgotische **Kirche St. Sebastian** lohnt einen Blick. Die beiden mächtigen Kirchtürme stammen von 1909, die dreischiffige Backsteinhalle geht auf das späte 15. oder frühe 16. Jahrhundert zurück. Nach Bränden 1595 und 1671 erhielt sie jeweils eine neue Inneneinrichtung. In den 1970er Jahren sackte St. Sebastian infolge der Grundwasserabsenkung durch die nahen Braunkohletagebaue ab und lief Gefahr einzustürzen. Von 2001 bis 2008 wurde das Gotteshaus, zu dessen Schätzen bildschöne Glasfenster zählen, nachgegründet.

Immer am ersten Samstag im September lädt Baruth auf dem Mühlenberg zum **Weinfest** ein. 2007 hat die kleine Stadt, die mitsamt ihren zwölf Ortschaften keine 4200 Einwohner zählt, ihren historischen Weinbau wiederbelebt und auf dem Mühlenberg Rebstöcke für einen trockenen Weißwein gepflanzt. Weinreben im alten Baruther Stadtwappen zeigen schon an, dass die Kultivierung des goldenen Rebensafts in Baruth auf eine lange Tradition zurückblicken kann. Drei Kilometer südlich liegt der **Wildpark Johannismühle**. Auf Spazierwegen durch über 100 Hektar Gelände haben Besucher die Gelegenheit, der heimischen brandenburgischen Tierwelt ins Auge zu schauen: Schwarz-, Rot- und Damwild, Uhus und Seeadlern, Wisenten und rückgezüchteten Auerochsen und in Gehegen Bären, Wölfen und Luchsen. Angeschlossen sind eine Falknerei und eine Großkatzenauffangstation.

Auf der gegenüberliegenden Seite der Landstraße wartet das **Museumsdorf Baruther Glashütte** auf einen Besuch. 1716 gründeten die Grafen zu Solms-Baruth das Glasmacherdorf, und über

Der Süden

250 Jahre lang wurde in den Ofenhallen und Schleifereien Glas produziert. 1980 musste der Betrieb wegen Baufälligkeit stillgelegt werden. 1987 als Industrie-Denkmal unter Schutz gestellt, machte sich nach der Wende der Verein Glashütte daran, die kleine Werksiedlung mitten im Wald mit ihren Produktionsstätten, Schule, Gasthof und Arbeiterhäuschen zu neuem Leben zu erwecken. So lässt es sich heute bei einem Bummel durchs Dorf Glasbläsern und anderen Kunsthandwerkern über die Schulter schauen. In Packschuppen und die ehemaligen Werkhäuschen sind Galerien, Boutiquen und Gastronomie eingezogen. Das Museum in der Großen Hütte gleich am westlichen Ortseingang wartet mit der Geschichte von Glashütte und einem alten Siemens-Glasschmelz-Wannenofen auf, in dem sich beim Abschalten 1980 ein 20 Tonnen schwerer Glasblock gebildet hat. Eine weitere Ausstellung widmet sich Glashüttes berühmtesten Sohn, dem Glastechniker und Erfinder Reinhold Burger (1866–1954), der mit seinen Patenten für medizinische Spezialgeräte Technikgeschichte schrieb und, zur Freude aller Wanderer, die Thermosflasche erfunden hat.

ℹ Zwischen Zossen und Baruth

Bücherstadt-Tourismus GmbH, Zehrensdorfer Str. 12, 15806 Zossen/OT Wünsdorf, Tel. 033702/9600, www.buecherstadt.com.
Museumsverein Baruther Glashütte, Hüttenweg 20, 15837 Baruth-Glashütte, Tel. 033704/980914, www.museumsdorf-glashuette.de, April–Okt. tgl. 10–18, Nov.–März tgl. 10–16 Uhr.

Museumsherberge Glashütte, Hüttenweg 12, 15837 Baruth/Mark, Tel. 033704/67474, www.museumsherberge.de, DZ/F 65 €. In der 1853 erbauten, fachwerkgeschmückten ehemaligen Schule am östlichen Ortseingang des Museumsdorfs Glashütte. Die Zimmer einfach und funktional, auf dem Gelände ein großer Biobadeteich.

Ein großer Campingplatz befindet sich auf dem Gelände von Tropical Islands (→ S. 311).

Garnisonsmuseum Wünsdorf, Gutenbergstr. 9, 15806 Zossen/OT Wünsdorf, Tel. 033702/9600, www.garnisonsmuseumwuensdorf.eu, Museen April–Okt. tgl.10–17, Nov.–März Di–So 10–17 Uhr. Bunkerführungen Mai–Sept. Mo–Fr 14, Sa/So 12, 14, 16 Uhr, Okt.–April Di–Fr 14, Sa/So 13 und 15 Uhr.
Museum des Teltow, Schulstr. 15, 15806 Zossen/OT Wünsdorf, Tel. 033702/66900, www.museum.teltow-flaeming.de, Sa/So 13–16 Uhr.
Museumsdorf Glashütte, s.o.

Wildpark Johannismühle, Johannismühle 2, 15837 Baruth/Mark, Tel. 033704/97011, www.wildpark-johannismuehle.de, April–Aug. tgl. 10–19, Sept.–März tgl. 10–18 Uhr.

Draisinefahrten, ab Zossen über Mellensee bis Sperenberg und zurück, Bhf. Zossen, An der Wulzen 23, 15806 Zossen, Tel. 03377/3300850, www.erlebnisbahn.de

Wasserskipark Zossen, Schünower Straße 19, 15806 Zossen, Tel. 033209/70348, www.wasserskipark-zossen.de; Baden, Wakeboard, Wasserski
Strandbad Wünsdorf am Nordufer vom Großen Wünsdorfer See, Wünsdorfer Seestraße, tgl. Juni–Mitte Sept.
Tropical Islands → S. 311

◀ Karte S. 292

Spreewald

Der Spreewald ist eine in Deutschland einzigartige Landschaft. Auf einer Fläche von nur knapp 500 Quadratkilometern zwischen Leibsch im Norden und Vetschau im Süden schüttet die noch junge Spree ihr Wasser in ein verschlungenes Labyrinth von hunderten Fließen und kleinen Kanälen, die, würde man sie ausgestreckt hintereinander reihen, eine Länge von rund 1550 Kilometern ergäben. Die Sage erzählt, der Spreewald – oder auch einfach Błota (Sumpf), wie die Region niedersorbisch heißt – sei ein buchstäblich ›schiefgegangenes‹ Werk des Leibhaftigen. Als dieser vor langer Zeit mit seinem Ochsengespann das Flussbett für die Spree pflügte und die Rindviecher ihm nicht schnell genug liefen, drohte er ihnen fuchsteufelswild mit seiner Großmutter. Diese Perspektive muss die armen Ochsen in solchen Schrecken versetzt haben, dass sie dem Teufel mitsamt dem Pflug hintendrein durchgingen, noch lange kreuz und quer liefen und dabei anstelle eines aufgeräumten hübschen Betts für die Spree ein verwirrendes, schier unüberschaubares Netz kleiner Furchen zogen.

Tatsächlich war einmal mehr die Eiszeit die Urheberin, die vor gut 20 000 Jahren zuerst den südlichen Oberspreewald und anschließend den nördlichen Unterspreewald modellierte. Im Gebiet des heutigen **Oberspreewalds** zwischen den Orten Straupitz und Vetschau, Lübben und Burg drängten sich einst die Schmelzwassermassen der Eiszeitgletscher durch das mit Schwemmsand gefüllte Baruther Urstromtal. Dabei verloren sie sich aufgrund des geringen Gefälles in einem weitverzweigten, feinverästelten Delta. Die Spreewaldfließe entstanden. Dazwischen bildeten sich entweder vermoorte Gebiete oder auch leichte

Frauen in Spreewälder Tracht

Erhöhungen: Sandinseln, die aus dem Schwemmsand aufgeweht wurden. Im Spreewald werden sie ›Kaupen‹ genannt, was vom niedersorbischen Wort ›Kupa‹ für ›Haufen‹, ›kleine Erhöhung‹ stammt. Auf den Kaupen ließen sich weit verstreut die ersten Spreewälder nieder, da sie relativen Schutz vor Überschwemmungen boten. Bis heute sind viele dieser inselartigen Erhöhungen nur auf dem Wasserweg zu erreichen.

Wo sich die Spree auf der Höhe von Lübben wieder zu einem etwas sortierteren Wasserlauf sammelt, beginnt nach Norden der **Unterspreewald**. Der Landstrich zwischen Lübben und Schlepzig, Alt Schadow, Leibsch und Krausnick erhielt seine Form in einem späteren Eiszeitstadium, als die Schmelzwasser dem Baruther Urstromtal nicht länger in nordwestliche Richtung folgten, sondern sich fortan den Weg nach Norden bahnten. Unterspreewald und Oberspreewald wurden 1990 auf einer Fläche von 475 Quadratkilometern zum **Biosphärenreservat** erklärt, 1991 erhielt es den UNESCO-Status. Fast 600 der 1600 bisher im Schutzgebiet aufgefundenen Pflanzenarten,

Der Spreewald gehört zu den beliebtesten Touristenzielen in Brandenburg

darunter Sonnentau und verschiedene Orchideenarten, sind gefährdet oder vom Aussterben bedroht. 13 Amphibienarten wurden gezählt, unter ihnen Rotbauchunke und Laubfrosch. Mehr als 2000 Insektenarten bevölkern Wälder, Wiesen, Auen und Fließe. Sehr zum Leidwesen der Spreewaldbesucher gehören dazu auch die Mückenschwärme, aber ebenso über 40 bildschöne Libellenarten. Der Fischotter ist in den Fließgewässern zu Hause, und zwischenzeitlich kehrte sogar der seit dem 19. Jahrhundert im Spreewald ausgestorbene Biber zurück. Darüber hinaus hat man über 250 Vogelarten gezählt. Das gesamte Biosphärenreservat ist zugleich Europäisches Vogelschutzgebiet. Neben Weißstörchen überall in den Ortschaften nisten außerdem fünf Brutpaare des seltenen Schwarzstorchs im Reservat. Seeadler, Fischadler und Kraniche haben ihr Quartier aufgeschlagen. Mäusebussard und Rotmilan kreisen über dem Hochwald. Eine besondere Bedeutung kommt im Spreewald den Reptilien zu. Sie sind mit sechs Arten vertreten, darunter Kreuzotter, Blindschleiche, die seltene Glasnatter und das Charaktertier des Spreewal-

des, die Ringelnatter. Sagen umranken sie, und dass sie im Spreewald Freunde der Menschen sind, erkennt man schon daran, dass die Spreewälder die Giebelspitzen ihrer Häuser traditionell mit geschnitzten gekreuzten Schlangenköpfen verzieren. In jedem Haus sollen zwei Schlangen wohnen, Gospodar und Gosposa, die Glück und Gesundheit bescheren. Und trägt die Schlange ein Krönchen auf dem Kopf, hat man es mit dem Schlangenkönig zu tun. Tatsächlich haben Ringelnatter, Blindschleiche und Artgenossen die Spreewaldbewohner über viele Jahrhunderte hinweg auf ihre ganz besondere Art beschützt. Sie spüren drohendes Hochwasser und sammeln sich dann auf den Kaupen, wodurch sie die Menschen rechtzeitig warnten.

Wirtschaft und Hochwasserschutz

Vor über 1000 Jahren, als sich das slawische Volk der Sorben/Wenden in der Region niederließ, machte der Spreewald seinem niedersorbischen Namen Błota (Sumpf) alle Ehre. Fließe, Moore und dichter Urwald beherrschten das Land, dem die Menschen mühselig ein paar Äcker und Weiden abtrotzten. Bereits im Mittelalter begannen sie deshalb den Wald zu roden. Ende des 18. Jahrhunderts waren schließlich zwei Drittel des Walds im Oberspreewald verschwunden. Nur an den königlichen Hochwald – heute Kernzone des Biosphärenreservats – durfte die Axt nicht angelegt werden. Drittes wirtschaftliches Standbein der Spreewälder neben Land- und Holzwirtschaft war von alters her die Fischerei. Doch nicht nur zum Fischen taugten die Fließe. Sie dienten außerdem als Transport- und Verkehrswege sowie als Energielieferant zum Betreiben von Wassermühlen. Im Lauf der Jahrhunderte wurden sie durch ein feinmaschiges Netz

Karte S. 292

kleiner Kanäle und Abzugsgräben ergänzt. Eine Wasserwirtschaft entwickelte sich, die vor allem die oftmals verheerenden Hochwasser unter Kontrolle
bringen sollte. In den 1930er Jahren
begann dann die systematische Regulie-
rung. Über hundert Stauanlagen, dazu
Deiche und Umfluter wurden errichtet,
zwischen denen Polder für die landwirt-
schafte Nutzung entstanden.

Mittlerweile stellt nicht mehr Hochwasser die größte Gefahr für den Spreewald
dar, sondern Wassermangel. Noch bis in
die 1980er Jahre wurden aus den umliegenden Niederlausitzer Braunkohle-
gruben große Mengen Grundwasser ab-
gepumpt und der Spree zugeführt. Die
Absenkungstrichter von inzwischen geschlossenen Tagebauten füllen sich nun
aber allmählich wieder – mit Grundwasser aus dem Spree-Einzugsbereich. Weitere riesige Mengen werden zum Füllen
von Seen in das südlich vom Spreewald
entstehende Lausitzer Seenland umge-
lenkt. Durch eine Reihe von Maßnahmen
kann der Wasserstand zurzeit jedoch
noch gehalten werden – sehr zur Freude
der vielen Touristen, die den Spreewald
besuchen, um einmal eine der berühmten Kahnfahrten mitzuerleben.

*Der Nordumfluter bei Alt Zauche dient der
Wasserstandsregulierung*

Kähne und Kahnfahrten

Viele Jahrhunderte lang war der Kahn
das einzige Verkehrs- und Transportmittel. Mit ihm ging es zur Feldarbeit und
wurde die Ernte zum Markt gestakt, er
diente zum Nachbarbesuch ebenso wie
zum Kirchgang, und auch seine letzte
große Reise trat man im Kahn an. Seit
150 Jahren baut man die Kähne so, wie
sie heute noch in Gebrauch sind: mit
Längs- und Querbrettern aus Kiefern-
oder Lärchenholz, nicht länger als 9,50
Meter und nicht breiter als 1,90 Meter.
Das flache Gleitboot ist kiellos aufgrund
der geringen Wassertiefe der Fließe und
wird mit dem ›Rudel‹, einer gut vier Meter langen Stange, gestakt.

Die typisch Spreewälder Kähne sind nach
wie vor ein wichtiges Hauptverkehrsmit-
tel. Ein Großteil der Kaupen ist an kein
Straßen- oder Wegenetz angebunden
und nur auf dem Wasserweg zu erreichen. Viele der traditionellen Blockhäuser verfügen anstelle einer Garage über
ein Bootshaus oder zumindest einen An-
legesteg. Bei manchen Postanschriften
werden nicht Straßen, sondern numme-
rierte Kaupen angegeben. Und im Dorf
Lehde kommen Briefe und Päckchen von

Am Kahnhafen in Burg

Der Süden

Frühjahr bis Herbst nach alter Tradition mit dem Kahn.

Kähne für Touristen gibt es natürlich auch. In den Kinderjahren des Urlaubsbetriebs waren sie noch karg mit Stroh ausgelegt, aber schon Fontane konnte von ›Bänken mit Polster und Rücklehne‹ berichten. Die Kahnpartien führen durch kleine Schleusen und Wehre und unter den typischen Fußgängerholzbrücken hindurch, die die Spreewälder ›Bänke‹ nennen. An Wiesen mit großen Heuschobern vorbei geht es in die grünen Baumtunnel des Hochwalds hinein. Die Hauptsaison für die Ausflugsfahrten zwischen ein und zwei Stunden oder Tagestouren ab fünf Stunden beginnt im April und endet im Oktober, anschließend hängt der Fährplan vom Wetter ab. Fast jeder Ort verfügt über einen eigenen kleinen Kahnhafen; die beiden Haupthäfen befinden sich in Lübben und in der ›Hauptstadt‹ des Spreewalds, in Lübbenau.

Auf eigene Faust zu Fuß, auf dem Rad oder im Paddelboot lässt sich der ›Pusch‹ – wie die Spreewälder ihre Heimat nennen –, natürlich auch entdecken. An Fahrrad- und Bootsverleihern besteht kein Mangel, markierte Wanderwege und ausgeschilderte Fließe bieten Orientierung, und zahlreiche Wasserwanderrastplätze laden zum Picknick und Zelten ein.

Küche

Die Gurke ist wohl mit Abstand das berühmteste Spreewälder Erzeugnis. Bereits im 7./8. Jahrhundert brachten die slawischen Siedler das grüne Kürbisgewächs mit, für dessen Anbau sie im feucht-warmen Spreewald ideale Bedingungen vorfanden. Nach der Einwanderung holländischer Tuchmacher Ende des 17. Jahrhunderts gedieh die Gurken-Kultivierung so prächtig, dass sie bald darauf den wichtigsten Erwerbszweig im gesamten Spreewälder Gemüsebau

Kulinarisches aus dem Spreewald

darstellte. Zwei weitere bahnbrechende Daten in der Spreewälder Gurkengeschichte sind das Jahr 1874, als der Lübbenauer Kaufmann Schulz entdeckte, dass Gurken länger lagerfähig sind, wenn man sie ansticht, und 1932, als erstmals die Sterilisierung eingelegter Gurken gelang. Zahlreiche Einlegereien und Sterilisierungsbetriebe entstanden, deren Rezepte für Senf-, Dill-, Gewürz- oder Saure Gurken, von Generation zu Generation weitergegeben, zum Ruhm des köstlichen Spreewaldgemüses beitrugen.

Und neben der Gurke? ›Was macht den Spreewälder stark? – Pellkartoffeln, Leinöl und Quark!‹ So lautet der Wahlspruch, der die Zutaten des zweiten Klassikers in der Spreewaldküche zusammenreimt. Früher ein Arme-Leute-Essen, darf das Traditionsgericht heute auf keiner guten Speisekarte fehlen. An typischen Teigwaren kommen Plinsen oder auch Zwiebelkuchen auf den Tisch, und ebenfalls einmal ausprobieren sollte man unbedingt Spreewälder Rindfleisch mit Meerrettichsoße oder auch Fisch mit Spreewaldsoße, deren Geheimnis nebst saurer und süßer Sahne das Glas Bier ist, das man in den würzigen Fischsud einrührt.

Karte S. 292

Die Sorben/Wenden

Anfang des 6. Jahrhunderts, zur Zeit der großen Völkerwanderung, begann die Besiedlung der von den Germanen verlassenen Gebiete zwischen Weichsel und Elbe, Ostsee und Mittelgebirge durch westslawische Stämme: Abodriten, die sich im heutigen Holstein niederließen, Wilzen und Liutizen, die im Raum Mecklenburg-Vorpommern sesshaft wurden, Pomoranen in Hinterpommern, Heveller und Sprewanen in Brandenburg, Lusizer und Milzener in der Nieder- und Oberlausitz und andere Stämme mehr. Woher die Slawen ursprünglich stammen, lässt sich nicht mit Sicherheit sagen, doch wird das Land zwischen mittlerer Weichsel, Bug und Dnjepr als der Ursprungsraum der slawischen Sprachen ausgemacht.

›Veneti‹ nannte der römische Geschichtsschreiber Tacitus die östlichen Nachbarn der Germanen an der mittleren Weichsel. Davon abgeleitet bezeichneten mittelalterliche Autoren die nordwestwärts bis zur Elbe wandernden Stämme als ›Wenden‹, und seit der deutschen Kolonisierung ab dem 11./12. Jahrhundert wurde der Name ›Wenden‹ für die alteingesessenen slawischen Bewohner im deutschen Sprachgebrauch üblich. Noch Luther wetterte über die ›wendisch sprechenden‹ Bauern in der Gegend von Wittenberg. Viele Jahrhunderte lang waren die Regionen östlich von Elbe und Saale zweisprachig. Erst im 18. Jahrhundert erloschen dort die westslawischen Sprachen: Dravänopolabisch im niedersächsischen Wendland oder Slowinzisch, das man an der Ostseeküste im mittleren Hinterpommern sprach. Nur Kaschubisch nahe der Danziger Bucht sowie Sorbisch in der Lausitz konnten sich von den alten westslawischen Sprachen, die nicht wie Polnisch oder Tschechisch Staatssprachen geworden sind, bis heute erhalten.

Bereits 631 tauchten die Sorben als ›Surbi‹ erstmals in einem schriftlichen Zeugnis, der Fredegar-Chronik, auf. Anders als ihre liutizischen, slowinzischen, hevellischen Verwandten verschmolzen sie im Lauf der Jahrhunderte nicht mit den zugewanderten Siedlern deutscher Zunge, sondern bewahrten trotz Verlust der politischen Autonomie im 10. Jahrhundert stets ihre Sprache und kulturelle Eigenständigkeit.

Sorbisches Trachtenfest in Burg

Noch Mitte des 19. Jahrhunderts war in der Niederlausitz Niedersorbisch sowie Obersorbisch in der Oberlausitz die jeweils meistgesprochene Sprache. Nach der deutschen Reichsgründung 1871 und Industrialisierung der Lausitz kehrte sich das Verhältnis allmählich um. Deutsch wurde in Sprache und Kultur dominant. Erst in der DDR konnte sich die sorbische/wendische Identität wieder entfalten.

Gegenwärtig leben in der sächsischen Oberlausitz noch etwa 40 000, in der brandenburgischen Niederlausitz noch knapp 20 000 Menschen, die sich zur verfassungsmäßig geschützten sorbischen Minderheit zählen. Von Letzteren gaben Mitte der 1990er Jahre nur noch 7000 zumeist ältere Menschen an, über niedersorbische/ wendische Sprachkenntnisse zu verfügen. Deshalb liegt ein Schwerpunkt der Arbeit der sorbischen Interessenverbände und Kulturvereine auf dem Erhalt und der Förderung der sorbischen/wendischen Sprache, die in Kitas und Grundschulen heute auch wieder unterrichtet wird. Sorbische/wendische Radio- und TV-Sendungen werden ausgestrahlt, und zweisprachige Ortsschilder und Wegweiser zeigen an, dass im Spreewald und in der Lausitz nicht nur die deutsche Sprache zu Hause ist.

Jung und Alt pflegen die überlieferten Bräuche und Traditionen. Dafür werden die farbenfrohen, von Dorf zu Dorf unterschiedlichen sorbischen Festtagstrachten angelegt, unter denen besonders die voluminösen, zierreich bestickten Hauben der wendischen Frauen ein viel fotografiertes Motiv sind. Sie werden beispielsweise zum ›Zapust‹ getragen, der sorbischen Fastnacht, die in einen feierlichen Umzug und anschließend Tanzvergnügen gipfelt, bei dem es heißt, möglichst fleißig das Tanzbein zu schwingen, damit der nächste Flachs gut gedeiht. Dem Zapust voraus geht das Zampern, zu dem die verkleidete Dorfjugend von Haus zu Haus zieht und für ein lärmendes musikalisches Ständchen Eier, Speck und Geld entgegennimmt.

Etwa seit Anfang des 18. Jahrhunderts werden zu Ostern die Hühnereier kunstvoll verziert, und ›Waleien‹, eine Art Ostereier-Boccia, erfreut sich bei den Kindern großer Beliebtheit. Und während das Ei an Ostern von alters her Fruchtbarkeit und Wachstum symbolisiert, geht es ein halbes Jahr später zur Erntezeit dem männlichen Federvieh an den Kragen. Am verbreitetsten ist das Hahnrupfen, für das man einen laubgeschmückten Torbogen aufstellt und hoch oben kopfüber einen Hahn (Kokot) daran hängt. So hoch muss er hängen, dass ein im Sattel stehender Reiter äußerstes Geschick zeigen muss, um dem armen Gockel den Kopf abzureißen und als erster König aus dem Wettkampf hervorzugehen.

Die sorbische Flagge in den Farben blau-rot-weiß und die sorbische Hymne dürfen – so ist es in der Verfassung des Freistaates Sachsen sowie im Sorben (Wenden)-Gesetz des Landes Brandenburg festgeschrieben – gleichberechtigt neben den deutschen Staatssymbolen geführt werden. Die Rjana Łužica‹ oder in der niedersorbischen Variante ›Rědna Łužyca‹, von Handrij Zejler gedichtet und Korla Awgust Kocor vertont, erklang das erste Mal 1845 in Bautzen auf dem Ersten Sorbischen Sängerfest und stieg schnell zur Hymne der Sorben/Wenden auf:

Rědna Łužyca,　　　　　　*Lausitz, schönes Land,*
spšawna, pśijazna,　　　　　*wahrer Freundschaft Pfand*
mójich serbskich wóścow kraj,　*meiner Väter Glücksgefild,*
mójich glucnych myslow raj,　　*meiner Träume holdes Bild,*
swěte su mě twóje strony.　　　*heilig sind mir deine Fluren.*

Unterspreewald

Mit einem Blick über das weite ebene Land ist kaum wahrnehmbar, dass es sich beim Unterspreewald eigentlich um ein Tal handelt. Ein breites Flusstal, das dort, wo es die Spree mit ihren zahlreichen Armen durchfließt, etwa 45 Meter über Normalnull liegt, im Osten des Beckens bei Biebersdorf über 100 Höhenmeter erreicht und im Nordwesten mit den Krausnicker Bergen sogar auf mehr als 140 Meter ansteigt.

■ Schlepzig/Slopišća

Die 650 Einwohner kleine Fachwerkidylle im Herzen des Unterspreewalds ist mit Kahnhafen und Informationszentrum des Biosphärenreservats zugleich das touristische ›Epizentrum‹ im nördlichen Spreewald. Im Jahr 1004 wurde es erstmals in einer Urkunde erwähnt. Und zwar als ›Sloupisti‹, das aus dem Altslawischen rührt und etwa ›Pfahl‹ bedeutet, da die ersten Siedler ihre Hütten im Sumpf auf Pfählen errichteten. Wie die Altvordern wohnten, Haus und Hof, Vieh und Felder bewirtschafteten, kann man im **Bauernmuseum** bewundern, das in einem typischen Spreewaldhof von 1818 Platz gefunden hat. Außerdem hält dort die

Wappen an der Getreidemühle in Schlepzig

Schlepziger Touristeninformation zahlreiche Tipps und Auskünfte bereit. Eine hübsche **Fachwerkkirche** von 1782 gereicht dem Örtchen zur Zierde, und von den einst drei historischen Wassermühlen haben sich zwei am Spree-Wehr in der Dorfmitte erhalten: die 1740 erbaute **Getreidemühle**, deren Technik man in den Sommermonaten besichtigen sowie Mühlenbrot, Spreewaldgurken, frische Eier, Töpferwaren u.v.m. erwerben kann. Gleich nebenan liegt die ehemaligen **Ölmühle**, in der das **Informationszentrum des Biosphärenreservats** untergebracht ist. Vom Kleinen Kahnhafen geht es auf einem drei Kilometer langen Rundkurs mit dem Kahn durch das Dorf. Vom Kahnfährhafen am westlichen Ortseingang führen Ausflugspartien rund um Schlepzig und in den Hochwald. Wer die Wasserwelt lieber auf eigene Faust erkunden möchte, für den halten gleich mehrere Verleiher Paddelboote parat.

Die Produktion eines ganz besonderen Schlepziger Mitbringsels würde man wohl eher im schottischen Hochland als im Unterspreewald vermuten. Gleichwohl steht der heimische Single Malt Whisky „Sloupisti", der im Brennereihof Sprewaldini an der Dorfstraße destilliert wird, den hochprozentigen Highland-Stöffchen an exzellenter Qualität nicht nach. Das Spreewälder Feuerwasser wurde vom Whisky-Papst Jim Murray mit 94 von 100 möglichen Punkten bewertet und zählt damit zu den weltbesten Whiskys. Ferner lassen sich in der Hofbrennerei hausgemachte Edelbrände verkosten, und Kaffee, Eis und Torte gibt es natürlich auch.

■ Rund um die Krausnicker Berge

Fünf Kilometer westlich kann man dort, wo der Naturpark Dahme-Heideseen und das Biosphärenreservat Spreewald einander berühren, in **Krausnick/Krusica** die 1728 errichtete kleine **Kreuzkirche** in

Der Süden

Ausflugskahn bei Schlepzig

Augenschein nehmen und von da durch die Krausnicker Berge zum 144 Meter hohen Wehla-Berg wandern. Dort angelangt reicht die obere Plattform des hölzernen **Aussichtsturms** noch einmal weitere 28 Meter in den Himmel hinauf. Und wer die Stufen erklommen hat, wird mit einem fantastischen Panoramablick auf den Spreewald belohnt. Nördlich erstreckt sich am Fuß dieser Bergwelt der Köthener See, an dessen Ufer der winzige Flecken **Köthen** über 30 Hausnummern, eine Jugendherberge, einen gemütlichen Gasthof am Dorfanger und eine Badewiese verfügt.

Der Name **Groß Wasserburg** nahebei sollte nicht darüber hinwegtäuschen, wie klein der Flecken an der Wasserburger Spree ist; und eine Wasserburg gibt es ebenfalls nicht. 1554 das erste Mal erwähnt, war Groß Wasserburg in jener Zeit ein Vorwerk von Krausnick, mit dem es heute eine Gemeinde bildet. An der Spreebrücke haben sich am romantisch eingewachsenen Wasserlauf nahezu alle touristischen Einrichtungen niedergelassen, mit denen das Örtchen aufwarten kann: ein Kahnfährhafen, ein Paddelbootverleih, ein Rastplatz für Wasserwanderer, zugleich Zelt- und Wohnmobilplatz,

und für Speis' und Trank eine Gaststätte mit lauschigem Biergarten.

Nicht weit entfernt vereinen sich bei **Leibsch/Liubsi** Hauptspree und Puhlstrom zur Spree, die, fortan eins mit sich selbst, auf ihre Reise nach Norden geht. Nach furchtbaren Hochwassern wurden hier 1907–1911 mächtige **Wehr- und Schleusenanlagen** errichtet sowie der Spree-Dahme-Umflutkanal gebaut, der die überschüssigen Wassermassen ableiten sollte und die Spree über Leipsch und den Köthener See mit der Dahme verbindet. Die alte Anlage wurde 1988–1990 komplett erneuert. Heute fungieren die historischen Wehre, um Schautafeln bereichert, als kleines Freilichtmuseum.

Knapp außerhalb des Biosphärenreservats erhebt sich bei **Brand** 360 Meter lang, 210 Meter breit und 107 Meter hoch eine der größten freitragenden Hallen der Welt. Ursprünglich sollten in der ehemaligen Cargolifter-Halle Luftschiffe gebaut werden. Doch das Mammutprojekt ging bankrott, und 2004 zogen die **Tropical Islands** ein. Auf einer Fläche von acht Fußballfeldern kann man sich seitdem auf aufgeschüttetem Palmenstrand, in Schwimmbecken und Regenwaldsaunen in die Karibik träumen.

Karte S. 292

Rund um **Golßen** westlich der Autobahn ist Gurkenland. Weite Felder und während der Erntezeit von Ende Juni bis in den September hinein ›Gurkenflieger‹ kündigen an, dass im Ort einer der drei großen Spreewälder Gurkenverarbeiter ansässig ist. Die Gurkenflieger muss man sich, wie ihr Name assoziiert, tatsächlich wie eine Art Flugzeug vorstellen. Links und rechts gehen vom Traktor bis zu acht Meter lange Tragflächen ab, auf denen die Pflücker bäuchlings etwa einen halben Meter über dem Feld liegen.

Soweit ihre Arme nur reichen, lösen sie die Gurken von den Stängeln ab und legen sie auf das unter ihnen laufende Förderband. Eine schweißtreibende, äußerst anstrengende Arbeit, bei der die Zeltplanen, die die Tragflächen umspannen, zwar vor Sonnenbrand, aber nicht vor Muskelkater beschützen. Der Traktor bewegt sich dabei nicht schneller als einen Meter in der Minute rückwärts, damit ausreichend Zeit zum Abpflücken der berühmten Spreewälder Gurke bleibt.

 Unterspreewald

Touristeninformation Schlepzig/Bauernmuseum, Dorfstraße 26, 15910 Schlepzig, Tel. 035472/64025, www.schlepzig.de, www.bauernmuseum-schlepzig.de, April–Okt. Mi–So 10–16 Uhr, Nov. Di–Fr 10–16 Uhr; das Bauernmuseum ist darüber hinaus auch Dez.–März Di–Fr 10–16 Uhr geöffnet.

Landgasthof zum grünen Strand der Spree, Dorfstraße 53, 15910 Schlepzig, Tel. 035472/6620, www.spreewaldbrauerei.de, DZ/F ab 90€. Attraktives gepflegtes Backsteinanwesen mit grünem Garten zwischen Dorfstraße und Flies; zur Anlage gehören eine Privatbrauerei mit Gastwirtschaft, die Deftiges serviert; das Restaurant bereitet elegante saisonale Spreewälder Küche mit Produkten ausgewählter regionaler Erzeuger zu. Zum Haus gehört außerdem der Brennereihof Spreewaldini, Dorfstraße 56, Tel. 034572/659142, www.spreewaldbrennerei.de, tgl. 10–18 Uhr.
Gasthaus Petkampsberg, 15910 Schlepzig, Tel. 035472/247, www.gasthausim-spreewald.de, DZ ab 28€, Frühstück geht extra. In dem Ausflugslokal, drei Kilometer südlich von Schlepzig in hübscher Lage im Wald an der Spree, übernachtet man schlicht; die Gaststätte bietet Hausmannskost; mit Kahnhafen, Boots- und Fahrradverleih.

Jugendherberge Köthen, Dorfstr. 20, 15748 Märkisch Buchholz/OT Köthen, Tel. 033765/80555, www.jh-koethener-see.de.

Wasserwanderer-, Zelt- und Wohnmobilrastplatz **Groß Wasserburg**, kostenpflichtiger baumumgebener Rasenplatz an der Spreebrücke am Kahnfährhafen, Strom und Dusche/WC.
Tropical Islands Campingplatz, weitläufige Anlage im Schatten der riesigen Cargolifterhalle, Anfahrt s.u.

Historische Getreidemühle, Dorfstraße 51, 15910 Schlepzig, Tel. 035472/64038, April–Okt. tgl. 10–17 Uhr.
Bauernmuseum, in Schlepzig, s.o.

Informationszentrum des Biosphärenreservats, Dorfstraße 52 (in der alten Ölmühle), 15910 Schlepzig, Tel. 035472/276, www.natur-schau-spiel.com, April–Okt. Di–So 10–17 Uhr.

Tropical Islands, Tropical-Islands-Allee 1, 15910 Krausnick, Tel. 035477/605050, www.tropical-islands.de, ganzjährig rund um die Uhr.
Badewiese in Köthen am Köthener See.

Der Süden

Oberspreewald

Anders als im Unterspreewald rund um Schlepzig geht es im bekannteren, größeren und fließereicheren Oberspreewald touristischer zu. Von den Hauptorten Burg, Lübben und der heimlichen Spreewaldhauptstadt Lübbenau starten die Kahnpartien in den Hochwald hinein, das Herzstück des Spreewalds.

■ Lübben/Lubin

Genau dort, wo sich die Landkarte des Biosphärenreservats zwischen Unter- und Oberspreewald wespentaillenartig verjüngt, liegt Lübben/Lubin. Alle Ortsteile inbegriffen ist die Kreisstadt im Landkreis Dahme-Spree 14 000 Einwohner groß. Der staatlich anerkannte Erholungsort erhielt bereits 1210 das Stadtrecht verliehen, war seit dem 15. Jahrhundert Hauptstadt der Markgrafschaft Niederlausitz und fiel nach dem Wiener Kongress 1815 zusammen mit der Niederlausitz an Preußen. Gegen Ende des Zweiten Weltkriegs wurden vier Fünftel von Lübben zerstört, weshalb es nur wenige historische Sehenswürdigkeiten gibt. Zu ihnen gehören Reste der alten Stadtmauer aus dem 14. Jahrhundert am Ufer der Hauptspree, die mit Trutzer und Hexenturm noch einen stattlichen Eindruck erwecken, sowie nahebei das 1680 auf einem Vorgänger mit schönem Renaissancegiebel errichtete **Schloss**. Es beherbergt heute das **Stadt- und Regionalmuseum** mit Ausstellungen zur 10 000-jährigen Kulturgeschichte der Region. In den bis zu zwei Meter dicken Mauern des vorgelagerten Wohn- und Wehrturms, der aus dem 14. Jahrhundert noch von der alten Burg Lübbens stammt, befinden sich ein Wappensaal mit über hundert Wappen der Niederlausitzer Städte und Stände.

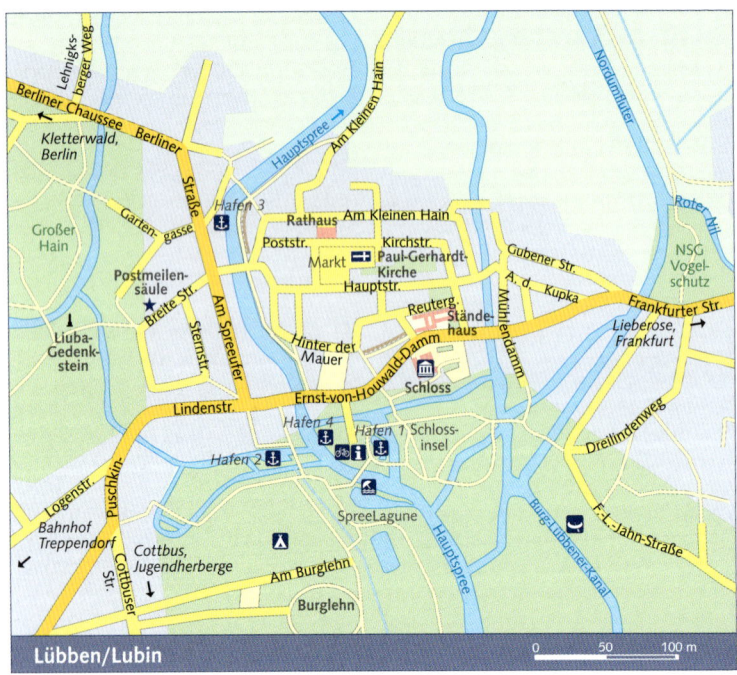

Lübben/Lubin

0   50   100 m

Das Lübbener Schloss

Von 1669 bis zu seinem Tod 1676 war Lübben die letzte Station im bewegten Leben des evangelischen Kirchenlieddichters Paul Gerhardt (1607–1676). Mag sein Name heute manchen auch nichts mehr sagen, seine Lieder wie ›Geh aus mein Herz und suche Freud‹ oder ›Ich steh an deiner Krippen hier‹ kennen noch viele. Ihm zu Ehren erhielt die 1494–1550 nach einem Stadtbrand als dreischiffige Halle neu erbaute Lübbener Pfarrkirche 1930 den Namen **Paul-Gerhardt-Kirche**. Im Chorraum in Altarnähe liegt der Pastor zur ewigen Ruhe. Kirchenfenster mit Bildnissen von Zeitgenossen Paul Gerhardts, eine Kanzel, eine Taufe und ein Altar von 1609 zählen zu den wertvollen Ausstattungsstücken.

Südlich von Kirche und Schloss erstreckt sich, vom Burg-Lübbener-Kanal und Armen der Hauptspree umschlungen, die Schlossinsel mit den **Kahnfährhäfen**, der Touristeninformation und Fahrradverleih. Von Frühjahr bis Herbst herrscht hier

reger Betrieb. Vor allem an den Wochenenden legen die Kähne beinahe im Fünf-Minuten-Takt ab. Neben Lübbenau besitzt Lübben den größten Kahnhafen mit den meisten Fährmannsvereinen. Die Kahnfahrten führen zum Museumsdorf Lehde, in den Hochwald und in den Unterspreewald nach Schlepzig.

Für Wasserwanderer, die das Paddel selbst in die Hand nehmen möchten, bietet Lübben zwischen Kahnhäfen, Schlossinsel und Campingplatz an der Hauptspree einen frisch angelegten Wasserwanderrastplatz mit Bootsstegen, Sanitärhäuschen, aufgeschüttetem Sandstrand und einer Flussbadestelle.

■ Alt Zauche/Stara Niwa

Still und beschaulich geht es dagegen im Kahnhafen von Alt Zauche/Stara Niwa zu. Noch bis in die 1930er Jahre hinein wurde das winzige Dorf am Nordrand des Hochwalds von Überschwemmungen heimgesucht. Durch die Eindeichung des Oberspreewaldes und in den 1950er Jahren schließlich den Bau des Nordumfluters konnte man ihrer Herr werden. Etwa zwei Kilometer vom Ortskern entfernt warten die Alt Zaucher Fährleute

Vorbereitungen am Kahnhafen

Die gut erhaltene Holländermühle in Straupitz.

im kleinen Kahnhafen auf Passagiere, um sie für zwei bis drei Stunden in den urwüchsigen Hochwald mit seinen bis zu 30 Meter hohen Schwarzerlen zu entführen. Längere Kahnfahrten haben das tief im Wald gelegene, 1894 eröffnete **Gasthaus Wotschofska** zum Ziel, das nur auf dem Wasser oder über einen Wanderweg zu erreichen ist. Wer noch weiter möchte, kann eine Kahnpartie bis zum Museumsdorf Lehde buchen, oder zur traditionsreichen **Polenzschänke**. Bereits seit Mitte des 19. Jahrhunderts besteht der Gastbetrieb, womit die Polenzschänke das älteste Wirtshaus im Spreewald ist.

■ Straupitz/Tsupc und Neu Zauche/Nowa Niwa

Man staunt nicht schlecht angesichts der majestätischen Ausmaße der 1827–1832 errichteten Straupitzer **Schinkelkirche**. 40 Meter hoch ragen ihre Zwillingstürme in den Himmel hinauf, 1700 Gläubige fasst der in schlichter klassizistischer Eleganz ausgestaltete Innenraum. Und manch einer fragt sich, wie ein solch imposantes Bauwerk des preußischen Baumeisters Schinkel wohl in einen Spreewald-Weiler gelangte?

1655 hatte die blaublütige Familie derer von Houwald die Herrschaft Straupitz erworben, die 1826, als sich Carl Heinrich Ferdinand Freiherr von Houwald zum Neubau eines Gotteshauses entschloss, aus sieben Dörfern bestand. Jedes der 1700 Gemeindemitglieder sollte Platz in der Kirche haben, und vermutlich durch Carl Heinrichs Bruder, den Dichter Ernst von Houwald, der zum Schinkelschen Freundeskreis gehörte, kam der Kontakt zum damals berühmtesten deutschen Architekten zustande. 1832 wurde die Perle des Klassizismus eingeweiht und überragt seither an Höhe die hohen Erlen im Hochwald.

Das 1796–1798 für die Houwalds erbaute bescheidene **Schloss** wird heute als Grundschule genutzt. Drittes historisches Gebäude von Bedeutung ist der 1798 zwischen Kirche und Schloss gebaute **Kornspeicher**. Er diente bis 1992 noch in seiner überlieferten Funktion, wurde anschließend aufwändig saniert und öffnete 2005 neu mit einer kuchenduftenden Kaffeestube, einem kleinen Ausstellungsbereich, der in Ururgroßelterns Zeiten zurückführt, einer Töpferei und einer Ladengalerie. In der Nachbarschaft starten im Kahnfährhafen ein- bis zweistündige Kahnfahrten über die Fließe in der Umgebung.

In entgegengesetzter Richtung dreht am nördlichen Ortsausgang eine **Holländermühle** ihre Flügel im Wind. 1810 aufgerichtet und von 1994 bis 2002 in mehreren Etappen restauriert, ist sie die europaweit letzte noch in Betrieb befindliche Dreifachwindmühle. Angetrieben von einer mächtigen Flügelwelle mit einem riesigen Kammrad zur Übertragung der Windkraft, sägt sie Baumstämme, mahlt Korn und presst Leinöl wie anno dazumal. Vor allem das traditionell vor dem Auspressen in einer holzbeheizten Pfanne geröstete ›flüssige Gold‹ des Spreewalds, das man in der Ölmühle auch kosten kann, ist ein beliebtes Mitbringsel für die Daheimgebliebenen. Im angeschlossenen Café im Müllerhaus stehen als Spezialität Pellkartoffeln mit Quark und dem hausgepressten, leicht nussig schmeckenden Leinöl auf der Speisekarte.

Drei Kilometer westlich von Straupitz entführt in Neu Zauche die **Spreewälder Spintestube** in vergangene Zeiten. Gezeigt werden sorbisches Brauchtum, Trachten, Arbeits- und Lebensweise, nicht nur zum Anschauen, sondern beispielsweise beim Flachsen, Spinnen, Weben, Färben oder Ostereierbemalen auch zum Mitmachen und Miterleben.

■ **Lübbenau/Lubnjow**

›Spreewald-Hauptstadt‹ nannte Fontane das heute über 16 000 Einwohner große Lübbenau/Lubnjow und stellte dem Spreewald-Kapitel in seinen Wanderungen folgenden fröhlichen Vierzeiler voran: »Und dass dem Netze dieser Spreekanäle/Nichts von dem Zauber von Venedig fehle,/Durchfurcht das endlose Flussrevier/In seinem Boot der Spreewald-Gondolier.«

Wenn Lübbenau auch keine Hauptstadt ist, nicht einmal Kreisstadt, touristische Metropole des Oberspreewalds ist der staatlich anerkannte Erholungsort allemal. Vom Großen Spreewaldhafen in der Dammstraße südlich vom Schloss, vom Kleinen Hafen ›Am Spreeschlösschen‹ und von weiteren Kahnhäfen im Stadtgebiet sowie in den Ortsteilen aus fährt täglich eine kleine Kahn-Flotte in die labyrinthischen Spreewald-Fließe hinaus.

1882 veranstaltete der Lehrer und Ortschronist Paul Fahlisch erstmals touristische Kahnfahrten und läutete damit den organisierten Fremdenverkehr ein. 1908 gründete sich der erste Kahnfährverein, 1954 die Kahnfährgenossenschaft, die bis heute besteht und mehr als 200 Kahnfährleute zu ihren Mitgliedern zählt. Die Geschichte Lübbenaus reicht jedoch noch viel weiter zurück. Die Überreste einer slawischen Wallanlage, die man bei Grabungen in Schlossnähe auffand, weisen auf eine Besiedlung bereits im 8. Jahrhundert hin. Bis ins 17. Jahrhundert wechselte die Herrschaft über Lübbenau vergleichsweise oft, und das änderte sich erst, als 1621 die Grafen zu Lynar die Stadt erwarben. Erster Vertreter dieses Geschlechts in der Mark war der florentinische Festungsbaumeister Rochus Guerrini Graf zu Lynar (1525–1596), der die Festungsanlagen in Dresden, Spandau,

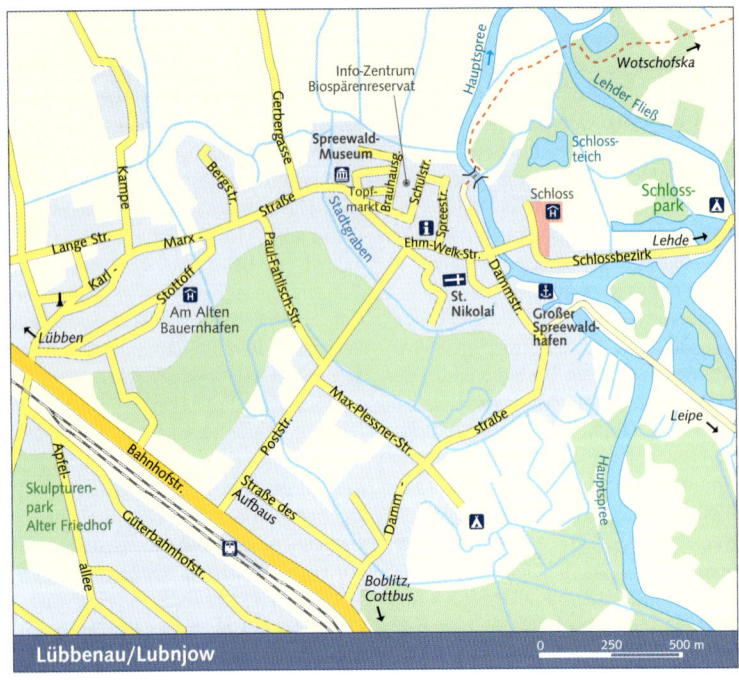

Spreewaldmuseum im Torhaus

Peitz und Küstrin nach neusten militärischen Kenntnissen ausbaute. Wilhelm-Friedrich Graf zu Lynar (1899–1944) war als Militäroffizier am Attentat auf Hitler beteiligt und wurde 1944 in Berlin-Plötzensee hingerichtet. Die Familie verlor daraufhin ihren Lübbenauer Besitz. Eine Gedenktafel am Schloss erinnert heute an Wilhelm-Friedrich Graf zu Lynar. Im Schlossbezirk, der sich mit kleinem Park an die Lübbenauer Altstadt anschließt, erhebt sich **Schloss Lübbenau**. Anstelle einer 1816/17 komplett abgetragenen älteren Renaissanceanlage entstand 1818–1820 nach einem Entwurf des Leipziger Baumeisters Karl August Benjamin Siegel die im stumpfen Winkel miteinander verbundene, dreieinhalbgeschossige Zweiflügelanlage. Die beiden rückwärtigen quadratischen Türme wurden 1841 angefügt. Nachdem das Schloss in der DDR als Schulungszentrum fungiert hatte, bekamen die Grafen Lynar 1992 ihren Besitz zurück, ließen ihn umfassend sanieren und zu einem Vier-Sterne-Hotel ausbauen.

Das Bierbrauen ab dem 18. Jahrhundert, die Leinenweberei und natürlich der Gurkenanbau trugen Wohlstand nach Lübbenau. Die berühmten sauren Gurken wurden bis nach Berlin und Dresden exportiert. Aus dem ganzen Spreewald brachten die Bauern ihre Erzeugnisse – Gurken, Meerrettich, Zwiebeln – im Kahn direkt vom Feld zum Lübbenauer Gurkenmarkt, und von dort aus ging das Gemüse auf die Reise in die weite Welt. Vom Wohlstand zeugen noch die schmucken **Bürgerhäuser** des 18. und 19. Jahrhunderts am Markt, an dem sich auch die **St. Nikolaikirche** erhebt. 1738–1741 wurde sie im schlichten späten Barock erbaut. Ihre Innenausstattung entstammt ebenfalls dem 18. Jahrhundert, darunter das prachtvolle Grabmal für Moritz Carl Graf zu Lynar, 1765 vom Bildhauer Gottfried Knöffler geschaffen. Vor der Kirche erinnert eine sächsische **Postmeilensäule** von 1740 daran, das Lübbenau wie die gesamte Region bis 1815 zu Sachsen gehörte. Gleich nebenan kündet der 2007 eingeweihte **Sagenbrunnen** des Rathenower Bildhauers Volker-Michael Roth (1944–2008) von der Sagen- und Mythenwelt des Spreewalds.

Wer gerne mehr von der Vergangenheit der Spreewald-Metropole in Erfahrung bringen möchte, dem sei der Weg ins **Spreewald-Museum** am Topfmarkt empfohlen. Das 1850 erbaute Ziegelsteintor-

Dekoration während eines Straßenfestes in Lübbenau

Der Süden

Im Freilichtmuseum Lehde

deln und wandern bieten sich ebenso an. Etwa zum traditionsreichen, 1894 eröffneten **Gasthaus Wotschofska**, das vom Lübbenauer Marktplatz keine vier Kilometer entfernt – oder 14 Brücken und Stege über die Fließe hinweg – im Hochwald liegt.

Nur zwei Kilometer sind es nach **Lehde/ Lědy**. Dank seiner zahlreichen traditionellen Blockhausbauten steht das von Fließen umzogene, idyllische Dörfchen, das Fontane eine ›Lagunenstadt im Taschenformat‹ nannte, insgesamt unter Denkmalschutz. Für die ›Lehdeschen‹ ist der Kahn auch heute noch ein geschätztes Transportmittel, und in der schönen Jahreszeit kommt sogar die Post auf dem Wasserweg. 1957 begann man mit dem Aufbau des **Freilandmuseums Lehde**. Drei typische sorbisch/wendische Spreewaldgehöfte mit insgesamt elf Wirtschafts- und Wohngebäuden von Stube und Altenteil über Backhaus und Viehstall bis hin zur Gurkeneinlegerei und zum Kahnschuppen vermitteln einen Einblick in die Lebens- und Arbeitsweise der Spreewald-Bevölkerung bis Mitte des 19. Jahrhunderts. Im kleinen **Bauernhaus- und Gurkenmuseum** ganz in der Nähe auf der Dolzke-Insel geht es ebenfalls um Gurken und das historische Spreewälder Leben.

haus diente als Rathaus, Polizeiwache, Gericht mit Arrestzellen im Keller und bietet heute eine schöne Möglichkeit, die Stadtgeschichte kennenzulernen. Laden- und Werkstadteinrichtungen wie vor 100 Jahren sowie eine Dampflok der historischen Spreewaldbahn zählen zu den besonderen Anziehungspunkten. Ein paar Schritte entfernt nimmt einen im alten Schulhaus das **Informationszentrum des Biosphärenreservats** mit auf die Zeitreise in 1000 Jahre Entwicklungsgeschichte des Spreewalds.

Eine Gelegenheit, den Weg der Gurke vom Feld ins Glas mitzuverfolgen, bietet während der Erntezeit Ende Juni bis Ende September im Ortsteil Boblitz die Firma RABE. Treffpunkt ist immer 10.30 Uhr, dienstags Kalauer Straße 2b (an den Eichenfässern), mittwochs und samstags in der Boblitzer Chaussee 16 (am Imbiss ›Kräuterhexe‹).

■ Ausflüge von Lübbenau

Mehr noch als der Ort selbst locken die Kahnfahrten die meisten Besucher nach Lübbenau. Nirgends im Oberspreewald ist das Netz der Fließe feinmaschiger und die Anzahl der Ausflugsziele vielfältiger. Kahnpartien sind aber kein Muss, pad-

Karte S. 292

Paddler bei Leipe

Alle Spreewaldgemeinden kommen zum Trachtenfest nach Burg

Ein 6,5 Kilometer langer Spazierweg führt von Lübbenau über den birkengesäumten Leiper Weg zum 150 Seelen zählenden Dorf **Leipe/Lipje**. Spree und Leiper Graben umfließen die 400 Meter breite, 800 Meter lange und zwei Meter über dem Wasser liegende Sandbankinsel (Kaupe), die als Siedlung 1315 erstmal in einer Urkunde auftaucht. Alle Häuser liegen rund um die Insel am Ufer, mit ihrer Vorderfront und ›Kahngarage‹ dem Wasser zugewandt. So konnten die Leiper anders als die Lehdeschen im unbebauten, fließ- und grabenfreien Inselinneren größere zusammenhängende ›Handtuchfelder‹ bestellen. Am Ortseingang bieten die Fährleute am Kahnhafen Ausflugspartien rund um Leipe, in den Hochwald oder nach Lehde an. Wer gerne noch weiter möchte: Keine zwei Kilometer südlich von Leipe lädt die **Dubkow-Mühle** zur Einkehr ein. Seit 1737 steht die Mahl- und Ölmühle am Spreefließ, und bis 1919 war sie noch in Betrieb. Geblieben ist der Fachwerkbau aus dem 19. Jahrhundert mit rustikalem Speisesaal und am Fließ großem Biergarten, wo spreewaldtypische, herzhafte Küche nach Hausmacherart aufgetischt wird.

■ **Burg/Borkowy**
In Burg verteilen sich 4500 Menschen und 300 Brücken über Hauptspree und Fließe auf eine Fläche von 35 Quadratkilometern. Und wenn irgendwo unterwegs auf der Burger Ringchaussee, einer Hauptverkehrsader der Gemeinde, der Blick weit über Wiesen und Felder schweift, ist es gar nicht so einfach zu vergegenwärtigen, dass man gewissermaßen mitten im Ort steht.
Als ›villa Bork‹ 1315 erstmals erwähnt, kam Burg – anders als seine bis 1815 sächsischen Nachbarn – bereits Mitte des 15. Jahrhunderts zusammen mit der Cottbusser Herrschaft an die brandenburgischen Kurfürsten. Vorher, in slawischer Siedlungszeit, hatte der polnische König um das Jahr 1000 auf dem Schlossberg eine mächtige Burganlage errichten lassen, und noch ältere Zeichen weisen auf eine Besiedlung bis in die Bronzezeit zurück. 1725 wurde auf den hochwasserfreien Kaupen beim Flecken Burg für ausgediente Armeeangehörige des Soldatenkönigs die Siedlung **Burg-Kauper** gegründet. 1766 folgte unter Friedrich dem Großen überwiegend für Hugenotten die Gründung **Burg-Kolonie**. Seit 1960 sind beide Siedlungen Ortsteile von **Burg-Dorf** –

Der Süden

und gemeinsam bilden sie die größte Streusiedlung Deutschlands.

Kahnfahrten zwischen zwei bis acht Stunden führen vom großen **Spreehafen** in Burg-Dorf und von Kauper bis in den Hochwald hinein. Eine **Heimatstube** am Spreehafen zeigt in einem nachgebauten spreewaldtypischen Blockhaus Trachten, historische Gerätschaften und vermittelt Wissenswertes über den Ort. Und auch die 1799–1804 erbaute **Pfarrkirche** fünf Minuten Spazierweg entfernt lohnt einen Blick.

Jüngste Burger Attraktion ist die 2005 eröffnete **Spreewaldtherme**, deren aus 1350 Meter Tiefe heraufgepumptes, zwischen 34 und 38 Grad warmes Thermalwasser einen Salzgehalt von 240 Gramm pro Liter aufweist. Kaum noch zum Schwimmen und umso mehr zum Entspannen ist das reichhaltig mineralisierte Wasser deshalb geeignet, und wirkt, um Inhalationsräume mit salzhaltiger heißer Luft, Massage und Saunabereich ergänzt, wohltuend auf den Stütz- und Bewegungsapparat, die Haut und die Atemwege. Mit Kurpark und einem auf Orthopädie und Herz-Kreislauf-Leiden spezialisierten Reha-Zentrum darf sich Burg seit Dezember 2005 ›staatlich anerkannter Heilquellen- und Kurort‹ nennen. Einen Kilometer die Byhleguhrer Straße in nördliche Richtung aus dem Dorf hinaus wartet das **Informationszentrum des Biosphärenreservats Schlossberghof** auf einen Besuch. In seinen Räumlichkeiten präsentiert es eine Ausstellung zur Vergangenheit, Gegenwart und Zukunft der Streusiedlung Burg. Kurz vorher ragt auf dem Schlossberg ein weiterer Anziehungspunkt in den Himmel hinauf. Aus 1,5 Millionen Calauer Ziegelsteinen wurde dort 1915–1917 der **Bismarckturm** nach Plänen von Bruno Möhring erbaut. Das knapp 30 Meter hohe Burger Wahrzeichen zeigt sich im Stil neuer

Der Bismarkturm im Stil neuer Sachlichkeit

Sachlichkeit und bietet von oben einen herrlichen Panoramablick auf die Spreewaldlandschaft.

Den festlichen Höhepunkt bildet alljährlich am letzten Augustwochenende das **Burger Heimat- und Trachtenfest** mit zahlreichen Brauchtumsvorführungen, Shows, Folklore, Blas-, Rock- und Popmusik sowie am Sonntag einem großen Festumzug. Zur Parade strömen Trachten-, Tanz- und Musikgruppen aus allen Spreewaldorten in Burg-Dorf zusammen, um ihre schönsten traditionellen Kostüme zu zeigen und gemeinsam mit den Gästen ausgelassen zu feiern.

■ Vetschau/Wětošow

Zwischen Spreewald und Niederlausitzer Landrücken liegt gleich neben der Autobahn der 8500-Einwohner-Ort Vetschau. Er verfügt über einen freundlichen **Altstadtkern** und dort im südwestlichen Winkel ein von einem Wassergraben umzogenes **Schloss**, das schon seit 1920 die Stadtverwaltung nutzt. Mitte des 16. Jahrhunderts wurde es auf den Resten einer älteren Burg errichtet, die wiederum auf einem slawischen Ringwall fußt. Häufig wechselte das herrschaftliche Gebäude seine Besitzer, und auch Vetschau wuchs lange nicht über den Status eines kleinen Marktflecken hinaus.

Erst dem Eisenbahnanschluss in den 1860er Jahren und vollends dem Aufschluss neuer Braunkohletagebaue in der Umgebung ab den 1950er Jahren folgte der Aufschwung. Der Tagebau brachte viele neue Arbeitsplätze in die Region, und mit dem bis 1967 errichteten Braunkohlekraftwerk stieg der Ort zu einem der größten Stromproduzenten der DDR auf. 1996 wurden Tagebau und Kraftwerk stillgelegt. Seit Abschluss der Grubensanierung werden die Restlöcher geflutet, Kahnsdorfer See und Bischofsdorfer See sind im Entstehen.

Zwischen Markt und dem kleinen Schlosspark erhebt sich mit der **Wendisch-Deutschen Doppelkirche** Vetschaus besondere Sehenswürdigkeit. Wand an Wand stehen das wendische/sorbische und das deutsche Gotteshaus und teilen sich einen gemeinsamen Kirchturm. Bereits im 13. Jahrhundert befand sich am Ort ein erster Sakralbau, in dem die sorbische Bevölkerung betete. 1619 brannte er ab, 1650 konnte mit einem Neubau begonnen werden. 1719 war zuletzt der wuchtige Kirchturm wieder hergestellt, von dem noch Teile vom mittelalterlichen Vorgänger stammen. Mit Anwachsen der deutschsprachigen Minderheit entwickelte sich der Wunsch nach einer eigenen Kirche mit einem eigenen Gottesdienst. 1690 folgte die Grundsteinlegung für die Deutsche Kirche, vier Jahre später war das nördlich an die Wendische Kirche anschließende Kirchenschiff fertiggestellt. Der spätbarock ausgeschmückte Innenraum dient der evangelischen Gemeinde bis heute für ihre Gottesdienste; die Wendische Kirche, deren weniger schwelgerische, klassizistische Ausstattung sich einem Umbau von Mitte des 19. Jahrhunderts verdankt, wird für kulturelle Veranstaltungen genutzt. Über eine kleine Sakristei sind die beiden Gotteshäuser miteinander verbunden. 1932 wurde in Vetschau die letzte Predigt in niedersorbischer Sprache gehalten. Seit 1995 wird die Tradition wiederbelebt und einmal im Jahr am Tag des offenen Denkmals ein wendischer Gottesdienst gefeiert.

Am südwestlichen Ortseingang unterhält der Naturschutzbund Deutschland (NABU) das **Weißstorch-Informationszentrum**. Ausstellungen zum Biosphärenreservat, zu aktuellen Naturschutzthemen und natürlich alles Wissenswerte rund um Meister Adebar stehen auf dem Programm. Dem hauseigenen Storchenpaar schaut eine Webcam in den Horst und lässt unter www.storchennest.de die Menschen zuhause an der Aufzucht des Storchennachwuchses teilhaben.

■ Raddusch/Raduš

Vom Kahnhafen im 700-Seelen-Dorf Raddusch starten Kahnfahrten ins Innere des Hochspreewalds. In die entgegengesetzte, westliche Richtung tritt man jenseits der Autobahn recht abrupt in eine gänzlich andere Landschaft ein. Bis 1996 wurde hier noch Braunkohle abgebaut. Wälder, Wiesen und einige verschlafene Dörfer mussten den Koh-

Schloss Vetschau

Rekonstruktion der Slawenburg bei Raddusch

leaufschlüssen weichen, ebenso wie ihnen zahlreiche Bodendenkmale zum Opfer fielen. Archäologische Rettungsgrabungen konnten allerdings eine Reihe slawischer Burgwälle des 9. und 10. Jahrhunderts sichern, und bei Raddusch wurde sogar eine komplette Slawenburg wieder sichtbar gemacht. Am Ort eines bis 1990 freigelegten Burgwalls entstand ab 1999 auf Basis der Ausgrabungser-

gebnisse die nachempfundene Holz-Erde-Konstruktion der **Slawenburg Raddusch**. Über 40 dieser Wehr- und Fluchtburgen prägten vor einem Jahrtausend das Bild der Niederlausitz. Im 600 Quadratmeter großen Inneren erwartet die Besucher eine Archäologieausstellung, die anhand vieler Grabungsfunde 12 000 Jahre Siedlungsgeschichte in der Niederlausitz von der Steinzeit bis heute aufzeigt.

ℹ Oberspreewald

Touristeninformation Lübben, Ernst-von-Houwald-Damm 15, 15907 Lübben, Tel. 03546/3090, www.luebben.de, April–Okt. tgl. 10–18 Uhr, Nov.–März Mo–Fr 10–16 Uhr.
Touristeninformation Straupitz, Kirchstraße 11, 15913 Straupitz, Tel. 035475/80977, www.amt-lieberose-oberspreewald.de, Mai–Sept. Mo–Fr 9–12 u. 13–18, Sa 10–12 u. 13–18, So 10–12 u. 13–17 Uhr, April/Okt. Mo–Fr 9–17, Sa 10–14 Uhr, Nov.–März Mo–Fr 9–16 Uhr.
Touristeninformation Lübbenau, Ehm-Welk-Straße 15, 03222 Lübbenau, Tel. 03542/3668, www.luebbenau-spreewald.com, Mai–Sept. Mo–Fr 10–18, Sa 9–16, So 10–16 Uhr, April/Okt. Mo–Fr 10–18, Sa 10–16 Uhr, Nov.–März Mo–Fr 10–16 Uhr.
Touristeninformation Burg, Haus des Gastes, Am Hafen 6, 03096 Burg, Tel. 035603/750160, www.burgimspreewald.de, Mai–

Sept. Mo–Fr 9–18, Sa 10–18, So 10–16, April/Okt. Mo–Fr 9–17, Sa/So 10–16, Nov.–März Mo–Fr 9–17, Sa 10–13 Uhr.

Hotel Zur Bleiche, Bleichestraße 16, 03096 Burg/Spreewald, Tel. 035603/620, www.hotel-zur-bleiche.de, DZ/F ab 170 € p.P. Flaggschiff der Brandenburger Wohlfühltempel und traumhaft schönes Luxushotel; Sauna, Hamam, Banja, Therme, Pool, Spa; das Restaurant 17fuffzig (s.u.) wurde vielfach ausgezeichnet.
Schloss Lübbenau, Schlossbezirk 6, 03222 Lübbenau, Tel. 03542/8730, www.schloss-luebbenau.de, DZ/F ab 120 €. Fürstlich wohnen im Schloss der Grafen Lynar; im Restaurant und in der Orangerie ggenießt man moderne spreewaldtypische Feinschmeckerküche.
Pension Am alten Bauernhafen, Stottoff 5, 03222 Lübbenau, Tel. 03542/2930,

Karte S. 292

www.am-alten-bauernhafen.de, DZ/F ab
50 €. Restaurierter Altbau und angeschlossener Neubau, lauschig eingewachsen,
mit Kahnableger am Fließ; Fahrrad- und
Paddelbootverleih.

Gasthaus zum Erlkönig, Erlkönigweg 3,
03096 Burg, Tel. 035603/387, www.gast
haus-erlkoenig.de, DZ/F ab 50 €. Freundlich rustikale Herberge in Burg-Kauper am
Fließ, die Zimmer hell und im Kiefern-
holzschick, die Küche gutbürgerlich nach
Spreewälder Art.

Pension Fünf Linden, Lutherweg 1, 15913
Straupitz, Tel. 035475/15488, www.
fuenf-linden.de, DZ/F 50 €. Umgebauter
ehemaliger Bauernhof; Sauna, Solarium,
im Garten kleiner Pool.

Jugendherberge Lübben, Zum Wenden-
fürsten 8, 15907 Lübben, Tel. 03546/
3046, www.jh-luebben.de, angeschlossener Zeltplatz.

Jugendherberge Burg, Jugendherbergsweg
8, 03096 Burg, Tel. 035603/225, www.
jh-burg.de. Mit Zeltplatz und eigenem
Bootsanleger.

Spreewald-Camping, Am Burglehen,
15904 Lübben, Tel. 03546/7053, www.
spreewald-camping-luebben.de, Mitte
März–Ende Okt. Baum- und Rasengelän-
de gegenüber der Lübbener Schlossinsel,
freundlich, überschaubar, entspannt; mit
Gaststätte.

Kneipp- und Erlebniscamping, Vetschau-
er Straße 1a, 03096 Burg, Tel. 035603/
750966, www.caravan-kurcamping.de,
ganzjährig. Wiesenplatz nahe südlichen
Ortseingang von Burg-Dorf am Leine-
weberfließ; Kneipp-Anlage, Kahnhafen,
Gaststätte.

**Spreewald Natur Camping Am Schloss-
park**, Schlossbezirk 20, 03222 Lübbenau,
Tel. 03542/3533, www.spreewaldcam
ping.de, ganzjährig. Fließumzogener Wiesenplatz am Schlosspark, gerne von Wasserwanderern frequentiert; Imbissgaststät-
te, Campinghütten, Bootsverleih.

Restaurant 17fuzzig, Bleichestraße 16,
03096 Burg/Spreewald, Tel. 035603/620,
www.hotel-zur-bleiche.de. Eines der besten Gourmetrestaurants in Brandenburg.
Der Guide Michelin zeichnete die Küche
von Oliver Heilmeyer 2013 erneut mit
einem Stern aus, der Gault Millau vergab
17 Punkte. Spezialität im Weinkeller sind
die ostdeutschen Weinbaugebiete.

Pohlenzschänke, Polenzweg 1, 03096
Burg/Spreewald, Tel. 035603/298, www.
pohlenzschaenke.de, April–Okt. tgl. 10–
18 Uhr; Ausflugsgaststätte, spreewaldtypische Gerichte.

Gasthaus Wotschofska, Wotschofska-
weg 1, 03222 Lübbenau, Tel. 03546/
7601, www.gasthaus-wotschofska.de,
April–Okt. tgl. ab 9 Uhr; Ausflugsgaststätte, spreewaldtypische Gerichte.

Gasthaus Dubkow-Mühle, Dubkow-
Mühle 1, 03222 Lübbenau/OT Leipe,
Tel. 03542/2297, www.dubkow-mueh
le.de, April–Okt; Ausflugsgaststätte
mit spreewaldtypischen Gerichten; mit
Gästezimmern (DZ/F 60€), Fahrrad- und
Bootsverleih.

Stadt- und Regionalmuseum, Ernst-von-
Houwald-Damm 14, 15907 Lübben
(Spreewald), Tel. 03546/187478, www.
museum-luebben.de, April–Okt. Di–So
10–17 Uhr, Nov.–März Mi–Fr 10–16 Uhr,
Sa/So 13–17 Uhr.

Kornspeicher, Kirchstraße 12, 15913
Straupitz, Tel. 035475/804709, www.
kornspeicher-straupitz.de, Mai–Sept. Di–
So 10–18 Uhr, April/Okt. Di–So 11–17
Uhr, Nov./Dez. und März Di–Fr 12–16,
Sa/So 11–17 Uhr.

Spreewälder Spintestube Neu Zauche,
Brunnenplatz 2, 15913 Neu Zauche, Tel.
035475/584, April–Okt. Di/Do/Fr 10–
17, Mi/Sa/So 14–18 Uhr.

Spreewald-Museum, Topfmarkt 12, 03222
Lübbenau, Tel. 03542/2472, http://
museum.kreis-osl.de, April–Okt. Di–So

10–18 Uhr, im Winterhalbjahr Di–So 12–16 Uhr.

RABE Spreewälder Konserven GmbH, 03222 Lübbenau/OT Boblitz, Boblitzer Chaussee 16, Tel. 03542/89330, www.spreewaldrabe.de. Betriebsbesichtigung Ende Juni–Ende Sept., Treffpunkt in Boblitz Di 10.30 Uhr Kalauer Straße 2b (an den Eichenfässern), Mi und Sa 10.30 Uhr Boblitzer Chaussee 16 (am Imbiss ›Kräuterhexe‹).

Freilandmuseum Lehde, 03222 Lübbenau/OT Lehde, www.spreewald-lehde.de, April–Sept. tgl. 10–18, Okt. tgl. 10–17 Uhr.

Gurkenmuseum, An der Dolzke 4+6 (Hotelanlage Starick), 03222 Lübbenau/OT Lehde, 03542/89990, www.spreewald-starick.de, April–Okt. tgl. 9–18 Uhr.

Heimatstube Burg, Am Hafen 1, 03096 Burg, Tel. 035603/75729, April–Okt- Mi–So 13–17 Uhr, Nov.–März 12–16 Uhr.

Bismarckturm, Byhleguhrer Straße, 03096 Burg, April–Juni und Sept./Okt. tgl. 10–18, Juli/Aug. tgl. 9–18 Uhr.

Weißstorch-Informationszentrum, Drebkauer Straße 2a, 03226 Vetschau/Spreewald, Tel. 035433/4100, www.storchennest.de, April–Sept. Di–So 10–17 Uhr, Okt.–März Mo–Fr 10–16 Uhr.

Wendisch-Deutsche Doppelkirche, Karl-Marx-Straße 45, 03226 Vetschau, April–Okt. Mo–Sa 10–12 und 14–17 Uhr, So 14–17 Uhr.

Slawenburg Raddusch, Zur Slawenburg 1, 03226 Vetschau/OT Raddusch, Tel. 035433/55522, www.slawenburg-raddusch.de, April–Okt. tgl. 10–18, Nov.–März tgl. 10–16 Uhr.

Holländerwindmühle Straupitz, Laasower Straße 11a, 15913 Straupitz, Tel. 035475/16997, www.windmuehlestraupitz.de, April–Okt. Di–Fr 9–18 Uhr, Sa/So 10–18 Uhr, Juli/Aug. auch Mo, sonst Mo–Fr 9–17, Sa/So 10–16 Uhr.

Informationszentrum des Biosphärenreservats: ›Haus für Mensch und Natur‹, Schulstraße 9, 03222 Lübbenau, Tel. 03542/89210; Besucherzentrum ›Schlossberghof‹, Byhleguhrer Straße 17, 03096 Burg, Tel. 035603/6910, beide www.natur-schau-spiel.com, April–Okt. Di–So 10–17 Uhr.

Heimat- und Trachtenfest in Burg, immer am letzten Augustwochenende ab Freitagabend, mit großem Trachtenumzug am Sonntag.

Spreewaldfest in Lübben, am dritten Septemberwochenende, mit buntem Markttreiben und traditionellem Kahnkorso.

Spreewald- und Schützenfest in Lübbenau, jährlich am ersten Juli-Wochenende große Festmeile mit vielfältigem Programm, www.spreewaldfestspiele.de.

Bootsverleih Gebauer, Kahnhafen Lübben, Tel. 03546/7194, www.spreewald-bootsverleih.de; Kajaks, Kanadier, Ruderboote.

Bootsverleih & Cafégarten, Schlossbezirk 21 (am Campingplatz), 03222 Lübbenau, Tel. 03542/3622, www.paddelbootsverleih.de; Kanus, Kajaks, Paddelboote.

Spreehafen Burg, Am Hafen 1, 03096 Burg, Tel. 035603/75800, www.spreehafen-burg.de; Kanus, Kajaks, auch Fahrräder.

Spreewelten Lübbenau, Alte Huttung 13, 03222 Lübbenau, Tel. 03542/894160, www.spreewelten-bad.de, So–Do 9–22 Uhr, Fr–So 9–23 Uhr. Großes Spaß- und Wellnessbad mit Wellenbad, Saunalandschaft, Thermalsole und als Clou Pinguinen im Außenbecken.

Spreewaldtherme, Ringchaussee 152, 03096 Burg, Tel. 035603/18850, www.spreewald-therme.de, tgl. 9–22 Uhr.

Cottbus/Chóśebuz

Nach Potsdam ist Cottbus die zweitgrößte Stadt im Bundesland Brandenburg. Die historische Tuchmacher- und Leineweberstadt stieg zu DDR-Zeiten zum Zentrum der Kohle- und Energiegewinnung auf. Viele tausende neue Arbeitsplätze entstanden, in deren Gefolge die Bevölkerung rasch anwuchs und 1976 die magische 100 000er-Marke überkletterte. 2009 verlor die Niederlausitz-Metropole ihren Großstadtstatus jedoch wieder. Auf der Suche nach Arbeit verlassen viele Menschen die Stadt.

Andere haben zwischenzeitlich den Blaumann gegen einen Job mit weißem Kragen getauscht. Cottbus entwickelte sich in den 1990er Jahren zum Verwaltungs- und Dienstleistungszentrum und seit Eröffnung der Universität 1991 zum Wissenschaftsstandort. Darüber hinaus bildet Chóśebuz den politischen und kulturellen Mittelpunkt der Niederlausitzer Wenden/Sorben.

Einen weithin bekannten Ruf als grüne Stadt genießt Cottbus durch den berühmten Fürst-Pückler-Park Branitz. Und mit dem FC Energie Cottbus besitzt die inoffizielle Hauptstadt der Niederlausitz einen Fußballclub, der gelegentlich sogar in die 1. Bundesliga aufsteigt.

Geschichte

Erste Spuren einer menschlichen Besiedlung sind über 3000 Jahre alt. Seit dem 6. Jahrhundert wanderten westslawische Sorben ein, unter denen sich die zum Verband gehörenden Lusici in der Gegend von Cottbus niederließen. Ausgrabungen können bereits für das 8. Jahrhundert einen slawischen Burgwall auf dem Schlossberg am westlichen Spreeufer belegen. Im Zuge der deutschen Ostkolonialisierung im 12. Jahrhundert wird die Burg Cottbus, zu deren Füßen sich die lusicische Siedlung ausdehnt, durch einen kaiserlichen Burggrafen besetzt. Auf 1156 datiert die erste urkundliche Erwähnung der am Kreuzpunkt zweier wichtiger Handelsstraßen gelegenen, blühenden Ortschaft unter dem Namen ›Chotibuz‹.

Zweieinhalb Jahrhunderte unter der wechselnden Regentschaft der ›Herren von Cottbus‹ 1199–1445 hinterließen den roten Krebs im Stadtwappen sowie 1405/06 das Privileg für die Tuchmacher und Leineweber, womit Cottbus' Aufstieg zur Stoffproduzentenmetropole beginnt. 1445 kauft der brandenburgische Kurfürst Friedrich II. den ersten Teil der Cottbusser Herrschaft, zehn Jahre später den Rest. Fortan bildet die Stadt eine brandenburgische Enklave in der sächsischen Lausitz.

1726 beginnt unter König Friedrich Wilhelm I. die planmäßige Bebauung außerhalb der mittelalterlichen Ringmauern; im 19. Jahrhundert setzt die industrielle Entwicklung ein. Die Textilproduktion und die Braunkohleförderung spielen eine zunehmend wichtige Rolle im Wirtschaftsleben. 1866 schnauft die erste Dampflok in Richtung Berlin, bis 1876 sind auch die Gleise nach Görlitz, Guben und Frankfurt/Oder fertiggestellt. Im Februar 1945 werden große Teile des Zentrums bei einem Fliegerangriff zerstört. Nach der Gründung der DDR folgt dank der reichen Niederlausitzer Braunkohlevorkommen der Aufstieg zum wichtigsten Kohle- und Energielieferant. Dazu gesellt sich die Textil-, Möbel- und Nahrungsmittelindustrie. Die Bevölkerung wächst rapide. Werden im Sommer 1950 noch 60 000 Einwohner gezählt, feiert man im September 1976 die Geburt des 100 000. Cottbusser Erdenbürgers. Cottbus wird die 15. Großstadt der DDR.

Auf dem schmucken Marktplatz von Cottbus

1991 eröffnet im Jahr nach der Wiedervereinigung die Brandenburgische Technische Universität (BTU) als einzige Technische Uni im Bundesland Brandenburg. Sie wurde mittlerweile mit der Fachhochschule Senftenberg zur BTU Cottbus-Senftenberg fusioniert. Die Bundesgartenschau 1995 schenkt den Cottbussern mit dem Spreeauenpark ein neben Park Branitz weiteres herrliches Freizeit- und Erholungsgelände. 2006 feiert ganz Cottbus den 850. Geburtstag der Stadt.

Ein Stadtrundgang

Altehrwürdige Rund- und Spitzgiebelhäuser, barocke und klassizistische Bauten sowie hier und da etwas Gründerzeitliches oder gelegentlich auch eine historisierende Platte schmücken die liebevoll sanierte Cottbusser Altstadt. Um ihre Sehenswürdigkeiten gebührend zu würdigen, beginnt man den Rundgang am besten an der Stadthalle unmittelbar nordwestlich des historischen Zentrums.

Dort hält die Touristeninformation neben Stadtplänen und Info-Materialien außerdem zahlreiche Tipps parat.

Wenige Schritte entfernt läutet der Klinkerbau des **Neuen Rathauses** (1934–1936) den Reigen der Cottbusser Attraktionen ein. Südlich schließt sich die **Lindenpforte** im alten Mauerturm an. 1879 schlug man diesen Durchbruch in die mittelalterliche Stadtbefestigung, um auf direktem Weg von der Altstadt zum Markt in der Neustadt zu gelangen. Das alte Wall- und Grabensystem an der einstigen nördlichen Stadtmauer zeichnet seit der zweiten Hälfte des 19. Jahrhunderts der Grünstreifen an der Puschkinpromenade nach. Vom angrenzenden, 1303 gestifteten Franziskanerkloster kann man am Klosterplatz heute nur noch Hof und Kreuzgang erkennen. Dagegen hat die im 13./14. Jahrhundert erbaute ehemalige **Klosterkirche** der Franziskaner, auch ›Wendische Kirche‹ genannt, allen Zeiten getrotzt. Zuerst Begräbniskirche der Herren von Cottbus und nach der Reformation Pfarrkirche für die umliegenden wendischen Dörfer, ist sie das älteste erhaltene Gotteshaus der Stadt.

Im nordöstlichen Winkel markiert seit 1483 der **Münzturm** die Grenze der Altstadt. Den Namen erhielt er, weil einst im Schutz seiner Mauern der Cottbusser Heller geprägt wurde. Nahebei gelangt man am **Schlossberg** zum Ursprung von Cottbus. Auf der kaum merklichen Anhöhe – einer Talsandinsel über dem Ufer der Spree – befand sich bereits im 8. Jahrhundert eine slawische Burganlage. Mehrfach überbaut und erweitert, kontrollierte die Burg im Mittelalter den wichtigen Spreeübergang. Seit 1877 erhebt sich auf ihren Grundmauern das neugotische **Gerichtsgebäude**.

Unterhalb geben sich auf der Mühleninsel Vergangenheit und Moderne ein Stelldichein. Die drei malerischen kleinen Fachwerk- und Ziegelhäuser von 1727, 1760 und 1860 am Mühlengraben zählen als Ensemble zu den ältesten Cottbusser Wohngebäuden. Einst hatten sich hier Loh- und Weißgerber niedergelassen.

In der Nachbarschaft feierte 2008 das **Kunstmuseum Dieselkraftwerk**, kurz dkw, im Dieselkraftwerk seine Eröffnung. Das mit einigen wenigen expressionistischen Schmuckelementen versehene, 1928 von Werner Issel erbaute Backsteingebäude am Amtsteich wurde durch das Berliner Büro Anderhalten Architekten für seine neue Bestimmung als Tempel der zeitgenössischen Kunst ab 2004 behutsam umgebaut. Es zeigt moderne und zeitgenössische Malerei mit dem Schwerpunkt Landschaft/Raum/Natur/Umwelt, eine umfangreiche Plakatsammlung sowie Kunst der 1970er und 1980er Jahre in der DDR mit Wer-

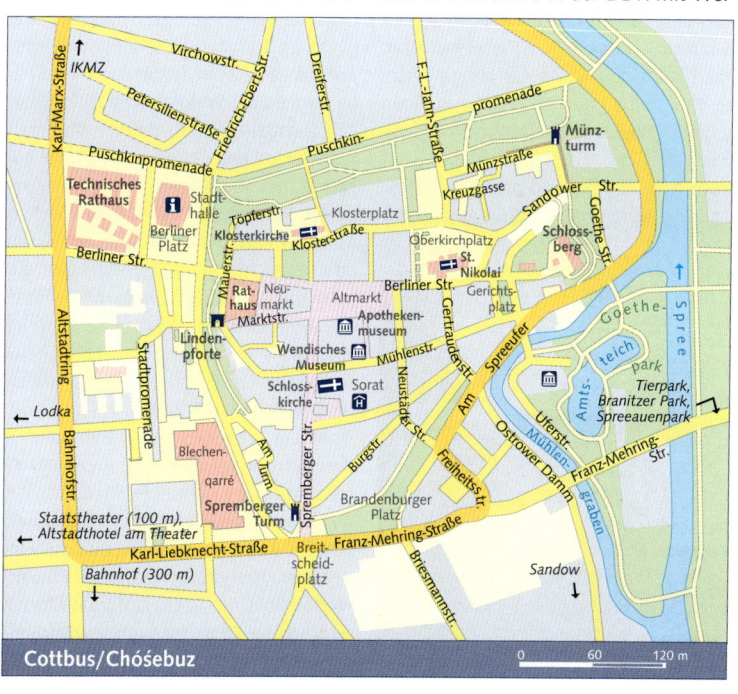

Der Süden

ken von u.a. Peter Herrmann, Clemens Gröszer und Walter Libuda.

Zurück in der Altstadt, ist wenige Minuten später die **St. Nikolaikirche/Oberkirche** erreicht. Für die dreischiffige spätgotische Backsteinhalle aus dem 15. Jahrhundert bürgerte sich nach der Reformation der Name ›Oberkirche‹ ein, was nicht im sakralen Sinne, sondern im Kontext sozialer und ethnischer Ungleichheit zu verstehen war. Während in der kleinen Klosterkirche die wendische Landbevölkerung ihre Andachten abhielt, feierte in der großen Oberkirche das deutsche städtische Bürgertum seine Gottesdienste.

Ende des Zweiten Weltkriegs wurde die Innenausstattung von St. Nikolai ein Raub der Flammen. Nur wenige der alten kostbaren Kunstschätze blieben verschont. Dazu gehören der Taufstein aus dem 14. Jahrhundert, die Barockkanzel und der 1664 vom Lausitzer Bildhauer Andreas Schultze geschaffene Hochaltar. Man kann den 55 Meter hohen Kirchturm ersteigen und anschließend einen schönen Blick auf die Dächer von Cottbus genießen.

Sächsisch barocke und preußisch klassizistische Bürgerhäuser säumen den **Alt-**

Das Kunstmuseum Dieselkraftwerk

markt, der sich im Herzen der Altstadt ausdehnt. Einst ein bedeutender Handelsplatz, verwandelt sich Cottbus' Gute Stube rund um den seit 1991 sprudelnden Brunnen in der schönen Jahreszeit in ein riesiges Freiluftcafé. Auf der Südseite am Platz weist die Schutzgöttin der Apotheker, Hygieia, auf dem Giebel der historischen Löwenapotheke den Weg ins **Brandenburgische Apothekenmuseum**, wo man pharmaziegeschichtliche Sammlungen und Apothekeneinrichtungen des 19. und 20. Jahrhunderts bewundern kann.

Vom Altmarkt zweigt die Spremberger Straße ab, die zentrale Einkaufs- und Bummelmeile der Stadt. Von den Cottbussern wird sie kurz ›Sprem‹ genannt; ihr südliches Ende begrenzt der **Spremberger Turm**. Der ›Dicke‹ wurde im 13. Jahrhundert als Teil der Stadtbefestigung aufgemauert und dient heute, von seiner 1825 hinzugefügten Zinnenkrone herab, im Sommer der schönen Aussicht. Auf halber Höhe in der Spremberger Straße verdient die **Schlosskirche** einen Blick. 1714 errichtete man den einschiffigen Putzbau auf den Grundmauern einer abgebrannten Vorgängerin für die zugewanderten Hugenotten. Ihren neugotischen Kirchturm erhielt sie im Jahr 1870; die Inneneinrichtung ist modern. Um die Ecke in der Mühlenstraße präsentiert das **Wendische Museum** in 16 Räumen eine reiche Ausstellung zur wendischen/sorbischen Geschichte, Sprache und Literatur, Volkskunst und Kunsthandwerk, Trachten, Bräuchen und Traditionen.

Wer sich noch eingehender in die wendische/sorbische Kultur vertiefen möchte, ist in der **Sorbischen Kulturinformation LODKA** im Westen der Altstadt gut aufgehoben. Hier erfährt man viel Wissenswertes über die 1500-jährige Kulturgeschichte der Lausitzer Wenden/Sorben, ihr Brauchtum und ihre Lebensart. Vor-

Karte S. 327

Das Staatstheater im Jugendstil

träge und Wechselausstellungen runden das Angebot ab.

Dort am Schillerplatz erhebt sich darüber hinaus mit dem **Staatstheater** eines der eindrucksvollsten Cottbusser Bauwerke. Die Pläne für den im sezessionistischen Jugendstil erbauten Musentempel stammen aus der Feder von Bernhard Sehring. 1896 hatte der Architekt mit dem Berliner ›Theater des Westens‹ Aufsehen erregt, und sein 1908 mit Lessings ›Minna von Barnhelm‹ eröffnetes, kurioses Cottbusser Haus löste ebenfalls lebhafte Diskussionen aus.

Als jüngstes Cottbusser Wahrzeichen weihte man 2005 auf dem Campus der Brandenburgisch Technischen Universität das **IKMZ** ein (Informations-, Kommunikations- und Medienzentrum). Im Jahr darauf wurde der 35 Meter hohe, gläserne Multimediaturm nach einem Entwurf des Baseler Architektenbüros Herzog & de Meuron als Bibliothek des Jahres ausgezeichnet.

Südlich der Altstadt bietet in Bahnhofsnähe das **Stadtmuseum/Stadtarchiv** in einem prachtvoll-schlichten Jugendstilgebäude Gelegenheit, sich detailliert über die Cottbusser Stadt- und Regionalgeschichte sowie Naturkunde zu informieren. Es ist derzeit geschlossen, Sonderausstellungen finden im Rathaus statt.

Grünes Cottbus

Nach Süden schließen sich an das Cottbusser Stadtzentrum Spreeauenpark, Tierpark und Fürst-Pückler-Park an.

Der rund 55 Hektar große **Spreeauenpark** wurde für die Bundesgartenschau 1995 angelegt und fungiert seither als grünes Bindeglied zwischen den nördlichen städtischen Grünanlagen sowie südlich Tierpark und berühmtem Pückler-Park.

Bereits 1954 öffnete der Cottbusser **Tierpark** seine Pforten. Heute beheimatet der größte Zoo Brandenburgs über 1200 Tiere in mehr als 170 Arten. Eine nostalgische Parkeisenbahn verbindet die einzelnen Parkstationen auf einer drei Kilometer langen Schmalspurstrecke ab Eliaspark am nördlichem Stadtring mit dem südlich an den Pückler-Park angrenzenden Dorf Branitz.

Der Süden

Schloss Branitz ist ein Besuchermagnet

■ Fürst-Pückler-Park Branitz

Zweifellos ein Höhepunkt jeder Cottbus-Besichtigung ist ein Spaziergang durch den Fürst-Pückler-Park Branitz. Im Jahr 1846 begann der Gartenbaukünstler, Schriftsteller, Globetrotter und Lebemann Hermann Fürst von Pückler-Muskau (1785–1871), die wilde Brache rund um **Schloss Branitz** in einen englischen Landschaftspark zu verwandeln. Zahllose Eskapaden, ein aufwändiger Lebensstil und vor allem die exorbitante Geldsummen verschlingende Anlage des Muskauer Parks hatten dazu geführt, dass Pückler 1845 seine Standesherrschaft Muskau veräußern und mit dem kleineren Erbe in Branitz bei Cottbus Vorlieb nehmen musste. Den Verkaufserlös investierte er in den Umbau des 1772 errichteten Branitzer Schlosses, der 1850 nach Ideen von Gottfried Semper ausgeführt wurde. Weitere Geldsummen flossen in die Gestaltung des rund 700 Hektar großen Branitzer Parks, in ausgehobene Seen, aufgeschüttete Hügel, künstliche Was-

serläufe, große und kleine Gehölzarrangements und ineinanderfließende Wald- und Wiesenkompositionen. Als eine letzte Schrulle veranlasste der schrille Fürst 1856/57 den Bau seines Grabmals nach Pharaonenart. Im Westen des Parks steigt – von einer kleineren Landpyramide am südöstlichen Seeufer bewacht – aus einem Kunstsee die berühmte Branitzer **Wasserpyramide** auf, die Pückler und seiner Frau Lucie als ewige Ruhestatt dient.

Im **Schloss** warten die fürstlichen Wohnräume und eine Ausstellung zum Leben Fürst Pückler-Muskaus auf einen Besuch. Sehenswert sind außerdem Bibliothek, Musiksaal, Frühstückszimmer und Orientalisches Zimmer mit Souvenirs, die Pückler auf seiner Orientreise 1834–1840 zusammengetragen hat, sowie eine Sammlung von Werken des in Cottbus geborenen Landschaftsmalers Carl Blechen (1798–1840).

Im 1850–1858 errichteten Gutshof östlich vom Schloss sind das **Besucherzen-**

Karte S. 327

▲

trum und die Multimediaausstellung ›Fürst Pücklers Welt – Lebenskunst und Landschaftskunst‹ untergebracht. Dort befindet sich auch der Haupteingang zum Schloss und Park sowie ein großer Parkplatz.

■ **Cottbusser Ostsee**
Keine sechs Kilometer Vogelfluglinie nordöstlich von Branitz schweift der Blick über eine weite Ödnis hinweg, die der Tagebau Cottbus-Nord hinterlassen hat. Vom **Aussichtspunkt** bei dem abgebaggerten Dorf Lakoma offenbart sich das ganze Ausmaß des Landschaftsumbaus infolge der Kohleförderung. Teils sind die

abgeräumten Braunkohleflächen bereits rekultiviert, und nachdem hier im Jahr 2015 der Kohleabbau eingestellt sein wird, folgt voraussichtlich ab 2018 die Flutung des Restlochs. Ab 2030 wird sich dann auf 1900 Hektar Wasserfläche der Cottbusser Ostsee ausdehnen – der einmal größte See der gesamten Lausitzer Bergbaufolgelandschaft sein soll.

Ein über 30 Meter hoher **Aussichtsturm** bei **Merzdorf** erlaubt einen weiten Panoramablick über das künftige Seenland. Und mit viel Fantasie mag man sich vorstellen, dass hier einmal Stadthafen, Seebühne und Badestrand die Cottbusser erfreuen werden.

 Cottbus

Vorwahl: 0355
Postleitzahl: 03046
Touristeninformation, Berliner Platz 6 (Stadthalle), Tel. 75420, www.cottbus-tourismus.de, Mo–Fr 9–18, Sa 9–16 (Nov.–März Sa nur bis 14 Uhr).

Sorat Hotel Cottbus, Schlosskirchplatz 2, Tel. 78440, www.sorat-hotels.com, DZ/F ab 60 €. Restauriertes Vier-Sterne-Gründerzeithaus im Stadtzentrum, die Zimmer im eleganten zeitgenössischen Design.
Altstadthotel ›Am Theater‹, Bahnhofstraße 57, Tel. 3554850, www.altstadthotel-am-theater.de, DZ/F ab 70 €. Gepflegter Gründerzeitaltbau in zentraler Lage am Staatstheater, die Ausstattung stilvoll-gediegen.
Wohnmobilstellplatz, Pyramidenstraße/Ecke Kiekebuscher Straße (rechts neben dem Tierpark-Parkplatz), Strom, Ver- und Entsorgung, gebührenpflichtig, März–Okt.
Jugendherberge, Klosterplatz 2–3, Tel. 22558, www.jh-cottbus.de.

🏛

Schloss Branitz, Robinienweg 5, Tel. 75150, www.pueckler-museum.de, Schloss und Gutshof April–Okt. tgl. 10–18, Nov.–März Di–So 11–17 Uhr.

Brandenburgisches Apothekenmuseum, Altmarkt 24, Tel. 23997, www.brandenburgisches-apothekenmuseum.de, Besichtigung nur mit Führung Di–Fr 11 und 14, Sa/So 14 und 15 Uhr.
Kunstmuseum Dieselkraftwerk (dkw), Uferstraße/Am Amtsteich 15, Tel. 49494040, www.museum-dkw.de, Di–So 10–18 Uhr.
Oberkirche St. Nikolai, Oberkirchplatz 1, Tel. 24714, www.st-nikolai-cottbus.de, April–Okt. tgl. 10–17, Nov.–März tgl. 10–16 Uhr.
Wendisches Museum, Mühlenstraße 12, Tel. 794930, www.wendisches-museum.de, Mai–Sept. Mi–Fr 10–18, Sa 13–18, Okt.–April jeweils nur bis 17 Uhr.
Sorbische Kulturinformation LODKA, August-Bebel-Straße 82, Tel. 48576468, www.lodka.sorben.com, Mo–Fr 10–16.30 Uhr.
Stadtmuseum, Bahnhofstraße 52, derzeit geschlossen.

Tierpark, Kiekebuscher Straße 5, Tel. 3555360, www.zoo-cottbus.de, Mai–Sept. 9–19 Uhr, März 9–17.30 Uhr, April 9–18.30 Uhr, Okt. 9–18 Uhr, Nov.–Feb. 9–17 Uhr.

Fürst Pückler-Muskau

Er war einer der begnadetsten Landschaftsarchitekten des 19. Jahrhunderts, Exzentriker, Snob, Freigeist, Gigolo, Weltenbummler: Hermann Ludwig Heinrich von Pückler-Muskau. Am 30. Oktober 1785 erblickte er auf Schloss Muskau in der Oberlausitz das Licht der Welt. Eine lieblose Mutter, ein mürrischer Vater und ab 1792 eine streng pietistische Erziehung fernab von Zuhause konnten den Abenteurergeist des jungen Hermann jedoch nicht brechen. Sein 1801 begonnenes Studium der Juristerei beendet er nach kurzer Zeit wieder, verdingt sich ab 1802 für vier Jahre als Rittmeister beim Dresdner Militär und spaziert anschließend vorwiegend zu Fuß in die Provence und nach Italien. Nach dem Tod seines Vaters 1811, Reichsgraf von Pückler, Standesherr zu Muskau, Baron von Groditz und Erbherr zu Branitz, entledigt sich der Sohn schon bald darauf dieser Bürde, indem er die Verwaltung der Güter seinem Freund Leopold Schefer überlässt. Er nimmt an einem Feldzug gegen Napoleon teil und reist 1812 auf die britische Insel, wo er die Liebe zur Landschaftsarchitektur für sich entdeckt.

Ab 1815 widmet sich Pückler im heimatlichen Bad Muskau mit zahlreichen Unterbrechungen in den folgenden 30 Jahren der Anlage des größten mitteleuropäischen Landschaftspark – im Jahr 2004 von der UNESCO zum Welterbe erklärt. Zwar hatte der Vater dem Sohn reichlich Land hinterlassen – die Pücklers zählten zu den größten Landbesitzern im Königreich Preußen –, aber kein flüssiges Kapital. Also ehelicht Hermann 1817 die neun Jahre ältere, geschiedene Lucie von Hardenberg (1776–1854), Tochter des Staatskanzlers Hardenberg, die Geld in die Ehe bringt. Über die Verbindung schreibt er später: »Als wir uns heirate-

Hier fanden Fürst Pückler und seine Frau Lucie ihre letzte Ruhe

Fürst Pückler-Muskau

ten, war sie zwar, aufrichtig gestanden, etwas verliebt in mich, ich aber nicht im geringsten in sie, und sagte es ihr auch unumwunden ... Im Verlauf der Jahre haben wir aber, wie ich wohl sagen darf, uns gegenseitig so sehr achten und lieben gelernt, dass unser Bund für Freundschaft und Vertrauen unauflöslich geworden ist.«

1822 wird Pückler in den Fürstenstand erhoben. 1826 lässt sich das Ehepaar pro forma scheiden, damit Hermann in England Ausschau nach einer reichen Erbin halten kann. Gute vier Jahre geht der Gartenfürst in den Schlössern des englischen Landadels aus und ein. Zwar bringt er keine begüterte neue Gattin heim, aber die langen Briefe an seine geschiedene Lucie – witzig, geistreich, voll mildem Spott über die britische Lebensart – erscheinen 1830 in vier Bänden und werden auf der Stelle zu Bestsellern.

Pückler als Weltenbummler gelangt nach Ägypten, in den Sudan, nach Griechenland, Konstantinopel, in den Nahen Osten, und seine Reiseberichte werden stets von den Lesern verschlungen. Als der 52-jährige Fürst auf einem Kairoer Sklavenmarkt 1837 das vermutlich 12-jährige Mädchen Machbuba erwirbt, sie mit nach Europa nimmt und am kaiserlichen Wiener Hof als äthiopische Prinzessin präsentiert, ist es mit Lucies Geduld jedoch zu Ende; weniger wohl aus Eifersucht und mehr aus Rücksicht auf den angesehenen Namen Hardenberg. Machbuba wird auf Schloss Muskau verbannt. Das unglückliche Mädchen stirbt dort drei Jahre später nach schwerer Krankheit. Allein. Denn Belami Pückler hat sich schon längst neuen Abenteuern zugewandt.

Pückler als Landschaftsarchitekt bootet den gefeierten preußischen Gartenpapst Peter Joseph Lenné aus und überarbeitet dessen Pläne für den Potsdamer Park Babelsberg. 1843–1867 nimmt dieser nach Pücklers Entwürfen Gestalt an und zählt heute, so wie der Muskauer Park, zum UNESCO-Welterbe. Die Vollendung des Muskauer Parks verschlingt solch astronomische Geldsummen, dass Pückler 1845 seine Standesherrschaft verkaufen und in das kleinere, heruntergekommene Schloss Branitz bei Cottbus umziehen muss. Sogleich macht er sich von neuem ans Werk. Schloss Branitz wird nach Ideen von Gottfried Semper umgebaut, und auf gut 700 Hektar entsteht der Branitzer Parks. Dort im Westen lässt sich der Abenteurerfürst – der 1866 als 81-Jähriger noch an der Schlacht von Königsgrätz teilnehmen will, sie dann aber verschläft – 1856/57 in einem künstlichen See eine Wasserpyramide als Grabstätte errichten. Seine bereits verstorbene geschiedene Frau Lucie lässt er in den Tumulus umbetten und folgt ihr 1871 in die ewige Ruhe.

Rund um Cottbus

Von vielen wird die Region rund um Cottbus auch ›Vattenfall-Land‹ genannt. Seit 2001 drückt der omnipräsente schwedische Energiekonzern dem Südosten Brandenburgs seinen Stempel auf. Gewaltige Braunkohlelöcher gähnen im Dreieck Cottbus, Guben, Forst; beim Abbau des lukrativen fossilen Brennstoffs wird das Erdreich von innen nach außen gekehrt. Seit 1924 wurden in der Lausitz fast 140 Ortslagen zerstört, über 25 000 Menschen mussten die Abbaggerung ihrer Heimat miterleben. Zuletzt fiel 2005 das Dorf Horno dem Tagebau Jänschwalde zum Opfer, ab 2018 werden für den geplanten Neuaufschluss Jänschwalde-Nord südlich von Guben die Orte Atterwasch, Kerkwitz und Grabko mit insgesamt 900 Einwohnern weichen müssen.

Eine ganze Region hängt am Vattenfall-Tropf, dem größten Arbeitgeber sowie Sponsor von Kunst und Kultur, Festen, Freizeit- und Sportveranstaltungen im südlichen Brandenburg. Der Preis dafür ist die Verschmutzung der Luft mit dem Klimakiller Nummer 1, Kohlendioxid. Nach Angaben des Landesumweltamts tragen die Kohlekraftwerke Jänschwalde sowie Schwarze Pumpe bei Spremberg die Hauptschuld daran, dass das Bundesland Brandenburg pro Kopf mehr Kohlendioxid emittiert als die Vereinigten Staaten.

Dabei strahlen die weiten Niederlausitzer Mondlandschaften zugleich eine eigentümliche Faszination aus. An den Aussichtspunkten, die man eigens am Rande der gewaltigen Krater aufgebaut hat, ziehen sie zahlreiche Schaulustige in ihren Bann. Und gelegentlich rücken sogar nicht Schaufelradbagger und Förderbrücken an, sondern Archäologen mit Staubpinsel und kleinen Schaufelchen, wenn man, wie im Tagebaugebiet von Jänschwalde im Jahr 2008, beim Abräumen des Erdreichs unverhofft auf eine germanischen Siedlung aus dem 3./4. nachchristlichen Jahrhundert stößt.

Peitz/Picnjo

Karpfenzucht und Festungsbau – dafür steht die 4400-Einwohner-Stadt Peitz. Bereits 1301, als ›Pitzne‹ das erste Mal namentlich in einer Urkunde auftaucht, erhob sich am Ort eine Burg. 1559, ein knappes Jahrhundert nachdem das Cottbusser Land an die brandenburgischen Kurfürsten gekommen war, begann man

Karte S. 292

▲ *Umstrittene Energiegewinnung: das Kraftwerk Jänschwalde*

mit dem Ausbau der alten Burganlage zur wehrhaften Zitadelle. Sie entstand unter Leitung der bedeutendsten europäischen Festungsbaumeister: Hieronimus Arkanat, Chiamarello de Gandino und schließlich Rochus Guerrini Graf zu Lynar. Ende 1562 war die Oberfestung fertiggestellt, bis 1595 folgten rund um die Stadt die unterhalb der Zitadelle gelegenen Befestigungsanlagen.

Zuvor hatte man als Schutzgürtel bereits ein ausgedehntes Teichgebiet angelegt sowie für dessen Speisung Hammergraben und großes Spreewehr gebaut. Die Gewinnung von wertvollem Raseneisenstein machte die besonderen Sicherungsmaßnahmen nötig. Mit 25 bis 35 Prozent reinem Eisengehalt so nah unter der Vegetationsdecke, dass man ihn mit Hacke und Spaten mühelos abbauen konnte, weckte der Rohstoff große Begehrlichkeiten. Im 1550 gegründeten kurfürstlichen Werk Peitz wurde er deshalb sogleich verhüttet.

Von der Zitadelle ist bis auf den mächtigen Festungsturm seit langem nichts mehr vorhanden. Friedrich der Große ließ sie bereits 1767 schleifen. 1809–1839 entstand dann am Ufer der Teichlandschaft ein **Eisenhütten- und Hammerwerk** mit Hochofenhalle, Magazin, Emaillierwerk, Stabhammerhütte, Beamten- und Arbeiterwohnhäusern so, wie es heute insgesamt noch erhalten ist. Die alte Eisenhütte auf dem Gelände dient heute als **Hüttenmuseum**. In der 1809/10 errichteten und damit ältesten noch funktionstüchtigen Hochofenhalle Deutschlands kann der Besucher die historische Gießereianlage in Augenschein nehmen. Nebenan lässt sich in der Mechanischen Werkstatt Wissenswertes zu Peitz' Aufstieg und Niedergang als Industriestandort in Erfahrung bringen. 1856 wurde der Hüttenbetrieb stillgelegt und die Fischer nahmen von dem Terrain

Das Hütten- und Fischereimuseum in Peitz

Besitz. Die Peitzer Fischzucht hatte sich zusammen mit der Eisengewinnung seit Mitte des 16. Jahrhunderts entwickelt, und vor allem der Peitzer Karpfen stieg zur begehrten Delikatesse auf. Ab 1867 königlicher Hoflieferant, bewirtschaftete das kleine Niederlausitzer Städtchen 1920 die zweitgrößte Karpfenzucht Deutschlands. In der historischen Formerei neben dem Hüttenmuseum bietet heute das **Fischereimuseum** spannende Einblicke in Geschichte und Methoden der brandenburgischen Binnenfischerei. Im Außenbereich ist ein Teichlehrpfad angeschlossen, und selbstverständlich dürfen auch ein Fischrestaurant und eine Räucherkate nicht fehlen.

Alljährlich am vorletzten oder letzten Oktoberwochenende findet auf dem Gelände der ›Große Fischzug‹ statt, das traditionelle Abfischen des Hälterteichs. Die Karpfenernte wird begleitet von Musik und einem bunten Rahmenprogramm und natürlich Fisch in allen Variationen: frisch, geräuchert, gegrillt, gedünstet oder als Hauptzutat in der köstlichen Peitzer Fischsuppe.

Der historische Ortskern präsentiert sich mit einem schmucken **Markt**, den sanierte Bürgerhäuser des 18. und 19. Jahr-

Der Süden

hunderts umgeben. Im Zentrum erheben sich das von 1797 bis 1804 errichtete **Rathaus** mit einem 1863 aufgepflanzten neugotischen Tudorschaugiebel und daneben die **Pfarrkirche**, zwischen 1854 und 1860 nach Plänen von Friedrich August Stüler erbaut.

Um die Ecke thront, fast 40 Meter hoch, der wuchtige **Festungsturm**. Seine bis zu sechs Meter dicken Mauern gehen im Kern auf die Burggründung im 13. Jahrhundert zurück. Mitte des 16. Jahrhunderts wurde er im Zuge des Zitadellenbaus in die Festungsanlage integriert. Das **Heimatmuseum** im Turminneren stellt Stadt- und Festungsgeschichte aus. Vom kleinen Dachreiter aus hat man einen fantastischen Blick auf die Dächer von Peitz, die Teichlandschaft und auch die Essen und Kühltürme des Kohlekraftwerks Jänschwalde nicht weit entfernt.

■ Die Umgebung von Peitz

Würde das **Kraftwerk Jänschwalde** nicht zu Europas größten Klimakillern gehören – man könnte den Blick über den Peitzer Hälterteich auf die Galerie weißer Kühltürme, die sich im stillen Wasser spiegeln, beinahe malerisch nennen. 1976–1988 vom VEB Bau- und Montagekombinat Kohle und Energie errichtet und nach der Wiedervereinigung bis 1996 nachgerüstet, übernahm 1998 der schwedische Energiekonzern Vattenfall die gesamte Lausitzer Braunkohleindustrie. Auch das Kohlekraftwerk Jänschwalde wird seitdem von Vattenfall betrieben. Nach Voranmeldung kann man es unter der Woche im Rahmen einer Führung besichtigen.

Namenspate von Kraftwerk und Tagebau ist der **Weiler Jänschwalde** einen Katzensprung nordöstlich von Peitz. In einer restaurierten Pfarrscheune zeigt dort das **Wendisch-Deutsche Heimatmuseum** historische Bilder, wendische

Aussichtsturm im Erlebnispark Teichland

Trachten, Möbel, Hausrat und Gerätschaften aus der Wende vom 19. aufs 20. Jahrhundert und vermittelt so eine Vorstellung der bäuerlichen wendischen Lebensweise vergangener Zeiten.

Die **Sorbische Bauernstube** in **Heinersbrück/Most** stellt in der ehemaligen Dorfschule sorbische Alltags- und Festtagstrachten sowie historische Gebrauchsgegenstände des früheren ländlichen Lebens aus.

Aussichtspunkte, die vom hohen Lärmschutzdeich aus einen buchstäblich profunden Einblick in den gigantischen

Karte S. 292

▲

Braunkohletagebau Jänschwalde gewähren, befinden sich an dessen Ostrand fast an der deutsch-polnischen Grenze beim Dörfchen **Grießen** (einer auf Höhe Ortsmitte, ein weiterer am südlichen Ortseingang).

Eine weite Sicht über den teils bereits rekultivierten **Tagebau Cottbus-Nord** bietet südlich von Peitz die Bärenbrücker Höhe. Der 33 Meter hohe Hügel entstand aus der Verkippung von Aufschlussmassen der Tagebaue Cottbus-Nord und Jänschwalde in den Jahren 1974 bis 1982. Die Zufahrt zum Aussichtspunkt ist über die Landstraße L 473 zwischen Bärenbrück und Neuendorf zu erreichen.

Größte Attraktion im kleinen **Neuendorf** und ein Spaß für die ganze Familie ist der **Erlebnispark Teichland**. Am Hang der Bärenbrücker Höhe angelegt, bietet er auf 20 Hektar Gelände eine Sommerrodelbahn, einen Irrgarten mit slawischen Holzschnitzgöttern, Kletterfelsen, Bungeetrampolin, Tubingbahn u.v.m. Den Abschluss und wahrhaftigen Höhepunkt bildet auf der Bärenbrücker Höhe der 2010 eröffnete, 57 Meter hohe **Aussichtsturm**. 272 Stufen muss man erklimmen, und oben angelangt liegt einem die gesamte Niederlausitz zu Füßen: die aufgewühlte Erde der Tagebaue, das Peitzer Teichland, Cottbus sowie die Kraftwerke Jänschwalde und unten im Süden Schwarze Pumpe.

Guben/Gubin

Seit Polens Beitritt zum Schengen-Raum im Dezember 2007 wogt der Verkehr in der deutsch-polnischen Doppelstadt an der Neiße ohne Grenzkontrollen wieder ungestört von hüben nach drüben. An einer Kreuzung wichtiger Fernstraßen war der 1033 erstmals erwähnte Marktfleck einst entstanden, dem die Meißner Markgrafen 1235 das Stadtrecht verliehen. Keine fünf Jahrzehnte später erteilten sie ihren Gubener Untertanen die Erlaubnis Wein anzubauen. Guben stieg zur Winzerstadt auf und blieb das bis Mitte des 19. Jahrhunderts. Erst die Eisenbahn, die vollere südliche Weine herbeitrug, beendete Gubens Weinbau-Karriere.

Zweites wirtschaftliches Standbein war die Tuchmacherei, die sich ab dem 16. Jahrhundert entwickelte. 1822 begründete der Fabrikant Carl Gottlieb Wilke die Gubener Hutherstellung; als erster in Mitteleuropa ließ er den wetterfesten Wollfilzhut produzieren. Ein Jahrhundert später wurden in der Hut-Hochburg an der Neiße im Jahr zehn Millionen Kopfbedeckungen hergestellt.

Die Gubener Tuchfabrikation stand dem nicht nach. Der Werbeslogan ›Gubener Tuche, Gubener Hüte – weltbekannt für ihre Güte‹ war nicht übertrieben.

Im Februar 1945 wurde die Stadt fast völlig zerstört und infolge der Grenzziehung zwischen Deutschland und Polen entlang Oder und Neiße geteilt: am Ostufer der Neiße Gubin mit dem untergegangenen historischen Zentrum, am Westufer Guben, das von 1961 bis 1990 nach dem ersten und einzigen Staatspräsident der DDR den Zusatz ›Wilhelm-Pieck-Stadt‹ im Namen trug.

Aufgrund der immensen Kriegszerstörungen verfügt die heute 18 000 Einwohner zählende Stadt über keine bedeutenden historischen Sehenswürdigkeiten. Dafür wartet sie in der einstigen Wilkeschen Hutfabrik mit dem **Stadt- und Industriemuseum** auf, das die Geschichte der Gubener Hut- und Tuchindustrie dokumentiert.

Umstritten ist Gunther von Hagens **Plastinarium**. Auf 2500 Quadratmetern Ausstellungsfläche vereint es die Anatomieausstellung ›Körperwelten‹ mit einer gläsernen Werkstatt, in der man die Verwandlung menschlicher Körperteile in Präparate und Plastinate verfolgen kann.

Der Süden

Forst/Baršć

War Guben Hutmacherstadt, so Forst Tuchmacherstadt. 1418 wurden dem Ort an der Neiße die Tuchmacherprivilegien verliehen, zehn Jahre darauf folgten die Stadtrechte, und Forst entwickelte sich rasch zur Textilmetropole. 1821 eröffnete die erste Spinnfabrik. Hundert Jahre später zählte man beinahe 300 Tuchfabriken, jeder dritte Einwohner war in der Textilindustrie beschäftigt. Wenige Wochen vor dem Ende des Zweiten Weltkriegs ereilte Forst das Schicksal der meisten Städten an Oder und Neiße. Vier Fünftel der alten Bausubstanz verwandelten sich bei den Kämpfen um die Stadt in Schutt und Asche.

Nur wenige historische Bauwerke wurden nach dem Krieg wieder aufgebaut, darunter am Markt die ursprünglich spätgotische, dreischiffige **St. Nikolaikirche**, deren Fundamente von Ende des 13. Jahrhunderts stammen. Um die Ecke steht in einer ehemaligen Tuchfabrik und heutigem Kreishaus des Landkreises Spree-Neiße in der ersten Etage, Haus C, das Skelett eines **Wollhaarigen Mammuts**. 1894 hatte man das über 100 000-jährige, fast vollständig erhaltene Fossil in einer nahe gelegenen Tongrube entdeckt. Bei ›Susi Stoßzahn‹, wie die Forster ihr Urzeit-Skelett tauften, handelt es sich allerdings um eine Kopie. Das Original befindet sich im Berliner Naturkundemuseum.

Unter dem Dach einer 1897 erbauten Tuchfabrik hat sich 1995 das **Brandenburgische Textilmuseum** einquartiert. Es präsentiert die Geschichte der Stadt, des Tuchmacherhandwerks sowie eine Tuchmacher-Schauwerkstatt mit historischen Webstühlen und Spinnmaschinen. Am Südrand von Forst blüht der **Ostdeutsche Rosengarten**. Anlässlich des 25-jährigen Kronjubiläums von Kaiser Wilhelm II. feierte er 1913 seine Einweihung. Heute duften dort rund 40 000 Rosenstöcke in über 900 Sorten um die Wette, und das 19 000 Einwohner zählende Forst schmückt seinen Namen mit dem Zusatz ›Rosenstadt‹.

An die 136 Lausitzer Ortschaften, die der Braunkohleförderung geopfert wurden, erinnert am Nordwestrand von Forst im umgesiedelten, neuen Dorf Horno das **Archiv verschwundener Orte**. In der Nachbarschaft sind im Kirchlichen Informationszentrum die Modelle von 27 für die Kohle abgebaggerten Gotteshäusern ausgestellt.

Karte S. 292

Das Mammutskelett von Forst

Peitz, Guben, Forst

Touristeninformation Peitz, Markt 1, 03185 Peitz, Tel. 035601/8150, www. peitz.de, Mo–Fr 8.30–18 Uhr, April–Okt. zusätzlich Sa 9–14 Uhr; Fahrradverleih.

Touristeninformation Guben, Frankfurter Straße 21, 03172 Guben, Tel. 03561/3867, www.touristinformation-guben.de, Mo–Fr 9–18, Sa 9–13 Uhr.

Touristeninformation Forst, Cottbusser Straße 10, 03149 Forst (Lausitz), Tel. 03562/669066, www.forst-information. de, April–Sept. Mo–Fr 10–18, Sa 9–12 Uhr, Okt.–März Mo–Do 10–17, Fr 10–14 Uhr.

Hotel zum Goldenen Löwen, Markt 10, 03185 Peitz, Tel. 035601/80940, www. hotel-peitz.de, DZ/F 65 €. Historisches Haus am Markt; Spezialität im gutbürgerlichen Restaurant: Peitzer Karpfen.

Hotel Haufe, Cottbusser Straße 123, 03149 Forst (Lausitz), Tel. 03562/2844, www.hotel-haufe.com, DZ/F ab 69 €. Familiengeführtes Haus mit schönem Garten unweit vom Zentrum; im Restaurant deutsche Küche.

Berghotel Bresinchen, Neuzeller Straße 10, 03172 Guben/OT Bresinchen, Tel. 03561/685130, www.berghotel-guben. de, DZ/F ab 60 €. Freundliche Herberge ca. 6 km nördlich von Guben, gutbürgerlich, das Restaurant bodenständig.

Campingplatz Grossee, Spreewaldstraße 44, 03185 Peitz, Tel. 035601/22164, www.gross-see.de, Mitte April–Mitte Okt. Zehn Kilometer nördlich von Peitz im Wald am Badesee; Strand, Restaurant, Imbiss, Shop, Bungalow- und Campingwagenvermietung.

Hütten- und Fischereimuseum, Hüttenwerk 1, 03185 Peitz, Tel. 035601/34417, www.fischereimuseum.de, www.peitzer-huettenwerk.de, Di–So 10–17 Uhr, Nov.–März Di–Fr 10–16, Sa/So 13–16.

Festungsturm, Festungsweg, 03185 Peitz, Tel. 035601/31962 , www.festungpeitz. de, April–Okt. Di–So 10–17.

Sorbische Bauernstube, Hauptstraße 2, 03185 Heinersbrück, Tel. 035601/82663, Di–Fr 10–12 und 14–17, So 13–17 Uhr.

Wendisch-Deutsches Heimatmuseum, Kirchstraße 11, 03197 Jänschwalde, Tel. 035607/749928, Di–Fr 10–15 Uhr.

Kraftwerk Jänschwalde, 03185 Peitz, Tel. 035601/94615, http://kraftwerke.vatten fall.de, Besichtigung mit Führung Mo–Fr 8–15 Uhr nach Voranmeldung.

Erlebnispark Teichland, Zum Erlebnispark 1, 03185 Teichland/OT Neuendorf, Tel. 035601/909023, www.erlebnispark-teich land.de, April–Okt. tgl. 10–19, März u. Nov./Dez. Mi–So 12–17 Uhr.

Stadt- und Industriemuseum, Gasstraße 5, 03172 Guben, Tel. 03561/68712100, www.museen-guben.de, Di–Fr 10–17, Sa/So 14–17 Uhr.

Plastinarium, Uferstraße 26, Tel. 03561/5474382, www.plastinarium.de, Fr–So 10–18 Uhr.

Brandenburgisches Textilmuseum, Sorauer Straße 37, 03149 Forst, Tel. 035-62/97356, www.textilmuseum-forst.de, Juni–Sept. Mo 9–16, Di–Fr 10–17, Sa/SO 14–17 Uhr, Okt.–Mai Di–DO 10–17, Fr–So 14–17 Uhr.

Ostdeutscher Rosengarten, Wehrinselstraße 43, 03149 Forst (Lausitz), Tel. 03562/989500, www.rosengarten-forst. de, tgl. 9 Uhr bis zur Dämmerung.

Archiv verschwundener Orte, An der Dorfaue 9 (im Gemeindezentrum, 03149 Forst/OT Horno, Tel. 03562/694836, www.verschwundene-orte.de, Di–Do 10–17, Fr–So 14–17 Uhr.

Ausflugsrestaurant Maustmühle, Mühle 3, 03185 Teichland/OT Maust, Tel. 035601/802970, www.maustmuehle. de. Beliebtes Ausflugslokal mit Gasthaus und schönem Kaffeegarten direkt an den Peitzer Teichen; große Fischkarte.

Nach der Kohle

»Der Liebe Gott schuf die Lausitz, aber der Teufel vergrub in ihrem Boden die Kohle«, lautet ein altes Sprichwort, das auch gegenwärtig noch Gültigkeit hat. Zwar setzte bereits Ende des 18. Jahrhunderts der Lausitzer Kohlebau ein, doch erst Anfang des 20. Jahrhunderts verwandelte sich der Segen zum Fluch. Der Aufschluss des zweiten Lausitzer Flözes läutete die Ära der Großtagebaue ein. Bis heute wurden weit über 500 Quadratkilometer Kulturland überbaggert, 136 Ortschaften mitsamt ihrer mittelalterlichen Kirchen, Dorfschulen und Friedhöfe dem Erdboden gleich gemacht und rund 25 000 Menschen umgesiedelt. Braunkohlebergbau und Energiewirtschaft, dazu die Verwaltung, Zulieferbetriebe und Veredelung zählen zu den bedeutendsten Arbeitgebern in der Region. Und ein Ende der Lausitzer Braunkohlezeit ist noch lange nicht abzusehen. Vier weitere Kohlefelder sollen bis 2035 aufgeschlossen werden: Jänschwalde-Nord südlich von Guben, Welzow-Süd zwischen Großräschen und Spremberg sowie nahe Spremberg Bagenz-Ost und Spremberg-Ost.

Gleichzeitig sind andernorts die Lager erschöpft und werden die Tagebaue stillgelegt. Zurück bleiben riesige geschundene Flächen, die die Sanierer vor große Herausforderungen stellen. Um die kohlestaubtrockenen Mondlandschaften für Mensch und Tier wieder nutzbar zu machen, gilt nach der Bodenentgiftung ein besonderes Augenmerk der Wasserwirtschaft und Kippbödenverdichtung. Nach Beendigung der jahrzehntelangen Grundwasserspiegel-Absenkung drückt das Grundwasser nun wieder nach oben und füllt die Restlöcher – so wie geplant, denn es soll eine ganze Kette von Seen entstehen. Doch infolge von Eisen und Sulfaten im Erdreich versauert das Wasser, teils wird ein ph-Wert von fünf bis vier gemessen, was etwa dem Säuregehalt von Wein entspricht. Deshalb leitet man zusätzliche Wassermassen ein, insbesondere aus der Spree, was wiederum flussabwärts vom Spreewald bis nach Berlin zu großen Problemen führt.

Neben Wasserdefizit und Versauerung droht Lebensgefahr durch Rutschungen an den Kippböschungen. Nachdem schweres Bergbaugerät jahrzehntelang gewaltige Erdmassen am einen Ort abgebaggert und am anderen locker aufgekippt hat, müssen die so aufgefüllten Flächen ›gerüttelt‹, d.h. wieder standsicher gemacht werden. Dies geschieht mit Hilfe der Rütteldruckverdichtung als einem Verfahren, bei dem ein punkt- und tiefenorientierter Eintrag von Vibrations-

Die ›Landmarke Lausitzer Seenland‹ am Geierswalder See

ESSAY

Flutung eines ehemaligen Tagebaus

energie den Boden verdichtet und stabilisiert. Anschließend kann mit der Bepflanzung und Aufforstung der ehemaligen Kippflächen begonnen werden. Trotzdem dauert es danach noch viele weitere Jahre, bis der scheinbar feste Boden endlich wieder betreten werden kann. Wie ein Schwamm saugen sich die unteren Erdschichten mit dem ansteigenden Grundwasser voll, werden puddingweich und können durch geringfügige Auslöser absacken, wegrutschen oder sich wie Treibsand verflüssigen und dabei alles mit sich reißen. Die Warnschilder überall am Rande der renaturierten Tagebaurestlöcher, die auf Lebensgefahr beim Betreten hinweisen, muss man unbedingt ernst nehmen. Von den eigens angelegten Aussichtspunkten aus lässt sich das werdende Seenland mit einem Fernglas sehr gut in Augenschein nehmen.

Denn zugleich ist es faszinierend mitzuverfolgen, welche Kraft die Natur entwickelt, um eine graubraune Wüste mit neuem Leben zu erfüllen. Pioniere und Spezialisten wie Silbergras und Sandohrwurm ergreifen unverzüglich Besitz von den öden Flächen, bald darauf blüht das Heidekraut, und mit dem steigenden Wasserspiegel stellen sich wenig später die ersten Wasser- und Zugvögel ein. Die Wunden vernarben allmählich, frühere Mondlandschaften verwandeln sich in Badeseen und Naturschutzgebiete. Der Gräbendorfer See am Nordostrand des Niederlausitzer Landrückens ist der erste vollständig geflutete Tagebausee in Brandenburg seit der Wiedervereinigung. Von 1996 bis 2007 lief er mit Wasser voll und kündigt schon einmal an, wie das im Süden Brandenburgs und Norden Sachsens just entstehende Lausitzer Seenland als größte jemals von Menschenhand geschaffene Wasserlandschaft Europas in nicht allzu ferner Zukunft aussehen kann.

Niederlausitzer Landrücken

Im Südwesten vom Spreewald erstreckt sich der Niederlausitzer Landrücken. Mehr als 580 Quadratkilometer der Altmoränenhochfläche, die vor etwa 200 000 Jahren die Gletscher der Saale-Eiszeit zusammengeschoben haben, nimmt seit 1997 der Naturpark Niederlausitzer Landrücken ein. Eingerahmt von der Dahme im Norden, den Städtchen Luckau und Calau im Osten sowie im Süden dem Elbe-Elster-Land, zeichneten das Großschutzgebiet lange Zeit Gegensätze aus, wie sie schärfer kaum in Augenschein treten könnten. Die Nordhälfte von Landwirtschaft mit grünen Wiesen, Weiden und Feldern geprägt, die gewellte Südhälfte vorwiegend in dunkle Kiefern gehüllt, offenbarte sich das Herz des Naturparks als öde, bizarr anmutende Mondlandschaft – Hinterlas-

senschaft der riesigen Braunkohletagebaue, die dem Land gewaltige Wunden geschlagen haben.

Dem bereits im 19. Jahrhunderts einsetzenden Niederlausitzer Braunkohleabbau wurden insbesondere ab den 1950er Jahre ganze Landschaften mitsamt ihren Dörfern geopfert. Der nordwestliche Förderraum im Dreieck Lübbenau, Luckau und Calau fraß mit den Großtagebauen Seese-West, Schlabendorf-Nord und Schlabendorf-Süd mehr als 85 Quadratkilometer Fläche. Tiefe Gruben und hohe Abraumhalden entstanden, bis 1991 Schlabendorf-Süd als letzter der drei Tagebaue stillgelegt wurde. Sanierung und Rekultivierung begannen und halten bis heute noch an. Kippflächen und Uferhänge werden verdichtet und die Restlöcher geflutet, während gleich-

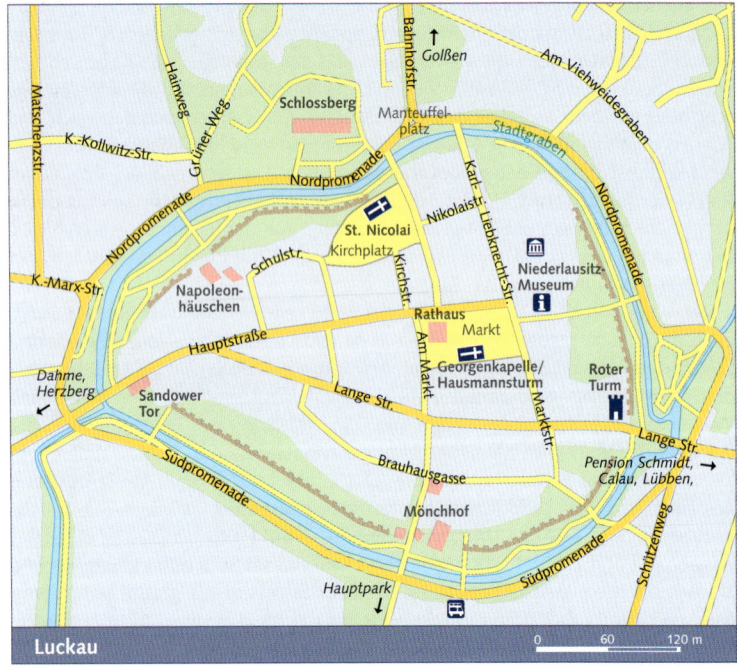

Schmuckgiebel am Markt von Luckau

zeitig der für den Kohlebau abgesenkte Grundwasserspiegel kontrolliert wieder ansteigen darf.

So entsteht eine Reihe von Seen, umzogen von kargen Sanddünen und Trockensteppen, die sich die Natur nun Schritt für Schritt zurückerobern kann.

Auf Spezialisten wie Silbergras und Sandohrwurm folgen rosa bis purpur blühende Sandheiden. Uferschwalben bauen Nester in den Steilwänden, Steinschmätzer lassen sich in den Abbruchkanten nieder, Kreuzkröte und Rotbauchunke bevölkern die Uferbereiche der sich allmählich wieder mit Wasser füllenden Gruben, und auf den großflächigen Vernässungsbereichen geben sich bereits die ersten Kranichscharen ein Stelldichein. Als typische Säuger der Bergbaufolgelandschaften hoppeln Feldhasen über die Trockenrasen, und in der Einsamkeit am gerade entstehenden Schlabendorfer See, heißt es, hat man sogar Wölfe gesehen.

Luckau

Für viele ist Luckau am Nordostrand des Naturparks die schönste Stadt in der Niederlausitz. Sie zählt 6000 Seelen – mit den 20 eingemeindeten umliegenden Weilern sogar 10 000 – und verfügt über ein fast vollständig von einer mittelalterlichen Wehrmauer umzogenes, liebevoll restauriertes historisches Zentrum.

Im Jahr 1492 wurde das Kleinod vom böhmischen König Wladislaw II. zur Hauptstadt des Markgrafentums Niederlausitz ernannt. Da war der Ort gemäß der ältesten überlieferten Urkunde, ausgestellt im Jahr 1276, schon beinahe 220 Jahre alt. 220 Jahre des Wohlstands am Schnittpunkt wichtiger Handelsstraßen, deren Warenverkehr Luckau aufblühen ließ. 1644 jedoch entfachten im Ort lagernde schwedische Soldaten aus Unachtsamkeit eine Feuersbrunst. Weite Teile Luckaus wurden in Schutt und Asche gelegt, und kaum wieder aufgebaut folgte 1652 der nächste verheerende Stadtbrand. Schauplatz eines Waffengangs wurde Luckau am 4. Juni 1813, als es zu einem für die russisch-preußischen Truppen siegreichen Gefecht gegen die Soldaten Napoleons kam. 1815 gelangte die Stadt mit der Niederlausitz an Preußen, wurde im Jahr darauf Kreisstadt und blieb dies durchgehend bis 1993.

■ Sehenswürdigkeiten

Im Mittelpunkt der verträumten kleinen Altstadt steht der große **Markt**, den rundum **Bürgerhäuser** des 17. und 18. Jahrhunderts mit prächtig gestalteten Schweifgiebeln und Fassadenschmuck von Hand italienischer Künstler um 1700 säumen. Sie werden überragt vom **Hausmannsturm**, der im 17. Jahrhundert entstand. Wie der Name schon sagt, war er Zuhause für Hausmann und Nachtwächter, die nach den schlimmen Bränden 1644 und 1652 von oben aus die Stadt Tag und Nacht im Auge behielten, um bei Gefahr sofort Alarm zu schlagen. Dem Turm zu Füßen steht an der Nordwestseite die spätromanische **Georgenkapelle,** die in ihren Ursprüngen aus den Jahren um 1200 stammt. Nach der Reformation verlor die einstige Pfarrkirche ihre Funktion, fand in der DDR eine neue Aufgabe als Kleine Festhalle und bietet heute Raum für Konzerte und Trauungen. So gänzlich anders als die schmuckgiebelverzierte Platzrandbebauung tritt das fast mediterran anmutende **Rathaus** am Markt in Erscheinung. Bestimmt würde niemand eine Wette darauf machen, dass das spätklassizistische Bauwerk im Kern bereits aus dem Mittelalter stammt, doch im Gewölbe des Ratskellers kann man sich davon überzeugen. Die Stadtbrände zwangen zum Neubau; das heutige Erscheinungsbild beruht wesentlich auf einer Umgestaltung 1850/51.

Zwei schmale Gassen trennen den Markt von der imposanten **St. Nikolaikirche**, deren enormes Satteldach die Bürgerhäuschen ringsum regelrecht niederzudrücken scheint. Die gotische Hallenkirche wurde von 1375 bis etwa 1437 errichtet. Im 15. Jahrhundert folgten nach Angliederung der Lausitz an das Königreich Böhmen großzügige Erweiterungen, so dass das Gotteshaus schließlich 1100 Gläubige fasste. Beim Stadtbrand 1644 ging die mittelalterliche Ausstattung weitgehend verloren, doch umso prächtiger sollte in der zweiten Hälfte des 17. Jahrhunderts die neue, barocke Möblierung werden. Unter dieser tritt besonders die 1672–1674 vom Leipziger Orgelbauer Christoph Donat geschaffene Orgel mit einem reich gegliederten Prospekt hervor, außerdem die formvollendete doppelläufige Wendeltreppe von 1673 neben dem Eingang zur Sakristei. Ein Moment des Verweilens sollte auch den bildschönen Figuren am Sockel der Kanzel gelten, 1666 vom Torgauer Bildhauer Andreas Schultze geschaffen. Auf das Jahr 1670 datieren Taufstein und Hochaltar im Zentrum des Chorraums.

In der Kirche des ehemaligen Dominikanerklosters im Nordosten der Altstadt, heute ›Kulturkirche‹, wird Stadt- und Regionalgeschichte vermittelt. Das einstige Gotteshaus, das bis 2005 eine Haftanstalt war, ist Sitz des **Niederlausitz-Museums Luckau**. Eine Ausstellung widmet sich der kuriosen Historie des Gebäudes, die 1291 mit der Klostergründung beginnt. In der Reformation aufgelassen, werden die altehrwürdigen Mauern 1747 in ein Zucht- und Armenhaus umfunktioniert. Zahlreiche Erweiterungen folgen, zuletzt 1901, als man in die Kirche vier Geschosse für Schlafsäle einzieht. Der jemals wohl prominenteste Häftling ist 1916 bis 1918 Karl Liebknecht, der in Luckau wegen Hochverrats einsitzt. Noch weitere knapp hundert Jahre dient das frühere Klostergelände als Gefängnis. Die Nutzung endet erst mit der Inbetriebnahme eines JVA-Neubaus 2005 im Ortsteil Duben.

Außerhalb der Stadtmauern liegt nicht weit entfernt der **Schlossberg**, der seinen Namen jenen Zeiten verdankt, als dort tatsächlich einmal ein herrschaftliches Gebäude stand. Auf einem slawischen Burgwall befand sich erst eine Burg, dann ein Schloss, das 1644 auf Befehl des sächsischen Kurfürsten Johann Georg I. geschleift wurde, weil man die Steine zum Wiederaufbau der niedergebrannten Stadthäuser brauchte. Seit 1876 krönt traditionell eine Gaststätte den Gipfel der kleinen Anhöhe.

Nach den überlieferten Gartenstrukturen entstanden rund um den Schlossberg im Zuge der Landesgartenschau 2000 viele kleine, durch Hainbuchen gerahmte **Gartenräume**. Der für die brandenburgische Landesgartenschau im Jahr 2000 angelegte **Stadtpark** schließt sich mit Buchenhecken-Irrgarten, Moorbadgarten, Streuobstwiesen, Wasserspielplatz und vorneweg einem großen Parkplatz und Wohnmobilhafen gegenüber vom Schlossberg im Süden an die Mauern der Altstadt an.

Karte S. 342 ▲

Höllberghof bei Langengrassau

Wenige Kilometer westlich von Luckau befindet man sich bei Langengrassau inmitten der Höllenberge. Ihren Namen erhielten die zwischen 90 und 150 Meter hohen Hügel, weil sie für brandenburgische Verhältnisse ungewöhnlich tiefe Schluchten ausbilden. Dort eingebettet steht der **Höllberghof**, 1991 originalgetreu im Lehmfachwerkstil nach 200-jährigem Vorbild errichtet. Der typisch Niederlausitzer Dreiseitenhof, dessen reetgedeckte Gebäude mit Wohnbereich, Stallung und Speicher auf drei Seiten einen Innenhof einfassen, dient sowohl als Forschungs- und Umweltbildungsstätte als auch der Pflege überlieferter Bräuche und Landwirtschaftspraktiken. Eine Ausstellung in der Scheune informiert über den Hof, die historische Entwicklung der Landwirtschaft in der Region sowie die Lebensart unserer Vorfahren.

Ein Rundweg führt von dort durch das Naturschutzgebiet Höllberge zum **Tiergehege**, wo vom Aussterben bedrohte alte Haustierrassen gezüchtet werden. Im **Bauerngarten** gedeihen wilde Kräuter und fast vergessene Gemüsearten. Zu Festen wie 1. Mai oder Pfingsten steht traditionelles Brauchtum auf dem Programm, und alljährlich zu Erntedank kommen alte Handwerke wieder zum Einsatz. Für das leibliche Wohl sorgt mit regionaltypischen Gerichten die im Kossätenhaus untergebrachte Höllbergschänke.

Kranichsammelplatz im Luckauer Becken

Zwischen Freesdorf, Beesdau und Görlsdorf erstreckt sich das **Naturschutzgebiet Borcheltsbusch**. Den stillgelegten Torfstich mit einer Reihe von kleinen Wasserflächen haben sich Kraniche zum Schlafplatz erkoren. Die Äcker in der Umgebung bieten reichlich Nahrung, und so verweilt mancher der grauen Schreitvögel mittlerweile ganzjährig in der Region. Ab Anfang August stellen sich die ersten Paare ein, die im Borcheltsbusch eine Rast auf ihrer Reise von Nordeuropa nach Afrika einlegen. Ende Oktober/Anfang November werden bis zu 5000 Kraniche gezählt, außerdem zehntausende nordische Gänse. Die beste Möglichkeit, das Vogeltheater mitzuverfolgen, bietet der Aussichtsturm an der Straße zwischen Fredersdorf und Goßmar (Fernglas mitnehmen!).

Die Natur holt sich den Raum zurück: Naturparkzentrum Niederlausitzer Landrücken

Der Süden

Rund um den Schlabendorfer See

Wo sich heute allmählich die Seen füllen, gähnte noch vor nicht allzu langer Zeit ein gigantisches Erdloch. 1959 wurde der Kohletagebau Schlabendorf-Nord aufgeschlossen, 1975 folgte Schlabendorf-Süd, und zusammen bildeten sie den größten Tagebau im so genannten Nordraum des Niederlausitzer Kohlereviers. Eine Reihe von Dörfern wurde abgebaggert, weitere hätten weichen müssen, wäre der Kohleabbau hier nach der Wende nicht zum Stillstand gekommen.

Der 300 Einwohner kleine **Weiler Schlabendorf**, damals zum Abriss vorgesehen, ist heute Namenspatron des frisch entstandenen Schlabendorfer Sees. Unmittelbar am Nordostrand des ehemaligen Tagebaus gelegen, weihte man – wenngleich das Gewässer erst 2012 seinen endgültigen Pegelstand erreicht hatte – im August 2008 bereits eine **Marina** ein. Rund 600 Hektar groß ist der See, etwa ein Drittel dient dem motorlosen Wassersport. Allerdings herrschen besondere Nutzungsbedingungen, da das Gewässer noch unter Bergrecht steht. Auch war das Vergnügen nur von kurzer Dauer. Im Wasser gelöstes Eisen färbte

Gedenkstein für das abgebaggerte Dorf Wanninchen

den See rostbraun, es roch metallisch und der PH-Wert sank bedrohlich. Im Sommer 2013 mussten See und Marina deshalb gesperrt werden. Seitdem laufen die Sanierungsarbeiten u.a. mithilfe eines Bekalkungsschiffs, das Kalkmehl ins Seewasser einspült und zugleich das gelöste Eisen ausfällt.

Eine Solarfähre soll eines Tages Schlabendorf mit Wanninchen am Westufer verbinden. Der winzige Weiler bestand einmal aus acht Bauernhöfen, einer Försterei und einer Wassermühle. 1985 verschlang sie der Tagebau, nur ein einziges Gehöft blieb verschont. 2001 zog dort direkt vor der Abbruchkante das **Naturparkzentrum Wanninchen** der Heinz Sielmann Stiftung ein. Im Jahr zuvor hatte die Stiftung knapp 800 Hektar der ehemaligen Tagebaufolgelandschaft erworben, um sie dauerhaft für den Naturschutz zu sichern; unterdessen sind es in **Sielmanns Naturlandschaft Wanninchen** über 3000 Hektar geworden. Im Naturparkzentrum, das zugleich als Besucherzentrum des Naturparks Niederlausitzer Landrücken dient, veranschaulichen Ausstellungen, wie und mit was sich die Tagebauödnis wiederbelebt. Auf dem Freilichtgelände laden Findlings- und Kräutergarten, Tiergehege und Bienenlehrpfad, Erlebnisweiher, Steinlabyrinth u.v.m. zum Aufenthalt ein. Aussichtstürme bieten einen weiten Blick über den Schlabendorfer See und die langsam wieder ergrünende Mondlandschaft. Die Natur setzt sich wieder ins Recht, und auch die Kraniche haben die neue Wasserwelt bereits für sich entdeckt.

■ Fürstlich Drehna

Auf drei Seiten vom Tagebau umzingelt, lag Fürstlich Drehna wie eine letzte verbliebene Insel in der Braunkohlelandschaft da. Große Abschnitte des Schlossparks sowie der benachbarten

Bildschön: das Wasserschlosss Fürstlich Drehna

Teichlandschaft waren im Lauf der Zeit vom Tagebau Schlabendorf-Süd verschlungen worden. Und dass der 380 Seelen kleine Marktflecken mit seinem Dornröschenschloss nicht vollständig abgebaggert wurde, ist dem Engagement eines Dutzends couragierter Bürger noch zu DDR-Zeiten zu verdanken.

Im Jahr 1301 erstmals urkundlich genannt, blickt Fürstlich Drehna auf eine lange Liste wechselnder Eigentümer zurück. Unter ihnen nahmen die Herren zu Lynar, die 1793–1877 im Schloss residierten, eine besondere Stellung ein: 1807 wurde Moritz zu Lynar in den Fürstenstand erhoben, wodurch Drehna den Zusatz ›Fürstlich‹ erhielt.

Strahlend weiß, von einem Graben umzogen, erhebt sich das **Renaissance-Wasserschloss**. Auf einem mittelalterlichen Vorgänger aufgebaut, nahm es nach mehreren Erweiterungen im 16. Jahrhundert seine gegenwärtige Gestalt als Vierflügelanlage mit Ecktürmen und Torturm an. In der DDR zunächst Parteischule des Handels, dann Forstschule und schließlich Jugendwerkhof, stand das altehrwürdige Gebäude später jahrelang leer. 1995 erwarb es die gemeinnützige

Brandenburgische Schlösser GmbH für eine symbolische Mark, und fortan gingen die Handwerker ein und aus. Rund 20 Millionen Euro flossen in die Restaurierung. Heute dient es als vornehme Herberge, in der sich fürstlich Quartier beziehen lässt.

Auch der **Schlosspark**, von dem der Tagebau weite Abschnitte geschluckt hatte, ist mittlerweile rekultiviert. Auf dem Kippengelände pflanzte man mannigfaltige Gehölze neu an und ließ rund um den Schlosssee Brücken und Wasserläufe wiedererstehen. Der 1992 nahe dem Seeufer aufgestellte schmiedeeiserne Pavillon stand ursprünglich bei Calau im Gutspark von Saßleben.

Den Mittelpunkt des schmucken Dörfchens bildet der kopfsteingepflasterte Markt, wo der historische **Gasthof zum Hirsch** schon seit Mitte des 18. Jahrhunderts die Gastfreundschaft pflegt. In der 1745 gegründeten **Schlossbrauerei** wird noch nach alten Rezepten Bier gebraut. Am Ortsrand steht oberhalb des bereits gefluteten Drehnaer Sees eine von 1788 stammende **Bockwindmühle**. Der Fürstlich Drehnaer Kultur- und Heimatverein hatte sie als baufälliges Wrack von Schiebsdorf bei Golßen hierher umgesetzt, restaurierte sie und setzte das technische Innenleben wieder in Gang.

■ Crinitz

Mit sieben **Töpferwerkstätten**, von denen manche bereits seit 150 Jahren Keramik und Steingut herstellen, ist das 1200 Einwohner große Crinitz die brandenburgische Töpferhochburg schlechthin. Bei der Produktion der Töpferwaren kann man den Handwerkern und Künstlern gelegentlich über die Schultern schauen, und käuflich erwerben kann man die Erzeugnisse natürlich auch. Immer am ersten Aprilwochenende findet ein großer Töpfermarkt statt.

Der Süden

Calau

Wenn man die kleine Stadt mit Kalauern in Verbindung bringt, liegt man goldrichtig. Calau ist die Wiege der witzigen Wortspiele. Durch die Rubrik ›Aus Kalau wird berichtet‹ in der 1848–1944 erschienenen Satirezeitschrift ›Kladderadatsch‹ gelangte der 5000-Einwohner-Ort zur Berühmtheit. Man muss hinzufügen, dass der Begriff auch vom französischen ›calembour‹ (Wortspiel) herrühren könnte. Aber in jedem Fall wurden in der Stiefel- und Schuhmacherstadt, die Calau vom 15. bis zum 19. Jahrhundert war, beim Schuhemachen allerlei Schnurren und Anekdoten zum Besten gegeben.

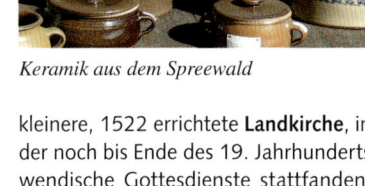

Keramik aus dem Spreewald

Das 1279 erstmals urkundlich erwähnte Landstädtchen verfügt an Sehenswürdigkeiten über ein Rathaus (1880), die Ende des 14. Jahrhunderts erbaute spätgotische **Stadtkirche** und gegenüber die kleinere, 1522 errichtete **Landkirche**, in der noch bis Ende des 19. Jahrhunderts wendische Gottesdienste stattfanden. Nahebei ist in einem Fachwerkhaus von 1789 eine Heimatstube untergebracht.

i   Niederlausitzer Landrücken

Touristeninformation Luckau, Nonnengasse 1, 15926 Luckau, Tel. 03544/3050, www.niederlausitz.com, Di–Fr 10–17, Sa/So 13–17 Uhr.
Info-Punkt Calau, Cottbuser Straße, 32, 03205 Calau, Tel. 03541/89580, www.calauer.de, Di–Fr 9–18, Sa 10–16 Uhr, Okt.–April Sa 9–12 Uhr.

Schlosshotel Fürstlich Drehna, Lindenplatz 8, 15926 Luckau/OT Fürstlich Drehna, Tel. 035324/3030, www.schloss-drehna.de, DZ ab 109 €. Luxuriös und edel.
Gasthof Zum Hirsch, Crinitzer Straße 2, 15926 Luckau/OT Fürstlich Drehna, Tel. 035324/7030, www.fuerstlichdrehna.de, DZ/F ab 69 €. Traditionsreicher Gasthof von Mitte des 18. Jahrhunderts; deutsche Küche.
Pension Schmidt, Lübbenauer Straße 11, 15926 Luckau, Tel. 03544/2874, www.pension-schmidt-luckau.de, DZ/F 48 €. Gemütliche gutbürgerliche Frühstückspension, an der Straße nach Cahnsdorf.

Niederlausitz-Museum, Nonnengasse 1, 15926 Luckau, Tel. 03544/5570790, www.niederlausitzmuseum-luckau.de, Di–Fr 10–17, Sa/So 13–17 Uhr.
St. Nikolaikirche, Kirchplatz, 15926 Luckau, April–Okt. tgl. 13–16 Uhr.

Höllberghof, Heideweg 3, 15926 Heideblick/OT Langengrassau, Tel. 035454/7405, www.höllberghof.com, Ostersonntag-Okt. Di–So 10–17 Uhr.
Heinz Sielmann Naturparkzentrum Wanninchen/Besucherzentrum Niederlausitzer Landrücken, 15926 Luckau/OT Görlsdorf, Tel. 03544/557755, www.wanninchen.de und www.natur-schau-spiel.com, April–Okt. tgl. 10–17 Uhr, Nov.–März Mo–Fr 10–15 Uhr; Anfahrt über Görlsdorf und über Beesdau (ausgeschildert).

Karte S. 292

Niederlausitzer Kohleland

Seit nun bald 200 Jahren werden die Niederlausitzer Braunkohlevorkommen ausgebeutet, am Anfang noch im bescheidenen Ausmaß, mit der beginnenden Industrialisierung und dem damit verbundenen ansteigenden Energiehunger schließlich im Großmaßstab. Vor etwa 17 Millionen Jahren entwickelte sich der begehrte fossile Brennstoff aus den Mooren des Tertiär in der Niederlausitz in drei Flözen, von denen gegenwärtig das 2. Flöz abgebaut wird. Dabei schafft eine Decke von durchschnittlich nur 30 Metern günstige Bedingungen für den Tagebau. Die Kohlegewinnung wird deshalb noch bis in die Mitte dieses Jahrhunderts vor allem für den Landstrich prägend sein, der sich mondsichelförmig vom Tagebau Welzow-Süd über Spremberg bis nördlich nach Guben zieht. Seit einigen Jahren nun überlässt man die Kohleförderung nicht mehr nur den Bergbau-Fachleuten, sondern hat das Revier mit Tagebau-Exkursionen und Werksbesichtigungen auch auf die touristische Landkarte gesetzt.

Altdöbern und Umgebung

Lange Zeit wurde der 2500 Einwohner-Ort Altdöbern wegen seines großen Barockschlosses und Landschaftsparks eine ›Perle der Lausitz‹ genannt – bis 1935 der Braunkohletagebau Greifenhain kam. 1994 war er ausgekohlt. Sanierung, Rekultivierung und die Flutung des Restlochs schlossen sich an, und voraussichtlich 2021 wird der neue Altdöberner See vollständig mit Wasser gefüllt und die Landschaft rundherum rekultiviert sein. Als ein bedeutendes Beispiel des sächsischen Barock entstand **Schloss Altdöbern** ab 1717 auf den Fundamenten einer mittelalterlichen Wasserburg. Nach einem Besitzerwechsel wurde die

Anlage 1749/50 das erste Mal erweitert und prunkvoll ausgebaut sowie der Park auf das fast Sechsfache vergrößert und reich mit Wasserläufen, Springbrunnen, Pavillons und Skulpturen möbliert. Jeder weitere der öfter wechselnden Eigentümer ließ abermals Hand anlegen, um der dreiflügeligen Anlage mit ihren zwei Zwiebelhaubentürmen und neuromanischem Anbau mit wuchtigem Rundturm ein noch herrschaftlicheres, noch schöneres Aussehen zu verleihen. Kavaliershäuser, ein Marstall, eine Orangerie und die Wirtschaftsgebäude der ehemaligen Gutsanlage komplettieren das prachtvolle Ensemble.

In DDR-Zeiten zunächst Waisenhaus und anschließend Feierabendheim, stand das Schloss ab 1974 leer und verfiel. Nach der Wiedervereinigung erwarb es die

Radwegweiser

Der Süden

Brandenburgische Schlössergesellschaft und umfangreiche Sanierungsarbeiten begannen. 2012 konnte bereits die restaurierte Orangerie der Öffentlichkeit übergeben werden. Seitdem gedeihen in Gewächshaus und Garten Kübelpflanzen und Stauden, Kräuter, Salat und Gemüse, die man auch käuflich erwerben kann. Im zugehörigen Café kommt die eigene Ernte, lecker zubereitet, frisch auf den Tisch. Kaffee und Kuchen gibt es natürlich auch.

■ **Am Gräbendorfer See**
Die Flutung des ehemaligen Tagebaus Gräbendorf nördlich von Altdöbern ist seit 2006 abgeschlossen. Damit darf sich der Gräbendorfer See rühmen, der älteste der neuen Niederlausitzer Seen zu sein. Ebenfalls bereits seit 2006 dümpelt an seinem Westufer das erste Musterhaus der **Schwimmenden Häuser**, die sich – zwar nicht so mobil, aber weitaus komfortabler als Hausboote – mittlerweile als Ferienhäuser großer Beliebtheit erfreuen. Im Musterhaus hat sich eine Tauchschule einquartiert, eine Strandbar, Tretboot- und Standup-Paddling-Verleih, Surf-, Skate und Bademöglichkeit runden das Angebot ab und machen das **Tauch- und Freizeitcenter Laasow** kurz vor dem

gleichnamigen Dörfchen zum wassersporttouristischen Zentrum in der Region. Etwa drei Kilometer Vogelfluglinie östlich vom See verbirgt sich im Flecken **Illmersdorf** unter der Empore der Dorfkirche der größte Mumienschatz Brandenburgs. In der **Mumiengruft** ruhen elf allein durch gute Belüftung mumifizierte Leichname der Familie von Normann aus der Zeit von 1748 bis 1820; die vier am besten erhaltenen Mumien werden gezeigt. Die Dorfchronik berichtet aus dem Jahr 1738, dass der »Obristwachtmeister vom Rothenburgschen Grenadier-Regiment, Caspar Ernst von Normann, Angehöriger eines Uradels auf der Insel Rügen« der neue Gutsbesitzer geworden war. Vermutlich wurde er als Soldat nach Illmersdorf versetzt. 1742 ließ er das Fachwerkkirchlein erbauen und darin eine Grabstätte für seine Familie. Der Adelssitz ist seit langem verfallen, und auch dem kleinen Gotteshaus drohte das Schicksal, denn Illmersdorf war für den Braunkohletagebau zum Abbaggern vorgesehen. Dann kam die Wende, die Siedlung blieb stehen und bis 2002 war die Kirche vollständig restauriert. Einen Blick lohnt auch der schöne Holzschnitzaltar mit integrierter Kanzel, der aus der Gründungszeit der Dorfkirche stammt.

▲ *Der Tagebau Welzow-Süd frisst sich unaufhörlich in die Landschaft*

Rund um den Tagebau Welzow-Süd

Bisher hat der Tagebau Welzow-Süd, der sich zwischen den Ortschaften Drebkau, Welzow und Spremberg ausdehnt, eine Fläche von 54 Quadratkilometern verbraucht. 1957 begannen die ersten Vorbereitungsarbeiten für die Erschließung, die Aufschlussbaggerung folgte fünf Jahre später, und 1966 wurde das erste Schwarze Gold zu Tage befördert. Jährlich werden 20 Millionen Tonnen Braunkohle aus 90 bis 130 Meter Tiefe geholt; die Großbagger und die Abraumförderbrücke vom Typ F60 gehören zu den größten beweglichen Technikanlagen der Welt.

Wer sich einen Einblick in den Förderbetrieb verschaffen möchte, kann das bei **Steinitz** drei Kilometer südlich von Drebkau tun. Von der Steinitzer Alten Schule aus führt ein Wanderweg auf kurzer Strecke zur 2012 errichteten **Steinitzer Treppe**. Über 101 Stufen oder barrierefrei durch einen Aufzug führt der einer Förderbrücke nachempfundene Stahlkoloss zu einer Aussichtsplattform hinauf. Der Braunkohletagebau Welzow-Süd liegt einem zu Füßen, und wenn das Wetter mitspielt und die Sicht klar ist, bietet sich ein bis zu 50 Kilometer weit reichender Rundblick (April–Okt. Di–So 11–17 Uhr).

Am dichtesten dran an der bizarren Mondlandschaft mitsamt ihrer Kohlefördertechnologie steht man am **Aussichtspunkt Welzow-Süd ›West‹**, zu erreichen über Neupetershain (ausgeschildert). Fast alle Abschnitte des Kohleabbaus liegen offen zutage: Vorfeldberäumung, Eimerketten- und Schaufelradbagger und eine gigantische Abraumförderbrücke F60. Ein weiterer **Aussichtspunkt, Welzow-Süd ›Südfeld‹**, befindet sich am Südrand des Tagebaus (Anfahrt: zwischen Proschim und Karlsfeld in die Straße nach ›Tagesanlage 'Schacht III'‹ einbiegen, ab der Tagesanlage ausgeschildert). Änderungen sind allerdings jederzeit vorbehalten, da der Tagebau noch bis 2042 aktiv sein wird und die Landschaft dadurch fast monatlich neue topografische Formen annimmt.

Wer nicht nur draufschauen, sondern in das zerklüftete Ödland einsteigen und einen aktiven Tagebau miterleben möchte, kann sich einer Führung anschließen, die zu Fuß, per Rad, Jeep oder Quad der Bergbautourismus-Verein in **Welzow** anbietet. Unter Vereins-Ägide steht auch das **excursio-Besucherzentrum** im ehemaligen Bahnhof von Welzow, das die Touristen mit Informationen versorgt und über den Landschaftswandel in der Region informiert.

Welzows erste Erwähnung stammt aus dem Jahr 1547. Ein kleiner Dorfanger und die 1740–1742 errichtete schlichte Barockkirche erinnern daran, dass die heute 3800 Einwohner zählende Stadt über lange Zeiten hinweg ein winziger Weiler war. Das änderte sich schlagartig, als Mitte des 19. Jahrhunderts Braunkohle gefunden wurde. Brikettfabriken wurden gebaut, die Bevölkerung verzehnfachte sich. Werksiedlungen und Verwaltungsgebäude entstanden bis in die 1930er in moderner, teils expressionistischer Architektur. Welzow weitete sich planmäßig aus. Zu DDR-Zeiten arbeiteten im ›VEB Braunkohlenbohrungen und Schachtbau Welzow‹ über 4000 Menschen.

Anders als sonst vielerorts im Niederlausitzer Braunkohlerevier, endet das Kohlezeitalter in Welzow noch lange nicht. Vielmehr wird soeben ein neues Förder-Kapitel aufgeschlagen: Etwa einen Meter am Tag wandert der Tagebau, und für die Weiterführung von Welzow-Süd in den Teilabschnitt II sind das Dorf Proschim und ein Zipfel von Welzow für die Abbaggerung vorgesehen. 800 Menschen werden ihr Zuhause verlieren, damit das nahe gelegene Kraftwerk Schwarze Pumpe bei Spremberg noch bis ins Jahr 2042 mit Kohle gefüttert werden kann. Weitere Aufschlüsse sind östlich von Spremberg und östlich der Talsperre Spremberg geplant.

Spremberg/Grodk

»Grodk liegt im Tale, sagen die Sorben. Spremberg liegt am Berge, sagen die Deutschen. Spree am Berg gleich Spremberg. Grodk gleich Stadt, sagen die Sorben.« So beschreibt der berühmteste Sohn Sprembergs, Erwin Strittmatter (1912–1994), in seiner Romantrilogie ›Der Laden‹ die landschaftlich reizvolle Lage der 22 000 Einwohner zählenden Stadt. Wo die Spree das sanft gewellte Land des Niederlausitzer Grenzwalls durchbricht, liegt das historische Zentrum malerisch auf einer Schwemmsandinsel im Fluss. So bietet Spremberg trotz großer Zerstörungen Ende des Zweiten Weltkriegs auch heute noch eine Reihe von Sehenswürdigkeiten, die einen Besuch lohnenswert machen.

Im Jahr 1301 taucht ›Sprewenberch‹ erstmals in einem Schriftstück auf. Untersuchungen erlauben jedoch den Schluss, dass die Stadt erheblich älter ist; möglicherweise wurden ältere Urkunden bei einem der zahlreichen Stadtbrände vernichtet. Feuersbrünste, eine Reihe von Besitzerwechseln, Plünderungen im Dreißigjährigen Krieg – immer wieder erholte sich die Stadt von solchen Schicksalsschlägen. Nach der Reichsgründung 1871 wurde ihr bis 1918 sogar die Ehre zuteil, der geografische Mittelpunkt Deutschland zu sein. Der Spremberger Lehrer Heinrich Matzat hatte das ausgerechnet, und 1914 erkannte die Königlich Preußische Landesaufnahme diese Berechnung an. Gartenstraße/Ecke Las-

Das Kraftwerk Schwarze Pumpe bei Spremberg

senberg steht westlich der Altstadtinsel eine Kopie des Gedenksteins mit der Inschrift ›Mittelpunkt vom Deutschen Reiche‹. Das kaum noch leserliche Original befindet sich im Spremberger Heidemuseum.

■ Sehenswürdigkeiten

Im Herzen der Altstadtinsel erhebt sich die 500-jährige **Kreuzkirche**. Vermutlich ab 1509 wurde die spätgotische dreischiffige Backsteinhalle auf Vorgängern aus dem 13. und 14. Jahrhunderts erbaut. Mehrfach ausgebrannt und umgestaltet, zählen zu ihren wertvollsten Stücken eine Sauer-Orgel von Ende des 19. Jahrhunderts sowie der 1660 gestiftete Altar. Den barocken Kirchturm erhielt sie 1732, nachdem der ältere Turm bei einem Stadtbrand 1705 eingestürzt war. Die Wendische Kirche nördlich am Kirchplatz wurde vollständig durch das Feuer 1705 zerstört. Der im Anschluss errichtete Sakralbau musste 1834 wegen Einsturzgefahr abgerissen werden, und bereits im Jahr darauf nahm die neue, klassizistische **Wendische Kirche** Gestalt an. Heute dient sie den Spremberger Gläubigen als Gemeindehaus.

Karte S. 353

Das **Rathaus** am Markt entstand nach dem großen Stadtbrand 1706 neu im Barockstil. 1720 erhielt es seinen Turm und wurde anschließend noch mehrfach umgebaut und erweitert. Historisierende oder futuristisch modernisierte Plattenbauten umziehen den Platz, von dem als Bummelmeile die Lange Straße abgeht. Kurz vor ihrem Ende lohnt am Bullenwinkel das barocke **Kavalierhaus** von 1706 einen Blick. Davor plätschert der von der ortsansässigen Künstlerin Irmgard Kuhlee 1995 geschaffene **Bullen-**

winkelbrunnen, aus dem zu besonderen Anlässen, zum Beispiel dem Spremberger Heimatfest, so heißt es, auch einmal Bier hervorsprudeln kann.

Bis ins 11. Jahrhundert lässt sich die Geschichte des Spremberger **Schlosses** östlich der Altstadtinsel zurückverfolgen; aus jener Zeit stammen die bis zu vier Meter dicken Mauern des Schlossturms. Im Lauf der Jahrhunderte mehrfach erweitert, ließen die Herzöge von Sachsen-Merseburg die Anlage um 1680 zum vierflügeligen Schloss ausbauen. Ab 1738 diente das

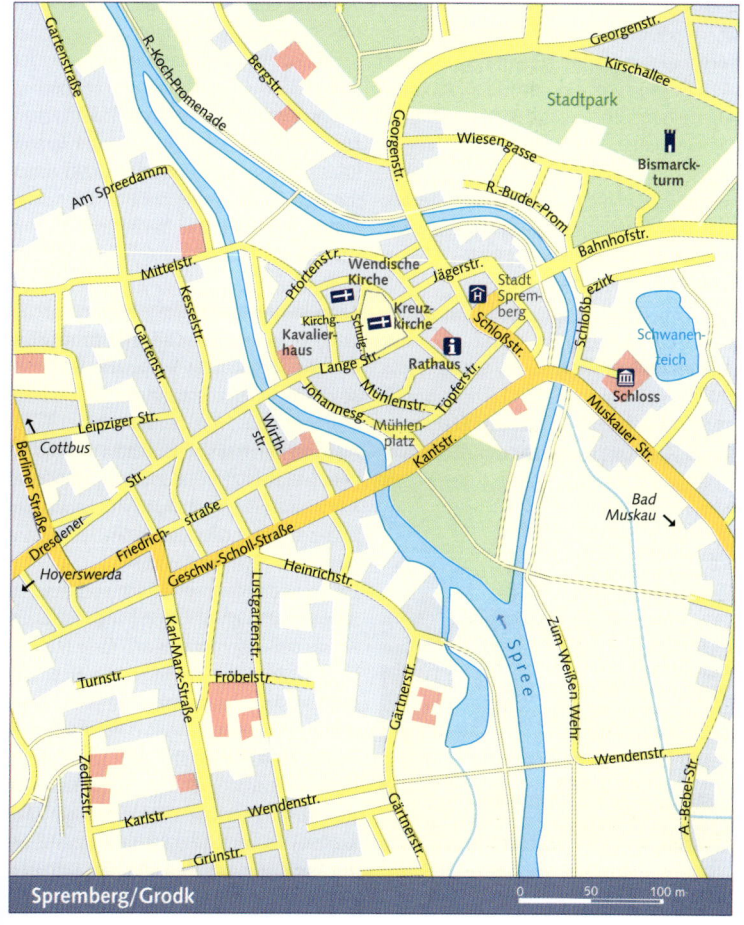

Spremberg/Grodk

0   50   100 m

Der Süden

Gebäude in den unterschiedlichsten Funktionen, insbesondere für die Verwaltung. 1997 zog dann das **Niederlausitzer Heidemuseum** ein. Mit seinen Beständen, die auf das 1911 gegründete Stadtmuseum zurückgehen, zeigt es neben der Stadt-, Regional- und Industriegeschichte ferner Volks- und Naturkunde, eine Ausstellung zum Leben und Werk Erwin Strittmatters sowie sorbisches Brauchtum. Auf dem Freilichtgelände vermittelt eine über 200 Jahre alte **Bauernhofanlage** mit Wohn-Stallhaus, Scheune, Remise und Backhaus Einblicke in die Lebensweise der Heidedörfer in der Niederlausitz in vergangenen Zeiten. Ebenfalls dort auf dem Rasen steht ein besonders schönes Ausstellungsstück: das 1901 vom Kunstschmied Hugo Richter gefertigte schmiedeeiserne **Rosengitter**. Es umkränzte ursprünglich eine Grabstätte im Stadtpark und hat nach seiner Restaurierung vor einigen Jahren im Museumsbereich einen neuen Standort gefunden.

Auf 136 Meter Höhe reicht im **Stadtpark** der Georgenberg hinauf – Teil des Niederlausitzer Grenzwalls, der die südliche Grenze der mittleren Eiszeit vor gut 150 000 Jahren in der Niederlausitz markiert. Die Anhöhe krönt ein 1903 ein-

Die Altstadtinsel von Spremberg mit der Kreuzkirche

geweihter **Bismarckturm**, von dem aus man eine schöne Aussicht auf Spremberg und seine Umgebung hat (Mai–Sept. Mi 9–12 u. Sa/So 14–18, Okt. Mi 9–12 u. Sa/So 13–17 Uhr).

■ **Nördlich und östlich von Spremberg**

Beim Ort Bräsinchen, auf halber Höhe zwischen Spremberg und Cottbus, wurde 1958–1965 die **Talsperre Spremberg** errichtet. Fast 4 Kilometer lang ist die Staumauer, gut 20 Meter hoch ihre Krone. Auf 7 Kilometer Länge staut sie über 40 Millionen Kubikmeter Spreewasser und bildet so den **Spremberger See**, der zum schönsten zählt, was die Niederlausitz an sommerlichen Freizeitvergnügen zu bieten hat. Ein 18 Kilometer langer Rad- und Wanderrundweg, Wald rundum und Badestrände bei den Campingplätzen am Westufer bei Klein Döbbern sowie am Ostufer bei Bagenz laden zum Aufenthalt ein.

Zehn Kilometer nordöstlich von Spremberg zeigt in **Bloischdorf/Błobošojce** das **Niederlausitzer Sorbische Dorfmuseum** in einer restaurierten Backsteinscheune von 1880 anhand einer Fülle historischer haus- und landwirtschaftlicher Gerätschaften, Kunsthandwerk und Einrichtungsgegenständen das Leben der sorbischen Heidebauern vom 18. bis angehenden 20. Jahrhundert.

Einige Kilometer nordöstlich von Bloischdorf findet sich am Nordwesthang des Muskauer Faltenbogens im Flecken **Bohsdorf/Bóšojc** die **Erwin-Strittmatter-Gedenkstätte Der Laden**. Das Wohnhaus mit Ladengeschäft und Backstube, wo Erwin Strittmatter ab 1919 seine Kindheit verbrachte, ist Originalschauplatz der Strittmatterschen Romantrilogie ›Der Laden‹. Es wird eine kleine Ausstellung zur Familiengeschichte und zum Schaffen des viel gelesenen Schriftstellers gezeigt.

Abend an der Talsperre Spremberg bei Bagenz

Oberhalb vom Dorf liegt der **Felixsee** mitten im Wald. Einmal mehr ist auch dieses Gewässer ein Bergbau-Resultat. Aus der ehemaligen Grube Felix, die schon in den 1930er Jahren ausgekohlt war, ist ein kleiner Waldsee entstanden. Seine Ufer schmückt Badestrand und seit 2004 ein Aussichtsturm, den man im Rahmen der ›Internationalen Bauausstellung (IBA) Fürst-Pückler-Land 2000–2010‹ errichtet hat. Die 170 Stufen der offenen Holz-Stahl-Konstruktion zu erklimmen ist nichts für Schwindelanfällige. Oben pfeift tüchtig der Wind, aber dafür wird man mit einem grandiosen Panoramablick rundum ins tiefgrüne Land belohnt – eingerahmt von den drei weithin sichtbaren Bauwerken, die der Region seit langer Zeit ihren Stempel aufdrücken: nördlich das Kraftwerk Jänschwalde, südlich bereits in Sachsen das Kraftwerk Boxberg und einem zu Füßen in Spremberg die Schwarze Pumpe.

■ **Südlich von Spremberg**
1955 wurde im Süden von Spremberg mit der Errichtung des Gaskombinats **Schwarze Pumpe** begonnen. 1959 produzierte das Werk erstmals Strom, bis 1965 entstanden Brikettfabriken, und der volkseigene Betrieb entwickelte sich zum bedeutenden Energieerzeuger der DDR. Über 40 000 Werktätige gehörten dem VEB Gaskombinat Schwarze Pumpe an, davon arbeiteten allein 15 000 am Standort Schwarze Pumpe.

1997 und 1998 nahmen zwei neue Kraftwerksblöcke mit einer Gesamtleistung von 1600 Megawatt die Verstromung von Braunkohle auf. Zusammen mit dem Kraftwerk Jänschwalde tragen die heute vom schwedischen Konzern Vattenfall betriebenen Anlagen laut Angaben des Landesumweltamts die Hauptschuld daran, dass Brandenburg einen europäischen Spitzenplatz beim Kohlendioxid-Ausstoß einnimmt. Bei voller Last benötigt die Schwarze Pumpe 36 000 Tonnen Rohkohle täglich.

Den Weg der Kohleverstromung kann man bei einer Kraftwerksbesichtigung mitverfolgen. Von der **Aussichtsplattform** auf dem gut 160 Meter hohen Kesselhaus von Schwarze Pumpe eröffnet sich ein fantastischer Panoramablick rundum auf die Lausitz. Ein multimediales **Informationszentrum** und wechselnde Kunstausstellungen im Kraftwerksfoyer runden das Angebot ab.

Die Kraftwerkanlagen und auch die Brikettfabrik Schwarze Pumpe werden mit der Braunkohle des riesigen **Tagebaus Welzow-Süd** gefüttert, der sich westlich von Spremberg ausdehnt (→ S. 351).

Der Süden

Niederlausitzer Kohleland

Touristeninformation Spremberg, Am Markt 2, 03130 Spremberg, Tel. 03563/4530, www.spremberg.de, April–Sept. Mo–Fr 9–18, Sa 9–12 Uhr, Okt.–März Mo/Mi/Do 9–17, Di 9–18, Fr 9–15 Uhr.

excursio-Besucherzentrum und **Touristinformation Welzow**, Heinrich-Heine-Straße 2 (im Alten Bahnhof), 03119 Welzow, Tel. 035751/275050, www.2bergbautourismus.de, April–Okt. Di–So 10–17, Nov.–März Mo–Fr 10–15 Uhr; Tagebau-Touren, Ausstellungen, touristische Informationen, Fahrradverleih.

Hotel Stadt Spremberg, Am Markt 5, 03130 Spremberg, Tel. 03563/39630, www.hotel-stadt-spremberg.de, DZ/F ab 75€, am Wochenende ab 66€. Freundliches Mittelklassehotel am Markt; im Restaurant heimische, deutsche und internationale Gerichte.

Hotel zum Gutshof, Karl-Marx-Straße 6, 03103 Neupetershain-Nord, Tel. 035751/2560, www.hotel-zum-gutshof.de, DZ/F ab 73€. Komfortunterkunft im efeuumrankten, im Lauf der Zeit stark veränderten ehemaligen Schloss von Gut Petershain, wenige Kilometer nördlich von Welzow; die Zimmer geschmackvoll mit Stilmöbeln; das Restaurant bietet regionale Spezialitäten.

Spreecamp Campingplatz Bagenz, Stauseestraße 3, 03058 Neuhausen/Spree, Tel. 035697/235, www.spreecamp.de, April–Okt. Außerordentlich schöner, gepflegter Platz beim Örtchen Bagenz am Ostufer der Talsperre Spremberg; Strand, Shop, Gaststätte, Ferienhütten, Fahrrad- und Tretbootverleih.

Orangerie Altdöbern, Am Schloss, 03229 Altdöbern, Tel. 035434/660776, www.orangerie-altdoebern.de, tgl. 10–18, Sa/So bis 20 Uhr. Lecker Kaffee und Kuchen.

Dorfkirche Illmersdorf, Illmersdorfer Dorfstraße, 03116 Drebkau/OT Illmersdorf, www.kirchengemeinde-leuthen-schorbus.de, Mai–Sept. Sa/So 11–16 Uhr.

Niederlausitzer Heidemuseum, Schlossbezirk 3, 03130 Spremberg, Tel. 03563/59334032, www.heidemuseum.de, Di–Fr 9–17, Sa/So 14–17 Uhr.

Niederlausitzer Sorbisches Dorfmuseum, Gutsweg 1, 03130 Felixsee/OT Bloischdorf, Tel. 03563/608999, www.bloischdorf.de ,April–Okt. Di–Fr 10–17 Uhr, Sa/So 13–17 Uhr, Nov.–März jew. bis 16 Uhr.

Erwin-Strittmatter-Gedenkstätte Der Laden, Dorfstraße 35, 03130 Felixsee/OT Bohsdorf, Tel. 035698/221, www.strittmatter-verein.de, März–Nov. Di–Fr 13–17, Sa/So 10–12 und 13–17 Uhr.

Kraftwerk Schwarze Pumpe, Informationszentrum und geführte Besichtigungen im neuen Kraftwerk, Straße An der Alten Ziegelei, 03130 Spremberg/OT Schwarze Pumpe, Tel. 03564/353317, http://corporate.vattenfall.de, Besichtigung nach Voranmeldung Mo–Fr 8–16, Sa 10–16 Uhr; immer Sa 10, 12 und 14 Uhr besteht die Möglichkeit mit Begleitung auf die Aussichtsplattform zu fahren.

Tauch- & Freizeitcenter Laasow, Am IBA-Steg 1, 03226 Vetschau/OT Laasow, Tel. 035436/56860, Tauchgeräte-, Tretboot- und SUB-Verleih.

Talsperre Spremberg, ausgedehnte Sandstrände am Nordostufer am Campingplatz Bagenz (s.o.) sowie nördlich und südlich vom Camping, außerdem am Nordwestufer auf der Höhe von Kleindöbern.

Felixsee, Badestrand bei Bohsdorf nordöstlich von Spremberg.

Lausitzer Golfclub, Am Golfplatz 3, 03058 Neuhausen/OT Drietschnitz-Kahsel, Tel. 035605/42332, www.lausitzer-golfclub.de; 9-Loch-Anlage und Driving-Range im Norden der Talsperre Spremberg.

Karte S. 292, 353

Niederlausitzer Seenland

Noch bis weit in die 2030er Jahre hinein vollzieht sich im brandenburgisch-sächsischen Grenzland eines der deutschlandweit größten Renaturierungsprojekte. Ganze Gemarkungen werden umgepflügt, Berge versetzt, Flüsse umgeleitet und Seen geschaffen, damit in der aufgefüllten bzw. gefluteten Tagebaufolgelandschaft Deutschlands modernste Wassertourismusregion entsteht.

Die Dimensionen sind beachtlich: Die Fläche aller werdenden Seen entspricht etwa der Größe der Insel Usedom. Zehn von insgesamt 23 aus Restlöchern neu geschaffenen Gewässer werden durch schiffbare Kanäle und hunderte Kilometer Rad- und Skaterwege miteinander verbunden. Wo vorher riesige Braunkohlebrachen Ödnis verbreiteten, werden Wälder wachsen, sich artenreiche Biotope entwickeln, Acker- und Weideflächen ergrünen, und hoffentlich werden auch neue Arbeitsplätze in den Freizeit- und Tourismusunternehmen dieser neuen, vielfältigen Niederlausitzer Seenlandschaft entstehen.

Ein Jahrzehnt lang, von 2000 bis 2010, begleitete die Internationale Bauausstellung (IBA) Fürst-Pückler-Land den spektakulären Wandel der gesamten Region. 30 IBA-Projekte, darunter viele touristische Highlights, wurden auf den Weg gebracht; allen voran das Besucherzentrum Lausitzer Seenland mit den IBA-Terrassen in Großräschen, das über die Lausitzer Industriekultur und das Geschehen in Europas größter Landschaftsbaustelle informiert.

Großräschen

Zugegeben, den Großräschener See gibt es noch nicht. Im März 2007 hieß es für den ehemaligen Tagebau Meuro ›Wasser marsch!‹, und erst 2018 wird der See seinen endgültigen Pegelstand erreichen. Aber ein Seefest feiern die 9000 Einwohner von Großräschen bereits – ohne Wasser.

Die Stadtchronik vermerkt, dass die Ortschaft 1925 aus der Zusammenlegung von Groß- und Kleinräschen entstand und dass sich dank ausgiebiger Tonvorkommen neben dem Bergbau die Ziegelei entwickelte. Zu DDR-Zeiten erhielten sämtliche Ziegler ihre Ausbildung zentral in Großräschen. 1965 wurden dem

Der Süden

Seebrücke an den IBA-Terrassen bei Großräschen

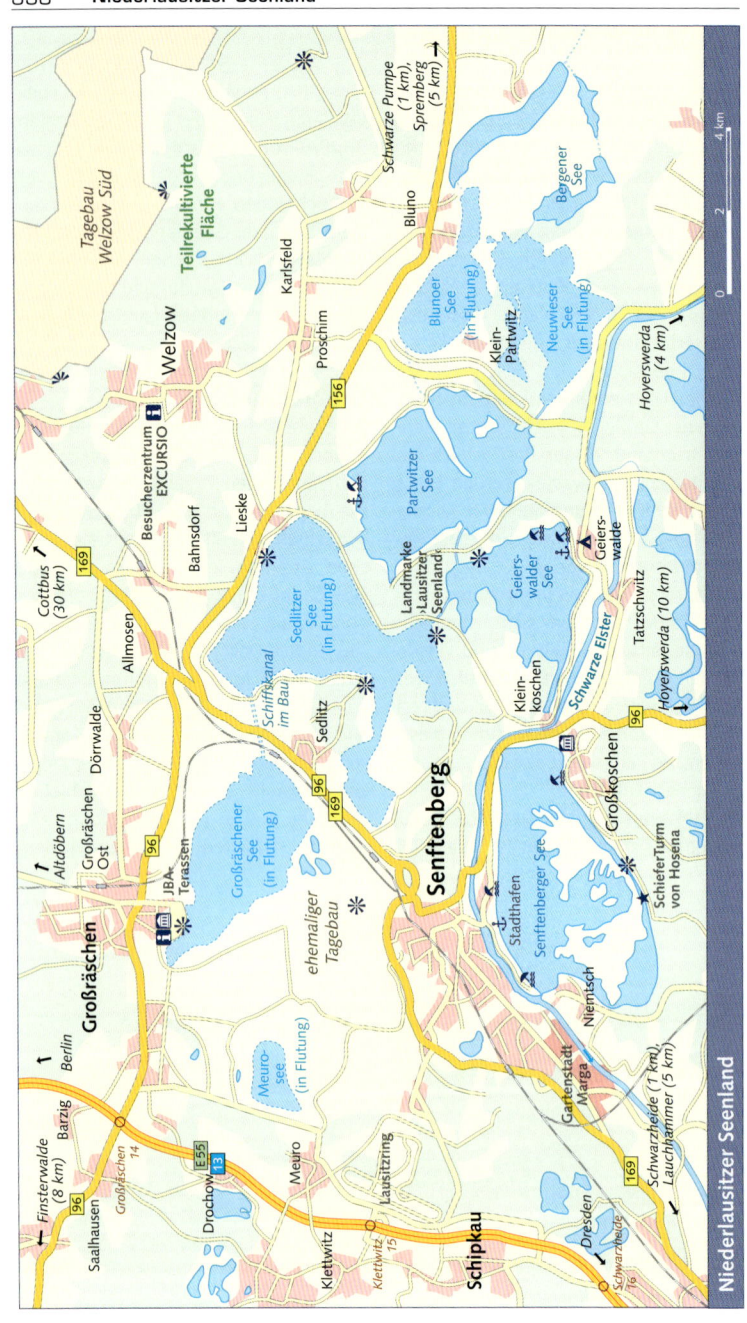

bis dato größten Dorf in der DDR die Stadtrechte zuteil. Im Jahrzehnt vor der Wende musste über ein Zehntel der Stadt dem Tagebau Meuro weichen.

Heute liegt die alte Bergarbeiter-Gemeinde direkt an der Abbruchkante des Tagebau-Restlochs. Das dort um 1920 von der Ilse-Bergbau AG errichtete, schlossähnliche Angestellten-Wohnheim wurde luxuriös saniert und eröffnete 2007, der Zukunft zugewandt, als feine Adresse schon mal unter dem Namen ›See-Hotel‹. Wo einst große Teile von Großräschen-Süd dem Kohlebau zum Opfer fielen, zieht heute als Uferpromenade die ›Seestraße‹ entlang. Und ebendort befinden sich, wie eine Art Landschaftsbalkon, die **IBA-Terrassen**.

Liegestühle und Strandkörbe sind in der schönen Jahreszeit aufgereiht, mit fantastischem Blick über die gigantische Grube, die sich die nächsten Jahre allmählich mit Wasser füllt. Die im Rahmen der IBA errichtete **Seebrücke** steht noch auf dem Trockenen, dafür gedeiht der neu angepflanzte Wein bereits prächtig am Hang. Die IBA-Terrassen sind Startpunkt für geführte **Touren durch die Bergbaufolgelandschaft**, mit Rad und Floß auf den sich füllenden Seen, auf Schusters Rappen durch bizarre Mondlandschaften oder per Jeep-Safari. Darüber hinaus beherbergen sie das **Besucherzentrum Lausitzer Seenland**, das viele spannende Informationen zu der Region im Umbruch erteilt. Beispielsweise zum spektakulären Schiffstunnel zwischen Großräschener See und Sedlitzer See. Mit Fertigstellung voraussichtlich 2015/2016 wird ein Teilstück des insgesamt 1200 Meter langen Ilse-Kanals – in der Planersprache der sogenannte ›Überleiter 11‹ – zwischen den Seen als schiffbarer Tunnel unter der Bundesstraße 169 hindurchführen und so den Sedlitzer See auf dem Wasserweg mit den Großräschener IBA-Terrassen verbinden.

Senftenberg/Zły Komorow

Der 26 000 Einwohner zählenden Kreisstadt des Landkreises Oberspreewald-Lausitz steht Großes bevor. Ab 2018 wird sie sich nicht mehr nur an die Ufer des Senftenberger Sees schmiegen, das – bislang noch – größte künstliche Gewässer in Brandenburg, sondern außerdem an den Großräschener See und den Sedlitzer See grenzen, die sich zurzeit noch in Flutung befinden. Senftenberg wird dann im Herzen des entstehenden Lausitzer Seenlands liegen, der größten von Menschenhand geschaffenen Wasserlandschaft Europas.

Die erstmals 1279 schriftlich genannte Siedlung am Sanften Berge entwickelte sich um eine Burg herum. Auf deren Fundamenten ließen die sächsischen Kurfürsten im 16. Jahrhundert auf einem künstlich aufgeschütteten Erdwall ein von vier sternenförmigen Eckbastionen umzogenes, stark befestigtes Schloss errichten. Gegen die zahlreichen Stadtbrände, die Pest und schließlich den Dreißigjährigen Krieg vermochte diese moderne Verteidigungsanlage aber nichts auszurichten. Erst mit dem Aufschluss der ersten Kohlebergbaue in den 1860er Jahren ging es wirtschaftlich wieder aufwärts. Der Anschluss an das Eisenbahnnetz in den 1870er Jahren und eine dadurch ausgelöste rasante Industrialisierung schlossen sich an.

Ende April 1945 wurden große Teile der Stadt zerstört. An die vielen Menschen, die im 1944 bei Großkoschen nicht weit von Senftenberg errichteten KZ-Außenlager ihr Leben verloren, erinnert seit 1977 am südlichen Seeufer ein Ehrenmal.

Ab 1967 wurde der ausgekohlte Tagebau Niemtsch mit den Wassern der Schwarzen Elster geflutet, bis 1972 trat der von sieben Kilometer Badestrand gesäumte Senftenberger See an seine Stelle. 1999

Senftenberg

0   125   250 m

schloss der vor den nördlichen Stadttoren gelegene Tagebau Meuro als letzter Senftenberger Kohlebergbau. Bis 2018 werden hier der Großräschener See und der Sedlitzer See entstehen.

■ **Sehenswürdigkeiten**

An Sehenswürdigkeiten bietet Senftenberg einen kleinen, in seiner runden Anlage noch gut auszumachenden Altstadtkern. Die verbliebenen historischen Häuser sind hübsch saniert, die kopfsteingepflasterten Straßen fahrrad- und fußgängerfreundlich. Es empfiehlt sich für Autofahrer, einen der zahlreichen Parkplätze außerhalb des Stadtzentrums anzusteuern. Das 1929 erbaute **Rathaus** am Markt, dessen augenfälliges Dach über einen 73 Grad steilen Neigungswinkel verfügt, erhielt 1998 einen mit

dem Architekturpreis des Landes Brandenburg ausgezeichneten Anbau. Bei der kursächsischen Postmeilensäule am Platz handelt es sich um eine originalgetreue Kopie. Das 1731 aufgestellte Original wurde 1847 unter preußischer Herrschaft entfernt.

Wenige Schritte nordöstlich vom Markt ragt am Kirchplatz der Turm der **Peter-und-Paul-Kirche** auf. Wahrscheinlich Mitte des 13. Jahrhunderts wurde die spätgotische dreischiffige Halle errichtet, 1509 das außergewöhnliche Knickgrat-Zellengewölbe eingezogen; die Reste eines 1682 von Abraham Jäger geschaffenen Barockaltars an der Nordseite des Gotteshaus stammen aus der Wendischen Kirche nebenan.

Nach zwei zerstörten Vorgängern wurde 1749 die dritte **Wendische Kirche** eingeweiht. 1881 feierten die Senftenberger Sorben/Wenden ihren letzten Gottesdienst in wendischer Sprache, danach diente der Sakralbau in den unterschiedlichsten Funktionen und konnte 1993 gerade noch vor dem Abriss bewahrt werden. Nach aufwändiger Restaurierung ist in der Wendischen Kirche heute das Senftenberger Bürgerhaus untergebracht. Zwischen Altstadt und Seeufer liegt die **Festung Senftenberg** wuchtig im Schlosspark. Im 16. Jahrhundert wurde sie auf den Fundamenten eines Vorgängerbaus, der vermutlich aus dem 12. oder 13. Jahrhundert stammte, neu errichtet. Um hineinzugelangen, muss man entweder die Umwallung mit Pulverturm und Bastionen erklimmen oder durch die Poterne schreiten, den Tunnelgang durch die Umwallung. Kommandantenhaus, Wirtschaftsgebäude und kleines Schloss befinden sich geschützt im Inneren. Im Schloss zeigt das **Museum des Landkreises Oberspreewald-Lausitz** Ur- und Frühgeschichte sowie die Geschichte der Stadt, der Festung und des Kohlebergbaus in der Region. Die **Kunstsammlung Lausitz** präsentiert Werke von über hundert zeitgenössischen Künstlern.

Einen originalen Ausschnitt der jüngeren Senftenberger Historie können Architekturinteressierte im Ortsteil Brieske kreuz und quer durch die **Gartenstadt Marga** erwandern. Im Auftrag der Ilse Bergbau AG wurde die Werksiedlung nach Plänen von Georg Heinsius von Mayenburg 1907–1915 mit Markt, Kaufhaus, Kirche, Schule und 78 Wohnhäusern unterschiedlichen Typs kreisförmig aufgebaut. Die Gartenstadtbewegung war Ende des 19. Jahrhunderts eine Antwort auf die elenden Wohnverhältnisse der Massen bei gleichzeitig explodierenden Bodenpreisen in den europäischen Großstädten. Marga zählt zu den eindrucksvollen Beispielen des sozialreformerischen Wohnungsbaus und ging als erste deutsche Gartenstadt in die Architekturgeschichte ein.

Motorsportfreunde kommen auf dem **Eurospeedway Lausitzring** wenige Kilometer westlich bei Schipkau auf ihre Kosten. Zu ausgewählten Terminen dürfen auf der im Jahr 2000 eröffneten, 4,5 Kilometer lange Rennwagen-Strecke sogar Hobby-PS-Ritter ans Steuer; und an zehn Donnerstagen zwischen Juni bis Ende August gehört die Anlage den Skatern.

Die neueste Attraktion von Senftenberg: der Stadthafen

Der Süden

Der Museumshof Großkoschen

■ **Am Senftenberger See**

Nur ein kurzer Spaziergang trennt die Senftenberger Festung vom Seeufer, an dem sich Grüngürtel mit Cafés sowie dazwischengestreut überall kleinere Badestellen ausdehnen. Jüngste Ufer-Attraktion ist der **Stadthafen**, der mit langem Steg, Promenade und Bootshafen 2013 eingeweiht wurde. Von dort trägt das Fahrgastschiff ›Santa Barbara‹ seine Passagiere über die Fluten und verbindet dabei Großkoschen sowie Niemtsch am westlichen Ufer mit Senftenberg.

Am Südufer dehnen sich größere Strände aus. Baden, Segeln, Surfen, Paddeln sind angesagt. Das **Wassersportzentrum** in **Großkoschen** verleiht die dazu nötigen Untersätze, und der örtliche Familienpark bietet Übernachtungskapazitäten für 2600 Feriengäste. Für kulturelle Abwechslung sorgt der **Museumshof Großkoschen**, ein typischer Senftenberger Vierseitenhof von 1864, der Einblicke in die Haus- und Landwirtschaft zu Urgroßvaters Zeiten gewährt. Zwischen Groß- und Kleinkoschen fließt seit 2013 der **Koschener Kanal** und verknüpft zur Freude der Wassersportler

auf gut 1100 Meter Länge den Geierswalder See mit dem Senftenberger See. Die künstliche Wasserstraße war in die Schlagzeilen geraten, weil sich die Kosten für ihren 90-Meter-Tunnel unter der Schwarzen Elster hindurch sowie für die Unterquerung der Bundesstraße 96 von 6,5 Millionen Euro seit der ersten Schätzung auf über 51 Millionen Euro vervielfacht hatten.

Einen Überblick über den Senftenberger See kann man sich sehr schön vom **Schiefen Turm von Hosena** aus verschaffen. Die 2001 eingeweihte, 30 Meter hohe Stahlkonstruktion am südlichen Seeufer ist an ihren Namen gelangt, weil sie mit zehn Grad aus dem Lot steht. Von Parkplätzen in Peickwitz oder Großkoschen aus ist der Turm auf Wanderwegen gut zu erreichen.

Sehenswürdigkeiten im Seenland

An Wassersport- und Badevergnügen steht der **Geierswalder See**, der bereits überwiegend im Freistaat Sachsen liegt, dem Senftenberger See nicht nach. 2013

Kanal am Partwitzer See

Karte S. 358 ▲

Wohn- und Ferienhafen am Geierswalder See

war das Restloch des ehemaligen Tagebaus Koschen mit den Wassern der Schwarzen Elster vollständig geflutet. Breite **Sandstrände** ziehen an seinem südöstlichen Ufer beim Dorf Geierswalde entlang. Dort am östlichen Ortseingang biegt die Stichstraße ein zum großen Park- und Caravanstellplatz, Campingplatz und direkt am Strand Segel- und Surfschule, Wassersportgeräteverleih, Imbiss, Beachbar und vielem mehr, was einen Sommertag am Strand erlebenswert macht. Gleich in der Nachbarschaft liegt der **Wohn- und Ferienhafen Scado**, wo man luxusdesignte Schwimmende Häuser käuflich erwerben oder sich für die Ferien, quasi über dem Wasser schwebend, einmieten kann. Ein paar Schritte weiter um die Bucht herum erstreckt sich das **Wassersportzentrum** mit Hafen und Slipanlage, Wasserski, Jet- und Motorbootverleih. Hotels werden gebaut, Restaurants eröffnen und es entwickelt sich allmählich ein richtiger Ferienort. Doch darf man sich über eins nicht hinwegtäuschen: Das Wasserparadies ist noch im Entstehen! Außer dem Südufer sind alle anderen Seeufer geotechnischer

Sperrbereich. Bojen markieren vom Wasser aus die verbotenen Zonen, bei deren Betreten Lebensgefahr besteht. Die Flachwasser- und Böschungsbereiche sind immer noch stark rutschungsgefährdet, Spalten und Löcher können sich unvermittelt auftun, der Boden ins Fließen geraten und Badegäste wie Wanderer in die Tiefe ziehen.

Festen Boden unter den Füßen hat man dagegen auf den oft keine 500 Meter breiten Landbrücken zwischen den Seen. Schmale Asphaltbänder führen über sie hinweg und um die Seen herum. An Aussichtspunkten mit kleinen Rastplätzen bestückt, können sie erwandert, mit dem Drahtesel erradelt oder auch, dank ihrer spiegelglatten Asphaltdecke, wunderbar mit Inlinern errollert werden. Sämtliche Wege um die neuen Seen herum sind für den Autoverkehr gesperrt.

Einzige Ausnahme: die **Landmarke Lausitzer Seenland**. Der 2008 während der IBA eingeweihte Aussichtsturm erhebt sich direkt am Sornoer Kanal, der den Geierswalder See mit dem noch bis 2016 in Flutung befindlichen Sedlitzer See verbindet. 152 Stufen führen 30 Meter

Der Süden

hoch auf die Aussichtsplattform, die einen großartigen Panoramablick auf die Wasserlandschaft der Niederlausitzer Seen bietet. Den Spitznamen ›Rostiger Nagel‹ erhielt der Turm dank der beabsichtigten rostbraunen Eisenoxid-Patina, die ihm den Anschein eines Industriebauwerks verleiht. Von Kleinkoschen aus lässt sich die Landmarke, die heute schon so etwas wie ein Wahrzeichen des Niederlausitzer Seenlands ist, auch mit dem Auto ansteuern.

Der **Sedlitzer See** wird mit fast 15 Quadratkilometern Wasserfläche einmal das größte Gewässer im Seenland sein. Über den 440 Meter langen Rosendorfer Kanal ist er mit dem bereits 2013 fertig gefluteten **Partwitzer See** verbunden, und auch an diesem zweitgrößten der neuen Niederlausitzer Seen werden zahlreiche Freizeit- und Erholungsmöglichkeiten entstehen. Westlich des großen Halbinsel, die den Partwitzer See beinahe in zwei Hälften teilt, wurde eine **Marina** mit Jetski-Area angelegt. Auf der anderen Seite der Halbinsel zieht sich ein 30 Meter breiter **Sandstrand** halbmondförmig am Ufer entlang. Es gibt einen Parkplatz, und auch ein Campingplatz ist bereits ausgeschildert. Aber noch herrschen hier Einsamkeit und in der Stille nur ein vielstimmiges Grillenzirpen.

 Niederlausitzer Seenland

Touristeninformation Senftenberg, Markt 1, 01968 Senftenberg, Tel. 03573/1499010, www.lausitzerseenland.de und www.senftenberg.de, Mo 10–18, Di–Fr 9–18 Uhr, Juni–Sept. zusätzlich Sa 10–13 Uhr.

IBA-Terassen/Besucherzentrum Lausitzer Seenland, Seestraße 100, 01983 Großräschen, Tel. 035753/26111, www.iba-terrassen.de und www.ibatours.de, Ende April–Okt. Di–Sa 10–16 Uhr.

🛏

Wellnesshotel Seeschlößchen, Buchwalder Straße 77, 01968 Senftenberg, Tel. 03573/37890, www.seeschloesschen-lausitztherme.de, DZ/F ab 260 € inkl. SPA. Die attraktive Fachwerk- und Feldsteinanmutung direkt am Seeufer zählt zu Brandenburgs Spitzenhotels; die Zimmer elegant kombiniert mit Stilmöbeln, die Wellnesshütten im ausgesuchten Landhausschick, mit Pool und Saunalandschaft, das Restaurant ist preisgekrönt (s.u.).

Seehotel Großräschen, Seestraße 88, 01983 Großräschen, Tel. 035753/690660, www.seehotel-grossraeschen.de, DZ/F ab 99 € (Fr–So), ab 109 € (Mo–Do). Vornehmes Hotel im schlossähnlichen Gebäude am künftigen Großräschener See; im vorzüglichen Restaurant moderne regionale Küche mit internationalen Einflüssen, 2013 im Gault Millau mit 14 Punkten ausgezeichnet.

Strandhotel Senftenberger See, Am See 3, 01968 Senftenberg, Tel. 03573/800400, www.senftenberger-see.de, DZ/F ab 84 €. Architektur und blauer Anstrich des Drei-Sterne-Hotels sind etwas gewöhnungsbedürftig, aber tolle Lage direkt am See, seit 2014 mit schickem Neubau; das Restaurant bietet regionale und internationale Speisen.

Pension am Park, Hauptstraße 36, 02979 Elsterheide/OT Klein Partwitz-Dorf, Tel. 0176/92143153, www.pap-lausitz.de, DZ/F 70 €. Kleine freundliche Neubau-Anlage auf großem Grundstück auf der Landenge zwischen Partwitzer, Neuwieser und Blunoer Südsee im Flecken Klein Partwitz-Dorf; die Zimmer funktional im zeitgenössischen Stil.

Restaurant Sandak, im Hotel Seeschlösschen (s.o.) in Senftenberg. Mit 16 von 20 Punkten im Gault Millau und dem Titel ›Brandenburger Meisterkoch 2013‹ hat der junge Spitzenkoch Philipp Liebisch mittlerweile Gourmetwolke 7 erklommen. Seine französisch inspirierte, kreative Kü-

◄ Karte S. 358, 360

che stammt überwiegend von regionalen Erzeugnissen: bestes Lausitzer Lamm, das Kalb von der Proschimer Wiese, die Lachsforelle aus dem See vor der Tür, raffiniert zubereitet.

Restaurant Zur Mühle Dörrwalde, Zur Mühle 2, 01945 Dörrwalde, Tel. 035753/69600, www.doerrwalder-muehle.de. Lauschig-romantisches Backsteinanwesen 2 km östlich von Großräschen, überragt von einer Holländermühle von 1846; drinnen und draußen auf der Sonnenterrasse wird moderne leichte Küche serviert.

Komfortcamping Senftenberger See, Senftenberger Straße 10, 01968 Senftenberg/OT Niemtsch, Tel. 03573/661543, www.senftenberger-see.de, April–Okt. Bei Niemtsch am See, barrierefrei; Gaststätte, Strand, Surfschule, Fahrrad- und Bootsverleih.

Sun & Fun Camping & Caravaning, Promenadenweg 5/6, 02979 Elsterheide/OT Geierswalde, Tel. 0163/7254523, www.camping-geierswalde.de, April–Okt. Wiesenplatz direkt vor dem Strand am Geierswalder See; Imbiss, Rad- und Inlineskateverleih.

Wohnmobilstellplätze: hübsch angelegter Wohnmobilhafen in Senftenberg beim Hotel Seeschlösschen am Seeufer, Dusche/WC, Imbiss und Brasserie werden vom Hotel betrieben, (April–Okt., gebührenpflichtig); auf dem Großparkplatz vor dem Badestrand Geierswalder See (gebührenpflichtig).

Museum des Landkreises Oberspreewald-Lausitz, Schloss, 01968 Senftenberg, Tel. 03573/2628, www.museum.kreis-osl.de, April–Okt. Di–So 10.30–17.30, Nov.–März Di–So 13–16 Uhr.

Museumshof Großkoschen, Dorfplatz 13, 01968 Senftenberg/OT Großkoschen, Tel. 03573/81458, www.museumshof-gross koschen.de, Mai–Sept. Di–So 10–17 Uhr.

Eurospeedway Lausitz, Lausitzallee 1, 01998 Klettwitz, Tel. 03 57 54/33733, www.lausitzring.de.

Wassersportzentrum Senftenberger See, Straße zur Südsee 2, 01968 Senftenberg/OT Groskoschen, Tel. 03573/800600, www.wassersportzentrum-see.de; Segelboote, Paddel-, Tret-, Ruderboot-, Fahrradverleih, Campinghütten, Zelt- und Caravanplatz.

Wassersportschule Senftenberger See, am Komfortcamping Senftenberger See (s. o.), Tel. 035723/810775, www.natur-wassersport.de. Surfschule und Verleih von Segelbooten, Tret- und Paddelbooten, Surfbrettern.

Segtours am Senftenberger Stadthafen, Tel. 03573/678324, www.segtours24.de, Vermietung von Räder, E-Bikes, Segways, Booten.

Surf Renner Geierswalder See, Promenadenweg 8, 02979 Elsterheide/OT Geierswalde, Tel. 0171/7774340, www.wassersport-renner.de; Surf- und Segelschule, Jollen- und Surfbrettverleih, SUP-, Tret- und Paddelbootverleih.

Reederei Rolf Bothen, Dresdener Straße 14d, 01968 Senftenberg/OT Großkoschen, Tel. 0173/6837244, www.reederei-bothen.de. Dampferfahrten auf dem Senftenberger See.

Senftenberger See: kleinere Strände am Nordufer bei Senftenberg, bewirtschaftete Strände am Westufer auf der Landnase bei Niemtsch, am Südufer bei Großkoschen sowie am Südwestufer (FKK) südlich der Naturschutzinsel; **Geierswalder See**: großer bewirtschafteter Strand am Südostufer bei Geierswalde; **Partwitzer See**: unbewirtschafteter einsamer Strand in der Bucht südlich der Halbinsel.

Elbe-Elster-Land

Flaches weites Land, von der Kleinen Elster und der Schwarzen Elster durchflossen und im Westen von der Elbe berührt – so zeigt sich Brandenburgs südlichster Winkel. Rund 480 Quadratkilometer davon nimmt der **Naturpark Niederlausitzer Heideland** ein, den sich die Landkreise Oberspreewald-Lausitz im Osten und Elbe-Elster im Westen teilen. Sandige Hochflächen mit Kiefernwäldern, aber auch, wie auf dem ehemaligen Truppenübungsgelände bei Bad Liebenwerda, herrlicher Traubeneichenwald und blühende Heide, Streuobstwiesen, Moore, Teiche und aus Tagebaurestlöchern entstandene Seen prägen die Landschaft. Kraniche, Saat- und Blässgänse haben die stillen Gewässer für sich als Rastplätze entdeckt. Das seltene Auerhuhn liebt die lichten Nadelwälder ebenso wie der Raufußkauz, während See- und Fischadler die zahlreichen Gewässer schätzen. Der Biber baut seine Burgen, und Fisch-

otter gehen in den flachen Flussläufen, Feuchtniederungen und Bruchwäldern auf Beutefang.

Die Region ist durch die jahrhundertelange Ausbeutung ihrer reichen Bodenschätze geprägt. Zuerst Raseneisenstein und für den Kirchen- und Straßenbau Grauwacke, dann Ton und Torf in den Niedermooren und schließlich der Braunkohletagebau drückten dem Land ihren Stempel auf. 1847 wurde erstmals Braunkohle zu Tage befördert. Über 150 Jahre Kohleabbau schlossen sich an. Grüne Erholungsgebiete als Zeugnisse einer schon früh einsetzenden Rekultivierung, Museumskraftwerke, Museumsförderbrücken und alte Brikettfabriken sind gleichermaßen wie die Schlösser, Kirchen oder historischen sächsischen Postsäulen ein bedeutender Teil der Kulturlandschaft.

Lauchhammer

Wenn man in Lauchhammer das Stadtzentrum nicht auf Anhieb entdecken kann, muss man nicht traurig sein – im üblichen Sinne gibt es gar keins. Lauchhammer besteht aus dem Zusammenschluss von fünf Ortschaften Anfang der 1950er Jahre. Entsprechend verteilen sich die 16 500 Einwohner auf Lauchhammer-Nord, -Süd, -Ost, -West und -Mitte sowie die später eingemeindeten Dörfer Grünewalde und Kostebrau. Wie der Name schon andeutet, befindet sich so etwas wie ein Zentrum im Stadtteil Lauchhammer-Mitte, wo die Wilhelm-Pieck-Straße, frisch herausgeputzt und mit jungen Bäumen bepflanzt, die Einkaufsmeile darstellt.

So kurz die Geschichte der Stadt, so lang die der industriellen Entwicklung. Lauchhammer ist einer der ältesten deutschen Industriestandorte überhaupt. Dank reicher Raseneisensteinvorkommen wurde

Karte S. 292

▲ *Skulptur am Markt von Lauchhammer*

Bergbaufolgelandschaft bei Kostebrau

auf Veranlassung der Herrin Freifrau Benedicta von Löwendal bereits 1725 der erste Hochofen angeblasen. Es folgten weitere Hammerhütten sowie 1784 der Kunsteisenguss, der schon bald darauf weltweite Bedeutung erlangte. 1789 wurden erste Braunkohlefunde getätigt, Mitte des 19. Jahrhunderts begann die Kohleförderung im Großmaßstab, 1898 wurden in Lauchhammer erstmals Briketts fabriziert. In den zwei Weltkriegen glühten in der Gießerei des Lauchhammerwerks die Öfen, das Werk musste vergrößert werden. Und während die Region wirtschaftlich aufblühte, versank sie gleichzeitig im schwarzen Kohlestaub. Zu DDR-Zeiten fand diese Tradition mit dem Bau der Großkokerei Lauchhammer 1952–1957 ihre Fortsetzung. Erstmalig war es 1952 in Lauchhammer gelungen, hüttenfähiges Koks für die Erzeugung von Roheisen zu produzieren. Die soeben gegründete Stadt stieg zu einem der wichtigsten Industriestandorte im sozialistischen Deutschland auf. Nach der Wiedervereinigung wurde der Betrieb 1991 eingestellt und die Anlage abgerissen. Lediglich die zugehörigen **Biotürme**, die das phenolhaltige giftige Wasser reinigen, arbeiteten bis 2002 weiter. Nach dreijähriger Sanierung im Rahmen eines IBA-Projekts sind die sechs

mal vier Gruppen mit je 22 Meter hohen Türmen seit 2008 zur Besichtigung geöffnet (Lauchhammer-West).

Die berühmte **Kunstgießerei** in Lauchhammer-Ost fertigt bis heute historische Möbel, Kandelaber, Kirchglocken, Standbildrepliken und vieles mehr mit traditionellen Form- und Gießverfahren. 1784 glückte erstmals ein figürlicher Hohlguss, 1830 begründet Lauchhammer seinen herausragenden Ruf als Bronzegießerei. Das Goethe-Schiller-Denkmal in Weimar, der Berliner Neptunbrunnen oder das Lutherdenkmal in Worms stammen aus Lauchhammer. Im 19. Jahrhundert kommt der Bauguss mit Säulen, Brücken, Geländern, Kandelabern hinzu. Im 1993 eingeweihten **Kunstgussmuseum** kann man eine Modellsammlung von rund 2800 Objekten der Eisen- und Bronzegießerei bewundern, die zugleich einen kunsthistorischen Überblick über die Entwicklungen vom ausklingenden 18. Jahrhundert bis in die Gegenwart gibt.

■ **Ausflüge in die Umgebung**
Im Dörfchen **Plessa** wurde 1927 das Braunkohlekraftwerk Plessa angefahren. Es lieferte bis 1992 Strom und fungiert heute als **Museums- und Erlebniskraftwerk**, in dem man die Kohleverstromung am authentischen Ort nachvollziehen

Der Süden

kann. Am östlichen Ortsausgang steht an der Schwarzen Elster als altertümlicher Energielieferant die **Elstermühle**, die im Kern aus dem 17. Jahrhundert stammt. Ihr großes Wasserrad trieb ursprünglich eine Säge- und Getreidemühle an. Letztere funktioniert heute noch und veranschaulicht im Rahmen einer Besichtigung den Weg des Korns bis zum fertigen Brot. Das Restaurant Mühlenschänke serviert dazu leckere Speisen.

Im Naherholungsgebiet **Grünewalder Lauch** nordwestlich von Lauchhammer lässt sich bewundern, wie grün eine durch den Kohletagebau geschundene Erde im Lauf der Jahrzehnte wieder werden kann. Wo bis 1966 Braunkohle abgebaut wurde, dehnt sich heute eine waldumrahmte Kette kleinerer Seen aus. Naturschutzgebiete schaffen für die Tier- und Pflanzenwelt ein Refugium, und für die Erholung der Menschen stehen ein feinsandiger Badestrand, Gaststätte, Minigolf und Campingplatz zur Verfügung. Bei **Kostebrau** bietet ein **Aussichtspunkt** an der Kante des früheren Tagebaus Klettwitz einen weiten Blick über die Bergbaufolgelandschaft hinweg.

Finsterwalde

Im Jahr 1282 erstmals in einer Urkunde erwähnt, 1533–1625 Sitz der Familie von Dieskau, die die alte Burg zum Renaissanceschloss ausbauen lässt, 1815 Anschluss an Preußen, 1871 Anschluss an die Eisenbahn. So kurz und unspektakulär lesen sich die lokalhistorischen Daten der 17 000-Einwohner-Stadt am Nordostrand des Naturparks Niederlausitzer Heidelandschaft. Als aber 1899 in Berlin eine Burleske von Wilhelm Wolff (1844–1912) aufgeführt wird und darin die drei Witzfiguren Pampel, Knarrig und Strippe das Liedchen ›Wir sind die Sänger von Finsterwalde‹ anstimmen, kommt plötzlich Bewegung in die Ge-

Das barocke Rathaus von Finsterwalde

schichte. Groß und Klein, Schusterjunge wie Kommerzienrat trällern fortan den Gassenhauer: »Wir sind die Sänger von Finsterwalde,/wir leben und sterben für den Gesang/Mensch, wenn dich die Sorge packt,/lass' dich nicht bezwingen;/wenn dir auch die Schwarte knackt,/singen musst du, singen!« Immer neue Text-Versionen zur beliebten Melodie lösen immer neue Begeisterungsstürme beim Publikum aus. Nur nicht in Finsterwalde. Nicht genug, dass Calau für den Spott sorgen muss – und Schilda liegt ebenfalls nicht weit entfernt –, nun erdreisten sich die preußischen Piefkes auch noch, einen Witz aus den Finsterwaldern zu machen. Doch nicht dumm, drehen diese den Spieß einfach um und studieren das Sängerlied mit dem eigenen Heimatchor ein. 1907 zählt der Sangesverein ›Einigkeit‹ 30 Stimmen, in den 1930ern erschallt die Finsterwalde-Hymne bereits aus 170 Kehlen.

So begründet ein Berliner Couplet den Ruhm Finsterwaldes als Sängerstadt. 1954 findet das erste **Finsterwalder Sängerfest** statt, das seither alle zwei Jahre (immer in den geraden Jahren) am letzten Augustwochenende mit deutschen

Karte S. 369

▲

und internationalen Chören, Kapellen, Bands und Solisten auf mehreren Bühnen der Innenstadt Zehntausende Freunde der Sangeskunst anlockt.

Zentraler Austragungsort ist der **Markt**, den hübsche Bürgerhäuser des 18. und frühen 19. Jahrhunderts säumen und in dessen Mitte sich das bis 1739 barock errichtete **Rathaus** erhebt. Wenige Schritte von dort präsentiert das **Kreismuseum**

in der Langen Straße eine Ausstellung zur Geschichte der deutschen Chormusik und natürlich alles Wissenswertes rund um die ›Finsterwalder Sänger‹. Eine weitere Ausstellung widmet sich der Verkaufskultur, in deren Rahmen ein original erhaltener gründerzeitlicher Kaufmannsladen einen besonderen Höhepunkt darstellt. Um die Ecke steht in der Schloßstraße 6 die **Curtsburg**, das ältester Finsterwalder

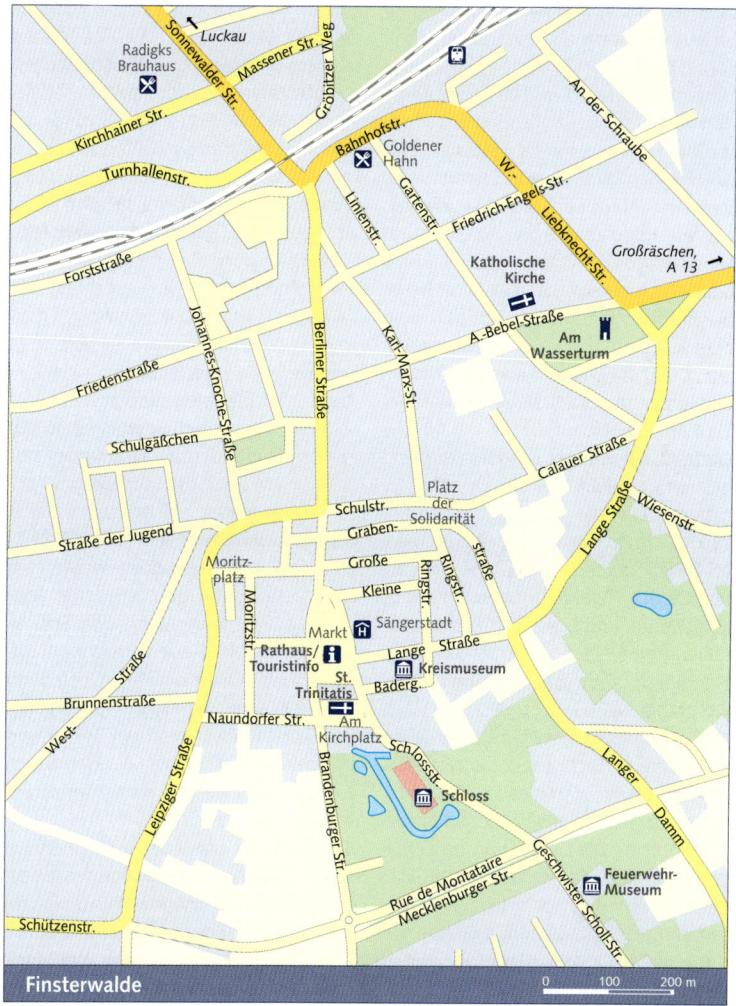

Finsterwalde

0   100   200 m

Wohnhaus, das aus der Zeit vor 1572 stammt. In der Nähe entstand wenig später im Auftrag Ottos II. von Dieskau 1584–1593 die **Stadtkirche St. Trinitatis**. Das Innere der dreischiffigen Emporenhalle mit schönem Netzrippengewölbe, die seit ihrer Einweihung nahezu unverändert blieb, schmücken die 1613–1615 von Melchior Kuntze kunstvoll gefertigte Kanzel, ein prachtvoller Altaraufbau aus dem Jahr 1594 und hinter dem neubarocken Orgelprospekt eine Sauer-Orgel von 1905.

Unter den Dieskaus wird im 16. Jahrhundert auch die Burg umfassend erweitert. Die alten Mauern, für die erstmalig 1282 ein Burgherr ›Dominus Heinemanus de Vynsterwalde‹ beurkundet ist, werden zur Vierflügelanlage mit Vorder- und Hinterschloss im Renaissance-Stil ausgebaut. Hochherrschaftlich residiert heute die Stadtverwaltung im **Schloss**, dem man zu den üblichen Bürozeiten sogar aufs Dach steigen und einen herrlichen Blick über die Stadt haben kann. Der Turmaufstieg ist auf eigene Gefahr, das letzte Stück vor der schönen Aussicht besteht aus einer sehr steilen, sehr schmalen Stiege.

Um die Ecke wartet in der Geschwister-Scholl-Straße in einer restaurierten Remise das **Feuerwehr-Museum** mit allerlei Spritz- und Löschtechnischem Gerät wie einem fahrbarem Wasserfass, Handlöschkarren und Oldtimer-Feuerwehrfahrzeugen auf.

In der Bahnhofstraße kocht der vielfach ausgezeichnete Brandenburger Meisterkoch Frank Schreiber im ›Goldenen Hahn‹. Seit 1882 ein Gasthof und in der dritten Schreiber-Generation im Familienbesitz, zählt das Restaurant mit klassisch französisch inspirierten Köstlichkeiten und Niederlausitz-Spezialitäten von ausgesuchten regionalen Produkten zu den besten in Deutschland.

■ Rund um Finsterwalde

Bis vor die Tore von **Lichterfeld**, 2,5 Kilometer südöstlich von Finsterwalde, fraß sich der ab 1984 aufgeschlossene Braunkohletagebau Klettwitz-Nord. Im Dezember 1992 endete die Kohleförderung, der Tagebau wurde aufgefüllt und die gewaltige Förderbrücke vom Typ F60 außer Betrieb gesetzt. Erst drei Jahre vorher hatte man mit ihrer Montage begonnen, im März 1991 lief sie an; und dass der 500 Meter lange, 11 000 Tonnen schwere Stahlgigant, der Abraumhöhen von 60 Metern bewältigt, nach der Stilllegung nicht gleich verschrottet wurde, ist einer Initiative von Bergleuten zu verdanken. Seit 2002 fungiert der Tagebauriese, der wie ein umgekippter Eiffelturm wirkt, als touristisches **Besucherbergwerk F60**. Führungen gehen über Treppen, Schrägen und Plattformen bis zum Aussichtshaus in 74 Meter Höhe hinauf, von wo aus man einen Blick auf den gerade entstehenden Bergheider See werfen kann.

Rund 15 Kilometer südöstlich wartet **Schloss Sallgast** auf einen Blick. In der zweiten Hälfte des 16. Jahrhundert auf den Mauern einer 400 Jahre älteren Wasserburg errichtet, erscheint das kleine Dornröschenschloss mit seinen Ecktürmen und Renaissancegiebeln wie eine Miniaturausgabe der Dresdener Moritzburg. Fast wären Dorf und Schloss Sallgast einem neuen Braunkohlaufschluss zum Opfer gefallen. Doch dann kamen Wende und Wiedervereinigung, und Sallgast blieb verschont. Heute sind im Schloss Einrichtungen der Gemeinde, Tagungs- und Veranstaltungsräume untergebracht.

10 Kilometer nördlich harrt im Ackerbürgerstädtchen **Sonnewalde** das gleichnamige **Schloss Sonnewalde** seiner zukünftigen Bestimmung. 1255 in einer Urkunde des nahen Kloster Dobrilugk erstmals genannt, gelangte die Herr-

◀ Karte S. 369

schaft 1537 an die Grafen von Solms-Sonnewalde. Diese ließen auf den Fundamenten eines Vorgängerbaus an der Wende zum 17. Jahrhundert ein prachtvolles Schloss errichten. Den Zweiten Weltkrieg überstand es nahezu schadlos, brannte dann aber kurz vor der Weihnacht 1947 bis auf die Grundmauern ab. Nur das Vorschloss mit einem eindrucksvollen Renaissanceportal blieb von den Flammen verschont – so wie man es heute noch anschauen kann. Im Inneren ist ein kleines **Heimatmuseum** untergebracht. (jeden 1. und 3. So 13–17 Uhr sowie Di und Do 9–12 Uhr).

Doberlug-Kirchhain

Am Nordrand des Naturparks Niederlausitzer Heidelandschaft, an den Ufern der Kleinen Elster, liegt die knapp 9000 Einwohnern zählende Doppelstadt Doberlug-Kirchhain. Der nördliche, 1234 erstmalig als ›Villa Kyrkhagen‹ erwähnte Stadtteil Kirchhain schmückt sich mit einem hübschen **historischen Ortskern**, in dem der kopfsteingepflasterte Markt im Mittelpunkt steht. Ihn flankieren Bürgerhäuser des 18. und 19. Jahrhunderts sowie das 1680–1682 auf einem abgebrannten Vorgänger errichtete, 1905/06 neu gestaltete Rathaus.

Wenige Schritte von dort die Straße hinauf, ist in einem liebevoll restaurierten Fachwerkhaus von 1753 das **Weißgerbermuseum** untergebracht. Das Gerber- und Kürschnerhandwerk blickt in Kirchhain auf eine lange Geschichte zurück: Bereits 1625 werden Gerber in der Stadtordnung dokumentiert. Als 1875 der erste Eisenbahnzug in Kirchhain hält und daraufhin die Produktion auch für fernere Kundschaft an Fahrt gewinnt, zählt man kurz darauf beinahe hundert Betriebe. Noch bis 1947 werden im Haus des heutigen Weißgerbermuseums Felle gegerbt, und seit 1963 kann man es

als Museum in Augenschein nehmen, mit Original-Weißgerberwerkstatt sowie Schuster- und Gesellenstube aus dem 19. Jahrhundert. Unweit vom Haupthaus kann man in einer ehemaligen Gerberei eine industrielle Lederproduktionsstrecke besichtigen.

Die ältesten Mauern der nahengelegenen **Stadtkirche St. Marien** datieren auf die zweite Hälfte des 12. Jahrhunderts. Innen ist das Gotteshaus mit Deckenmalereien aus dem 18. Jahrhundert verziert; die Kirchturm-Doppelspitze wurde 1737 aufgesetzt. Einen Blick lohnt ferner die **Postmeilensäule** am Schützenplatz. Die Kursächsische Distanzsäule in der typischen Form eines Obelisken stammt aus dem Jahr 1736 und trägt die Kronen des Kurfürstentums Sachsen und Königreichs Polen im Wappen.

Seit 1950 sind die Ortschaften Doberlug und Kirchhain als Stadt vereint. Das südliche Doberlug ist der ältere Stadtteil und wird bereits von Thietmar von Merseburg im Jahr 1005 als ›Dobraluh‹ genannt. 1165 stiftet der Wettiner Markgraf der Lausitz, Dietrich von Landsberg, das Zisterzienserkloster ›Dobraluh‹, was slawisch etwa ›gute Wiese‹, ›gutes Luch‹ bedeutete. 1228 ist die **Klosterkirche St. Marien** fertiggestellt. An der Schwelle von der Romanik zur Gotik zählt die kreuzförmige Pfeilerbasilika zu den frühesten gewölbten Großbauwerken der Lausitz. Innen birgt sie einen kostbaren Flügelaltar aus dem 16. Jahrhundert, eine 1874 erbaute Sauer-Orgel und im Chorraum Freskogemälde des Kirchenmalers Ernst Fey sowie prächtige Fenster mit Bleiverglasung.

Neben St. Marien blieb vom Zisterzienserkloster das **Refektorium** im einstigen Südflügel erhalten. Der Rest der Abtei ging nach der Auflösung in der Reformation 1541 als Bausubstanz in **Schloss Doberlug** ein. Bereits 1551 be-

Der Süden

Schloss Doberlug

gann der neue Pfandherr Heinrich von Gersdorf mit dem Ausbau des alten Abthauses zum herrschaftlichen Gebäude. 1623 erwarb Kurfürst Johann Georg I. von Sachsen Ort und Schloss und ließ daran, ebenso wie später sein Sohn Christian I. von Sachsen-Merseburg (1615–1691), beständig weiterbauen. 1676 war Schloss Dobrilugk als unregelmäßige Vierflügelanlage vollendet und erhebt sich seitdem als eines der größten Renaissanceschlösser im Land.

Mit dem Übergang der Niederlausitz vom Königreich Sachsen an Preußen infolge des Wiener Kongresses zogen Gericht und Verwaltungen in die Schlossmauern ein, 1857 im Ostflügel-Erdgeschoss außerdem ein Gefängnis. Unter den Nazis wurde der wendische Ortsname Dobrilugk zu Doberlug eingedeutscht und somit auch entsprechend der Schlossname geändert. 1950–1989 bezog die Nationale Volksarmee im Schloss- und Klostergelände Quartier und riegelte es hinter hohen Mauern ab. 2003 begannen die aufwändigen Sanierungsarbeiten, im Verlauf des nächsten Jahrzehnts immer deutlicher mit einem herausragenden Ziel vor Augen: dem 200. Jubiläum des Wiener Kongresses 2014/2015, in des-

sen Zusammenhang Doberlug-Kirchhain und im Mittelpunkt sein Schloss 2014 Gastgeber der ersten Brandenburgischen Landesausstellung gewesen ist.

Auch der **Rautenstock**, traditionsreiches Gasthaus und historisches Gästehaus von Schloss Doberlug aus dem Jahr 1666, hat nach der Restaurierung zur alten Schönheit und darüber hinaus zur angestammten Funktion zurückgefunden: Nach Abschluss der Bauarbeiten 2013 zogen ein Café und eine Pension ein.

■ **Sehenswertes in der Nähe**

In **Oppelhain**, sieben Kilometer südlich von Doberlug-Kirchhain, hat eine **Paltrockmühle** nach langer Wanderschaft einen neuen Standort gefunden. 1832 wurde sie aus Pommern nach Grassau umgesetzt, dort hundert Jahre später von einer Wind- in eine Paltrockmühle umgebaut. Bei Paltrockmühlen steht der gesamte Aufbau auf einem Rollenkranz, wodurch der Baukörper vergrößert und dadurch mit mehr Maschinen mehr Getreide gemahlen werden kann. Der Name ›Paltrock‹ stammt möglicherweise vom langen ›Pfaffenrock‹ oder dem Rock der eingewanderten Pfälzer her, an das Äußere dieses Mühlentyps erinnern soll. 1958 wurde die Mühle stillgelegt, 1998 demontiert und zur Jahrtausendwende in Oppelhain im Herzen des Naturparks Niederlausitzer Heideland wieder aufgerichtet. Die Oppelhainer Mühle ist voll funktionsfähig und mahlt das Korn mit einer Leistung von bis zu 20 PS. Bei einer Führung kann man die Arbeitsgänge näher kennenlernen. Anschließend lädt zu Füßen der Mühle ein Kräuter- und Barfußgarten zum Picknick ein.

Zwischen den winzigen Weilern Arenzhain und **Trebbus**, sieben Kilometer nördlich von Doberlug-Kirchhain, hält eine 1881 gebaute **Bockwindmühle** ihre Flügel in den Wind. Mit Mehlgang,

Karte S. 292

Schrotgang und Hirsestampfe sowie einer Ausstellung von Gerätschaften und Erzeugnissen des Mühlenbetriebs hat sie 1969 ihre neue Funktion als **Mühlenmuseum** gefunden (Führungen Mai–Okt. nach Voranmeldung, Tel. 035322/4966).

Bad Liebenwerda

›Bali‹, wie die 10 000 Einheimischen ihr Städtchen an der Schwarzen Elster nennen, ist vor allem durch sein Mineralwasser bekannt. Seit 1905 wird hier am südwestlichen Naturparkrand und zugleich südwestlichsten Zipfel Brandenburgs im Moor gebadet, seit 1925 ziert Liebenwerda der Titel ›Bad‹. Die Kureinrichtungen mit der 1993 eröffneten Fachklinik für Orthopädie und Rheumatologie liegen unmittelbar östlich vom Ortskern. Im **Kurpark** hält die Touristeninformation im 1870/71 erbauten ›Schweizerhäuschen‹ eine Fülle an Auskünften parat, und nur einen kleinen Spaziergang entfernt lädt die **Lausitztherme Wonnemar** zu Badevergnügen und Wellness ein.

Den Eingang zum Stadtzentrum bewacht von alters her am Burgplatz der **Lubwartturm**. Auf fast 32 Meter Höhe ragt das Wahrzeichen Bad Liebenwerdas hinauf. Der Bergfried ist das Relikt einer mittel-

Brunnen in Bad Liebenwerda

alterlichen Burg, die bereits vor der ersten urkundlichen Nennung ›Livenwerde‹ 1231 bestand. 1568–1579 im Rahmen einer Burgerweiterung aufgestockt und mit einer Haube bestückt, brannte die Anlage bei einer Feuersbrunst 1733 bis auf die Grundmauern nieder, weshalb heute nur noch der Lubwartturm als Solitär existiert. Gleich nebenan zeigt das **Kreismuseum** Regional-, Natur- und Landschaftsgeschichte sowie eine beachtliche Marionettensammlung.

Den nächsten Haltepunkt auf einer Liebenwerdaer Sightseeing-Tour bildet, folgt man der Dresdener Straße in Richtung Zentrum, die **Postmeilensäule** am Rossmarkt. Es handelt sich allerding um eine Rekonstruktion. Der Verbleib der ursprünglich 1724 aufgestellten Distanzsäule ist unbekannt.

Unmittelbar hinter dem Rossmarkt erhebt sich am Markt die gotische, 1490 geweihte **St. Nikolaikirche**. Im Lauf der Geschichte wurde sie von mehreren verheerenden Bränden heimgesucht und stets im Zeitgeschmack wieder aufgebaut; die aktuelle Innenausstattung stammt aus dem Jahr 1911.

Gegenüber flankiert das um 1800 erbaute **Rathaus** den Markt. Unter der Adresse Markt 20 firmiert das **Naturparkhaus**, das mit Ausstellungen über Fauna und Flora im Naturpark Niederlausitzer Heidelandschaft informiert.

■ Ausflüge in die Umgebung

Fünf Kilometer nördlich von Bad Liebenwerda steht bei **Dohmsdorf** die ›Louise‹, Europas älteste Brikettfabrik. Sie ging 1882 in Betrieb und wurde 1896 erstmals erweitert; 1920 nahm die fünfte Brikettpresse die Arbeit auf. Noch bis 1992 wurde hier Kohle gemacht. Nach der Stilllegung folgten ab 1993 umfassende Rekonstruktionsarbeiten. Seit 2006 sind die Anlagen im **Technischen**

Der Süden

Denkmal Louise, im Rahmen von Führungen, wieder in Bewegung.

Eisenbahnfreunde kommen gut 15 Kilometer nordwestlich von Bad Liebenwerda in **Falkenberg** auf ihre Kosten. Im ehemaligen Bahnbetriebswerk zeigt das **Eisenbahnmuseum** Dokumente und Utensilien aus der Dampflokära und draußen auf dem Freilichtgelände eine alte Dampflokomotive.

21 Ortsteile nennt das seit 2001 zur Stadt vereinte, trotzdem nur insgesamt 6000 Seelen kleine **Uebigau-Wahrenbrück** sein eigen. 1303 bekam Uebigau als wichtiger Marktflecken das Stadtrecht verliehen, und bis heute zeichnet sich der **Marktplatz** im nahezu vollständig erhaltenen historischen Ortskern mit einer detailgetreu nachgebildeten Postmeilensäule von 1730 und – einzigartig in Brandenburg – einem aus Feldstein zusammengeklaubten Lesesteinpflaster aus. Das **Rathaus** am Platz wurde 1829 erbaut. Die **Heimatstube** in einem in der ersten Hälfte des 18. Jahrhunderts errichteten Fachwerkhaus zeigt Ausstellungen zur Ur- und Frühgeschichte und dem ackerbürgerlichen Leben sowie im Garten den Nachbau einer bronzezeitlichen Wohnanlage. Die **Pfarrkirche St. Nikolai** wurde 1251 erstmalig erwähnt und stammt möglicherweise bereit aus der Wende vom 11. ins 12. Jahrhundert. Das in der zweiten Hälfte des 19. Jahrhunderts erbaute, zuletzt 1904 schlossähnlich erweiterte **Gutshaus** südöstlich vom Markt dient heute als Herberge.

Herzberg und Schlieben

Die Sehenswürdigkeiten von **Herzberg**, der 1184 gegründeten, heute 9300 Einwohner zählenden Kreisstadt im Elbe-Elster-Land konzentrieren sich rund um den Markt. Dort erhebt sich die spätgotische **St. Marienkirche**, um 1350 bis 1450 auf den Fundamenten eines älteren Gotteshauses als dreischiffige Hallenkirche erbaut. Zur wertvollen Ausschmückung gehören die von 1415 bis 1430 geschaffenen, vollständig im Original erhaltenen Gewölbemalereien, eine Renaissancekanzel und ein Altar von 1765. Das **Rathaus** nebenan wurde Anfang des 17. Jahrhunderts errichtet.

Seit dem 13. Jahrhundert wird in **Schlieben** Wein angebaut. Die Kunst der Weinkultivierung brachten seinerzeit die Zisterziensermönche von Dobrilugk mit ins Land, und von einer Pause im 20. Jahrhunderts abgesehen wird sie seither kontinuierlich gepflegt. Auf einem Hektar Lößboden am Langen Berg gedeihen Müller-Thurgau- und Bacchus-Trauben und der rote Regent. Westlich am Hang säumen rund 30 alte Kellergewölbe die Schliebener **Kellerstraße**, die damals wie heute gemeinsam mit dem Marktplatz und dem Drandorfhof das Epizentrum des **Schliebener Moienmarkts** bildet.

Seit mehr als 400 Jahren strömen die Mädchen (Moien) und Burschen, Bauern, Händler und Bürger und neuerdings auch Touristen alljährlich am letzten Juni oder ersten Juliwochenende zusammen, um bei einem wohlmundenden Schoppen Schliebener Rebensaft Jahrmarkt zu feiern.

Die backsteinerne **Stadtkirche St. Martin** datiert auf das 13./14. Jahrhundert. Weitere Sehenswürdigkeiten sind das **Rathaus am Markt** und um die Ecke der **Drandorfhof**. Der im Verlauf des 18./19. Jahrhunderts errichtete Vierseitenhof besteht aus Gutshaus, Nebengebäuden, Kornspeicher und Stallanlagen und beherbergt unter seinen Dächern eine Ausstellung historischer Trachten, ein kleines Weinbaumuseum, eine Kräuterapotheke, eine Bauernwohnung des 19. Jahrhunderts sowie außerdem moderne gepflegte Ferienzimmer und gleich nebenan die Touristeninformation.

Karte S. 292 ▲

Wahrzeichen von Bad Liebenwerda: der Lubwartturm

Elbe-Elster-Land

Touristeninformation Finsterwalde, Markt 1, 03238 Finsterwalde, Tel. 03531/717830, www.finsterwalde-tou ristinfo.de und www.finsterwalde.de, Mo–Fr 9–17 Uhr, Mai–Sept. zusätzlich Sa 9–13 Uhr.

Touristeninformation Doberlug-Kirchhain, Schloss Doberlug, Schlossplatz 1,03253 Doberlug-Kirchhain, Tel. 035322/688850, www.doberlug-kirchhain.de, Mai–Okt. Di–Fr 9–18, Sa 10–18 Uhr, Nov.–April, Di–Fr 10–16 Uhr.

Tourismuspunkt Herzberg, Markt 1 (in der Seitenkapelle der Marienkirche), 04916 Herzberg (Elster), Tel. 03535/2480544, www.herzberg-elster.de, Mo–Fr 10.30–16.30 Uhr.

Touristeninformation Bad Liebenwerda, Haus des Gastes, Dresdener Straße 23, 04924 Bad Liebenwerda, Tel. 035341/6280, www.bad-liebenwerda.de, Mo 10–15, Di–Fr 10–20, Sa/So 14–18 Uhr.

Touristeninformation Schlieben, Ritterstraße 8 (Drandorfhof), 04936 Schlieben, Tel. 035361/81699, Mo–Fr 8–16 Uhr.

Hotel Sängerstadt, Markt 2–3, 03238 Finsterwalde, Tel. 03531/2557, www.ho tel-saengerstadt.de, DZ/F ab 78€. Gediegenes Mittelklassehotel direkt am Markt; im Restaurant italienische Küche.

Pension Rautenstock, Hauptstraße 18, 03253 Doberlug-Kirchhain, Tel. 035322/512130, www.quartier-rautenstock.de, DZ/F 110€ (Haupthaus), 80€ (Nebenhaus). Moderner Komfort im historischen Ambiente, Gasthaus 1666 eröffnet, sehr schick, sehr geschmackvoll, 1. Stock Veranstaltungsräume, Gästezimmer im 2. OG sowie neu gebaute Nebengelasse mit preisgünstigeren Unterkünften.

Hotel Parkschlößchen Maasdorf, Dorfstraße 7, 04924 Maasdorf (ca. 3 Kilometer nördlich von Bad Liebenwerda), Tel. 035341/30960, www.hotel-maasdorf.de, DZ/F 82€. Gepflegte Unterkunft in einem

1701 erstmals erwähnten, schlösschenartigen Gutshaus; das Restaurant serviert Fisch aus den nahen Teichen, Wildspezialitäten und Gerichte von heimischen Produkten der Saison.

Drandorfhof Schlieben, Ritterstraße 8, 04936 Schlieben, Tel. 035361/81699, DZ 35€. Moderne gepflegte Zimmer im historischen Viersenthof, ohne Frühstück, dafür mit kleiner Küchenzeile zum Selberkochen.

Schlossherberge Uebigau, Schloßstraße 9, 04938 Uebigau-Wahrenbrück, Tel. 035365/8293, www.schlossherberge.de, Übernachtung Erwachsene 15€, Menschen bis 16 Jahre 8€, jeweils zzgl. 5€ Bettwäsche, Frühstück geht extra. Funktional ausgestattete Zimmer für zwei bis sechs Personen im gründerzeitlichen Gutshaus, die Unterkünfte im Gästehaus etwas schicker und geringfügig teurer.

Campingplatz Grünewalder Lauch, Lauchstraße 101, 01979 Lauchhammer/OT Grünewalde, Tel. 03574/3826, www.ferienpark-gruenewalder-lauch.de, April–Okt. Im Naherholungsgebiet Grünewalder Lauch am Badesee; Ferienhütten und Fahrradverleih; Café, Minimarkt, Gaststätte, Bootsverleih nahebei.

Camping Erholungsgebiet Kiebitz, 04895 Falkenberg/Elster, Tel. 035365/2135, www.erholungsgebiet-kiebitz.de, April–Okt. Ruhige gepflegte Anlage am Kiebitzsee östlich von Falkenberg; Badestrand und Gaststätte direkt nebenan.

Campingplatz Waldbad Zeischa, 04924 Zeischa, Tel. 035341/10398, www.campingplatz-waldbad-zeischa.de, April–Okt. Idyllischer Waldplatz auf einer Landnase im Zeischaer Kiessee, ca. 4 km südöstlich von Bad Liebenwerda, mit Gaststätte, Shop, Bungalows, Bootsverleih, Badestrand.

Restaurant Goldener Hahn, Bahnhofstraße 3, 03238 Finsterwalde, Tel. 03531/2214, www.schreiber-cuisine.de. Brandenburger Meisterkoch 2006, 16 Punkte im Gault Millau – die Auszeichnungen des Chef de Cuisine Frank Schreiber kann man gar nicht mehr alle zählen. Zubereitet werden klassisch französisch inspirierten Küche und Niederlausitz-Spezialitäten von ausgewählten regionalen Produkten. Die Zimmer im Haus bieten Mittelklassekomfort (DZ/F ab 60 €).

Radigk's Brauhaus, Sonnewalder Straße 13, 03238 Finsterwalde, Telefon 03531/2286, www.radigks.de. Biersorten ohne Ende, selbstgebraut, unfiltriert. Dazu deftige Hausmacherkost und Live-Musik.

Elstermühle und Restaurant Mühlenschänke, An der Elstermühle 7, 04928 Plessa, Tel. 03533/8199676, www.mühlenschänke-plessa.com. Die Gaststätte in der funktionstüchtigen alten Getreidemühle aus dem 17. Jahrhundert serviert schmackhafte moderne deutsche Küche.

Biotürme Lauchhammer, Finsterwalder Straße 57, 01979 Lauchhammer, Tel. 03574/860604, www.biotuerme.de, Führungen Mitte April–Anf. Sept. So 10–18 Uhr.

Kunstgussmuseum, Freifrau-von-Löwendal-Straße 3, 01979 Lauchhammer, Tel. 03574/860166, www.kunstgussmuseum.de, Di–So 13–17 Uhr.

Erlebniskraftwerk, Am Kraftwerk 1, 04928 Plessa, Tel. 0152/52677321, www.erlebnis-kraftwerk-plessa.de, März–Nov. Di–So 10–15 Uhr.

Kreismuseum Finsterwalde, Lange Straße 6/8, 03238 Finsterwalde, Tel. 03531/30783, Di–Fr, So 10–12 und 14–17 Uhr.

Feuerwehr-Museum, Geschwister-Scholl-Straße 2, 03238 Finsterwalde, Tel. 03531/2704, www.feuerwehr-finsterwalde.de, So 10–12 Uhr.

Weißgerbermuseum, Potsdamer Straße 18, 03253 Doberlug-Kirchhain, Tel. 035322/2293, www.weissgerbermuseum.de, Di–Do 9–12 und 14–17, Fr 10–12 und 14–16, So 14–16 Uhr.

Besucherbergwerk F60, Bergheider Straße 4, 03238 Lichterfeld, Tel. 03531/60800, www.f60.de, Mitte März–Okt. tgl. 10–18 Uhr, Nachtöffnung Fr/Sa bis 20 Uhr (Mai–Aug. bis 22 Uhr), Nov.–Mitte März Mi–So 11–16 Uhr.

Kreismuseum Bad Liebenwerda, Burgplatz 2, 04924 Bad Liebenwerda, Tel. 035341/12455, Mi–Fr 14–17, Sa/So 10–12 und 14–17 Uhr.

Brikettfabrik Louise, Louise III, 04924 Domsdorf, Tel. 035341/94005, www.brikettfabrik-louise.de, April–Okt. tgl. 10–16 Uhr, Nov.–März Mo–Fr 10–15 Uhr.

Eisenbahnmuseum, Schwarzer Weg, 04895 Falkenberg/Elster, Tel. 035365/36997, www.eisenbahnmuseum-falkenberg.de, Mo–Fr 8–16 Uhr.

Heimatstube Uebigau, Doberluger Straße 8, 04938 Uebigau-Wahrenbrueck/OT Uebigau, Tel. 035365/87010, www.heimatstubeuebigau.jimdo.com, Mai– Anfang Okt. So 15–17 Uhr.

Paltrockmühle Oppelhain, April–Okt. Sa 15–17, So 14–16 Uhr.

Besucherzentrum Naturpark Niederlausitzer Heidelandschaft, Naturparkhaus, Markt 20, 04924 Bad Liebenwerda, Tel. 035341/471594, www.naturpark-nlh.de, April–Okt. Mi–So 9–17 Uhr, Nov.–März Mi–Fr 10–16 Uhr.

Lausitztherme Wonnemar, Am Kurzentrum 1, 04924 Bad Liebenwerda, Tel. 035341/49020, www.wonnemar.de, Mai–Sept. tgl. 10–21 Uhr, Okt.–April tgl. 10–22 Uhr.

Waldbad Zeischa, ausgedehnte Sandstrände rund um den Zeischaer Kiessee, mitten im Kiefernwald etwa zwei Kilometer östlich von Bad Liebenwerda.

›Brandenburgs Wanderparadies‹ wird der Fläming genannt. Zahlreiche Wanderwege durchziehen den Naturpark Hohen Fläming, dessen Kuppen auf stattliche 200 Meter aufragen. Im Flachland lädt die Fläming-Skate zu rund 230 Kilometer Radel- und Skatewegen ein, vorbei an 1000-jährigen Städtchen wie Jüterbog, Treuenbrietzen und Belzig.

FLÄMING

In der St.-Nikolai-Kirche in Jüterbog

Die im 12. Jahrhundert eingewanderten Flamen haben dem Fläming ihren Namen gegeben. Vom Berliner Urstromtal steigt südwärts die Teltow-Hochfläche auf, an die sich die Sanderflächen im Naturpark Nuthe-Nieplitz anschließen.

Das weite Land lädt zum Wandern, Radfahren oder auf dem Fläming-Skate auch zum stundenlangen Rollschuhlaufen ein. Während der südliche Niedere Fläming sanfte Wellen aufweist, führen die Kuppen des Hohen Fläming bis auf 200 Meter hinauf. Auf exakt 200,24 Höhenmetern, die der Hagelberg im Naturpark Hoher Fläming misst, ist der zweithöchste Punkt im Bundesland Brandenburg erreicht.

Südlich von Berlin

In **Großbeeren**, fünf Kilometer südlich der Berliner Stadtgrenze, wurde Geschichte geschrieben. Am 23. August 1813 schlugen preußisch-russische Koalitionstruppen unter General Friedrich Wilhelm Freiherr von Bülow die Soldaten Napoleons in die Flucht und beendeten damit die französische Herrschaft in der Mark.

Seit 1906 markiert die **Bülowpyramide** auf dem Windmühlenberg den Brennpunkt des einstigen Kampfgeschehens. In der Ortsmitte prangt 32 Meter hoch der 1913 zum hundertsten Jubiläum der siegreichen Schlacht eingeweihte **Gedenkturm**. Mit Eisernem Kreuz, Aussichtsplattform und kleiner Museumsstube erinnert er an die kriegerische Auseinandersetzung.

Von Karl Friedrich Schinkel stammen die Pläne für die 1818–1820 errichtete neugotische **Pfarrkirche**, die König Friedrich Wilhelm III. zum Dank für die gewonnene Schlacht spendierte. Alljährlich am Wochenende um den 23. August feiern die knapp 8000 Großbeerener ein Siegesfest und lassen mit einem historischen Biwak und der Nachzeichnung der Ge-

fechtslage die glorreiche Zeit noch einmal auferstehen.

Drei Kilometer östlich lockt Brandenburgs größter Biergarten nach **Diedersdorf**. Gut 2000 durstige Kehlen finden im Park der Gutsanlage **Schloss Diedersdorf** Platz. Das um 1800 im klassizistischen Stil erbaute schlossähnliche Herrenhaus firmiert als nobles Vier-Sterne-Hotel, der umgebaute Kuhstall als Landgasthof. Zahlreiche Veranstaltungen vom Schlager- bis zum Klassikkonzert und dazu Kremserfahrten, Ponyreiten und Fahrradverleih runden das Angebot ab. Die kleine **Diedersdorfer Feldsteinkirche** stammt aus dem 14. Jahrhundert.

Nicht weit entfernt liegt **Ludwigsfelde** im Berliner Speckgürtel. 1936 ging dort ein Flugzeugmotorenwerk in Betrieb, ein Jahr später war die Einwohnerzahl von 100 auf 1000 geklettert, 1960 zählte man schließlich fast 17 000 Ludwigsfelder. Rund 10 000 von ihnen fertigten im Industriewerk Ludwigsfelde IWL Motorroller der Marken Pitty, Wiesel, Berlin und Troll, ab 1965 kam eine LKW-Produktion hinzu.

Heute lassen am 24 000 Einwohner großen Standort Unternehmen wie MTU, Mercedes Benz und VW schrauben. Lastwagen-Oldtimer der DDR oder auch eine komplette Serie der verschiedenen Motorroller, die in Ludwigsfelde das Band verließen, kann man im Bahnhofsgebäude im **Technikmuseum der Stadt** besichtigen. 2006 eröffnete in Ludwigsfelde die **Kristall-Saunatherme**, kurz auch ›FKK-Therme‹ genannt, denn in Pools und Schwimmbecken, Saunen und Dampfbädern geht es hüllenlos zu. Die Becken in Deutschlands wohl größtem Freikörperkultur-Angebot unter einem Dach werden von 33 bis 36 Grad warmer Thermalsole mit hohem Mineralstoffgehalt gespeist. Mittwochs und sonntags darf man auch ›mit‹.

▲ Karte S. 381

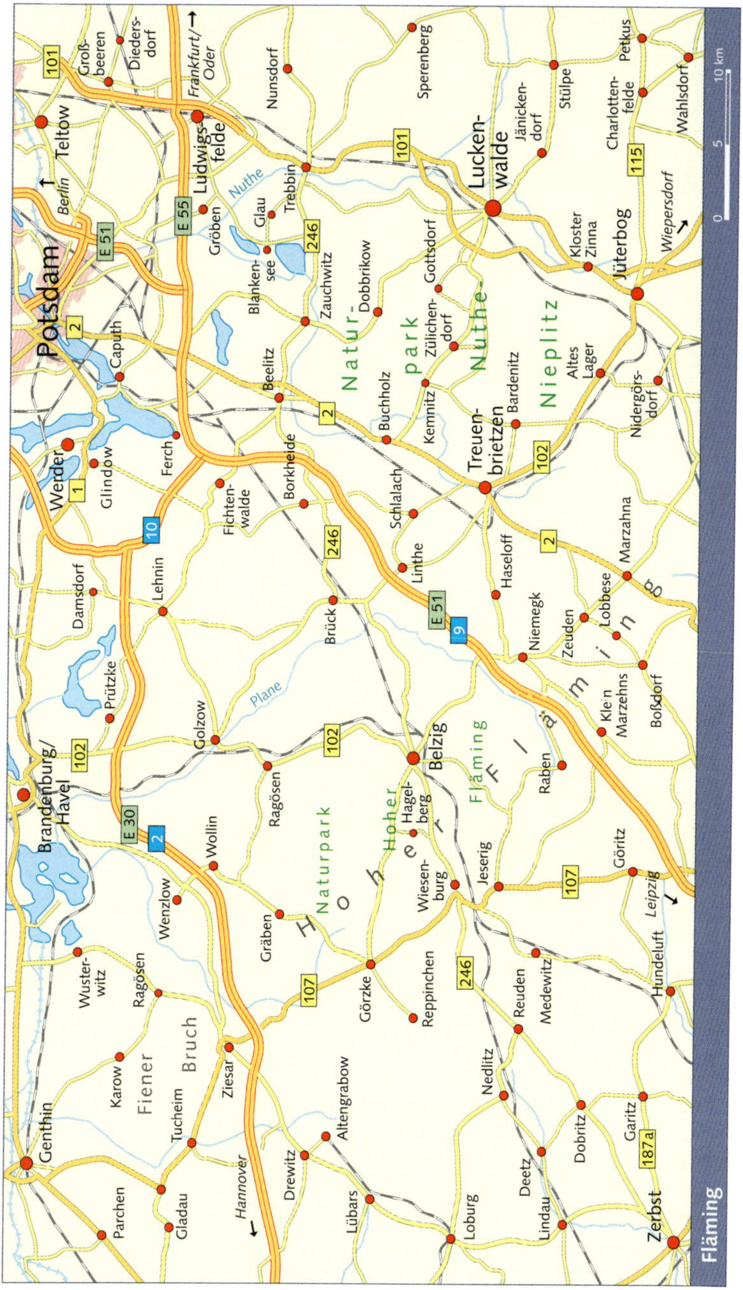

Groß-
beeren
Diedersdorf
101
Frankfurt/
Oder
Nunsdorf
Sperenberg
Petkus
Teltow
Jänicken-
dorf
Stülpe
Charlotten-
felde
Wahlsdorf
101
Berlin
Ludwigs-
felde
Luckenwalde
115
Wiepersdorf
E 55
Nuthe
Trebbin
Glau
101
Kloster
Zinna
Jüterbog
E 51
Gröben
246
Gottsdorf
Potsdam
Blanken-
see
Zauchwitz
Dobbrikow
Zülichen-
dorf
Altes
Lager
Caputh
Beelitz
Natur-
park
Kemnitz
Bardenitz
Nieplitz
Nidergörs-
dorf
2
Buchholz
Treuen-
brietzen
Werder
Ferch
Borkheide
2
Schlalach
102
Marzahna
1
Glindow
Fichten-
walde
Linthe
Haseloff
2
Damsdorf
10
Niemegk
Lobbese
Brück
E 51
9
Zeuden
Lehnin
246
Klein
Marzehns
Boßdorf
Prützke
Plane
Golzow
102
Belzig
Raben
Brandenburg/
Havel
102
Ragösen
Hagel-
berg
Fläming
E 30
Wollin
Naturpark
Hoher
Jeserig
Göritz
Leipzig
2
Wenzlow
Gräben
Wiesen-
burg
107
Wuster-
witz
Ragösen
Görzke
Reppinchen
246
Reuden
Medewitz
Hundeluft
107
Karow
Ziesar
Altengrabow
Nedlitz
Fiener
Bruch
187a
Genthin
Tucheim
Drewitz
Loburg
Dobritz
Garitz
Parchen
Gladau
Hannover
Lübars
Deetz
Lindau
Zerbst

Fläming

Fläming

Südlich von Berlin

Touristeninformation, Am Rathaus 2, 14979 Großbeeren, Tel. 033701/328861, www.grossbeeren.de, Di 13–16, Do 13–18, Fr 9–12.

serfahrten, Ponyreiten, Fahrradverleih. **Stadt & Technik Museum Ludwigsfelde**, Am Bahnhof 2, 14974 Ludwigsfelde, Tel. 03378/804620, www.museum-ludwigsfelde.de, Mi–Fr 10–15, Sa/So 13–17 Uhr.

Schloss Diedersdorf, Kirchplatz 5-6, 15831 Diedersdorf, Tel. 03379/35350 www.schlossdiedersdorf.de, DZ im Schloss ab 198€, DZ im Landgasthof ab 98€, Frühstück geht extra. Gutsanlage aus dem 19. Jahrhundert, die Suiten im Schloss mit Marmorbädern, die Zimmer im Landgasthof gehobene Mittelklasse; mehrere Restaurants, Biergarten, Krem-

Gedenkturm Großbeeren, Mai–Sept. Sa 14–18 Uhr, jeden 1. und 3. So 15–18 Uhr.

Kristall-Saunatherme Ludwigsfelde, Fichtenstraße, 14974 Ludwigsfelde, Telefon 03378/518790, www.kristall-saunatherme-ludwigsfelde.de, Mo–Do u. So 9–22, Fr/Sa bis 23 Uhr.

Naturpark Nuthe-Nieplitz

Die beiden Flüsschen Nieplitz und Nuthe durchziehen das ›Märkische Zweistromland‹. Ruhig und unspektakulär liegt es da, mit Feuchtwiesen, sumpfigen Niederungen und da und dort sanften Hügeln. Schilfumzogene Seen im Norden, Sand und Heide im Süden, Kiefernwälder, Äcker und verschlafene märkische Dörfer schmücken den 1992 gegründeten Naturpark, der auf einer Fläche von 623 Quadratkilometern ländliche Stille ausstrahlt. Seit die Schöpfwerke, die ab den 1960er Jahren den Boden entwässerten, 1991 abgestellt worden sind, ist der Wasserspiegel gestiegen und überschwemmt wieder weite Wiesen und Brachflächen, auf denen Wasser- und Watvögel ein neues Zuhause finden.

Rund um Blankensee

Zwischen Beelitz, Ludwigsfelde und Trebbin dehnt sich der **Blankensee** als das größte Gewässer im Naturpark aus. Dichte breite Schilfgürtel umschließen das Wasservogelparadies, so dass die Ufer kaum zugänglich sind. Ein 200 Meter langer Bohlensteg beim Dörfchen Blan-

kensee und der Beobachtungsturm ›Ungeheuerwiesen‹ wenig nordwestlich vom Ort bieten jedoch Gelegenheit, aus der Ferne dem Federvolk auf dem See zuzuschauen.

Im Jahr 1995 ging das **Dorf Blankensee** als zweiter Sieger aus dem Bundeswettbewerb ›Unser Dorf soll schöner werden‹ hervor. 2008 trugen die 400 Blankenseer den Titel als schönstes Dorf im Landkreis Teltow-Fläming und 2010 den europäischen Dorferneuerungspreis davon. Die **Dorfkirche** mit Ursprüngen im 14. Jahrhundert birgt als kostbarste Stücke einen 1706 geschaffenen Kanzelaltar und ein venezianisches Taufbecken aus dem 11. Jahrhundert. In den Räumen des 1649 im Fachwerkstil erbauten ältesten Hauses im Ort ist ein kleines **Bauernmuseum** eingerichtet, das Wohnen, Land- und Hauswirtschaft einer Bauernfamilie in vergangenen Zeiten zeigt.

In der Nachbarschaft plätschert die Nieplitz durch den 1832 nach einem Lenné-Entwurf gestalteten **Schlosspark**. Im Zentrum der mit kleinen Tempeln, Zierbrücken und Marmorstandbildern nach

Karte S. 381

Art italienischer Gärten geschmückten Anlage erhebt sich das **Sudermann-schloss**. 1740 im Auftrag des sächsischen Kreishauptmanns Christian von Thümen im märkischen Barock errichtet, erwarb 1902 der Schriftsteller Hermann Sudermann (1857–1928) das schlossgroße Herrenhaus und ließ es im Geschmack seiner Zeit umgestalten. Sudermann veranlasste auch die Möblierung des Parks, der für die Öffentlichkeit zugänglich ist. Das Schloss steht dagegen nur Tagungs- und Veranstaltungsgästen offen.

Nicht weit entfernt steht auf dem Waldfriedengelände die einer riesigen Welle gleichende **Kirche der Friedensstadt**. Das 1929 vom Stifter der christlich-evangelischen Glaubensgemeinschaft

Im Schlosspark Blankensee

Johannische Kirche, Joseph Weißenberg, erbaute Gotteshaus bietet unter seiner enormen Hallenkonstruktion Platz für etwa 1000 Gläubige. Doch dient der Sakralbau nicht nur für Gottesdienste. Von April bis September finden im Rahmen der ›Blankenseer Musiksommer‹ Orchesteraufführungen, Kammer- und Orgelkonzerte statt.

Die **Siedlung Friedensstadt Weißenberg** einen Kilometer östlich in **Glau** ist das Zentrum der Johannischen Kirche. Von 1920 an errichteten der Gründer der Religionsgemeinschaft Weißenberg und seine Anhänger in Glau die rund 40 Häuser, Schule, Werkstätten und Altersheim umfassende Friedensstadt, bis 1935 die Nationalsozialisten die Glaubensgemeinschaft verboten. 1942–1945 Außenlager des KZ Sachsenhausen und 1945–1994 Sowjet-Kaserne, erhielt die Johannische Kirche anschließend ihre Siedlung zurück. Seither wird sie wieder aufgebaut und saniert, und die Gemeinde füllt sich wieder mit Leben. Auf dem ehemaligen sowjetischen Truppenübungsplatz kann man auf einem fünf Kilometer langen Rundwanderweg durch das **Wildgehege Glauer Tal** Rot-, Damm- und Muffelwild in (fast) freier Wildbahn beobachten. Ebenfalls dort befindet sich das **Naturpark-Besucherzentrum**.

Im Herzen des Naturparks, von den umliegenden Städten Beelitz, Treuenbrietzen und Luckenwalde aus gleichermaßen gut zu erreichen, ziehen die Rundkurse des **Fläming Walk** ihre Kreise. 43 ausgeschilderte Strecken zwischen 4 und 23 Kilometer führen bei einer Gesamtlänge von 450 Kilometern auf lockeren Wald- und Wiesenwegen durch den Naturpark. Startpunkte mit Infotafeln für die unterschiedlichen Walking-Parcours' finden die Sportler in allen 23 Ortsteilen der Gemeinde Nuthe-Urstromtal, dort insbesondere in den Weilern Kemnitz,

Fläming

Gottsdorf und Dobbrikow. In **Gottsdorf** hält außerdem das **Fläming-Walk-Zentrum** Informationen, Wanderkarten und Leihstöcke parat.

Beelitz

Beelitz und Spargel werden in einem Atemzug genannt. Die 12 000-Einwohner-Stadt am nordwestlichen Naturparkrand bildet den Mittelpunkt des größten brandenburgischen Spargelanbaugebiets. Auf knapp 1000 Hektar leichten, sandigen Böden gedeiht das edle Gemüse. Seit 1861 der Glasermeister und Ackerbürger Karl Friedrich Wilhelm Herrmann die ersten Stangen anpflanzte, wird auf den Feldern rund um Beelitz von April bis zum Johannistag am 24. Juni traditionell Spargel gestochen. Bereits 1934 feierten die Beelitzer erstmals ihr Spargelfest, seit 1997, als die Stadt ihren 1000. Geburtstag beging, sogar unter der Schirmherrschaft einer Spargelkönigin. Ein **Spargellehrpfad** führt von der Bockwindmühle östlich von Beelitz unmittelbar nach der Kreuzung der B2 mit der B246 Richtung **Schlunkendorf**, wo sich im **Spargelmuseum** alles rund um die köstliche weiße Stange dreht.

Über die Beelitzer Stadtgeschichte informiert das **Heimatmuseum** im Herzen der Altstadt. Standesgemäß sind die historischen Sammlungen in der **Alten Posthalterei** untergebracht. Fast hundert Jahre lang bot die 1789 erbaute Postrelaisstation Reiter, Pferd und Wagen Quartier auf der Poststrecke Berlin–Leipzig. Wenige Schritte entfernt steht das 1842 eingeweihte **Rathaus**, und auch die 1247 erstmals erwähnte **Kirche St. Marien– St. Nikolai** lohnt einen Blick. Durch die Erscheinung des Wunderbluts – wunderbarerweise blutende Hostien –, die sich 1247 ereignet haben soll, stieg das Gotteshaus zur Wallfahrtsstätte auf und

konnte dank sprudelnder Pilgerspenden zur dreischiffigen Basilika erweitert werden. Vom knapp 40 Meter hohen Kirchturm erschließt sich sehr schön der mittelalterliche Grundriss von Beelitz: ein liegendes A, umzogen von einem Ring.

Treuenbrietzen

2008 feierte die kleine Stadt am Südwestrand des Naturparks Nuthe-Nieplitz ihr 800-jähriges Jubiläum. Nachdem um 1200 die slawische Burganlage ›Briescene‹ zerstört worden war, unterzeichnete der neue Burgherr 1208 auf einer Urkunde mit dem Namen ›Burchardi de Briescene‹ – Treuenbrietzens erste Erwähnung. Den Zusatz ›Treuen‹ erhielt ›Brietzen‹ Mitte des 14. Jahrhunderts, als die meisten Städte der Mark dem ›Falschen Waldemar‹ huldigten, einem Hochstapler, der behauptete, der längst verstorbene Markgraf zu sein. Die Brietzener gingen dem Doppelgänger jedoch nicht auf den Leim und wurden für ihre

Das Treuenbrietzener Rathaus

Karte S. 381

Fachwerk im Zentrum von Treuenbrietzen

Entschlossenheit mit Treue im Namen belohnt.

Noch viel bekannter ist das 7500-Einwohner-Städtchen durch die Moritat vom ›Sabinchen‹ und ihrem treulosen ›Schuster aus Treuenbrietzen‹: Um den Nichtsnutz finanziell auszuhalten, klaut Sabinchen von ihrer Herrschaft zwei versilberte Blechlöffel, der Geliebte schlitzt ihr zum Dank dafür die Kehle auf und baumelt am Ende am Galgen. So berichtet der schaurige Bänkelgesang, der im 19. Jahrhundert zum Volkslied aufstieg. Während der alljährlichen Sabinchen-Festspiele zehn Tage im Juni spielt er zusammen mit der Kür des Sabinchenpaars, Markttreiben und Sabinchenfest-Umzug bis heute eine tragende Rolle.

Am **Sabinchenbrunnen** vor dem Rathaus kann man sich ein Bild davon machen, wie hold das Frauenzimmer wohl war. 1984 schuf der Meißner Künstler Lothar Sell die Sabinchen-Plastik. Das weiße **Rathaus** und Wahrzeichen der Stadt stammt in seinen ältesten Teilen vom Ende des 13. Jahrhunderts. 1606 erhielt es den Turm, wurde anschließend noch mehr-

fach um- und ausgebaut und rührt in seiner gegenwärtigen Erscheinung vom letzten Umbau im Jahr 1937.

Hinter dem Rathaus fallen die **Hakenbuden** ins Auge. Die leicht windschiefen, im Fachwerk oder Klinker errichteten mittelalterlichen Handels- und Lagerhäuser werden landläufig Haken- oder auch Hökerbuden genannt, weil dort die Handwerker ihre Waren präsentierten.

Am östlichen Altstadteingang erhebt sich die **St. Marienkirche**. Grundsteinlegung der spätromanischen Gewölbebasilika war wahrscheinlich um 1220. Die Sakristei und der quadratische Westturm wurden an der Wende vom 15. auf das 16. Jahrhundert angefügt. Den Innenraum zieren ein barocker Altaraufsatz, eine Wagner-Orgel aus der Zeit um 1740 und die bei Restaurierungsarbeiten 1959–1965 wieder freigelegte, mittelalterliche Bemalung der Gewölberippen.

Nicht weit vom westlichen Altstadteingang steht die frühgotische **St. Nikolaikirche**. Ihr Baubeginn wird auf die Zeit zwischen 1220 und 1260 datiert. Aus jenen Jahren stammen auch die Reste der Gewölbemalereien, die man 1969 entdeckte. Die Malerei in der Hauptapsis rührt aus dem 15. Jahrhundert.

Nahebei legt das **Heimatmuseum** mit ur- und frühgeschichtlichen, stadt- und handwerkshistorischen Sammlungen Zeugnis von Treuenbrietzen in den verschiedenen Epochen ab. Es ist in den Mauern der **Heilig-Geist-Kapelle** untergebracht – als Stadtturm an der Stadtmauer so genannt, weil er im 14. Jahrhundert als Bethaus für fahrende Handwerksgesellen und Durchreisende diente. Nach dem Dreißigjährigen Krieg dem Verfall preisgegeben, wurde die Ruine 1936 wieder aufgebaut. Um die Ecke verläuft der besterhaltene Rest der mittelalterlichen **Stadtmauer**, die einmal acht bis zehn Meter hoch war.

Fläming

Industrielle Moderne: das Stadttheater Luckenwalde aus dem Jahre 1926

Luckenwalde

Bedeutende Architekten der 1920er und 1930er Jahre sowie die Industriekultur des 20. Jahrhunderts prägen die 20 000 Einwohner große Kreisstadt des Landkreises Teltow-Fläming. Der 1216 als ›Lukenwalde‹ erstmals schriftlich erwähnte Ort im Baruther Urstromtal lag am Kreuzpunkt zweier wichtiger Handelsstraßen. Bierbrauen trug Luckenwalde sowohl erkleckliche Einnahmen als auch eine Dauerfehde mit dem konkurrierenden Jüterbog ein. 1780/81 begründeten die zugezogene Tuchmacherfamilien den Aufstieg Luckenwaldes als namhafte Tuchfabrikation. Eine ›Große Fabrik‹ entstand, die die Weltwirtschaftskrise 1929 zwar nicht überlebte, aber aus deren Tradition in der DDR schließlich der VEB Volltuch hervorging. Auf dem ehemaligen Volltuchgelände im westlichen Stadtzentrum sind noch einige Original-Gebäude erhalten, darunter die alte Turbinenhalle, die ihre neue Aufgabe als **Kunsthalle** fand. 1997 eröffnet, präsentiert sie zeitgenössische Werke aus dem In- und Ausland, auch Arbeiten junger Künstler aus Ostdeutschland.

Im benachbarten Herrenhaus, 1782 von einem Tuchfabrikant im märkisch schlich-

ten Barock erbaut, befindet sich das weit über die Bundeslandgrenzen hinaus bekannte und vielfach ausgezeichnete Hotel und Restaurant Vierseithof.

Wenige Schritte östlich ist die **Breite Straße** erreicht, die Hauptgeschäftsstraße und Fußgängerbummelmeile. Nördlich mündet sie in den **Markt**, wo man neben dem 1843/44 erbauten **Rathaus** das **Heimatmuseum** mit Sammlungen zur Stadtgeschichte und Entwicklung der Luckenwalder Tuch- und Hutmacherei ansteuern kann.

Die **Johanniskirche** gegenüber wurde in der zweiten Hälfte des 15. Jahrhunderts auf den Mauern einer älteren Feldsteinkirche errichtet. Ihre heutige Gestalt erhielt sie beim letzten Umbau 1901–1903. Und da sie trotz mancher Überformungen stets ohne Glockenturm blieb, übernahm das Läuten ab 1484 der benachbarte **Marktturm**. Als Solitär steht der im Kern aus dem 12. und 13. Jahrhundert stammende gut 30 Meter hohe Turm auf dem Marktplatz.

Mit dem Eisenbahnanschluss 1841 hielt das Industriezeitalter Einzug. Luckenwalde entwickelte sich zur Stadt der Fabrikschornsteine und zur Hochburg der Sozialdemokratie. Vor mehr als 140 Jahren

Karte S. 387 ▲

gründete sich 1868 der Luckenwalder Arbeiterverein. Er gehörte zu den Initiatoren des Eisenacher Kongresses, auf dem 1869 unter Führung von August Bebel und Wilhelm Liebknecht die Gründung der Sozialdemokratischen Arbeiterpartei erfolgte. Bis zur Machtergreifung der Nationalsozialisten 1933 errangen die Luckenwalder Sozialdemokraten stets zwischen 75 und 85 Prozent aller Stimmen. Neben dem 1926 im Stil der industriellen Moderne von den Architekten Paul Backes, Rudolf Brennecke und Hans Graf realisierten **Stadttheater** und benachbart der **Schule** spiegeln deshalb vor allem die in den 1920er und 1930er Jahren errichteten Arbeiterwohnsiedlungen den Reformwillen der klassischen Architekturmoderne wider: im Osten die **Volksheimsiedlung** (1928–1932), in Zeilenbauweise als drei- bis viergeschossiges Mietwohnungskonglomerat von Willi Ludewig konzipiert; im Südosten die **Siedlung Am Anger**, 1919–1925 von Josef Bischof als Ein- bis Zweifamilienhausscheiben mit schmaler Gartenparzelle in Form eines Angerdorfs entwickelt; ebenfalls von Josef Bischof, in Zusammenarbeit mit Bruno Langkeit und Hans Graf, im Südwesten die Gartenstadt **Siedlung auf dem Sande** (1919–1930).

Ganz in deren Nähe befindet sich die 1923 errichtete **Hutfabrik** von Erich Mendelsohn, die auf dem Werkgelände mit vier Produktionshallen sowie einem Kessel- und Turbinenhaus als Werkstätte der Moderne entstand.

Die **Fläming-Therme** bietet Schwimm- und Badelandschaft, Sauna und Dampfbäder. Ein **BMX-Trail**, ein **Hochseilgarten** und nicht zu vergessen der **FlämingSkate** runden das Freizeitangebot ab.

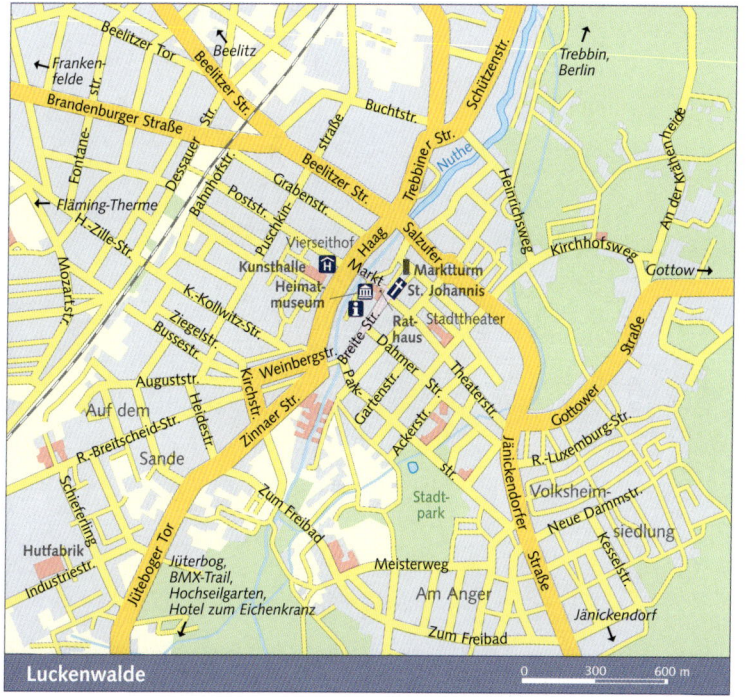

Luckenwalde

Fläming

0   300   600 m

Der Fläming-Skate

Rund 230 Kilometer lang ist das drei Meter breite Asphaltband inzwischen, das fernab vom Autoverkehr auf mehreren Rundkursen unterschiedlicher Längen und Schwierigkeitsgrade durch die Landschaft des Niederen Fläming und Baruther Urstromtals führt. Ein Black-Ice-Belag sorgt für traumhaft glattes Dahingleiten, durch Wiesen und Felder an den zahlreichen Sehenswürdigkeiten vorbei, die der Fläming-Skate seit der Eröffnung 2001 miteinander verbindet.

Dreh- und Angelpunkt ist der genau 94,6 Kilometer zählende Rundkurs RK 1, der den Bogen von Luckenwalde aus über Petkus im Osten, südlich Wieperdorf und westlich Dennewitz/Niedergörsdorf nach Jüterbog als der zweiten Fläming-Skate-Metropole schlägt und zurück über Kloster Zinna nach Luckenwalde geht. Roller-Anfänger fühlen sich auf dem zwölf Kilometer langen Kolzenburger Rundkurs RK 2 bei Luckenwalde wohl, und Rundkurs RK3 ab Jüterbog bietet mit dem Zisterzienserkloster Zinna als Höhepunkt elf Kilometer Kulturpiste. Rundkurs RK 4, der ab der Skate-Arena Jüterbog eine rund 45 Kilometer lange Südschleife dreht, hat sich mit seinen Marathonmaßen besonders bei Fortgeschrittenen und für das Ausdauertraining der Speedskater als Renner erwiesen. Die 2005 eröffneten Rundkurse RK 5 und RK 6 unterteilen den großen FlämingParcour RK 1 in kürzere

Achtung: Skater kreuzt!

Abschnitte. Die jüngsten Rundkurse 7 und 8 erschließen die Region im Osten bis Dahme/Mark sowie im Nordosten bis Baruth.

Und damit ist es noch längst nicht genug. Es wird ständig weiter gebaut, denn der Fläming-Skate ist ein Erfolgsprojekt. Gehörte der Niedere Fläming vor der Jahrtausendwende noch zu den weißen Flecken auf der touristischen Landkarte, bescherte die feine Asphaltpiste der Region einen rollenden Aufschwung und bugsierte sie zusammen mit Potsdam und dem Spreewald auf das Siegertreppchen der Reiseziele im Bundesland Brandenburg. In den Orten am Wegesrand entstand eine vielfältige, auf die Skater-Bedürfnisse abgestimmte Infrastruktur – vom Skate- und Fahrradverleih über Fahrkurse und Reparaturbetriebe bis hin zu Hotels, Pensionen, Biergärten, Rastplätzen, die ihr Angebot am Rollersport ausrichten.

Noch ist der Fläming-Skate einzigartig in Deutschland, aber dank seiner enormen Attraktivität wird er gewiss schon bald Nachahmer finden. Auch weil Skater und Radler, die sonst allerorts um die knappe Ressource ›autofreie Fahrbahn‹ konkurrieren müssen, hier in trauter Zweisamkeit die schöne Landschaft genießen können. Die drei Meter breite Skaterbahn wird von einem parallel dazu verlaufenden Radweg begleitet. Informationen rund um den Fläming-Skate erhält man bei den umliegenden Touristeninformationen, u.a. in Luckenwalde, Dahme und Jüterbog oder unter www.flaeming-skate.de.

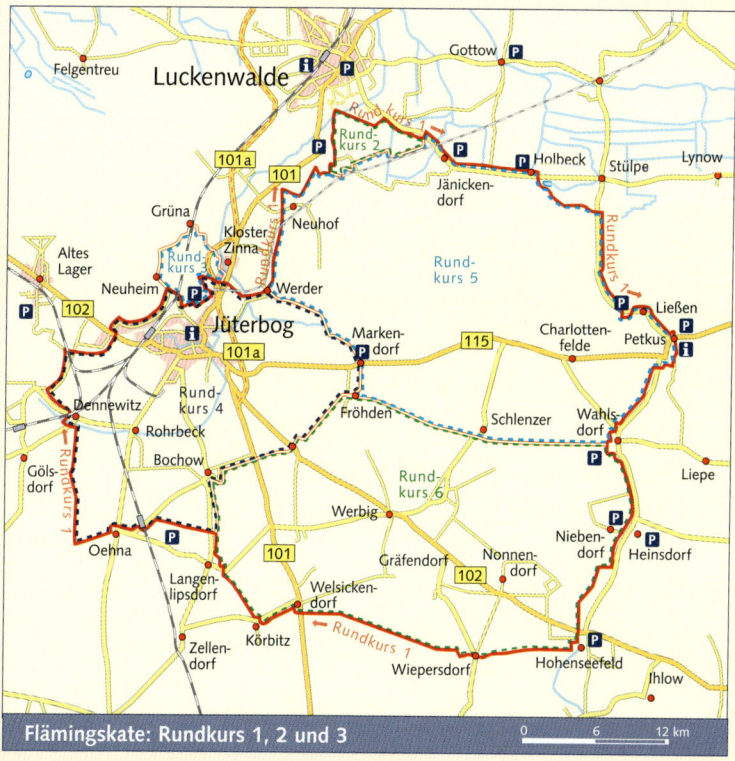

Flämingskate: Rundkurs 1, 2 und 3

0   6   12 km

Jüterbog

Im 1000-jährigen Jüterbog wurde Religionsgeschichte geschrieben. Keine 40 Kilometer trennen den 1007 erstmals erwähnten Ort von der Lutherstadt Wittenberg, wo Martin Luther 1517 seine 95 Thesen gegen den Ablasshandel veröffentlichte. In jenem Jahr war der Dominikanermönch Tetzel zum Subkommissar für den Ablasshandel ernannt worden und soeben in der blühenden Handelsstadt Jüterbog eingetroffen. Dort verkaufte er den betuchten Bürgern die Vergebung ihrer Sünden. Meineid oder Raub von Kircheneigentum kostete neun Dukaten, Mord war etwas günstiger schon für acht Dukaten zu haben, auch prophylaktisch, falls sich der Anschlag noch im Planungszustand befand, getreu dem Motto: »Sobald das Geld im Kasten klingt, die Seele in den Himmel springt!« Die Gläubigen standen Schlange, um den Tetzelkasten zu füllen, was den Augustinermönch Luther im nahen Wittenberg zunehmend empörte, er zur Feder griff und besagte 95 Thesen verfasste. – Fanal für die Reformation. Der Kanzelstreit zu Jüterbog zwei Jahre später geht ebenfalls in die Geschichte ein. Thomas Müntzer (um 1489–1525), anfänglich Luther-Anhänger und nachher führender Revolutionär in den Bauernkriegen, hält 1519 in Jüterbog sein Predigt-Debut. Heftige Dispute von der Kanzel herab zwischen Luther-Parteigängern und den ortsansässigen Franziskanermönchen schließen sich an, in denen erstmals auch das damalige Schimpfwort ›Lutheraner‹ gefallen sein soll. Ein knappes Jahrhundert später bricht der große europäische Religionskrieg aus und beendet Jüterbogs Blütezeit. Von einst 4000 Einwohnern überleben nur 300 den Dreißigjährigen Krieg.

■ Sehenswürdigkeiten

Trotz des Niedergangs im Dreißigjährigen Krieg konnte sich die 12 000-Einwohner-Stadt einen großen Schatz an Zeugnissen ihrer glanzvollen Zeiten bewahren. **Drei Stadttore** mit Wehrtürmen und eine abschnittweise gut erhaltene **Stadtmauer**

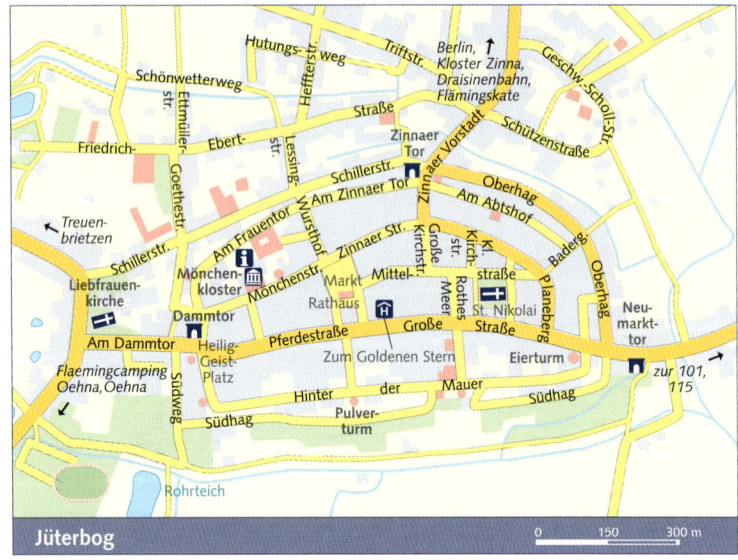

Jüterbog

0   150   300 m

Erhaltene Wandmalereien in der Kirche St. Nikolai

umgeben den Altstadtkern. Das **Rathaus** im Mittelpunkt des fachwerkgeschmückten historischen Zentrums zählt zu den schönsten in Brandenburg. Bereits 1287 hatten auf dem Platz ein Kaufhaus und ein Marktturm zur Überwachung des Fernhandelsmarktes gestanden. 1478 brannten die Gebäude ab, und bald darauf begann man mit der Errichtung des Rathauses. 1507 war der spätgotische Backsteinbau mit großem Satteldach und prachtvoll verzierten Staffelgiebeln fertiggestellt.

Weithin sichtbar ragen nicht weit entfernt die beiden verschiedenen Turmspitzen der **St. Nikolaikirche** auf. Anno 1307 wurde das dreischiffige spätgotische Gotteshaus bereits erwähnt, das in zwei großen Bauabschnitten bis 1488 zur Vollendung fand. Thomas Müntzer predigte in der heiligen Halle, und in der Taufkapelle kann man den **Tetzelkasten** bestaunen, der wegen seines beträchtlichen Fassungsvermögens eigentlich besser ›Tetzel-Truhe‹ heißen müsste. Außerdem verdienen in der Kapelle die original erhaltenen mittelalterlichen Wandmale-

reien sowie ein 1518–1524 geschaffener Flügelaltar aus der Schule von Lucas Cranach d.Ä. Aufmerksamkeit. Den großen Altarraum schmückt ein barocker Hochaltar aus dem Jahr 1700. Er hat seinen Vorgänger, einen nicht weniger schönen, 1425 geschaffenen gotischen Flügelaltar, in den Chorumgang abgedrängt. Zu den weiteren wertvollen Ausstattungsstücken zählen ein spätgotischer Taufstein und eine Wagner-Orgel von 1740. St. Nikolais Zwillingstürme kann man 217 Stufen hinauf bis auf 69 Meter Höhe erklimmen. Über dem Schwibbogen, der sie miteinander verbindet und von dem herab man Jüterbog in Augenschein nehmen kann, thronen die beiden verschiedenen Kirchturmspitzen. Die des Südturms besteht unverändert seit der Bauzeit Anfang des 14. Jahrhunderts, während der Abschluss des Nordturms 1562 von einem Sturm hinweggefegt wurde und er daraufhin eine barocke Haube bekam (Ostern bis Ende Oktober Di–Fr u. So 13–17, Sa 10–17, Turmaufstieg bis 16.30 Uhr). Nördlich erblickt man die Türme des **Zinnaer Tors**. Es ist das letzte noch vorhan-

Fläming

dene Innentor der einstigen Doppeltor-
anlagen, die im Mittelalter Einlass nach
Jüterbog gewährten. Im Osten wird die
Altstadt von der stattlichen Ruine des
Neumarkttors (um 1200) begrenzt. Zusammen mit dem nur einen Steinwurf
entfernten, hundert Jahre jüngeren **Eier-
turm** hält es die Wacht. Gegenüber sichern seit jener Zeit der **Dammtorturm**
am Heilig-Geist-Platz und das Dammtor
den westlichen Altstadteingang.

Vor dem Dammtor befindet man sich bei
der **Liebfrauenkirche** im ältesten Teil Jüterbogs. Mit dem Erhalt des Stadtrechts
wurde das Gotteshaus 1174 geweiht; im
13. Jahrhundert folgten Erweiterungen.
Von der einst großen, in der Reformation
aufgelassenen Klosteranlage hat sich der
nördliche Klausurflügel erhalten (Ostern
bis Ende Oktober Sa/So 14–17 Uhr).

Vom 1480–1510 in der nördlichen Altstadt zwischen Dammtor und Nikolaikirche errichteten Franziskanerkloster
trotzten die Mönchenkirche und einige

*Kloster Zinna wurde im 12. Jahrhundert
von den Zisterziensern gegründet*

angrenzende Gebäudeteile den Zeiten.
Hier fanden 1519 die Auseinanderset-
zungen zwischen katholischer und re-
formatorischer Geistlichkeit statt. Heute
beherbergt das **Mönchenkloster** neben
Bibliothek und Touristeninformation das
Stadtmuseum, das als besonderen Schatz
die über 400 Jahre alte ›Weltchronik‹
des Lutherschen Weggefährten Philipp
Melanchthon zeigt.

Nach dem Anschluss 1815 an Preußen
entwickelte sich die Stadt zu einer der
größten Garnisonen in Deutschland;
noch zu DDR-Zeiten waren hier 50 000
Sowjetsoldaten stationiert. Relikt jener
Zeit ist die ›Kanonenbahn‹. Auf der 1875
eröffneten militärischen Eisenbahn-Ver-
suchsstrecke erprobte man beispielsweise
einen propellergetriebenen Schienenzep-
pelin oder einen AEG-Versuchswagen,
der 1903 mit damals unglaublichen 210
Stundenkilometern über die Strecke ras-
te. 1998 rollte der letzte Personenzug
über die Gleise.

Eine Attraktion der jüngsten Vergangenheit ist die **Skate-Arena** am nördlichen
Stadteingang. Direkt am **Fläming-Skate**
gelegen, bietet die Arena Trainingsmög-

Karte S. 390

*Erinnerung an den Ablassprediger
Johann Tetzel*

lichkeiten für Skate-Profis und den Zuschauern ein hochkarätiges Wettkampfprogramm. Sich selbst die Rollen unter die Füße schnallen kann man natürlich auch. Neben Luckenwalde ist Jüterbog der zweite zentrale Einstieg in die insgesamt 230 Kilometer langen Rundkurse des Fläming-Skate.

Kloster Zinna

Anders als die Nachbarorte in der Region ist Zinna eine preußische Gründung – vier Kilometer nördlich von Jüterbog verlief einst die preußisch-sächsische Landesgrenze. König Friedrich der Große veranlasste 1764 auf dem Gelände der ehemaligen Zisterzienserabtei Zinna den Bau einer Webersiedlung: planmäßig, quadratisch, mit niedrigen traufständigen Häuschen um einen großen achteckigen **Markt**. Eine riesige alte Eiche und ein Denkmal des ›Alten Fritz‹ zieren das weitläufige Geviert. Im historischen **Zollhaus** hält ein **Webereimuseum** an beinahe 200-jährigen Webstühlen das traditionsreiche Handwerk lebendig. 1777 wurde das Gebäude von einem Tuchfabrikanten errichtet und bis 1815 als Zollstation genutzt.

Die Gründung des **Zisterzienserklosters Zinna** fällt bereits in die Anfänge der deutschen Ostkolonisation. Während sich flämische Einwanderer südlich von Jüterbog auf den fruchtbaren Böden des Niederen Fläming niederließen, erteilte Erzbischof Wichmann von Magdeburg 1170 Mönchen des Zisterzienserordens die anspruchsvolle Aufgabe, den Nuthesumpf urbar zu machen. 1226 wurde die Klosterkirche geweiht, 1307 hatten die Klosterbesitzungen mit gut 300 Quadratkilometern ihre größte Ausdehnung erreicht. Der Reichtum des Klosters floss in prachtvolle Neubauten, die im 14. und 15. Jahrhundert entstanden. Mit blendengeschmücktem Giebel war um 1350 die **Alte Abtei**, um 1450 nebenan mit hochgotischem Staffelgiebel die **Neue Abtei** fertiggestellt. Letztere beherbergt in ihren Mauern heute das **Klostermuseum**. Die ehemalige Abtkapelle zieren spätgotische Fresken mit Heiligendarstellungen, und ein Modell der historischen Klosteranlage verdeutlicht ihre einstigen Ausmaße. Im ehemaligen **Siechenhaus** kann man sich in der historischen **Brennerei** ein Bild davon machen, wie die Mönche den Kräuterlikör ›Zinnaer Klosterbruder‹ destillierten. Außerdem hat sich von der 1553 aufgelösten Abtei, die ab 1764 als Steinbruch für den Bau der Weberkolonie herhalten musste,

Wiepersdorf ist als ehemaliger Wohnort der von Arnims bekannt

noch die **Klosterkirche** erhalten. In der Granitsteinbasilika und heutigen evangelischen Pfarrkirche werden im Rahmen der Zinnaer Sommermusiken von Mitte Juni bis Ende August Konzerte gegeben. Dabei steht vor allem die frühromantische Baer-Orgel (1850/51) häufig im Zentrum der Aufmerksamkeit.

Schloss Wiepersdorf

Im winzigen Flecken Wiepersdorf steht das **Barockschloss** des bedeutenden Dichterpaars der Romantik Bettina (geb. Brentano) und Achim von Arnim. 1814 verlässt das Ehepaar die preußische Hauptstadt Berlin und zieht in das ein knappes Jahrhundert zuvor errichtete Anwesen auf den Niederen Fläming. Bis zum Ende des Zweiten Weltkriegs bleiben Schloss und Park Wiepersdorf im Arnimschen Familienbesitz. Nach der Enteignung übernimmt es 1946 die Deutsche Dichterstiftung und richtet das Haus als Arbeits- und Erholungsstätte für Schriftsteller ein. Anna Seghers, Sarah Kirsch, Christa Wolf und zahlreiche weitere herausragende DDR-Autoren wohnten und schrieben in Wiepersdorf. Mit einer Unterbrechung 2004–2006 wird diese Tradition bis heute fortgesetzt; Schriftsteller, bildende Künstler, Komponisten und Musiker haben Gelegenheit, sich im Rahmen eines Stipendienaufenthalts ungestört ihrem Schaffen zu widmen.

Eine Ausstellung gibt Auskunft über Leben und Werk von Bettina und Achim von Arnim, deren Gräber sich nur wenige Minuten entfernt auf dem Schlossfriedhof befinden.

ℹ️ **Naturpark Nuthe-Nieplitz**

Tourismus-Information Beelitz, Poststraße 15, Tel. 033204/39155, www.beelitz. de, Mo/Mi/Fr 9–15, Di/Do 9–18, in der Spargelsaison zusätzlich Sa/So 10–16 Uhr. **Touristeninformation Treuenbrietzen**, Großstraße 105, 14929 Treuenbrietzen, Tel. 033748/74777, www.treuenbrietzen. de, Mai–Sept. Mo–Fr 9–17, Sa 9–12 Uhr, Okt.–April Mo 9–12, Di 9–18, Mi 9–16, Do 9–17, Fr 9–14 Uhr. **Touristinformation/Heimatmuseum Luckenwalde**, Markt 11, 14943 Luckenwalde, Tel. 03371/672500, www.lucken walde.de, Mo, Di, Mi und Fr 10–17, Do 10–18, Sa/So 10–14 Uhr (Nov.–April 10–12 Uhr). **Touristeninformation Jüterbog**, Mönchenkirchplatz 4, 14913 Jüterbog, Tel. 03372/ 463113, www.jueterbog.eu, Di 10–17, Mi 13–17, Do 13–18 , Fr/Sa 10–13 Uhr.

🛏️ **Restauration & Logierhaus Alte Försterei**, König-Friedrich-Platz, 14913 Jüterbog/OT Kloster Zinna, Tel. 03372/4650, www.al te-foersterei.com, DZ/F ab 114 €. Kleines Vier-Sterne-Hotel in der 240-jährigen Oberförsterei am Marktplatz von Kloster Zinna; im Restaurant französisch verfeinerte märkische Küche, in der Schankstube Deftiges. **Hotel Vierseithof**, Haag 20, 14943 Luckenwalde, Tel. 03371/62680, www. vierseithof.de, DZ/F ab 89 €. Komfort-Unterkunft im restaurierten Herrenhaus; das angeschlossene Restaurant serviert moderne leichte regionale Küche. **Hotel & Gasthaus zum Eichenkranz**, Unter den Eichen 1, 14943 Luckenwalde/ OT Kolzenburg, Tel. 03371/610729, www.hoteleichenkranz.de, DZ/F ab 79 €. Freundliches großes Haus drei Kilometer südlich von Luckenwalde direkt am Fläming-Skate; Fahrrad- und Skate-Verleih. **Hotel Zum Goldenen Stern**, Markt 14, 14913 Jüterbog, Tel. 03372/401476, www.hotel-goldener-stern.de, DZ/F ab 60 €. Drei-Sterne-Garni-Haus direkt am Markt; Skateverleih.

⛺ **Campingplatz Dobbrikow**, Am Glienicksee 2, 14947 Nuthe-Urstromtal/OT Dobbri-

Karte S. 381

kow, Tel. 033732/40327, www.camp-do
bbrikow.de, April–Okt. Im Wald am Badesee; Sandstrand, Gaststätte, Ferienhütten.
Flaeming Camping Oehna, Am Freibad 2,
14913 Jüterbog/OT Oehna, Tel. 033742/
61632, www.flaeming-camping-oehna.de,
März–Okt. Rasenplatz sieben Kilometer
südlich von Jüterbog am Fläming-Skate;
Bistro, Indianertipis, Ferienhütten.

kochZIMMER Beelitz, Berliner Str. 195,
14547 Beelitz, Tel. 033204/709366,
www.kochzimmer-beelitz.de. Eine vorzügliche brandenburgische Landküche und
ausgesuchte Weine, dazu freundlicher
Service in behaglicher Atmosphäre, haben
dem jungen Team um Jörg Frankenhäuser
14 Punkte im Gault Millau und zahlreiche weitere Auszeichnungen eingebracht.

Bauernmuseum Blankensee, Dorfstraße
4, 14959 Trebbin/OT Blankensee, Tel.
033731/80011, www.bauernmuseum-
blankensee.de, Mi–Fr 10–12 und 13–17,
Sa/So 13–17 Uhr.
Spargelmuseum Schlunkendorf, Kietz
36, 14547 Beelitz/OT Schlunkendorf,
Tel. 033204/42112, April–Juni tgl. 10–
16 Uhr.
Heimatmuseum Beelitz, Poststraße 16,
14547 Beelitz, Tel. 033204/39155, Di/
Do 10–18, Fr 10–16, Sa/So 11–16 Uhr.
Heimatmuseum Treuenbrietzen, Großstra
ße 1a, 14929 Treuenbrietzen, Tel. 033748/
70506, April–Okt. So 13–17 Uhr.
Kunsthalle Luckenwalde, Am Herrenhaus 2, 14943 Luckenwalde, Tel.
030/7908580, www.kunsthalleversiet
hof.de, Fr–So 14–19 Uhr.
Museum Mönchenkloster, Mönchenkirchplatz 4, 14913 Jüterbog, Tel. 03372/
463113, www.jueterbog.eu, Di–So 13–17
Uhr, Do bis 18 Uhr.
Museum Kloster Zinna mit Schaubrennerei, Am Kloster 6, 14913 Kloster Zinna,

Tel. 03372/439505, www.kloster-zinna.
com, Di–So 10–17 Uhr.
Webhaus Kloster Zinna, Berliner Straße
72, 14913 Kloster Zinna, Tel. 03372/
432739, www.webhauskloster-zinna.com,
März–Okt. Di–So 10–19, Nov.–Feb. Di–
So 10–17 Uhr.
Schloss Wieperdorf, Bettina-von-Arnim-
Straße 13, 14913 Wieperdorf, Tel. 033746/
69915, www.schloss-wiepersdorf.de,
Febr.–Nov. Sa/So 13–16 Uhr.

Naturpark-Besucherzentrum und Wildgehege Glauer Tal, Glauer Tal 1, 14959 Trebbin/OT Blankensee, Tel. 033731/700460,
www.naturpark-nuthe-nieplitz.de, tgl. 10–
17 Uhr.

Blankenseer Musiksommer, Programminfo: Kirchenzentrum Waldfrieden, Waldfrieden 52, 14959 Trebbin/OT Blankensee,
Tel. 030/9752784, www.blankenseer-
musiksommer.org.
Kloster Zinna Sommermusiken, in der
Klosterkirche; Programminfo und Kartenreservierung im Romantikhotel ›Alte
Försterei‹, Tel. 03372/4650 und in Berlin,
Tel. 030/77392214, www.kloster-zinna-
sommermusiken.de.
Spargelfest Beelitz, am ersten Juni-Wochenende in der Altstadt von Beelitz, mit
sonntäglichem Umzug, Handwerkermarkt
, Musikbühnen und Spargelpavillon, www.
beelitzer-spargelfest.de.

Fläming-Walk-Zentrum, Parkstraße 6,
14947 Nuthe-Urstromtal/OT Gottsdorf,
Tel. 033732/50825, www.flaeming-walk.
de.

Fläming-Therme Luckenwalde, Weinberge
40, 14943 Luckenwalde; Tel. 03371/
40020, www.flaemingtherme.de, tgl.
10–22 Uhr.

Fläming

Naturpark Hoher Fläming

Anders als der flache bis sacht gewellte Niedere Fläming, der ungefähr südöstlich der Linie Niemegk–Treuenbrietzen beginnt, präsentiert sich westlich davon der Hohe Fläming mit oftmals weit über hundert Meter aufsteigenden Bergen. In der Nähe von Belzig besitzt man mit dem Hagelberg sogar einen echten ›Zweihunderter‹.

827 Quadratkilometer der Region sind im 1997 gegründeten Naturpark Hoher Fläming geschützt. Karge Böden, kaum Wasserläufe und dafür umso mehr Sand sollen Martin Luther beim Anblick des Hohen Fläming zur Bemerkung veranlasst haben:»Ländeken, was bist du für ein Sändeken!«

Fast die Hälfte des Naturparks bedecken Wälder. Die andere Hälfte schmücken wenige kleine Dörfer, Wiesen und Felder. Zu den eigenartigen charakteristischen Erscheinungen im Naturpark gehören die Rummeln: tiefe, in der Weichseleiszeit durch Erosion entstandene Trockentäler, die bei Starkregen oder auch während der Schneeschmelze gelegentlich Wasser führen; ›märkische Wadis‹ sozusagen, die als weit verzweigtes System den Hohen Fläming durchziehen.

Bad Belzig

Die 11 000 Einwohner große Kreisstadt im Landkreis Potsdam-Mittelmark blickt auf eine über 1000-jährige Geschichte zurück. Von sanften Hügeln umgeben, thront auf einem Sporn über den Dächern der Altstadt die anno 997 erstmals als ›burgwardium belicsi‹ dokumentierte **Burg Eisenhardt.** Von der ursprünglichen Feste trotzte der 24 Meter hohe Bergfried den Zeiten, von dem herab man einen schöne Ausblick auf die Landschaft genießt. Weitere Teile der alten Kernburg aus dem 13. Jahrhundert hat man bei

Grabungsarbeiten im Innenhof entdeckt, während die mächtige Backsteinburg drumherum dem Ausbau und der Befestigung im 15. Jahrhundert entstammt. ›Hart gegen Eisen‹ sollte die sächsische Grenzfeste sein. Im Schmalkaldischen Krieg hielt sie 1547 dem Angriff spanischer Truppen Stand. Den schwedischen Söldnern ein knappes Jahrhundert später waren die dicken Mauern jedoch nicht mehr gewachsen. 1636 wurden die Burg und ihr zu Füßen der Ort Belzig komplett zerstört. Bereits zwei Jahre später begann der Wiederaufbau.

Heute beherbergt die Burg neben einem Hotel, Stadtbücherei und Standesamt im spätgotischen Torhaus ein **Heimatmuseum**, das sich der Geschichte der Feste Eisenhardt und des Fläming widmet. Alljährlich am letzten Augustwochenende füllen sich die alten Gemäuer mit Rittern, Gauklern und Komödianten, die zur Freude des Publikums zum Belziger Altstadtsommer aufspielen.

Unterhalb dehnen sich die **Kopfsteinpflastergassen** der reizenden kleinen Altstadt aus. Sie hat wenig Spektakuläres zu bieten, dafür umso mehr pittoreske Ecken und Perspektiven. Das 1972 abgebrannte **Renaissance-Rathaus** am Marktplatz wurde 1991 in alter Pracht wieder aufgebaut. Kostbarstes Stück im spätromanischen Feldsteinbau der **Stadtkirche St. Marien** aus dem 13. Jahrhundert ist die barocke Papenius-Orgel von 1747. In der Nachbarschaft erblickte am Kirchplatz im **Reißiger-Haus** 1798 der Dresdener Hofkapellmeister und Komponist Carl Gottlieb Reißiger das Licht der Welt.

Im Jahr 1900 beginnt mit der Eröffnung der Siemens'schen Lungenheilstätte Belzigs Karriere als Kurort. Seit 1996 sprudeln nach erfolgreichen Bohrungen aus

◀ Karte S. 381

Burg Eisenhardt, die Hauptattraktion in Belzig

775 Meter Tiefe solehaltige Thermalwasser hervor. 2002 wird das Thermalbad **SteinThermeBelzig** eingeweiht, dessen Solewasser- und Sprudelbecken rheumatische Beschwerden, Atemwegs- und Hautkrankheiten lindern und das mit Klang- und Farbenspielen, aromatischen Düften, Sauna- und Wellnesslandschaften alles für die Erholung gestresster Großstädter bietet. Seit 2010 darf sich der der Kurort mit dem Prädikat ›Bad‹ Belzig schmücken.

■ Wiesenburg

Zehn Kilometer westlich von Belzig sind **Schloss und Park Wiesenburg** ein viel beworbenes Ausflugsziel. Das im 16. Jahrhundert auf mittelalterlichen Mauern errichtete Anwesen wurde zuletzt im 19. Jahrhundert historisierend über-

Urig: Burg Rabenstein

formt. Am verschlossenen schmiedeeisernen Tor zeigt die Klingelanlage an, dass sein Innenleben heute aus Eigentumswohnungen besteht. Den Bergfried mit kleiner Heimatstube kann man besichtigen und danach eine kurze Runde im Park drehen.

■ Hagelberg

Bei Hagelberg, auf halber Strecke zwischen Belzig und Wiesenburg, erhebt sich ein topografischer wie militärhistorischer Höhepunkt. Hier türmt sich 201 Meter hoch der Hagelberg als zweithöchster Berg Brandenburgs auf. Darüber hinaus wurden genau hier Ende August 1813 die napoleonischen Truppen geschlagen. Ein kleines Denkmal erinnert daran.

■ Raben

Im Tal des Flüsschens Plane liegt das 150 Einwohner kleine Dorf Raben. Eine **Feldsteinkirche** mit Wandmalereien im bunten Bauernbarock zählt zu den besonderen Blickpunkten. Zentraler Anlaufpunkt wenige Schritte entfernt ist das **Besucherzentrum des Naturparks Hoher Fläming** in der um 1700 erbauten Alten Brennerei. Neben Naturparkwerkstatt und Fahrradverleih wartet es mit einer Fülle an Tipps, Prospekten und Wanderkarten auf.

1200 Meter Spazierweg führen von dort den ›Steilen Hagen‹ hinauf, auf dem seit dem 13. Jahrhundert in 153 Meter Höhe die **Burg Rabenstein** hockt. Die kleine mittelalterliche Burganlage aus Feldsteinen und dicken behauenen Granitquadern ist vollständig erhalten. Vom 30 Meter hohen Bergfried eröffnet sich eine herrliche Aussicht, und die burgeigene Falknerei bietet von April bis Mitte Oktober täglich außer montags Flugvorführungen dar. Desweiteren laden eine Herberge und ein Ausschank in rustikalen Gasträumen zum Verweilen ein.

Schloss Wiesenburg von der Parkseite aus gesehen

 Naturpark Hoher Fläming

Touristeninformation Bad Belzig, Marktplatz 1, 14806 Bad Belzig, Tel. 033841/3879910, www.belzig.com, April–Sept. Mo–Fr 9–18, Sa/So 10–15 Uhr, Okt.–März Mo–Fr 10–17, Sa/So 10–15 Uhr.

Burghotel, Wittenberger Straße 14, 14806 Bad Belzig, Tel. 033841/45090, www. burghotel-belzig.de, DZ/F 94€. Ritterlich wohnen im ehemaligen Salzmagazin auf der Burg Eisenhardt; das Restaurant bietet internationale Gerichte und regionale bodenständige Küche.

Herberge & Ausschank Burg Rabenstein, Zur Burg 49, 14823 Rabenstein/OT Raben, Tel. 033848/60221, www.burgra benstein.de, Übernachtung in Mehrbettzimmern, pro Bett und Frühstück 20€, zzgl. 5,50€ Bettwäsche, Kinder bis 12 Jahre 14€; die Gaststätte tischt Deftiges auf.

Gasthof und Pension Moritz, Hauptstraße 40, 14823 Rabenstein/OT Rädigke, Tel. 033848/60292, www.gasthof-moritz.de, DZ/F 52€. Malerischer Vierseitenhof im Weiler Rädigke nahe Raben, seit 350 Jahren von der Familie Moritz bewirtschaftet; im Gasthof mit großer Bibliothek wird

herzhafte Hausmannskost serviert und es finden Lesungen und Themenabende statt.

Springbach-Mühle, Mühlenweg 2, 14806 Bad Belzig, Tel. 033841/6210, www. springbachmuehle.de. Moderne regionale Landküche, vom Wildgericht über den Braten bis zur frischen Forelle, auf der Terrasse und drinnen in der Fachwerk-Mühle, mit laufendem Mühlrad und Mühlteich.

Heimatmuseum Belzig, Wittenberger Straße 14 (auf der Burg Eisenhardt), 14806 Belzig, Tel. 033841/42461, Mi–Fr 13–17, Sa/So 10–17 Uhr.

Naturparkzentrum Hoher Fläming, Alte Brennerei Raben, Brennereiweg 45, 14823 Rabenstein/OT Raben, Tel. 033848/ 60004, www.natur-schau-spiel.com, tgl. 9–17 Uhr; Fahrradverleih.

SteinThermeBelzig, Am Kurpark 15, 14806 Bad Belzig, Tel. 033841/38800, www.steintherme.de, So–Do 10–22, Fr/ Sa 10–23 Uhr.

Fläming

Reisetipps von A bis Z

Baden

Über 3000 Seen gibt es in Brandenburg. An ihren Ufern liegen rund 250 offiziell ausgewiesene Badestellen: als Strandbad, Badestrand, Badewiese, Waldbad oder Badestelle; die eine bewirtschaftet, die andere nicht, mal handtuchklein, mal riesig groß. Strandbäder mit weitreichendem Service von Sanitär über Imbiss bis Strandkorb- und Wassersportgeräteverleih sind eintrittspflichtig. Größere frei zugängliche Badestrände und Badewiesen bieten meistens ebenfalls eine Imbissmöglichkeit und WC; manche sind wie die Strandbäder von Rettungsschwimmern bewacht, andere aber auch nicht, und es herrscht ›Baden auf eigene Gefahr‹. Badestellen sind schließlich, wie der Name schon sagt, kleinere Plätze, die in der Regel weder bewacht noch bewirtschaftet sind, und dort heißt es den Picknickkorb mitnehmen.

Die offizielle Badesaison beginnt in der Regel Mitte Mai und endet Mitte September. In dieser Zeit werden vom Landesumweltamt Brandenburg Gewässerproben entnommen und auf ihre Güte geprüft. Unter www.brandenburg.de/badestellen findet sich im Sommerhalbjahr eine Badestellenkarte sowie eine Gesamtliste der Badestellen mit einer jeweiligen Kurzbeschreibung und Informationen zu Ausstattung, Versorgungseinrichtungen und Wasserqualität.

In diesem Reiseführer haben wir die schönsten Bademöglichkeiten jeweils im Info-Anhang zu den Ortsbeschreibungen angegeben. Für Sommerbadespaß speziell in der deutschen Hauptstadt und im Brandenburger Umland ist im Trescher Verlag außerdem der Titel „Baden in und um Berlin" von Kristine Jaath erschienen.

Bootfahren

Über 3000 Seen und dazu rund 33 000 Kilometer Flüsse, Bäche und Kanäle zwischen Elbe und Oder, Oberuckersee und Niederlausitzer Seenland, die meisten davon miteinander verknüpft, machen Brandenburg zur gewässerreichsten Region Deutschlands und zum herausragenden Wassersportrevier. Ob mit Segelboot, Paddelboot, Motorboot oder jüngst im Trend Hausboot und Floß – die Vielfalt der sportlichen Möglichkeiten ebenso wie der Wasserlandschaften und Wasserwanderwege ist enorm: vom verkrauteten historischen Kanal über Spreefließe und schilfbestandene Flussläufe bis hin zu großen Seen.

Unter www.lbv.brandenburg.de finden Paddler und Freizeitkapitäne eine Karte der schiffbaren Landesgewässer, Hinweise zu den Geschwindigkeiten und zu den Schleusenzeiten.

Wenn auch bereits aus dem Jahr 2009, ist die Broschüre ›Leinen los‹, die das brandenburgische Ministerium für Infrastruktur und Landwirtschaft herausgibt, immer noch lohnenswert. Sie enthält Kurzbeschreibungen der verschiedenen Seen und Wasserstraßen, Karten zu Bootstankstellen, zu mit Charterschein befahrbaren Gewässern, Schleusen, Wasserski- und Kitesurfstrecken u.v.m. sowie natürlich zu allen Regeln und Bestimmungen, die in Brandenburg gelten. Auf der Website des Ministeriums, www.mil.brandenburg.de, kann die Broschüre heruntergeladen werden.

Die Tourismus-Marketing Brandenburg GmbH (TMB) unterbreitet in ihrer Broschüre

Wasserspaß im Lausitzer Seenland

›Urlaub mit Kanu, Segel- und Motorboot‹ und im Netz unter www.das-blaue-paradies. de zahlreiche schöne Tourenvorschläge auf Brandenburger Wasserwegen. Außerdem bieten die Seiten der BTM unter www. reiseland-brandenburg.de, Stichwort Themen/Wasser eine Fülle an Informationen rundum zu Brandenburgs Wasserwelten an: die schönsten Wassersportreviere, die wichtigsten Wasserrast- und Bootsliegeplätze, Bootsverleiher, Marinas und Serviceeinrichtungen, Unterkünfte und anderes mehr, was das Wasserwandern in Brandenburg angenehm macht.

Paddler auf der Oder bei Mescherin

Bus und Bahn

Deutsche Bahn, Regionalbahnen, S-Bahnen und Stadtverkehrsgesellschaften in Brandenburg und Berlin sind seit 1999 mit einheitlichem Tarifsystem im Verkehrsverbund Berlin-Brandenburg (VBB) zusammengeschlossen. Ticket und Fahrplaninfos zu landesweit rund 1000 Linien erhält man unter der Rufnummer des VBB-Infocenters 030/25414141 und im Netz unter www. vbbonline.de. Auskunft zu Fernzügen der Deutschen Bahn bekommt man unter Tel. 0180/5996633 und www.bahn.de.

Grenzübergänge nach Polen

Über 200 Kilometer lang ist die Grenze, die sich Polen und Brandenburg teilen, und wer gerne mal beim Nachbarn vorbeischauen möchte, kann das ohne Probleme tun. Wie Deutschland ist das EU-Mitglied Polen ein Schengen-Land, und Grenzkontrollen für Bürger aus der Schengen-Zone finden nicht statt. Die Grenzübergänge sind verwaist. An Waren darf alles für den Eigenbedarf hin- und her transportiert werden. Ausnahme: die Ausfuhr von Tabak ist zollfrei auf 800 Zigaretten pro Person über 18 Jahre beschränkt.

Autofahrer benötigen für die Einreise ihren Führerschein und den Kfz-Schein. Die Grüne Versicherungskarte ist nicht mehr obligatorisch. Dennoch empfiehlt sie sich, da sie erfahrungsgemäß die Abwicklung im Schadensfall erheblich erleichtert. Auch einen Personalausweis sollte man in jedem Fall dabeihaben.

Deutsch-polnische Grenzübergänge in Brandenburg sind bei

Mescherin – Gryfino
Schwedt – Krajnik Dolny
Hohenwutzen – Osinów Dolny
Kietz – Kostrzyn
Frankfurt (Oder) (Stadt) – Słubice
Frankfurt (Oder) (Autobahn) – Świecko
Guben – Gubin
Guben – Gubinek
Forst (Autobahn) – Olszyna
Forst – Zasieki

Informationsstellen

Oberste Informationsstelle für Tourismus-Angelegenheiten in Brandenburg ist die Tourismus Marketing Brandenburg GmbH (TMB) mit einem riesigen Angebot für Urlauber und Ausflügler. Ob allgemeine Brandenburg-Informationen, Unterkünfte und Reservierungen, Kunst und Kultur, Naturerlebnisse, Sport- und Freizeitgestaltung, Tourenvorschläge sowie eine Fülle von Broschüren und Prospektmaterialien – dies und vieles mehr kann man wahlweise online, telefonisch oder auf Papier abfragen:

Tourismus Marketing Brandenburg (TMB)
Am Neuen Markt 1

14467 Potsdam
Tel. 0331/2004747
www.reiseland-brandenburg.de
service@reiseland-brandenburg.de
Regionale Touristeninformationen finden
sich in den größeren Städten, lokale Touristeninformationen in jeder größeren Ortschaft. Ihr Angebot reicht von allgemeinen Informationen zu Stadt und Region
über Zimmervermittlung, Stadtführung
und Kartenvorverkauf bis hin zu Broschüren, Stadtplänen und Wanderkarten sowie
Auskünften zu lokalen Fahrrad- und Wassersportgeräte-Verleihern, Reiterhöfen, Ausflugszielen und anderem mehr. Ihre Adressen finden sich in diesem Reiseführer in den
Info-Anhängen zu den einzelnen Orten.

Kulturelle Veranstaltungen

Ob Filmfeste, Tanzwochen oder Literaturfestivals, ob großes Theater oder Brettlbühne, ob Musiktheater, Sinfoniekonzert,
Rockfestival oder Jazzcombo – das Veranstaltungsangebot im fünftgrößten Bundesland ist enorm. In großen Konzert- und
Theatersälen, eindrucksvollen Sakralbauten
und winzigen Feldsteinkirchen, Klöstern
und Klosterruinen, Schlössern und Gutshäusern, Scheunen und Freilichtbühnen
wird aufgespielt, nicht selten von internationalen Spitzenkünstlern.

Brandenburg ist ein fahrradfreundliches
Bundesland

Neben den großen Veranstaltungsreihen
wie dem Choriner Musiksommer, den Brandenburgischen Sommerkonzerten oder der
Potsdamer Schlössernacht lohnt außerdem
eine Fülle nicht weniger beeindruckender
Veranstaltungen. Sie reichen von A–Z wie
Musik im Kloster Altfriedland über die Sommerkomödie im Oderbruch bis hin zu den
Sommermusiken im Kloster Zinna.
Einen Überblick über das reiche Angebot
bietet die Kulturfeste-Jahresbroschüre, die
der Verein ›Kulturfeste im Land Brandenburg e.V.‹ herausgibt. Sie ist in den gro
ßen Touristeninformationen erhältlich und
kann darüber hinaus unter www.kulturlandbrandenburg.de hreuntergeladen werden.

Radfahren

Rund 50 ausgewiesene Radwanderwege
mit insgesamt über 7000 Kilometer Länge
führen durch Brandenburg. Mehr als 5000
Kilometer, das sind fast drei Viertel des
gesamtes Radwegenetzes, sind vom Allgemeinen Deutschen Fahrrad-Club (ADFC)
hinsichtlich Sicherheit, Routenführung,
Wegweisung und touristischer Infrastruktur zertifiziert. Laut ADFC-Umfrage liegt das
Bundesland nach Bayern und Mecklenburg-
Vorpommern auf dem dritten Platz in der
Beliebtheit deutscher Radreiseregionen.
Vom Fläming im Südwesten nach Küstrin
im Osten quert der internationale **Europaradweg R 1** von Calais nach St. Petersburg
das Bundesland. Weitere internationale
Radfernwege, die Brandenburg kreuzen,
sind: der **Radweg Berlin–Kopenhagen** ab
Berlin durch die Region Oberhavel weiter
zur Müritz; der **Radweg Berlin–Usedom**,
der den Weg über den Barnim und die
Uckermark zur östlichsten deutschen Ostseeinsel nimmt; der **Oder-Neiße-Radweg**
ab Tschechien an der Neiße und der Oder
entlang bis nach Usedom.
Kurz vor der deutsch-tschechischen Grenze endet im sächsischen Schöna/Schmilka
der **Elberadweg**. Am Elbufer entlang führt
er einmal quer durch Deutschland bis zur
Elbmündung bei Cuxhaven und streift dabei die brandenburgische Prignitz.

Wanderer in Bad Belzig

Einmal Brandenburg rundum bietet auf 1111 Kilometern die ›Tour Brandenburg‹. Mit Start- und Endpunkt in Brandenburg/ Stadt zählt sie zu den längsten Radtouren Deutschlands. Daneben gibt es eine Fülle an regionalen markierten Radwegen zum Entdecken von Land und Leuten, beispielsweise den **Gurkenradweg**, der über 250 Kilometer zu den Spreewälder Sehenswürdigkeiten führt; den **Havelradweg** auf 388 Kilometern Länge von der Havelquelle bis zur Mündung in die Elbe; den **Spreeradweg** von der Oberlausitz durch das südliche Brandenburg nach Berlin (420 Kilometer); den **Fläming-Skate**, der für Radler und Inlineskater als 230 Kilometer langer Rundkurs vollkommen autofrei durch den Niederen Fläming führt, und Dutzende andere Touren mehr.

Am Wegesrand hat sich eine gute Versorgungsstruktur etabliert, und auch wer ohne Drahtesel anreist, muss nicht verzichten. Zahlreiche Verleiher sowie viele größere Hotels und Pensionen halten Räder parat. Das vom ADFC zertifizierte Symbol ›Bett & Bike‹ weist auf eine besonders freundliche, radfahrergerechte Aufnahme hin. ›Bett & Bike‹-Unterkünfte verfügen in der Regel über Radunterstände, Möglichkeiten zum Kleidertrocknen und machen kleinere Reparaturen am Fahrrad möglich.

Karten, Broschüren und Informationen zu allen ausgewiesen Radtouren erhält man direkt bei der Tourismus Marketing Brandenburg (→ S. 401) oder auf deren Seite im Netz: www.reiseland-brandenburg.de. Einen besonderen Service bietet die BTM mit dem ›RadNavigator Brandenburg‹, von dem sich Pedalritter auf ihrem Weg per GPS leiten lassen können. Nach der Anmeldung unter www.radnavigator-brandenburg.de sucht man sich seine Radtour aus, lädt sie auf Notebook oder Smartphone und erhält so für unterwegs nicht nur einen exakten Wegweiser und jederzeit seine genau Position, sondern darüber hinaus Informationen über Ausflugsziele, Restaurants und Sehenswürdigkeiten an der Strecke. Einfach auf Papier ausdrucken kann man sich diesen Service natürlich auch.

Ein weiterer bewährter Ansprechpartner für alle Belange rund ums Radeln in Brandenburg:

Allgemeiner Deutscher Fahrrad-Club
Landesverband Brandenburg
Gutenbergstraße 76
14467 Potsdam
Tel. 0331/2800595
www.brandenburg.adfc.de

Unterkunft

An Unterkünften besteht in Brandenburg kein Mangel. Mit einer großen Auswahl reichen sie von Luxushotels, zumeist in edel restaurierten Schlössern und Herrenhäusern untergebracht, über schöne Mittelklassehotels, Pensionen und Privatquartiere bis hin zu Campingplätzen, Ferienhütten und Jugendherbergen. Die Campingplätze liegen meist malerisch unter Bäumen am See, verfügen über moderne sanitäre Einrichtungen und sind für gewöhnlich mit Gaststätte, kleinem Shop, Brötchen-Service, Spiel- und Sportgeräteverleih ausgestattet. Besteht auf einem kleineren Platz ausnahmsweise keine Verpflegungsmöglichkeit, haben wir das im Info-Anhang zum entsprechenden Ort angemerkt.

Die in diesem Reiseführer aufgeführten Hoteltipps geben ungefähre Zimmerprei-

Reisetipps von A bis Z

se als Richtpreis an. Sie beziehen sich, sofern nicht anders erwähnt, auf ein Doppelzimmer für zwei Personen mit Bad und Frühstück bei einer Übernachtung in der Hochsaison. Damit spiegeln sie jeweils den höchstmöglichen Preis und dienen lediglich für die Orientierung. Wechselnde Wochenend-Arrangements und Preisnachlässe für Buchungen mehrerer Nächte, in der Nebensaison oder außerhalb der Saison sind üblich, können hier aus Platzgründen aber keine Berücksichtigung finden – weshalb es sich immer lohnt, einen persönlichen Preisvergleich mittels Telefon und/oder Internet anzustellen. Die Hochsaison geht in der Regel von Juni bis September, Frühjahr und Herbst ist Nebensaison, die Wintermonate liegen außerhalb der Saison.

Wer auf der Suche nach seiner bevorzugten Unterkunft bei der zentralen Brandenburg Tourismus Marketing GmbH (→ S. 401) im Katalog oder Netz noch nicht fündig geworden ist, für den halten die regionalen und lokalen Tourismusinformationen ein weiteres umfangreiches Angebot bereit. Ihre Anschriften kann man auf den BTM-Seiten und in diesem Reiseführer in den Info-Anhängen der jeweiligen Orte nachlesen. Die meisten örtlichen Touristeninformationen unterhalten darüber hinaus eine Zimmervermittlung. Und falls einmal nicht, sind sie auf jeden Fall bei der Quartiersuche behilflich.

Wandern

Unzählige markierte Wanderwege führen durch Brandenburgs Landschaften, und es ist unmöglich, sie alle zu nennen. Jeweils am Ort halten die Touristeninformationen mannigfaltige Vorschläge für Tageswanderungen parat. Ausgesuchte Wandertouren zum Kennenlernen der Mark in ihrer Vielfalt präsentiert die BTM auf den Seiten www.reiseland-brandenburg.de.

Zu den wohl spektakulärsten Routen gehört die ›66-Seen-Wanderung‹. Sie führt von Potsdam nach Potsdam einmal im großen Bogen rund um Berlin und berührt auf ihren rund 400 Kilometern zahlreiche landschaftliche und architektonische Sehenswürdigkeiten. Ausführliche aktuelle Informationen unter www.66-seen-weg.de, der Wanderführer zu dieser Route ist im Trescher Verlag erschienen.

Literaturhinweise

Sachbücher

Hans Bentzien, Unterm roten und schwarzen Adler. Geschichte Brandenburg-Preußens für jedermann, Berlin: Volk und Welt 1992. Eine Chronik Brandenburgs und Preußens vom 10. Jahrhundert bis zur Gründung der DDR.

Hans Christian Graf von Krockow, Fahrten durch die Mark Brandenburg, München: DVA 1994. Auf den Spuren Fontanes bereiste der Historiker und profunde Kenner der preußischen Geschichte unmittelbar nach der Wiedervereinigung das Land Brandenburg, berichtet kritisch und doch voller Zärtlichkeit vom Vorgefundenen und dem Verschwundenen, von Personen und Persönlichkeiten Brandenburg-Preußens.

Heinz Ohff, Preußens Könige. München: Piper 2009. Mit hübschen Anekdoten gewürzte, populäre Geschichte Preußens, anhand der Biografien seiner neun Könige von Friedrich I. bis Wilhelm II. erzählt.

Belletristik

Ilse von Bredow, Kartoffeln mit Stippe, München: Piper 2009. Eine Kindheit in der märkischen Heide. Heiterer, dramatischer, rührender Roman über die Jugendzeit eines Mädchens und ihrer gräflichen Familie in einem einfachen Forsthaus im Havelland in der guten alten Zeit.

Theodor Fontane, Wanderungen durch die Mark Brandenburg, Berlin: Aufbau 2005. Fünf Bände, zwischen 1862 und 1889 erschienen, führen auf beinahe 2400 Seiten durch die Grafschaft Ruppin, das Havelland, das Oderland, das Spreeland und Fünf Schlösser und lassen Schlösser, Klöster, Orte, Landschaften und die Bewohner der alten Mark wieder lebendig werden.

Theodor Fontane, Der Stechlin, Berlin: Aufbau 2008. Fontanes letzter, in seinem Todesjahr 1898 erschienener Roman rankt sich um das uralte märkische Geschlecht derer von Stechlin am Stechlinsee im Ruppiner Land. Die Handlung ist schnell erzählt: ›Zum Schluss stirbt ein Alter und zwei Junge heiraten sich«, beschreibt sie Fontane selbst, der an der Schwelle zum neuen Jahrhundert zusammen mit dem alten Dubslav von Stechlin Abschied von einer unwiederbringlich entschwindenden alten Ordnung nimmt. Ein Schwanengesang und zugleich voller melancholischer Heiterkeit.

Erwin Strittmatter, Der Laden, Berlin: Aufbau Verlag 2006. Zwischen 1983 und 1992 erschienene bittersüß-melancholische Romantrilogie über die Familie Matt und ihren Bäcker- und Kolonialwarenladen im literarischen Niederlausitzer Dorf Bossdom von der Weimarer Republik bis in die Anfangsjahre der DDR.

Kurt Tucholsky, Rheinsberg. Ein Bilderbuch für Verliebte, München: dtv 2006. Tucholskys kleiner Text über die sommerliche Wochenendfahrt der verliebten Großstädter Claire und Wölfchen nach Rheinsberg traf im Erscheinungsjahr 1912 den Publikumsnerv und wurde ein Bestseller.

Ehm Welk, Die Heiden von Kummerow, Rostock: Hinstorff 2008. Erstmals 1937 erschienen, erfreut sich Welks heiter-humorvolle Erzählung über das, was sich zugetragen hat »an hellen und düsteren Ereignissen, an menschlichen Handlungen der Liebe und des guten Willens, der Schwäche und der Böswilligkeit ... in Kummerow im Bruch hinterm Berge« nach wie vor großer Beliebtheit. Vielen gilt der Roman als deutsches Gegenstück zu Guareschis ›Don Camillo und Peppone‹.

Brandenburg im Internet

www.brandenburg.de
Offizielle Seite des Bundeslands Brandenburg zu Politik und Verwaltung, Kultur und Freizeitgestaltung.

www.reiseland-brandenburg.de
Seite der Brandenburg Tourismus Marketing GmbH (TMB) mit umfassenden Informationen zu den Regionen, Sehenswürdigkeiten, Unterkünften, Kultur und Freizeitaktivitäten. Stadtpläne und Landkarten, Ausflugstipps und Tourenvorschläge zu Wasser und zu Lande sowie ein Prospekt- und ein Buchungsservice komplettieren das Angebot.

www.koepfe.brandenburg.de
Die bunte Seite zum Surfen und Schmun-

zeln stellt gut 300 gebürtige Brandenburger vor: Vicco von Bülow alias Loriot, der in Brandenburg an der Havel das Licht der Welt erblickte, Bundeskanzlerin Angela Merkel, in der Uckermark in Templin aufgewachsen, der Eisenhüttenstädter international gefeierte DJ Paul van Dyk, der Potsdamer Modezar Wolfgang Joop, der Nauener Schlagerstar Jürgen Drews, die Comedy-Nudel Cindy aus Marzahn, die eigentlich aus Luckenwalde stammt, und, und und ...

www.statistik-berlin-brandenburg.de
Alles Wissenswerte über Brandenburg in Zahlen, Daten, Fakten.

Die Autorin

Kristine Jaath, 1962 in Würzburg geboren, zog 1981 in den damals noch eingemauerten Westteil Berlins und lebt seitdem bis auf einen Studienaufenthalt in Rom ununterbrochen am grünen Strand der Spree. Sie studierte Germanistik, Religionswissenschaften und Italienisch in Rom und Berlin, arbeitete anschließend sechs Jahre beim öffentlich-rechtlichen Radiosender RIAS Berlin (seit 1990 DeutschlandRadio) und widmet sich seit Mitte der 1990er Jahre ausschließlich der Reiseschriftstellerei. Sie veröffentlichte zahlreiche Texte und Bildbände sowie Reiseführer über Deutschland, Italien und Polen. Im Trescher Verlag sind von ihr außerdem die Titel ›Baden in und um Berlin‹ sowie ›Potsdam‹ erschienen.

Reisetipps von A bis Z

A

Albrecht Achilles, Kurfürst
   von Brandenburg 38
Albrecht der Bär 35
Albrecht von Ballenstedt
   35
Altdöbern 349
Altfriedland 256
Althüttendorf 232
Alt Placht 237
Altranft 263
Alt Zauche/Stara Niwa
   313
Angermünde 217
Annenwalde 237
Anreise mit dem Auto 14
Anreise mit dem Boot 15
Anreise mit dem Rad 15
Anreise mit der Bahn 14
Arbeiteraufstand am 17.
   Juni 49
Arnim, Achim und Bettina
   von 394
Arnim, Hans von 244
Arnim, Henning von 239

B

Bach, Carl Philipp Ema-
   nuel 271
Bad Belzig 396
Baden 400
Bad Freienwalde 261
Bad Liebenwerda 373
Bad Saarow 278
Bad Wilsnack 133
Barnim 200
Baruth/Mark 300
Basdorf 204
Beelitz 384
Beeskow 279
Befreiungskriege 45
Below 153
Bernau 201
Besucherbergwerk F60
   370
Bevölkerung 51
Biesenthal 205
Biospährenreservat Schorf-
   heide-Chorin 227

Biosphärenreservat
   Flusslandschaft Elbe-
   Brandenburg 135
Bismarck, Otto von 46
Blankensee 382
Bloischdorf/Błobošojce 354
Blumberger Mühle 219
Blumenthal 154
Bodenreform 49
Bohsdorf/Bóšojc 354
Boitzenburg 244
Bollhagen, Hedwig 167
Bollmann, Johann Fried-
   rich 113
Boltenmühle 180
Bootfahren 400
Bouman, Jan 72
Brand 310
Brandenburg an der
   Havel 104–110
Brandenburg im Internet
   405
Bräsinchen 354
Braunkohlebergbau 340
Brodowin 215
Buckow 255
Burg/Borkowy 319
Burg Eisenhardt 396
Burg Rabenstein 398
Bus und Bahn 401

C

Calau 348
Caputh 91
Cedyński-Landschaftspark
   269
Chorin 214
Cottbus/Chóśebuz 325
Cottbusser Ostsee 331
Criewen 222
Crinitz 347
Cumlosen 142

D

Dahme-Gebiet 294
Demerthin 131
Derwitz 97
deutsche Reichsgründung
   46
Deutsche Tonstraße 167

Diedersdorf 380
Döberitzer Heide 114
Doberlug-Kirchhain 371
Dohmsdorf 373
Dörfer und Städte 55
Douglas-Hill, Otto 167

E

Eberswalde 208
Eich, Günter 268
Eisenhüttenstadt 285
Elbe-Elster-Land 366
Erkner 248
Eurospeedway Lausitz-
   ring 361

F

Falkenberg 374
Fauna 30
Fehrbellin 169
Ferch 93
Finow 208
Finowfurt 208
Finowkanal 204, 208
Finsterwalde 368
Fläming 380
Fläming-Skate 388
Fläming Walk 383
Flecken Zechlin 188
Flora 24
Fontane, Theodor 174,
   178
Forst/Baršć 338
Fort Gorgast 265
Fouqué, Friedrich de la
   Motte 117
Frankfurt (Oder) 271
Fretzdorf 154
Freyenstein 150
Friedersdorf 267
Friedrich II., der Große,
   König von Preußen
   42, 66
Friedrich III., Kurfürst von
   Brandenburg, später
   als Friedrich I. König
   von Preußen 41
Friedrich II., Kurfürst von
   Brandenburg, genannt
   Eisenzahn 38

Friedrich I., Kurfürst von Brandenburg 37
Friedrich Wilhelm (der Große Kurfürst), Kurfürst von Brandenburg 40
Friedrich Wilhelm II., König von Preußen 45
Friedrich Wilhelm I. (Soldatenkönig), König in Preußen 41, 66, 183
Friedrich Wilhelm IV., König von Preußen 46, 230
Fürstenberg/Havel 191
Fürstenwalde 275
Fürstlich Drehna 346
Fürst-Pückler-Park Branitz 330

G
Gartz 226
Gedenkstätte und Museum Sachsenhausen 160
Geierswalder See 362
Geltow 93
Georg Wilhelm, Kurfürst von Brandenburg-Preußen 39
Gerswalde 239
Glambeck 233
Glindow 97
Glume, Christian 183
Golßen 311
Golzow 266
Gontard, Carl von 53
Gozdowice (Güstebiese) 269
Gräbendorfer See 350
Gramzow 243
Gransee 164
Grenzübergänge nach Polen 401
Großbeeren 380
Groß Behnitz 116
Großer Döllnsee 233
Großer Stechlin 189
Großkoschen 362
Großräschen 357

Groß Schauener Seen 277
Groß Schönebeck 228
Groß Wasserburg 310
Grumsiner Forst 219
Grünewalder Lauch 368
Guben/Gubin 337
Gusow 266
Güstebieser Loose 264

H
Hagelberg 398
Hakenberg 169
Havelland 91
Havelländisches Luch 117
Herzberg 374
Himmelpfort 193
Hindenburg, Paul von 47
Hitler, Adolf 47
Hohenfinow 208
Hohenlychen 197
Honecker, Erich 49
Honegger, Karl Lukas 268
Horno 338
Humboldt, Wilhelm und Alexander von 271
Hutten, Ulrich von 271

I
IBA-Terrassen 359
Illmersdorf 350
Industrialisierung 47
Informationen 14
Informationsstellen 401

J
Jagdschloss Hubertusstock 230
Jahn, Friedrich Ludwig 142
Jänschwalde 336
Jaxa, Fürst der Spreewanen 34
Joachim Friedrich, Kurfürst von Brandenburg 39
Joachim II. Hektor, Kurfürst von Brandenburg 39
Joachim I. Nestor, Kurfürst von Brandenburg 39

Joachimsthal 231
Johann Cicero, Kurfürst von Brandenburg 39
Johann Sigismund, Kurfürst von Brandenburg 39
Jüterbog 390

K
Kampehl 126
Ketzin 99
Kirchen und Klöster 54
Kirchmöser 110
Kleist, Heinrich von 271, 274
Klima 27
Kloster Chorin 214
Kloster Lehnin 101
Kloster Neuzelle 287
Kloster Stift zum Heiligengrabe 153
Kloster Zinna 393
Knobelsdorff, Georg Wenzeslaus von 53, 66, 183
Kobbeln 288
Kolonisierung der Mark 35
Konferenz, Potsdamer 48
Königs Wusterhausen 294
Kostebrau 368
Krausnick/Krusica 309
Kremmen 168
Küche 59
Kulturelle Veranstaltungen 402
Kyritz 129
Kyritzer Seenkette 128
Kyritz-Ruppiner Heide 155

L
Ländchen Rhinow 120
Landmarke Lausitzer Seenland 363
Landschaften 22
Langhans, Carl Gotthard 184
Lanz 142
Lauchhammer 366
Lebus 268

Lehde/Lědy 318
Lehnin 101
Leibisch/Liubsi 310
Leichhardt, Ludwig 280
Leipe/Lipje 319
Lenné, Peter Joseph 46, 53, 67
Lenzen 142
Lichterfeld 370
Liebenwalde 162
Lieberose 281
Liepnitzsee 204
Lilienthal, Otto 120
Lindenberg 132
Lindow 181
Linumer Teichland 169
Literaturhinweise 404
Löwenberger Land 161
Lübbenau/Lubnjow 316
Lübben/Lubin 312
Luckau 343
Luckenwalde 386
Ludwigsfelde 380
Lütkenwisch 142
Lychen 195

M
Märkische Eiszeitstraße 232
Marwitz 167
Mauerfall 49
Mescherin 226
Meseberg 166
Meyenburg 149
Mildenberg 164
Mittenwalde 296
Motzener See 296
Müllrose 284
Müntzer, Thomas 271
Museumsdorf Baruther Glashütte 301

N
Nationalpark Unteres Odertal 221
Naturpark Barnim 204
Naturpark Dahme-Heideseen 297
Naturpark Hoher Fläming 396

Naturpark Märkische Schweiz 253
Naturpark Nuthe-Nieplitz 382
Naturpark Westhavelland 119
Naturparkzentrum Wanninchen 346
Naturraum 19
Naturschutzgebiet Borcheltsbusch 345
Nauen 115
Neuendorf 337
Neuglobsow 189
Neuhardenberg 257
Neuruppin 173
Neustadt/Dosse 124
Neu Zauche/Nowa Niwa 315
Neuzelle 287
Niederfinow 211
Niederlausitzer Kohleland 349
Niederlausitzer Landrücken 342
Niederlausitzer Seenland 357

O
Oberspreewald 303, 312
Oberuckersee 239
Oderberg 212
Oderflut 50
Oder-Havel-Kanal 201, 208
Oder-Spree-Region 277
Oppelhain 372
Oranienburg 158
Osinów Dolny (Niederwutzen) 269
Otto I., Markgraf von Brandenburg 35
Otto I., Römischer Kaiser 34

P
Paretz 99
Parsteiner See 216
Partwitzer See v 364
Peitz/Picnjo 334

Perleberg 144
Persius, Ludwig 53, 67
Pesne, Antoine 183
Petzow 94
Plattenburg 134
Plaue 110
Plessa 367
Polnische Teilungen 44
Potsdam 64–90
   Alexander-Newski-Kapelle 83
   Alter Markt 71
   Altes Rathaus 72
   Babelsberg 87
   Belvedere auf dem Klausberg 81
   Belvedere auf dem Pfingstberg 83
   Besucherzentrum Sanssouci 80
   Bildergalerie (Sanssouci) 79
   Brandenburger Straße 77
   Brandenburger Tor 77
   Breite Straße 73
   Chinesisches Haus (Sanssouci) 82
   Communs (Sanssouci) 81
   Drachenhaus (Sanssouci) 81
   Filmmuseum Potsdam 73
   Filmpark Babelsberg 87
   Fortunaportal 71
   Friedenskirche (Sanssouci) 80
   Garnisonkirche 73
   Glienicker Brücke 86
   Großes Militärwaisenhaus 74
   Hiller-Brandtsche Häuser 74
   Historische Mühle (Sanssouci) 79
   Holländisches Viertel 75
   Marstall 73
   Moschee 74

Naturkundemuseum 73
Nauener Tor 76
Neue Kammern (Sans-
souci) 79
Neuer Garten 83
Neues Palais (Sans-
souci) 81
Nikolaikirche 71
Obeliskportal (Sans-
souci) 80
Palais Barberini 72
Park Charlottenhof
(Sanssouci) 82
Park und Schloss
Babelsberg 86
Potsdam Museum
(Forum für Kunst
und Geschichte) 72
Römische Bäder (Sans-
souci) 82
Ruinenberg 82
Russische Kolonie
Alexandrowka 83
Sacrower Heilands-
kirche 85
Schloss Cecilienhof 84
Schloss Charlottenhof
(Sanssouci) 82
Schloss Sacrow 85
Schloss Sanssouci 78
Schloss und Park
Glienicke 86
Stadtschloss 69
Prenzlau 241
Pribislaw-Heinrich, Fürst
der Heveller 35
Prieros 297
Prignitz 124
Pritzwalk 146
Pückler-Muskau, Hermann
Fürst von 67, 332
Putlitz 149

Q
Quitzöbel 136

R
Raben 398
Raddusch/Raduš 321
Radfahren 402

Rathenow 118
Reckahn 103
Regionen 22
Reitwein 267
Reitweiner Sporn 267
Rheinsberg 183
Rheinsberger Seengebiet
187
Rhinluch 168
Ribbeck 115
Rossow 154
Rüdersdorf 249
Ruhlsdorf 204
Rühstädt 135
Ruppiner Land 173
Ruppiner Schweiz 180

S
Sachsenhausen 160
Scharmützelsee 278
Schenkenländchen 297
Schiffshebewerk Nieder-
finow 211
Schinkel, Karl Friedrich
53, 57, 67, 174, 257
Schlabendorfer See 346
Schlacht bei Fehrbellin
169, 172
Schlaubetal 284
Schlepzig/Slopišća 309
Schlesische Kriege 44
Schlieben 374
Schloss Criewen 222
Schloss Demerthin 131
Schloss Diedersdorf 380
Schloss Doberlug 371
Schlösser und Herren-
häuser 53
Schloss Gusow 266
Schloss Hoppenrade 161
Schloss Hubertushöhe
277
Schloss Jahnsfelde 255
Schloss Liebenberg 161
Schloss Löwenberg 161
Schloss Meseberg 166
Schloss Nennhausen 117
Schloss Neuhardenberg
254
Schloss Oranienburg 159

Schloss Reichenow 254
Schloss Rheinsberg 183
Schloss Sallgast 370
Schloss Sonnewalde 370
Schloss Trebnitz 255
Schloss Wiepersdorf 394
Schloss Wolfshagen 147
Schloss Wulkow 255
Schloss Ziethen 168
Schwarze Pumpe 352,
355
Schwedt 225
Schwielochsee 279
Schwielowsee 91
Seddin 149
Sedlitzer See 364
Seelower Höhen 266
Senftenberger See 362
Senftenberg/Zły Komo-
row 359
Siedlung Friedensstadt
Weißenberg 383
Siekierki (Zäckerick) 269
Slawenburg Raddusch
322
Sorben 307
Spreewald 303
Spremberg/Grodk 352
Stare Łysogórki (Alt Lietze-
göricke) 269
Stechlin-Fürstenberger
Land 189
Stein, Freiherr vom und
zum 45
Steinitzer Treppe 351
Stepenitz 149
Stölln 120
Stolpe 220
Störche 139
Storkow 277
Straupitz/Tsupc 315
Strausberg 252
Strittmatter, Erwin 354
Stüler, Friedrich August
53, 67, 254, 267, 336
Sudermannschloss 383

T
Tagebau Cottbus-Nord
337

Tagebau Welzow-Süd 351
Tag von Potsdam 47, 68
Talsperre Spremberg 354
Templin 235
Trebatsch 280
Trebbus 372
Treuenbrietzen 384
Tucholsky, Kurt 183

U
Uckermark 200
Uebigau-Wahrenbrück 374
Umwelt und Naturschutz 31
Unterkunft 403
Unterspreewald 303, 309

V
Velten 167
Vetschau/Wětošow 320
Vierraden 225

Völkerschlacht 45
Vosskanal 163

W
Waldbrandgefahr 33
Waldsiedlung Wandlitz 207
Waldsieversdorf 256
Wandern 404
Wandlitz 203
Warnitz 239
Wasserburg Gerswalde 239
Welk, Ehm 219, 223
Wenden 307
Wendisch Rietz 278
Werbellinsee 228
Werder 94
Wiener Kongress 45
Wiesenburg 398
Wildgehege Glauer Tal 383

Wildpark Schorfheide 228
Wilhelm I., Deutscher Kaiser 46
Wilhelm II., Deutscher Kaiser 47
Wirtschaft 51
Wittenberge 140
Wittstock 151
Wohn- und Ferienhafen Scado 363
Wolfshagen 147
Wolletzsee 219
Woltersdorf 249
Wünsdorf 299
Wusterhausen 128
Wustrau 170

Z
Zechlinerhütte 187
Zehdenick 163
Zerpenschleuse 204
Zossen 299

Bildnachweis

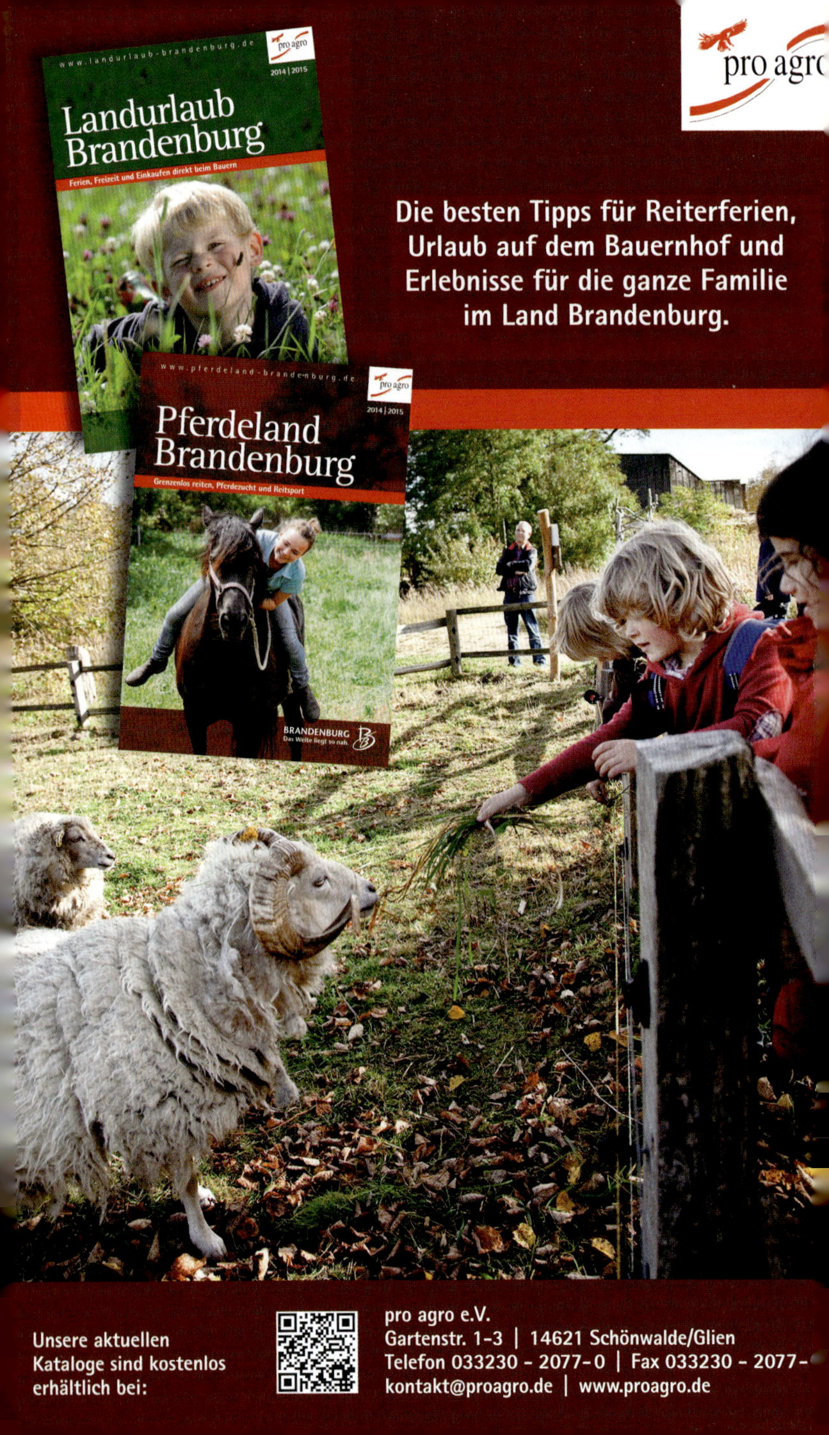

pro agro
www.landurlaub-brandenburg.de
2014 | 2015
Landurlaub Brandenburg
Ferien, Freizeit und Einkaufen direkt beim Bauern
Die besten Tipps für Reiterferien, Urlaub auf dem Bauernhof und Erlebnisse für die ganze Familie im Land Brandenburg.
www.pferdeland-brandenburg.de
Pferdeland Brandenburg
Grenzenlos reiten, Pferdezucht und Reitsport
BRANDENBURG
Das Weite liegt so nah.
Unsere aktuellen Kataloge sind kostenlos erhältlich bei:
pro agro e.V.
Gartenstr. 1-3 | 14621 Schönwalde/Glien
Telefon 033230 - 2077-0 | Fax 033230 - 2077-
kontakt@proagro.de | www.proagro.de